跨文化的文学理论丛书

WAIGUO WENLUN ZAI ZHONGGUO

外国文论在中国
（1949~2009）

周启超　主编

河南大学出版社
中国·郑州

图书在版编目(CIP)数据

外国文论在中国(1949～2009)/周启超主编. —郑州:河南大学出版社,2016.1
ISBN 978-7-5649-2341-9

Ⅰ.①外… Ⅱ.①周… Ⅲ.①文学理论－国外－1949～2009－文集 Ⅳ.①I109.5－53

中国版本图书馆 CIP 数据核字(2016)第 026206 号

责任编辑 张 珊
责任校对 邵 昊
封面设计 马 龙

出 版	河南大学出版社
	地址:郑州市郑东新区商务外环中华大厦2401号
	邮编:450046 电话:0371－86059701(营销部)
	网址:www.hupress.com
排 版	郑州市今日文教印制有限公司
印 刷	河南省瑞光印务股份有限公司
版 次	2016年9月第1版 印 次 2016年9月第1次印刷
开 本	787mm×1092mm 1/16 印 张 31
字 数	491千字 定 价 68.00元

(本书如有印装质量问题,请与河南大学出版社营销部联系调换)

编选者的话
——理论的旅行　思想的命运

　　近些年来，中国社会科学院外国文学研究所理论室以异乎寻常的节奏连续组织了三次规模不同、思路有别但旨趣相通的学术研讨会："改革开放与外国文论研究三十年"（北京，外文所，2008年12月5～7日，50位学者与会）、"外国文论六十年"（北京，第二外国语学院，2009年9月17～20日，80位学者与会）、"理论的旅行，思想的命运"（广东，深圳大学，2010年1月9～11日，110位学者与会）。"外国文论在中国"是这三次学术会议的一个中心议题。在这三次学术研讨会上，与会学者从不同视角切入外国文论的重要流脉、重大学派、名家名说在当代中国的"旅行"与"命运"。这种回顾性的梳理、反思性的清理，可谓我国文学理论学科建设中一项基础性的国情调研。这种研讨，对于总结当代中国外国文论学科建设的主要成绩，勘察当代中国外国文论学科发育中的薄弱环节，制订当代中国外国文论学科的发展规划，都是很有意义的。在这三次会议的前前后后，我们或约请一线专家在会上做重点发言，会后再在发言的基础上对相关问题做延伸梳理，扩展成更为充实的文章；或物色已以相关专题为其学位论文的作者，围绕我们设计的题目，加以重点深化，撰写出更为厚实的论文。经过四冬三春的筹划，经过几十位作者的打磨，现在终于以22篇专论汇集成这部专书。

　　本书意在成为一部旨在记录外国文论在当代中国60年旅行里程的年鉴，一部可以大致反映60年来中国学界对外国文论的接受与化用之基本轨迹的文献，一部以跨文化视野来反思60年来中国学人对外国文论的"拿来"与"借鉴"活动的备忘录。其主要特点是：

　　一、视野较为开阔，覆盖面较广，以多方位梳理追求真正的世界眼光，力避局限于一隅。

二、尊重事实，正视历史，力避那种或"言必称希腊"或"言必称罗马"之偏食与偏执。

三、有对于外国文论重大学派在当代中国的命运之反思，有对于外国文论大家名说在当代中国的旅行之梳理，面上扫描辅之以个案清理。力避"思潮至上"与"唯新主义"。

四、对于影响深远的马克思主义文论，同时约请两位专家从不同角度来加以勘察，或偏重于接受历程之描述，或偏重于范式转换之反思，恰好形成视角互补与互证。

五、这些专论的作者，来自不同类型的高校与科研院所，耕耘于外国文论研究与教学一线。有综合性大学的专家也有师范学院的专家、外语学院的专家，有文学院的教授也有外文学院的教授；或专治马列文论，或专攻俄苏文论、英美文论、欧陆文论，或潜心于比较诗学，有比较广泛的代表性，可以比较充分地体现外国文论研究队伍的多元构成。

六、这些文章，或是对外国文论学派学说之影响的清理，或是对外国文论教材的考察，或是对外国文论名著丛书资料翻译成绩的检阅，颇具文献史料与资料索引价值。

目 录

上 编

马克思主义文论在当代中国……………………………… 冯宪光（3）
马克思主义文论在当代中国的范式转换…………… 王　杰（15）
"别车杜文论"在当代中国的命运……………………… 田全金（24）
"社会主义现实主义"在当代中国的理论行程……… 汪介之（46）
英美"新批评"在当代中国的命运……………………… 张　哲（70）
俄苏"形式主义"在当代中国的命运…………………… 耿海英（90）
法国结构主义与当代中国文论的相遇………………… 钱　翰（115）
接受美学在当代中国……………………………………… 马大康（131）
叙事学在当代中国………………………………………… 刘亚律（149）
解构论在当代中国………………………………………… 胡继华（170）

中 编

赫拉普钦科与当代中国的"创作个性"研究
　　………………………………………… 刘锋杰　李　涛（199）
韦勒克文论在当代中国…………………………………… 支　宇（230）
罗曼·英伽登文论在当代中国的接受………………… 张永清（250）
萨特文论在当代中国的接受史之反思………………… 张　驰（274）
罗兰·巴尔特文论的"中国之旅"……………………… 张晓明（306）
巴赫金文论在当代中国的旅行 1979~2009 ……… 周启超（322）
伊格尔顿文论的中国之旅………………………………… 马海良（361）
萨伊德文论在当代中国之旅……………………………… 赵建红（372）

下 编

外国文论在当代中国的四次转向 …………………… 王一川（393）
当代中国"翻译文论"的实绩与问题 ………………… 张　进（404）
当代中国的外国文学理论教材翻译与编写 ………… 汪正龙（426）
外国文论在当代中国的译介（1949～2009）
　　………………………………………… 谢天振　田全金（438）

附　录　外国文论名著、丛书、资料书目与提要
　　　　（中国社会科学院外国文学研究所学者主持编选翻译）
　　　　………………………………………… 田小华　周启超（455）

上　　编

1. 马克思主义文论在当代中国

2. 马克思主义文论在当代中国的范式转换

3. "别车杜文论"在当代中国的命运

4. "社会主义现实主义"在当代中国的理论行程

5. 英美"新批评"在当代中国的命运

6. 俄苏"形式主义"在当代中国的命运

7. 法国结构主义与当代中国文论的相遇

8. 接受美学在当代中国

9. 叙事学在当代中国

10. 解构论在当代中国

马克思主义文论在当代中国

冯宪光

1949年7月2日,在全国革命取得基本胜利,人民正迈入一个广泛地从事经济建设、政治建设、国防建设和文化建设的新中国的时候,在北京召开了中华全国文学艺术工作者代表大会,郭沫若在大会上做了题为《为建设新中国的人民文艺而奋斗》的总结报告。报告指出,建设新中国的人民文艺,文艺工作者就必须学习,"学习革命的理论和政策,学习进步的文艺理论,对于我们就十分必要了"①。周扬在《新的人民的文艺》的报告中也说:"一切前进的文艺工作者必须站在像黑格尔所说的时代思想水平上;今天具体地说,就是站在马列主义、毛泽东思想的水平上。"②这次会议为新中国在中国革命文艺运动基础上进一步开展马克思主义文学理论的翻译、介绍、研究工作,确立了"为建设新中国的人民文艺而奋斗"的目标。

马克思主义的奠基人是出生于德国、长期在欧洲从事革命理论和实践活动的马克思和恩格斯,他们关于文学艺术的论著是马克思主义文学理论的元典。而他们阐述伟大思想学说的著作是用德文等欧洲语言书写成的。因此,新中国成立以后,翻译马克思和恩格斯的文艺论著成为新中国译介和研究马克思主义文学理论的首要任务。1951年8月,由周扬主编的《马恩列斯论文艺》(1953年重印时改为《马克思、恩

---

① 郭沫若:《为建设新中国的人民文艺而奋斗》,刊于北京大学中文系等主编《中国现代文学史参考资料文学运动史料选》,上海教育出版社,1979年版,第661页。

② 周扬:《新的人民的文艺》,刊于北京大学中文系等主编《中国现代文学史参考资料文学运动史料选》,上海教育出版社,1979年版,第700页。

格斯、列宁、斯大林论文艺》)在北京人民文学出版社出版。这是这个半年前才成立的国家出版社最早的出版物之一。这本书以1944年5月延安解放社出版的周扬编《马克思主义与文艺》为基础,选编了20余篇马克思主义经典作家的文艺论著,由曹葆华等翻译,周扬对所有译文都做了校订。同一时期,王道乾翻译的法国让·弗莱维勒选编的《马克思恩格斯论文学艺术》,1951年由上海平明出版社出版。刘慧义翻译了美国纽约国际出版社1947年出版的《文学与艺术(马克思恩格斯原著选集)》,于1953年由北京五十年代出版社出版。刘庆福说:"这两个译本相比,法译本更好些,一是所选内容更为丰富,二是为了避免从全文摘取一段造成断章取义的弊病,不少选段之前,编者加了简短说明,介绍全篇内容及其他有关情况,有助于读者对所选段落的理解。"①人民文学出版社的翻译本延续了延安革命文艺重视学习马克思主义文学理论的传统,发行量更大,影响更广泛。同时,直接翻译和出版国外学者、出版社选编的马恩文艺论著,可以深入认识马克思主义文学理论在世界上的普遍影响。新中国建国伊始,这些论著的翻译、出版,开辟了新中国对马克思主义文学理论的传播和建设的道路。

对马克思、恩格斯文艺论著较为全面的译介,是对前苏联著名马克思主义文论学者米海伊尔·里夫希茨所选编的《马克思恩格斯论艺术》(两卷本,苏联国家艺术出版社,1957年第二版)的翻译,全书个别篇目除采用中共中央编译局已经翻译、出版的中文版《马克思恩格斯全集》译文外,其余均由曹葆华翻译。全书根据苏共中央马克思主义研究院出版的《马克思恩格斯全集》的第一版和第二版,选录了马克思、恩格斯论述文艺问题的几乎所有的文字,"现在这部书首先是以十分完备为特色的"②。《马克思恩格斯论艺术》中译本分四卷,历时6年(1960～1966)方才出齐。通过对这部书的翻译,国内文艺界才比较全面地了解到,马克思、恩格斯都是文艺素养很深的人,他们关于文艺问题如此丰富的权威性论述是马克思主义文学理论的重要基础。

---

① 刘庆福:《马克思恩格斯文艺论著在中国翻译出版情况简述》,载于《北京师范大学学报》1983年第2期。
② [苏]米海伊尔·里夫希茨编:《马克思恩格斯论艺术》(一),曹葆华 译,人民文学出版社,1960年版,里夫希茨"序言"第37页。

列宁是马克思主义的经典作家,他的文艺论著在前苏联有重要影响。新中国成立以后同样十分重视对列宁文艺论著的翻译、出版。从1950年开始,陆续出版了列宁关于文艺问题的相关著作,比如《列宁给高尔基的信》(张古梅译,上海时代书局,1950年版)、《党的组织和党的文学》(第一个版本由司徒贞译,北京新潮书店,1950年版;第二个版本由曹葆华译,人民出版社,1954年版)、《论托尔斯泰》(立华译,中外出版社,1952年版)、《列宁论作家》(吕荧辑译,上海新文艺出版社,1952年版)等。当《列宁全集》没有全部在中国翻译、出版之时,特别是没有对列宁文艺论著的材料全面系统地进行研究时,依靠苏联学者的研究成果,翻译前苏联学者根据俄文版《列宁全集》选编的列宁论文学艺术的专书,成为新中国全面掌握列宁文艺思想的快捷途径。因此,1958年人民文学出版社出版了前苏联国家出版社1957年版的《列宁论文学》(贝奇科夫、普倩采夫、克拉斯诺娃编,曹葆华等译)。1960年人民文学出版社又出版了前苏联国家出版社1957年版(两卷本)《列宁论文学与艺术》(尼·伊·克鲁奇科娃编),译文全部采用中央编译局《列宁全集》中文版第一版的翻译。对列宁文艺论著的全面译介,推动了新中国文学艺术的健康发展。1959年人民文学出版社还出版了《斯大林论文学与艺术》(曹葆华等译)。

为了更为广泛地翻译、出版国外马克思主义文艺理论书籍,1958年12月,哲学社会科学学部文学研究所(后为外国文学研究所)组建编委会,与人民文学出版社、上海新文艺出版社合作,翻译、编辑出版了《马克思主义文艺理论丛书》《外国文艺理论丛书》《外国文学名著丛书》等"三套丛书",其编委有:巴金、钱锺书、朱光潜、季羡林、李健吾、楼适夷、杨宪益等。据当时在人民文学出版社编辑《马克思主义文艺理论丛书》的程代熙回忆:"上面提到的'三套丛书',在后来出书时正式亮出丛书名称的只有两套,即《外国文学名著丛书》和《外国文艺理论丛书》。而《马克思主义文艺理论丛书》的旗号却始终没有正式打出来,一个最重要的原因是,我们深深感到自身经验的不足,因为这不是编辑一套一般文艺理论丛书,而是经典文艺理论丛书。所以,我们没有急于打出丛书的旗号,何况此丛书中的《马克思恩格斯论艺术》和《列宁论文学与艺术》两本只是简单地从外国'拿来',还不是我们自己学者编辑的本子。为了使读者意识到这是一套丛书,我们只是在封面、版式、规格等方面先做到大体上的一致。"①在《马克思主义文艺理论丛书》系列中还出版了日丹诺夫的《论文学与艺术》(戈宝权等译,人民文学出版社,1958年版)、拉法格的《文学论文选》(罗大冈译,人民文学出版社,1962年版)等。

  以上是自新中国成立到1966年前国外马克思主义文论的翻译、出版简况。这些出版物更多地吸收了苏联学者对马克思主义文学理论的研究成果,这与当时中国文学理论主要借鉴苏联马克思主义文论的模式在总体上是一致的。1966年到1976年十年间,当时处于"文化大革命"的特殊年代,虽然在口头上也坚持马克思列宁主义,但是实际上不读马列,对于马克思主义文学理论的翻译、出版和研究工作受到干扰,陷于停顿、中断,只有在进入改革开放的社会环境中才重新开始马克思主义文论的翻译、出版。比如"文革"时期哲学社会科学学部文学研究所选编《列宁论文学与艺术》,"选编工作始于七十年代初,何其芳、蔡仪同志都曾亲自指导过这一工作。由于连年运动,光阴蹉跎,工作几经中辍。1978年重新开始这一工作"②。

  为了全面、系统、深刻地理解和掌握马克思主义文学理论的实质和精髓,破除"极左"思潮对于马克思主义文学理论的曲解,引领新中国文学艺术在马克思主义轨道上的重新出发,再次选编、出版国外马克思主义的文艺论著,已经成为文艺界的普遍要求。1978年5月,中宣部批准恢复《马克思主义文艺理论丛书》《外国文艺理论丛书》《外国文学名著丛书》三套丛书的出版工作。同时,随着中共中央编译局翻译的《马克思恩格斯全集》和《马克思恩格斯选集》的陆续出版,以及文艺界积累了学习、掌握马克思主义文学理论的正反两方面的经验和教训,出版由中国学者选编的马克思、恩格斯、列宁的文艺论著,使之成为新中国文学艺术在遭受挫折以后重新崛起的指路明灯,这样的客观条件也已经成熟。于是,在20世纪80年代,对马克思主义文学理论的翻译、出版,出现了一个新的高潮。

---

  ① 程代熙:"我是在编辑《马克思主义文艺理论丛书》的工作中成长起来的",载于《批评家》1986年第5期。
  ② 钱中文:"《列宁论文学与艺术》后记",刊于中国社会科学院文学研究所文艺理论研究室编:《列宁论文学与艺术》,人民文学出版社,1983年版,第457页。

1980年，人民文学出版社出版了北京大学中文系文艺理论教研室选编的《马克思、恩格斯、列宁、斯大林论文艺》。这本书与20世纪50年代周扬校订的同名书籍在所选编篇目上，从20多篇增加到50篇，译文全部采用中央编译局的翻译，其中有的文章在出版前还由中央编译局重新校订。1982~1983年陆梅林辑注的《马克思恩格斯论文学与艺术》（一）（二）两册由人民文学出版社出版。陆梅林在选编此书时参考了里夫希茨的《马克思恩格斯论艺术》，里夫希茨所编之书，在第一册按照"艺术创作的一般问题"、"唯物主义的文化史观"、"阶级社会中的艺术"和"艺术与共产主义"几个问题，辑录马恩有关论述，而把"专门论述艺术创作的一般问题的那部分现在提到了首位"。①与里夫希茨不同，陆梅林辑注的书则把"科学的世界观和方法论"置于卷首。编者的认识是，"在选辑文学艺术论这部分时，着重辑录了科学的世界观。辩证唯物主义和历史唯物主义是我们考察人类历史、社会生活和文学艺术现象的科学的方法论"②。而且，顺应中国学术界在新时期重视研究文艺审美特性的时代文化需要，编者认为："马克思在美学方面，有许多深刻的见解和命题，值得深入探讨。"③这种选编思路体现了新时期中国学者更加重视完整、准确地掌握马克思主义的世界观、方法论，并且按照文艺自身的特性与规律，科学地分析文学艺术问题。1983年，人民文学出版社出版了中国社会科学院文学研究所文艺理论研究室所编《列宁论文学与艺术》。这是又一部中国学者自主选编的马克思主义经典文论著作。与以前已经出版的翻译苏联学者选编的《列宁论文学》（含书信共28篇文章的小型本）、《列宁论文学与艺术》（两卷集的大型本）不同，这本书收集了列宁有关文艺论述的主要论著，在篇幅上介乎上述两本书的中型本，钱中文在后记中对本书选文所体现的列宁的文艺思想做了全面论述。

陆梅林辑注的《马克思恩格斯论文学与艺术》和中国社会科学院文

---

① 米海伊尔·里夫希茨编：《马克思恩格斯论艺术》（一），曹葆华译，人民文学出版社，1960年版，里夫希茨"序言"第38页。

② 陆梅林辑注：《马克思恩格斯论文学与艺术》（一），人民文学出版社，1982年版，"编者的话"第1页。

③ 同上，第2页。

学研究所文艺理论研究室所编《列宁论文学与艺术》这两本书,是 20 世纪 80 年代新中国翻译和出版马恩、列宁经典文艺论著的重要成果,成为 20 世纪 80 年代以来中国学者研究马克思主义文论的必备、必读书籍。这两部书在选编上突出的马克思美学思想、马恩的现实主义文艺思想、列宁的能动反映论、艺术属于人民等重要思想,都对当时中国建设新时期的文学理论有重要指导作用。特别是中共中央编译局列宁斯大林著作编译室在《红旗》1982 年第 22 期上,发表了列宁 1905 年撰写的《党的组织和党的出版物》的新译文。新的译文把文章标题上以及贯穿全文的关键词语"партийная литература"重新做了翻译,将旧译的"党的文学"改译为"党的出版物"。① 对译文做这样的修改,更为符合列宁在全文中强调的党的出版物的宣传工作性质,而并不是把文学这个与党的出版物在概念上不能完全等同的东西,单纯地作为党的工作任务的工具。1981 年以来,中国共产党正在总结长期以来领导文艺的经验和教训,调整党的文艺方针,不再提"文艺为政治服务"的口号。贺敬之说:"毛主席《在延安文艺座谈会上的讲话》的根本原则是对的。他解释文艺不能脱离政治这一点,很精辟,我们要坚持。但他讲'文艺是从属于政治的',讲'一切文化或文学艺术都是属于一定的阶级、属于一定的政治路线的',讲的就有些极端。"② 查阅毛泽东的延安讲话,毛泽东指出:"无产阶级的文学艺术是无产阶级整个革命事业的一部分,如同列宁所说,是整个革命机器中的'齿轮和螺丝钉'。因此,党的文艺工作在党的整个革命工作中的位置是确定了的、摆好了的;是服从党在一定革命时期内所规定的革命任务的。"③ 从中可见,毛泽东提出"文艺从

---

① 列宁的这篇文章第一次中译文发表于《中国青年》第 144 期(1926 年 12 月 6 日出版),题目被译为《论党的出版物和文学》。戈宝权在 1941 年 1 月出版的《文艺阵地》六卷一期《列宁逝世纪念特辑》中,发表了他辑译的《列宁论文学艺术与作家》,其中把列宁此文译为"党的组织和党的文学"。1942 年 5 月延安《解放日报》刊登此文时沿用"党的组织和党的文学"的译法。此后在中国出版物上一直用这个译法,到 1982 年改译为"党的组织和党的出版物"。

② 贺敬之:《文艺为人民服务,为社会主义服务》,载于《贺敬之文集》3,文论卷(上),作家出版社,2005 年版,第 320 页。

③ 毛泽东:《毛泽东论文艺》(增订本),人民文学出版社,1992 年版,第 54 页。

属于政治"的论断的理论根据就是列宁1905年的这篇文章,他把列宁主要表述的党的文化机构的出版物是党的"齿轮和螺丝钉"的思想,根据当时将"出版物"译为"文学"的中文翻译文本,得出文学艺术必须从属于党的工作任务的结论。中国社会科学院文学研究所文艺理论研究室所编《列宁论文学与艺术》采用了中央编译局1982年的新译文。新的译文客观地呈现了列宁的思想,为新时期党和政府对文艺方针的调整,加强中国化马克思主义文艺理论建设,推进文学艺术在"文革"以后出现新的巨大繁荣发展,作出了重要贡献。

新时期中国文学理论的建设就是从中国学者自主翻译和出版的马克思、恩格斯、列宁的文艺论著开始奠基的。上述几部著作都是当时中国文学理论工作者案头的必备书籍。其时,各个高校中文系和一些外文系都普遍开设了"马列文论课",高校教师选编马克思主义经典文论作为教材,其中有代表性的教材是纪怀民、陆贵山、周忠厚编《马克思主义文艺论著选讲》(中国人民大学出版社,1982年9月第1版)。这个教材经过反复修订,到2007年7月由陆贵山、周忠厚编《马克思主义文艺论著选讲》(中国人民大学出版社)已经出版第四版,成为全国高校马列文论课程使用最为普遍的教材。

马克思主义经典作家的文艺论著是马克思主义文论的元典。一百多年来,国外马克思主义文论则经历了几代人的建构和发展,形成为全世界文论,特别是欧美各国文学理论不可小视的理论重镇。新中国从20世纪50年代开始就十分重视对俄罗斯、前苏联的马克思主义文论的译介。俄罗斯早期马克思主义理论家普列汉诺夫的《没有地址的信》等早在1929年就已被译为中文,1962年人民文学出版社重新出版《没有地址的信 艺术与社会生活》合集的新译本(曹葆华等译)。"1963年,毛泽东又提出学习30本马列著作的意见。7月11日,他在中南海颐年堂召集中央部门管理论宣传教育工作的同志,就学习马列著作做出布置。他说……书目中还应有普列汉诺夫的著作。30本书都要出大字本,译文要校对一下。"[1]作为30本马列著作之一,三联书店在

---

[1] 逄先知:《毛泽东读马列著作》,见龚育之、逄先知、石仲泉编《毛泽东的读书生活》,北京三联书店,1996年版,第33页。

1964年出版了普列汉诺夫的《论艺术（没有地址的信）》大字本。① 这一时期，还出版了苏联无产阶级作家高尔基的《高尔基文学论文选》（孟昌译，人民文学出版社，1958年版）、马克思主义理论家卢那察尔斯基《论俄罗斯古典作家》（蒋路译，人民文学出版社，1958年版）等。而在20世纪50年代，中国文艺界在讨论现实主义、真实性、典型等重要文艺理论问题时，往往在《文艺报》上大量译介当时苏联有关这些问题的理论论著，作为支撑中国文艺理论界认识这些问题的理论资源。1954年，北京大学举办文艺理论进修班，邀请苏联学者毕达可夫主讲文艺理论，全国各主要高校派出文艺理论教师参加学习。毕达可夫是季摩菲耶夫的学生。季摩菲耶夫的《文学原理》1934年出版，此后多次再版，是被前苏联高等教育部批准用作大学语言文学系及师范学院语言文学系的马克思主义文艺理论教科书。1953年该书由查良铮译成中文，上海平明出版社出版。季摩菲耶夫的《文学原理》和根据在北大进修班的讲义出版的毕达可夫的《文艺学引论》（北京大学中文系文艺理论教研室译，高等教育出版社，1958年版）认为"马克思列宁主义的文艺理论是文艺理论思想发展的最高阶段"，把文学作为意识形态是认识生活的一种形式，以文学对生活的形象反映是文学的特性等命题，作为马克思主义文论的理论核心。本书提出的许多概念都为当时中国的文艺理论研究者所沿用，它在结构体例和方法上，在基本的思想倾向上，极大地影响了改革开放前中国的文学理论体系的建设。

　　1978年以后的改革开放，扩大了中国译介和研究国外马克思主义文论的视野。陆梅林的《论文学》（张玉书等译，人民文学出版社，1982年版）和《普列汉诺夫哲学著作选集》第五卷的出版（曹葆华译，三联书店，1984年版，收录了普列汉诺夫1888～1913年的美学、文艺学著作19篇）是研究马克思主义文艺理论建构时期第一代马克思主义文论家思想的重要资料。其时，高尔基《论文学》（孟昌等译，人民文学出版社，1978年版）、高尔基《论文学（续集）》（孟昌等译，人民文学出版社，1979年版）、卢那察尔斯基《论文学》（蒋路译，人民文学出版社，1978年版）、沃罗夫斯基《论文学》（程代熙等译，人民文学出版社，1978年版）等也

---

① 1973年北京三联书店又根据大字本，出版普列汉诺夫《论艺术（没有地址的信）》32开的通行本。

相继出版,程代熙说:"普列汉诺夫和沃罗夫斯基都是同时代的俄罗斯著名马克思主义文论家,他们二人和卢那察尔斯基一起,被视为俄国马克思主义的三大批评家。"①就在这个时期,苏联之外的国外马克思主义文论也被纳入了新中国的研究范围。1980年,英国牛津大学日耳曼语文系泰勒讲座教授柏拉威尔的《马克思和世界文学》中译本(梅绍武等译,三联书店版)面世,初显了欧美马克思主义文论的面貌。此书按照马克思生平的年代顺序研究马克思和文学的关系,揭示了马克思文艺思想随着生平事业发展的演变过程和马克思文艺思想的丰富性、复杂性,书中有马克思认为"伟大的文学是能够超越某一流行的意识形态之上"、"作为一个全面的人表现自己"、②"马克思在谈到文学时从来没有用过'反映'或'反射'的形象"③等不同于苏联对马克思文艺思想解读的论述。而且还指出,在马克思之后,许多理论家进行了一个具有连续性的马克思主义文艺理论的建构活动,除了恩格斯、列宁、普列汉诺夫、梅林之外,还有其他国外马克思主义理论家,他们就是"考德威尔、卢卡契、布莱希特、本杰明、艾德曼、费希尔、葛兰西、台拉·伏尔普、马契雷和许许多多其他的人,他们发展了今日所谓马克思主义文学理论和文学批评。这种发展所根据的出发点往往是马克思在那些根本没有公开谈论文学的著述中可能给予的暗示"④。这里就为中国研究者展示了一个欧美马克思主义文论的视野。

1982年,吴元迈发表了《关于马克思恩格斯的文艺遗产》一文,此文的副标题是"西方对马恩文艺遗产的研究的历史考察",除深入评介苏联对马恩文艺遗产的研究外,还着重评介了欧美学者对马恩文艺思想的研究,在批驳了否定马克思主义文艺思想科学性的"马克思学"后,也肯定了欧美一些曾经是共产党员的理论家和一些学者对马克思主义文艺思想研究的新见解。这是在改革开放以后较为全面地认识国外马

---

① 程代熙:《程代熙文集》第8卷,长征出版社,1999年版,第487页。
② 柏拉威尔:《马克思和世界文学》,梅绍武等译,北京三联书店,1980年版,第542页。
③ 同上,第549页。
④ 同上,第566页。文中提到的"本杰明、艾德曼、台拉·伏尔普、马契雷"现通译为"本雅明、戈德曼、德拉·沃尔佩、马歇雷"。

克思主义文论的有开拓性的论文。① 吴元迈文中认为的严肃学者伊格尔顿的《马克思主义与文学批评》中译本于1980年作为"内部发行"出版,是新时期出版的第一部欧美学者的马克思主义文论专著。译者前言说:"对于当前外国研究和阐述马克思主义文艺理论的论著,不管其中的论点是我们所同意的还是不同意的,也都需要搜集和了解,并通过比较加以检验和鉴别。"②这种开放的态度,推进了新中国对国外马克思主义文学理论,特别是对欧美国家马克思主义文学理论的译介和研究从"内部"走向公开。

人民文学出版社陆续出版卢森堡《论文学》(王以铸译,1983年版)、葛兰西《论文学》(吕同六译,1983年版),而在中国社会科学院外国文学研究所编的"外国文学研究资料丛刊"("丛刊"后改为陈燊主编《外国文学研究资料丛书》)中出版了一些国外马克思主义文论重要著作,如《卢卡契文学论文集》(一)(中国社会科学出版社,1980年版)(二)(中国社会科学出版社,1981年版)等。卢森堡、葛兰西和卢卡奇等的文论著作的出版,特别是陆梅林选编的《西方马克思主义美学文选》(漓江出版社,1988年版)的出版,标志着新中国对包括"西方马克思主义"在内的当代欧美马克思主义文论的译介、研究开始起步。陆梅林选编的《西方马克思主义美学文选》节选了卢卡奇的《历史和阶级意识》和佩里·安德森的《西方马克思主义探讨》这些成为"西方马克思主义"基本典籍和总体概括的著作,并且分国别选入布洛赫、本雅明、马尔库塞、费歇尔、阿多诺、勒斐伏尔、萨特、阿尔都塞、戈德曼、马歇雷、威廉斯、伊格尔顿、詹姆逊等13位国外20世纪著名马克思主义理论家的文论。此后,董学文、荣伟主编的《现代美学新维度——"西方马克思主义"美学论文精选》(北京大学出版社,1990年版)按照"现实主义与现代主义"、"本体论美学研究"和"艺术形式与文本结构"等主题选文,扩大了国内对国外马克思主义文论原始材料的占有。1988年12月由中国艺术研究院马克思主义文艺理论研究所、中国社会科学院外国文学

---

① 吴元迈:《关于马克思恩格斯的文艺遗产——西方对马恩文艺遗产的研究的历史考察》,载于《江淮论坛》1982年第5期。

② 伊格尔顿:《马克思主义与文学批评》,文宝译,人民文学出版社,1980年版,"译者前言"第1页。

研究所、四川大学中文系等单位联合召开"西方马克思主义文艺理论和美学理论学术讨论会",提供了陆梅林选编年版《西方马克思主义美学文选》和冯宪光的《西方马克思主义文艺美学思想》(四川大学出版社,1988年版)作为会议资料,与会者认为,"这两本书在资料的选编和系统论述上,在国内都具有开拓性"①,会议就当代欧美马克思主义文艺理论的发展和特征、代表理论家的观点等问题进行了讨论。

改革开放的新中国打开了全面眺望国外马克思主义文论的窗口,形成对国外马克思主义多元化发展格局的认识,使对国外马克思主义文论的译介逐渐增多,研究不断深入。而且,自20世纪90年代以来,中国步入社会主义现代化建设的高速发展时期,社会的转型发展带来的文艺的新变化,需要更多地了解国外马克思主义文论对文化、艺术现代性的一些理论观点。它们长期讨论现代社会中艺术与人的生存处境、艺术的生产与消费、现代主义与后现代主义的文化与艺术等问题,许多观点和意见对于正在现代化进程中建设有中国特色的现代文化和文艺理论的新中国有明显的借鉴意义。因此,这十多年来,中国对于国外马克思主义文论的译介、研究进入了一个新的阶段。这个阶段的主要特点就是在继续深入研究马克思主义经典作家文论的同时,重点研究欧美国家的当代马克思主义文论,出现了翻译和研究的一些重要成果。

在翻译方面,王逢振和美国学者J.希利斯·米勒主编的《知识分子图书馆》,在编委会中就有美国马克思主义理论家弗雷德里克·詹姆逊,而《知识分子图书馆》丛书(中国社会科学出版社,1998~2003)则出版了葛兰西、本雅明、雷蒙德·威廉斯、詹姆逊、伊格尔顿、阿里夫·德里克等多部国外马克思主义文论著作,这些著作体现了当代国外马克思主义文论跨学科、跨文化的学术特色,研究的对象主要是社会文本,涉及文学、哲学、历史、人类学、政治学、社会学、建筑学、影视、绘画等。其中的《文化研究读本》选编了国外马克思主义的文化研究的论著,《文化研究访谈》对重要理论家就文化研究问题做了专访,全面地呈现国外马克思主义在20世纪后半期开展的文化研究的基本面貌,对于国内方

---

① 参见《新的开拓,新的探索——全国首次"西方马克思主义文艺理论和美学理论学术讨论会"综述》,载于《文艺理论与批评》1989年第2期。

兴未艾的文化研究有重要推动作用。这套译著每本均有译者前言,都是译者对著作的研究成果。比如罗钢、刘象愚为《文化研究读本》撰写的前言,对国外马克思主义文化研究的历史、理论与方法做了系统论述,是一篇高质量的研究论文。在这部丛书引领下,国内许多出版社在各种丛书名目下,几乎把国外马克思主义主要文论家的重要著作都翻译到中国来。在詹姆逊70周岁时,王逢振主编了《詹姆逊文集》四卷(中国人民大学出版社,2004年版),这是中国首次出版的当代国外马克思主义理论家的文集。近年来,《哈贝马斯文集》等也在陆续翻译出版。

在研究方面,初步形成了一个由中青年学者为主体的较为稳定的当代国外马克思主义文论的研究队伍,许多翻译者也同时是研究者。冯宪光、刘象愚、马驰、冯毓云等的国外马克思主义文论的总体的问题式的研究,朱立元等的国外马克思主义文论与后现代主义关系研究,罗钢、王晓路、汪民安、麦永雄等的国外马克思主义文化研究的研究,黄力之、刘秀兰的卢卡奇研究,王逢振、陈永国、胡亚敏等的詹姆逊研究,赵勇的法兰克福学派研究,曹卫东的哈贝马斯研究,程巍的马尔库塞研究,王杰、王尔勃等的英国马克思主义文论研究,马海良等的伊格尔顿研究,孟登迎等的阿尔都塞研究,张意等的布迪厄研究,傅其林等的布达佩斯学派研究等,在深度和广度上对国外马克思主义文论研究有所深化和开拓。这些研究成果对于中国当代文学理论的建设有显著的借鉴意义。

新中国的马克思主义文论的翻译和研究走过的道路表明,新中国成立伊始就首先抓住对马克思主义经典文论的翻译、研究,奠定了后来在改革开放形势下全面认识、研究国外马克思主义文论发展历程,扩展国外马克思主义文论研究领域的坚实的理论基础。对前苏联马克思主义文论的研究以及对当代欧美马克思主义文论的研究,都要回到马克思学说的理论原点,坚守马克思主义的理论底线,用马克思的学说去深入分析苏联马克思主义文论和欧美马克思主义文论的特色和局限,为建设中国化的马克思主义文学理论提供借鉴。这就是新中国六十年国外马克思主义文论译介、研究的宝贵经验。

马克思主义文论在当代中国的范式[①]转换

王 杰

（一）

如果说以毛泽东《在延安文艺座谈会上的讲话》所确立的"文艺大众化"理论形态为标志，马克思主义文论在中国完成了理论范式的创构的话，那么在这以后的60年间，马克思主义文论在中国真正实现了理论范式的转换。作为一种"理论范式"的马克思主义不同于作为一种"主义"、"学说"、"思想指南"的马克思主义。如果说20世纪20年代以来，中国早期的文学家、理论家与政治家们更多地着眼于中国社会的现实吁求，在翻译、引进与介绍马克思主义的过程中更多地将马克思主义的"学说"、"观念"与中国实际的社会问题、政治问题相联系，更多地以"文学革命"的"形式"意义传播马克思主义文艺理论的话，那么经过了20世纪40年代毛泽东《在延安文艺座谈会上的讲话》的"文艺大众化"的理论创构，从20世纪50年代到今天，60年间，马克思主义文论在中国的发展早已摆脱了"形式化建构"以及"内容书写"的初期特征，开始

[①] "范式"是由美国著名科学哲学家托马斯·库恩提出并在《科学革命的结构》(1962)中系统阐述的概念。在库恩看来，"范式"是一个成熟的科学共同体在某个时期内所形成的研究方法、问题领域和解答标准的整体标示，"取得了一个范式，取得了范式所容许的那类更深奥的研究，是任何一个科学领域在发展中达到成熟的标志"。每一个新范式的出现，都可能会导致重大科学成就的基本问题的变化。见托马斯·库恩：《科学革命的结构》，北京大学出版社，2003年版。

显出实际有效的理论影响,这也正是马克思主义文论在中国发生理论范式转换的重要过程。

60年间,马克思主义文论在中国的范式的转换同样是一个复杂、矛盾与充满各种思想交锋的过程,在某种程度上,它比马克思主义中国化的早期历程更加艰难。因为理论范式的转换不仅仅意味着理论学说在选择与接收的单向传播和纵向发展,更意味着文学理念、思维形式、研究方法、话语体系、表达方式等多方面的综合变革,它充满了希冀、欣喜与理论收获的喜悦,同时也是一个孕育"危机"、提出问题、面临挑战同时又在"危机"与挑战中发生重要的理论转型的过程,"克服危机的过程与解决和回答现存的问题是同步的"①。就具体过程而言,作为一种理论范式的马克思主义文论在中国的发展又是与理论与学说的译介传播不可同日而语,它意味着马克思主义作为一种整体观念开始与中国当代文艺问题、文学实践相融合;意味着马克思主义文论的理论建构、体系建设与观念影响、思想指导开始真正落实到了文学研究的具体过程;意味着马克思主义不再是平面地介入社会与政治问题的外在方式,而成了真正深入文学领域的精神力量与思想力量;意味着马克思主义文论在中国的理论创构已经显示了实际效力。从这些角度而言,马克思主义文论在中国的理论范式的转换过程即是马克思主义文论走向深入发展综合创新的过程,同时也是马克思主义文论开始真正意义上展现出中国化、大众化与时代化的实绩的过程。

我们曾经认为,20世纪20年代开始的马克思主义文论中国化的早期历程展现的是一种"文学革命"的"形式化"的过程,到了20世纪40年代,马克思主义文论的中国化历程开始从"文学革命"的"形式化"阶段向"文艺大众化"的理论观念与理论形态的"内容书写"转变。无论是20世纪20年代马克思主义文论中国化的早期阶段,还是20世纪40年代马克思主义文论的理论创构时期,马克思主义文论在中国的发展都具有单一的特征,马克思主义文论的知识谱系、话语体系与理论影响都不同程度地具有狭窄的一面,即使是20世纪40年代马克思主义文论在"文艺大众化"的理论观念中有效地熔铸了"文化领导权"理念而成为文艺政策、文艺体制与权力话语的有利的表达形式,它仍然没有摆

---

① 李衍柱:《范式革命与文艺学转型》,载于《社会科学辑刊》2005年第2期。

脱"外来"与"送来"①的理论接受上的尴尬。而如何摆脱这种"外来"与"送来"的尴尬正是马克思主义理论范式深入中国文学实践的首要任务。这里面,当然首先还是一个接受的过程问题,也就是说在"接受"的层面上我们如何真正摆脱"他论"思维,真正把马克思主义的思想与精神融入我们自己的文学理解与文学研究之中。我们可以发现,从新中国的成立到21世纪的今天,马克思主义文艺理论的中国化正是在这方面展现了可圈可点的成就。时至今日,马克思主义文论在中国已经不再满足于"理论"、"主义"、"学说"的平面介绍,而呈现出了一种综合研究的局面;不再是对马克思主义的文本做有选择性的介绍和有实际问题针对性的评述,而开始了整体、全面、系统地消化吸收马克思主义的经典文本,开始立足于中国文艺的现实,着力于对作为一种理论范式的马克思主义文论的整体综合研究。从引进与介绍规模上看,60年来,马克思主义文论的引进与介绍已经进入了鼎盛时期,从20世纪50年代出版的周扬主编的《马恩列斯论文艺》到各种版本的马克思、恩格斯的全集、选集和文艺论著合集,马克思主义文论的中国接受更加多元和变化。②从译介、介绍、研究的对象上看,从最开始的列宁的《论党的出版物和文学》,到马克思、恩格斯、列宁、斯大林、毛泽东、周恩来、邓小平等,诸多马克思主义经典作家的理论著述都在马克思主义文论研究视野之中。从学术团体和学术队伍上看,马克思主义文论研究格局更加兴盛,研究队伍更加充实和丰富,当然,研究成果也正像有的研究者说的那样可以用"收获巨大,成就辉煌"来概括。③

20世纪50年代以来,马克思主义文论在中国的范式转换不仅仅表现在研究格局的深入与拓展上,还表现在深层次的接受方式与接收策略的自觉调整上。新中国成立以后,随着执政党意识形态与文化领

---

① 毛泽东在《论人民民主专政》中说:"中国人找到马克思主义,是经过俄国人介绍的……十月革命一声炮响,给我们送来了马克思主义。"见《毛泽东选集》(第四卷),人民出版社,1991年版,第1471页。

② 冯宪光:《六十年马克思主义文学理论的译介和研究》,载于《社会科学战线》2009年第10期。

③ 朱立元:《新时期文论大发展与马克思主义文论中国化》,载于《文艺争鸣》2008年第7期。

导权地位的巩固与建设,马克思主义文论在中国成功实现了理论观念与思维方式上的转换与调整。曾经作为一种解决社会实际问题的马克思主义的接受方式发生了重大的变化。马克思主义不再仅仅作为介入社会实际问题的直接的单一的方式发挥作用,新的历史语境中的马克思主义不再仅仅作为解决社会政治与现实问题的"主义"与"思想"的指南,不再仅仅强调马克思主义的"宣传"与"指挥"意义,而是上升到"文化领导权"、执政党核心价值思想体系、先进文化代表与统率等更高级的层面上。在具体的研究中,不仅仅强调从马克思主义到社会问题的维度,更强调从社会问题到马克思主义整体精神与整体观念的维度,从而实现理论与实践、理论与经验、理论与应用上的整体拓展。在这方面,理论上和思想上的收获是明显的,从20世纪80年代的文化热、90年代文论大发展以及目前文论研究的多元格局的形成,马克思主义文论在中国既起到了推动文学发展、繁荣文化建设的重要作用,同时也在自身的发展中强化了实践品格与价值特色,从而展现了综合多元发展的态势。

60年间马克思主义文论在中国的理论范式转换还体现在:在文艺研究与审美研究领域中不再将马克思主义的文艺思想孤立化、片面化、机械化和程式化,不再将马克思主义经典作家的只言片语或个别概念作为研究文艺问题的引证依据,不再将马克思主义的理论学说和观念简单机械地套用到文学阐释过程,而是开始注意在文学与审美领域中真正践行马克思主义的思想精神与理论精神,重视理论形态建设与理论表达方式问题;不再就概念谈概念、就学说引学说、就理论说理论,而是在整体上将马克思主义理论观念融入中国语境与中国问题,走向马克思主义文论研究的内部,建构理论体系,消化理论观念,辨析具体问题,合理应用有效转换。从20世纪50年代开始,虽然经过了"文革"十年的历史迷误,但从20世纪80年代以来,中国马克思主义文论的体系建设与理论研究仍然取得了重要的成绩,在文学与政治的关系、文学的人学观念与人性立场、典型化原则的梳理与接受、现实主义文学原则的理论探索、文学生产与文学消费研究等方面,马克思主义文艺观念都发挥了重要的作用,在文学主体性精神的探究、文艺学研究方法的开拓、人文精神的大讨论,以及审美意识形态研究、新理性文论、古代文论的现代转换、全球化问题的深入探索、中国美学与文化多样性问题研究等重大学术问题上,马克思主义的理论形式与思想观念的启发是十分明显的。这说明,在当代文学与理论研究格局中,马克思主义文论所占的比重是巨大的,马克思主义文论的学术意义仍然是不可忽视的。而这些成绩的取得并非完全在于马克思主义以及马克思主义文论自身的理论和思想的优越性,关键仍然在于马克思主义在中国语境、中国经验与中国问题上发挥了重要的实践影响,马克思主义文论的理论范式发挥了重要的作用。

马克思主义文论在中国的范式转换以及理论上的重要影响还体现在:在文学研究中,不再强调马克思主义是一种独断性、排斥性、唯一性的理论观念与思想形式,不再将马克思主义绝对化和独白化,注意在马克思主义与当代西方其他文艺观念的比较对话中找到马克思主义文论的更合理有效的应用形式,不再固守马克思主义的一种理论资源,开始强调在马克思主义和多种理论资源的对话比较中以更加积极的方式从事马克思主义文学研究和马克思主义理论研究的系统工程。这正是体现了马克思主义文论整体发展的宏观道路,说明在当前文论研究与发展中,马克思主义文论与其他文论资源一样同样处于思想解放理论发展的大语境中,从而体现了马克思主义文论中国化的深刻内涵和广阔视野。

(二)

过去的60年,马克思主义理论范式在中国已经由一元走向了多元,由封闭走向了开放,由单一走向了综合。马克思主义文论在中国发生了理论范式上重要的转型,这是马克思主义文论在面向中国问题与中国语境过程中所展现出来的生命力,同时也是中国马克思主义文论研究与建设的重要成绩。但是,这个转型的过程并非是直接而简单地发生的,而是裹挟着不同理论传统的矛盾与冲突、多种的理论资源融合的压力与焦虑、不同理论话语趋同与求异的危机与挑战。即使在今天,马克思主义文论在中国的范式转换仍然面临着更加艰巨的任务。在新的历史文化语境中,中国的马克思主义文论需要进一步明确理论建构的原则与方向,需要进一步完善理论形态深化理论观念,实现理论发展的重大突破;同时更需要进一步增强实践性与批判性,发挥思想张力和理论影响,在充分融入当代审美文化现实中实现理论的综合创新。这既是新的文化时代对马克思主义文论的理论发展提出的重要问题,同时也是中国马克思主义文论的历史责任。

在过去的 60 年间,马克思主义文论的中国化呈现了崭新的面貌,但我们不能当然地认为中国马克思主义文论的建设与发展会是一帆风顺的,不能笼统地认为只要我们坚持马克思主义的唯物史观、坚持马克思主义理论观念,马克思主义文论的中国化成果就会不断扩大。在当代思想文化条件与社会文化语境中,马克思主义文论建设仍然面临着更大的挑战,中国当代马克思主义文论研究仍然存在着这样那样的问题,特别是从 20 世纪 90 年代以来,世界文论的大发展、当代西方各种文化思潮的不断涌现、种种思想裂变的冲击以及中国当下社会文化与文学实践的复杂走向,更给马克思主义文论建设增加了更大的压力,这就需要我们同样要认识到中国马克思主义文论的整体发展与综合创新之路会充满各种挑战,马克思主义文艺学的理论建设的任务也更加繁重。

在挑战与压力面前,一方面需要我们要在当前社会现实演变与思想文化格局变换中对马克思主义文论的学术意义保持清醒的认识,在文化多样性面前对马克思主义文论的位置、责任以及未来发展方向作出认真的探索。从发展历程上看,马克思主义文论引入中国也是经过了一段较长时间才得到系统整理与消化的,是在特殊的历史与文化语境中形成"中国化"的理论形态与表达方式的,马克思主义文论在中国理论范式的转变经过了 60 年才逐渐形成把握中国的理论问题的方式,这也提醒我们注意,马克思主义文论与中国问题、中国语境的融合会通,目前仍然是当前马克思主义文论在中国理论范式转换的主要任务之一。

另一方面,我们也要认识到,马克思主义文论在中国无论是从理论范式上还是从思想影响上,其接受通路都不是单一的,其阐释路径也是多维的。在一个较长的时期内,马克思主义文论在中国会与当代西方其他文化思潮处于大致相当的接受、传播的格局中,而且,由于马克思主义文论引入中国较早,介入中国问题与中国语境的过程较深入、全面,自然对马克思主义文论的当代理解与当代阐释的方向与角度变化也最大,这样对马克思主义文论在中国的发展既是有利的趋势同时也是阻力的根源。这就迫切需要中国马克思主义文论在与其他各种理论思潮的撞击、对话与交流中,更加表现出理论上的优势与效力。目前,我们不能绝对乐观地估计这种优势和效力会一如既往,马克思主义文论在中国的范式转换仍然面临着其他思想文化思潮的压力。这其中产生于 20 世纪 60 年代西方的"后学"思潮对马克思主义文论的冲击最为明显。

从 20 世纪 60 年代开始,"后现代主义"、"后结构主义"、"女性主义"、"新历史主义"、"后殖民主义"等具有"后学"色彩的理论思潮开始在西方产生。从 20 世纪 80 年代开始,中国当代文学理论界开始有选择地引入"后现代主义"、"后结构主义"、"女性主义"、"后殖民主义"等"后学"理论思潮。在近 20 年的时间内,中国当代文学理论界不仅完成了一个"后学"思潮的引介与接受过程,而且完成了一个理论观念的相遇、选择、接受、借鉴以及应用影响的过程。"后学"思潮的引入在中国当代文学理论研究中产生了重要的影响,"后现代主义"等"后学"思潮的方法、观念部分地被中国当代文学理论所接受、阐释和应用,从而导致了中国当代文学理论研究在整体知识生产和知识建构层面上的变革,文学理论研究在思维方式、理论观念、语言表达、批评实践等诸多层面上发生了深刻的变化,甚至影响了文艺学的学科的发展态势与走向。① "后学"思潮本身代表了一种思维方式和理论观念的展开方式,当它与具体的理论问题相遇之后,它提供的不仅仅是一种社会背景和语言环境,它自身包含的思维方式和理论观念内在地融入了理论问题的研究过程之中。中国乃至世界文论中出现的"意识形态终结"、"文学理论的危机"、"反理论"的声音、"理论已死"的宣告以及媒介时代来临的各种预言,都与当代"后学"思潮的理论渗透、影响甚至干扰有关,这无疑也给马克思主义文论在中国的理论建设与理论发展以很大的冲击。在这种情形下,中国马克思主义文论建设需要的不是粗暴强横的理论攻击和话语口角,也不是完全排斥性和唯我性的打击,需要的是冷静的学科反思和宽容的对话心态,需要更为客观地从中吸收当代西方

---

① 段吉方:《后语境中的中国当代文学理论研究》,载于《贵州社会科学》2009 年第 10 期。

文论的新现象、新思潮、新发展、新趋势,并有效地与中国当代文学现实相联系,在面向现实的过程中增强理论的生命力,实现马克思主义文论在中国文学研究与理论发展中的引领与导向功能。同时,更要保持一如既往的批判本色,对那些逻辑混乱思想混杂、立场游移的文化思潮应该做清晰的辨别,引领中国文论在世界文学理论的格局中不断前进。

由于社会历史语境、文化哲学传统、文学体验方式以及文学研究方法的差异,"后学"思潮与中国文学的相遇过程不可避免地产生了多重的接受矛盾,甚至至今为止仍然显示出理论融通与对话的困境。西方现代文论有着它自身特殊的社会文化语境和现代性现实,当它在中国文论开启现代性历程之后被中国文论引介之时,不可避免地在表达方式、理论体系、话语实践等诸多方面与中国文论话语产生"时空错位"。从中国当代文学理论开始受西方现代文论影响的时候,中国文学理论研究就没有忽视这种"时空错位"所造成了理论误读及其应用性的偏差。经过了近二十年的努力,从目前来看,清理这种误读与偏差不仅十分必要,而且构成了中国当代文学理论建构中的一项重要的内容。正是在这个意义上,当代西方各种具有"后学"思潮特点的文学观念和理论观念对中国马克思主义文论的发展构成了挑战,同时也提供了发展的契机。在这种情形下,"在马克思主义文艺理论基本原则指导下,立足于经过百年,特别是新时期以来逐步建构起来的现代文论新传统的基础上,不断借鉴吸收现代西方文艺理论与中国古代文论两大理论资源,用以应对、回答、解释、解决文学的新现实和新问题,在文学理论与文学实践逐渐结合过程中综合创新,努力使古今、中西相融合,从而使新世纪文艺学一方面具备源源不断的现实依据,另一方面在理论建构上能够不断破旧立新,在创新中逐步完善,在动态建构中取得与文学现实和实践的相对平衡,进而使文艺学的学科建设获得新的生机,产生新的活力"①。这既是中国当代文艺学的当然选择,同时也是中国马克思主义文论的内在发展之途。

可喜的是,60年来,中国马克思主义文论没有将"建构"流于口号,而是在理论范式的转换中作出了很多富有实效的研究,经典马克思主

---

① 朱立元:《关于当前文艺学学科反思和建设的几点思考》,载于《文学评论》2006年第3期。

义文论的整理与探析、西方马克思主义文论的理论探索、现代西方文学理论与美学理论的综合研究,都取得了卓有成效的理论实绩,充分体现了马克思主义文论在中国理论范式转换和影响。在新的历史时期,中国马克思主义文论如何在现代性之反思超越中走向更深刻的理论建构,仍然是我们应该认真思考的课题。种种探索的成绩证明,马克思主义文论在中国的范式转换已经深入到中国当代文学与文化现实的具体情境,也已经使马克思主义文论的学术地位更加突出,并引领中国文论在多元化、多极化的世界文论中展现出新的面貌,未来的发展之路,我们期望中国马克思主义文论能发出更强有力的声音。

"别车杜文论"在当代中国的命运

田全金

别林斯基、车尔尼雪夫斯基和杜勃罗留波夫(下文简称别车杜)是19世纪俄国重要的批评家,同时也是借文学批评积极投身社会运动的启蒙思想家。20世纪五六十年代,"别车杜文论"作为马列文论和社会主义现实主义的"补充"在中国理论界发挥了重要的作用,但在"文革"期间遭到官方理论权威的全面排斥;20世纪80年代,"别车杜文论"恢复了生机和活力,重新受到中国理论界的重视;20世纪90年代以后,"别车杜文论"迅速由"中心"滑到边缘,丧失了在公共文化生活中的影响力,成为学院化的专业研究对象。下面我们分三个阶段考察"别车杜文论"在当代中国的命运。

(一)不断遭遇革命的新形势:1949~1976

1949年以后,"别车杜文论"在中国获得了特殊身份,受到特别重视。首先是对他们著作的翻译开始略见系统。例如,1952~1953年,时代出版社出版了《别林斯基选集》(两卷,满涛译);1958年,新文艺出版社又出版了《别林斯基论文学》(梁真译);1956年,《车尔尼雪夫斯基论文学》(辛未艾译)上卷出版(1965年中卷面世,1983年下卷问世);1957年,人民文学出版社出版了车尔尼雪夫斯基的《美学论文选》(缪灵珠译),重版了车氏《生活与美学》(周扬译);1958~1959年,三联书店出版了《车尔尼雪夫斯基选集》(上下卷,多人合译);1954年,新文艺出版社出版了《杜勃罗留波夫选集》(辛未艾译)。这些著作大都在短时间内得以重印。其次,苏联学者研究别车杜的著作也翻译出版了不少,①中国学者的研究性论著也开始出现了。不过,中国学界宣传别车杜的热情不应过分高估。在20世纪50年代的报刊上,讨论社会主义现实主义理论和毛泽东文艺思想的文章铺天盖地,而研究"别车杜文论"的学术论文总共不过二十来篇。鉴于马、恩、列、斯都没有系统的文艺学著作,别车杜就暂时获得了"准马列"的地位,成为当时文艺论战时进攻的矛和自卫的盾。② 由此可以看出,在当时的文化生活中,别车杜所处的"中心"地位仅仅是相对于西方的理论家而言的,他们是作为马列主义文论的补充而显示其价值的。换句话说,只有在论述某些问题而马列又没有著作可供引用时,人们才想到别车杜,套用车尔尼雪夫斯基对于艺术作用的说法,就是"代用品"。

20世纪五六十年代别车杜研究的基本特色是:借助于马克思主义的辩证唯物主义和阶级分析的方法重新评价别车杜的文艺思想,并且与中国当下的文艺政策联系起来,为文艺革命和思想斗争服务。我们试以几篇重要的论著为例加以说明。

刘宁的《别林斯基的美学观点》(1958)在介绍别林斯基的革命民主主义美学时,称赞别林斯基"正确阐明了艺术与政治之间辩证的统一关系","坚持和捍卫了文学的人民性原则"。以此为出发点,作者从艺术与政治的关系、世界观与创作方法的关系等方面,批判了现代修正主义和种种反现实主义的"纯艺术论":

---

① 主要有:列别杰夫《别林斯基画传》(晨光出版公司,1951年版);约夫楚克《别林斯基》(人民出版社,1954年版);依列里茨基《别林斯基的历史观点》(三联书店,1956年版);戈洛文钦科《别林斯基》(作家出版社,1957年版);普罗特金《俄国天才的学者和批评家——车尔尼雪夫斯基》(新华书店,1950年版);普列汉诺夫《车尔尼雪夫斯基评传》(新文艺出版社,1951年版);留里科夫《车尔尼雪夫斯基》(作家出版社,1956年版);岳夫楚克《杜勃罗留夫研究》(正风出版社,1950年版);岳夫楚克《杜勃罗留波夫的哲学和政治观》(正风出版社,1952年版);阿尔克希伯夫《杜勃罗留波夫的文学批评的原则》(新文艺出版社,1954年版)等。

② 舒芜:《对论敌也要公平——读〈车尔尼雪夫斯基论文学〉上卷札记》(《新港》1956年第6期);辛未艾:《车尔尼雪夫斯基和宽容——驳右派分子舒芜"对论敌也要公平"》(《文汇报》1957年9月17日)。

在我国文艺战线上,马克思主义文艺路线与修正主义文艺路线正在进行着尖锐的斗争,革命民主主义者的美学观点,就更具有它的现实意义。现代修正主义者,在文艺领域内,往往以"现实主义"的代表和保护人自居。他们强调19世纪的现实主义,以此来贬低和污蔑社会主义现实主义。实际上,他们不但反对文学中的社会主义倾向,而且根本歪曲和否定现实主义。他们继承的并不是19世纪现实主义文学的优良传统,而正是反对这一传统的"纯艺术"论者的衣钵。①

也就是说,经过中国批评家的阐释,别林斯基丰富的、充满矛盾的文艺理论,被"修正"成了纯粹的、"为人民服务"的现实主义理论,成了反对"现代修正主义"的武器。

汝信的《论车尔尼雪夫斯基对黑格尔艺术哲学的批判》(1958)是这个时期颇有分量的一篇论文。汝信从美的定义、艺术美与自然美、悲剧理论、艺术的社会意义等四个方面,分析了车尔尼雪夫斯基的美学观、车氏对黑格尔美学的超越以及不如黑格尔深刻的地方。汝信对于车尔尼雪夫斯基及其与黑格尔关系的评论,在很多地方是深刻的、有见地的,基本上是历史唯物主义的。但他不断地帮助车尔尼雪夫斯基一起揭露黑格尔美学的根本错误及其悲剧理论的"破产",暴露了他本人对黑格尔和车尔尼雪夫斯基都有一些误解。例如,他在分析车尔尼雪夫斯基关于艺术的社会意义时有这样一段话:

车尔尼雪夫斯基往往把生活的再现理解成既有生活的再现,把艺术美理解成既有的现实中的美的再现。但这样就发生了一个他所无法解决的矛盾:在阶级社会里,压迫阶级与被压迫阶级对生活的看法有所不同,这是车尔尼雪夫斯基承认的;但被压迫阶级认为"应当如此"的生活却恰恰是现实中不存在的生活,而既有的生活则正是他们认为不"应当如此"的生活;难道被压迫阶级的艺术只应再现不"应当如此"的生活吗?车尔尼雪夫斯基没有回答这个问题。显然,被压迫阶级的艺术是不能满足于反映现实的,它必须

---

① 刘宁:《别林斯基的美学观》,载于《北京师范大学学报》1958年第3期。

还要按照自己的理想来改造现实,因此我们常常能在革命时代的艺术作品中看到现实主义与理想主义的结合。①

所谓"应当如此"正是显示了车尔尼雪夫斯基美学理论的精髓——艺术的阶级性和美的阶级性。而文学艺术反映既有的生活,正是堵塞了种种粉饰现实的虚假的浪漫主义,为现实主义(自然派)鸣锣开道。这是车氏把文艺应用于人民解放事业的革命民主主义思想的必然表现。而且,"解释生活"和"对生活现象下判决词"正可以使作家、艺术家在再现既有的生活时一样表达自己的理想。如果我们承认现实主义艺术理论的历史合理性,那么,车尔尼雪夫斯基的错误不在于强调艺术再现生活(哪怕是既有的生活),而仅仅在于把艺术品当成现实的苍白的代用品。相反,我们从汝信对理想主义的景仰中看到了1958年中国社会特殊的文化氛围:在大跃进的狂潮中,现实主义已经成了绊脚石,所谓"革命现实主义和革命浪漫主义相结合的创作方法"已经呼之欲出。

朱光潜的《西方美学史》于1963～1964年分上下两卷出版,其中下卷用了两章83页的篇幅给予别林斯基和车尔尼雪夫斯基的美学思想以颇有深度的分析。

朱光潜从"艺术的本质和目的"、"主观与客观的关系和情致说"、"典型说"以及"内容和形式与美"等方面分析了别林斯基的美学思想,阐述了他的思想转变的复杂历程和他的现实主义美学的意义。朱光潜认为,强调艺术的客观性是别林斯基现实主义文艺理论的基石,也是他分别"现实的诗"和"理想的诗"的根据。"别林斯基早期所强调的客观性实际上是一种客观主义,所以他早期所理解的现实主义还不免带有片面性"。这种片面性是由于面对严酷的解放斗争形势和病态感伤的浪漫主义"幻想"不得不"矫枉过正"。朱光潜进一步批评说:

> 他的矫枉过正表现于片面强调艺术客观性之中,他否定了艺术创作的一些完全合法合理的因素。第一,他因为反对幻想而走到反对艺术虚构的极端……第二,他因为反对感伤主义而走到否

---

① 汝信:《论车尔尼雪夫斯基对黑格尔艺术哲学的批判》,载于《哲学研究》1958年第1期。

定艺术表现情感的极端……第三,他因为反对"美化"而走到否定艺术表现生活理想的极端……第四,他因为反对作者表示主观态度而走到否定讽刺文学的极端。①(《西方美学史》,第533页)

但别林斯基思想中有矛盾,后来对创作过程的认识加深了,就"越来越多地强调主观性的一面"。于是朱光潜得出结论:"随着俄国解放运动形势的发展,别林斯基就逐渐放弃早期偏重客观性的态度,转到逐渐重视主观性,他已认识到客观性与主观性统一的必要和可能,而且多少已认识到现实主义并不必然要排斥积极的浪漫主义。"(《西方美学史》,第535页)

如何达到主观性与客观性的统一？朱光潜认为别林斯基继承和发展了黑格尔的"情致"说,"把它结合到俄国解放运动的具体现实,使'情致'具有一个崭新的含义,即革命的热情和理想"。但是:

> "情致"这个崭新的含义是否能证明别林斯基晚期思想已完全摆脱了黑格尔客观唯心主义的影响呢？……我们认为:别林斯基早期所理解的"理念"仍然是黑格尔所理解的客观存在的先于感性现象的普遍的永恒的理念,他以这种理念为艺术的出发点,所以无疑是客观唯心主义的;他晚期所理解的"情致"虽然仍是黑格尔所理解的"一般世界情况"所决定的情致,但是他更明确的情致的根源在于现实社会生活,更清楚地认识到艺术要从现实出发,在这个意义上,他已基本上由客观唯心主义转到唯物主义,而且在唯物主义的基础上认识到一般与特殊的统一、感性与理性的统一、内容与形式的统一以及客观与主观的统一。(《西方美学史》,第541~542页)

朱光潜对别林斯基的分析批判是清醒的,当几乎全国文艺界都把别林斯基当成"准马列"尊崇的时候,批判他美学观念中的矛盾混乱和客观唯心主义成分是需要勇气和胆识的。但朱光潜的分析也显示了强

---

① 朱光潜:《西方美学史》,人民文学出版社,1979年版,第533页。下引朱光潜观点均据此书(括弧中注明页码)。

烈的时代气息。他批评别林斯基的片面的客观性和分析其情致说时,发出了这样的一系列追问:"在别林斯基的成熟思想中,文艺在近代是否只有现实主义的一条路,如他早期所坚持的呢?现实主义和浪漫主义是否处于不可调和的对立呢?革命的浪漫主义和革命的现实主义是否有结合的可能呢?"朱光潜认为:"别林斯基在情致说里已足够明确地回答了这些问题";"别林斯基早期片面强调现实主义,主要由于当时俄国解放运动的现实需要,他在晚年发展了带有革命浪漫主义色彩的美学思想,也主要是由于俄国解放运动的进一步发展和他本人对社会现实更密切的接触。"(《西方美学史》,第541页)别林斯基"建立了一套远比过去更完整的现实主义文艺的理论。这套理论否定了纯艺术论和自然主义,而且在晚期的情致说中也显示出现实主义与浪漫主义结合的可能"。(《西方美学史》,第558页)

这种张扬浪漫主义、期望现实主义和浪漫主义相结合的信念是从哪里来的?我们知道,朱光潜写作《西方美学史》的时代正是"大跃进"的狂潮破灭之后,全国人民迫切需要踏踏实实地面对社会生活的残酷现实,严肃地批判革命浪漫主义的极端幻想时,为什么朱光潜作为一个比较清醒的理论家没有看出别林斯基强调客观性、反对虚构和幻想的重要意义呢?社会环境的原因是很明显的。"大跃进"的狂潮虽然破灭了,但指导"大跃进"的极左理论并没有得到清理,在"大跃进"的狂潮中诞生的"两结合"创作方法更没有随着"大跃进"和"新民歌运动"的破产而破产,却伴随着权力运作,取代了社会主义现实主义而成为官方的艺术理论。甚至科学研究中也要现实主义和浪漫主义"两结合",更何况文艺美学。在这种情况下,任何一个希望公开发表自己著作的人,都不能不对"两结合"表示尊敬。但问题还有复杂的、主观的一面。朱光潜本人的美学思想是从克罗齐的唯心主义美学发展来的,主观性是他美学理论的基石。在20世纪50年代的思想改造之后,尽管朱光潜的哲学思想从唯心主义转到了唯物主义,但与别林斯基相似,"转变得并不彻底",他还是不能接受那种把美或艺术完全等同于社会生活本身的"纯粹客观"的"唯物主义美学",而是提出了"美在主客观结合"的美学思想。这种思想使他不能认同别林斯基"诗就是生活本身"的论调;相反,现实主义和浪漫主义的"两结合"倒与他的"主观与客观相结合"异曲同工。这一点在他分析车尔尼雪夫斯基时表现得更加明显。如果说他与别林斯基由于思想转变得不彻底而多少有些"同病相怜"的话,那么,对于彻底的唯物主义者车尔尼雪夫斯基就可放开手脚批驳一番了。

朱光潜认为,车尔尼雪夫斯基在批判黑格尔美学时并非直接批判黑格尔本人的"美是理念的感性显现",而是把黑格尔左派门徒费肖尔当作批判对象。由于费肖尔在阐述黑格尔美学时不得要领,"所以在瞄准靶子时,车尔尼雪夫斯基就已经稍微射偏了一点儿"。车尔尼雪夫斯基把流行的美学观点即费肖尔所发挥的黑格尔的美学观点归结为三个命题:(1)艺术美弥补自然美的缺陷;(2)艺术起于人对美的渴望或本性要求;(3)艺术内容是美。车尔尼雪夫斯基逐个批判了这三个命题,提出现实美高于艺术美,艺术起源于人对生活的渴望,"诗的范围是全部的生活和自然",反对把艺术(诗)的内容"归入美及其各种因素的狭窄项目里去"。朱光潜认为:

> 应该指出,(1)黑格尔并不是把艺术美和自然美摆在同一个静止的平面上来看,说艺术美是用来弥补自然美的;而是从发展观点来看,说自然只是自在的而不是自为的(自觉的),就精神的发展来说,它所现出的美还是不完满的;等到精神发展到自在又自为的阶段,才能有艺术,所以艺术代表美的最高发展阶段,也正因为这个道理,艺术美高于现实美。(2)黑格尔从来没有说"艺术起于人对美的渴望",他只说,艺术体现人类精神的一个发展阶段,而它具有美的特质。(3)黑格尔也不曾说"艺术内容是美",而只说艺术内容是"理念"(普遍力量或人生理想),感性形象就是形式,而美则显现于内容与形式的统一体上。他倒有把艺术和美等同起来的毛病,因为"理念的感性显现"适用于美,也适用于艺术。(《西方美学史》,第567～569页)

看得出来,不仅车尔尼雪夫斯基的批判没有对准靶子,在朱光潜的天平上,黑格尔的美学理论显得深刻厚重,车尔尼雪夫斯基的理论则显得肤浅轻微。显然,是车尔尼雪夫斯基那"正教中学生"的坚定粗野的美学理论惹恼了朱光潜对于精致优美的心仪。

在"艺术对现实的审美关系"上,朱光潜批判了车氏关于艺术只是现实的"代用品"理论,并从别林斯基认可的典型化的角度论证艺术源于现实又高于现实生活。在进行了这样一番"去伪存真"的工作之后,他总结说:"车尔尼雪夫斯基对黑格尔进行批判时,说他的基本原则大半正确而他的结论却往往错误,这句话恐怕也正好适用于车尔尼雪夫斯基自己。"(《西方美学史》,第594页)其实,车尔尼雪夫斯基的美学中对于现实美的推崇和对于虚构和幻想的病态的批判,对于朱光潜时代的中国来说几乎具有与车尔尼雪夫斯基的时代同样重要的意义。

20世纪60年代,随着中国社会风气日益"左倾",别车杜这样的革命民主主义者日益显得不合时宜,由学习的对象变成了批判的对象。1966年,《林彪委托江青同志主持召开的部队文艺工作座谈会纪要》判决别车杜为"俄国资产阶级文艺评论家",表示"绝不能把任何一个资产阶级革命家的思想当成我们无产阶级思想运动、文艺运动的指导方针"[1]。1970年,在姚文元指使下炮制的《鼓吹资产阶级文艺就是复辟资本主义》,虽然批判的矛头是指向刘少奇及其"在文艺界的代理人周扬"的,但受到周扬等推崇的车尔尼雪夫斯基也遭到池鱼之殃:"明明是丑恶的'利己主义',却偏要虚伪地戴上一顶'合理的'帽子。"[2]

撇开江青、姚文元之流对历史和文艺的狂妄无知不论,他们的批判还是有针对性的:中国当时还没有形成自己的权威的文艺理论,常常向别车杜借用文艺学概念。举例来说,在20世纪60年代初出版的两部文艺理论教科书——以群主编的《文学的基本原理》和蔡仪主编的《文学概论》,都不厌其"繁"地引用别车杜的理论,以补充马列缺乏系统的文艺学著作的不足。

(二) 在思想解放的旗号下前行:1977~1989

"文革"结束后,中国开始了一场新的思想解放运动,别车杜作为19世纪的俄国革命家再次参与了当代中国的文化进程。1977~1980年开始出现了一些评介别车杜的文字,但基本上是为别车杜"恢复名誉"。汝信、程代熙、钱中文、李尚信、王秋荣、倪蕊琴等,都著文为别车

---

[1] 参见《红旗杂志》1967年第9期。
[2] 参见《红旗杂志》1970年第4期。

杜平反,文章中都忘不了引用列宁,忘不了对"四人帮"的驳斥。

钱中文的《推倒诬蔑,还其光辉——批判"四人帮"诽谤俄国革命民主主义者的种种谬论》是一篇重要的翻案文章,文章的论点和驳论的手法都有强烈的时代特色。它从批判"四人帮"的"文艺黑线专政"论入手,为别车杜正名。首先证明20世纪30年代左翼文艺运动的指导思想是马列主义文论而不是别车杜的文论;其次是引用革命导师关于别车杜的论述驳斥"四人帮"的攻击;再次是论述无产阶级的批判地继承与"四人帮"的全盘否定之间的区别,从而阐明别车杜的革命民主主义美学的成就和贡献不容否定。钱中文在揭批"四人帮"对别车杜的诬蔑时,首先把别车杜的"全民文艺"与苏修的"三全文艺"(全民族、全民、全人类)区别开来:

> 他们捏造别林斯基等人提倡"三全文艺"路线,宣扬"丢弃阶级的一切偏见",标榜"颂扬剥削阶级现实生活"的所谓"再现现实"论、"真实"论,等等。十多年来,在这种令人难以置信的诽谤中,别林斯基等人的文艺思想被骂得一无是处,简直是罪大恶极。
>
> 别林斯基等人真的宣扬过所谓"三全文艺"吗?说来真是令人啼笑皆非,就只因为在他们的著作里,不仅有"民族性"、"人民"一类的字眼,而且还有"全人类"的说法,"四人帮"的"檄文"就判定别林斯基等人是在宣扬"全民族"、"全民"、"全人类"的"三全文艺"了。这样一来,俄国革命民主主义文学批评家几乎成了赫鲁晓夫修正主义的前驱了!但是,且慢,别林斯基等人所说的"全民族"、"全人类"到底是什么意思,这终究有其具体的历史内容,而不是能够随心所欲地解释的。至于说他们提出了什么"三全文艺",那更是"四人帮"式的天方夜谭而已。①

这样的批判和"正名"表明,极左思想的干扰依然十分严重,中国学界思想解放的道路才刚刚敞开。简言之,别车杜等革命民主主义者固然没有提倡"三全文艺",但并不意味着"三全文艺"就是完全错误的。

---

① 钱中文:《推倒诬蔑,还其光辉——批判"四人帮"诽谤俄国革命民主主义者的种种谬论》,载于《文学评论》1978年第1期。

相反,在革命成功之后,特别是政权稳定之后,在一个执政党的纲领中,不应该仅仅维护某个特定阶级的利益,而应该尽可能维护全民的利益,因为它的目标不是夺取政权,而是借助于政权的力量维护整个社会的和谐稳定。在文艺问题上,赫鲁晓夫的修正主义虽然并未达到真正的"三全文艺",但比起斯大林时代的残酷打击、无情镇压来,确实更符合"全民"的利益。

20世纪80年代,中国的别车杜研究进入了繁荣时期,研究论文远远超过20世纪50～70年代的总和。马莹伯的《别车杜文艺思想论稿》(1986)是迄今为止唯一的别车杜研究专著,代表了20世纪80年代中国研究别车杜的水平。马莹伯对相关题目的选择是合乎实际的,论述也是颇为精当的。举例来说,在论述文学的人民性时,作者通过对比分析人民性(народность)和民族性(национальность)这两个词的区别,论述别车杜对于人民性理解的不同,从而澄清了长期以来有关人民性的某些误解。马莹伯说:

> 别车杜的著作中常常运用 народность 这个词,它兼有人民性和民族性两义(另有 национальность 一词专指民族性),在具体行文中究竟是什么含义,就要结合上下文、结合本人思想和俄国文学的发展来加以辨别。在别林斯基的著作中,这个词指的是民族性,而不是人民性……而在杜勃罗留波夫的著作中,这个词指的就是人民性,因为他是以此来揭示人民的愿望和要求在文学中的表现的。这反映了时代的差别……同时,这也反映了两人思想的差别。①

显然,马莹伯的著述是在对别车杜原著细读的基础上做出的独立见解。但马莹伯是以积极的入世精神和强烈的"当代性"参与别车杜研究的,他的论述带有明显的时代烙印,带有时代赋予它的开放和保守、进步和落后的复杂的精神面貌。

例如,在论述别林斯基的"情志说"时,马莹伯相当简捷地论述了

---

① 马莹伯:《别车杜文艺思想论稿》,文化艺术出版社,1986年版,"绪论"第12页。下引马莹伯观点均据此书(括弧中注明页码)。

"情志"中包含的主观与客观、感情与思想、创作个性与时代精神等方面的关系,既批判了"纯客观"的自然主义倾向,也批判了"纯主观"的"新的美学原则的崛起",并上纲上线到"主观唯心主义":

> 有人主张文艺是个人主观精神的表现,根本否定文艺与客观的社会生活的联系,以致从他们的作品中简直看不到现实生活的影子,甚至完全不知道他们写的是什么。有人说这是"新的美学原则的崛起",不对,应该说这是"旧的美学原则的泛起"。因为这并不是什么新东西,不过是步西方形形色色现代派文艺的后尘罢了。19世纪末20世纪初开始出现的西方现代派……片面地和抽象地发展了艺术创作的主观的能动方面,沦为主观唯心主义。(《别车杜文艺思想论稿》,第14页)

从历史发展的顺序来说,现代派的美学原则至少比别车杜的原则要"新"得多。更何况,20世纪80年代初中国崛起的"新的美学原则",虽然强调主观,却并非西方现代派美学原则的泛起,而是对"四人帮"迫使所有的诗人按照同一音调歌舞的极权主义做法的反叛,是争取创作自由的手段。在极权社会里,要抗拒政治权力的干扰,只有在理论上强调"纯客观"和"纯主观"这两条道路,才可能使作家摆脱所谓"时代精神"的束缚、争得思想自由而不参加强制的大合唱。在论述作家的创作个性与时代精神时,马莹伯引证对比了当时流行的《何必为年龄发愁》和意大利未来主义诗人帕拉采斯基的《我是谁?》,以证明前者的高明和后者的腐朽。其实,前者所宣扬的盲目的乐观主义和后者的不知自己为谁的思考,尤其暴露了前者的肤浅和后者的深沉。我们也可以问一问,在史无前例的"文革"中,又有多少人能知道自己到底是蝴蝶还是庄周呢?谁又能知道春天的后面一定是夏天而不是秋天甚至严冬呢?

再如,关于民族化与世界化和现代化的关系,马莹伯的论述一方面显示了清醒的唯物辩证法,另一方面也暴露了某些僵化保守的思想。马莹伯说:

> 我认为,所谓"现代化",最根本的就是要正确反映我们这个继往开来的、为社会主义现代化建设开创新局面的伟大时代,就是要

充分表现我们党和人民积极进取、奋发图强的时代精神（顺便说一句，"时代精神"绝不是什么各个阶级的思想意识的"汇合"，而是与历史进程相一致的精神），就是要集中体现我们社会主义时代的审美需要与审美理想。这样的"现代化"与"民族化"是可以而且应该统一起来的。民族化和现代化合成则美，离则两伤。离开了现代化，民族化就会变成抱残守缺的国粹主义；离开了民族化，现代化也会流于全盘洋化的世界主义。有的同志把"现代化"与西方文学中的"现代派"硬拉扯在一起……我们绝不能同意这种对于"现代化"的曲解。（《别车杜文艺思想论稿》，第76~77页）

应该说，马莹伯对于民族化与现代化的关系的分析是符合辩证唯物主义和历史事实的，对于徐迟等人把现代化与西方现代派生拉硬扯的庸俗唯物主义理论的批判也是适当的。但有一些深层的问题是作者没有想到的。所谓"现代化"并没有什么普遍的客观的标准，本身就是以西方的工业文明为标本的，对于后发展国家（如中国和俄国）来说，现代化必然伴随着西方化或"全盘洋化"的威胁，必然意味着自身的民族特性的部分消失，消融在世界化（现代化）的浪潮之中。当然，这是作者在当时不可能想到的，我们不应该苛求前人。另一方面，马莹伯继承江青的《纪要》批判"时代精神汇合论"（所谓"黑八论"之一），其坚定不移的语气，大有"真理在握，舍我其谁"的气概。在中央明令撤销了《纪要》，为"文艺黑线专政论"和"黑八论"平反之后，这种做法，尤其暴露了作者的僵化糊涂。

马莹伯认为车尔尼雪夫斯基"建立了作为现实主义文学的理论基础的唯物主义美学体系，达到了马克思主义以前美学理论的最高水平"，这也是苏联和中国流行的、多数中国学者的普遍看法。但他在分析车尔尼雪夫斯基关于美的本质的三个命题和艺术与现实的审美关系的论述时，很多观点是很精到的。例如，坚持"美是客观"的美学家蔡仪在《论车尔尼雪夫斯基的美学思想》一文中，批评车氏的美学命题中"按我们的理解"、"应当如此"等说法是"唯物主义的不彻底性转变为唯心主义"，马莹伯用大量文化史和美学史的资料反驳了蔡仪的说法：

离开了人类社会，事物就无所谓美与丑；正像离开了人类社会，事物就无所谓善与恶、益与害一样。美的客观性主要在于它的社会性……因此，承认美的客观性同认为美不能离开人类社会而存在，这并不矛盾，而是完全一致的。车尔尼雪夫斯基注意从人类的社会生活中探求美的根源，试图揭开事物的使用价值和审美价值之间的关系，这种看法比起那种把美归结为与人无关的自然属性的美学观点来要合理得多。这绝不像有的同志所说的是"由唯物主义的不彻底性转变为唯心主义"，恰恰相反，它正是在一定程度上避免了机械唯物主义，接近（虽然还不是达到）了历史唯物主义。（《别车杜文艺思想论稿》，第132～133页）

这种分析和批评是坚强有力的。马莹伯还赞赏车氏关于艺术的对象不仅仅是美，而是宽广的社会生活的观点，同时批评了车氏贬低艺术想象的思想，并引用车氏本人的创作反驳了车尔尼雪夫斯基的理论。这种批评当然也是强有力的。但在论述车尔尼雪夫斯基的创作特别是新人形象的创造时，又被"两结合"的时代病感染了。

马莹伯说，在《怎么办？》中，对现实的描绘和对理想的讴歌是结合在一起的。"平心而论，车尔尼雪夫斯基的小说的动人之处与其说是它的严格的现实主义，不如说是它的革命的理想主义。它提出了新的生活理想，教导人们应当走什么样的生活道路，它比单纯再现现实的作品对读者有更强的吸引力和感染力"。并且进一步断言："描写我们今天这样一个弥漫着强烈的英雄主义精神的不能单用现实主义的手法，这里也需要浪漫主义。"（《别车杜文艺思想论稿》，第183～185页）

很显然，马莹伯是把"表现理想"跟"浪漫主义"画上了等号，进而引导到"两结合"的道路上。当然，作者也看到"由于时代和阶级的局限，这种结合在车尔尼雪夫斯基的作品身上还是有缺陷的"。但作者是怎样分析车尔尼雪夫斯基的"两结合"的缺陷的呢？他不是从美学上分析"两结合"作为创作方法的缺陷，而是从政治上批评"车尔尼雪夫斯基的理想是空想社会主义的理想"。试问，假如车氏的理想是"科学社会主义的理想"，《怎么办？》中的"两结合"就没有缺陷了吗？

杜勃罗留波夫在《黑暗的王国》中提出了"艺术家的世界观"问题："艺术家甚至在抽象的议论中流露出的观念，和他在艺术活动中所表现的观念，常常是截然相反的——因为这种观念或者是根据他所接受的信仰,或者是根据草率的、纯属表面现象的错误的三段论法而形成的,他对于世界真正的看法,也就是说明他的才能的关键,还得在他所创造的生动的形象中去寻找,艺术家的才能与思想家的才能之间的根本区别就在这里。"马莹伯发挥了这种观点,据此论述了世界观的多重层次以及各层次之间的关系,包括顶层的总的人生信条和底层的对于生活事件的实际观感和具体看法。以此为据,作者较好地解决了通常所谓"世界观与创作的矛盾"。他说:"历来争论不休的所谓世界观与创作的矛盾,实际上就是艺术家世界观中抽象原则与具体看法的矛盾。"(《别车杜文艺思想论稿》,第 229~231 页)

　　这种论述是机智的,也是相当深刻的。所谓世界观的变化"往往从具体看法开始",是符合一般的生活实践的。杜勃罗留波夫的理想是要求作家在创作中"把最高尚的思维自由地转化为生动的形象,同时,在人生的一切最个别、最偶然的事实中,充分认识它的崇高而普遍的意义——这就是一种到目前为止还没有什么人能够达到的、使科学与诗完全交融在一起的理想"。马莹伯认为,掌握了马克思列宁主义、毛泽东思想的科学世界观的作家,由于达到了抽象原则与具体看法(具体观感)的统一,"可以而且应当"实现杜勃罗留波夫提出的"使科学与诗完全交融在一起的理想"。(《别车杜文艺思想论稿》,第 233~234 页)从理论上讲,抽象原则与具体看法的矛盾会永远存在,因为社会生活在不断发展,"科学的世界观"本身也应该不断发展,以适应变化了的社会实践。这就决定了,如果我们的世界观(哪怕是科学的世界观)是根据自己所接受的信仰形成的,而不是自己从生活实践中总结出来的,我们就永远也不能达到那种"使科学与诗完全交融在一起的理想"。

　　回顾 20 世纪 80 年代,对别车杜文论的研究虽然取得了很大成就,但存在的问题依然不少。首先,别林斯基等人的著作并没有得到全面译介。例如,自 20 世纪 50 年代就开始出版的《别林斯基选集》,1991 年出版了第四卷,直到 2006 年才出版第六卷。其次,学界关注的还是说了几十年的老话题:创作方法与世界观,文学创作的阶级性与人民性,形象思维和典型等,真正具体深入的论述并不多见。再次,由于弗洛伊德、萨特、尼采等更"新鲜"的理论大行其道,别车杜等人身上的光彩渐渐黯淡,成为 20 世纪 90 年代批评反思的对象。即使在 20 世纪 80 年代,别车杜三人所受到的关注也远远不及弗洛伊德、萨特和尼采。

笔者据中国知网统计,1980~1989年,中国期刊上发表的以萨特为题的文章共计156篇,以弗洛伊德为题的文章共有134篇,以尼采为题的文章共有82篇,而同一时期发表的有关别车杜的文章总共不到70篇。①

(三) 从"中心"沦落边缘:1990年之后

20世纪90年代,别车杜不再是中国文艺学关注的中心,沦落为"边缘作家",研究他们的论文急遽减少。1990~1999年,中国期刊上发表的有关别车杜的论文总共只有32篇,而同时期关于弗洛伊德为题的文章有170余篇,尼采和萨特的刚过200篇,而海德格尔的则高达253篇。② 进入21世纪后,差距更大。2000~2009年,中国期刊上发表的以弗洛伊德为题的文章约有430篇,以萨特为题的文章约有480篇,以尼采为题的文章有600余篇,而以海德格尔为题的文章则高达1115篇。同时期,以巴赫金为题的文章约有360篇,"纯粹"的文艺学家韦勒克的也有63篇。而关于别车杜的文章分别只有22篇、21篇、1篇。③ 虽然论文数量大幅度攀升,是中国特殊的社会境遇中"学术泡沫"造成的,但相对位置的变化是很明显的。

但这是否意味着对别车杜的研究停滞了呢? 20世纪90年代以来,仍然有一些学者对他们展开进一步深入的研究。人们不再简单地介绍或论述别车杜的文艺思想和美学思想,而是以专业论文的形式具体论述他们的某一个文艺思想,研究所及,包括他们与中国文论的关系、与西方美学的关系、与宗教的关系,以及他们的文学批评的文体特征等。值得注意的是,1999年几乎同时出版了几部重要的批评史和美学史,都对别车杜有详细的介绍。它们是胡日佳的《俄国文学与西方》、刘宁主编的《俄国文学批评史》、蒋孔阳和朱立元主编的《西方美学通

---

① 搜索范围包括"文史哲、政治军事与法律、教育与社会科学综合、经济与管理"四个方面,其中弗洛伊德是以"弗洛伊德"和"弗洛依德"两种译名搜索后将结果相加然后减去同名者得出的,萨特和尼采以其名字搜索后减去同名者得出的,别车杜是按照三人的名字分别搜索然后相加得出的。

② 统计方法同上。

③ 统计方法同上。

史》第五卷(张玉能等著)。

下面我们按年代先后分别介绍这些著作和文章的内容。

夏中义的长文《别林斯基、车尔尼雪夫斯基、杜勃罗留波夫与中国》①论述了别车杜与中国当代文论的关系,但它不是梳理中国学者研究别车杜的历程,而是从接受美学的角度阐明了他们对当代中国文论的影响,具有强烈的当代性。夏中义认为,别车杜对中国的"亲和性"可用一句话来表述:"在一国范围内使自然派文学服务于民族解放运动。正是这块美学磁石牢牢吸住了我国文坛。这吸附力来自两极:一极为政治即革命民主主义倾向,另一极为艺术即现实主义方法。这恰巧与周扬那班人马的红色履历和美学追求一拍即合。"(《俄国文学与中国》,第310页)

夏中义认为,中国文坛在1956年正式发觉别车杜的巨大价值。因为当时"双百方针"颁布,人们反思新中国成立后的文坛状况时,发现"公式化、概念化已成通病,失却了现实主义精髓",于是"匆忙注射别车杜美学来壮阳补气"。夏中义还认为,这次"注射"的"实质是要酝酿一次不大不小的文艺政策调整,亦即在坚持毛泽东文艺方向的前提下作局部的美学修正"。为什么要修正?因为毛泽东的延安《讲话》虽然意义重大,但"毕竟不是文艺美学,而是艺术政治学",只解决了"文学干什么"的问题,没有解决"文学是什么"的问题,使当代文艺陷入了"赶任务"、"写政策"的泥潭,造成了严重的公式化、概念化。别车杜的"写真实"、"典型"、"形象思维",正是救治这种恶疾的良药。(《俄国文学与中国》,第311~312页)

夏中义认为,周扬挂帅、委托以群主编的《文学的基本原理》巧妙地把别车杜的文论与毛泽东和马列的教导糅合在一起,"加速了别车杜美学的中国化进程,使之真正融化为当代流行文论系统的重要组成部分和重大来源之一"。夏中义的上述分析都是相当有趣的,但他对别车杜本人的美学思想分析则失之简单化。他说:"别车杜在合力构筑自然派美学大厦过程中是有分工的:假如说别氏率先提供了观念框架,车氏随

---

① 夏中义:《别林斯基、车尔尼雪夫斯基、杜勃罗留波夫与中国》,载于《俄国文学与中国》,华东师范大学出版社,1991年版。下引夏中义观点均据此书(括弧中注明页码)。

后奠定了方法基石,那么,杜氏的应用性批评则像瓷砖装饰了墙体。"(《俄国文学与中国》,第315～316页)

夏中义认为,大力张扬别车杜的美学,伴随着现实主义在中国的神化,同时也伴随着现实主义的蜕化,蜕化为"半现实主义"。"在题材上它退向了古典主义……在情调上它倒向了浪漫主义",从而失却了"经典现实主义对世界的那种批判勇气或清醒智趣"。但别车杜出于革命民主主义的需要神化了现实主义,却没有导致俄国自然派的精髓失落。为什么呢?"要害在于,19世纪中叶的俄国正处于农奴制改革前夜,革命民主主义美学家与进步的自然派作家同仇敌忾,是站在一条文化战线的同盟军,虽在如何争取民族解放问题上的政见不一。当时别车杜仅仅是以杂志撰稿人的身份来充当革命民主派的喉舌的,故即使他们在艺术与政治的关系方面言论偏颇,也不足以扰乱自然派的创作心境"。(《俄国文学与中国》,第329～330页)这实际上已指明了导致了别车杜在中国变形和现实主义在中国蜕化的原因。

夏中义的文章虽然发表于1991年,但仍然带有20世纪80年代学者直接参与社会论争的特点。20世纪90年代后期的著述已越来越具有学院化色彩,因此,别车杜从"中心"沦落边缘的过程,也可以表述为由广场进入学院的过程。

胡日佳的《俄国文学与西方》①一书有相当的篇幅用来论述别林斯基和车尔尼雪夫斯基的文艺思想,特别是它们与西方文艺美学的关系。

在论述别林斯基的文学批评时,胡日佳比较明确地阐述了别林斯基的文学批评对法国批评与德国批评的继承和革新,以此为基础阐述别林斯基对俄国文学批评的贡献,展示了比较开阔的文化视野。书中说,在别林斯基活动的年代,"法国和德国的文学批评在俄国相当流行,俄国批评家以仿效其中某一国的批评为时髦",于是,对此不满的别林斯基尝试把这两种批评的优点结合起来,创造真正属于俄国的批评。接着,胡日佳分析了别林斯基的文学批评与法国式叙述和德国式辩证的关系。所谓法国式叙述,是指别林斯基继承了雨果、司汤达等人法国浪漫主义作家的批评思想,从历史主义和人道主义的立场考察文艺现

---

① 胡日佳:《俄国文学与西方》,学林出版社,1999年版。下引胡日佳观点均据此书(括弧中注明页码)。

象,在文学与时代、文学与自然的关系上以及文学的民族性和真实性等方面,别林斯基的论述方法都与他们完全一致。但别林斯基认识到司汤达和雨果"都侧重于从精神现象的角度论证文艺现象,或者简直是从文艺论证文艺,所以其批评仍然是经验性、实证性的",因此,别林斯基借鉴德国哲学主要是黑格尔的哲学,试图"从哲学上确定诗人在道路上同处在历史运动中的人类相遇的地点的经纬度"(《俄国文学与西方》,第98页),这就是所谓德国式辩证。确切地说:"一方面,他像法国作家那样,强调表现个人是新艺术的标志;另一方面,他又不把个人从群体、社会和人类中抽象出来作孤立的考察。"(《俄国文学与西方》,第102页)也就是强调个人精神与"一般生活的概念"的联系。应该说,胡日佳的分析是清楚明白的,也是颇有见地的。但对别林斯基的批评的分析并没有自然而然地导向对别林斯基的批评文体的分析。事实上,别林斯基的努力,一方面融合了法国式叙述和德国式思辨的优点,使得比较深刻的批评能够走进大众的文化生活,但同时,别林斯基的批评又同时失去了法国式批评的轻灵奔放和德国式批评的清晰严密,因而显得臃肿繁冗,在拖沓冗长的论辩中,虽不时爆发出幽默、轻松的转述和深刻的思辨的火花,但整篇文章本身却缺乏深入的挖掘,而且不断重复说过的话。文章中更多的是宣言和判断,欠缺的是细致的分析和清晰严密的逻辑。这些,是胡日佳没有注意到的。

在阐述车尔尼雪夫斯基的美学时,一般人总是强调车尔尼雪夫斯基与费尔巴哈哲学的关系,强调车尔尼雪夫斯基对黑格尔美学的批判,胡日佳强调车尔尼雪夫斯基与黑格尔美学的批判继承关系,这也是颇有见地的。

蒋孔阳、朱立元主编的《西方美学通史》第五卷《十九世纪美学》①(张玉能等著)分专章论述了别林斯基、车尔尼雪夫斯基和杜勃罗留波夫等人的美学思想。

关于别林斯基,着重介绍了他关于艺术的本质、关于文学批评、关于形象思维、关于文学的典型性和真实性、关于悲剧和喜剧等多方面的观点。对这些方面都做了颇有见地的分析。张著称赞别林斯基"提出

---

① 张玉能等:《西方美学通史》第五卷,上海文艺出版社,1999年版。下引张玉能观点均据此书(括弧中注明页码)。

了将德国式理论与法国式叙述结合起来的批评模式"。还试图"澄清"长期以来对于别林斯基的"双重误解和扭曲":"他以文学批评为革命工具的一面被极大限度地夸张了,而他重视艺术的审美本质的一面却被视为他文学批评观点的早期缺陷";"别林斯基为了更好地发挥文学和文学批评作为革命工具的作用,一直是非常重视文学和艺术的审美本质的。"(《西方美学通史》第五卷,第322页)

但张著对车氏多少有些拔高,其中有不少论战性的文字值得我们分析讨论。例如,张著不同意朱光潜对于车尔尼雪夫斯基的某些批评,认为车氏对黑格尔派美学的转述是"符合黑格尔哲学和美学的体系的实质的"。再如,车氏在其学位论文中,集中探讨了艺术对现实的审美关系,并非全面讨论美学问题,而张著却认为车氏规定了美学的研究对象是"美和艺术",而艺术则是"中心对象",进而发挥说:

> 那么,美学的研究对象——美和艺术,在学科内又应如何关联起来呢?这正是车尔尼雪夫斯基用"艺术对现实的审美关系"来作为他的学位论文——美学论文(论述美学基本问题)的标题的缘由。美学的基本(中心)对象是艺术,但又必须与美联系起来,这就必然要提出"艺术对现实的审美关系"这么一个基本问题。尽管车尔尼雪夫斯基自己没有明白地说,我们也似乎可以把握住这个内在逻辑脉络,进而似乎可以推论他关于美学的学科定位:美学是从人对现实的审美关系出发研究美和艺术的科学,因此,美学是一种人文科学,艺术是美学的中心研究对象。(《西方美学通史》第五卷,第350页)

这一系列推论中包含着许多富有预见性的睿智,同时也包含着不少妄加猜测的成分。论述"艺术对现实的审美关系"是从审美的角度探讨艺术对现实的关系,而非探讨"人对现实"的审美关系。所谓审美关系,即非功利关系,不是单纯的认识关系或实践关系,而是在社会实践的基础上形成的非功利的情感关系。这决定了美的客观性实际上是社会性,只有从社会实践的角度才能阐明美的意义,当然也可以说美学是一种人文科学。车尔尼雪夫斯基并没有把它上升到社会实践的高度,我们的推论并非车尔尼雪夫斯基本人做出的结论。

关于杜勃罗留波夫,作者也给予较高的评价,称赞他"继承和发展了别林斯基和车尔尼雪夫斯基的现实主义美学原则",并具体运用到批评实践之中。

新世纪到来之际,人们试图从新的视角研究别车杜的美学思想和文艺批评实践,给他们以新的评价,评论的重心当然还是作为批评家的别林斯基。黄书泉、王利辉、周兴华等撰文称赞别林斯基对批评文体的贡献,任光宣和刘文飞分析了别林斯基与果戈理的分歧,傅璇则从女性主义的角度分析了别林斯基对妇女的评价。另外,车尔尼雪夫斯基也受到关注,还出现了关于他的博士论文。①

黄书泉认为,别林斯基并不是一个只写"时文"的批评家,而且是一个思想家,他的"时文"对今天的我们仍有启发意义,"尤其是在片面强调文学理论学术规范化、专业化,许多人对思潮、主义、话语、体系趋之若鹜的今日",别林斯基体现了另一种学术典范。②

王利辉称赞别林斯基把文学批评与文化批评交织互渗,使体裁的多样性与内容的广泛性紧密地融合在一起。他完成了一系列批评体裁的创造和革新,不仅丰富了批评的样式,而且扩充了批评的内容。他的具有多样化的批评形式和丰富批评内容的批评文章,对整个文学批评界的影响也是很大的。③

周兴华认为,别林斯基的文学批评至今仍能引起人们的阅读兴趣,除了见解的深刻性以外,文体的魅力也不可忽视。史、论、评融会贯通的构架,诗性与理性和谐统一的批评语言,不仅使其批评具有了雄视的气魄,而且还在诗意盎然的描绘中,引导读者走入胜境去体会文学的内在精神。在别林斯基的批评文体中,体裁的丰富多样、构架的气势恢宏使其批评具有了雄视的气魄,而语言的抒情意味和睿智机锋,又在技巧的灵活运用中自然地形成了诗意盎然又切中肯綮的独特面貌。这些特点不仅使别林斯基的批评走向了一个理想的境界,而且还在流传当中

---

① 蔡同军:《普罗米修斯的火种——车尔尼雪夫斯基与周扬》,苏州大学,2003年。
② 黄书泉:《不朽的"时文":重读别林斯基》,载于《文艺争鸣》2000年第2期。
③ 王利辉:《试论别林斯基批评的体裁与内容》,载于《北方论丛》2000年第6期。

完成了民族与历史间的跨越。①

傅璇对别林斯基的评论,角度相当新颖。别林斯基在评论普希金的《叶甫盖尼·奥涅金》时,把俄国社会与西欧社会做了对比,指出俄国的女人从属于男性,不是欧洲意义上的女人,只是待嫁的姑娘和已嫁的妇女,至于少女们只是未婚妻而已。傅璇说:"俄国女性的集体'失语'状态,她们作为'他者'独立、完整人格的缺失以及在男性主导社会中附属地位的确定,始于这个社会施加于女性的社会化过程,亦即源自所谓性别角色的合法性。在全面观察19世纪俄国女性生存状况之后,别林斯基将批判矛头直指男性主导的社会,对俄国社会男权制文明给予了颠覆;这一公开批判的深刻性和精确性在19世纪俄国女权主义思想发展中具有典范意义。"傅璇认为,在19世纪俄国思想界,别林斯基对男性主导社会的批判是空前的,这一论题与他俄国社会批判的整体论域是一致的。但别林斯基基于性别角色给定而展开的男权批判在历史文化资源的逻辑论证方面较为薄弱,并且存在有误读的情形。比如别林斯基在指认西欧女性拥有女性权利时出现了误读,因为,女性地位是东西方历史共同面临的问题,也是西欧社会存在和发展难以超越的障碍,这也是世界妇女史研究的一个共识问题。②

结语:"昨夜星辰"依然美丽

我们已经谈到,20世纪90年代以来研究别车杜的论文少之又少,别车杜早已从中心沦落边缘。那么,是什么原因导致了这种局面呢?

首先是对现实主义理论的清理。别车杜关于文学反映现实生活、关于文学是"生活的教科书"的理论,对于建构中国的现实主义文艺理论起了至关重要的作用,他们关于形象、形象思维、典型、文学的人民性和文学的战斗精神等问题的论述,成为中国新文学长期遵循的真理和长期追求的目标,甚至一度被"升格"为公式和教条。"文革"时期他们

---

① 周兴华:《简论别林斯基的批评文体特征》,载于《文艺理论研究》2001年第3期。

② 傅璇:《性别角色的被给定和男性主导——维·格·别林斯基女性主义思想解读》,载于《俄罗斯文艺》2004年第2期。

一度遭到批判,但"文革"刚结束就在倡导"恢复现实主义精神"的口号下恢复了名誉,进而恢复了自己的权威。20世纪80年代初,别车杜迎来了他们在中国文艺理论界的最后辉煌,成为人们研究最多的外国理论家之一,并且保持了"准马列"的权威地位。然而,对别车杜的崇敬很快成为昨夜星辰。鉴于别车杜已被定格为革命现实主义的理论家、社会主义现实主义的先驱,20世纪80年代后期,对教条主义的清算终于导致了对于别车杜的理论本身的冷淡。

其次是对理性主义哲学的清算。人们先是追溯到别车杜的师祖康德、黑格尔和费尔巴哈,"发现"不论就思想的深刻广博和视野的开阔性而言,还是就思想体系本身的完整性而言,学生都远远不如乃师乃祖;接着"发现"康德、黑格尔之流还有其他一些更富有叛逆性的后继者,这些后继者的非理性主义更合乎新时代的胃口。长期以来屈服于各种思想权威和政治权威的人们,对于粉饰现实深恶痛绝的现代作家和理论家们,终于从叔本华的悲观主义看清了生活的面貌,从尼采的酒神精神看到了生命力的涌动,从萨特的"介入政治"中领会了文学艺术的真正使命,从"自由选择"中体会到了自由的真意。

单纯从艺术理论自身的角度看,别车杜关于文艺反映生活、是生活的教科书的论述,由于忽视了创作者个人的心理活动在创作中的具体分析,在20世纪80年代已显得非常粗糙,而弗洛伊德和荣格的精神分析学,更能深入人类心灵的深处,更有助于解释为什么社会历史环境等能够影响文艺创作。

上述哲学的、美学的、精神分析学和心理学的新观念,再加上此时勃兴的系统论、控制论和信息论的"科学"优势,迅速占据了新时代文艺学的中心。于是,别车杜边缘化了,而弗洛伊德、萨特、尼采和海德格尔、巴赫金等相继成为文艺学家研究的中心。当然,所谓边缘化不过是他们作为批评家被请出了神殿,他们的批评精神以及他们所创造的批评术语,如现实主义、形象、典型、人民性等,虽然使用的频率大大降低了,但在一般的教科书中,仍然是神圣不可动摇的。这种反差彰显了追求自由创造的学术研究与以稳定规范为目标的教科书之间巨大的差异和张力。探索这一差异和张力的历史,也就是探索近代以来中国学人追求真理和自由的历史,也就是探察中国学人如何在追求的途中克服迷误的历史。

"社会主义现实主义"在当代中国的理论行程

汪介之

"社会主义现实主义"概念和定义①的出现,不仅是苏联文学和20世纪俄罗斯文学中的一件大事,而且在一个相当长的时间内对现当代中国文学的观念、理论批评和创作,都产生过深刻的影响。

"社会主义现实主义"在20世纪50年代的命运

1949年以后,中国文学界开始把"社会主义现实主义"确立为中国整个文学艺术创作和批评的最高准则。1951年5月,在中央文学研究所的一次讲演中,周扬强调:"我们必须向外国学习,特别是向苏联学习,社会主义现实主义的文学艺术是中国人民和广大知识青年的最有益的精神食粮,我们今后还要加强翻译介绍的工作。"②1952年5月,周扬在一篇文章中第一次明确提出:"革命的艺术的新方法——社会主义现实主义应当成为我们创作方法的最高准绳。"③这时候,在周扬看来,中国的国情已经大大不同于以往,政治、社会、经济生活等各方面都

---

① 参见《苏联作家协会章程》,《苏联文学艺术问题》,人民文学出版社,1953年版,第12页。
② 周扬:《坚决贯彻毛泽东文艺路线》,载于《周扬文集》第2卷,人民文学出版社,1985年版,第61页。
③ 周扬:《毛泽东同志〈在延安文艺座谈会上的讲话〉发表十周年》,载于《周扬文集》第2卷,第145页。

已产生了具有决定作用的社会主义的因素,因此他改变了自己在1933年及其后的一贯提法,及时提出把"社会主义现实主义"作为中国文艺创作的基本方法。1952年12月,周扬应苏联《旗》杂志之邀,撰写了《社会主义现实主义——中国文学前进的道路》一文,向苏联文学界传达了这样一条信息:"追踪在苏联文学之后,我们的文学已经开始走上社会主义现实主义的道路;我们将在这条道路上继续前进。"①

周扬的上述提法和主张,当然不仅仅是他个人的意见。就在他为《旗》杂志写的文章于1953年1月11日由《人民日报》转载之际,当时担任中共中央宣传部部长的习仲勋,也在《对于电影工作的意见》一文中明确指出:"在文学艺术工作上学习苏联,学习社会主义现实主义的创作方法是坚定不移的,是不能够动摇的。"②这显然是以党在文艺宣传方面的主要领导人的身份所做的发言。同年3月,全国文协常务委员会第6次扩大会议通过的《关于改组全国文协和加强领导文学创作的工作方案》,即决定结合"社会主义现实主义"创作方法的学习,讨论文学创作思想等问题。4月至6月间,全国文学创作委员会组织在北京的40余名文艺工作者学习"社会主义现实主义"理论。这次集中学习共进行了十多次讨论,讨论的内容通过创作委员会编印的《作家通讯》传达到全国文艺界。5月至7月间,中南地区、西北地区也分别组织了同一内容的学习与讨论。在学习过程中,《文艺报》编辑部曾根据各地讨论的情况,综合整理了三篇文章,其中包括由敏泽执笔的《对于社会主义现实主义的一些错误理解》一文。这里的"错误理解"指的是有人把"社会主义现实主义"理解为处理不同题材和材料的方式;文章认为,只有把它看成"指导整个文艺创作和批评活动的普遍原则"③,才是正确的理解。

在上述文章和讲话发表前后,胡乔木、周扬等人,还在全国第一届电影剧作会议上做了关于社会主义现实主义的报告。另外,邵荃麟也

---

① 周扬:《社会主义现实主义——中国文学前进的道路》,载于《周扬文集》第2卷,第191页。

② 习仲勋:《对于电影工作的意见》,载于《电影创作通讯》1953年第1期。

③ 敏泽:《对于社会主义现实主义的一些错误理解》,载于《文艺报》1953年第12号。

在《人民文学》1953年第11期上发表了题为《沿着社会主义现实主义的方向前进》的文章。《解放军文艺》1953年第8期和第10期,则先后刊登了哥尔布诺娃的《论社会主义现实主义理论的几个问题》(稼民译)、特里峰诺娃的《关于社会主义现实主义的几个问题》(郭一民译)等苏联研究者文章的译文。1954年9月5日的《人民日报》上还刊登了苏联"拉普"理论家弗·叶尔米洛夫的文章《为社会主义现实主义而斗争》。上海新文艺出版社出版的《文艺理论学习小译丛》(1952～1954)更集中译介了苏联研究者论"社会主义现实主义"的文章。这一切,对于"社会主义现实主义"理论在我国的传播,都起到了不小的作用。

1953年9月,在中国文学艺术工作者第二次代表大会上,周扬正式宣布:"我们把社会主义现实主义方法作为我们整个文学艺术创作和批评的最高准则。"他还第一次明确肯定:《在延安文艺座谈会上的讲话》以后,我们的文学艺术是"社会主义现实主义的文学艺术",而鲁迅在其后来的创作活动中已"成为社会主义现实主义的伟大先驱者和代表者"。① 事实上,在为苏联《旗》杂志写的那篇文章中,周扬就已经说过:正如中国新民主主义革命是无产阶级社会主义世界革命的组成部分一样,中国人民的文学也是世界社会主义现实主义文学的组成部分。这表明,周扬对于"五四"以来中国新文学的界定,对于鲁迅的创作方法和文学史地位的评价,已根据苏联"社会主义现实主义"的理论框架进行了调整。人们注意到,在20世纪30～40年代,周扬是把中国新文学的主脉称为"革命现实主义"或"新民主主义现实主义"文学、把鲁迅称为"一个伟大的民主主义现实主义者"的。在第二次文代会上做报告的茅盾,也旗帜鲜明地把"社会主义现实主义"的原则作为对中国作家的基本要求,强调指出:"一个社会主义现实主义作家必须要求自己善于觉察出生活发展的方向和新事物的萌芽,善于从革命发展中去表现生活;一个社会主义现实主义作家的职责正是必须要把在今天看来还不是普遍存在,然而明天将普遍存在的事物,加以表现。"②

---

① 周扬:《为创造更多的优秀的文学艺术作品而奋斗》,载于《周扬文集》第2卷,第249、247页。

② 茅盾:《新的任务和新的现实》,载于《茅盾全集》第24卷,人民文学出版社,1996年版,第264页。

值得注意的是,1954年《毛泽东选集》3卷首次出版发行时,收入书中的《在延安文艺座谈会上的讲话》里的"我们是主张无产阶级的现实主义的"这句话,已改为"我们是主张社会主义的现实主义的"。此后在我国出版的毛泽东著作的各种版本,凡收有这篇讲话的,都按此修改后的文字印行。在此之前,冯雪峰在他为《文艺报》所起草的社论及署名文章中,已明确肯定:"无产阶级的现实主义就是社会主义现实主义。"①至此,"社会主义现实主义"不仅已被正式确立为中国文学的创作方法和原则,从而获得了一种不可动摇的地位,而且还被阐释为以鲁迅为代表的"五四"新文学所一直追寻的方向。

就在中国文学界广泛宣传、大力倡导和坚决贯彻"社会主义现实主义"的时候,苏联文学界对这一口号的看法却发生了某种变化。1954年12月,第二次苏联作家代表大会在莫斯科召开。作家西蒙诺夫在大会的补充报告中主张删去载入《苏联作家协会章程》的"社会主义现实主义"定义中的以下一段话:"同时,艺术描写的真实性和历史具体性必须与用社会主义精神从思想上改造和教育劳动人民的任务结合起来。"他认为,这句话是导致苏联文学中出现"粉饰现实"之弊的因素之一,因为"在战后时期我们一部分作家和批评家在作品里经常借口要从发展的趋向来表现现实,力图'改善'现实"②。结果,第二次作家代表大会通过的新《章程》采纳了西蒙诺夫的建议。1955年,人民文学出版社编辑出版了《苏联人民的文学——第二次苏联作家代表大会报告、发言集》(上下两册),向中国文学界和广大读者介绍了苏联文学界的新动向。

当然,这一新动向并未能改变中国文学界对"社会主义现实主义"的坚持和贯彻。在对胡风文艺思想的全面批判中,批判者们所使用的最重要的武器之一就是"社会主义现实主义"。如林默涵认为,胡风的错误之一在于"看不到旧现实主义和社会主义现实主义的根本区别",

---

① 冯雪峰:《克服文艺的落后现象,高度地反映伟大的现实》,载于《雪峰文集》第2卷,人民文学出版社,1983年版,第476~477页;参见《学习党性原则,学习苏联文学艺术的先进经验》,载于《雪峰文集》第3卷,第571页。

② 西蒙诺夫:《苏联散文发展的几个问题》,载于《苏联人民的文学——第二次苏联作家代表大会报告、发言集》上册,人民文学出版社,1955年版,第34页。

不懂得"社会主义现实主义者"首先要具有"工人阶级的立场和共产主义的世界观"①。周扬也指出:"社会主义现实主义的公式是马克思列宁主义对文学艺术方法的基本观点和历史贡献……现实主义应当包括在马克思主义里面,只有马克思主义才能对现实主义作最完满的理解。"②蔡仪则认为,在"社会主义现实主义"的定义中,"真实地、历史具体地描写现实"是过去的现实主义作品在一定程度上也具有的,但是,"用社会主义精神从思想上改造和教育劳动人民的任务",却不是以往的现实主义文学所具有的了。蔡仪一方面批判胡风否认、抹杀了"社会主义现实主义和过去的现实主义在思想根源上的区别"③,另一方面也表示对西蒙诺夫的建议和《苏联作家协会章程》的修改持不赞同态度。冯雪峰也承认:"社会主义现实主义作家描写真实,是为了宣传社会主义,为了用社会主义来教育人民和改造生活。因此,他是有立场地去描写真实。"④他也同样认为世界观是辨别"社会主义现实主义"和过去的现实主义的基本依据。不难看出,胡风的批判者们所强调的,都是世界观、社会主义精神、马克思列宁主义等在"社会主义现实主义"理论中的意义与作用。这一现象反映了当时中国文艺理论界的权威人士们对"社会主义现实主义"的几乎一致的理解。

不过,1956年前后苏联社会政治生活和文学生活中所发生的变化,反对"粉饰现实"、提倡"干预生活"的主张,还是在中国文坛激起了回响。中共中央提出"百花齐放,百家争鸣"的方针以后,最早把"社会主义现实主义"的口号介绍到中国来的周扬,1956年8月在中国作家协会文学讲习所的一次讲话中,说出了他对这一口号及其定义的一些新的看法。一方面,周扬继续强调:"社会主义现实主义这个口号不应该去掉,社会主义现实主义是人民艺术发展的方向,为什么我们要反对这个新方向?"另一方面,他又认为:"对于社会主义现实主义的学习,绝

---

① 林默涵:《胡风的反马克思主义的文艺思想》,载于《文艺报》1953年第2号。
② 周扬:《我们必须战斗》,载于《周扬文集》第2卷,第325页。
③ 蔡仪:《批判胡风的资产阶级唯心论文艺思想》,载于蔡仪《探讨集》,人民文学出版社,1981年版,第70~72页。
④ 冯雪峰:《关于社会主义现实主义》,载于《雪峰文集》第2卷,第689页。

不能陷入教条主义的泥潭。"他指出,排斥非"社会主义现实主义"的作家,对"批判现实主义"的估价不够,和"社会主义现实主义"以外的艺术流派之间存在着不正常的关系(只有打击,没有合作;只教训别人,不向人家学习)等等,都是把"社会主义现实主义"当作教条和公式的表现。周扬提醒道:"我们应该把社会主义现实主义了解为一种新的方向,而不能把它当作教条,或者当作创作上的一种公式。不然的话,就有很大的危险。"①周扬还主张:"对于社会主义现实主义,我们要反对把它当作教条,不要去推敲它的定义","不管定义有没有问题,我觉得我们不必去强调它";"社会主义现实主义只是指示人们一个方向","至于具体的方法,绝不是立一个定义所能规定得了的。"②在1956年9月中共中央第八次全国代表大会上的发言中,周扬也是一方面肯定"社会主义现实主义是人类艺术发展的新方向","是一种最进步的创作方法,我们提倡这种方法";另一方面又说:"如果把社会主义现实主义当作教条,当作简单的创作公式,到处乱套,那就只会带来害处。"③周扬的上述意见,既显示了实行"双百方针"的时代活跃的思维,也反映了在政治标尺和艺术价值之间取舍的某种矛盾。

如果说,周扬的身份决定了他必然存在矛盾、有所顾忌的话,那么,另一些文学理论家则曾经坦率地表露了自己对"社会主义现实主义"概念和定义的怀疑。1956年9月,秦兆阳在《人民文学》杂志上发表了《现实主义——广阔的道路》一文(署名何直)。他完全同意西蒙诺夫在第二次苏联作家代表大会上对"社会主义现实主义"定义的质疑,还补充指出这一定义的不合理性。秦兆阳写道:"从这一定义被确立以来,从来还没有人能够对它作出最确切最完善的解释,常常是昨天还被认为是很正确的解释,今天又被人推翻了。"经由考察现实主义文学的特征,他认为:"想从现实主义文学的内部特点上将新旧两个时代的文学划出一条绝对的不同的界线来,是有困难的。"因此他建议"称当前的现

---

① 周扬:《关于当前文艺创作上的几个问题》,载于《周扬文集》第2卷,第408~409页。
② 同上,第415、410~411页。
③ 周扬:《让文学艺术在社会主义伟大事业中发挥巨大的作用》,载于《周扬文集》第2卷,第476页。

实主义为社会主义时代的现实主义"。秦兆阳还说:"我之所以要研究社会主义现实主义定义的缺点,是因为由于这一定义所产生的一些庸俗的思想,在我们中国还跟另外一些庸俗的思想结合起来了,因而更加对文学事业形成了种种教条主义的束缚。这些庸俗思想,就是对于《在延安文艺座谈会上的讲话》的庸俗化的理解和解释,而且主要表现在对于文艺与政治的关系的理解上。"①可以看出,秦兆阳事实上是否认了"社会主义现实主义"作为一种独立的创作方法存在的合理性,并且看到了它的定义导致文学中的教条主义,导致对于文艺与政治之关系的庸俗理解。

周勃于1956年12月发表的文章《论现实主义及其在社会主义时代的发展》,表达了与秦兆阳相近的见解。在他看来,现实主义作为一种艺术创作方法,它本身是不应该有什么改变的,所以"前社会主义时代的现实主义与社会主义时代的现实主义在创作方法上,是没有也不可能有什么区别的"。他认为,《苏联作家协会章程》中关于"社会主义现实主义"的定义,"由于它并没有完全具有对现实主义艺术创作的科学性、确切性的概括,因而从现实主义艺术创作历史的实践来看,或从今天的创作实际来看,都是很难为实践的检验所承认的"。②周勃其实已经清楚地看到,从艺术或美学的角度而言,"社会主义现实主义"这一口号或概念是没有任何意义的。在秦兆阳、周勃的文章之后陆续发表的从维熙的《对"社会主义现实主义"的几点质疑》(1957)、刘绍棠的《现实主义在社会主义时代的发展》(1957)等一系列文章,都表达了类似的观点。

上述对"社会主义现实主义"的口号和定义提出怀疑乃至否定的意见,迅速受到另一些理论家的反驳。张光年的《社会主义现实主义存在着、发展着》(1956)、黄药眠的《是社会主义时代的现实主义还是社会主义现实主义?》(1957)、蒋孔阳的《关于社会主义现实主义》(1957)、钱学熙的《作家的世界观与创作方法的关系问题》(1957)、叶以群的《我们的

---

① 秦兆阳:《现实主义——广阔的道路》,载于《文学探路集》,人民文学出版社,1984年版,第143~144页。

② 周勃:《论现实主义及其在社会主义时代的发展》,载于《文艺理论争鸣辑要》(下),上海文艺出版社,1983年版,第667~668页。

文艺方向和创作方法》(1957)等文章,大都从"世界观和创作方法不可分割"的观点出发,确认"社会主义现实主义"概念中的核心是社会主义,用社会主义精神教育人民是"社会主义现实主义"与过去的现实主义的根本区别所在。所以这些文章的作者都坚定地认为,不能用"社会主义时代的现实主义"的概念来代替"社会主义现实主义"。

同一时期发表的陈涌的《关于社会主义的现实主义》(1957)、蔡仪的《再论现实主义问题》(1957)等文章,也不赞成"社会主义时代的现实主义"这一提法,其基本理由是现实主义的艺术真实性并不能包括"社会主义现实主义"对文学和作家的要求;但这些文章的作者也指出文学的"思想性"不是外加的东西,从而暗示出"社会主义现实主义"定义的不完善之处。王若望在他的《评社会主义时代的现实主义》(1957)一文中,认为秦兆阳等人的主观意图并不是否定"社会主义现实主义"的原则,而是反对文学中的教条主义和公式化倾向,但他又指出"社会主义时代的现实主义"这一新提法并不能解决这些问题。秦兆阳、周勃、刘绍棠等人的意见虽然受到很多人的反驳,却说明了我国文学界对于"社会主义现实主义"的概念和定义远不是一致认同的。

如果说,以上关于"社会主义现实主义"的这些不同意见的发表,在不同程度上呈现了"百花齐放"的时代氛围,那么,紧随其后出现的批判浪潮,则与"反右派斗争"的气候密切相关。1957年9月1日,《人民日报》发表了题为《为保卫社会主义文艺路线而斗争》的社论,批判"右派分子"企图在提倡艺术真实性的旗号下"暴露社会生活阴暗面"的罪恶用心。9月16日,中央宣传部部长陆定一在作协党组扩大会议上强调:即便"社会主义现实主义"不是唯一的创作方法,也是"最好的一种创作方法"①。周扬(署名周和)在《反对对社会主义文学的虚无主义态度——与刘绍棠同志商榷》一文中肯定:"社会主义现实主义的创作方法本身,与无冲突论、公式主义、单调、平庸绝不相容。"②姚文元在他的长文《社会主义现实主义文学是无产阶级革命时代的新文学——同何

---

① 参见《文艺报》报道:《陆定一、周扬在作协党组扩大会议上作重要讲话》,载于《文艺报》,1957年第25号。

② 周和:《反对对社会主义文学的虚无主义态度——与刘绍棠同志商榷》,载于《文艺报》,1957年第15号。

直、周勃辩论》中,则断言我国文学理论中出现了一种修正主义思潮,"这种修正主义思潮的中心是'写真实',强调社会主义现实主义同过去的现实主义没有方法上的不同,因此不能成为一个独立的流派"①。原先并不赞同秦兆阳、周勃、刘绍棠等人的意见,但认为"社会主义现实主义"的定义确实有不完善之处的陈涌、王若望等人,也同样受到批判。1958年,新文艺出版社选择了报刊上发表的一部分批判文章,集结为《社会主义现实主义论文集(一)》予以出版,秦兆阳、周勃的文章也附于书后;1959年,上海文艺出版社接着选编出版了《社会主义现实主义论文集(二)》。两本文集共收录批判文章58篇。

在"保卫社会主义现实主义"的呼声中,翻译与出版苏联研究者论"社会主义现实主义"的著作,在1956年以后的几年中,曾出现了一个高潮。如留里科夫的《关于社会主义现实主义的几个问题》(殷涵译,作家出版社,1956年版)、奥泽洛夫的《社会主义现实主义的若干问题》(戈安译,新文艺出版社,1957年版)、阿·杰明季耶夫的《社会主义现实主义——苏联文学的主要方向》(曹庸译,新文艺出版社,1957年版)、特罗菲莫夫的《社会主义现实主义——苏联艺术的创作方法》(牛治译,新文艺出版社,1958年版)等专著,以及收有布·布尔索夫等人论文的《现实主义问题讨论集》(岷英译,新文艺出版社,1958年版)等,都是在那几年中出版的。人民文学出版社还出版了由中国科学院文学研究所苏联文学组编的《苏联作家论社会主义现实主义》(1960),以及收有苏联文艺界关于"社会主义现实主义"的若干次大规模讨论的重要论文的《世界文学中的现实主义问题》(1958)等文集。译文杂志社选编的《保卫社会主义现实主义》(作家出版社,1958年版),分为两集出版,其中第一集收录苏联文学界捍卫"社会主义现实主义"的文章,第二集则集中收入东欧各国研究者的同类论文。在同一时期,我国的《光明日报》、《译文》(从1959年第1期起改名为《世界文学》)、《解放军文艺》、《哲学社会科学动态》、《文史哲》、《外语教学与翻译》等报刊和《学习译丛》、《文艺理论译丛》、《电影艺术译丛》等丛刊,还大量刊登苏联研究者阐释"社会主义现实主义"的文章,或者报道苏联文艺界有关讨论的情况。

---

① 姚文元:《社会主义现实主义文学是无产阶级革命时代的新文学》,载于《人民文学》,1957年9月号。

与译介方面的盛况相伴随,我国学者除了发表批判文章外,还在另一些文章中正面表示对"社会主义现实主义"的拥护和捍卫,如茅盾的《社会主义现实主义永远胜利前进》(1957)、郭沫若的《向苏联文艺看齐》(1957)、戈宝权的《苏联文学的创作道路是什么?》(1956)等。其中,郭沫若在他的文章中写道:"一面鲜艳的红旗在二十世纪的文学领空迎风招展——社会主义现实主义的红旗,它标志着人类文学艺术发展的新方向。阶级敌人妄想推倒这面红旗,那是徒劳的。"①郭沫若在这里不仅旗帜鲜明地表达了保卫"社会主义现实主义"的态度,而且把问题提到政治斗争的高度来认识。

1958年,茅盾还发表了另一篇长文《夜读偶记——关于社会主义现实主义及其他》。作者申明,他是在读了自何直的文章发表起,在国内八种主要文艺刊物上登载的讨论"社会主义现实主义"的32篇文章之后写下这篇长文的。茅盾扼要地勾勒出欧洲文艺思潮的演变史,梳理了中国文学史的"现实主义与反现实主义的斗争"历程,并考察了这一历程所显示的意义,辨析了古典主义和现代主义、文学中的理想与现实的关系,在此基础上确认"社会主义现实主义"是一种崭新的创作方法。他写道:

> 社会主义现实主义创作方法体验着理想与现实的结合,也体验着革命浪漫主义和现实主义的结合。而所以有此可能,就因为社会主义现实主义的思想基础是辩证唯物主义和历史唯物主义。也就是在这一点上,说明了社会主义现实主义虽然继承了旧现实主义的传统,却完全是一种新的创作方法,因此,认为无须另立新名(社会主义现实主义)而只要称为"社会主义时代的现实主义"就可以了的说法是错误的;因为它抹杀了旧现实主义和社会主义现实主义这两种创作方法的思想基础的迥然不同,也模糊了社会主义现实主义的鲜明的阶级性和政治原则。②

---

① 郭沫若:《向苏联文艺看齐》,载于《文艺报》,1957年第30期。
② 茅盾:《夜读偶记——关于社会主义现实主义及其他》,载于《茅盾全集》第25卷,人民文学出版社,1996年版,第227~228页。

茅盾的意见,具有对1956年以来我国文学界关于"社会主义现实主义"的概念和定义的讨论进行总结的性质,并重新回到了1953年9月第二次文代会确认"社会主义现实主义"是中国文艺创作和批评的最高准则的思路上。从上述情况可以看出,1949～1958年间,中国文学界对"社会主义现实主义"予以肯定与积极接受的态度基本上没有改变,尽管其间也出现过某些曲折与反复。

"社会主义现实主义"与"两结合"的口号

1958年,在我国全民"大跃进"的高潮中,在中苏两党和两国关系出现某种裂痕的背景下,毛泽东提出了一个新口号:"革命现实主义与革命浪漫主义相结合"(以下简称"两结合")。由于人们对于1939年毛泽东的题词"抗日的现实主义,革命的浪漫主义"还记忆犹新,所以"两结合"的提法并没有使人们感到突然。

但是严格地说,毛泽东并未直接提出"革命现实主义与革命浪漫主义相结合"的口号,而只是在1958年3月中共中央成都会议的讲话中,在谈及我国新诗的发展道路时,指出新诗的内容应是"现实主义和浪漫主义对立的统一"。同年4月,郭沫若在回答《文艺报》编者就毛泽东词作《蝶恋花·答李淑一》所提出的问题时,认为这首词是"革命的浪漫主义与革命的现实主义的典型的结合"①。随后不久,《文艺报》(1958年第9期)便以"革命的现实主义和革命的浪漫主义相结合"为题,发表了几位诗人的一组文章。但这组文章所谈论的内容,却主要是关于新诗和"大跃进"民歌的;《蝶恋花·答李淑一》只是笔谈者大都提到的一个"两结合"的范例。直到《红旗》杂志创刊号(6月1日出版)发表周扬的文章《新民歌开拓了诗歌的新道路》,才第一次正式传达了毛泽东讲话的精神,并对"两结合"这一提法的意义做了说明。周扬写道:"毛泽东同志提倡我们的文学应当是革命的现实主义和革命的浪漫主义的结合,这是对全部文学历史的经验的科学概括,是根据当前时代的特点和需求而提出来的一项十分正确的主张,应当成为我们全体文艺工作者

---

① 《郭沫若同志答〈文艺报〉问》,见《文艺报》,1958年第7期。

共同奋斗的方向。"①可见,"两结合"的口号是由周扬的文章首次向我国文学界传达的。

应当注意的是,提出"两结合"的口号之初,并没有以它来取代"社会主义现实主义"的用意,更没有规定不准继续使用"社会主义现实主义"的口号。因此,从1958年到20世纪60年代初,在我国的各种出版物中,"革命现实主义与革命浪漫主义相结合"和"社会主义现实主义"这两个概念,一度是同时使用的。例如,上面提到的周扬的文章中就有这样的文字:"人们过去常常把现实主义和浪漫主义当作两个互相排斥的倾向;我们却把它们看成是对立而又统一的。没有浪漫主义,现实主义就会容易流于鼠目寸光的自然主义;自然主义是对现实主义的歪曲和庸俗化,它绝不是我们所需要的。当然,浪漫主义不和现实主义相结合,也会容易变成虚张声势的革命空喊或知识分子式的想入非非;而这是我们所不需要的。我们赞成社会主义现实主义的创作方法,就是以这样的理解作为基础的。"②1958年11月在北京大学所做的一次讲演中,周扬也曾明确地说道:"我们不能否定社会主义现实主义,但对于社会主义现实主义这一体系,我们也可以研究一下……我个人认为,革命的现实主义和革命的浪漫主义相结合这个说法是比较完全的。"③又如,1959年5月,在苏联第三次作家代表大会召开之际,出席这次会议的茅盾在致大会的祝词中,仍然明确宣称"社会主义现实主义是国际无产阶级文学基本的方法"④。同年9月,邵荃麟在总结新中国成立以来我国文学发展历程的一篇文章中,还强调并论证了"两结合"和"社会主义现实主义"的关系,再次充分肯定了"社会主义现实主义"。他明确地写道:"由于现实主义的发展和反映时代革命精神的要求,在文学上提出了革命的现实主义与革命的浪漫主义相结合的问题……在文学上提出这个问题,是为了更好地去探讨和阐明社会主义现实主义方法中现

---

① 周扬:《新民歌开拓了诗歌的新道路》,载于《周扬文集》第3卷,第5页。
② 同上,第6页。
③ 周扬:《谈革命现实主义和革命浪漫主义的结合问题》,载于《周扬文集》第3卷,第60页。
④ 茅盾:《在苏联第三次作家代表大会上的祝词》,载于《文艺报》,1959年第11期。

实主义与浪漫主义的相互关系。社会主义现实主义是社会主义文学的基本方法,这是必须肯定的。"邵荃麟还特别提醒人们注意:"绝不能错误地理解,以为提出这个问题是和社会主义现实主义有什么矛盾或不一致的地方。这样理解是不妥当的。"①

除了上述个人署名文章和讲话以外,《文艺报》的两篇社论也同样继续肯定"社会主义现实主义",指出"两结合"和"社会主义现实主义"的一致性。该报在为庆祝建国十周年而发表的社论中这样写道:"十年来我国社会主义现实主义文学艺术的宝贵成果,都是从革命现实的急流中吸取酿制而成功的……可见,要进一步提高我们社会主义现实主义文学艺术的思想性和艺术性,这才是关键之关键。"② 1960年1月,《文艺报》发表的另一篇社论,则直接把两个口号统一起来:"革命的现实主义和革命的浪漫主义相结合的创作原则、创作方法,肯定是经得起考验的,它将促进我国社会主义现实主义文学艺术的新发展。"③

1960年7月,中国文学艺术工作者第三次代表大会召开。周扬在大会上的报告中,依然肯定"社会主义现实主义"的口号"得到了全世界革命作家的赞同",同时揭露了"修正主义者拼命攻击社会主义现实主义"的罪恶目的。他还说:"我们主张文艺应当表现革命发展中的现实和对于更美好未来的理想,把革命现实主义和革命浪漫主义结合起来,这就正是对于修正主义者的进攻的一个有力的回答。"④周扬并没有提出要以"两结合"来代替"社会主义现实主义",更没有否定和放弃"社会主义现实主义"的口号。1961~1962年,周扬在组织编写高校文科教材的过程中,曾多次参加《文学概论》的编写讨论会并发表讲话,其间一再谈到文学创作方法问题。他认为,"社会主义现实主义"这个提法本身有缺点,而"革命现实主义和革命浪漫主义相结合"的提法则"较好、

---

① 邵荃麟:《文学十年历程》,载于《邵荃麟评论选集》(上册),人民文学出版社,1981年版,第370~371页。
② 《向时代的艺术高峰迈进》,见《文艺报》,1959年第18期。
③ 《用毛泽东思想武装起来,为争取文艺的更大丰收而奋斗!》,见《文艺报》,1960年第1期。
④ 周扬:《我国社会主义文学艺术的道路——1960年7月22日在中国文学艺术工作者第三次代表大会上的报告》,载于《文艺报》,1960年第13~14期合刊。

较全面,也不至于搞宗派主义";但是,在1962年10月的一次讲话中,他仍然毫不含糊地指出:"社会主义现实主义则是创作方法的新发展。它继承了现实主义和浪漫主义的好东西。我们不要割断历史……社会主义现实主义在苏联产生、发展,要给予应有的评价。"①后来,国内有的研究者认为,从1960年的第三次文代会起,"中国在创作方法上正式放弃社会主义现实主义这个口号",同时把"两结合"确定为"新的艺术方法",并以它来取代前者。这些判断和结论显然都不符合上述文学史实。

十年内乱期间,在中外文学与文化交流几乎全部中断的大背景下,中国文学界对"社会主义现实主义"理论的译介和评说也基本上处于停滞状态。人们仅仅能够在少数"内部刊物"上才可以偶尔见到少量这方面的译文或消息,例如,《摘译》1974年第3期曾刊登过苏联理论家阿·梅特钦科的《社会主义现实主义原则和艺术实践》的译文;《苏联文学资料》1975年第6期曾报道了"苏社会科学院召开'社会主义现实主义'科学理论会议"的消息;同一刊物1976年第7期又报道了"苏社会科学院讨论'社会主义现实主义理论中的新事物'"的情况,等等。我国学者对于"社会主义现实主义"的评论,在这特殊的历史年代里,当然没有任何发表的可能性,人们只能看到少数把"革命样板戏"说成是实践"两结合"创作方法之典范的文章,如王振铎的《革命现实主义和革命浪漫主义相结合的伟大胜利——学习革命样板戏的创作经验》(《开封师范学院学报》,1974年第4期)、王为的《革命样板戏是实践"两结合"创作方法的典范》(《天津文艺》,1974年第5期)等。当然,从一定意义上说,这些文章确实是道出了某种实情。

新时期以来我国文论界对"社会主义现实主义"的再阐释

从20世纪70年代末期起,我国文学界又恢复了对"社会主义现实主义"的译介。1979年,中国社会科学院外国文学研究所编译的文集《70年代社会主义现实主义问题——苏联关于"开放体系"理论的讨

---

① 周扬:《对编写〈文学概论〉的意见》,载于《周扬文集》第3卷,第229、271页。

论》,由中国社会科学出版社出版。1981年,外国文学出版社推出了另一本文集《苏联现实主义讨论集》(北京师范大学苏联文学研究所编译)。阿·梅特钦科关于"社会主义现实主义"的专著《继往开来——论苏联文学发展中的若干问题》(石田、白堤译),则于1983年由中国社会科学出版社出版。一些刊物也陆续刊登国外学者论"社会主义现实主义"的文章译文,如波斯彼洛夫的《关于社会主义现实主义文学的论争》(刘宁译,《苏联文学》1980年第3期)、埃利亚舍维奇的《社会主义现实主义风格流派的类型划分》(连铗译,《苏联文学》1980年第3期)、马尔科夫的《社会主义现实主义体系的统一性》(安迪译,《国外社会科学》1983年第11期)、叶尔莫拉耶夫的《关于苏联早期文学理论和社会主义现实主义》(薛君智译,《外国文学报道》1980年第3期)、沃尔科夫的《社会主义现实主义文学的形式多样性》(高俐敏译,《外国文艺》1984年第5期)、伊·巴斯凯维奇的《是社会主义现实主义创作方法还是"体系"?》(古执译,《当代外国艺术》1984年第1辑)、瓦·诺维科夫的《社会主义现实主义艺术中的英雄主义》(陈军译,《当代外国艺术》1985年第2辑)等。《文艺报》《苏联社会科学研究》等报刊还报道了苏联文艺理论界关于"社会主义现实主义"的争论的最新情况;《苏联文学》《外国文学》等刊物则对苏联、美国学者探讨"社会主义现实主义"问题的著作做了介绍。

新时期之初,我国文学界对于"社会主义现实主义"和"两结合"的看法,集中体现在茅盾和周扬的一些言论中。在1979年召开的中国文学艺术工作者第四次代表大会上,茅盾在发言中说:"社会主义现实主义这个名称是斯大林总结了远自高尔基的《母亲》,近到苏联初期的作品如《毁灭》《铁流》等而提出来的……社会主义现实主义要求作家们从现实的革命发展中认识现实的本质。现实的革命发展就包含理想的因素,亦即社会主义的更高阶段即共产主义社会的理想。所以,社会主义现实主义的创作方法实质上既是革命现实主义的也是革命浪漫主义的,不过没有明确指出来罢了。"①茅盾在此明确指出了"社会主义现实主义"和"两结合"的创作方法实质上的一致性。他同时还介绍了毛泽

---

① 茅盾:《解放思想,发扬文艺民主》,载于《茅盾全集》第27卷,人民文学出版社,1996年版,第370页。

东当年提出"两结合"的背景,呼吁人们通过探讨,总结出关于"两结合"的具体而明确的定义。但他又提醒人们注意:不能把"两结合"作为必须遵守的创作方法。茅盾的见解显示出和1966年以前大致相同的思路,但又闪烁着作为思想解放运动成果之一的创作方法多元化的思想火花。

进入历史新时期以后,周扬仍然继续维护"两结合"的提法。1978年12月,他在广东省文学创作座谈会上说:"我们不是一般地提倡现实主义和浪漫主义,而是提倡革命的现实主义和革命的浪漫主义,提倡两者的结合。"①在第四次全国文代会上,周扬再次肯定"两结合"的方法对于作家创作的指导意义。周扬的这两次讲话,有两点是和茅盾相同的。其一,周扬也特别指出斯大林是"社会主义现实主义"口号的最初提出者:"斯大林否定了唯物辩证法的创作方法的口号,提出了社会主义现实主义的方法。"②过去,周扬曾多次说过"高尔基提出社会主义现实主义的口号"。现在之所以出现这一变化,并不仅仅是由于周扬终于看到了文学史上的一个重要事实,更表明他对这一口号本身的合理性、科学性的再思考。其二,周扬重申了"两结合"的意义,但又强调:"任何创作口号,都不应成为束缚创作生命的公式和教条……我们要提倡我们所认为的最好的创作方法,同时更要鼓励创作方法和创作风格的多样化,不应强求一律。"③与茅盾不同的是,周扬没有说明"两结合"和"社会主义现实主义"在实质上是一致的。

1980年以后,周扬不再提"社会主义现实主义"的概念,也不再继续提倡"两结合",而是强调"革命现实主义"。例如,1980年2月,针对有人讲要恢复"五四"新文学的现实主义传统,要回到"五四"去,周扬在一次剧本创作座谈会上指出:"我们过去一些时候坚持现实主义的创作道路不够,林彪、'四人帮'横行时期,现实主义就完全被糟蹋了,现在重新强调革命现实主义,这是十分必要的。但也不是简单回到过去,而是

---

① 周扬:《关于社会主义新时期的文学艺术问题》,载于《周扬文集》第5卷,第84页。
② 同上,第99页。
③ 周扬:《继往开来,繁荣社会主义新时期的文艺》,载于《周扬文集》第5卷,第178页。

要在今天新的条件下,以新的精神来恢复和发展革命的现实主义。"①在这里,可以看到我国文学恢复现实主义传统的努力对周扬的某种影响。

我国的苏联文学研究者,自20世纪70年代末期开始,也撰写了一系列文章,或集中介绍和评价苏联"社会主义现实主义开放体系",如李辉凡的《70年代社会主义现实主义问题——苏联"开放体系"理论概述》(1979)、吴元迈的《苏联社会主义现实主义理论新阶段》(1980)、张捷的《一场旷日持久的争论——介绍近年来苏联关于"开放体系"的讨论》(1984)等;或探讨当代苏联"社会主义现实主义"理论与创作问题,如吴元迈的《当代苏联现实主义思潮——现实主义和社会主义现实主义问题》(1983)、李毓榛的《社会主义现实主义问题与苏联当代文学创作》(1986)等。从理论上探讨"社会主义现实主义"问题的文章,主要有马莹伯的《"两结合"与社会主义现实主义》(1980)、王福湘的《走民族的开放的社会主义现实主义之路》(1987)等。

相比较而言,谈论"两结合"的文章更多。其中,对"两结合"持肯定或基本肯定态度的文章有严家炎的《关于现实和理想的统一——对革命现实主义和革命浪漫主义相结合的一些理解》(1978)、何西来和田中木的《现实与理想的辩证统一——试谈革命现实主义和革命浪漫主义相结合的创作方法》(1978)、蒋茂礼的《略论革命现实主义和革命浪漫主义的辩证结合》(1979)、马莹伯的《"两结合"与社会主义现实主义》(1980)、陈涌的《鲁迅的现实主义和浪漫主义问题》(1980)、杨炳的《革命的现实主义与革命的浪漫主义相结合》(1981)、颜纯钧的《"两结合"与社会主义现实主义的规定性》(1984)、巴人的《我们为什么要提出革命现实主义与革命浪漫主义相结合的创作方法》(1985)等。但在这些文章中,也有对"两结合"的具体内涵做重新阐释的。如颜纯钧认为,"社会主义现实主义"与"两结合"创作方法在基本精神上是一致的,但"两结合"不是两种创作方法(即革命现实主义和革命浪漫主义)的结合,而是"一种创作方法和一种创作精神的结合",即"革命现实主义和

---

① 周扬:《解放思想,真实地表现我们的时代》,载于《周扬文集》第5卷,第211~212页。

革命理想主义的结合"①。对"两结合"提出质疑的文章主要有:朱恩彬的《"两结合"能成为独立的创作方法吗?》(1979)、陈辽的《"两结合"创作方法质疑》(1979)、吕兆康的《"两结合"是一种独立的创作方法吗?》(1980)、吴容甫的《"二革"的创作方法能结合吗?》(1980)、刘光的《"两结合"创作方法与"左倾思想"》(1980)、吕林的《"两结合"创作方法的提出和讨论》(1984)、丁福原的《"两结合"创作方法质疑》(1989)等。这些提出质疑的文章,大都把"两结合"的创作方法和极左文艺指导思想联系起来,有的甚至否定"两结合"能够作为一种独立的创作方法存在。

20世纪80年代后半期,苏联社会政治生活的变化,使得文学界怀疑、批判和否定"社会主义现实主义"概念和定义的种种意见逐渐公开发表出来。我国报刊及时介绍了这一方面的动向,如《外国文学报道》1987年第3期发表的吴国璋的《近年来苏联关于社会主义现实主义与现实主义问题的讨论》,《文艺报》1988年7月9日登载的严永兴的《社会主义现实主义:有争议的问题》,《文艺争鸣》1989年第6期刊发的李毓榛的《在苏联面临生死存亡的社会主义现实主义理论》等文章,就使我国文学界和广大读者及时了解到苏联文艺理论家、作家、高校和科研机构的文学研究者关于"社会主义现实主义"的争论意见。1989年,苏联的《文学问题》杂志第2期发表了《关于党在文学方面的政策的史实(伊·格隆斯基与亚·奥甫恰连科的通信)》,透露了一系列鲜为人知的细节,使世人了解到当年斯大林最先提出"社会主义现实主义"这一概念的背景以及把"社会主义现实主义"确定为"创作方法"的过程。这份珍贵的文学史资料,不久后就由徐振亚翻译到我国来(译名为《格隆斯基关于社会主义现实主义创作方法的信》②),更对我国研究者深化关于"社会主义现实主义"的认识产生了积极的影响。

1989年3月22日,苏联《文学报》公布了一个新的、拟供第九次苏联作家代表大会(原定于1991年召开)讨论通过的《苏联作家协会章程》(草案)。《章程》(草案)指出,"协会认为,创作自由是文学发展的必

---

① 颜纯钧:《"两结合"与社会主义现实主义的规定性》,载于《文艺研究》,1984年第2期。

② 载倪蕊琴主编:《论中苏文学发展进程》,华东师范大学出版社,1991年版。

不可少的条件";协会将"一如既往地扶持那些体现现实主义方法和社会主义理想的作品"①。整整一个月以后,我国的《文艺报》在第一版及时报道了这一消息②。作家协会章程中谈及创作方法问题而回避了"社会主义现实主义"的概念,这在苏联是1934年以来的第一次。这意味着,苏联文艺界已最终放弃了"社会主义现实主义"的概念和定义。

几乎与上述变化的同时,我国文艺界对"社会主义现实主义"的否定性意见也开始发表出来。首先是《中州学刊》1988年第5期推出的李留记的文章《社会主义现实主义不是独立的创作方法》。这篇文章的作者认为,社会主义现实主义"不是独特的创作方法而只是一种文学思潮","它是社会主义革命时代出现的、以马克思主义为思想指导的、表现无产阶级斗争和要求的现实主义文学运动,而不是创作方法";今后,"社会主义现实主义"这种文学思潮和运动仍将"作为文艺百家中的一家,各种文学流派中的一派,众多竞争对手中的一伙伴长期存在,继续发展"③。可以看出,作者只是否定了"社会主义现实主义"作为独立的甚至唯一的创作方法存在的可能性,而并没有否定"社会主义现实主义"的概念和定义。

发表了更激烈的否定性意见的是杨春时。1989年1月12日,《文汇报》刊出他的《"社会主义现实主义"再思考》一文;同年,他的另一篇论文《"社会主义现实主义"批判》登载于《文艺评论》第2期。这两篇文章的基本内容是一致的。作者尖锐地指出:"'社会主义现实主义'并不是一种自发性的文学思潮,它并没有文学创作的自然基础,而是由政治权力结构按照国家意志制造出来并强制推行的文学模式。"④作者认为,"社会主义现实主义"的历史实践是否定性的,它使文学降为"意识形态的附庸,政治的婢女"。在苏联,它中断了俄国19世纪以来强大的现实主义传统,制造了一大批假现实主义文学作品,造成了斯大林时代文学的衰落;在中国,它打断了"五四"现实主义传统,造成本来就很微

---

① 参见苏联《文学报》,1989年3月22日。
② 参见《文艺报》,1989年4月22日。
③ 李留记:《社会主义现实主义不是独立的创作方法》,载于《中州学刊》,1988年第5期。
④ 杨春时:《"社会主义现实主义"批判》,载于《文艺评论》,1989年第2期。

弱的现代主义的消失,"对胡风文艺思想的批判,实质上是'社会主义现实主义'对'五四'现实主义理论上的绞杀"。在杨春时看来,所谓"社会主义现实主义"或"两结合",其实是一种"新古典主义",即"强调意识形态对文学的控制('文艺从属于政治'),以理性矫饰现实(对理想性和浪漫主义的强调)。它既丧失了现实主义的批判精神,又不具有浪漫主义的反叛精神"。作者还认为:"19世纪现实主义以及'五四'现实主义就是真正的现实主义,只能在这个基础上发展现实主义,而不能在否定这个基础的前提下另搞一种'社会主义现实主义',那样做只能是假现实主义。"①杨春时强调现实主义的本质特征是"人道主义的批判精神",这种精神使现实主义达到了"最高的真实";他呼吁中国文学发展一种"不仅包含着严格、充分的现实主义倾向,而且也渗透着现代主义因素"的"新现实主义"。

  杨春时的文章很快就引起了争议。陈辽在他的"商榷"文章中认为:"社会主义现实主义"是在反"左"中提出的"正确的创作方法",它"促进了苏联社会主义文学和我国革命文学的发展",但杨春时却把"左"的教条主义者对"社会主义现实主义"严重歪曲所造成的恶果归咎于"社会主义现实主义"本身,把它和"两结合"画上等号了。陈辽的这篇文章从总体上看虽不免给人以老调重弹之感,却也提出了一个独特的见解,即他是在肯定"社会主义现实主义"的前提下否定"两结合"的;他认为后者是在反"右"扩大化和"大跃进"以后,教条主义者认为"社会主义现实主义"已经过时的情况下提出来的,并以它来取代了"社会主义现实主义",结果便造成了中国文坛上假现实主义和廉价浪漫主义作品的泛滥。所以陈辽认为,应当彻底否定"两结合",坚持"社会主义现实主义"②。但是,和陈辽的文章同时见报的朱立元的"商榷"文章却认为:"所谓的'社会主义现实主义'、'革命现实主义和革命浪漫主义相结合'等提法,在理论上根本站不住脚,在逻辑上犯了把不同质、不同范围

---

  ① 杨春时:《"社会主义现实主义"再思考》,载于《文汇报》,1989年1月12日。
  ② 陈辽:《"社会主义现实主义"再认识——与杨春时同志商榷》,载于《文汇报》,1989年3月3日。

的概念生硬拼合的错误。"①竣东的文章则对杨春时文章中的一些观点提出质疑,强调不是"人道主义的批判精神",而是"历史唯物主义"能够使现实主义达到"最高的真实";现实主义不限于批判揭露,也包含对现实的歌颂赞美;那种认为只有19世纪和"五四"现实主义才是"真正的现实主义"的说法,也是一种"新的保守封闭体系"②。可以看出,竣东的文章是一篇驳论性文字,它没有正面论证"社会主义现实主义"概念、定义的提出和存在的合理性,更没有主张必须坚持"社会主义现实主义"。

20世纪最后十年中,由于苏联文学界已几乎不再有人维护"社会主义现实主义"的提法,这方面的讨论与争论基本结束,因此我国文学界对这方面情况的译介也随之停歇。但这一时期西方文学界研究"社会主义现实主义"的某些成果和动向,却受到了我国学者的注意。例如,1990年3月17日《文艺报》刊出范大灿翻译的布莱希特的《从资产阶级现实主义向社会主义现实主义的过渡》一文;同年8月18日的《文艺报》,又发表了布莱希特的另一篇文章《论社会主义现实主义》(范大灿译);同年第5期的《国外社会科学快报》则登载了由莫斯科大学T. H. 别洛瓦整理的综述性资料《近年来英美文学评论中有关社会主义现实主义的争论》(李吟波编译)。这些资料,使我国读书界得以了解到西方学者对"社会主义现实主义"的评价观点。

在20世纪90年代,我国研究者仍然围绕"社会主义现实主义"问题展开过讨论,但这些讨论主要是将"社会主义现实主义"作为一种文学史现象加以考察和评说,一般不再涉及是否应当继续把它作为中国文学的创作方法的问题。在1994年春于无锡召开的全国"苏联文学研讨会"上,"社会主义现实主义理论与实践"成为会议的两大基本议题之一。我国俄苏文学研究界的学者们围绕这一议题进行了热烈的讨论。在发言中,有的学者认为这是一个重大课题,对它的评价需要一个冷静思考观察、深入细致探讨的过程,要进行"一分为二的具体历史分析"。有的学者认为,"社会主义现实主义"定义所表述的不仅是一种创作方法,还体现了苏共的文艺方针和对文艺的要求,即"以社会主义精神教

---

① 朱立元:《关于现实主义问题的断想》,载于《文汇报》,1989年3月3日。
② 竣东:《谈现实主义的继承与发展》,载于《文学报》,1989年3月16日。

育人民",这样一来,"苏共对文艺的要求就与一种创作方法等同起来,文学创作与政治要求的界限也就混淆了,这就使非社会主义现实主义文学处于极为不利的地位。在有些情况下,与社会主义现实主义方法不相符的文学甚至被视为反社会主义的文学,从而导致对艺术探索与创新的摧残、对艺术多样化的扼杀。这是独尊一种创作方法的错误文艺政策所造成的严重后果"。也有的学者指出,"社会主义现实主义"创作方法从提出之日起,就未得到过文艺学、美学的定义和解释;在它被推出后,"苏联文坛失去了20年代多元化时期的繁荣,出现了独尊一家的萧条僵化局面",这是由于"理论上的外行和错误导致了创作实践上的错误"①。还有的学者探讨了社会主义现实主义"幻灭"的原因。由于会议发言者都是长期从事俄苏文学研究的学者,所以他们的发言大都以可靠的第一手材料为依托,具有较强的说服力。以上发言,可以说代表了20世纪90年代我国俄苏文学研究界对于"社会主义现实主义"的基本看法。

20世纪90年代我国研究者发表的一些署名文章,大都通过对"社会主义现实主义"在苏联的产生及其作用的考察,通过回顾它对中国文学的影响,揭示了它的"政治化"和"大一统"特点及其危害,如吴国璋的《政治化抹煞了文学自身的特殊性》(1995)、《"大一统"扼杀了文学的生命力》(1996)、《"写真实"、"第三真实"、"宫殿"——苏联社会主义现实主义问题初探》(1998),张大明的《社会主义现实主义与中国革命文学》(1998),周可的《社会主义现实主义的两难:叙事还是抒情》(1999)等。不过,仍有文章对"社会主义现实主义"持基本肯定的态度,如孟繁华认为:"中国文学在向苏联追随、学习的过程中,社会主义现实主义是一个最为集中的理论命题。这期间虽然出现过多种阐释、讨论、改造以至最后被置换,但它的核心内容已成为中国当代文学及理论的基本骨架,它所表述的思想早已在主流文学中打下了难以撼动的基础,从而成为一种包容性相当广泛的理论、命题。无论是作为创作方法、艺术思潮、评

---

① 见《关于社会主义现实主义——"苏联文学研讨会"发言摘录》,载于《文艺报》,1994年7月9日。

价尺度,它都拥有不可质疑的权威性和合法性。"①这种说法有些绝对化,也不符合文学史实,因为人们已经看到,不仅"社会主义现实主义"的"权威性和合法性"早就受到质疑,而且它也远不是什么"主流文学"的"难以撼动的基础":呈现于我国广大读者眼前的20世纪最后20年的中国文学,在创作方法上早已突破了"社会主义现实主义"定义的框定,显示出五彩缤纷的多样化特色。事实上,20世纪80年代末期以后,就不再有人坚持把"社会主义现实主义"作为中国文学创作的基本方法了。这样看来,中国文学似乎是和苏联文学一起,同时最终告别了"社会主义现实主义"。

2000年,陈顺馨出版了《社会主义现实主义理论在中国的接受与转换》。该书试图梳理"社会主义现实主义"在我国被接受和阐释的历史,材料颇为详实,但是由于著者对"社会主义现实主义"的理解有扩大其内涵与外延之误,在阐述上就难免发生偏差。著者认为:"虽然社会主义现实主义作为一种创作方法是在一个特定的历史时间和空间提出的,但它既继承苏联批判现实主义的传统,又是19世纪欧洲现实主义潮流的一个组成部分。"②著者还"把这个创作方法的前身、'左联'前期接受的'唯物辩证法创作方法',和它的后延、被认为是文艺的'解冻'期的'新时期'再度提出的'写真实'口号视为一个有内在延续性的整体"(第1页)。这是该书立论的一个基础。因此,著者才会谈到所谓"社会主义现实主义创作方法追求真实性的原则"(第115页);才会断言"社会主义现实主义"是一个"已经扎根在中国文艺土壤的原则和口号"(第322页),并认为:"像社会主义现实主义这样具有较长的跨文化传播与接受历史过程的创作方法,其艺术性内涵必然在过程中酝酿或积累了一定的内在生命力。"(第337页)

陈顺馨还把20世纪30年代胡风与周扬关于"典型"问题的论争,把我国理论界提出的各种"现实主义"(如"新现实主义"、"广现实主义"、"民族革命的现实主义"、"抗日的现实主义"、"新民主主义现实主

---

① 孟繁华:《社会主义现实主义的来源与在中国的接受》,载于《广播电视大学学报》,1998年第4期。

② 陈顺馨:《社会主义现实主义理论在中国的接受与转换》,安徽教育出版社,2000年版,第12页。本文以下凡引用此书,不再加注,仅在引文后直接注明页码。

义"等)概念,把 20 世纪 40 年代关于接受外来思想要"中国化"的主张,关于文学的民族形式的讨论中提出的一些观点,甚至重庆文艺界就"苏联批判卢卡契有关世界观与创作方法的关系的观点"而举行的座谈会,统统纳入接受"社会主义现实主义"的框架内。在著者看来,胡风现实主义理论体系的形成是接受"社会主义现实主义"的结果,我国文艺界关于"人生"与"人民"的分别强调则体现了对"社会主义现实主义"的不同接受。沿着这一思路,著者进而把 20 世纪 50~60 年代我国文艺界所讨论的"写真实"、"干预生活"、"典型论"、"人道主义"、"文学是人学"、"人性论"等问题,统统说成"有关社会主义现实主义的问题";错误地认为"一些曾经被批判的社会主义现实主义理论主张,如'写真实'、'人性论'、人道主义等",在 20 世纪 80 年代得到了进一步讨论;而 80 年代我国思想界、文艺界关于"人道主义与异化问题"的讨论,也同样被纳入"社会主义现实主义接受史"的范畴。这样一来,著者给自己设定的研究课题"社会主义现实主义理论在中国的接受与转换",事实上就变成了 20 世纪"30~80 年代中国现实主义理论发展中的苏联影响"。问题的症结在于,在著者心目中,"社会主义现实主义"和"苏联现实主义"、"苏联文学理论"乃至马克思主义文论,都是一回事。这种具有极大偏差的认识造成了著者论述上的一系列失误。在我国文学界,持相似认识的也许还大有人在。这种误读,表明我们仍然有必要对"社会主义现实主义"进行再研究,进一步认清它的来龙去脉和"非艺术方法"的本质。

纵观"社会主义现实主义"在中国文坛近 60 年的理论旅行和命运轨迹,可以清楚地看到,中国文学在自身发展的不同阶段,对它的接受和评价是截然不同的。"社会主义现实主义"的本质是以政治要求来规范文学创作。当人们以为这种规范是必要的、合理的、进步的之际,曾自然而然地接受了它;当人们发现这种规范其实束缚了作家的手脚、妨碍了文学的发展时,便不得不断然抛弃它。中国文学在自己 60 余年的发展历程中,为认识"社会主义现实主义"概念和定义的实质付出了沉重的代价。20 世纪中国文学史上的优秀作品,要么是在这一概念和定义出现以前和消亡以后产生的,要么是较早清醒地看到了它的实质的作家们创造的,几乎无一例外。这一无可回避的文学史事实,不仅充分地说明了"社会主义现实主义"概念和定义的弊端,也让人们看清了它对 20 世纪中国文学的伤害深度。

英美"新批评"在当代中国的命运

张 哲

我们在20世纪引进的西方文论中,英美"新批评"可谓与中国渊源最深:对它的引进跨越了近百年,其间中国历史风云变幻,西方文论也风貌迥异。"新批评"的中国之旅几经周折,并在不同的历史时期呈现截然相异的特征。这印证了萨伊德关于"旅行理论"的阐说:理论在不同文化间的运动要承受不同语境的压力,新环境对它的接受包含着阻抗,并使之发生变异。①结合对这一新环境的地形地貌的了解,我们就可以更好地检讨"新批评"理论旅行的得失。

(一)

新中国成立后,由于意识形态的原因,"新批评"和其他西方文论受到压制和批判。因曾提倡"人的文学"而遭到批判的袁可嘉于1961年撰文称艾略特割断文学和历史与现实的联系,抵制社会主义,攻击进步文学,1962年又发文声讨新批评的"反动本质",批判其"有机形式主义""把作品看作独立的、客观的象征物,它是与外界一切事物绝缘的自足的有机体","是一种割裂文本与社会、历史关系的极端的唯形式论"。

---

① Edward Said, "Traveling Theory", in The World, the Text, and the Critic, London: Faber and Faber, 1984, pp. 226—227.

在此情况下，20 世纪 60 年代译入的"新批评"文章仅三篇而已，①而 20 世纪 80 年代以前，国内了解"新批评"的主要来源只有 1962 年出版的《现代美英资产阶级文艺理论文选》，其中将"新批评"指斥为反动的资产阶级文论。此后"新批评"便完全销声匿迹了。②

直至"文革"结束，文学创作与研究由于模式的单一僵化而停滞不前。新时期随着改革开放的推进，文艺思想上长期受到压抑的变革冲动逐步释放，此时西方文论迅速涌入，首先进入国人视野的就有"新批评"，因此 20 世纪 80 年代国内重拾对"新批评"的译介，陆续面世的有《传统与个人才能》（复译）、《诡论语言》两篇译文和《文学理论》《批评的诸种概念》《艾略特诗学文集》几种中译，人大翻印了台湾颜元叔译《西洋文学批评史》，两本译文集《"新批评"文集》和《新批评》也相继出版。

"新批评"的形式关注有望为突破社会学文论旧框架提供依据。杨周翰充分肯定新批评方法对我国文学研究的积极意义，他在《新批评派的启示》中尖锐地批评建国三十年来"政治标准第一，艺术标准第二"、从内容到形式的文学研究，割裂内容和形式，导致印象化和简单化批评，使文学成为政策、哲学、伦理的婢女和附庸，他提出新批评从形式到内容的方法是它最重要的启示。张隆溪也肯定形式批判的借鉴意义，稍晚，胡经之等人谨慎地指出："以作品为中心的艺术分析，应该是将来相当长一段时期内文艺研究的方向之一。"③

遗憾的是，"新批评"的启示并未得到落实。20 世纪 80 年代初"新

---

① 艾略特：《论诗歌欣赏的教学》，载于《现代外国哲学社会科学文摘》，1961 年第 5 期；韦勒克：《二十世纪文学批评的几个主要倾向》与《批评的一些原则》，同前，1962 年第 8 期，1964 年第 1 期。

② 与此同时，经夏济安和颜元叔等人推动，"新批评"成为台湾 20 世纪 60～70 年代当代文学批评中的重要流派。参见徐学：《颜元叔与台湾文学批评的演进》，载于《批评家》，1988 年第 3 期。

③ 杨周翰：《新批评派的启示》，载于《国外文学》，1981 年第 1 期；张隆溪：《作品本体的崇拜——论英美新批评》，载于《读书》，1983 年第 7 期；胡经之、张首映：《新批评派》，载于《文学知识》，1986 年第 2 期。

批评"研究资料十分匮乏,许多论者在一些基本问题上多有讹误,①甚至对"新批评"缺乏起码的了解。如时至1985年,仍有学者在某刊"国外文学批评流派介绍"栏目中称"新批评的要义在于阐释文学作品,而不在于解释和评价文学作品"。② "新批评"的译入虽然使研究状况得到逐步改善,但在20世纪80年代,类似袁可嘉60年代对"新批评"的否定性认识反而由于论者的陈陈相因等原因得到强化,如董衡巽称"新批评""割断文学作品与历史、社会甚至作者生平之间的联系",③这和袁可嘉仍然坚持的对"新批评"的论断④一样成为此后对"新批评"的公式化评语。⑤ 这种情况从根本上制约了我们对"新批评"的准确把握和有效运用。

然而最为悖论的是,即使以借鉴"新批评"形式分析方法为旨归的某些努力,也仍不免囿于否定性思维的怪圈。不仅学者如张隆溪仍在重复袁可嘉式的旧调,甚至赵毅衡在对"新批评"作了专门而精细的研究之后也未能超越类似认识。

赵毅衡是卞之琳的学生,遵师嘱研究"新批评"。1988年,赵毅衡

---

① 参见杨熙龄:"美国现代诗歌举隅"/《世界文学》,1979年第6期;木令耆:"现今欧美文学批评理论上的纷争"/《外国文学动态》,1981年第1期;王逢振:"关于美国当代文学批评之管见"/《外国文学动态》,1983年第10期等。

② 冯汉津:"新批评"/《语文导报》,1985年第5期。

③ 沃尔顿·利茨:《新批评派的衰落》,董衡巽译者按语,载于《外国文艺》,1981年第5期。

④ 袁可嘉:《现代派论·英美诗论》,中国社会科学出版社,1985年版,第134~135页。

⑤ 参见蒋炳贤:《西方当代文学批评方法述评》,载于《杭州大学学报》,1985年第4期;
胡经之、张首映:《新批评派》,载于《文学知识》,1986年第2期;
陈伟浩:《"新批评"与英诗的理解和教学》,载于《外语教学》,1987年第1期;
班澜:《英美"新批评"的方法论特征》,载于《内蒙古社会科学》,1988年第1期;
胡经之、张首映:《二十世纪西方文论史》,中国社会科学出版社,1988年版;
张廷琛:《现代西方文学批评的精神》,载于《文艺研究》,1988年第5期;
李自修:《"新批评"方法的应用》,载于《山东外语教学》,1988年第1期;
王忠勇:《本世纪西方文论述评》,云南教育出版社,1989年版。

编著的《"新批评"文集》出版,译文附有学术含量颇高的编者按,文集和《新批评——一种独特的形式主义文论》①一道以精深的研究和丰富的资料而成为众多学者直接、方便的学术来源。

《新批评》是20世纪国内学者撰著的唯一一部新批评专论。作者开宗明义指出,"新批评"是西方形式主义文论发展的重要环节,是理解现代西方文论的关键。研究结论有二:1."新批评"从理论到方法是"绝对文本中心的形式主义";2.新批评"从文学作品本身出发谈论文学特征","重视语言分析"是它"留给后人的最重要遗产"。作者在结语中提出,要用马克思主义对新批评加以"分析,扬弃,改造","加强始终是我们文论中薄弱环节的形式批评"。② 全书旁征博引,视野宽广,考察全面而精深,至今无人能出其右,价值自不待言。然而,此书始于20世纪70年代末而成于80年代初,虽然是一次突破主流话语的努力,却又受制于前者而存在某些问题。

作者大量使用具有强烈倾向性的话语方式,诸如"新批评""理论上的蓄意含混"、"诡辩"、"机会主义",布鲁克斯的"惯于玩弄折中"、"强词夺理",泰特的"死硬"、"故弄玄奥的诡辩",维姆萨特的"故弄姿态"等语随处可见,而当无法否认"新批评"某个观点的正确时,则曰"可能有故作姿态的成分"。③ 主观强势的判语偷换了客观的评价,限制甚至取消读者的判断。

这种非学术话语方式源于先入为主的研究立场与意识形态的偏见。"新批评"是一种文本中心的绝对形式主义,是狭隘、保守、政治上反动的资产阶级理论,研究结果凡不合于这种批判的,都必须加以切割,由此造成论证的某些矛盾、混乱和缺乏客观标准。

仅举几例,席勒关于美"即是形式——当我们判断它的时候,它又是生活——当我们感觉它的时候,它既是我们存在的状态,又是我们存在的创造"的论断符合马克思主义观点,布鲁克斯和沃伦认为"人是创造形式的动物……人创造形式把握世界"则是形式先验论;新批评观点

---

① 赵毅衡:《新批评——一种独特的形式主义文论》,中国社会科学出版社,1986年版。
② 同上,第5页、27页、131页、215页。
③ 同上,第17页、95页、45页、83页、47页、102~103页、105页、112页。

包含辩证法,在某些问题上"解脱了形式主义的羁绊",其批评实践"细腻灵活",分析小说能"撕破新批评方法论的紧身衣",然而新批评就是"走不出形式主义死胡同"。① 包容、反讽、张力等概念认识到作品构成的对立统一,和高尔基"不谋而合",但没有阶级分析,"新批评"就达不到高尔基的认识水平;"新批评""科学化"的反感受论"几乎无可取之处",但我们却要反对"感受式批评",在"科学化上不让于人"。②

《"新批评"文集》也有类似情况,如"悖论语言"编者按承认按布鲁克斯的定义,悖论"的确是诗歌语言的特征",但在无法推翻其概念的情况下,仍然强行质疑"对于诗歌语言的普遍特征能否做如此简单的总结"。③

这两本书的学术贡献毋庸置疑,但同时出版者和作者的双重权威却使其观点被许多研究者全盘接受,④这就妨碍了进一步研究和运用"新批评",而这本是赵毅衡的苦心所在。他的研究终究未能撕破主流意识形态的紧身衣,而有失偏颇的批判又使他对形式研究的倡导落空,并进而成为其他许多学者一时难以撕破的紧身衣。

然而,"新批评"形式研究在国内学术语境中的失落,主流话语的束缚是重要而非唯一的原因。如前所述,20世纪80年代国内文艺界出现一种冲破藩篱的倾向,1984年《文学理论》中译本出版,其中提出的内外研究之分认为内部研究能揭示文学之为文学的根本,而外部研究只是为内部研究做准备,这一观点引发了一场围绕文学本体论的大讨论,为部分学者提供了突破口。

早前朱寨就批评过国外"内批评""抛开文艺创作的本源去探索文艺创作的规律,无异于南辕北辙,缘木求鱼"。⑤ 在主流学术思想仍未松动的情况下,刘再复批评只重文学外部规律的主流话语,提出近年来

---

① 赵毅衡:《新批评——一种独特的形式主义文论》,中国社会科学出版社,1988年版,第40~47页、155~164页、71页、206页、104~145页、27页。
② 同上,第52~53页、104~105页、78页、70页、181页、101页、120页。
③ 赵毅衡编著:《"新批评"文集》,中国社会科学出版社,1988年版,第313页。
④ 直到2002年,方珊的《形式主义文论》(山东教育出版社)一书中论新批评的四章,全部观点和89条引文中的84条仍然来自赵毅衡的这两本书。
⑤ 《中国新文艺大系》(1976~1982)理论二集导言,中国文联出版公司,1986年版,第14页。

"研究的重心已转移到内部规律,即研究文学本身的审美特点,文学内部各要素的相互联系,文学各种门类自身的结构方式和运动规律等等,总之,是回复到自身"①,这就引发了上述的大讨论,部分学者积极呼应,孙绍振提出"生活、自我和形式"构成"形象的三维",作为文学研究的本体;②刘心武提出"文学的本性"即文学内部规律包括文学的社会性、意向性、诚挚性等七个方面;③鲁枢元的"向内转"指向"主体意识的觉醒";④王蒙、吴元迈、王春元、陆梅林等人也以不同的立场先后加入本体论探讨,而以支持刘再复者居多,这场讨论直至20世纪90年代初还时有余响。⑤

"新批评"的内外之分矛头指向历史传记式研究,中国学者面对的却是三十多年来文学和批评的政治化对主体的长期压抑,因此"本体论"在讨论中与"新批评"渐行渐远而日益走向主体论,是人们在新时期条件下的自然反应。这种话语变异借助"新批评"打开了国内文学研究的多元格局,然而,同时"新批评"对文本结构的细读法却从一个不同于赵毅衡的路向又与我们擦肩而过。

"新批评"的文本分析具有很强的可操作性,"新批评"的引进也必然引来学者操觚的兴趣,20世纪80年代一度蔚成风气,乐黛云的《现代西方文艺思潮与小说分析》集新批评理论研究、文本分析与比较诗学于一体,就是一个很好的范例。⑥

学者们主要是运用张力、反讽、悖论、含混等术语进行国内诗歌和短篇小说的研究,不过这些术语概念在他们手中往往会发生不同程度的变异。

---

① 《文学研究思维空间的拓展》,载于《读书》,1985年第2期。
② 《形象的三维结构和作家的内在自由》,载于《文学评论》,1985年第4期。
③ 《关于文学本性的思考》,载于《文学评论》,1985年第4期。
④ 《论新时期文学的"向内转"》,载于《文艺报》,1986年10月18日。
⑤ 参见陈涌:《文艺学方法论问题》,载于《红旗》,1986年第8期;王春元:《文学的外部规律和内部规律》,载于《文艺报》,1986年10月3日;罗务恒:《批评的位置》,载于《外国文学》,1986年第10期;严昭柱:《关于文学本体论的讨论综述》,载于《文艺理论与批评》,1990年第6期;《论"文学本体论"》,载于《文学评论》,1992年第1期。
⑥ 见《小说评论》,1985年第2期。

以张力为例。燕卜逊在《含混七型》中曾使用过张力一词,是借用物理学术语描述含混各义互相冲突时的情况,但一般新批评采用的则是泰特将逻辑术语"外延"(extension)和"内涵"(intension)去掉前缀而造出的新词"张力"(tension),用来指"在诗中所能发现的全部外展和内包的有机整体",好诗就是内涵和外延的统一,其中"最深远的比喻意义并无损于字面表述的外延作用"①。R. P. 沃伦将张力的两极扩展到包括诗的韵律与语言的韵律、特殊与一般、具体与抽象、美与丑等诸多对立因素,诗歌就成为一种在对抗与妥协中"朝着静止点方向前进的运动"。② 放在这些论述的原文本语境和新批评的理论语境中,张力这一术语体现的是新批评重视感性理性结合、提倡反映人生经验复杂性的包容诗等诗学主张以及对文本多层次辩证结构的把握。

我国不少学者将张力从"新批评"语境中孤立出来,然后加以变异,并主要用于诗歌解读。这方面学者赵勇的论说具有一定的代表性,他认为新批评的张力说是一种静止的矛盾观,他本人构想出一个由作者、文本和读者构成的张力"动力性发展"过程,提出新时期的张力诗歌表现的多是诗人的"前意识层次",诗人在一种"无意识的亢奋"中"忽然产生某种顿悟",发而为诗,这便是"作品中语言张力的先导";这种文本语言的张力则被简化为由语言和意象的非常规搭配构成的"外部张力"和"内部节奏的长句子"所包含的"内部张力";读者在阅读中被文本引起"呈放射状"的情感激动和"朦胧"甚至"含糊"的体验,使这些张力得以真正产生。

这一构想体现了20世纪80年代对主体性的倡扬,然而其中不少说法却是批评的倒退。从"新批评割裂文本与作者及读者的联系"这一通识来看,将作者和读者纳入张力构成的主张似乎是对"新批评"的突破,但细加究诘可以看出,这与"新批评"并没有太大冲突,因为"新批评"虽然将张力作为文本结构应有之义,但张力本是诗人感性理性融合的结果,而承认文本的张力结构恰是"对好诗必须有读者介入其内的另一种说法"。③ 问题出在赵勇有关作者和读者在张力构成中具体作用

---

① 艾伦·泰特:《论诗的张力》,载于《"新批评"文集》,第116~118页。
② R. P. 沃伦:《纯诗与不纯诗》,载于《"新批评"文集》,第172~182页。
③ 同上,第182页。

的论述走向了非理性,导向的只能是某种迷狂说和印象式批评,而文本的内外张力说既然缺乏理性认识的支撑,也只会沦为与作者、读者均无联系的纯技术量化分析。

"新批评"非常重视诗歌经验的包容性和复杂性,他们通过张力、反讽分析往往能揭示出文本极为丰富而隐曲的内含。类似赵勇那样的张力心理化也见于不少国内其他学者,有的说张力就是读者心理的"持续紧张兴奋状态",有的说张力就是"尖锐的心理冲突",都只强调了对立、不平衡的一面,①用于文本解读虽然也能有所发挥,却往往失之肤浅,例如马立鞭从20世纪80年代到90年代对诗歌的张力分析始终停留在对诗句中简单对比的识别上,②造成张力作为一种批评工具的简化和弱化。

"新批评"多数时候专注于对单个文本的内部研究,这种做法虽然屡遭谴责,但新批评家并非不会对文本做互文性研究,只是一切文本和理论研究终究要以对单个文本的研究为基础,新批评家正是通过对单个文本的深度解读达到对文本结构和主题的原创性认识。与此相比,国内对诗歌的张力式解读基本上都是围绕张力概念对多个作品进行分析,这种做法限制了文本解读的深度,往往还使作品成为理论的注解,而不是像新批评提倡的那样用理论来阐发作品。③

反讽、悖论等术语良莠不齐的使用也存在上述各种现象和问题,如

---

① 翟大炳:《诗歌张力之谜——读北岛、舒婷诗一点随想》,载于《山花》,1987年第5期;马立鞭:《表现张力——诗的一种结尾方式》,载于《山花》,1989年第3期。

② 马立鞭在《也谈诗的"张力"效应》(《写作》,1994年第3期)中分析艾青的一首关于一个照看白人小孩的黑人小保姆,称其中"一个那样的黑,/黑得像块檀木;/一个那样白,/白得像棉絮;/一个多么舒服,/却在不住地哭;/一个多么可怜,/却要唱欢乐的歌"这几句因其张力而使这首诗具有"异常深刻的意蕴",很难使人认同。

③ 姜飞在20世纪90年代末对"新批评"运用中的这种倾向提出了批评,见姜飞:《新批评在中国的实践》,载于《四川大学学报》(哲社版),1999年增刊。

反讽多被解作讽刺，用于多首诗歌，尤其是多个短篇小说的研究。① 学者们对外来术语的变异如果能丰富其理论内涵，更有效地解读文本，自然是值得提倡的现象。苏丁在一篇文章中分析了两首诗中存在的空间张力，并据此比较了中外不同的宇宙观和空间意识，就是一次非常出色的理论变异和文本解读。② 然而这样的例子不是太多，而是太少，新批评理论和方法在变异中往往被削弱，并导致不少文本解读的粗浅单薄。

20世纪80年代对"新批评"的误读误用有多方面原因。首先，学术界在相当程度上还没有完全摆脱社会学文论的牵制，对"新批评"这样一种形式主义文论即使也有好奇，也想借鉴，却丢不开疑虑、贬抑和排斥的态度，而学术惰性又造成观点立场相互因袭；其次，"新批评"的鼎盛期已过，我们已错失学习研究的最佳时机。一方面资料少，译入的"新批评"著述数量少，新的译著存在不少误译现象；另一方面由于新批评在西方留下的是"父亲般的身影"，后起诸理论多以攻讦新批评为立足之基，我们在与当代西方学术界的接触中往往不假思索地接受他们对"新批评"的否定和批判。在西方文论引进的热潮中，解构主义等种种新论蜂拥而至，学界追逐理论时尚，贪玄贪奇，很少有人愿意潜心研究不仅"过时"且被反复定性为"反动、保守、狭隘"的"新批评"。凡此种种，使大多数人对"新批评"理解十分片面肤浅，即使有所涉猎，也是浅尝辄止。

---

① 参见流沙河：《两类反讽》，载于《当代文坛》，1983年第2期；吴方：《小说思维与反讽形式》，载于《文艺报》，1987年4月11日；魏家骏：《反讽：陆文夫小说艺术一解》，载于《南京师大学报》（社科版），1988年第3期等；盎伯《文学反讽纵横谈》和周玉忠《英诗的"含混"》就国内学者对这两个术语的误读提出了批评，分别见《外国文学动态》，1988年第9期；《外国语研究》，1989年第2期。

② 苏丁：《空间张力的效果和运用方式——比较分析中外两首诗》，载于《名作欣赏》，1985年第1期；海外学者高友工、梅祖麟在新批评语言学方法基础上将杜甫七律组诗《秋兴》中每首诗作为一个有机整体，继而将其中三首诗作为次级单位的整体，进而将八首诗合起来看作一个有机整体，进行层层解读，是一个持续、深入分析文本的好例，见《唐诗的魅力》，上海古籍出版社，1989年版。

（二）

　　20世纪90年代，《文学批评原理》《朦胧的七种类型》《批评的概念》等几部中译本相继出版，"新批评"实践水平有所提高，①但上述问题仍然普遍存在，②同时研究"新批评"的文章不多，也大抵没有超出20世纪80年代形成的对"新批评"的认识。③90年代尤其是中后期，随着大学扩招，批评学院化程度提高，文学研究规模也迅速扩大。然而，与20世纪80年代"新批评"的译介和20世纪90年代学术界的理论热情，尤其是文化研究的热度相比，对"新批评"的研究数量和质量明显不足，不仅没有出现一本研究专著，专门研究也越来越少，不少文章只是在讨论相关问题时谈到"新批评"，无怪有人感叹"新批评"已经"淡出"。④

---

①　王富仁《旧诗新解》系列大多运用包括"新批评"在内的理论方法分析古典诗词，虽然不尽精准，却能对单一作品做持续、深细的分析；王毅：《细读穆旦"诗八首"》用新批评理论做了十分出色的分析，方法与高友工等人相似。参见《名作欣赏》，1991年第3期、1992年第5期、1998年第2期等。

②　大部分分析文章虽然强化了理论意识，但仍然缺少对文本的深入解读；主要集中于对短篇小说的反讽分析。参见李锡琳："《〈促织〉的反讽效果》，载于《语文教学与研究》，1992年第10期；吴文薇：《当代小说中的反讽》，载于《当代作家评论》，1993年第3期；王连生：《论反讽在中国近年小说中的呈现》，载于《小说评论》，1995年第1期。

③　参见 畅广元：《二十世纪西方文学理论》，陕西人民出版社，1990年版；李国华：《文学批评学》，河北大学出版社，1999年版；张玉能：《西方文论思潮》，武汉出版社，1999年版等；金芳：《接受与创造——美国本体批评面面观》，载于《国外文学》，1992年第4期；连肇华：《理查兹的作者心理经验论》，载于《深圳大学学报》（社科版），1993年第1期；蒋道超、李平：《论克林斯·布鲁克斯的反讽诗学》，载于《外国文学评论》，1993年第2期。

④　姜飞：《从"淡入"到"淡出"——英美新批评在中国的传播历程简述》，载于《社会科学研究》，1999年第1期。

然而,新世纪以来,虽然对"新批评"的"正统"评价没有大的转变,①对"新批评"的翻译和研究却呈现升温的态势。究其原因,是由于西方文学研究在"新批评"之后越来越走向理论化和政治化,文本成为理论的竞技场或意识形态的战场,因此到20世纪末,反对理论、回归经典的呼声越来越高,文学的形式审美价值再度受到重视。在这股理论热的退潮中,国内学者也开始重申审美批评的必要性并反思二十年西方文论引进的得失,而"新批评"作为一种重要的形式主义文论就重新成为研究的重要课题。

近十年来,《"新批评"文集》(与《新批评——一个独特的形式主义文论》合印)、《文学理论》(修订版)、《小说鉴赏》(双语修订版)等重印出版,新译出的"新批评"著作有兰色姆《新批评》和布鲁克斯《精致的瓮》,韦勒克八卷本批评巨著《近代文学批评史》中译至2009年秋译竣出版,《理解诗歌》《理解小说》英文版也于2004年在国内出版。至此,大部分重要的新批评著作都已译入,为更好地了解新批评提供了可能。

相对于20世纪90年代,对"新批评"的研究在数量上出现了爆炸式的增长,相关文章数以千计。学界对"新批评"的运用虽然数量有所增加,但与前些年相比,并没有太大变化,主要仍是用反讽、张力概念进行文本解读。② 这其中王毅的《一个既简单又复杂的文本——细读伊沙〈张常氏,你的保姆〉》一文分析了一首口语化而似乎非常简单的当代诗歌如何透过矛盾对立、反讽、悖论、含混、张力等对中美文化进行对比,是近年运用"新批评"的文本解读中难得的上乘之作。③

这些研究大多数试图对"新批评"做出重新评价,肯定"新批评"的历史与当下意义,其研究内容广泛,大体可分为两类:

---

① 参见马新国主编:《西方文论史》(修订版),高等教育出版社,2002年版;吴中杰:《文艺学导论》,复旦大学出版社,2002年版;王一川:《文学理论》,四川人民出版社,2003年版;童庆炳主编:《文学理论》,高等教育出版社;童庆炳主编:《文学理论要略》,人民文学出版社,2007年版。

② 参见禹明华:《细读〈上校〉——新批评观念的解读》,载于《湖南城市学院学报》2005年第4期;仇敏:《细读〈废墟〉——新批评观念的解读》,载于《湖南城市学院学报》,2004年第3期;戴琳:《〈哈克贝里·费恩历险记〉的新批评解读》,载于《山东外语教学》,2004年第4期。

③ 见赵毅衡:《重访新批评》附录,百花文艺出版社,2009年。

一类是对"新批评"的学理探讨,其中有的对"新批评"进行宏观思考和评价,①有的分析"新批评"具体的理论、观点与方法,②有的对单个新批评家做专门研究;③还有不少学者在讨论其他问题,尤其是与形式论有关的话题时涉及"新批评"。④ 诗学比较主要在新批评与中国古代文论,尤其是《文心雕龙》之间进行。⑤

另一类是"新批评"理论溯源与影响研究,有的分析"新批评"在西

---

① 参见李全福、许建忠:《对英美新批评文论价值的再认识》,载于《西北师大学报》(社科版),2007年第3期;韩力扬、王敬民:《试论英美新批评的体制化》,载于《河北学刊》,2009年第1期。

② 参见邵滢:《新批评与文本细读》,载于《语文教学与研究》,2003年第3期;于建华:《本体论批评——英美新批评的本质特征》,载于《扬州大学学报》(社科版),2003年第3期;温潘亚:《传统是推动文学发展的根本动力——论新批评的文学史观》,载于《河南社会科学》,2006年第3期;杨冬:《新批评派与有机整体论诗学》,载于《吉林大学社会科学学报》,2008年第6期。

③ 参见陈定家、王红春:《瑞恰兹与新批评》,载于《河南大学学报》(社科版),2003年第2期;王爱英:《T. S. 艾略特新批评文学观及其意义》,载于《安徽工业大学学报》(社科版),2005年第6期;董洪川:《托·斯·艾略特与经典》,载于《当代外国文学》,2008年第3期;易蓉:《超越"新批评"的文学理论——韦勒克文学理论的重新审视》,载于《求索》,2009年第6期等。

④ 陈黎:《从康德到巴尔特——西方形式主义考察》,载于《安徽师范大学学报》(社科版),2000年第5期;吴进:《浅谈当代歌词创作中隐喻的运用》,载于《东南大学学报》(哲学社科版),2000年第4期。

⑤ 参见王奎军:《"新批评"与小说评点可比性之研究》,载于《郑州大学学报》,2000年第1期;郭勇:《〈文心雕龙〉"比兴"论解析——兼与新批评隐喻观念比较》,载于《青海师范大学学报》(哲社版),2005年第4期;殷满堂:《刘勰的情采说与英美新批评的文学本体论》,载于《湖南科技学院学报》,2006年第1期;李国辉:《含混与复意:燕卜荪与刘勰意蕴论》,载于《求索》,2008年第1期。

方文论中的源流,①更多的则是考察我国对"新批评"的引进及其影响。②曹万生的《中西诗学与现代派诗学》填补了国内对20世纪30年代中西诗学交流研究的空白,提供了研究"新批评"与中国诗学建设及现代派诗歌创作的宝贵资料。黄平反思了20世纪八九十年代文学本体论大讨论,指出新批评文本中心的文学本体论被转化成以人为本的主体论,使我们与形式研究擦肩而过。③《西方当代文学批评在中国》中"英美新批评在中国"一章对20世纪20年代末到90年代初"新批评"在中国的接受历程做了详尽而有见地的考察。④

20世纪80年代后对"新批评"的专门研究发生断层,然而可喜的是,近年陆续出现几位青年学者,他们对"新批评"进行深入、专注的研究,在不同程度上打破了认识"新批评"的陈旧框架。

2002年,吴学先出版《燕卜逊早期诗学与新批评》一书,对燕卜逊包括"含混"说的批判理论做了更全面的研究。⑤ 2004年,支宇出版《文学批评的批评——韦勒克文学理论研究》,这是国内第一部系统研究韦勒克的专著。⑥

---

① 参见陈本益:《新批评的文学本质论及其哲学基础》,载于《重庆师院学报》(哲社版),2001年第1期;陈本益:《论新批评受实证主义的影响及其他相关问题》,载于《东南大学学报》(哲社版),2002年第1期;刘万勇:《新批评"自律性"文学观源流探》,载于《山西大学学报》(哲社版),2005年第6期;陈本益:《艾略特影响新批评的两个文学思想及其来源》,载于《福建论坛》(社科版),2008年第5期。

② 容新芳:《I. A. 瑞恰兹在清华大学及其对钱钟书的影响》,载于《清华大学学报》(哲社版),2007年第2期;赵凌河:《叶公超的文学思想与"新批评"理论》,载于《海南师范大学学报》(社科版),2008年第3期;葛桂录:《I. A. 瑞恰慈与中西文化交流》,载于《福建师范大学学报》(哲社版),2009年第2期;龚武:《新批评与现代中国文学》,载于《求索》,2009年第4期;徐立钱:《穆旦与燕卜逊的诗学渊源》,载于《求索》,2010年第3期。

③ 黄平:《"文本"与"人"的歧途——"新批评"与八十年代"文学本体论"》,载于《当代文坛》,2007年5月。

④ 陈厚尘、王宁主编:《西方当代文学批评在中国》,百花文艺出版社,2000年版。

⑤ 吴学先:《燕卜逊早期诗学与新批评》,高等教育出版社,2002年版。

⑥ 支宇:《文学批评的批评》,中国社会科学出版社,2004年版。

胡燕春于2008年出版《比较文学视域中的雷纳·韦勒克》一书，① 并于近年连续发表多篇文章，积极介入"新批评"相关讨论。比如她探讨了"新批评"对解构主义、新历史主义、后殖民主义理论的影响，这一课题在西方早有研究，在国内却还是一个新颖的视角；"新批评"与美国汉学界的关系更是一个全新的话题。这些文章虽然学理探讨还不够深入，比如某些影响研究仅仅依靠外部证据而没有理论上的深入辨析，但作者能努力突破旧论，总体上对"新批评"作出了肯定的评价。②

2007年，李卫华出版《价值评判与文本细读》，书中全方位讨论了"新批评"的研究对象、批评标准和批评方法，对新批评家们逐一论列，并介绍"新批评"在中国的传播与变异，认为当代中国文化研究价值失范，缺乏形式关注，而"新批评"所坚持的价值评判与文本细读很有借鉴意义。作者力求摆脱"新批评"研究长期受到的压抑，对"新批评"进行了较为全面的重新解读。

这几位学者在重新解读"新批评"方面做出了积极的努力，③不过也要看到，虽然他们比一般的涉猎者研究得更加精细专门，但在论述中有时不够独立，也存在一些理论的严重误读。以对"新批评"考察得最全面而独到的李卫华而论，她的专著中某些章节，如涉及"新批评"有机论的部分，仍旧完全采用赵毅衡的框架和观点，而某些立论，比如认为"新批评"的反讽、张力具有"诗之为诗"的本体意义，"新批评"经常滑入技巧分析而没能把持住其本体内涵，就并未真正理解本体论批评的意义，反而极易滑入唯形式论的陷阱。

---

① 胡燕春：《比较文学视域中的雷纳·韦勒克》，社会科学文献出版社，2007年版。

② 参见《新批评派的理论与实践之间的诸种悖论》，载于《辽东学院学报》（社科版），2009年第2期；《新批评派在中国的接受与启示》，载于《新疆大学学报》（哲社版），2009年第2期；《新批评派与美国汉学界的中国文学研究》，载于《福建师范大学学报》（哲社版），2009年第2期；《新批评派对于西方文学理论与批评的影响》，载于《长春师范学院学报》（社科版），2009年第3期；《从新历史主义看新批评派对西方文论的影响》，载于《学术交流》，2009年第7期。

③ 这几部专著都是在作者的博士论文基础上成书，近年还有一些尚未出版的博士论文，如容新芳的《I. A. 瑞恰慈在中国》（2006）、陈庆勋的《艾略特诗歌隐喻研究》（2006）、臧运峰的《新批评反讽及其现代神话》（2007）等。

如果将李卫华等人看作新生代学者，那么在很大程度上仍然主导着学界对"新批评"理解的恐怕还是掌握着更多话语权的前辈学者。

赵毅衡在新世纪以《重访新批评》为题修订出版了《新批评——一种独特的形式主义文论》一书，在序言中指出当代理论激进化造成了"对象规定性"，是批评理论最大的危机，而新批评"文本中心主义"摆脱意图，将价值归于文本，"只是一种幻想，却是一种值得追求的幻想"，因此有必要重访新批评。① 对照两个版本可以看到，虽然过于政治化的批判不见了，然而基本维持了原有的论证和结论，因此这本书很有可能再次违背作者本人的意图，而仍将以其20世纪80年代对"新批评"的政治化解读影响对"新批评"的把握与评价。

其实赵毅衡本人的学术生涯中受到"新批评"很深的影响。在2004年的一次访谈中，赵毅衡表示，文化首先是形式的文化，形式整理了生活经验，是艺术的决定性因素，因此他提出的形式－文化论，从文学艺术的形式去探究文化形式的流变，是从形式到形式，而不是从形式到内容，② 这些本是赵毅衡曾经受主流话语制约而大力批判的新批评观点；20世纪90年代以后赵毅衡长期在国外从事教学研究，摆脱了意识形态的束缚，从而能借助"新批评"的形式论来建构自己的形式－文化批评观，然而他20世纪80年代以后的批评工作对国内并没有多少影响。

2004年，蓝仁哲的《新批评》一文复制了长期以来的种种旧论：新批评视作品为独立自足的封闭世界，割裂了作品与历史、文化、社会的联系等等。③ 其中有些误读很容易澄清，比如说理查兹认为文学"创造出一个审美经验，自成一个天地"，而理查兹一个很著名的观点是反对将艺术审美经验看作本质上有别于日常经验，他还着力批评了认为艺术自成天地的唯美主义。④ 至于文中认为本体论批评就是只研究"独立自足"的诗歌"本体"这一误读，此处暂不讨论。由于此文是作者为权

---

① 赵毅衡:《重访新批评》,百花文艺出版社,2009年版。
② 罗义华:《中国的形式批评与文化批评——赵毅衡先生访谈录》,载于《外国文学研究》,2004年第4期。
③ 蓝仁哲:《新批评》,载于《外国文学》,2004年第6期。
④ *Principles of literary Criticism*, p.16, p.77.

威刊物《外国文学》的"文论讲座:概念与术语"撰写的词条,就必然将其误读传播给许多不了解"新批评"的学者。

深受"新批评"影响的青年学者陈林在《破译红楼时间密码》一书中通过文本细读,结合干支纪年、版本考据、史料钩沉等知识和方法,就《红楼梦》小说的时间顺序进行论证,批判红学长期以来的有关观点,并提出后四十回并非续作,整部小说唯一的作者是曹雪芹之父曹頫,而脂本是伪作,因此有必要全面颠覆胡适以来的红学。① 陈林的细读不是从作品的语言结构和特征入手,根据发掘出的意义来论证作品的价值,而是论证小说的时序与史实的对应,从目的、手段和结果看都并非典型的新批评式细读,但他将作品看作有机整体做精细的回溯式阅读,从而做出独到的发现,则不论我们是否赞同陈林的结论,他的研究都说明在具体语境中灵活应用细读法,完全可能使我国包括红学在内的文学研究别开生面。

遗憾的是,这样的好例在我国学界却不可多得,这也从实践的角度反映出学界在"新批评"理解上仍受到僵化观念的掣肘。事实上,近年来许多相关文章仍在频频套用诸如"新批评割裂文本与外部关系"的各种陈说,②即使支宇等专研"新批评"的学者也会不时落入这样的窠臼。③ 可见经过各种途径的强化,这些陈说已在我们的"新批评"解读中成为某种"集体无意识",要化解这种"集体无意识",显然无法一蹴而就。

作为立足文本分析的形式主义文论,"新批评"在西方文论的发展中具有无可替代的地位。在英国,理查兹以其"实用批评"改造剑桥英文系以后,赴美长期执教,剑桥英文系出身的 F. R. 利维斯立足文本分析进行道德批评,成为学院派批评重镇,在他的影响下,"英国当今的英国文学研究者们,无论他们自己是否意识到这一点,其实无一不是'利

---

① 参见陈林:《破译红楼时间密码》,江苏美术出版社,2006年版。

② 于建华:《本体论批评——英美新批评的本质特征》,载于《扬州大学学报》(社科版),2003年第3期;邵滢:《新批评与文本细读》,载于《语文教学与研究》,2003年第3期;李屹:《新批评与诗歌解读》,载于《外语教学》,2006年第2期;张士民:《文学批评、意识形态与逻辑实证主义——对 I. A. 理查兹文学批评的批评》,载于《学术论坛》,2007年第5期。

③ 参见支宇:《语义杂多:新批评的文学意义论》,载于《中外文化与论坛》,2009年第1期。

维斯派'"①。在美国,新批评"教两代学生更专致于诗的本文,更注意细微与含混之处,为文学研究做了一件大好事",②而且正是因为美国批评界接受了数十年的细读训练,才会顺利吸纳德里达的解构主义,后者的细读比起"新批评"常常有过之而无不及。③ 从20世纪50年代开始,澳大利亚的新批评派高举"利维斯主义"并结合美国新批评的形式分析方法,以其关注普适的形而上经验的特色一举将传统的澳大利亚民族主义批评挑落马下,此后在澳大利亚文坛独领风骚三十年。④

我们对理查兹等人的接受最初差不多与英美两国同时,最初也在良性的轨道上运行,然而新中国建立后直至今天,"新批评"在我国载沉载浮,总的说来却没有发生重要而积极的影响。叶公超在20世纪30年代就已指出,我国文学研究缺乏形式分析的方法,赵毅衡也在20世纪80年代强调这是我们的薄弱环节,并在2003年重申中国现代"从来就没有过形式文论的历史进程"。⑤ 以我国近百年的红学研究而论,自20世纪初的传记式批评,到20世纪中叶的社会历史批评,再到20世纪末的文化研究,始终将《红楼梦》作为自叙和家史来研究,绕开文本并压制基于文本研究的非主流观点和立场,⑥就很能说明这一问题。

如果说在20世纪末,造成这种状况的一个重要原因是庸俗的经济—政治决定论和错位的历史语境使我们没有很好地学会"新批评",那么在21世纪,又是什么原因使"新批评"未能像叶、赵等人希望的那

---

① 特里·伊格尔顿:《二十世纪西方文学理论》,伍晓明译,北京大学出版社,2007年版,第31页。

② 沃尔顿·利茨:《新批评》,史亮编译,四川人民出版社,1989年版,第294页。

③ de Man, Paul, cited from William J. Spurlin & Michael Fischer eds., *The New Criticism and Contemporary Literary Theory: Connections and Continuities*, New York & London: Garland Publishing, Inc., 1995, p.79.

④ John Docker, *In A Critical Condition: Reading Australian Literature*, Ringwood, Vic.: Penguin Books, 1984.

⑤ 罗义华:《中国的形式批评与文化批评——赵毅衡先生访谈录》,载于《外国文学研究》,2004年第4期。

⑥ 梅新林:《回归文本超越文本》,载于《红楼梦学刊》2000年第一辑;克非:《红学末路》,重庆出版社,2005年版。

样补上我们的不足呢？

　　今天越来越多的人认识到重访新批评的必要，然而某些特殊语境造成的误读始终难以消除，除了主流话语的误导，一个重要原因就是缺乏细致与独立的研究，要厘清这些误读，我们今天就必须重读、细读"新批评"，而不是人云亦云、故步自封。

　　然而迄今为止，国内许多学者仍然像李欧梵 2005 年批评过的那样，"往往从译文中断章取义，或望文生义"，因此"错误百出，贻笑大方"。① 李卫华的论著也未免于此，比如她论及理查兹要求读者阅读时排除信仰、阅历、道德标准等"异质成分"，必须"在一首诗与我们经验中不属于这首诗的东西之间划清界限"，而理查兹说的恰恰是阅读不可能排除这些标准，即使能排除也对批评极为有害，需要排除的只是读者某些无法进入文学交流活动的个人癖性。不过，这一误读固然是由于李卫华阅读中不够细致，却也是因为引用的译文本身有误，将理查兹的反唯美主义立场译解成了唯美主义。②

　　这样南辕北辙的误译在"新批评"译著中并非偶然，在不少译文中，包括《文学批评原理》《文学理论》、"意图谬误"等对理解"新批评"十分关键的著作和文章中，不同程度的误译俯拾皆是，不一而足。

　　以中国学者争相口诛笔伐的兰色姆本体论批评为例，人们反复引用"本体，即诗歌存在的现实"来证明这种批评就是将文本作为自足客体进行研究，不及其余。这一小段文字出自兰色姆的文章《诗歌：本体论札记》中的第一句话：

---

　　① 李欧梵：《西方现代批评经典译丛总序》，J. C. 兰色姆著，王腊宝等译，《新批评》，江苏教育出版社，2006 年版。

　　② 李卫华：《价值评判与文本细读》，第 120 页。李卫华的论述和引用的文字出自杨自伍翻译的《文学批评原理》第 67～68 页，后者英文原文是："We draw a boundary between the poem and what is not the poem in our experience." 这段话的意思是"我们要将经验中诗与非诗的部分区别开来"，后者指 "irruptions of personal particularities"，即个人一些突发奇想之类的东西。理查兹的立论点是诗的经验与人生经验不可分割，但诗歌与批评都属于交流行为，某些纯属私人的癖性无法和他人交流，因此不应进入诗歌与批评。（*Principles of literary Criticism*, San Diego, New York & London: Harcourt Brace Jovanovich, Publishers, 1925, p. 78.）

A poetry may be distinguished from a poetry by virtue of subject-matter, and subject-matter may be differentiated with respect to its ontology, or the reality of its being. An excellent variety of doctrine arises out of this differentiation, and thus perhaps criticism leans again upon ontological analysis as it was meant to do by Kant. The recent critics remark in effect that some poetry deals with things, while some other poetry deals with ideas. The two poetries will differ from each other as radically as a thing differs from an idea.

这句话被译作:"一种诗歌可因其主题而不同于另一种诗歌,而主题又可因其本体即其存在的现实而各不相同。"①句中略显含混的"其"字本指题材,但被误作"诗歌",断章取义之下就成了"本体,即诗歌存在的现实"。其实,兰色姆是在区分事物诗和概念诗:"诗歌因题材而不同,题材因事物和概念这两种题材之间的本体差异,即存在的现实性不同,而各不相同。"事物和概念之间的本体差异是什么呢?本段说批评依靠本体分析乃是康德的本意,而康德本体论提出,"凡是与经验的(感觉)质料条件相关联的,就是现实的",即我们通过概念思考的是存在的可能性,而唯有这一概念所关涉的客体通过感性直观对我们显现出来,才具有存在的现实性。兰色姆在这篇文章中进而将"thing vs. idea"代换成"image vs. idea",也说明了这个意思。我们知道,兰色姆一直坚持诗歌与科学有着本体的差异,他认为肌质能反映世界的纷繁异质,是诗歌区别于散文/科学的本体性特征,因为通过逻辑构架,我们只能得到事物的概念,这种概念不具有存在的现实性,只有被肌质赋予直观形象,才能获得存在的现实性。因此兰色姆的本体论批评无非是说,要通过把握诗歌肌质所提供的感性直观,认识经科学的抽象已无法认识的"那一纷繁难制的本原世界",还世界以"肉体"。

无论我们是否赞成这种主张,兰色姆的本体论批评都不同于中国学者交口指责的自足论,它本质上坚持的是文学的模仿论和文学的认知功能。如果译者将这篇文章的行文逻辑和兰色姆的理论立场与哲学

---

① 赵毅衡:《"新批评"文集》,第46页。

背景等作为这一本体论的语境纳入理解,这样的误译本来完全可以避免,然而这种被误读的本体论却和其他错误一起进入对"新批评"误读误译的恶性循环,"新批评"的几乎所有理论都被套进新批评"割裂文本与社会、历史的关系"之类的公式,造成对"新批评"理论的严重遮蔽和改写。① 凡此种种,如果不先行厘清,将严重制约我们重读"新批评"的有效性。

赵毅衡曾在 2002 年发出感慨,如果 20 世纪 30 年代对"新批评"的研究没有中断,就不会在半个多世纪之后还需要从头做起。② 近年来,"新批评"研究状况有所改善,然而冰冻三尺非一日之寒,对"新批评"的长期误读使我们今天还必须做大量剔抉爬梳的工作。"新批评"汇集了 20 世纪上半叶诸多优秀的批评家,大多有着丰富的创作经验,他们关于文学与批评的本质与功能的阐述,比其他理论更贴近作者和读者对文学的感受。细读"新批评",或许我们将会发现,它能提供给我们的不仅仅是几个洋派有趣的术语概念,也不仅仅是价值判断和文本细读这样重要的批评立场;这些术语概念和批评立场背后的大量思考,完全可以成为新的思考的起点,给我们带来新的启示。

---

① 象《西方现代文论与哲学》(陈本益等著,重庆大学出版社,1999 年版)这样本该做出更准确的哲学考察的著作,也未能摆脱误读的循环。关于误译对文论引进的严重危害,盛宁也曾提出过严肃批评,参见《"解构":在不同文类的文本间穿行》,载于《外国文学评论》,2005 年第 3 期。

② 赵毅衡:《新批评:"起跳的方式之一是"》(2002 年),见《现代派诗学与中西诗学》,第 293 页。

俄苏"形式主义"在当代中国的命运

耿海英

俄苏形式主义文论从其诞生近百年以来,在它的本土潮起潮落,命运变幻。然而,从20世纪初起就与俄苏文学有着千丝万缕联系的中国,在20世纪80年代之前,基本上是无视它的存在,或者说,是拒绝接受它。有研究者指出,在长达六七十年的过程中,"几乎看不见俄国形式主义的身影。只有1936年11月出版的《中苏文化》第1卷第6期,曾刊登过'苏联文艺上形式主义论战特辑',介绍过当时苏联国内批评形式主义的情况"①。虽也有人关注到它,如钱钟书先生"在写于1940年代的《谈艺录》一书中,就多次提到俄国形式主义,并运用这一学派的理论对中西文学进行比较考察,阐释文艺理论中的一些基本问题"②。然而,这种关注,当时也实属沧海一粟。20世纪50年代至70年代末的30年间,人所共知的中国现实,使"形式主义"身背恶名,更妄谈接受与研究。俄国形式主义在中国传播与发展的命运,深受中国社会政治气候的影响。

20世纪70年代末80年代初我国开始关注俄苏形式主义。它从最初作为清算"极左"文艺思潮,冲破"文艺从属于政治"观念束缚的一支重要力量,到20世纪80年代中期文艺批评界"方法热"中的一个重要角色,再到20世纪90年代后期对文学创作观念和后现代文化研究立场产生深刻影响,至今在我国已经走过了30年的接受、演变与影响的历程。但学界对整个这一接受过程的研究相对欠缺,虽有研究西方

---

① 汪介之:《俄国形式主义在中国的接受》,载于《中国比较文学》,2005年第3期。

② 同上。

文论在中国的接受状况的专著——陈厚诚、刘宁主编的《西方当代文学批评在中国》(2000)一书,但它并没有将俄国形式主义在中国的接受状况纳入视野,而有关的研究文章《俄国形式主义在中国的接受》(《中国比较文学》,2005/03)、《新时期俄国形式主义文论在中国的接受与研究》(《俄罗斯文艺》,2007/01)、《我国对俄国形式主义文论研究现状简述》(《外国文学动态》,2007/02)或在时间跨度上相对局限,或关注角度各不相同。因此,这里就这样一种对我国文学界具有"革命性"意义的文学批评理论在我国30年状况加以梳理与研究。至2009年,就笔者的视野所及,约有290篇论文、45部著作,翻译、研究、运用俄国形式主义理论。根据接受与研究的深入程度,这里将30年的接受划分为三个阶段进行分析。

一、令人亢奋的"陌生化":20世纪70年代末～80年代后期的初步译介

20世纪70年代末80年代初,国外各种文学理论开始纷纷在我国登台亮相。俄苏形式主义文论是随着对西方结构主义文论的介绍而传入的,并在20世纪80年代我国的兴起的"方法论热"中扮演了重要角色,且导致一时间"文体学"、"修辞论美学"、"形式美学"等研究的兴起和繁荣。

这一时期,对俄苏形式主义的介绍较早出现于1979年,袁可嘉在《世界文学》第2期上发表了《结构主义文学理论》一文,其中提到了作为结构主义先驱的"俄国形式主义"。1980年,布洛克曼的《结构主义》翻译出版,开始有了专章介绍俄国形式主义。1983年第4期《苏联文学》发表了李辉凡的文章《早期苏联文艺界的形式主义理论》,同年,《读书》第8期刊登张隆溪的文章《艺术旗帜上的颜色——俄国形式主义与捷克结构主义》。1984年第3期《作品与争鸣》发表陈圣生、林泰的《俄国形式主义》一文。1986年第5期《当代文艺思潮》再度介绍《俄国形式主义》(伍祥贵),从此俄国形式主义文论便悄悄地在国内蔓延。

20世纪80年代前半期,俄苏形式主义理论在我国虽是初步的零星介绍,但值得注意的是介绍中不同的评介倾向。最明显地表现出不

同评介倾向的是李辉凡的文章《早期苏联文艺界的形式主义理论》与张隆溪的文章《艺术旗帜上的颜色——俄国形式主义与捷克结构主义》。前者对俄苏形式主义的否定多余肯定,将其视为"形而上学和唯心主义"世界观的反映,定性为"资产阶级的形式主义"。首先,文章对形式主义与苏联早期文坛上的"不少资产阶级形式主义文学流派"的关系进行了梳理,指出,俄国未来主义及苏维埃时期的未来主义本质上都属于"资产阶级形式主义的一个派别","列夫"是未来派的后裔,而意象派不惜"破坏语言的词法和句法"的做法更是荒谬绝伦。同时指出,"谢拉皮翁兄弟"团体中不少作家也是形式主义理论的宣扬者。其次,文章介绍了俄苏形式主义学派的专门组织——"诗歌语言研究会"(ОПОЯЗ),提及了其代表人物、主要理论主张和影响。但是,什克洛夫斯基的著名观点"新的形式不是为了表现新的内容,而是为了去取代旧的、失去了自己的艺术性的形式",日尔蒙斯基的"诗歌方法的实质在于独特地使用语言的事实"的理论,艾亨鲍姆的"有意识地回避'文学现象的起源,它与生活、经济、个人心理或作者的生理现象等的联系'"的主张,托马舍夫斯基关于"情节"、"结构"的理论,在文章中作者都是以一种批判的方式呈现出来的。与此同时,作者认为,亚•维谢洛夫斯基是"俄国形式主义的老祖宗","他那学究式的错误的研究方法却对后人贻害不浅。例如,他在《历史诗学》一书中,曾把艺术史的过程看作一种内在的发展过程,片面地夸大传统形式的意义,从而为艺术形式的'自在发展'的理论大开了方便之门。'诗歌语言研究会'成员的不少错误观点正是由于承袭了维谢洛夫斯基的错误理论并加以发展而来的"。再次,文章介绍了形式主义理论从20世纪20年代中期起在苏联文艺界遭受批评的情况,同时也表达了作者的批判态度。作者写道:"他(指艾亨鲍姆)企图把形式主义理论同马克思主义调和起来。他完全不懂得或不想懂得,文学并不是自然科学,也不是纯语言现象,而是具有高度党性和阶级性的意识形态和上层建筑,它是不能脱离人类的现实生活的。""我们不反对形式艺术和形式美,却坚决反对资产阶级形式主义。"从作者的这些断语中不难看出当时我国对形式主义的一种接受态度。"形式主义"一词在作者那里并不是一个纯学术词语,而是一个含有意识形态意味的政治词语,因为,作者将"19世纪下半期以后在西欧形成的现代主义文艺流派,如象征主义、未来主义、表现主义、印象主义、结构主义、立体主义、达达主义、超现实主义等等",统统斥之为"资产阶级形式主义",即非无产阶级的艺术统统都是"形式主义"的。所以,这种"形式主义"观,是此前长期以来我国对"形式主义"的政治的、阶级的定性的延续。这种意识状态式的否定式的评介虽然在随后我国的研究者并没形成主流,但对"形式主义"的简单理解显然对以后对该流派艺术主张的真正内涵的接受起了误导的作用。

张隆溪的文章《艺术旗帜上的颜色——俄国形式主义与捷克结构主义》非常准确地捕捉到了该流派的核心概念:罗曼·雅各布森的"文学性"和什克洛夫斯基的"陌生化",以及以"陌生化"为基础的文学史观和另一对影响广泛的重要概念——"故事"(фабула)和"情节"(сюжет)。作者指出,正是这些概念和"陌生化"理论的提出,为现代反传统艺术奠定了理论基础。最重要的是,文章阐明了形式主义文论的意义,在于它希望建立一种科学的文学研究,而不是哲学研究、文化研究、心理研究等。文章还着重论述了对形式主义简单的理解——将其简单地理解为追求超历史的真空里的艺术而导致的误区。作者写道:"形式主义者实际上并不是那么'形式主义',即并非全然抱着超历史、超政治的态度。他们的'文学性'概念不过是强调,文学之为文学,不能简单归结为经济、社会或历史因素,而决定于作品本身的形式特征。他们认为,要理解文学,就必须以这些形式特征为研究目标,也正是在这个意义上,他们反对只考虑社会历史因素。"笔者认为,作者比较客观地解读了形式主义强调的"文学性"的内涵。然而,遗憾的是,以后的研究者依然频频进入作者指出的这一误区。作者指出,正是这一误解,使得无论是苏联还是我国的文学批评中庸俗社会学研究大量存在;使得对形式主义大加批判,一谈形式就是资产阶级的唯美主义和形式主义,结果完全无力对作品进行艺术分析。同时,作者也辩证地评价了俄国形式主义的局限,认为"把形式的陌生和困难看成审美标准,似乎越怪诞的作品越有价值,就有很大的片面性"了;把它们推到极限,也是不可取的,俄国形式主义早期的失误正在于此。文章对这一理论的重要人物、概念、观点、意义和局限的准确把握和中肯评价,为以后我国对该流派的进一步研究奠定了良好的基础。

总体来看,这一时期,俄苏形式主义理论的渗透,主要是通过翻译西方学者的著作、编撰西方文论的资料而实现的。以专章、专题介绍或涉及俄国形式主义的译著有：伊格尔顿的《二十世纪西方文学理论》，霍克斯的《结构主义和符号学》，佛克马、易布思的《二十世纪文学理论》，韦勒克的《批评的诸种概念》，休斯的《文学结构主义》。我国学者的著作与文集有：辽宁大学中文系的《文艺研究的系统方法》文集，傅修延、夏汉宁的《文学批评方法论基础》，中国人民大学编写的《文艺学方法论讲演集》，文化部教育局编写的《西方现代哲学与文艺思潮》，班澜、王晓秦的《外国现代批评方法纵览》，马克思主义文艺理论研究编辑部选编的《美学文艺学方法论》（续集），张秉真、黄晋凯的《结构主义文学批评论》，伍蠡甫、胡经之主编的《西方文艺理论名著选编》，胡经之、张首映主编的《西方二十世纪文论选》。可以看出，这一阶段，俄苏形式主义理论主要是在结构主义等西方文论的接受背景中呈现的，还只是初步的了解与接受，没有形成一种强势理论。不过，只要我们稍微回味一下当时学界对上述几部文论著作的热衷与追捧程度，就可以想象该阶段西方文论（包括俄国形式主义）给我们带来的亢奋与躁动。

二、"陌生"话语的喧哗：20 世纪 80 年代后期～90 年代末的研究

20 世纪 80 年代后期至 90 年代末，随着我国文艺界文学观念、文学方法的大讨论，俄苏形式主义文论开始从西方文论的大背景中凸显出来，出现了专门的有关俄苏形式主义的文选、译著、译文、论文和专著。如托多罗夫编选、蔡鸿滨翻译的《俄苏形式主义文论选》，维·什克洛夫斯基等著、方珊等译的《俄国形式主义文论选》，什克洛夫斯基的专著、刘宗次译《散文理论》；巴赫金著、李辉凡和张杰翻译的《文艺学中的形式主义方法》，另外，《外国文学评论》杂志 1989 第 1 期、1993 年第 2 期分别发表了李辉凡翻译的什克洛夫斯基著名论文《艺术即手法》[①]和《词语的复活》，《国外文学》1996 年第 4 期发表了张冰翻译的迪尼亚诺夫的论文《文学事实》。这些俄苏形式主义文论的翻译标志着我国形式

---

① 该论文后由谢天振重译为《作为艺术的手法》，发表于《上海文论》1990 年第 5 期。

主义文论的接受进入了一个新的阶段，它们为我国学者进一步研究打下了基础，并出现了各类研究成果。一类是以论文为主，进行专题研究；另一类是以著作为主，全面研究俄国形式主义。

（一）专题研究

这一时期，在一些重要期刊上，如《当代外国文学》《外国文学评论》《国外文学》《北京社会科学》《文艺理论与批评》等发表了不少相关论文。研究者就俄国形式主义的起源与沉浮、组织和成员、代表人物及学术活动、文学主张及其影响等专题展开研究，其中一个最为重要的专题研究就是对其两个核心概念"文学性"与"陌生化"的深入探讨，《关于"陌生化"理论》（杨岱勤）、《"文学性"和"陌生化"》（钱佼汝）、《文学语言的诗性结构与审美功能》《论俄国形式主义》《论俄国形式主义诗学的"文学性"与"陌生化"》，都是该专题较为重要的文章。其中，最具代表性的是1989年第1期《外国文学评论》以"俄国形式主义"为专题刊登的钱佼汝的文章《"文学性"和"陌生化"——俄国形式主义早期的两大理论支柱》。在关于"文学性"何以成为俄国形式主义的核心价值的问题上，钱佼汝先生指出，它的提出，首先是针对俄国当时以别、车、杜为代表的现实的、功利的"文学反映论"，其次是针对秉承"艺术即形象思维"观的象征主义理论。对这两种理论俄国形式主义均持异议。作者认为："俄国形式主义的基本出发点是剔除传统文学研究中非科学的印象主义成分和伪科学的实证主义成分，使文学研究建立在真正'客观'的和'科学'的基础上。""他们指出文学研究不应该再依附于哲学和美学，而应该成为一门独立的、自成一体的科学；不应该再热衷于那些与文学关系不大的有关历史、社会、道德、哲学、心理学或作者生平等方面的讨论，而应该把研究的注意力集中到文学本体，即文学本身上面，着重探讨文学自身的特点和规律。"不过，应该注意的是，即便在作者肯定"文学性"和"艺术即手法"的合理内容的同时，也对该理论的某些主张表示疑惑。什克洛夫斯基曾说："形式主义方法最了不起的地方就是它并不否认艺术的思想内容，只是把所谓的内容当作形式的一个方面罢了。"钱先生认为此话不可理解，也不可接受。他说："这样，内容就变成了形式的一种功能了。"①这不仅是钱先生认为费解的地方，也是我国

---

① 见《外国文学评论》1989年第1期，第28页。

很多研究者认为不能接受的地方。而笔者认为这恰恰是理解俄国形式主义的关键所在。我们之所以不理解、不接受,正是"形式"与"内容"两分法在我们的意识里太根深蒂固了。我们正是抱着两分法的先入之见来接受俄国形式主义"形式"与"内容"的合二为一,而且是合一到"形式"之上的。钱先生说,"这样,内容就变成了形式的一种功能了",其实,这样理解是非常准确的,在俄国形式主义的"形式"这一大概念之下,"内容"的确是一种"功能",但是我们的研究者却不接受。因此,就有了我们对形式主义的大加批判,也就有了在我们接受的过程中一直按照我们的"形式"概念来解读、论述、研究俄国形式主义的"形式"概念,从而产生了一种错位、一种误解。因而,我们的研究者讨论俄国形式主义的局限,多认为症结正在于此。然而,这是其"局限"呢,还是其"发现"? 不正是从这样一个新的角度,我们发现了一个新的世界;不正是从这样一个角度,巴赫金发现了"复调形式"对理解陀思妥耶夫斯基的重大意义,从而我们也发现了一个全新的陀思妥耶夫斯基和一个全新的世界。其实,钱先生在其文章中十分准确地把握了俄国形式主义的"革命"性意义,他写道:"俄国形式主义在本世纪初给西方传统的文学理论以一次革命性冲击,开创了现代批评的新时代,并留下了深远的影响。我们不能把俄国形式主义简单地看成是一种阅读文学作品和展开文学批评的新方法:它的最终目的是要建立一种'科学的'、享有独立地位的文学理论,从根本上改变文学批评的性质、任务、方法。"[①]这一评述是十分到位的,只是当时我们还不适应,也不能接受这种革命性的转变。所以,笔者在这里要特别强调的是,依本人视野所及,这一时期我国学界不少研究者的立足点,多是基于我们固有的"形式"概念来对俄国形式主义进行研究的。我这样说,不是认为不能按照我们固有的观念来研究(而这是不可避免的惯性),但是这样的研究视角必然带来错位与误读,而无法走进新理论带给我们的新视界。

钱先生对"陌生化"的探讨也比较深入,使"陌生化"的内涵更丰富、更立体。文章认为,"陌生化"概念不仅是语言层次上的,而且是结构层次上的。什克洛夫斯基的"故事"与"情节"的理论、托马舍夫斯基的著作《主题论》,都是形式主义在结构层次上的"陌生化"理论;语言层次上

---

① 见《外国文学评论》1989年第1期,第27页。

的"陌生化"是一种纵向选择,是语言的选择和替代问题,使语言变得陌生;结构层次上的"陌生化"是一种横向联合,是一个排列顺序问题,使顺序变得陌生。这两者都通过"陌生化"使语言于结构变为审美对象。不过,我们也发现,在谈到"陌生化"时,钱佼汝针对形式主义当时被批评为一种"反现实主义"理论,就"典型性"、"真实性"与"陌生化"、"离奇感"加以分析、比较,得出结论:"典型性和'陌生化'并不矛盾。"作者似乎想证明,形式主义并不是反现实主义的、反马克思主义文论思想的,依此来反驳卢那察尔斯基对形式主义的批判。这里是否有作者这样一种潜在努力:把形式主义向当时的主流文艺思想靠拢,进而说明对其的批判是不公正的。这样,是否意味着,只有一种理论是标准,符合了这一标准,就都是正确的了。如果是这样的话,可见当时在文艺研究者的无意识之中依然有一个"政治"标准,这是一个"集体无意识",无形中左右着研究者的倾向。

1988年,《当代外国文学》第4期发表了杨岱勤的文章《关于"陌生化"理论》,也对"陌生化"概念做了专门研究,文章中值得注意的是,作者关注了形式主义学派其他成员与什克洛夫斯基的"陌生化"概念表述不同但实质属同一序列的概念间的联系。笔者认为,此类的辨析十分重要,因为在研究中出现了许多不同的术语,如材料、素材、故事、本事、情节、形式、结构、外形、表现、内容、程序、手法、手段、技巧、风格、体系、功能等等,它们的"能指"与"所指"经常交叉、混合,界限不清,使用含混、随意。这里既有翻译的原因,也有对其概念理解不透的原因;既有个性化的解读,也有吃不准而导致的误读。这种情况是我们接受过程中产生混乱的原因之一。而对这些术语的梳理性研究不够,也是目前研究形式主义理论存在的问题之一。文章的另一值得注意的是,作者强调了"陌生化"作为艺术的表现手法,不是一成不变的,它恰恰是一个变体;并从"变体"这一视点出发,认为布莱希特、爱森斯坦等人理论思想都可被视为"陌生化"理论的变体,强调了"陌生化"理论包涵巨大潜能,从诗歌扩展到小说、戏剧、电影,也许还会进一步得到发展。是的,笔者也认为,形式主义理论的力量也许并不在于其多了一种解读文本的方法,而在于"文学性"的提出是一种观念的转变,是一种新理念的建立。在新观念、新理念之下,我们眼里的世界发生了巨大的变化。

另一个专题研究是"文学史观"的研究。在有关俄苏形式主义的论文、论著中几乎都注意到了以"陌生化"为基础的文学史观。但对这一文学史观的接受角度却不同。如李辉凡先生的文章中虽然对形式主义的文学史观还没有一个清晰的描述,但作者认为,形式主义者"认为形式变化的原因在于形式本身,在于形式发展的内部规律性,这无疑都是唯心主义观点"("唯心主义"一词在文章中是带有贬义的)。作者还认为,"诗语研究会"成员所承袭的维谢洛夫斯基的"艺术形式'自在发展'的理论"也是错误的理论。这是从意识形态的角度否定了形式主义的文学史观。张隆溪在文章中则认为,"在说明文学发展、文体演变都是推陈出新这一点上,'陌生化'理论正确描述了文学形式的变迁史"。钱佼汝的文章在指出了俄国形式主义的早期"失误"之后,提及了其后期理论的转向,认为:他们"把视野从一部作品扩大到作品与作品之间的联系,扩大到文学的发展规律,把技巧的'功能意义'这一概念逐渐推到前台,把原来对技巧的看法推向后台',这一切无疑都是形式主义早期那些极端的观点逐步温和化的标志。"钱佼汝也认为:"把'陌生化'在一定程度上视为文艺发展的动力也绝非毫无根据,其基本精神就是我们通常所说的'推陈出新'这一道理。"张、钱他们这是从进化论的、发展的角度来接受这一理论主张。不过这样会产生一个问题:如果用"推陈出新"来描述形式主义的文学发展观,那么,是谁"推"?谁"出"?如果是形式与形式的矛盾,那么为什么非此一"新",而是彼一"新"?如果是外在的动力,显然又益出了俄国形式主义理论主张本身,使其理论本身自相矛盾,也使我们研究者不能自圆其说。所以,单用"推陈出新"来定位形式主义的文学史观还显得单薄、无力。而对西方文论十分熟悉的钱佼汝先生还从心理学角度看待这一问题,他接着讲道:"从人的审美心理和接受期待的角度来看,这也不难理解。"只可惜,钱先生没有深入展开。我想,从这一角度来研究,应该是一个较为有力的切入点。

陶东风的文章《俄国形式主义的文学史观》就形式主义的文学史观进行专门研究。如果说以前的研究者注意到了俄国形式主义的一元论文学史观——文学史自律性,形式本身的矛盾是文学演变的动力,那么陶东风的文章不仅论述了俄国形式主义一元论文学史观,还论述了其文学史的二元论模式——文学发展动力的自律性和他律性并存,以及多元论文学史观——在系统和功能视野中的文学发展史观。

作者在论述形式主义的一元论文学史观时,用现象学还原法论证了"形式一元论"文学史自律性主张的合理性。同时,从这一方法出发,作者也深刻剖析了它的三点局限性:简单的机械循环论,无法解释文学形式与风格替代的具体顺序和时间,被形式主义排斥而"陌生化"理论却以其为基础的外部因素——接受心理的自相矛盾。作者所说的形式主义的二元论文学史观,主要是指形式主义后期理论的发展,日尔蒙斯基主张文学既是艺术事实也是道德事实,托马舍夫斯基认为文学既有不依赖于环境的固定性又有对环境的依赖性,文章认为他们的文学史观是二元论的:文学演变既是自我约定的(自律的)又是受外因影响的(他律的);同时指出,他们的问题在于,没有回答自律性和他律性两者之间是否可以沟通,如何沟通。特尼亚诺夫的以"系统"与"功能"两个概念为核心的文学史观则是一种多元论文学史观:特尼亚诺夫通过"体系"与"功能"建构起外部与内部各"要素"间的复杂关系,通过"言语定向"沟通了"自律性"与"他律性"。文学就是在"自律性"与"他律性"的多元"要素"的共同作用下得到演变与发展。

通过作者的分析,我们看到,似乎俄苏形式主义的文学史观经历了从一元到二元再到多元的发展过程而逐步完善起来。不过,在这里,我还是要强调,我们这样的研究角度是否依然有一个问题,即我们依然是从我们固有的"形式"概念出发来看待什克洛夫斯基的"形式一元论"的,我们剔除了他的"形式"概念中的"内容"要素,我们忘记了他的"形式"概念是一个变革了的"形式"概念,它包容了"内容","内容"是其中一个"功能";它是一个大概念,此一"形式"非彼之"形式"。如果我们从什氏的"形式"概念出发,我们只能说,什氏没有(或者是我们还没有看到或研究到他的有关论述)更具体地论述"形式"内部的包括"内容"在内的各要素、各功能之间怎样产生矛盾而使文学发生演变。如果从这一角度看,那么,自律与他律的二元论也好,体系与功能的多元论也好,都是在什氏的"形式"大概念之下对其理论的发展与完善,并非另辟溪径,溢出了形式主义范畴,而是一脉相承。正如前面已经提到,什克洛夫斯基说:"形式主义方法最了不起的地方就是它并不否认艺术的思想内容,只是把所谓的内容当作形式的一个方面罢了。"[①]还有一点应当注意,"形式主义"并非他们自己命名,他们并不承认,而是被强加的,并

---

① 转引自《外国文学评论》1989年第1期,第28页。

带有贬义。他们本身所强调"文学性、陌生化"实质为差异性,所以,他们不是"形式主义"者,而是差异论者。再看研究者引用最多的什氏的关于"陌生化"主张:艺术之所以存在就在于使我们恢复对生活的感受,使我们感觉到事物,使石头像石头的样子。艺术的目的是表达人们在感知事物而不是认知事物时的感受。艺术的技巧就是要使事物变得"陌生",使形式变得困难,增加感知的难度和时间的长度,因为感知过程本身就是审美目的,必须把时间拉长。什氏"陌生化"的目的是要感受生活,表达方式"陌生"了,因而感受到了新的东西。使人们感到陌生的对象不仅仅是语言外壳,同时这种陌生的语言本身就表达一种新的事物,因此,"陌生化"理论并没有限定陌生化的对象,并不是只让我们所说的"形式"感到新奇,其目的是让我们所说的"内容"也感到陌生,从而能感知到它。"陌生化"并不排斥我们所说的"内容"。"形式"本身创造"内容"。我们还可以举研究者多引用的什氏关于托尔斯泰、普希金的例子,我们从中感受到的既是全新的形式,也是全新的内容,二者合一。因此,什氏的"叔侄相传"过程中的复杂性,其中也包含了我们所说的"内容"要素。而文章的作者在还原什氏的"形式"时,其实已经剔除了"内容"要素,也因此才推理出"形式一元论"的三点局限。其实,它并非简单的机械循环(循环时已经有了内质的变化,包括所谓形式和内容);文学形式与风格替代的具体顺序和时间取决于一元论"形式"概念内的所有因素;"陌生化"理论既然是以接受心理为基础的,它就没有排除这个所谓的外部因素,而且,它那里没有内外之分,它是"一元"的。所以我们说,所谓的二元论和多元论,都是在一元论"形式"概念之内,试图沟通各要素间的关系的努力,从而更加完善了形式主义一元论的文学史观。

笔者在这里之所以要再次强调什氏的一元论"形式"概念,是因为十几年过去了,到了20世纪90年代中期依然有研究者撰文批判形式主义的"形式一元论"。1994年《文艺理论与批评》第3期上发表了一篇题为《应该怎样对待形式主义》的文章,开篇就这样写道:"客观地说,俄国形式主义的理论信条是如此片面与偏激,以至于我们对于他们研究成果的吸收几乎每一步都必须是批判地、颠覆地进行。同许多论者的观点一样,我们反对形式主义者那种用形式吞没"内容",把艺术看作手法和技巧的总和的观点,也就是说,我们在根本的文艺观上与形式主义者是根本对立的。这一点,可以说是我们评价其理论的基本前提。"由此可见我们固有的观念是何等牢固。一个观念的转变,或接受一个观念,也许并不是时间的问题。同年,《北京社会科学》第 1 期上刊登的《论俄国形式主义的文学观》,虽然也肯定了什氏的"不是父子相传,而是叔侄相传"的文学发展观点有一定的合理性,但依然认为:"形式主义终究只能从文学内部或者说从文学表现形式和读者接受之间的关系的角度来说明形式变迁的规律,而不能从更加广泛的社会背景上来探讨更深广的历史与现实动因。"那么,如果一定要区分出一个内部与外部的说法的话,读者接受是否属于外部呢? 读者接受是否与社会背景有紧密的联系呢? 答案是不言而喻的。

除了核心概念与文学史观的研究,我国学者还从俄苏形式主义的理论基础,它在苏联文论中的状况,在西方文论中的地位问题等角度关注了俄国形式主义。对俄国形式主义如何评价也几乎是每一位研究者要面对的问题。他们在研究中都或多或少地对其理论价值和局限性做了分析。如《在结构—功能探索的航道上——俄国形式主义在当代苏联文艺理论界的渗透》(周启超)①、《俄苏形式主义在当代苏联文艺学界的命运》(乔雨)②、《传统中的"反传统"》(余虹)③、《谈谈俄苏形式主义流派》(陈思红)④、《形式主义的美学突破与人文困惑》(张政文)⑤、《形式主义的困境与形式美学的再生》(赵宪章)⑥等。另外,随着对该理论认识的加深,学者开始初步运用它进行文学分析,如《罗曼·雅各布森的"音素结构"理论及其在中西诗歌中的验证》(任雍)⑦、《外国文论和我国近年来小说的文体》(骏飞)⑧等。另外,我国对形式主义的研究多注意它的反叛性、革新性。而文章《现代派文学思潮中的传统维护

---

① 参见《外国文学评论》1989 年第 1 期。
② 参见《外国文学评论》1991 年第 3 期。
③ 参见《外国文学评论》1991 年第 1 期。
④ 参见《国外文学》1992 年第 3 期。
⑤ 参见《文史哲》1998 年第 2 期。
⑥ 参见《江海学刊》1995 年第 2 期。
⑦ 参见《外国文学评论》1989 年第 4 期。
⑧ 参见《当代外国文学》1990 年第 2 期。

者》①则指出，什克洛夫斯基强调"作家的传统就是对文学规范的某种方式的依赖"，即是强调文学传统对作家的约束，他们的"新奇"、"创新"是依赖于传统的创新，强调旧形式是对新形式的促进。这样一个关注视角反映了我国学者这一时期对俄国形式主义较全面的理解。这些都显示着俄国形式主义理论研究的深入与发展，也预示着对俄国形式主义理论在我国接受的一个新阶段的到来。

（二）整体研究

除了各种刊物上的专题研究以外，在各类著作中对俄苏形式主义做了整体性研究。如20世纪80年代末出现的胡经之、张首映的《西方二十世纪文论史》、胡经之主编的《西方文艺理论名著教程》、董学文的《走向当代形态的文艺学》都辟有专章研究俄国形式主义学派及其理论。20世纪90年代有两部与俄国形式主义密切相关的叙事学著作问世，徐岱的《小说叙事学》和申丹的《叙述学与小说文体学研究》。另外，还有几部专著不同程度地研究了俄国形式主义，即在胡经之、王岳川主编的《文艺学美学方法》中由方珊撰写专章"形式研究法"；朱栋霖主编的《文学新思维》中有关章节研究了俄国形式主义文论的几个重要特征；朱立元主编的《当代西方文艺理论》和郭宏安、张国锋、王逢振著述的《二十世纪西方文论研究》都在西方文论的框架中非常精要地对俄国形式主义做出了评介，而赵宪章主编的《西方形式美学研究》，对俄国形式主义的研究成为其必不可少的重要部分。20世纪90年代还有两部苏联文学批评研究的专著问世：一是叶水夫主编的三卷《苏联文学史》，第一卷中探讨了苏联早期文学思潮中的形式主义问题；一是彭克巽撰写的《苏联文艺学派》，这部专著将形式主义作为苏联文艺学派的开端做了概述。另外，这一时期依然有一部分重要译著，它们也构成了我国研究俄国形式主义的成果，即乔纳森·卡勒的《结构主义诗学》研究了雅各布森的诗学理论，佟景韩翻译的波利亚科夫编选的《结构—符号学文艺学》收录了雅各布森的《语言学与诗学》、雅各布森与列维-斯特劳斯合著的《评夏尔·波德莱尔的〈猫〉》、扬·穆卡洛夫斯基撰写的《什克洛夫斯基〈散文理论〉捷译本序》等重要文章。佟景韩为该书中译本撰写的长篇序言以及该书的原序言，都对俄国形式主义做了深入的分析。

---

① 参见《当代外国文学》1991年第1期。

让-伊夫·塔迪埃的《20 世纪的文学批评》第一章全面探讨了俄国形式主义的理论主张。

然而,标志着我国研究俄苏形式主义已经较为成熟的成果是方珊的专著《形式主义文论》(1999)和张冰的专著《陌生化诗学——俄国形式主义研究》(2000)以及张杰、汪介之的《20 世纪俄罗斯文学批评史》(2000)。《形式主义文论》一书将西方 20 世纪形式结构学派作为一个体系来考察,揭示了俄国形式主义的来龙去脉及对后继者的影响。张杰、汪介之的著作则在 20 世纪俄罗斯文论的框架中详细、系统地评介了该流派,除什克洛夫斯基、雅各布森外还对艾亨鲍姆做了专门研究。而我国第一部以俄国形式主义为选题的博士论文《陌生化诗学——俄国形式主义研究》则从该流派的历史文化背景、产生和发展过程、诗歌审美本质的探索、审美批评的新尝试、陌生化审美特征论、陌生化与小说诗学、奥波雅兹的文学史观等诸多角度全面、系统、深入地研究了俄国形式主义的理论思想,并就该流派与西方哲学、美学、文学批评的关系以及与本国其他文学批评流派的关系做了论述,可谓我国接受与研究俄国形式主义的一个缩影,也标志着我国俄国形式主义研究进入了一个新的阶段。

(三) 这一时期接受中的主要问题:概念的模糊性

通过上述的梳理,可以看出,除文学性、陌生化及其文学史观之外,与此相联系,形式主义理论内部还有许多概念与原则。对此我国学界梳理研究得还很不够;或涉及了,但不同理论家对同一概念的不同解释还没有仔细甄别。这些概念的模糊性表明我们在接受俄国形式主义理论过程中还有许多问题有待澄清。这里有翻译的问题,也有理解的问题,也有阐释的问题。所以,笔者在此把我国学者在研究中分散、零星涉及的概念汇集起来,以供进一步探讨。

1. "情节"与"结构"问题

上述李辉凡的文章中谈到"情节结构"理论。对"情节"的解释是:主人公生活中发生的事件的过程称为"情节",它是作家从生活中或个别作品中借用的材料。另一处解释为:作品中事件的总和叫"情节"。情节是真有其事。"结构"的解释是:事件的叙述过程称为"结构"。结构是"读者对这件事的了解"。这里"情节"与"结构"相对。该文中还提到,托马舍夫斯基认为,"情节结构——是形式手法的总和"。而杨岱勤的文章中提到特尼亚诺夫的理论:"情节结构——包括两点:一是情节的展开,一是情节与文体结构的联系。"那么,这两种"情节结构"理论内涵是否一致?他们的"情节"与"结构"的所指是否同一对象?需要进一步研究。

2."结构"与"表现"、"外形"

上述杨岱勤的文章中提到,特尼亚诺夫认为:"一部文艺作品中任何一句话,都不是作者个人感情的简单'反映',它必然是一种结构和表现。"他又说:"文学作品的特征是素材加上结构因素,在于材料的外形。"杨岱勤认为,特氏的"结构"就是什氏的"手法";特氏的"表现"就是什氏的"陌生化"的表现;特氏的"外形"实质是"变形",即"陌生化"后的变形。特氏还谈道:"作品的灵魂是结构与形式。"所以,这里是"结构"和"形式"又形成一对需要甄别的概念。

3."故事"与"情节"问题

上述张隆溪的文章谈到什克洛夫斯基的"故事"和"情节"概念是:"故事"——作为素材的一连串事件即"故事"。"情节"——故事经过创造性变形成为小说的"情节"。这里"故事"与"情节"相对。而杨岱勤的文章中使用"生活情节"和"艺术情节"一对概念,应该就是什氏的"故事"和"情节"一对概念。钱佼汝的文章谈到托马舍夫斯基的"故事"和"情节"概念是:"故事"——是小主题逻辑、因果和时间顺序的组合。相当于现实生活中发生的事件,有其发生、发展和结束的自然顺序。"情节"——是小主题在作品中出现的排列和连接的顺序,是艺术加工后的故事。钱佼汝又谈到什克洛夫斯基的"故事"和"情节"概念——"故事实际上只是情节的素材"。而在魏家俊文中和陈思红文中又都使用了"情节"与"本事"一对概念。所以,"故事"与"情节"、"情节"与"本事"各所指为何,也有必要区别。

4."心、手、物"与"内容、技巧、形式"问题

在钱佼汝的文章中分析了我们与俄国形式主义者对文学的不同因素的强调,给了内容、技巧、形式另一种说法:心——即内容(我们强调的),手——即创作技巧或手法(什氏强调的),物——即作品形式,特别是构成形式的基本材料——语言(雅氏强调的)。这样一种对应,显示了我们与俄国形式主义者对文学实质理解的错位,也显示出最初我们将他们的主张仅仅理解成"一种手法",这也是导致我们最初对他们大

加批判的原因。

5. "艺术程序、艺术技巧、艺术手法、艺术手段"问题

"艺术就是程序的总和"(方珊 文)、"风格手段的总和"(李辉凡 文)、"形式手段的总和"(李辉凡 文),陌生化是"各种技巧的总和"(张隆溪 文),文学作品是"所用的一切文体手段的总和"(钱佼汝 文)、"艺术是多种手段的总和"(杨岱勤 文)、"文学作品的内容(这里也包括灵魂)等于其修辞手法之和"(魏家俊 文)、"作品的灵魂是结构与形式"(杨岱勤 文),这里,"程序、技巧、手法、手段"几个词出自同一俄文词的翻译。翻译的不同,是理解的不同,也是文学理念的不同,更是对同一问题的不同阐释。透过这些翻译,可以看出在接受过程中概念的变异。但这种变异带来的混乱也是应该给予注意的。

6. "形式"与"内容"问题

我们所理解的"形式与内容"对应于俄国形式主义的什么概念,这是我们理解、接受的难点。在我们不同的学者那里对应是不同的。方珊的文中"形式—内容"等于"形式—材料",魏家俊的文中"形式—内容"等于"材料—手法",陈思红的文中"形式—内容"等于"材料—结构"等等不一而同。对此,对概念的理解,也是我们理解俄国形式主义的关键。

7. "诗歌语言与散文语言"问题

我们知道,俄苏形式主义的一个核心理念,就是文学语言与日常语言是不同的。但在我们的接受过程中,扩展成几对概念,即"文学语言与日常语言"、"诗歌语言与实用语言"、"诗歌语言与散文语言"等。这些看似相近的说法,其实有一种研究视阈的潜转移和演进、拓展。我们既要厘清哪些是原初理论、哪些是我们的拓展,唯此才可以把握其理论精髓。

三、"陌生化"不再陌生:新世纪以降接受的深入与发展

进入新世纪,依然有少部分译文、译著介绍俄苏形式主义,如马克·昂热诺等主编的《问题与观点》、拉曼·塞尔登主编的《文学批评理

论》、罗杰·法约尔的《批评:方法与历史》、托多罗夫的《批评的批评》、什克洛夫斯基的文章《个人价值的危机》、扎娜·明茨和伊·切尔诺夫主编的《俄国形式主义文论选》等。不过,这一时期我国学者自己的研究成果成为主流,可以说,在该阶段对其的研究与运用呈现极其热闹的局面,仅从数量上讲,在290多篇论文中,就有230多篇论文出现在这一时期。通过阐发、对话、沟通等方式,形成了接受的深入与变形、自觉运用与发展。

(一) 理论层面的继续探讨、俄国形式主义与其他理论之间的关系

进入21世纪,学者们对俄国形式主义理论本身依然继续作探讨。这一探讨可分为三种情况:

其一,依然对俄苏形式主义的基本概念进行研究。这一类多属于初涉该领域的研究者,大多是在我国已有的研究资料上形成自己对俄国形式主义的认识,没有阐发什么新意,甚或仍然脱不出对形式主义的片面的或偏激的理解。不过,即便如此,从中我们可以看出,对该流派进行研究的人数大大增加了,而且在西方文论的背景下,视野也宽泛了许多。

其二,研究对象虽然仍旧是该理论的一些基本论题,但或是就某个论题深入研究、发现了新的视点;或是对该流派进行深入反思。如《"奇异化"与"时间"——什克洛夫斯基后期思想的两个重要概念》[1]一文,作者通过其前后期关于"奇异化"、"时间"的不同观点的比较,关注了什克洛夫斯基后期思想的变化。又如,这一时期就形式主义的文学史观的研究也有所拓展。《试析文学史的自律论模式》[2]一文将三种自律论模式的文学史观——俄国形式主义、结构主义、泛结构主义一起拿来考察,意在说明每一种文学史线索观都可以从自身体系出发,或多或少地发掘出文学史研究的一些有价值的东西;而这种从特定角度入手的研究虽然有褊狭的可能性,却也方便提出独到见解;基于前人观点的片面性,可以给后人提供改进的空间,又基于特定视角可以对文学史

---

[1] 丁国旗:《"奇异化"与"时间"——什克洛夫斯基后期思想的两个重要概念》,载于《黄河科技大学学报》2002年第4期。

[2] 张荣翼:《试析文学史的自律论模式》,载于《社会科学研究》2003年第1期。

有新的见识,诱使人们进行新的探索。另外,与前期相比,更多的学者对形式主义做出了"俄国"式理解,匡正了以我们固有的"形式"概念对俄国形式主义的误读。如徐岱在《形式主义与批评理论》①一文中指出,人们通常以"排斥内容"对其加以批评,这与形式主义的实际情形不符,迄今看来人们对其误解多于理解。形式主义文论推出与"材料"相对的"形式"概念,将审美批评引入了一个新的境地。它对艺术活动的"自治性"的强调对于把握艺术内容的特殊意义,迄今仍给我们以启迪。而李建盛的文章《俄国形式主义诗学的理论视野及历史评价》②则在20世纪90年代文化研究异常热闹的背景下,指出:"尤其是在今天这个日益以理论概念替代文本分析,以阅读和解释的无限开放性否定文本的规定性的后现代文化语境中,俄国形式主义者所开创的以文学性为核心的诗学仍然可以在新的理解和阐释中成为重要的理论资源。"在作者看来,"当代文学理论向阅读、接受、反应和主体解释的重心转变并不意味着要抛弃如何理解文学作品本身的问题,也不仅仅意味着只探讨文学是如何被阅读、接受和解释的问题,而事实上,文学的阅读、接受和解释始终是与文学作品本身的理解和解释密切相关的,因此,俄国形式主义者所重视和做出了重要探讨的以文学性为核心的本体论研究,仍然是当代文学理论应该予以肯定和在新的阐释中可以借鉴的重要内容"。这些评价显示着我们对俄国形式主义的接受也在一步步加深。

其三,一些研究已不再单纯从材料出发,而是或从某个论题出发,深入挖掘,发现新视点,如对"文学性"多维度的探讨(如《"文学性蔓延"争论之检讨》《"文学性"内涵新论》《"文学性"问题与文学本质再认识》《文学性:从自救到解构》和硕士论文《两种文学本质观之争及其局限》《从文学是什么到文学性是什么》《艰难跋涉的"文学性"》等),对"陌生化"限度的反思(如《论"陌生化"的限度》和硕士论文《"陌生化"理论及其文艺学意义》《俄国形式主义"陌生化"理论研究》《"不隔"与"陌生化"互释性研究》等),对"形式"概念的甄别(如《关于俄国形式主义理论中

---

① 徐岱:《形式主义与批评理论》,载于《杭州师范学院学报》(社会科学版)2003年第4期。

② 李建盛:《俄国形式主义诗学的理论视野及历史评价》,载于《俄罗斯文艺》2003年第1期。

的"形式"》等);或对该流派进行深入反思(如《俄国形式主义诗学的理论视野及历史评价》《片面的深刻与整体的褊狭——对影响新时期文学发展的几种形式主义理论的学术剖析》等);或从方法论、美学、哲学层面进行分析,使俄国形式主义研究到达了一个新的境界(如《关于文学本体论的思考》《审美自觉与审美形式》《俄国形式主义文学批评论的美学基础》《陌生化理论的美学意义》(硕士论文)等);或将俄国形式主义融汇在对整个西方文论的研究之中(如《符号论美学:艺术形式的诗学研究》《西方20世纪文学传统论的形式论倾向》《现代小说文体变迁的形式及其文化语境》等)。还有赵宪章的专著《文体与形式》从文体与形式角度、赵毅衡的《符号学文学论文集》从符号学角度论述了俄国形式主义及符号学派的理论建树。这些对俄国形式主义的研究已经具有了坚实的理论基础,而且"文本理论"与"作者理论"的意识越来越清晰,使得俄国形式主义越来越成为一种对我国文学批评具有强大辐射力的文艺理论。另外,俄国形式主义与其他理论之间的对话关系也是学者的一个重要话题,主要是与巴赫金及巴赫金学派的关系,如《对话:奥波亚兹与巴赫金学派》①《超越形式主义的"文学性"——试析巴赫金对俄国形式主义的批判》②《巴赫金与俄国形式主义的诗学对话》③《在审美与技术之间——巴赫金对形式主义"纯技术(语言)"方法的批评》④等文章都就这一问题进行了探讨。不过,就巴赫金与形式主义的相互关系是对话、是对立还是否定的问题上,研究者的意见是有分歧的,这是一个可以继续深入探讨的问题。此外,学者也注意到了俄国形式主义与象征主义(《作为语言的诗——从象征主义到形式主义》⑤)、与俄国其他文论流派(《直面原生态 检视大流脉——二十年代俄罗斯文论格局

---

① 张冰:《对话:奥波亚兹与巴赫金学派》,载于《外国文学评论》1999年第2期。
② 董晓:《国外文学》2000年第2期。
③ 黄玫:《俄罗斯文艺》2001年第2期。
④ 曾军:《华中师范大学学报》(人文社科版)2001年第2期。
⑤ 李作霖、孙利军:《长沙大学学报》2001年3月第1期。

刍议》①、与后现代诸文论(《形式主义与解构主义的关系探析》②)、与布莱希特戏剧理论(《陌生与熟悉——什克洛夫斯基与布莱希特"陌生化"对读》③)、与语言学、与文化研究理论等的关系。另外,还从整体上探讨俄国形式主义的"陌生化"理论,诗歌语言理论、文学史观、文学批评观和方法论,及其在20世纪欧美文学理论与批评史上的地位与意义。这些都是对俄国形式主义研究的深入推进。

(二) 俄国形式主义与我国文学批评、文学创作的关系

一种理论的成功借鉴,应该是将其与接受者的固有观念、思维方式沟通融合起来,化为接受者内在的新的创造力,为解决自己的问题找到新的途径。我国对形式主义的接受虽没有达到这样一个炉火纯青的地步,不过,研究者们为此付出了和正在付出积极的努力。形式主义理论在我国经过一段时间的介绍、研究之后,学者们把视线转向了国内:我们是否也有与形式主义类似的文论?它们之间有没有关系?是怎样的关系?形式主义文论能解决我们文学批评中的哪些问题?作为一种思想资源给我们带来哪些新的研究视角和新的价值观?怎样运用于我们的文学批评与文学创作中?等等,就这些问题学界展开了积极的探讨。可以说,俄国形式主义理论与我国文学批评、文学创作之间的关系,最大程度地体现了俄国形式主义在我国接受的深入与发展。主要表现在以下几个方面:

一、学者开始进行中俄形式文论的比较研究。如《胡适与俄国形式主义学派文学史理论比较研究》《中西文学形式论比较研究》《论闻一多诗学的现代性》等。这些研究显示着学界试图沟通两种文论思想、价值观念的努力。

二、学者开始大量运用该理论解读中西文学现象、中西文学文本。如《杜诗语言的"陌生化"之妙》《俄国形式主义与中国新诗潮》《再论"陌

---

① 周启超:《直面原生态　检视大流脉——二十年代俄罗斯文论格局刍议》/《文学评论》2001年第2期。
② 罗杰鹦:《形式主义与解构主义的关系探析》,载于《浙江学刊》2003年第6期。
③ 杨向荣、熊沐清:《陌生与熟悉——什克洛夫斯基与布莱希特"陌生化"对读》,载于《钦州师范高等专科学校学报》2003年第1期。

生化"理论——解读〈狂人日记〉的"陌生化"》《论张爱玲小说的陌生化效果》；又如《狄金森诗歌中的抽象意义——从文学理论"陌生化"视角探讨抽象意象的美学意义》《论〈百年孤独〉的"陌生化"艺术》《浅析〈第二十二条军规〉中的陌生化表现手法》《从叙事看大江健三郎的"陌生化"策略》《弗吉尼亚·伍尔夫作品中语言的陌生化现象》，还有对小说创作理论的探讨，如《小说语言的"熟"与"生"》《"陌生化"理论在文学创作中的运用》等等。可以说，俄国形式主义理论在文学批评实践中的运用成为该时期接受的一个显著特色，也为中国的文学批评解决了一些令人困惑的难题。如于坚在20世纪80年代发表了一系列口语化的诗歌，但并未引起诗评界的注意，20世纪90年代其被称为"语言垃圾"的《零档案》发表，令诗评界惊诧莫名，而后则是长久的沉默，因为评论家们面对这首诗不知该使用何种理论来评价。在这样的沉默中，于坚自己解释了，提出了自己的诗学理想：从隐喻后退，回到存在的现场；诗歌是语言的操作。赵玉的文章《俄国形式主义文论对于坚诗学的影响》试图找到于坚诗学思想的来源。作者注意到，于坚用带有粗鄙化倾向与接近生命本真状态的口语进行诗歌创作，表达了向后退的诗学理想。口语化是陌生化的方法之一，从属于陌生化。通过分析，作者认为，于坚诗学在方法论（语言的操作方法）上与俄国形式主义的接近（都试图通过变革语言，在语言中恢复对事物的感觉）；在艺术功能上，于坚的文化经验诗论显示了对俄国形式主义自动化诗论的继承和发展。遗憾的是，作者没有找到于坚受俄国形式主义影响的直接证据，不过这也许并不重要。我们可以说，是作者受形式主义理论的启发，找到了解读于坚的途径。

三、俄国形式主义作为一种思想资源，在我们的文学批评与文学创作中，带来了新的价值观念，生成一种创造力。如《民族文学研究》2001年第3期向云驹的文章《陌生：当代少数民族文学的审美价值基础及价值定向》是移植和转换了"陌生化"理论的思想方法，重新看少数民族文学。作者将不同民族之间的文学看成是一种互为陌生的文学，其"手段"是地理的、经济生活的、社会历史的、文化传统的、语言的、心理素质等的不同形成的阻隔。从这一角度看待少数民族的文学独特的审美价值和审美价值的特定内涵，体现了当下族裔文化、弱势文化研究的精神内核。如果说以形式文论阐释中西文本得到是一种方法的话，那么这种思想方法的移植和转换更是一种内在创造力的生成,是形式文论思想为我改造、变形后的发展。

其实,在接受俄国形式主义的过程中,最大的有意"误读"、"曲解"和改造后为我所用的领域就是文学批评实践和文学创作实践。可以说,俄国形式主义(当然连同其他西方形式学派)给我国文学批评与文学创作带来的是真正"革命性"的冲击。在这一冲击下,文学研究和文学创作的重心由作者中心论转向作品中心论,从外在研究和创作转向内在研究和创作(指开始非常有意识的注重文学作品的"形式",甚至走到极端——为"形式"而"形式"。)

从 20 世纪 80 年代中期开始,我国文学批评实践将探求的目光从文学内容转向了所谓"文学性"之所在——"形式"。一场理论批评"范式"的革命在悄悄地酝酿当中。"形式",作为文学之为文学的东西,得到文论家们的广泛重视与认同,历史的思考和文化的探索被看作是让文学心倦意懒不堪承受的重负令人敬而远之。一位青年文论家发出了这样的质疑:"文学把历史翻来覆去地思考和描述了无数遍之后,发现大家其实对历史都很清楚;而文学自身却在这种思考中被越弄越糊涂了——过去是为政治服务,后来被当作改造社会的武器,现在怎么又成了历史的侍从呢?"文学思考者对于文学本体特性的追问,召唤着中国文学本体论的崛起。于是,俄国形式主义、英美新批评、法国结构主义等形式批评流派的理论便成为中国特定氛围中文学本体论建构的资源。西方形式本体论的"形式即内容"、"形式自身即是目的"成为中国 20 世纪 80 年代后期一种新的批评范式产生的逻辑前提。这里显示了形式理论怎样成为了批评家的内在精神。文学创作实践中也存在着同样的革命,正如潘天强的《新时期形式主义文艺思潮的发展轨迹》中所论述的那样。但应注意的是,该文中所称的"形式主义文学创作"并非单纯的俄国形式主义、英美新批评、法国结构主义等形式批评流派理论的形式主义,而是指所有这一时期非现实主义的"创作方法",指所有"我们所说"的"创作形式"的探索,其中包括了"陌生化"和"语言崇拜"等原则。这里就是"形式主义"概念在我们这里的变易,扩大了其内涵。文章这样描述作家们的裂变过程:从否定文艺的意识形态性开始,用情感取代内容,主张形式大于内容,最后以颠倒内容与形式的主次关系而告终;从否定政治对艺术的吞噬开始,把政治等同于内容,进而在否定政治的同时否定内容,最后以割裂内容与形式的联系而结束。这里我们注意到,作者在分析作家创作观念、创作实践的裂变过程中,依然沿用了我们原有的"形式"概念。也就是说,作家们在遭遇西方形式主义潮流时,是有一个预设的"形式"和"内容"之分的概念的,但在他们的创作实践中却信奉了"形式就是一切"、"形式涵盖内容"或者"形式是有意味的形式",正如我们上面分析过的,他们的后现代文化立场和世界观已经投射在了他们的艺术形式上。因此,俄国形式主义等形式流派的思想在我们的批评实践和创作实践中的接受就呈现为如此的状态:如果说前面提到解读只是一种方法上的转变的话,这后面其实有一个文艺思想、批评思想的转变;而创作界思想的转变是直接运用于创作实践的。这里的问题在于,在这种转变过程中,对形式主义思想的吸收,是一个改造的过程,是一个随意根据自己的需要去理解阐释运用的过程。在这个过程中,有两个对形式主义的理解并存:一个是以我们原有的形式概念去理解,用以批判传统,将形式从政治、内容的奴役中解放出来;另一个是以"大形式"概念即"形式涵盖内容"去理解,并承认"形式是有意味的形式"。这样,在批评实践和创作实践中什么时候需要用哪一种解释,就将其拿来,两种概念或说两种观念交差混合运用,以完成批评与创作的超越。

(三)俄国形式主义文论运用领域的拓展及普及化

进入21世纪,接受与研究呈现出一个突出特征,就是俄国形式主义文论运用的领域不再局限在文学领域,而是拓展到美术学(如《俄国形式主义话语在美术学研究中的现实意义》、《论油画创作中的"陌生化"方式》(硕士论文)、《艺术创造与"陌生化"》(硕士论文)、《探讨"陌生化"理论在图形设计中的价值》(硕士论文)、《当代花鸟画图式"陌生化"研究》(硕士论文)等),音乐学(如《多义的形式——20世纪西方音乐思想中的形式论因素》),广告学(如《"陌生化"方法与动态广告受众的心理情感因素》《网络广告的陌生化呈现》《广告设计的民间情结——"陌生化"理论的应用》《广告话语"陌生化"探究》(硕士论文)等),影视美学(如《建构影视美学陌生化与熟悉度的统一》《从〈英雄〉等影片透视俄国形式主义理论》《世界影坛的两朵"姐妹花"——〈蝴蝶君〉与〈霸王别姬〉题材的陌生化解读》《"陌生"的他们——浅析"陌生化"技巧在〈夜宴〉中的运用》《电影色彩的"陌生化"》《在守恒与变异之间——关于武侠电影》（硕士论文）等），建筑学（如《形式主义建筑》（论著）），翻译学（如《论现代翻译文学的陌生化取向》（硕士论文）、《文学翻译中原作陌生化手法的再现研究》（博士论文）、《俄国形式主义与翻译》（硕士论文）、《传统、陌生化的反叛与异化翻译》等），教学法（如《熟悉基础上的陌生——试论阅读教学的陌生化理论》《中学古典诗歌鉴赏教学模式论》（硕士论文）等），直至时下热门文化（如《陌生化与熟知化之维——谈赵本山小品的艺术性》）等诸多领域。同时，接受与研究的另一趋势是普及化，就是研究与运用逐渐从高端学者（或所谓精英学者）向低端学者（大量学生）过渡。从2000年起出现了大量的研究型或运用型学位论文，约有40篇，其中除张冰的博士论文《陌生化诗学——俄国形式主义研究》外，另有五篇相关的博士论文，而其余的皆为硕士论文；且2000年以来发表的近200篇论文（除去40篇学位论文）中，发表的趋势也从高端刊物（即所谓重点刊物）向低端刊物（即所谓一般刊物）过渡，也就是说该课题的研究已经"大众化"了，不再具有"精英性"。这些现象都说明，俄国形式主义理论思想已经被我国学界（甚至民间）广泛接受，"陌生化"不再陌生。其观念、价值对于我们已经有了恒常性，已经成为我们的一种常态，成为我们自己观念的一部分。"陌生化"不再陌生。这也正是该理论对我们最深刻的影响。

统观俄苏形式主义在我国的接受、研究过程，我们发现，对俄国形式主义由不知到知之，由研究到为我所用，经历了一个漫长的过程。其中，有不同思想的交锋，有不同论争对话，有沟通彼此的努力。我们的"形式"观念在这个过程中不断地裂变着，但始终存在着两种"形式"观的对立、碰撞，最复杂的是它们交差、混合，甚至难解难分。我们对俄国形式主义的研究已经取得了一定的成就，也依然存在着问题：一是翻译的不足，包括整个学派的所有成员的论著和单个成员的所有论著。二是与此相关，对核心成员什克洛夫斯基和雅各布森研究相对较多，其他成员相对较少及不够系统。三是人物译名不同，虽不是大问题，但可能造成不便，如人物均有多种译法：什克洛夫斯基——斯克洛夫斯基、施克洛夫斯基；雅各布森——雅可布森、雅科勃松、雅科布松、雅各布逊；艾亨鲍姆——埃亨鲍姆、艾亨巴乌姆；特尼亚诺夫——蒂尼亚诺夫、迪尼亚诺夫、特尼亚洛夫、梯里亚诺夫等等（为不致胡乱，本文一律采用了前者）。四是，仍然是翻译问题，但这些翻译会影响到对形式主义理论的理解,如 CTPAHHO 一词译为异化、奇异化、陌生化等,又如 приём 一词译为程序、手段、技巧、方法。在汉语中可不可以互通,可不可以通到俄语词的所指,这都会带来相应的问题。与此相关的是,不同成员对相同内涵概念的不同命名或不同内涵概念的相同命名给我们造成混乱,我们对此的研究还不够。五是对俄国形式主义内部的一些问题依然需要进一步研究、澄清和拓展,如俄国形式主义的源头问题。研究者认为维谢洛夫斯基是其源头,但对其吸收了什么却互相矛盾。又如俄国形式主义与当时的各流派的关系研究还不到位,以及本文叙述过程中所提到的一些问题,都有待深入探讨。

法国结构主义与当代中国文论的相遇

钱 翰

在法国和西方的结构主义

结构主义是发端于两次世界大战期间并于20世纪60年代在欧美勃兴的重要跨学科思潮,它把一切文化现象都视为符号加以分析,几乎在所有人文学科和一部分自然科学领域中构成了重大影响。结构主义的思想源头是索绪尔的语言学理论,1916年出版的《普通语言学教程》几乎被看作是结构主义思想的圣经,它不仅提供研究语言的新思路,而且创立了对语言进行科学研究的原则,也就是说,索绪尔语言学不是对语言现象的描写,也不是对语言运用的规定,而是对语言本质规律的研究。20世纪40年代,列维-斯特劳斯把索绪尔的语言学方法用于人类学研究,取得了巨大成功,开创了以结构主义方法研究人类文化现象的先河。20世纪50年代以前的法国,文学史方法一直占据文学批评的绝对主流地位,对"作家和作品"关系的研究占据焦点和主流,随着结构主义的兴起,文学思想和批评开始"向内转",内部形式问题成为批评的核心,一批学者试图以语言学的模式发现文学的科学规律,这就是所谓"语言学转向"。结构主义文论是西方文论史上一次重大转型,法国的主要代表人物有列维-斯特劳斯(Claude Lévi-Strauss)①、罗兰·巴特(Roland Barthes)、托多洛夫(Tzvetan Todorov)、格雷马斯(A. J. Greimas)、热拉尔·热奈特(Gérard Genette)等众多理论家和批评家。与传统文论相比,结构主义文论有如下特点:

1. 科学主义和内部研究

结构主义文论是西方文学自20世纪以来最为雄心勃勃的"科学化"尝试,当时的结构主义先锋学者试图抛弃带有主观色彩的"文学批评",而成为一个文学研究者。结构主义诗学所要研究的是文学的深层规律,而不是具体的文学作品的现象,更不是对作品价值的判断和阐释。换句话说,结构主义诗学要研究文学的"语言"(langue)而不是文学的言语(paroles),具体的作家和作品无关紧要,真正重要的是使文学作品成为可能的编码和条件,结构主义文论家的主要目标是使自己的研究具有普遍化的适用性。结构主义文论积极吸收其他人文学科和自然科学的理论和方法,如语言学、符号学、人类学、心理学甚至数学,体现出强烈的科学雄心,其方法也表现出显著的跨学科性。巴尔特在《批评与真理》中说:"必须重新分配文学科学的对象。作家、作品仅仅只是以语言为视野的分析的起步而已:不可能有关于但丁、莎士比亚或拉辛的科学,而只可能有关于话语的科学。这门科学根据它所处理的符号,有很多广泛的领域(……)以这种方式来理解,文学文本提供给客观分析作为材料,但是很明显这些分析将留下很大一堆废料。这个废料就是我们今天所认为的作品中的主要内容(个人的天才、艺术、人性),除非我们对研究神话还有兴趣。②"文学研究的对象和意义发生了彻底的

---

① 需要指出的是,列维-斯特劳斯本人并不赞成在文学领域使用结构主义方法,虽然他与雅各布森一起分析了波德莱尔的《猫》,并且就文学作品中的神话现象进行过卓有成效的分析,但是他把这些分析看作是"人类学"的研究,他对在文学和艺术领域采用结构主义方法始终心存疑虑(参见列维-斯特劳斯:《结构人类学》第2卷,张祖建译,中国人民大学出版社,2006年版,第770~772页)。他所写的关于艺术的随笔《看·听·读》也与结构主义无关。不过由于其研究对文论的巨大影响,此处也把他列入结构主义文论的代表人物。

② Roland Barthes, Critique et vérité, Paris, le Seuil, 1966, repris dans ?uvres complètes, édition établie et présentée par éric Marty, t. II, Paris, le Seuil, 1993, p. 42—43.

翻转，对于传统的批评来说，出发点和归宿都是对作者和作品的意义的阐释，而对于结构主义来说，这些内容只不过是文学科学研究的"废料"而已。由于科学所要求的普遍化和客观化，在传统文学中最重要的价值判断被取消或者被回避，经典作品与普通的文学写作对于作为科学的材料来说没有高低之分，因此结构主义文论家的研究对象常常是原来被认为价值较低的通俗文学。例如巴尔特的结构主义叙事学研究的重要论文《叙事的结构分析导论》所研究的就是通俗小说①。《交流》杂志的第 8 期在法国结构主义文论的历史上具有里程碑式的意义，然而这期刊物的论文的研究对象却是邦德的电影和小说、新闻稿和电影的叙事②。

与此相应，结构主义文论家对当时在大学教育中占据统治地位的文学史研究展开了激烈的批评，认为后者所关注的作家及其生活是零乱的和无意义的，文学史家的渊博知识虽然客观，但是只有实证性而无科学性。他们认为文学史缺少方法意识，只是使用常识的推理而已。结构主义文论则以理论的角度提出了许多超越常识的命题，安托万·贡巴尼翁在《理论的精灵》③一书中就把 20 世纪 60～70 年代的文论描述为理论与常识的斗争。根据朗松的规划，文学史试图采用社会学和丰富的历史知识来实现文学批评的实证主义，而结构主义则否定了这些外部知识的有效性和科学性，转而把文学问题限定在文学语言内部，忽略文学的所指，探索能指的规律。

2. 反人文主义

20 世纪 60 年代，结构主义思潮对传统的人文主义提出了强烈质

---

① 参见 Roland Barthes, *Introduction à l'analyse structurale des récits*, *Communications*, novembre 1966, repris dans uvres complètes, op. ct, t. II.

② 参见 *Communications* °8, réédition sous le titre L'analyse structurale du récit, Paris, le Seuil, coll. Points, 1981.

③ Antoine Compagnon, *Le Démon de la théorie*. Paris, le Seuil, 1998.

疑,福柯在尼采宣布"上帝已死"之后,宣告"人已死"。① 这并不是说结构主义者缺乏对人的关心,或者说在伦理上不尊重人的价值,而是说通过对文化和意义问题的研究,否定了个人主体是解释文化和意义的出发点。伊格尔顿说:"结构主义是'反人本主义的'(anti-humanist),但这并不意味着其提倡者抢走孩子们的糖果,而是说他们拒绝意义始于并终于个人'经验'这样的神话。"②实际上,20世纪初,弗洛伊德的精神分析已经对个人意识的整体性和统一性提出了挑战,而列维-斯特劳斯的人类学研究则完全否定了个人的主体性,因为人类的整体无意识规则相比个人的意识来说是更为重要和决定性的,拉康进一步发展了弗洛伊德的学说,传统的统一完整的个人自主意识成为"神话"。在哲学问题上,结构主义与存在主义对"人"的问题展开了激烈争论,结构主义显然触动了存在主义以及其他一切主体意识哲学的根基,西方哲学从此开始,发生了根本的转向,占据崇高地位的理性—意识范式第一次让位于非理性—无意识范式,主体哲学在结构主义的冲击之下岌岌可危。

在文论领域,与此相应的就是"作者的死去"。福柯在《什么是作者》③和《话语的秩序》④中,把"作者"作为一种对话语的效应加以限制

---

① 参见 Michel Foucault, L'homme est-il mort? (entretien avec C. Bonnfoy), *Arts et Loisirs*, n°38, 15—21 juin 1966, p. 8—9. Repris dans Dits et écrits, édition établie sous la direction de Daniel Defert et François Ewald avec la collaboration de Jacques Lagrange, cette version regroupe en deux volumes les quatre volumes parus dans la "Bibliothèque des sciences humaines" en 1994. Coll. Quarto, Paris, Gallimard, v. I, p. 568—572.

② 伊格尔顿:《二十世纪西方文学理论》,伍晓明译,北京大学出版社,2007年版。

③ Michel Foucault, Qu'est-ce qu'un auteur? *Bulletin de la Société française de philosophie*, 63 e année, n° 3, juillet—septembre 1969, p. 73—104, repris dans Dits et écrits, t. I, édition établie sous la direction de Daniel Defert et François Ewald avec la collaboration de Jacques Lagrange, cette version regroupe en deux volumes les quatre volumes parus dans la "Bibliothèque des sciences humaines" en 1994. Coll. Quarto, Paris, Gallimard, p. 817—849.

④ Michel Foucault, *L'ordre du discours*, Leçon inaugurale au Collège de France prononcée le 2 décembre 1970, Gallimard, 1971.

的功能,而巴尔特则直接宣布了"作者之死"①。对于结构主义文论来说,文学真正的问题不是在这个世界生活和写作的个人,而是穿越历史的无意识结构,总之,人类的深层结构比个人重要。个人行为的意义取决于文化结构,而不是他自己,他仅仅只是这个无处不在的确定所有意义运转方式的结构中的一个案例和表现而已。与语言学的语言/言语的二元对立一样,结构主义文论也建立了具体作品和大写的文本(Texte)之间的二元对立,一切文学作品不过是大写的文本的具体表现而已,而文学真正的秘密就是探索这个文本的规律。而作者,作为个人,由于其个别性和无规律性,无法成为真正的科学研究对象。

3. 去中心化

结构主义文论的另一个特点是去中心化。传统文论的中心是作家和作品,结构主义文论则抛弃了文学作品的中心,与英美的新批评不同,结构主义不仅否定作者的意义,还否定了具体作品的中心地位。结构主义否定了传统的以经典作品为核心的文学观,而代之以整体的文学观,具体文本是人类整体的文学结构的要素,其意义由这个结构来决定,因此结构主义文论对文体的关注远远超过了具体作品。结构主义的叙事学和诗歌理论都取得了超越前人的重大发展。从20世纪60年代末,后结构主义思潮进一步对各种中心进行解构,德里达从索绪尔的语言学中发展出延异(différance)②概念,并将"差异决定价值"的原则推到极端,使一切意义都处于漂浮不定的状态之中。克里斯特瓦改造巴赫金的对话性,把巴赫金的主体间性的人文主义改造成反人文主义的互文性③,与此同时,文本也彻底丧失了中心,成为各种能指和片断不断漂移和相互碰撞的场域,传统文论中最重视的意义(signification)不再有确定的位置,只有不断处于生成之中的意指行为(signifiance)。这种去中心化对文学造成了两方面截然不同的后果:一方面,先锋文学

---

① Roland Barthes, *La Mort de l'auteur*, Manteia, 4 e trimestre, 1968, repris dans Euvres complètes, t. II, *op. cit.*, p. 491—495.

② Jacques Derrida, *La Différance*, Conférence prononcée à la Société française de Philosophie, le 27 janvier, 1968, in Tel Quel, *Théorie d'ensemble*, Paris, le Seuil, 1968.

③ 钱翰:《从对话性到互文性》,见《文化与诗学》第六辑,2007年版。

从中汲取思想资源，不断对文学传统和经典加以挑战和改写；另一方面，则是大众文化研究成为文学批评的重要对象，一切表意的文化现象的"文本化"是文化研究扩张不可或缺的平台。

结构主义在"新时期"以前的中国

与西方一样，结构主义在中国最初的成功也是在语言学领域。从20世纪20年代开始，中国的语言学家就注意到西方的结构主义语言学，并应用其方法对汉语加以分析。根据陈保亚《20世纪中国语言学方法论》的研究，陈承泽最早在1922年出版的《国文法草创》中已经认识到总体分布的观念[①]。1948年赵元任撰写的《国语入门》，这是中国第一部尝试运用结构主义语言学的方法研究汉语语法的著作，是中国现代语法学的奠基作之一。从20世纪50年代以来，我国的语言学界从意识形态上坚持对结构主义的批评，但是结构主义作为一种科学方法在中国语言学界还是占据重要地位。许国璋在1958年发表的论文《结构主义语言学述评》[②]对结构主义所持的态度就是有保留的肯定，虽然中国大规模译介结构主义是从20世纪80年代才开始，但是中国语言学界对结构主义一直都不陌生。而其他人文学科则大不相同，知之甚少。中国的文学理论界在20世纪80年代以前长期处于激烈的意识形态斗争之中，加之马克思主义的社会学方法和文学史方法处于绝对统治地位，中国文论对西方六七十年代如火如荼的结构主义少有相关译介。

---

① 参阅陈保亚：《20世纪中国语言学方法论(1898～1998)》，山东教育出版社，1999年版，第162～178页。

② 许国璋：《结构主义语言学述评》，载于《外语教学与研究》，1958年第2期。

"新时期"以来结构主义在中国的译介

20世纪70年代末80年代初以来,中国开始译介结构主义哲学和文论,发表了一些翻译文章,主要集中在《国外社会科学》《哲学译丛》《世界哲学》和《文艺理论研究》等期刊中,从1980年到1983年间,对结构主义的翻译和介绍文章在一些有影响的杂志上不断出现,结构主义开始引起人们较为广泛的关注。《外国文学报道》在1981年第3期上发表了张裕禾的《新批评——法国文学批评中的结构主义流派》,在1983年第1期上发表了邓丽丹的《文学作品的结构分析》,《文艺理论研究》在1980年第2期上发表了袁可嘉翻译的巴尔特的《结构主义——一种活动》,在1981年《哲学译丛》第4期上发表了列维-斯特劳斯和阿尔都塞论述结构主义的译文,在1981年《外国文学研究》第2期上发表了王泰来的《关于结构主义文艺批评》等。1980年,商务印书馆出版了李幼蒸翻译的《结构主义:莫斯科-布拉格-巴黎》①,这本著作对于结构主义在中国的传播起到过非常重要的作用。1979年,袁可嘉在《世界文学》第2期上发表了《结构主义文学理论述评》,是中国第一篇系统介绍结构主义文论的文章。1984年,商务印书馆出版了由倪连生等翻译的皮亚杰的《结构主义》,这是国内出现的第一本结构主义原著的汉译。从1983年第4期开始,张隆溪以"西方文论略览"为总标题,在《读书》杂志上连续发表了11篇介绍现代西方文论的文章,产生了重大影响。其中专论结构主义的5篇,分别介绍了俄国形式主义与捷克结构主义、结构主义语言学和人类学、结构主义诗论、结构主义叙事学和后结构主义。张隆溪的文章高屋建瓴,全面而深入,并且已经采用结构主义诗学对中国古典诗歌进行分析。②

不过总体而已,1985年前,中国文论的焦点是人文主义和美学的

---

① 布洛克曼(J. M. Broekman):《结构主义:莫斯科-布拉格-巴黎》,李幼蒸译,商务印书馆,1980年版。

② 张隆溪:《诗的解剖 现代西方文论略览·结构主义诗论》,载于《读书》,1983年第10期。

复兴,结构主义的影响相对有限。从 1984 年开始,尤其是进入 1985 年,关于文学研究方法创新问题的讨论,在中国形成了"方法论"热。这表明中国文论开始从意识形态的争辩转向科学化道路,在为文学争夺人文主义的话语空间之后,开始转向寻找客观研究的知识基础。结构主义作为 20 世纪西方文论在方法上最重大的突破理所当然引起中国文论界的高度重视,在短短的四五年时间中,出版的译著就达几十种之多,巴尔特、列维-斯特劳斯、托多洛夫和热奈特的著作纷纷得到翻译和出版。1989 年,胡经之和张首映主编,中国社会科学出版社出版的《西方二十世纪文论选》在第二卷中选译了巴尔特、托多洛夫、格雷马斯、热奈特等法国结构主义代表人物的著作。与此同时,还有一些国外对结构主义加以介绍的著作得以翻译出版,其中最有影响的有《结构主义和符号学》①和《结构主义时代》②。这些结构主义译著为中国的文学研究者提供了结构主义文论的第一手材料。

与此同时,结构主义文论成为人们热衷于介绍的对象,在对西方现代文论的介绍之中,结构主义占据了一个非常重要的位置,在各种学术期刊上频频亮相,许多术语也随着结构主义文论引入中国,如"共时性"、"组合关系"、"聚合关系"、"文本"、"话语"、"书写"等等,这些概念的引入改变了过去的概念体系,极大影响了中国文论的言说和书写方式。其中最重要的就是"文本"概念,虽然国内对这个概念的理解和使用与西方有相当大的不同,但是从这个概念的流行可以看出结构主义文论对中国文学批评话语的深刻影响。

进入 20 世纪 90 年代,中国文论界进一步远离意识形态和政治争论,方法、客观性和科学性成为重要的诉求,中国对结构主义文论译介和转化在这一阶段更加深入,其中尤为突出的是叙事学和符号学。中国对叙事学的关注从 20 世纪 80 年代后期开始,1989 年,旅法学者张寅德编选的《叙述学研究》一书在中国社会科学出版社出版。20 世纪 90 年代,随着对叙事学的兴趣的增强,学术界加强了对结构主义叙事

---

① 特伦斯·霍克斯(T. Hawkes):《结构主义和符号学》,瞿铁鹏译,上海译文出版社,1987 年版。

② 库兹韦尔(E. Kurzweil):《结构主义时代:从莱维-斯特劳斯到福科》,尹大贻译,上海译文出版社,1988 年版。

学的介绍,发表了一系列论文和专著。1990年,《外国文学评论》发表了一组由赵毅衡、申丹、胡再明、黄梅和微周等撰写的有关叙述学的论文①。中国学者还写作了不少叙事学研究的专著,如徐岱的《小说叙事学》②、胡亚敏的《叙事学》③、申丹的《叙述学与小说文体学研究》④等等。这些著作不仅介绍和总结了西方叙事学理论,并且试图提出一些新的角度和观点。在中国的叙事学研究中,值得一提的是杨义的《中国叙事学》,作者并不局限于引入西方的叙述学,而是以比较的方式完成了一次中西交融的努力,"以'中国眼光'与'西方眼光'进行相互注视、交流和质询,考察中西异同,反省异同的原因,清理各自的历史线索,把握其间的文化密码"⑤。他打破了文学叙事的界限,把中国古代的历史叙事纳入研究对象,建立了包容中国各种叙事形态的系统,并探索中国文化的独特叙事特征。另外,陈平原在1988年出版的《中国小说叙事模式的转变》⑥也为采用西方的理论和方法分析中国叙事问题和文学史提供了一个值得借鉴的范例。

符号学是中国文论的另一个关注点,但是在研究结构主义对中国文论影响的文章中,这一点没有得到足够重视,符号学对中国文论的影响研究经常付之阙如。其原因大致有如下两点:一是符号学跨学科性质明显,与语言学、人类学和叙事学都有密切关系,我们常常把西方符号学理论纳入其他领域,如格雷马斯的理论在西方一般归属于符号学,而在中国则主要应用在叙事学范畴;二是符号学理论在中国主要应用于文化研究,而在纯文学研究中所取得的成果逊色于叙事学,尤其是中国结构主义文论对诗歌的研究成果远远落后于叙事研究,使得符号学在中国纯文学研究中的作用不如叙事学突出。虽然中国语言学界对符号学的研究开展较早也有较高水平,但是在其他领域的研究深度有限,

---

① 赵毅衡:《叙述形式的文化意义》;申丹:《论西方叙述理论中的情节观》;胡再明:《〈真品〉的叙述艺术》;黄梅:《关于叙述模式及其他》;微周:《叙述学概述》。
② 徐岱:《小说叙事学》,中国社会科学院,1992年版。
③ 胡亚敏:《叙事学》,华中师范大学出版社,1994年版。
④ 申丹:《叙述学与小说文体学研究》,北京大学出版社,1998年版。
⑤ 杨义:《杨义文存·中国叙事学》,人民出版社,1997年版,第29页。
⑥ 陈平原:《中国小说叙事模式的转变》,上海人民出版社,1988年版。

缺少高质量的成果。与雅各布森和格雷马斯等西方语言学家不同，中国的语言学家很少主动跨界进入文学领域，对文学研究少有推动和促进[①]。但是，必须值得注意的是，中国文论从21世纪初开始，再次发生了向外转的过程，"文化研究"成为文论界的热门词汇，关于"日常生活审美化"问题也引起了激烈争论。而无论在西方还是东方，文化研究的基础理论和方法都是符号学。巴尔特的《神话学》[②]和《服饰系统》[③]是法国文化研究和批判的经典之作，虽然这两本著作进入中国相对较晚，而且译本也不太可靠，但是通过英译本或者其他途径在出现汉译本之前就已经成为中国文化研究的重要参照。符号学所研究的是意义问题，实际上，整个人类文化的一切表意活动都是符号学的研究领域，中国文艺学进入日常生活以及其他艺术和美学门类进行有关意义问题的研究和批判，所使用的基本上都是符号学的理论和方法。人类的各种活动，无论是日常生活还是高雅的艺术，无论是有意识的文化创造还是无意识的举动，通过结构主义符号学方法的观照，都被纳入和整合进一个统一的平台："文本"，符号学就为文化研究的领域扩张提供了理论和方法的基础。根据威廉斯对文化研究对象的定义："'文化或一种文化'主要是指物质的生产，而在历史与'文化研究'（cultural studies）里，主要是指'表意的'（signifying）或'象征的'（symbolic）体系。"[④]对于威廉斯来说，大众不仅仅是意义的接受对象，在社会文化文本的建构过程中，大众也参与了意义的生产。在某种意义上，是符号学确定了文化研究的对象和研究方法。使对大众文化的研究从法兰克福学派的意识形态批判走向阿尔都塞的结构主义马克思主义和英国伯明翰学派的意识形态分析，在这个过程中，符号学提供了基本工具，而文本概念则提供了对纷繁复杂的各种现象加以整合的"平台"，文化研究实际上是符号

[①] 参见王玉铭、宋尧：《中国符号学研究20年》，载于《外国语》，2003年第1期。

[②] 罗兰·巴特：《神话——大众文化诠释》，许蔷蔷、许绮玲译，上海人民出版社，1999年版。

[③] 罗兰·巴特：《流行体系》，敖军译，上海人民出版社，2000年版。

[④] 雷蒙德·威廉斯：《关键词——文化与社会的词汇》，刘建基译，三联书店，2005年版，第107页。

学发展的逻辑结果。

　　20世纪90年代以后,中国文论和批评界几乎复制了西方文论的一个重要现象,就是"文本"概念逐渐成为文学领域的中心词,而"作品"的概念渐渐边缘化。然而,在中国和西方所发生的过程并不完全一致,比较这两个不同的进程有助于我们理解结构主义在西方和中国不尽相同的命运。在西方话语的传统中,作品和文本是一对相互关联的概念,文本(text)意味着客观的文字所构成的知觉对象,而作品(Works)则意味着客观的文本中生成的精神意义和价值。对于读者和批评家来说,他们的精神路径是通过文本达到作品。然而在中国,由于汉语中并不存在与 text 完全相对等的概念,于是制造了文本这个词汇来翻译 text,然而词语从来不是一一对应的分类命名集,而总是在语言结构中获得意义。新制造的词汇"文本"虽然是用来翻译 text 的,但是在汉语的文化环境中,文本的概念对中国人的意义和价值并不等同于 text 对于西方人的意义和价值。这种现象造成了一些误读,如傅修延先生在《文本学》一书中提到中国古代的"文本思想"①。因为20世纪六七十年代西方文本观的转换是建立在"文本"与"作品"的对立之上的,倘若没有这种对立,也就不可能有这种转换。20世纪60年代以前,西方文学批评话语中,作品是文本的彼岸,是作家与读者精神交流的神秘花园。而20世纪60年代兴起的结构主义为研究者打开文本研究的科学化途径,文本比作品更适合成为科学研究的对象,这是西方"文本"概念占据文学批评话语中心的思想背景。在中国,对"文本"概念的接受主要是接受美学的角度,童庆炳先生的《文学理论教程》就是采取的这个思路,②实际上在接受美学中,作品并未取代文本,只是延宕了文本转化为作品的过程。许多学者对于结构主义思潮中文本与作品的对立关系不甚了解,以至于在大部分情况下,文本成为作品的替代词,表现为

---

　　①　参见傅修延:《文本学——文本主义文论系统研究》,北京大学出版社,2004年版,第6~9章。

　　②　参见童庆炳主编:《文学理论教程》,高等教育出版社,1992年第1版,2008年第4版,第10章。

一种时髦。①

中国文论界在21世纪初发生了一场影响至今没有结束的争论,即关于"文艺学的边界"问题。② 从表面上看,这场争论的直接缘于学科身份意识造成的焦虑,一方面文学研究的范围扩大了,话语权增强了;另一方面,这种扩大造成文艺学学科逐渐丧失了自身的特殊性和独特身份。然而,从深层来看,这个学科问题实际上与结构主义文论密切相关。因为结构主义所关注的不是精神价值,而是表意过程,所以传统的精英/大众对立被拆解,一切都是文本。"文学"本身重新成为一个意义模糊、涵义不明的概念,它不再是高高在上的经典,也不再是令人神往的意义的彼岸,而只是文化中众多的表意方式之一种,简单地说,只是一种"文本"而已。米勒的《文学终结论》反映了当代文学研究的焦虑,同时在中国引起了强烈的反响,中国的回应者对此大部分持批评态度,认为文学不会消亡。③ 文学当然不会消亡,文学写作在新世纪依然会显示出强大的生命力,但是文学的身份会逐渐变得可疑起来,文学的性质是否可能得到一种规范,还是只能对它进行描写,这对于新世纪的中国文论界将是一个重要的问题。

20世纪90年代直至21世纪初,西方的各种文学理论纷纷进入中国,后结构主义、后殖民主义、女权主义、后现代主义等等,如过江之鲫,令人目不暇接,但是这些思潮并没有完全掩盖结构主义。仔细观之,西方的种种"后学"和"主义",实际上都是在结构主义所开辟的领域内安营扎寨,虽然他们反对结构主义的系统的"完整性"和"转换性",但是却都是从结构主义发展而来。无论女权主义还是后殖民主义,其研究对象无一不是文化和社会中符号意义的获取和表达过程,在结构主义的

---

① 参见钱翰:《从作品到文本——对"文本"概念的梳理》,载于《甘肃社会科学》,2010年第1期。

② 参见《文化与诗学》第5辑,《文学理论的边界》讨论专辑,童庆炳:《文艺学边界三题》;杜书瀛:《文学会消亡吗》;陶东风:《日常生活的审美化与文艺社会学的重建》;赵勇:《文化研究还是文化诗学》等9篇论文,北京大学出版社,2005年版。

③ 参见米勒:《全球化时代文学研究还会继续存在吗?》(国荣译),载于《文学评论》,2001年第1期;参见童庆炳:《文学独特审美场域与文学人口——与文学终结论者对话》,载于《文艺争鸣》,2005年第3期。

符号学中就已经把这一过程作为基本的研究对象,并确立了研究方法。赵毅衡在《符号学文学论文集》的前言中写道:"'后结构主义'这个名词本身的意义很暧昧,由于这些思潮都是从结构主义中发展出来的,全都继承了结构主义的一些基本原理……"①也就是因为这个原因,在被英美和中国学者认为是后结构主义大本营的法国,"后结构主义"的概念一直没有得到法国学术界的广泛承认。

中国结构主义文论的得失

在引入中国文论的西方各种思潮中,结构主义的影响无疑是最深远也最广泛的,一方面它提供了重新思考文学和文化现象的宏观视野;另一方面它也提供很多具体的方法,具有很强的实践意义。中国文论从20世纪80年代以来发生了两次转向,一次是"语言学转向"的向内转,一次是文化研究的向外转。前一次的着眼点为文学划定了独立的价值,解放了中国文学的生产力;后一次则是文论家通过文化研究,参与到针对当下现实生活的文化关怀和文化批评。在这两次转向中,结构主义都构成了最重要的思想资源和方法武器。经过中国文论学者对结构主义的消化吸收和中西交融的努力,结构主义已经不再是一种"外来的"学说,而成为中国文论的有机组成部分。反思和清理结构主义和中国文论之间相遇的得失,将有助于中国未来的文论建设。

第一,结构主义进入中国与其他西方思潮进入中国一样,在时间上也是不同步的。20世纪80年代初进入中国的时候,结构主义在西方已经度过其成熟期,理论爆炸的时代已经过去,爆炸后的烟云才漂移到中国。20世纪80年代,西方处于对结构主义进行了反思,对过分的理论化倾向和对"科学性"的乐观主义情绪加以反思。虽然西方的结构主义文论获得了极其丰硕的成果,但是其建构文学科学的乐观构想最终被当作一个缥缈的幻想而抛弃。人文主义重新回归,曾经力图取消主

---

① 赵毅衡编:《符号学文学论文集》,百花文艺出版社,2004年版,第54页。

体间性的克里斯特瓦也开始重新讨论主体问题,在她的《诗歌语言的革命》①中,诗歌的革命成为"造就新人的革命计划"中的一部分。因此,当中国引入西方结构主义的同时,这些批判和反思也同时被引入中国思想家,这些批判起到了两方面的效果:一方面,它使中国文论界保持了一份对结构主义的冷静,使我们没有如结构主义的先驱者那样,汲汲于试图一劳永逸地构建解释一切文学问题的宏大科学体系,从而落入不切实际的幻想之中;另一方面,对纯理论和方法的怀疑也使得我们对于形式研究浅尝辄止,不够深入。虽然学者们运用结构主义方法批评和研究中国文学上取得了不少成果,但是对普遍性的理论问题所取得的成果非常有限。西方结构主义文论是以放弃价值判断为出发点的,法国文论家安托万·贡巴尼翁认为文学批评具有两个角度,一个是寻找确定性知识的文学知识,另一个则是价值判断,这两个角度并不必然相容,因为科学研究的目的是普遍性的,而价值判断则强调等级和区隔。② 而中国文论没有经历过科学主义的冲刷和洗礼,使我们在一些理论性的问题上缺乏有深度的科学研究,对文学的形式问题的探讨也还不够深入。

第二,结构主义进入中国的 20 世纪 80 年代恰好是人文主义高涨的时代,存在主义热潮席卷大学校园,有关"人学"的种种讨论是当时中国文论的兴奋点,主体精神的昂扬是 20 世纪 80 年代的精神特征。如陈太胜所说:"结构主义在西方的法国是以反对存在主义的激扬姿态出现的,而在中国,它和存在主义等人本主义思潮处于错综复杂的共时性理论网络中。一方面,这在某种程度上掩盖了结构主义批评的魅力,阻碍了它在中国的进一步传播;另一方面,这造成了结构主义在中国的人本主义接受语境……"③20 世纪 90 年代是中国学者引进和消化结构主义文论的关键时期,与此同时,中国文化界最有影响力的大事是"人文精神大讨论",在这样的精神背景下,中国学者近乎本能地拒斥结构主义的非人本主义内涵。新时期中国文化的人本主义情结使我们对于

---

① Julia Kristeva, *La Révolution du langage poétique*, Paris, le Seuil, 1974.

② 参见 Antoine Compagnon, *Littéraire* (critique), in *Universalis*, 2007.

③ 陈太胜:《结构主义批评在中国》,载于《社会科学研究》,1999 年第 4 期。

文化的"无意识"和"深层结构"难以真正深入理解,其结果就是我们对于"话语"(discours)问题非常关注,讨论激烈,然而对于文化的语言(langue)等普遍性问题的研究成果则比较少。中国学者对于文学和文化的表意过程的基础理论研究方面可以说乏善可陈。

　　第三,如前文所述,中国结构主义文论对叙事研究的成果远远高于对诗歌研究的成果,叙事学为中国的文学批评提供了相当有力的分析工具,无论在对中国叙事实践的整体性总结上还是对具体文本的分析上,中国学者的工作卓有成效。然而,在诗歌的批评领域则令人感到遗憾,中国的诗歌批评家很少借助于符号学和结构主义的理论和方法。① 实际上,西方结构主义符号学对诗歌的研究是卓有成效的,其分析方法常常能深入到常规阅读难以觉察到的细节。雅各布森和列维-斯特劳斯对《猫》②的分析是结构主义批评实践的经典之作,他们"所辨认出的某些结构甚至就是最警觉的读者也无法察觉"③。中国学者在介绍结构主义的时候也常常提到这篇经典论文,然而在中国却极少有人采用这样的方法对诗歌进行分析。针对这篇文章,周宪说:"其优点和缺点同样明显。优点在于对诗作细致入微的分析,揭示了一般读者常常看不到的语言学规则。局限则在于它只关心文学作品的那些抽象系统和语言学规则,沉溺在细微的语言学分析的技术性操作上。尤其是这样的批评多半局限于语言层面,它可以告诉我们有哪些语言学规则在起作用,但优劣在何处则语焉不详,它对于作品的文化价值更是漠不关心。"④他的说法在很大程度上代表了中国学者面对这篇文章的复杂态度:一方面对其分析之详尽和细节挖掘表示惊叹;另一方面又批评其缺乏艺术的判断和审美,使我们对诗歌进行语言学和符号学的批评总是

---

　　① 吴泓缈先生曾经使用符号学方法对慧能和神秀的佛偈进行过细致入微而且透辟入里的分析,可惜这样的文章相当少见。参见吴泓缈:《身是菩提树》的符号学分析/《文化与诗学》,2009 年第 2 辑,总第九辑,北京大学出版社,2009 年版。
　　② Roman Jakobson, Claude Lévi-Strauss, *Les chats de Charles Baudelaire*, *L'Homme*, II, 1962, p.5—21, repris dans Roman Jakobson, Huit Questions de poétique, Paris, Seuil, 1977.
　　③ 伊格尔顿:《二十世纪西方文学理论》,第 113 页。
　　④ 周宪:《文学理论:从语言到话语》,载于《文艺研究》,2008 年第 11 期。

心存疑虑。实际上,雅各布森和列维-斯特劳斯的文章是发表在人类学的期刊上(L'Homme),因此其分析的主要目的不在文学艺术方面,所以有关意义与审美的部分只在末尾处一笔带过,没有充分展开,但是这并不意味着这样的分析不适用于文学领域,实际上,该文的分析无疑可以加深我们对波德莱尔的这首诗及其意义的理解。在此之后,雅各布森对不少英语和俄语诗歌进行了一系列结构主义符号学的批评,不仅对形式的分析精微细腻,而且挖掘出他人所未曾品尝的"意味",令人得到深层次的美学感受。① 令人感到遗憾的是,雅各布森的语言学专著在国内已经有译本,然而其文学研究则没有一个像样的译本,中国文学界对他的诗学的研究还有待深入。1989 年中国出版了旅美学者高有工和梅祖麟的《唐诗的魅力》②,他们对杜甫的《秋兴八首》的分析借鉴了雅各布森的方法,通过对语音形式的分析探索杜诗的意蕴,令人耳目一新。然而,国内类似的研究还相当罕见,无论是批评古典格律诗还是现代诗歌,基本上还是采用传统的"知人论世"的文学史方法或者"意象"批评。一方面诗歌批评在诗歌语言的带动之下,越来越晦涩;另一方面,诗歌批评在技术上几乎毫无进展,印象式批评和文学史批评占据绝对优势地位。之所以如此,除了前文所说的怀疑态度之外,可能还有缺少跨学科批评家的原因:一方面,中国大部分西方文论的研究者缺少像雅各布森那样丰富的语言学知识和语言分析能力,尤其是在语音的分析上更是如此;另一方面,中国的古典诗词研究者虽然精通音律,但是对结构主义符号学的理论和方法依然相当隔膜。这也说明结构主义文论建设中跨学科知识和研究的重要性,这也是中国文论继续发展的方向。

---

① 参见 Roman Jakobson, *Questions de poétique*, Paris, Seuil, 1973.
② 高有工、梅祖麟:《唐诗的魅力》,李世耀等译,上海古籍出版社,1989 年版。

接受美学在当代中国

马大康

一

20世纪60年代后半期,接受美学在德国康士坦茨大学崛起并迅速在欧美产生影响之时,正当中国处在社会政治风云动荡的岁月,"大批判运动"所造成的"反文化"高压,窒息了任何正常的理论活动。直至新时期到来,正处于鼎盛期的接受美学也趁我国改革开放、思想解放以及文艺学美学方法论热潮进入了中国学术界视野。

接受美学的介绍起始于1983年,至20世纪80年代末是接受美学的介绍、移植期。《文艺理论研究》1983年第3期率先刊载了意大利学者弗·梅雷加利介绍接受美学的文章《论文学接收》(冯汉津译)。继而,张黎发表了《关于"接受美学"的笔记》(《文学评论》1983年第06期);张隆溪的比较文学论文《诗无达诂》(《文艺研究》1983年第04期)也将我国古代文论中的"诗无达诂"与接受美学、解释学相互阐释、相互发明,接着又发表《仁者见仁,智者见智》(《读书》1984年第03期)对阐释学、接受美学和读者反应批评做了概述;罗悌伦以《接受美学简介》为题摘要翻译了德国学者G.格林的《接受美学研究概论》(《文艺理论研究》1985年第02期);章国锋则在《国外一种新兴的文学理论——接受美学》(《文艺研究》1985年第04期)中,较为细致地介绍了接受美学重要学者姚斯、伊瑟尔、瑙曼的理论。

紧跟理论介绍,理论翻译也迅速展开。周宁、金元浦翻译的《接受美学与接受理论》作为李泽厚主编的《美学译文丛书》之一,1987年由辽宁人民出版社出版，其中收入了姚斯代表作《走向接受美学》和霍拉勃的《接受理论》。1988年，中国人民大学出版社出版了霍桂桓、李宝彦翻译的伊瑟尔的代表作《阅读活动：审美反应理论》（书名改为《审美过程研究》）。该书于1991年又经金元浦、周宁和金惠敏等翻译分别由中国社会科学出版社、湖南文艺出版社出版。1989年，刘小枫编《接受美学译文集》（三联书店），张廷深编《接受美学》（四川文艺出版社），中国艺术研究院马克思主义文艺理论研究所外国文艺理论研究资料丛书编委会编《读者反应批评》（文化艺术出版社）出版。后者选译了美国约翰斯·霍普金斯大学1980年出版、简·汤普金斯主编的《读者反应批评：从形式主义到后结构主义》中的论文，并增加了根据德文版重译的姚斯名篇《作为向科学挑战的文学史》。进入20世纪90年代后，姚斯《审美经验与文学解释学》、赫鲁伯《接受美学理论》、斯坦利·费希《读者反应批评：理论与实践》、瑙曼等《作品、文学史与读者》也相继翻译出版。自此，接受美学在中国找到了一块极为相宜的文化沃土，在文学理论、古代文论、文学史、比较文学和翻译理论研究，以及文学教学、教育、艺术诸方向得到了多方位的发展。

接受美学在中国很快引起反响并扎下根基来，原因在于中国本土文化自身的特点。作为一个诗国，中国传统的文学艺术不像西方那样强调对现实的模仿和反映，而是强调"言"与"意"之关系、"艺"与"道"之关系，主张含蓄、隐秀、玄远，言有尽而意无穷，这就为文学艺术的欣赏接受留出了巨大的自由空间。对于中国文学艺术来说，接受者始终是一个不可或缺的重要环节，正是接受者最终决定了能否在文学艺术体验中把握"意"和"道"，接受者在中国古代文论和古典美学中占有重要地位。西方接受美学对读者的重视与中国传统文论和古典美学思想的特点是相通的，因此，很快就引起我国学术界的关注，并引发视界融合、共鸣和共振。可以说，在新时期引进的许许多多文艺学新思维、新方法中，接受美学及叙事学在中国所产生的影响是最为深刻的，所取得的实绩也是最为丰硕的。

二

随着接受美学的介绍翻译，理论研究也逐步深入。汤伟民的《浅议接受美学中的反馈思想》(《学术研究》1985年第03期)、程伟礼的《谈谈接受美学及其哲学基础》(《社会科学》1986年第01期)、朱立元的《文学研究新思路——简评尧斯的接受美学纲领》(《学术月刊》1986年第05期)、易丹的《接受美学：作品本体的毁灭》(《四川大学学报》1987年第04期)、蚁布思和伍晓明的《接受理论的发展：真实读者的解放》(《文艺研究》1988年第02期)、金元浦和周宁的《文学阅读：一个双向交互作用的过程——伊瑟尔审美反应理论述评》(《青海师范大学学报》1988年第02期)等论文，都从不同角度对接受美学作了探讨。

1989年，朱立元的《接受美学》收入《新学科丛书》，由上海人民出版社出版，并产生了广泛影响。专著以马克思主义美学观为出发点，综合运用现象学美学、文学社会学、文学心理学诸方法，批判、整合了西方接受美学的主要观点，结合中国古代文论中的接受思想，重新做了深入阐发。专著指出，接受美学在将接受主体纳入本体论范畴的同时，却有意无意地把创作主体从本体论的思考范围中驱逐出去。针对这种矫枉过正的做法，朱立元进而阐述了作者、作品、读者，"文学：三环节交互作用的活动过程"以及文学存在方式对"社会交流活动"的依存关系。① 以此为基础，分别从"本体论"、"作品论"、"认识论"、"创作论"、"价值论"、"效果论"、"批评观"、"历史观"等多个视角重新对接受美学做出理论概括、阐述和引申、发展，力图建构自己的接受美学新体系，从中也显示出将西方理论"中国化"的努力。

这种开阔的理论视野，使得专著在许多问题上有了新的发明。如在"文学的召唤性"问题上，朱立元结合中国古代文论和文学经验，对伊瑟尔的意义"空白"和"不确定性"、英加登的文学作品的层次结构理论做出了重要修正。他认为："文学作品的召唤性具体体现在文学作品从语言学到心理学的各个结构层次上，最终体现在这些层次结合成的整

---

① 朱立元：《接受美学》，上海人民出版社，1989年版，第72页。

体结构上。"①并特别强调了意象意境层的重要性。"文学作品的意象意境是由作者转化为语言,又由读者予以重建再创的,其空白与不确定就存在于这整个创建与再创建的过程中,其召唤性因而也就内在地镶嵌在作品的这一层次上了。"②在"审美经验期待视界"问题上,朱立元则提出"世界观和人生观"、"一般文化视野"、"艺术文化素养"、"文学能力"等几个层次和要素,来克服姚斯和卡勒理论中的片面性。对西方接受美学有所忽略的文学价值和文学批评价值尺度等问题,朱立元做了相当深入的阐发,同时,还提出了"总体文学史"的构想,力求以此勾勒和展示民族审美经验和观念的演进过程。

从总体上看,朱立元《接受美学》的哲学基础主要建立在认识论上,③它吸收皮亚杰发生认识论观点,抛弃了那种机械、被动的认识方式,转而强调主客体之间的相互作用,但是,认识论的理论范式跟西方接受美学,乃至跟中国古代论文、古典美学的内在精神是否翕合无间,却仍然值得讨论。金元浦则从另一方向上展开自己的探索。他努力寻找西方接受美学与中国古代文论的内在关联,意图为自己的理论设立一个新的立足点。

金元浦是从当代解释学角度来研究接受反应理论的,他先后出版了《读者:文学的上帝》(与杨茂义合著,江苏教育出版社,1996年版)、《文学解释学:文学的审美阐释与意义生成》(东北师范大学出版社,1997年版)、《接受反应文论》(山东教育出版社,1998年版)。作者深入分析了当代解释学的对话交流理论,指出这种对话交流的"主体间性"特质,这也就将阅读接受定位在体验活动,而不再是主客体之间的认识活动。正是这一转换,使作者找到连接接受美学与中国古代文论的契合点。在作者看来,"文学艺术的对话交流不是单纯的共同在场,而是一种相互间的遭逢、碰面,是对某一事物的共享或共同参与。它表明了交流不是一方向另一方的施予,另一方则消极收纳,而双方共同处于一种作为主体的积极的自由状态"。"同时,作为文学艺术的对话交流,其

---

① 朱立元:《接受美学》,第113页。
② 同上,第124页。
③ 安徽教育出版社2004年出版了朱立元的《接受美学导论》,该专著是《接受美学》的修订版,其理论构架和哲学基础基本没有变化。

'同在'方式是主体的充满情感的投入,是忘却自我、目迷五色、心游神驰地陶醉于艺术游戏的一种状态"①。对文学艺术对话交流活动中主体间性的强调,即使读者和作品都得到充分重视,更为重要的是,将阅读接受范式问题凸显出来,阅读接受范式成为金元浦理论研究的真正的主角而得到深入阐释。"以注重文学行为和效果的功能观代替本质观,它们注重文学作为活动的过程本身,注重文学的效应,将文学视为一个事件,本文在读者的阅读中展开自身。由此,文学超越了客观主义与相对主义,变成了一种双向交互作用的动态的交流活动。对话、主体间性成为重要的理论概念,本文与现实、本文与读者、作者与读者的相互对话或交流成为理论关注的中心。"②正是从这个视角出发,作者重新探讨了文学阅读中的"游移视点"、主体思维的自我分离和整合、相互作用的"四种建构"、意义生成的"象征—隐喻结构"诸问题,提出了一系列新观点。文学"空白"和"未定性"也不再是一个孤立的研究对象,而是被纳入整个阅读接受链中,成为调节阅读接受活动的核心要素。作者"尤其强调了整个艺术活动中审美主体与艺术本文之间双向交互作用的动态建构,认为未定性与意义空白作为文学潜在的最高审美本质所在,其实现有待于本文与读者在双向交互作用的建构活动中全面地合成审美意味世界,完整地呈现在历史的否定运动中实现的质和谐"③。基于此,中国古代文论和古典美学中的"象外之象"、"气象混沌"、"无象之象"等等,都得到了新的解说。

继出版《文学解读与美的再创造》(台湾时报文化出版企业有限公司,1992年版)、《读者反应理论》(台湾扬智出版公司,1997年版)之后,龙协涛又在《文学解读与美的再创造》的基础上修订增补,出版了《文学阅读学》(北京大学出版社,2004年版)。如果说,金元浦致力于接受反应理论的中西互证,那么,龙协涛则主要立足于中国文学经验的基础上,以西方接受美学的理论视角,重新审视、阐释中国古代文论和古典美学中极为丰富的思想资料,博采并融合中西方文论,致力于建构具有

---

① 金元浦:《文学解释学》,东北师范大学出版社,1997年版,第100~101页。
② 金元浦:《接受反应文论》,山东教育出版社,1998年版,第368页。
③ 金元浦:《文学解释学》,第356页。

中国特色的《文学阅读学》。龙协涛的核心观点是:"文学解读是以心接心,即读者用心灵观照作家观照过的社会人生。前一个'心'和后一个'心'都是流动的、隐蔽的、莫测高深的,而两个'心'的碰撞、组合、交融更是变幻奇妙,气象万千。"①作者的"阅读学"就是深入探讨两个"心"究竟是如何相互碰撞、组合、交融,力图解开这个"变幻奇妙,气象万千"的文学阅读接受的奥秘的。

专著认为:中国传统文化标举"圣人体无",舍弃事物之表象,而深入探究超时空的万物之本体的"玄"。这种神秘色彩的东方文化内在气质上与文学艺术非常契合。与此体验接受方式相应,文学中的"言"、"意"、"象"三者关系也极微妙。"言"与"象"、"象"与"意"之间不存在对等性。"言"与"象"既传输了信息,同时又限制了信息而不能真正表达"真意"。文学就处在"不立文字"又"不离文字"的悖论中。"千种情态,万般'风流'尽含在诗家所绘之景、所造之象、所蓄之势中,读者必须透过'言筌'穷搜言外的空白区,体味'韵外之致'、'味外之旨'。"②这样一种阅读接受方式就不再是诉诸理智的认识活动,而是处于内省体悟状态,陶醉于"悠然心会,妙处难与君说"的境界,也即"妙赏"或"妙悟"。通过"悟"来体会文学中的"生气"、"风骨"、"韵味"、"境界"等等,登堂入室,深入堂奥。在龙协涛看来,西方接受美学虽然启示我们重新思考文学问题,但是,"西方现代接受美学由于受西方逻辑思辨传统的影响,在阐释文学读解的'具体化'过程的时候,往往热衷于对接受者的审美感知、知觉经验乃至整个阅读过程作纯理性的解析,结果反把原本包孕着无限审美愉悦和审美心理奥秘的艺术接受活动变成了一个由语言和逻辑分析所笼罩的概念世界,从而最终使文学解读活动失却其活泼泼的生命力而成为一种僵死的存在"③。正是基于这一看法,著作坚持从中国文学经验出发,紧密结合中国古代文论和古典美学思想,努力克服西方唯理主义的弊病,重新建构中西合璧的文学阅读学。专著将文学读解过程划分为"观"、"味"、"悟"三个心理时段,把文学读解的心理特征归纳为:"直觉性"、"体验性"、"整体性",并进而提出"以意逆志"和"诗

---

① 龙协涛:《文学阅读学》,北京大学出版社,2004年版,第2页。
② 同上,第73页。
③ 同上,第269页。

无达诂"的文学读解原则,以及"入乎其内"与"出乎其外"相结合的文学读解方法,不仅深入揭示了中国传统的文学读解理论的基本面貌和特征,而且初步建构起包含着丰富的中国文学经验的文学阅读学。

其他的如张杰的《后创作论》(武汉大学出版社,1992年版)剖析了作为审美对象的文学作品所具有的非自足性和读者审美创造的心理机制,以及读者与作品相互作用的具体过程和规律。丁宁的《接受之维》(百花文艺出版社,1992年版)结合精神分析学来研究艺术接受的心理过程及其与文化机制的关系。谭学纯、唐跃、朱玲的《接受修辞论》(上海教育出版社,1992年版)从语言修辞角度研究文学接受。此外,出版的专著还有胡木贵、郑雪辉的《接受美学导论》(辽宁教育出版社,1989年版)、马以鑫的《接受美学新论》(学林出版社,1995年版)、林一民的《接受美学》(江西高教出版社,1995年版)、谭学纯和朱玲的《修辞研究:走出技巧》(安徽大学出版社,2004年版)、廖信裴的《文学鉴赏探踪》(中国文史出版社,2005年版)、刘月新的《解释学视野中的文学活动研究》(华中师范大学出版社,2007年版)等。胡经之和张首映的《西方二十世纪文论史》(中国社会科学出版社,1988年版)、周忠厚主编的《文艺批评学教程》(中国人民大学出版社,2002年版)、赵炎秋主编的《文学批评实践教程》(中南大学出版社,2007年版)等诸多教材都列专章介绍"接受美学"。童庆炳主编的《文学理论教程》(高等教育出版社,1992年版)作为影响极其广泛的文科教材,则将"文学消费与接受"列为第五编,该编的内容实质上属于接受美学,而并没有把文学作为商品来讨论它的消费性。

三

西方接受美学对中国古代文论研究的影响,经历了中西文论相互比较发明到建构中国古代接受诗学的历程。钱钟书完成于1983年的《谈艺录》(补订本)就将中国古代文论中的"诗无达诂"与西方接受美学相互比较阐释。此后,随着接受美学的译介,用接受美学的理论视野来重新审视、阐释、整理中国古代文论,很快引起国内学术界的重视。

1986年至1987年间,叶嘉莹应《光明日报·文学遗产》之邀撰写

"随笔",其中,《从现象学到境界说》《作为评词标准之境界说》《张惠言与王国维对美学客体之两种不同类型的诠释》《三种境界与接受美学》等篇运用西方现象学、解释学、接受美学、读者反应理论做了探讨。1988年撰写的《对传统词学与王国维词论在西方理论之观照中的反思》又以西方解释学、符号学、接受美学对王国维词论做了别开生面的阐发。其后,结集为《中国词学的现代观》由岳麓书社于1990年出版并引起很大反响。张思齐的《中国接受美学导论》(巴蜀书社,1989年版)是较早出版的阐述中国古代文论中接受美学思想的专著。该书运用中西比较的方法来梳理、挖掘中国古代文献中的接受美学思想,认为在文学接受过程中"作者—作品—读者"之间是相互联系、相互影响的。徐应佩的《中国古典文学鉴赏学》(江苏教育出版社,1997年版)讨论了鉴赏接受理论与实践,阐述了民族审美思维及规律。蒋成瑀的《读解学引论》(上海文艺出版社,1998年版)从作者、文本、读者、语言四个环节,分别将中国古代以及近现代的阅读鉴赏理论与西方解释学、形式主义文论、接受美学相互对照、发明。

在中国古代接受诗学理论建构方面取得较为明显进展的是樊宝英、辛刚国合著的《中国古代文学的创作与接受》(石油大学出版社,1997年版)和邓新华的《中国古代接受诗学》(武汉出版社,2000年版)。樊宝英、辛刚国认为,中国古代文论是一种"泛接受美学",作者、作品、读者是三位一体的,文论中往往创作论、作品论和鉴赏接受论相互融合。鉴于此,他们没有将文学接受与作品、创作硬性割裂开来,孤立地加以阐述,而是在相互作用、相互影响的关系中阐发其中的接受美学思想,这就使论述更为切合中国古代文论的实际。专著分别从"读者意识流变论"、"作品所隐含的审美空间论"、"作家具有的读者意识论"、"接受过程论"、"读者审美修养的建构论"五个方面探讨古代文论的接受美学意蕴,初步建构了一个较为系统的中国古代接受美学理论框架。

在《中国古代接受诗学》中,邓新华将"接受诗学"与"鉴赏学"做了区分甄别,他认为,中国古代接受诗学的许多重要理论观点、命题和原理并非来自纯粹的文学鉴赏活动,而是来自于一些准审美鉴赏甚至非审美鉴赏的活动之中;更为重要的是古代接受诗学包含了鉴赏、批评、释义,甚至还与创作发生某些关联,是鉴赏学所不能涵盖的。在厘清了接受诗学的研究对象和范围之后,作者分别从历史和逻辑两方面展开阐述：上篇对先秦、两汉、魏晋南北朝、唐宋、明清各时期主要的接受理论做出剔抉爬梳，描绘了一幅从早熟、异化到自觉、深化、拓展的发展演变线路；下篇抓住接受过程中的"玩味"、"品评"、"释义"三个主要环节，对文学接受方式集中做了深入的阐释。在整个论述过程中，作者没有受到西方接受美学理论体系的制约，而是从中国传统文论的实际出发，在梳理古代接受美学思想的基础上，建立自己的理论架构，以实现"建构有民族特色的中国接受诗学"的目标。正如童庆炳所说："这部著作以历史和逻辑的方法，从现代学术的视野，对中国古代接受诗学的历史流变和各种观点做了梳理和阐释，把中国早已存在的接受诗学思想做了充分而深刻的研讨，从而把它系统化、逻辑化。"①

此外，中国古代文论中许多概念、范畴和具体问题，诸如"玩味"、"涵泳"、"意境"、"韵味"、"知音"、"妙悟"、"出入"、"以意逆志"、"诗无达诂"、"知人论世"、"见仁见智"等等，都在接受美学的视野中得到新的阐释。董运庭的《中国古典美学的"玩味"说与西方接受美学》(《四川师范大学学报》,1986 年第 05 期)分别从对作品存在的认识、对作者的认识、对读者能动作用的认识三方面分析了"玩味"说与西方接受美学的异同，揭示了中国古典文学鉴赏理论以"味"为核心和枢纽所形成的独特性。殷杰、樊宝英的《中国诗论的接受意蕴》(《华中师范大学学报》,1992 年第 03 期)则从"披文入情，知音求同"、"出乎其外，玩味自得"、"知言养气，务求博观"三个层面阐述了中国古代诗论的接受美学思想含蕴。王志明的《"诗言志"、"以意逆志"说和接受理论》(《文艺理论研究》1994 年第 02 期)通过考辨认为，"诗言志"说这一中国诗论的开山纲领是由作诗和读诗，即创作和接受双向构成的，与西方接受美学有某种契合之处；而孟子"以意逆志"、"知人论世"说则探讨了诗歌解读方法，其重要意义在于提出了诗歌的文本观念以及读者的能动作用与文本、作者的关系问题。紫地的《中国古代的文学鉴赏接受论》(《北京大学学报》1994 年第 01 期)深入讨论了"兴"、"逆志"、"入情"、"味"、"悟"等古典美学范畴，阐述了中国古代鉴赏接受理论的特征和流变。樊宝英的《中国古代诗论"出入"说的接受美学意蕴》(《文史哲》1996 年第 05

---

① 童庆炳：《中国古代接受诗学·序》；邓新华：《中国古代接受诗学》，武汉出版社，2000 年版，第 1 页。

期)认为"出入"说是中国诗论对审美接受活动方式的独特概括,具体表现为"瞻言见貌"、"披文入情"、"得意忘言"和"熟读玩味"、"想象自得",它深入揭示了阅读接受活动的一般规律。张胜冰的《接受美学与"道"》(《思想战线》1998 年第 01 期)将中国古代思想中的"道"与伊瑟尔的接受美学理论相互比较,认为中国古代文论中积累了丰富的接受美学思想资料,构成了一种东方式的接受美学观。李耀建的《王夫之与现代阐释学、接受美学》(《湖南科技大学学报》1989 年第 01 期)、邓新华的《"品味"的艺术接受方式与传统文化》(《文艺研究》1991 年第 04 期)、郝延霖的《脂砚斋论作者与读者的关系》(《红楼梦学刊》1995 年第 03 期)、尚永亮的《"以意逆志"说之内涵、价值及其对接受主体的遮蔽》(《文艺研究》2004 年第 06 期)、李欣人的《〈周易〉与接受美学》(《周易研究》2005 年第 03 期)、李苑平的《论司空图"韵味"说》(《南都学坛》2005 年第 04 期)、左健的《金圣叹文学鉴赏主体论》(《南京大学学报》2006 年第 06 期)都分别就专题深入阐释了古代文论中的接受美学思想。

四

西方接受美学对中国文学研究影响最为深刻有力,所取得的成果最为丰硕的领域是在接受史方面。中国古代文献中保留了大量诗话、诗论、评点、笺注等涉及文学读解接受的资料,不少学者就是通过梳理、阐释这些丰富的文献资料,来研究古代文学的传播和接受的。钱钟书《谈艺录》对"陶渊明诗显晦"的阐述、程千帆对《春江花月夜》被理解和误解经历的分析、罗宗强对"李杜优劣论"的评析等,都在不同程度上具有接受史研究的意义。这些研究既构成西方接受美学思想在中国文学研究中扎根的基础,又给予后人以重要启示。

西方接受美学对接受史的强调,给予中国学者以很大启发,使得中国古代文学研究的方法论意识更为自觉了。萧华荣的《补〈诗〉,删〈诗〉,评〈诗〉——〈诗经〉接受史上的三个"异端"》(《华东师范大学学报》1988 年第 06 期)、李延的《从接受美学看〈金瓶梅〉研究》(《上海师范大学学报》1988 年第 04 期)、刘绍智的《接受中的〈三国演义〉》(《宁夏教育学院学报》1988 年第 01 期)都自觉运用接受美学视角来研究古代作家和作品。朱立元、杨明则在《接受美学与中国文学史研究》(《文学评论》1988年第04期)、《试论接受美学对中国文学史研究的启示》(《复旦学报》1989年第04期)两文中提出建立由文学史、批评史、接受史或效果史三者综合构成的"总体文学史"的主张。

对中国文学接受史的研究主要在两个方面展开：其一是单个作家或作品接受史的个案研究；其二是从文学整体视野作宏观接受史研究。

在上述两方面中，古典文学作家和作品接受史个案研究所取得的成果最为显著。其中，引人注目的研究如屈原、陶渊明和杜甫接受史。除了期刊发表的众多论文外，单是杜诗接受史研究的重要成果就有蔡振念的《杜诗唐宋接受史》(台湾五南图书出版有限公司，2002年版)、赵海菱的《杜甫与儒家文化传统研究》(齐鲁书社，2007年版)，以及博士论文如聂巧平的《宋代杜诗学》(复旦大学，1998年)和黄桂凤的《唐代杜诗接受研究》(北京师范大学，2006年)。可以说，接受史研究引起古典文学研究界极大的兴趣，成为古典文学研究新方法的突破口，其论题几乎涵盖各个方面。仅就博士论文而言，除以上所述之外，还有张璟的《清代苏词接受史稿》(复旦大学，2002年)、仲冬梅的《苏词接受史研究》(华东师范大学，2003年)、高日晖的《〈水浒传〉接受史研究》(复旦大学，2003年)、王明辉的《陶渊明研究史论略》(河北大学，2003年)、罗春兰的《鲍照诗接受史研究》(复旦大学，2004年)、陈福升的《柳永、周邦彦词接受史研究》(华东师范大学，2004年)、李冬红的《〈花间集〉接受史论稿》(华东师范大学，2004年)、牛景丽的《〈太平广记〉的传播与影响研究》(南开大学，2004年)、李春桃的《〈二十四品〉接受史》(复旦大学，2005年)、米彦青的《清代李商隐诗歌接受史》(苏州大学，2006年)、陈福升的《柳永、周邦彦词接受史研究》(华东师范大学，2006年)、李春英的《宋元时期稼轩词接受研究》(山东大学，2007年)、李园的《孟浩然及其诗歌研究》(南京师范大学，2007年)、陈伟文的《清代中期黄庭坚诗接受史研究》(北京师范大学，2007年)、唐会霞的《汉乐府接受史论》(陕西师范大学，2007年)、宋华伟的《接受视野中的〈聊斋志异〉》(山东师范大学，2008年)、熊艳娥的《陆龟蒙及其诗歌研究》(南京师范大学，2008年)、张毅的《陆游诗传播、阅读专题研究》(复旦大学，2008年)等。

尚永亮的《庄骚传播接受史综论》(文化艺术出版社，2000年版)是一部运思缜密之作,全文分为三篇:上篇为庄子论,中篇为屈原论,下篇为庄骚传播接受论。专著深入分析了汉武帝后《庄子》传播接受走向低落和魏晋时期随玄学演进而地位提升、巩固的原因,细致辨析了班固、王逸关于《楚辞》论争的异中之同和同中之异,阐述了刘勰对屈原的态度和中唐诗人对屈原的超越,既揭示出庄骚内涵的丰富性和后人对庄骚接受理解的多面性,又反照出时代精神风貌的变迁。

刘学锴的《李商隐诗歌接受史》(安徽大学出版社,2004年版)是在作者已有的李商隐研究丰富成果基础上的又一力作。专著分别从李商隐诗的历代接受、李商隐诗阐释史、李商隐诗对前代的接受和对后世的影响三部分展开论述,文献资料齐备翔实,分析论述透彻精辟。阐述李商隐诗接受史,从同时代人直至20世纪90年代,贯穿一千一百余年;梳理诗歌阐释史又不得不面对令人眼花缭乱的纷歧阐释;影响史研究则将李商隐置于对前代的接受和对后世的影响的长链上,既映衬出李商隐诗"感伤诗美范型"的独特性及价值,又从接受史角度揭示了诗歌发展轨迹。

高日晖、洪雁的《水浒传接受史》(齐鲁书社,2006年版)通过分析种种阅读、阐释、批评、改编、续作《水浒》等纷纭现象,不仅从多角度透视了《水浒》接受的丰富性和复杂性,而且从中折射出自明清到近现代中国的社会史、思想史、文化史、政治史、心理史、道德史以及文学观念的演变史。专著把《金瓶梅》与《水浒》相联系,从对《水浒》接受的角度加以探讨,发前人所未发。其他的如李剑锋的《元前陶渊明接受史》(齐鲁书社,2002年版)借道陶渊明接受史来展示平淡深粹、自然悠远的中国古典诗美理想,同时,总结出中国古代接受理论不同于西方的重要特色。朱丽霞的《清代辛稼轩接受史》(齐鲁书社,2005年版)则分别从历代创作、词论、同光词坛以及清代词选诸角度论述稼轩接受史。此外,刘宏彬的《〈红楼梦〉接受关系论》(河南人民出版社,1992年版)、何香久的《〈金瓶梅〉传播史话》(中国文联出版社,1998年版)、王水照的《苏轼研究》(河北教育出版社,1999年版)中"清人对苏轼词的接受及其历史地位的评定"部分、杨文雄的《李白诗歌接受史研究》(台湾五南图书出版有限公司,2000年版)、程继红的《辛弃疾研究史》(吉林人民出版社,2001年版)、汪春泓的《〈文心雕龙〉的传播和影响》(学苑出版社,2002年版)、王明辉的《陶渊明研究史论略》(河北大学出版社,2003年版)、钱理群的《远行以后——鲁迅接受史的一种描述(1936～2001)》(贵州教育出版社,2004年版)、李冬梅的《〈花间集〉接受史论稿》(齐鲁书社,2006年版)、刘中文的《唐代陶渊明接受研究》(中国社会科学出版社,2006年版)、佘正松和周晓林的《诗经的接受与影响》(上海古籍出版社,2006年版)等都是这方面的著作。

相对于个案研究,对文学接受史做宏观研究需要更多知识积累,研究难度更大,成果也较少。陈文忠的《中国古典诗歌接受史研究》(安徽大学出版社,1998年版)是这方面最早取得成绩的专著,作者首先阐述了文学接受史的三个层面,认为:效果史即作品在读者中产生的审美效应,它是接受史研究的基础;阐释史是效果史考察的深化,也是接受史的核心;影响史则是"受到艺术原型和艺术母题的影响启发,形成文学系列的历代作品史"①。在此基础上,作者着重从经典诗歌作品阐释史和创作影响史两个层面展开探索,不仅深入阐述了中国古典诗歌的接受历程,更为重要的是通过接受史的梳理、探析,揭示了经典生成的规律;同时,作者提出文学接受史"三层面"说,以及艺术原型和艺术母题对后续创作影响的观点进一步发展了接受理论。

尚学锋、过常宝、郭英德的《中国古典文学接受史》(山东教育出版社,2000年版)是国家"九五"社科规划项目研究成果,它首开中国文学接受史整体研究之先例。专著不仅以恢宏的视野描述了中国文学接受史历程,而且突出强调了接受形态随时代变化的特征,并相应地从历史文化情境、民间传播和接受、文集编撰和应用、典范确立和更替、科举活动和《文选》流播、社会文化心理、商业出版传播、娱乐传播、学术文化思潮以及宗教思想影响等等,多视角做出论述。譬如阐释唐代文学接受时,既细致分析了科举活动与文学接受的关系,又剖析了晚唐人"尚奇、尚怪、尚艳"的接受心态。梳理清代三大学术文化思潮对文学接受的影响时,则归纳出"实学思潮与经世致用的文学接受准则"、"乾嘉汉学与培养学殖的文学接受要旨"、"经今文学与文学接受的功利主义倾向"等接受范式特点。

在戏曲接受史方面,赵山林的《中国戏曲传播接受史》(上海人民出

---

① 陈文忠:《中国古典诗歌接受史研究》,安徽大学出版社,1998年版,第21页。

版社,2008年版)是开山之作。专著系统梳理了自宋代至清末近千年中国戏曲传播接受的历史轨迹,深入探讨了其中的规律。其内容不仅涉及剧作家、演员、观众、批评家、戏班主人和出版商等多个层面,还涉及各种声腔剧种的传播与交流、多种演剧形态和场所的交叉与竞争、多种传播方式的共存与兴替,拓展了中国戏曲史研究。此前,作者还完成了《中国戏曲观众学》(华东师范大学出版社,1990年版)。

此外,从宏观视野研究文学接受史的还有王卫平的《接受美学与中国现代文学》(吉林教育出版社,1994年版)、马以鑫的《中国现代文学接受史》(华东师范大学出版社,1998年版)。专题研究如丁放的《金元词学研究》(中国社会科学出版社,2002年版)、陈伯海等的《唐诗学史稿》(河北人民出版社,2004年版)、周玉波的《明代民歌研究》(凤凰出版社,2005年版)、查清华的《明代唐诗接受史》(上海古籍出版社,2006年版)、胡连胜的《敦煌变文传播研究》(人民出版社,2008年版)等。博士论文中的专题研究有:王玫的《建安文学接受史》(福建师范大学,2002年)、杨金梅的《宋词接受史研究》(浙江大学,2003年)、张彩霞的《宋代词话与传播》(中国社会科学院,2004年)、侯长生的《同光体派的宋诗学》(复旦大学,2007年)、唐会霞的《汉乐府接受史论(汉代—隋代)》(陕西师范大学,2007年)等。

接受史研究为文学史撰写展开了一个崭新的维度,成为传统文学创作史、作品史研究的重要补充,并在更为广阔生动的层面上展示民族审美风尚。同时,具体的研究实践又为接受美学总结了新的接受史理论范式,丰富和发展了接受美学。

五

从跨文化角度研究文学接受是接受美学的重要内容。20世纪80年代初,高中甫就撰写了《歌德在中国1976后的接受情况》,之后,他又撰写出版了《歌德接受史(1773～1945)》(社会科学文献出版社,1993

年版)。① 这是一部较早出现的系统论述外国作家接受史的著作。正如专著作者所说:"在一部世界文学史中,有不少伟大的作家,但如果说,其接受史内容最为丰富多彩,最为错综复杂,对他的评价充满了矛盾和对立,在民族的文化和社会史上最具有意义,在历史的运动中最具有现实感,那我认为德国诗人歌德是最具有代表性的作家之一了。"② 专著正是选择了这么一个极其丰富多彩、错综复杂的文学接受现象来论述分析的。它以纵向为主,以横向为参考,紧紧抓住不同时期对歌德的不同评价这根线索,梳理了种种纷纭观点,做出了科学的阐释。

1994年,金丝燕的《文学接受与文化过滤——中国对法国象征主义诗歌的接受》收入乐黛云、周文柏主编的《海外中国博士文丛》,由中国人民大学出版社出版。专著分别在两个层次进行阐述:其一是1915～1925年间中国翻译界、批评界对外国文学以及法国象征主义诗歌的接受情形;其二是1925～1932年间中国象征派诗人,特别是李金发对法国象征主义诗歌的接受情形。专著研究了中西方的共同想象和共同心理,从中揭示了不同文化背景的群体究竟是以何种方式实现交流,又在何种程度上使文学接受被扭曲和变形的。

王攸欣的《选择·接受与疏离——王国维接受叔本华、朱光潜接受克罗齐美学比较研究》(三联书店,1999年版)通过翔实的文本分析,阐述了王国维、朱光潜在接受西方美学思想过程中的变化,比较了两人接受方式的异同,而且将论述目标定位在"试图揭示出中国一百年来在接受西方文化的过程中所存在的某种至今很少被人重视的先天缺失,即缺乏真正冷静的理性的客观精神"③。专著认为,近代以来的中西文化交流显示了中国文化的先行结构和期待视野对西方文化因子的选择和扭曲,这种选择和扭曲使得西方文化因子顺利地对中国文化产生影响,

---

① 尽管专著的论述内容是歌德在德国的接受史,但是,如果从著作是中国学者写给中国读者的,势必受到中国文化视野的过滤这一角度看,也可以把它视为跨文化研究。

② 高中甫:《歌德接受史(1773～1945)》,社会科学文献出版社,1993年版,第2页。

③ 王攸欣:《选择·接受与疏离——王国维接受叔本华、朱光潜接受克罗齐美学比较研究》,生活·读书·新知北京三联书店,1999年版,第19页。

使中国文化传统得到很大改观，并结出丰硕成果。另一方面，又往往使西方文化完全改变了性质，使接受多停留于肤浅的层面，西方民族的内在精神尤其是使人类与社会健康发展的精神核心未能得到足够的关注和透彻理解。这就使论著具有了理论深度和更为普遍的意义。

曾军的《接受的复调——中国巴赫金接受史研究》（广西师范大学，2004年版）阐述了巴赫金在中国的复活史，探讨了巴赫金接受史在中国是如何发生的，并试图建立一种"多元的历史描述框架"。张旭的《视界的融合：朱湘译诗新探》（清华大学出版社，2008年版）则以描写翻译学为理论基础，参照多元系统理论、现代翻译规范理论来讨论朱湘译诗的特点，同时，兼及了版本学、解释学和接受美学。此外，跨文化接受研究的专著还有郜元宝的《尼采在中国》（上海三联书店，2001年版）、杨平的《康德与中国现代美学思想》（东方出版社，2003年版）、姜智芹的《文学想象与文化利用——英国文学中的中国形象》（中国社会科学出版社，2005年版）、赵文静的《翻译的文化操纵——胡适的改写与新文化的建构》（复旦大学出版社，2006年版）、史锦秀的《艾特玛托夫在中国》（河北人民出版社，2007年版）、冯茜的《英国的石楠花在中国》（中国社会科学出版社，2008年版）、吴结评的《英语世界里的〈诗经〉研究》（四川大学出版社，2008年版）、倪正芳的《拜伦与中国》（青海人民出版社，2008年版）；博士论文有王文的《庞德与中国文化》（苏州大学，2004年）；期刊论文如张爱民的《德国文学中的〈庄子〉因素》（《齐鲁学刊》2005年第04期）、杨凯的《中国的契诃夫研究》（《重庆大学学报》2005年第06期）、章辉的《在政治与学术之间——卢卡契文艺美学在中国的曲折历程》（《河北师范大学学报》2007年第03期）、陈友冰的《中国古典文学韩国流播史及其特征——以"二战"后为中心》（《江汉论坛》2007年第04期）、陈友冰的《二战以后汉学在德国的流播及其学术特征——以中国古典文学为中心》（《江汉论坛》2007年第06期）、杜鹃的《中国读者对乔治·桑的接受历程》（《南通大学学报》2008年第05期）等等。

与跨文化接受密切联系的是运用接受美学的视角来重新审视翻译理论。这方面的研究著作有朱健平的《翻译：跨文化解释——哲学诠释学与接受美学模式》（湖南人民出版社，2008年版）、周方珠和卢志安的《英汉互译原理》（安徽大学出版社，2008年版）、任晓霏的《登场的译者》（中国社会科学出版社，2008年版）等。

从接受美学角度研究翻译理论的论文引起了广泛关注,产生了相当大的影响。在所有与接受美学相关的论文中,引用频次最高的前14位,除了第9位外,均被翻译理论所囊括。其中,马萧的《文学翻译的接受美学观》(《中国翻译》2000年第02期)引用频次为144次,秦洪武的《论读者反映在翻译理论和翻译实践中的意义》(《中国翻译》1999年第01期)为128次,吕俊的《翻译:从文本出发——对等效翻译理论的反思》(《外国语》1998年第03期)为64次,贺微的《翻译:本文与译者的对话》(《外国语》1999年第01期)为62次,引用频次分别位列前四位。居于第9位的刘纯德的《姚斯、伊瑟尔及其他——漫谈接受美学》(《天津外国语学院学报》1994年第02、03合刊)也因发表在外国语类刊物上而备受关注。

随着接受美学在中国传播,它越出了文学研究的边界,渗透到教育、文化、艺术以及其他各个领域,可以说,在西方文论中国化过程中,接受美学是影响最为广泛的理论之一。专著如张心科的《接受美学与中学文学教育》(合肥工业大学出版社,2005年版)、郭成杰的《裸眼读书》(华东师范大学出版社,2005年版)、夏中义和方克强主编的《大学新语文导读》(北京大学出版社,2006年版)、曹明海主编的《语文教学解释学》(山东人民出版社,2007年版)、章柏青和张卫的《电影观众学》(中国电影出版社,1994年版)、陈默的《电视文化学》(北京师范大学出版社,2001年版)、黄会林主编的《影视受众论》(北京师范大学出版社,2007年版)、李锦云的《表演心理学》(世界图书出版公司,2007年版)、臧海群和张晨阳的《受众学说:多维学术视野的观照与启迪》(复旦大学出版社,2007年版)等等,已经覆盖了教育、文化、艺术诸领域。至于论文的涉及领域则更为广泛。

六

纵观接受美学在中国的传播,它经历了从介绍翻译、消化吸收到应用、拓展的过程。在此过程中,接受美学经受了中国学者的选择、改造和发展,并渗透、融合于中国文学研究实践,既推动了中国文学研究的现代化进程,又基本实现了接受美学的"中国化"。从中,我们可以看到以下几点:

一是跨文化传播是文化获得自身生命力的重要源泉，只有以开放的心态，积极吸收外来经验，才有可能使本土的传统理论重新焕发生机。中国古代文论研究和古典文学研究的实际充分说明了这一点。由于大胆吸收了西方接受美学，中国古代文论和古典文学研究找到了实现学术方法现代转型的有效途径，开拓出新的生长点。特别是文学史研究这一领域，大量的文献资料，在接受美学视野中得到新的阐释，获得新的意义；"集注"、"集说"、"汇评"传统经历了创造性转化，实现了学术方法的现代建构。

二是任何外来思想的传播都必须与本土经验相吻合，在实际应用中受到检验，并显示其有效性。接受美学之所以很快在中国扎根，其重要原因之一就在于它与中国古代文论和古典美学思想存在契合之处，因此，才能迅速实现视界融合并开花结果。而中国古代文献中大量的诗话、诗论、评点、笺注等涉及文学读解接受的资料以及丰富的接受美学思想，恰恰使得古代文学接受史的研究得到最充分的发展。与此同时，在文学接受史研究具体实践中总结出来的文学接受形态和接受史撰写模式，反过来又丰富了西方接受美学关于文学接受史的构想。

三是如何吸收西方接受美学思想，如何选择、接受或疏离，这不可避免地要受到中国文化传统的制约，同时要受到中国研究者的接受视野的制约。凡是得到广泛重视、激发研究热情的理论观点，往往总是有着深厚的中国文化背景作为支撑。譬如接受美学中的"空白"和"召唤结构"，它与老庄哲学中的"有""无"之辩、"言""意"之辩有着相似的理论旨趣，这不仅引起中国学者的研究兴趣，也因此获得创造性阐释。接受美学对接受史或效果史的强调，为打破形式主义文论的封闭结构，引进社会历史研究及文学价值、功能研究提供了可能，而这些在西方接受美学中原先并没有得到充分展开的理论观点，由于跟中国学者重视社会历史评判的倾向和中国传统的"文以载道"观念相吻合，因此得到较为深入的阐发、充实，并在接受理论和接受史研究中得到充分体现。

四是对于外来思想既要穷源溯流澄清理论实质，又不能囿于理论本身，要结合本土经验大胆批判、改造、发展，破除迷信，敢于创造具有本土特色的接受美学理论体系，由此构成中西文论、中西文化思想的对话、交流和融合。总而言之，西方接受美学在中国传播的过程，是西方理论"中国化"的过程，也是中国文化参与世界性对话、走向世界的过程。

叙事学在当代中国

刘亚律

新时期以来,西方各式文学理论的引入对中国当代文论的建设与发展产生了巨大的影响,这是一个不争的事实。如果说当代中国的文论建设依然行进在现代转型的道路之上,那么这个转型之旅是在引进吸收众多外来理论的基础上才得以发生的。每种西方文艺理论流派都在中国文论现代化进程中扮演了特定的角色,它们的历史性"合力"共同推动了后者的现代转型。本文力图以在当代文学理论与批评领域产生巨大影响的叙事学为切入口,勾勒其二十余年来在中国的传播与接受历程,通过接受话语的类型分析,追溯叙事学在中国遭遇"热学"与"冷建"①的深层原因,进而对中国接受外来文艺理论过程中的某些理论话题进行尝试性回答。

一、中国接受西方叙事学的主要历程

(一) 理论预热期(1979~1983年)

众所周知,叙事学既是一种思想观念也是一种方法论。不过中国学人最初关注叙事学更多的,是其结构主义的思想属性。20世纪70年代末80年代初,《国外社会科学》《世界哲学》以及《国外社会科学文摘》等杂志就曾先后零星刊载一些翻译文章,从哲学理论的角度对结构主义加以介绍。

---

① 江守义:《"热"学与"冷"建:叙事学在中国的境遇》,载于《文艺理论研究》2000年第1期。

从文论层面介绍结构主义并产生巨大影响的,首推袁可嘉于1979年《世界文学》第2期上发表的论文《结构主义文学理论述评》。在该文里,袁可嘉概述了结构主义的发展历史与思想原则,同时涉及其于小说、戏剧、诗歌等文学体裁中的批评实践。通过将结构主义与新批评、现象学理论的比较,袁可嘉指出结构主义文论的优点在于其广阔的视野与注重主客观的均衡、系统与规律的分析,而其缺点主要表现为片面强调内部的关系意义而排斥外部的社会历史意义,过于看重文学作品的抽象共性,忽视探求具体作品本身的思想与艺术。袁可嘉的此番评价在很长时间内几乎成为关于评判结构主义文论的"标准答案",以至于后起者只要涉及该课题都要程度不同地引用一番。

对结构主义在中国的传播作出实质性贡献的是学者李幼蒸。1979年到1983年之间,他撰写了一系列论述结构主义(如《法国结构主义哲学的初步分析》《关于结构主义与符号学的辨析》《结构主义评介》)、对结构主义思想家进行巡礼式述评的文章(如《克劳德·列维-斯特劳斯》《密歇尔·福柯》《雅克·拉康》)。这批文章主要不是从文学理论的角度切入,而是更注重对结构主义与其他哲学形态进行条分缕析,在对比中彰显对象的个性特征,从思想渊源到发展历程,从代表人物到主要观点,从基本原则到比较评析皆有涉及,论述全面周详;在人物介绍时则不重生平身世的娓娓叙述,而是以凸显其哲学观点为首务。这种对结构主义思想大师做巡礼式的评述,便于学界从不同侧面了解结构主义的精神风貌,于全面把握结构主义的思潮动向大有裨益。

这一时期从文学理论角度介绍结构主义的重要论文还有:李幼蒸的《结构主义与电影美学》、张裕禾的《新批评——法国文学批评中的结构主义流派》、王泰来的《关于结构主义文艺批评》、赵毅衡的《诗歌的结构主义研究方法举隅》、陈光孚的《"结构现实主义"述评》、王泰来的《一种研究文学形式的方法——谈结构主义文艺批评》等。罗兰·巴特的《结构主义——一种活动》、J.库勒的《文学中的结构主义》以及邓丽丹的《文学作品的结构分析》等,则是这一时期为数不多的关于文学结构主义的译文。它们为中国读者完成了有关于结构主义的最初启蒙。

(二)译介述评期(1984~1994年)

1984年后,国内各式学术刊物(出版物)中刊发(出版)的叙事学论文(论著)开始明显增多。这主要表现在以下几个方面：

1. 结构主义叙事学家们的论文被不断翻译介绍进来,罗兰·巴特、托多罗夫、热奈特、格雷马斯、布雷蒙等人的名字不断见诸各种理论刊物之中。《外国文学报道》《文艺理论研究》《文学评论》《国外社会科学》《读书》《当代电影》等一批刊物成为译介引进叙事学的理论先锋。以及时报道外国文学最新动向为宗旨的《外国文学报道》,成为刊发叙事学译文最多的刊物。在方法论热潮的推动下,单篇的叙事学译介文章已经无法满足人们日益强烈的知识渴求,学界呼唤叙事学论文的集约编撰。在这种现实需求的推动下,"马克思主义文艺理论研究"编辑部主编的《美学文艺学方法论续集》(文化艺术出版社)、胡经之和张首映主编的《西方二十世纪文论选》(中国社会科学出版社)、王泰来编译的《叙事美学》(重庆出版社)以及张寅德选编的《叙述学研究》(中国社会科学出版社)先后出版,在学界曾激起强烈反响。《续集》以热奈特取代人们较为熟知的罗兰·巴特,兆示着翻译界的视阈正在不断扩展。《文论选》以教材配套资料的方式进入高校科研阵地。张寅德的《叙述学研究》则更是叙事学研究者案头的必备之书。

2. 西方叙事学家理论专著的翻译出版形成热潮。霍克斯的《结构主义和符号学》(上海译文出版社)、韦恩·布斯的《小说修辞学》(北京大学出版社)、塞米利安的《现代小说美学》(陕西人民出版社)、安德烈·尼耶的《悲怆与诗意结构主义作品分析》(湖南人民出版社)、罗兰·巴特的《符号学原理:结构主义文学理论文选》(三联书店)、罗伯特·休斯的《文学结构主义》(三联书店)、里蒙-凯南的《叙事虚构作品》(三联书店)、卢伯克等人的《小说美学经典三种》(上海文艺出版社)、马丁·华莱士的《当代叙事学》(北京大学出版社)、热奈特的《叙事话语新叙事话语》(中国社会科学出版社)、卡勒的《结构主义诗学》(中国社会科学出版社)、丁乃通的《中西叙事文学比较研究》(华中师范大学出版社)、米克·巴尔的《叙述学:叙事理论导论》(中国社会科学出版社)等著作的相继出版,给中国叙事学界提供了丰盛的精神食粮。学界渴求引入外来理论的心态如此迫切,以至于重译成为其时的一种奇特现象。①

3. 国内学者的叙事理论研究论文大批涌现。此类论文主要有两种类型:其一是关于叙事学理论的综合性述评,如胡亚敏的《结构主义叙事学探讨》、陈力川的《西方小说的视角:结构主义叙述学比较研究》、张寅德的《略论叙事学的理论特征》、徐贲的《小说叙述学研究概观》、徐岱的《小说的叙事学研究》、微周的《叙述学概述》以及张毅的《当代叙事学的得失及其影响》等;其二是关于叙事理论中诸概念范畴的探讨,譬如,程德培与金健人的小说叙述者研究②、李赜与张德林的叙事视点研究③、赵毅衡与胡亚敏的叙述转述语研究④以及李显杰与张卫的影视情节与交流模式研究等。⑤ 这些研究成果表明,中国学界的研究兴趣已经不满足于对叙事学总体特征的宏观把握上,而是在朝着更为微观、更为具体的方向迈进。

4. 中国学人叙事学专著的集中出版。20世纪90年代初期,一批经过中国学人阐释的叙事学著作的公开出版,将中国的叙事学研究推向了繁盛的阶段。此中的代表性成果有:孟繁华的《叙事的艺术》(中国文联出版公司)、金健人的《小说结构美学》(浙江文艺出版社)、赵毅衡的《文学符号学》(中国文联出版公司)和《苦恼的叙述者:中国小说的叙

---

① 比如《小说修辞学》就有付礼军与华明的两个译本,分别由广西人民出版社与北京大学出版社于1987年同年出版;《文学结构主义》在刘豫那里被译为如是之名,另一译者孙秋秋则将题名译为《结构主义与文学》,分别由三联书店与春风文艺出版社于1988年同年出版;《叙事虚构作品》则有姚锦清与赖干坚的两个译本,分别由三联书店与厦门大学出版社于1989年和1991年出版。

② 参看程德培的《受指与能指的双重角色——关于小说的叙述者》(《文艺研究》1986年第5期)与金健人的《叙述者的叙事功能》(《文艺评论》1992年第1期、第2期)。

③ 张德林:《长篇小说叙述视角艺术功能管窥》,载于《文艺报》(京),1988年1月30日。

④ 参看赵毅衡的《小说叙述中的转述语》(《文艺研究》1987年第5期)与胡亚敏的《论自由间接引语》(《外国文学研究》1989年第1期)。

⑤ 参看李显杰的《电影叙事中的故事、情节与叙述》(《华中师范大学学报》1992年第6期)与张卫的《影视叙事与观众阅读》(《电影艺术》1992年第6期)。

述形式与中国文化》(十月文艺出版社)、董乃斌的《中国古典小说的文体独立》(中国社会科学出版社)、徐剑艺的《小说符号诗学》(浙江大学出版社)、徐岱的《小说叙事学》(中国社会科学出版社)、蔡宇知的《小说叙述形态论》(新疆人民出版社)、高小康的《人与故事：文学文化批判》(东方出版社)、傅修延的《讲故事的奥秘：文学叙述论》(百花洲文艺出版社)、董小英的《再登巴比伦塔——巴赫金与对话理论》(三联书店)、罗钢的《叙事学导论》(云南人民出版社)以及胡亚敏的《叙事学》(华中师范大学出版社)等。

  浓厚"中国意识"是这批专著的共同特点。所谓"中国意识"，在此是指学界在介绍评述叙事学理论之时，注意以西方叙事理论为知识结构之主体，总结归纳中国悠久叙事传统背后的理论特征与文化传统。譬如胡亚敏则将其"为中国现代叙事学准备土壤"的梦想置于《叙事学》一书的结尾，以"附录"的形式对金圣叹的叙事理论进行了全面的检视，目的就是要"以西方叙事学为参照系，站在今天的高度系统整理和研究金圣叹的叙事理论"，以便"清楚地看到在叙事文这一共同模式下中国叙事理论的特色和中西叙事理论的异同"。[①] 赵毅衡的《苦恼的叙述者》则将中国小说叙述形式的变迁与中国文化关联起来加以考察，着力于探讨形式变化的深层原因，努力开掘中国叙事理论的独特运行机制，具有发人深省的理论价值。

(三) 借鉴应用期(1995~2001年)

  20世纪80年代末至90年代中期，讲求形式与结构的叙事理论遭遇来自历史主义阵营的强烈抵抗，社会历史与意识形态批评在历经长期的冷落之后，重新取得了对于形式主义的学术优势，叙事学在西方学界一度沉寂。它的再度崛起已经是20世纪90年代末期的事儿了。相比较而言，中国学界的叙事学研究并未出现这样一个理论冷落期，而是表现出一如既往的热闹非凡。

  首先，在经过前一阶段的批量译介之后，此阶段纯叙事理论的引进速度明显放缓，单篇的译文虽然仍零星出现在一些学术刊物中，但已经缺乏集束效应；与译介步伐放慢相对应的是，各式带有介绍评述性质的

[①] 胡亚敏：《叙事学》，华中师范大学出版社，2004年版，第248页。

论文数量也显著减少,到20世纪90年代末期,这种论文在一些重要的学术期刊里已经难觅踪迹。译介的理论专著也为数不多,仅有格雷马斯的《结构语义学》(三联书店)、伯格的《通俗文化、媒介和日常生活中的叙事》(南京大学出版社)、罗兰·巴特的《S/Z》(上海人民出版社)与尤瑟夫·库尔泰的《叙述与话语符号学》(天津社会科学院出版社)等,这与上一阶段出版的热络形成鲜明对比。在此译介引进相对沉寂的时期里,浦安迪的《中国叙事学》(北京大学出版社)与王德威的《想象中国的方法》(三联书店)等海外汉学家的中国叙事学研究悄然登场,为平静的理论天幕镶缀上了几颗疏朗的亮点。

其次,与引进速度明显放缓形成鲜明对比的是,学界的学术兴趣已经更大地转向叙事学的应用层面上来,即以叙事学理论为批评武器,以中国丰富的叙事文学作品为解剖对象,一试叙事学的理论锋芒。此类研究成果之多之丰富,已经难以一一列举。其实早在20世纪80年代后期,陈平原的博士论文《中国小说叙事模式的转变》(上海人民出版社)就因其从叙事模式的转变来把握中国小说现代化进程的研究角度而广获赞誉,只是当时叙事理论总体上尚处于介绍阶段,似陈著这般具有厚重学术分量的成果究竟为数不多。这种现象直到世纪之交才有较大改观,其突出标志是四大古典小说的叙事学分析的出现。傅修延的《中国叙述学开篇:四部古典小说新论》将格雷马斯与列维-斯特劳斯的结构主义模式加以改造,认为"大小契约"构筑了四大古典小说情节发展的动力系统,从主要角色矛盾的文化身份入手,追溯民族叙事的心理基因;李春青借助格雷马斯的"语义方阵",对《西游记》与《水浒传》进行解读,实现文本分析与文化批评的有机融合;郑铁生的《三国演义叙事艺术》(新华出版社)"实实在在地研究《三国演义》叙事结构的基本要素、组合方式以及结构形态特征"①,全方位地审视了《三国演义》文本的内在形式与外在形式;张世君的《〈红楼梦〉的空间叙事》(中国社会科学出版社)则试图突破叙事学研究中时间性因素的强势遮蔽,通过研究《红楼梦》的空间叙事节奏,力图探索空间感与中国文化之间内在的密切关系。

当代文学经典是叙事学批评的又一主攻阵地。王利芬的《变化中

---

① 郑铁生:《三国演义叙事艺术》,新华出版社,2000年版,第202页。

的恒定:中国当代文学的结构主义透视》(广东人民出版社)在把普洛普与布雷蒙的结构主义理论应用于叙事成分较少的当代诗歌与散文领域方面,进行了可贵的尝试。陈顺馨的《中国当代文学的叙事与性别》(北京大学出版社)揭示了男性文本与女性文本叙述模式的差异,从中揭示文本内外话语与权力的互动关系,分辨男性话语与女性话语在"十七年"中的不同特质与含义。许子东的《为了忘却的集体记忆:解读50篇文革小说》(三联书店)则将普罗普的分析模式应用于"文革小说"的剖析,从"灾难故事""历史反省""荒诞叙述"与"文革记忆"四种故事类型来讨论"文革"如何被当代小说叙述出来。孙先科的《颂祷与自诉——新时期小说的叙述特征及文化意识》(上海文艺出版社)则按照"谁说"——"说谁"——"如何说"的线索来展开研究。作者着意挖掘叙述者身份背后的文化背景与意识形态,重视追溯人物形象类型的变化轨迹,注意从社会角度开掘变迁的内在动因,通过勾勒新时期小说文本的组织结构原则,分析探求其深层的意识形态意图。

再次,以西方叙事理论为借鉴,通过对中国小说叙事进行整体观照,全面探究中国小说的独特叙事特征,构建中国叙事理论体系的研究意图不断明朗。石昌渝的《中国小说源流论》(三联书店)、杨义的《中国叙事学》(人民出版社)、傅修延的《先秦叙事研究:关于中国叙事传统的形成》(东方出版社)与王平的《中国古代小说叙事研究》(河北人民出版社)就是此中的代表性成果。比如杨义在其《中国叙事学》的"导言"部分就明确指出:"作为中国数千年非常辉煌而独特的叙事遗产的继承者,我们似乎不应该满足于给西方的叙事理论提供一点例证,而应该走着一条哪怕是艰难的道路,也要境界独辟,以具有中国特色的叙事理论体系,去丰富人类在此领域的智慧。"[①] 傅修延的《先秦叙事研究》则致力于研究先秦时期诉诸各种传播媒介的叙事形态,通过寻找叙事行为发生、成长与壮大的痕迹,揭示中国叙事传统的规律与特点并勾勒其基本轮廓。

(四)多元发展期(2002~2005年)

1."新叙事理论"的引入。20世纪90年代中国学界的叙事学研究

---

① 杨义:《中国叙事学》,人民出版社,1997年版,第1~2页。

取得了比较丰硕的成果,其依托的理论资源基本上是法国结构主义叙事学。其时西方文学研究界(特别是美国叙事学界)已经走上了把形式审美研究与社会历史研究相结合的"后经典"道路。由申丹主持编译、北京大学出版社出版的《新叙事理论译丛》①及时地跟踪了国际叙事学界的这一最新发展动态。《译丛》中各选本的作者除《后现代叙事理论》的作者马克·柯里为英籍学者外,其余均为美国学者,希利斯·米勒作为解构主义理论大师在中国学界更是广为人知,这也反映了国际叙事学的研究重心已从法国向美国转移的基本事实。

2. 批评实践与理论探索的全面繁荣。罗小东的《话本小说叙事研究》、丁琴海的《中国史传叙事研究》、潘万木的《〈左传〉叙述模式论》、高小康的《中国古代叙事观念与意识形态》等,在将叙事学应用于考察中国古代小说叙事方面取得可喜的成绩。高小康从历史叙事里找寻中国叙事文化的精神密码,紧密结合古典小说的具体时空结构来挖掘其背后的文化精神,使其成果具有深厚的历史感;吴培显的《当代小说叙事话语范式初探》、李建军的《小说修辞研究》、傅修延的《文本学——文本主义文论系统研究》、谭君强的《叙事理论与审美文化》、格非的《小说叙事研究》、申丹等人的《英美小说叙事理论研究》等,则分别从话语、修辞、文本理论以及文化研究等角度切入叙事研究,标示着叙事学研究在中国的进一步深化。

3. 非文学叙事研究的崛起。此阶段的叙事学研究已经超越了一般意义上的文学叙事,其敏锐触角不断延伸至新闻、历史、影视、网络、卡通等诸多领域,跨学科与跨媒介成为这一时期叙事学研究的突出特点。此中的主要成果有:黄昌林的《电视叙事学》(电子科技大学出版社)、杨鹏的《卡通叙事学》(湖北少年儿童出版社)、杨新敏的《电视剧叙事研究》(文化艺术出版社)、聂庆璞的《网络叙事学》(中国文联出版社)、苏永旭的《戏剧叙事学》(中国戏剧出版社)、陈新的《西方历史叙述学》(社会科学文献出版社)、何纯的《新闻叙事学》以及张育华的《电视

---

① 《新叙事理论译丛》包括 J. 希利斯·米勒的《解读叙事》、戴卫·赫尔曼的《新叙事学》、詹姆斯·费伦的《作为修辞的叙事——技巧、读者、伦理、意识形态》、苏珊·S. 兰瑟的《虚构的权威——女性作家与叙述声音》以及马克·柯里的《后现代叙事理论》。

剧叙事话语》(中国广播电视出版社)等等。

4."叙事"概念的泛化与狂欢化。巴赫金曾认为,小说体裁具有奔放不羁的自由活力,具有深厚民间文化气息的话语混杂是活力赖以形成的重要因素。"杂语"与"多声"是话语多样化与多元化的特征。随着叙事学研究的不断深入以及学界对叙事研究的持久关注,巴赫金所言说的"杂语多声"现象在当代叙事学研究中也有明显体现。仅以"叙事"概念的运用而论,可以毫不夸张地讲,它不仅已经成为当代文学理论与批评中最热门、使用频率最高的术语之一,而且悄无声息地渗透进了其他学科领域的研究之中,这从当前叙事研究的称谓方式上可见一斑。首先,"学科＋叙事"的称谓方式是最为常见的命名方式,如小说叙事、戏剧叙事、影视叙事、历史叙事、心理叙事、音乐叙事、舞蹈叙事、教育叙事等。这种称谓方式折射出来的是叙事学研究超越自身理论边界,企图实现跨学科理论融合的深层意识。其次是"介质＋叙事"的称谓方式,如图像叙事、网络叙事、口头叙事、笔头叙事、镜头叙事、雕塑叙事、身体叙事、银幕叙事以及手机叙事等。后现代时期的理论兴趣已经从宏大叙事转移到微观叙事,从公约性转移至差异性,叙事学界的研究重心从注重叙事的共通规则转移至其属性差异,尤其是因媒介差异而引起的差异性,不过是对此趋势作出的一种理论回应。而且,以特定媒介为对象的叙事学研究,能够更加透彻地把握其内在运行机制与规律。此外的称谓模式还有:(1)"主题＋叙事",如死亡叙事、情爱叙事、伦理叙事、民族叙事、家族叙事等;(2)"身份＋叙事",如官方叙事、民间叙事、文人叙事、英雄叙事、游侠叙事、流氓叙事等;(3)"风格＋叙事",如诗性叙事、边缘叙事、先锋叙事等;(4)"地域＋叙事",如都市叙事、乡村叙事等。

不难看出,在中国当代文学理论与批评的具体语境当中,"叙事"的含义已经超越了结构主义的严格限制,正以不断泛化的态势"入侵"到各式文学批评领域。叙事学理论视野中的叙事概念,原本更多具有从话语形式加以考量的意味。由于历史惯性的强大作用,相当一部分中国学者当下的批评实践,似乎仍然无意于摆脱传统批评重内容而轻形式的模式,不同的只是在此之外,披了一件名曰"叙事"的理论外衣。他们对"叙事"概念的吸纳,不一定是对叙事学本身有多大兴趣(这也是完全合理的),而更多的是一种理论话语的策略性借用。因此,他们很少像俄国形式主义者那样,去精确研究事件的编排方式,也没有多少探寻故事深层结构与内在逻辑的冲动。"叙事"一语在这些学者那里只是一种言说的策略,一种理论的姿态,一个可以与写作等量代换的词语,也正是因为概念使用的非等义性,叙事才表现出了几乎无所不能为其所指称的神奇魔力。这也是造成当代文艺批评里似乎无处不在谈论叙事、无处不在言说叙事的根本原因。

二、叙事理论接受话语的主要类型

从某种意义上说,中国对西方叙事学的接受可以视为一个巨型叙事,接受过程中的译介引进、归纳阐释以及操持运用,乃是颇具意味的叙事话语行为。福柯与巴特曾以晦涩难懂的理论提醒人们,话语或者代码背后影影绰绰地存在某种制约性力量,人们应对此因素保持高度的注意力。综观叙事学在中国的接受话语,概括起来大致有以下三种类型:

其一为平移整理型。所谓平移整理型,指中国学人依据既有西方叙事学的理论资料,对之进行知识性的普及介绍或转述、重述,内容主要包括:(1)从总体角度对叙事学理论进行概括性述评。其话语展开方式,往往表现为固定程式:由渊源追溯(或哲学根基)入手,以代表人物之理论观点的次第介绍为依托,在归纳总结对象的总体特征之后,再对其理论意义与优缺点进行评说。比如张隆溪的《故事下面的故事:论结构主义叙事学》、胡亚敏的《结构主义叙事学探讨》与徐贲的《小说叙述学研究概观》等,均采用此一模式,在知识的广度上则呈现出不断拓展延伸的态势。(2)单个叙事学家理论观点的读解性研究,即阐释者运用自己的视角对对象进行考察打量之后进行的理论再现。从程代熙的《罗兰·巴尔特的结构主义文艺观》到马驰的《普洛普叙事理论》,从段映红的《作为文学批评家的托多罗夫——从结构主义到对话批评》到刘小妍的《格雷马斯的叙事语法简介及应用》,从钱中文的《复调小说:主人公与作者——巴赫金的叙述理论》、晓河的《文本·作者·主人公——巴赫金叙述理论研究》到黄芸的《真实·虚构·意义——海登·怀特的历史叙事理论评析》,从肖薇、罗淑珍的《文本研究与文化介入——浅议赛义德的叙述理论》到王晓路的《文化批评与叙述策略——简论詹明信的叙述理论》,从李建军的《论布斯小说修辞理论的贡献和意义》到肖锦龙的《试谈希利斯·米勒的解构主义小说理论》,可以毫不夸张地说,中国学界几乎将西方叙事学主要学者悉数网入囊中。(3)叙事学特定概念(术语)的理论辨析。作为叙事理论的核心概念,"视角"、"话语"、"人称"、"叙述者"、"情节"、"层次"、"文本"等自然成为吸引了众多的研究目光。研究者在辨析这些概念时,不仅对其进行定义与分类,还往往针对其中的某些理论误区或盲点加以省察,并结合其实际批评功效加以阐释说明。这一特点仅从部分学术论文的标题即可窥见一斑。① 此类读解方式可以称为"总结性读解"。

与之相对应的可以称为"阐释性读解",即针对特定叙事理论著作展开的述评,举其要者如郭宏安的《批评是一种对话——读托多罗夫的〈批评之批评〉》、韦遨宇的《"明修栈道 暗度陈仓"——读罗兰·巴特〈叙事分析导论〉》、蒋原伦的《一种新的批评话语——读巴赫金的〈陀思妥耶夫斯基诗学问题〉》、程锡麟的《试论布思的〈小说修辞学〉》、黄擎的《以简驭繁神话的破灭——对罗兰·巴尔特〈叙事作品结构分析导论〉的思考》,以及刘小莉的《巴赫金的形式方法:意义与结构——解读〈文艺学中的形式方法〉》等。

其二为交往对话型。所谓交往对话,主要是指在中国学者对西方叙事理论概念的质疑与拓展,以及在中国学者内部之间围绕叙事理论问题而爆发的学术交锋。

对西方叙事概念的质疑,主要集中在"情节观"、"隐含作者"以及"叙述可靠性"问题之上。赵毅衡的《小说中的时间、空间与因果》与申丹的《论西方叙述理论中的情节观》不约而同地将质疑的目标指向福斯

---

① 如张德林的《小说叙述视角艺术功能探寻》(《文艺理论研究》1988年第2期)、贾越的《小说叙述者的艺术功能》(《浙江社会科学》1990年第4期)、黄希云的《小说的叙述层次及其涵义功能》(《文艺理论研究》1992年第1期)、金健人的《叙述者的叙事功能》(《文艺评论》1992年第2期)、黄希云的《小说人称的叙述功能》(《外国文学评论》1996年第4期)、邓建英的《"陌生化"与小说叙事视角》(《深圳大学学报》2003年第3期)以及谭君强的《叙事作品中的叙述者干预与意识形态》(《江西社会科学》2005年第3期)等等。

特的"因果关系"情节观。赵文认为,因果情节观不过是极端理性主义精神在小说研究中折射,而现实生活中诸多事件往往独立地并列运行,并不存在着必然的因果联系。它之所以能产生巨大影响,并非因为它能准确地概括事件背后的逻辑事实,而是由于读者心中的逻辑顺序优先的阅读程式与创作者对"本事"有意加工编撰的共同作用。申丹则认为,情节的因果之链只是一种理想化的艺术建构,是否在作品中发挥骨架性作用,是判断情节的关键根据。

李建军与刘亚律的论文则主要质疑了"隐含作者"的学理依据。李文认为,"由于布斯切断了隐含作家与真实作家之间的联系,只在文本范围内根据两个同样具有虚幻性质的形象之间是否一致,作为判断小说真实效果的标准,所以,他实际上采取的是一种虚幻的假想的解决办法,而忽略了对认识作品、评价作品至关重要的现实层面的因素,尤其是忽略了现实中的作家的实际情况"①。刘文则认为"隐含作者"概念在逻辑上形成循环②,造成理论的前后矛盾:既然"隐含作者"只是一种推断出来的总体意义,它就只能是作家写作活动的产物,是叙述的终端产品,又怎么可能成为叙述的动力源泉?一种需要借助叙述才能发送出来的信息何以成了自身信息的发送者?

至于不可靠叙述,赵毅衡、申丹以及谭君强等人皆有涉及。赵毅衡指出了布斯不可靠叙述的不完备性,③认为性格并非是判断叙述者是否可靠的唯一因素;申丹通过细致的考察表明,不可靠叙述固然与叙述者有关,但不可靠人物的眼光同样不能忽视,④谭君强则对可靠叙述者与不可靠叙述者两极之间的"中间地带"⑤表现出浓厚的兴趣,通过对鲁迅先生《祝福》进行细致分析,说明叙述者的可靠与不可靠性是个动

---

① 李建军:《论小说作者与隐含作者》,载于《中国人民大学学报》2000年第3期。

② 刘亚律:《论韦恩·布斯"隐含作者"概念的无效性》,载于《江西社会科学》2008年第2期。

③ 赵毅衡:《当说者被说的时候:比较叙述学导论》,中国人民大学出版社,1998年版,第44~46页。

④ 申丹:《何为"不可靠叙述"?》,载于《外国文学评论》,2006年第4期。

⑤ 谭君强:《论叙事作品中叙述者的可靠与不可靠性》,载于《思想战线》2005年第6期。

态的变化过程。这些研究对于丰富不可靠叙述的理论内涵起到积极有益的作用。

中国学者内部的理论交锋与对话,最突出的是申丹与赵毅衡关于中国小说叙述转述语的商榷;①王阳与申丹关于叙述者分类定性的商榷,②以及申屠云峰与申丹关于如何正确理解米勒《解读叙事》一书的商榷。③ 在这组对话商榷型论文中,王、申之争的技术性最强,倘若没有一定的理论储备,就算要读懂文章的意旨都非易事;"二申之争"则是进入新世纪后中国叙事学界爆发的一次颇具影响的学术对话,乃至于作为国内外国文学研究领域的旗帜性刊物《外国文学评论》都以两个"编后记"的方式加以点评推荐。

其三是演绎重构型。所谓演绎重构,是指中国叙事学界在接受过程中逐渐形成的,以西方叙事理论为依托参照,同时又立足中国文学传统与批评实际而创建的一种话语类型。

演绎重构型话语的最初表现,是中国学人根据个人理解对叙事学术语(或叙事现象)进行"自由式"命名。比如有的学者用高视角、平视角的名称来描述"无所不知"视角与"有所不知"视角,有的学者则以"隔离观察"和"楔入观察"名之;又如"text",有的学者将其译作"文本",有的则称为"本文";至于叙事学的核心概念之一的叙事视点,称谓就更多了,从叙述视角、叙述角度、观察角度到叙事观点、叙事聚焦、看事眼睛等等,令人眼花缭乱。命名方式的复杂多样,透露了中国学人尊重固有

---

① 申丹的商榷文章《也谈中国小说叙述中转述语的独特性——兼与赵毅衡先生商榷》(《北京大学学报》1991年第4期)因赵毅衡的《小说叙述中的转述语》(《文艺研究》1987年第5期)一文而起。

② 王阳的商榷文章《寻找叙述者——与申丹同志商榷》(《外国文学评论》1997年第1期)因申丹的《论第一人称叙述与第三人称有限视角叙述在视角上的差异》(《外国文学评论》1996年第2期)一文而起,申丹的再商榷文章《〈寻找叙述者〉一文读后》与王阳的商榷文章同期发表。

③ 申屠云峰的《对〈解读叙事〉的另一种解读——兼与申丹教授商榷》(《外国文学评论》2004年第1期)主要针对申丹的文章《解构主义在美国——评J.希利斯·米勒的"线条意象"》(《外国文学评论》2001年第2期)进行商榷,申丹此后发表《〈解读叙事〉的本质究竟是什么?——答申屠云峰〈另一种解读〉》(《外国文学评论》2004年第2期)予以再商榷。

文化规约的原初企图,即如何在中国的言说环境中,以中国读者最可能接受理解的方式来对概念加以描述。

演绎重构型话语最为突出的表现,当属学者们在西方叙事理论的启示下,结合中国文论传统而创立出来的若干带有鲜明中国特色的理论范畴。这些范畴举其要者有:

1. 意象叙事。意象是中国诗学的核心范畴之一。将主要作为诗歌理论术语的"意象"移用至叙事理论的是当代著名学者杨义。他在《中国叙事学》一书中将"意象"单列成章,与西方叙事理论言说甚多的"结构"、"时间"及"视角"等并列,不但从汉语特征与意象内蕴角度讨论了意象叙事的形成条件,而且还具体探讨了意象的运用方式以及由此产生的叙事功用。在他看来,意象通过在作品里反复呈现,营造诗歌旋律一般的回旋效果,从而增添作品的意义蕴含;或者作为叙事线索的纽带,疏通文脉,贯通叙事结构,在情节的起承转合处发挥关合作用;或者聚集凝结在一起,形成意象群,发挥凝聚意义,强化作品耐读性的独特功能。研究意象叙事,就是要着意研究意象为叙事作品增添的盎然诗意,以及其在结构方面可能扮演的功能角色。因此,从意象的角度切入分析中国叙事文学,不但便于破解分析意象中包蕴的文化精神密码,追索其历史内涵进而探究中华民族的文化心理,而且还可以实现诗歌与小说两大主流文体的勾连交通,考察诗与诗论如何对叙事文学进行渗透泛化。

2. 汉字叙事。众所周知,汉字是一种通过摹物象形而渐次抽象出来的表意文字。傅修延首先从阅读心理学角度阐明汉字叙事的心理机制,认为汉字较之于表音文字,在传达意义方面多了一条从形到意的联想渠道,而汉字的组织结构方式又为汉字的叙事性准备了条件。在他看来,汉字的构造并非如"象形画物"所说的那样简单,而是与作为主体的人的生活、人的精神、人的情感、人的心态紧密相连。在大量辨析汉字形体构造的基础上,傅修延还从汉字叙事的"二合原则"出发,追溯了该原则在汉语叙事的语汇、句子以及篇章中的种种表现。在语汇领域,"二合原则"表现为大量摇曳多姿、错落有致的四音节词汇的出现;在句子领域又与比兴手法密切相关。此外,话本与拟话本小说中"入话"故事与"正话"故事的对话关系,章回小说里的诗词曲赋、序言题跋,以及史传文学中广泛存在的、以"子曰"、"君子曰"、"太史公曰"或"异史氏曰"等面目呈现的评判式叙事无一不回荡着"二合原则"的空谷之音。

3. 空白叙事。华夏民族特别重视"虚实相生"的文艺情趣与审美境界。与对事物做精细描摹的写实相比,中华民族更热爱空灵玄妙、能致不尽之思的"虚境"的营造。"虚实相生",就是要使艺术品运用特定的物质手段而创造的表象,去诱发人们的联想与想象,从而取得对丰富微妙的"虚"的追求的艺术效果。"空白"则是营造此等空灵境界的重要途径与手段。胡亚敏认为,叙事文学的空白研究从性质上来说,主要是一种阅读分析模式。"这种模式要求把文本中的空白上升为阅读的主要关注对象,读者应有意识地去发现文本中的空白,充分体味文本中那些沉默的因素,分析空白在文本结构和技巧中作用,用想象和理智去参与文本的创作。"①赵毅衡则将这种叙事空白称为"叙述盲区"。② 空白叙事分析的关键在于如何发现"空白",然后通过读者的理智判断来推断其可能的意义。这就要求读者必须首先具备"细读"的工夫,耐心地在文本的字里行间寻找蛛丝马迹。空白有时出现在情节的戛然而止的省略处;有时由于社会道德伦理规范的压力而不得不被有意识遗漏;有时在叙事风格方面突然发生断裂;还有时表现在遣词造句方面的字斟句酌。这一切都在考验着读者的阅读智慧与耐心。

三、接受话语的"深层叙事"

在中国接受西方叙事学的进程中,曾有学者指出,存在着"热"学与"冷"建的情况,认为中西语言的本质差异与中国学人片面的逐新心理,是造成中国本土叙事学缺位的重要原因。中国本土叙事学是否缺位,牵涉到中国叙事学的学理根基、理论形态、话语方式与评判标准等重大问题,非可遽下断语。本文仅拟通过话语类型的粗疏分析,来探究中国接受西方叙事学(乃至西方文论)过程中存在的某些问题。

从话语类型的数量比率来看,平移整理型数量最多,演绎重构型次

---

① 胡亚敏:《叙事学》,华中师范大学出版社,2004年版,第237~238页。
② 赵毅衡:《当说者被说的时候:比较叙述学导论》,中国人民大学出版社,1998年版,第254页。

之,交往对话型最少。也就是说,相对于叙事理论概念、术语内涵的深度挖掘与精准厘定,中国叙事学界更倾向于以现有资料为依托进行介绍评说性研究,或者在中国的文化语境中对其予以改造加工,使之更加贴近契合中国的叙事传统。

新中国成立以来我国文艺理论与批评领域基本上是苏联模式一统天下。这种模式以反映论为基础,以社会历史批评与阶级分析方法为主要特征,在我国的文论建设与批评实践中曾经起过十分重要的作用。但是,由于主流意识形态对文艺生活的强势介入,苏联模式借助行政力量在理论与批评领域长期处于超级垄断地位,成为经意识形态许可的、唯一具有合法性的言说模式。20世纪80年代初,随着西方各式理论资源的汹涌而入,机械单一的苏联文艺理论模式已经无法满足现实的需要,文艺界引进利用西方理论资源的学术热情空前高涨。对处于理论饥渴的中国学人来说,具有直接性与全面性的平移整理型话语,自然是扩充理论视阈的最现实、最便捷的选择。因此,平移整理型话语通过对外来资源进行转述、阐释与梳理,在可以想见的未来,仍可发挥其跟踪理论动态,关注理论热点的独特优势。这是该话语类型繁盛的原因之一。

平移整理型话语繁盛的原因之二,应该归结为"述而不作"、"依经立义"等中国学术传统的影响作用。孔子曾以"述而不作"的态度整理编写古代典籍,为后人确立了一种影响深远的阐释模式与言说方式,即"依经立义"。"依经立义"就是要求以儒家经典为依托,通过对经典的解读,阐释其中的微言大义。"五四"新文化运动时期,古典文学被文学革命的先行者目之为陈腐铺张的东西而主张"推倒",[1]儒家经典的尊崇地位在"打倒孔家店"的声声呐喊中颓然滑落,风光不再。但依傍经典进行意义解读的阐释模式并未随儒家经典崇高地位的消退而消失,而是成为某种集体无意识留存在文化记忆的深处。20世纪80年代强势而来的西方文学理论,其文化地位与经封建意识形态鼓吹浸润千年的儒家经典自然不可同日而语,但它在学术思想领域占据主导地位却是个不争的事实。西方国家强大的综合国力与先进的科技水平激发了后发国家对其思想文化的崇拜与肯定。在古代经典相对文化缺位的状

---

[1] 陈独秀:《独秀文存》,安徽人民出版社,1987年版,第95页。

况下，西方理论某种程度上填补了经典动摇后留下的思想真空，谋得了某种类似于"经"的地位（"外来的和尚好念经"可能是个浅俗而形象的表达）。当传统的言说模式遭遇现代的理论思潮，加之长期的封闭状态客观上造就了大批理论饥渴的接受群体，平移整理型话语自然也就有了大显身手的用武之地。从这个意义上说，平移整理型话语中的转述也好，解读也罢，不过是传统的注、疏等以新面貌呈现的话语变体，其所发挥的功能模式则是基本相同的。

至于交往对话型话语，从参与规模来看，人数相当有限。申丹在此中扮演了极其重要的角色。作为直接参与了三次商榷对话的唯一主角，在这个原本应该活跃的理论舞台上，多少显得有些形单影只。这一方面固然凸显了申丹在中国叙事学界的学术地位与影响力，另一方面是否也表明，中国学界对于从事叙事理论的基础性工作——譬如精确厘定术语概念的内涵——缺乏足够的重视与耐心？对话参与者的有限与各式叙事学研究者的众多，理论争鸣时的"冷场"与批评实践时的"热烈"，构成了作为"显学"的中国叙事学研究中的一道奇特景观。

在本文看来，对话规模的"冷场"显然不能归因为中国学界争鸣意识的缺乏。如果说特殊年代学界曾受制于政治意识形态的强势而不得已集体噤声，那么始自"真理标准大讨论"的新时期则为学术争鸣提供了自由宽松的氛围与环境。"冷场"的原因也不能完全归结为研究主体占有外文资料的业务水平。叙事学作为一门西来的文学理论，自然对研究者的外语水平提出了较高要求。中国叙事学研究阵营事实上也聚集了一批精通外语的研究人员，像参与讨论的赵毅衡、申丹、谭君强等人，都是国内精通英文的著名学者，不但编译过高质量的理论著作，而且各自有关于叙事学的专著出版问世（与申丹教授商榷的申屠云峰也任教于高校外语系）。外语专业背景的研究者在西方叙事学第一手资料的获取与理解方面，较之依靠翻译资料的研究者有明显优势，因而理应在理论对话的舞台上表现得更为活跃一些。可现在的问题恰恰就在这里：运用归运用，关注归关注，直接参与理论争鸣者究竟为数寥寥，人们对于纯理论的争论似乎既不积极也不热心。如果说来自中文专业的研究者可能由于外语功底的欠缺而对某些核心话题无缘置喙，那么，为何相当多精通外语的研究者也对自己研究领域的对话争鸣并未表示多少兴趣呢？由此可见，外语水平的高低亦非对话"冷场"的决定性因素。

以本文之愚见，中国叙事学界淡漠纯理论探讨的原因还须从中国文化心理结构中去细细找寻，"实用理性"原则可能是造成前述现象的深层原因。

李泽厚先生认为，"实用理性"是中国传统文化心理结构的主要特征，是一种"事事强调'实用'、'实际'和'实行'，满足于解决问题的经验论的思维水平"①。中国哲学和文化"更欣赏和满足于模糊笼统的全局性的整体思维和直观把握中，去追索和获得某种非逻辑非纯思辨非形式分析所能得到的真理和领悟"②。马克斯·韦伯在其《儒教与道教》一书中认为，中国"缺乏中世纪后期的以及完全与科学相结合的欧洲资本主义工业'企业'的理性形式"③，儒学是一种"实践理性主义"④。刘若愚在《中国的文学理论》一书里也说："在传统的中国文学批评中，实用的理论是最有影响的。"⑤中国当代的叙事学研究回荡的正是中国学术的这种实用性品格。对不少叙事学研究者来说，在文学理论与批评现代转型的历史条件下，当务之急或许还不是对抽象的理论术语与概念进行精确界定，而是以中国的叙事文本为剖析对象，一试其理论锋芒的适用程度；或者以之为视角，来观照审视中国悠久的叙事传统。概念术语的内涵再丰富，思辨色彩再强烈，逻辑分析再严密，如果于文本批评无甚效用，也会在潜意识深处被暂置一旁。正如王国维所说的那样：

> 吾国人之所长，宁在于实践之方面，而于理论之方面，则以具体的知识为满足，至分类之事，则除迫于实际之需要外，殆不欲穷究之也。⑥

---

① 李泽厚：《漫说"西体中用"》，载于《孔子研究》1987年第1期。
② 李泽厚：《中国古代思想史论》，人民出版社，1985年版，第305～306页。
③ 马克斯·韦伯：《儒教与道教》，王容芬译，商务印书馆，1995年版，第272页。
④ 同上，第177页。
⑤ 刘若愚：《中国的文学理论》，田守真等译，四川人民出版社，1987年版，第106页。
⑥ 姜东赋、刘顺利选注：《千古文心——王国维文选》，百花文艺出版社，2002年版，第41页。

更何况在印象式批评长期占据主流地位的国度里,叙事学的批评方法本身就具有捐弃主观性、凸显文学批评现代性、科学性与客观性的象征意味。在他们的思想深处认为,概念的条分缕析也许固然重要,但较之实际批评,究竟还是后者要来得更为实在些。这种轻概念学理逻辑而重批评实践的取向,在不少学者对叙事学的提法中可见一斑。譬如王平在其《中国古代小说叙事研究》一书的"绪论"部分,开宗明义点明自己的研究目的,在于"运用叙事学理论来全面分析、探讨、归纳、总结中国古代小说在叙事方面表现出来的特征"①。丁琴海也说,自己的研究是"借助于西方叙事学的某些概念范畴来对中国史传作品的审美结构、审美形式进行一番新的梳理"②。至于吴培显,说得就更为清楚明白了:"笔者主要着意于从叙事话语的角度,来梳理、总结和评析当代小说乃至于当代文学的演进、成就和失误,以期对中国当代文学研究和当代文学创作的进一步发展,起到一点正面的促进作用,而并非仅仅着力于从当代小说的叙事特征及其发展中来抽象和建构叙事话语理论。"③崇"实"尚"用"的思想倾向清晰可辨。可以说,这种以实际批评而非概念自恰为最终立足点的观念,正是中国接受西方叙事理论的一大鲜明特点。

演绎重构型话语的出现,是平移整理型话语与交往对话型话语出现之后的必然结果。如前所述,平移整理型话语为学界全面了解西方叙事理论提供了学术资源的认知,交往对话型话语的缺乏则从反面暗示着学界的接受动机之所在。马克思在《黑格尔法哲学批判导言》中曾经精辟地指出:"理论在一个国家的实现程度,决定于理论满足这个国家的需要的程度。"④按乔纳森·卡勒的理解,文学中的"理论"一词,原本就包含有补充质疑的意味。卡勒写道:"理论既批评常识,又探讨可

---

① 王平:《中国古代小说叙事研究》,河北人民出版社,2001年版,第1页。
② 丁琴海:《中国史传叙事研究》"后记",国际文化出版公司,2002年版,第299页。
③ 吴培显:《当代小说叙事话语范式初探》,湖南师范大学出版社,2003年版,第1页。
④ 中共中央马恩列斯著作编译局《马克思恩格斯选集》第一卷,人民出版社,1972年版,第10页。

供选择的概念。它涉及对文学研究中最基本的前提或假设提出质疑，对任何没有结论却可能一直被认为是理所当然的事情提出质疑。"①当学者们挥舞着叙事学的理论利器在中国叙事作品里自由驰骋之时，他们或多或少地感到，面对着具有独特精神品格与文化气度的中国叙事文学，西方叙事学概念范畴并不能无往而不利。而且，彰显民族文化精神与赶超西方的学术心态，也内在地驱动着中国学人在理论建设上应有所作为，积极应对，拿出有自己特点的东西，而不能老是侍立一旁，充当理论的"跟班"角色。英国文论家伊格尔顿在其新著《理论之后》一书中曾不无揶揄地说过："文化理论的黄金时代已成一个遥远的过去……跟随开路先锋之后的一代人于是做起了后来人通常所能做的一些事——对原创性的思想做一点申发、做一点补充，对它们做一点批评，然后付诸实践。"②伊氏的揶揄之语未免有些刻薄，却也着实道出理论创新的艰难与不易。美国学者王靖宇则从正面肯定了演绎法的必然性与合理性：

> 纯粹归纳法非但不实用，甚至不可能用。我们永远不可能穷尽所有的实例……我们只能选择第二种方案，当然它在实质上是一种演绎法。但是，人类的知识并非全然都是演绎的。即使是最玄虚的理念和最狂妄的计划也必须以事实为基础……无论怎样演绎推理，我们都不可能设想出一套完全不以实例为基础的叙事文理论。这样的理论，如果有的话，也不会是叙事文的理论，而只能是别的什么理论。于是，从实用的目的出发，第二种方案显得更有用，因为它是唯一可行的途径……
>
> 用这种方法建立普遍的叙事文模式，颇像科学家在科学研究中提出一条假设……在过程中，他或会发现需要修改假设，或者用新的假设替代它。这便是科学家进行探索、获得新发现的途径。为使普遍的叙事文模式行之有效，我们也必须不断用新的叙事文

---

① 乔纳森·卡勒：《当代学术入门：文学理论》，李平译，辽宁教育出版社，1998年版，第5页。

② 见《外国文学评论》"编后记"，2004年第1期。

形式来检验它、修改它,甚至取代它。①

依王靖宇先生之见,叙事学的理论模式研究应该拥有这样的权利,即以叙事文学鲜活的实例为基础,在实际批评中不断检视、修改乃至完善预设模式的合理性。因此,以西方叙事理论为范本,以其核心概念为主体轮廓,秉持灵活性与实用性原则,使之成为构建有中国特色叙事理论的策略性尝试,也便有了法理性依据。

---

① 王靖宇:《中国早期叙事文研究》,上海古籍出版社,2003年版,第3页。

解构论在当代中国

胡继华

引　言

"解构论在当代中国"这是一个模糊但充满冒险气息的命题。这个命题首先暗示,"解构"本来就蕴含于中国固有的传统中,由于20世纪80年代之后域外思想和文化运动的诱发作用,这种用现代术语来称谓中国思想元素被激活,而演化为一个叫做"解构"的思想"事件"。这个事件必然汇入了中国现代文化的传统,甚至构成了中国文化精神的一部分。

然而,在浅近的共识上,这个命题无疑是指源自法国哲学家德里达(Jacques Derrida,1930～2004)的理论学说,有一种强以名之曰"解构"的哲学和批评方法,自外而内地影响了中国知识界,由此在20世纪80年代之后的中国演绎了一段思想的"故事"。这个故事叙说了中国古典文化、西方显学("后现代")思潮,以及正在演化的中国现代文化三方的恩怨情仇,从而编织出错综复杂的中国现代文化精神的断裂与连续的复杂语境,呈现了对话各方所蕴含的诸种思想要素的冲突与融合关系。

究竟何谓"解构"?尽管一切定义的努力都将无功而返,德里达本人还是用了一个非常简单的方式来显示它。"哪里有'一种语言以上'的体验,哪里就存在着'解构'……这种语言多样性正是解构所关注和关切的东西"①。无论哪个文化传统中,都会有"一种语言以上"的体验,因而一切文化中都存在着解构的思想元素。五千年的文化古国,流传而散布于当今世界的语言绝非纯净的语言,而是杂糅的语言。按照梁启超的历史分期学说,在"中国之中国"的上古时代,有多民族语言的杂糅,上古语言自然不够纯粹。在"亚洲之中国"的中古时代,有亚洲各种语言向华夏民族语言的渗透,尤其有天竺佛学东来,随后蔓延华土,语言杂糅的文化实践导致了儒、道、释三种学说的融合,而铸造了中国文化的古典传统。在"世界之中国"的现代文化语境下,泰西技术、科学、政治与人文对中国古典文化的影响犹如惊涛裂岸,不仅开启了中国古典文化的现代转型,而且更重要的是,加速了中国社会出离古典而进入现代性的进程。作为"一种语言以上"的体验,解构绝非陌生之物,而是文化实践的一种实在境况,以及文化精神的一种活跃的生命状态。从这个角度言之,"解构"是一切文化实践的常态,以及一切文化传统的本己要素——在消解中建构,在断裂处连续。

在比较文化影响研究的视野下,"解构论在当代中国"意味着解构思想在中国的流布与接受。但德里达说了,解构不是一种单一的思想而是复杂语言的跨文化实践,不是一种静止不变的文化成果,而是一种生生不息的历史进程。解构是"一个具有转换结构的进程,我们不应该也不可能俯视或者总合其意义"。而一旦叙说或者评述"解构在中国",把"解构在中国"作为"一个论题"、作为"一个完整的定义之对象",就势必成为解构的对立面,"使它疲惫,耗尽它的元气,最后结束它的生命"②。在跨文化实践的意义上谈论解构,意味着唤醒一种文化传统,激活一种幽深的文化记忆,回味一种弥散的文化余韵。但解构确实是以一种貌似激进甚至离经叛道的姿态来完成这一使命的。"解构不是一种简单的理论姿态,它是一种介入伦理以及政治转型的姿态"。它在

---

① "《书写与差异》访谈代序",参见德里达:《书写与差异》,张宁译,北京三联书店,2003年版,第23页。另参见德里达:《多义的记忆——为保罗·德曼而作》,蒋梓骅译,中央编译出版社,1999年版,第26~27页:"对解构下一个独一无二的、简略的、经济的定义,那就是:不止一种语言(plus d'une langue)。"

② 德里达:《多义的记忆——为保罗·德曼而作》,蒋梓骅译,中央编译出版社,1999年版,第28~29页。

显白处一直对抗非正当性的教条、权威和霸权,但在隐微处却执着于"一种肯定"、"一种投入"以及"一种承诺"。① 没有无中生有的解构,只要是解构都会沉浸在幽深的文化记忆。这一点具有"普世有效性",无论是对于解构源由所自的欧洲文化,还是对于解构散布所及的中国文化,都存在着一种剪不断理还乱的文化记忆之庞大谱系。重构这种文化记忆,质疑、对抗、转换这种文化记忆的谱系,承诺这种文化记忆的未来,就是解构自身的使命,以及它对于中国所必须担负的责任。

一、"解构论在当代中国"——流布的一般状况

20世纪80年代至今,"解构"已经成为中国当代文学理论和哲学的关键词之一。"百度搜索"显示,以"德里达"为中心词的条目有80万多条。"中国期刊网全文数据库"显示,从1990年至2010年,以"德里达"为中心词的论文有2240篇。中国国家图书馆收藏有关德里达的专著82本,学位论文25篇。

在汉语文献中,"解构"一词最早翻译为"消解"、"分解"、"解析"。德里达这个名字最早写成"德雷达",最早出现在李幼蒸翻译J.M.布洛克曼的《结构主义:莫斯科-布拉格-巴黎》之中。该书将德里达的学说当作结构主义的一种发展形态来论述,尤其注意到他对希腊形而上学的质疑。"德里达的基本论证所根据的主张是,哲学的根源在于希腊和西方的知识(episteme)(意义),也就是在于逻各斯的历史之中"②。在该书的中译者注释中,解构理论的几个关键词——书写语言学(grammatology,后译为"文字学")、踪迹(trace,又译为"印痕")、书写语言(écriture,又译为"文字","写作")、分延(différance,后译为"延异")——被予以重点释义。译者特别注意到,"书写语言学"的哲学意图是"探索传统文化的原始基础","踪迹"概念"使语言敞开其无限的可

---

① 张宁著译:《解构之旅·中国印记》,南京大学出版社,2009年版,第26页。

② 布洛克曼:《结构主义:莫斯科-布拉格-巴黎》,李幼蒸译,商务印书馆,1980年版,第120页。

能性","书写语言"与作为言语的声音语言相对立,"分延"具有区分的发生和"时间化"的双重涵义。比利时学者的这本小书立即不胫而走,对当时中国读者产生了较大的影响,德里达及其解构学说的流布从这里开始。

在20世纪80年代前期,德里达及其解构思想还没有进入中国学人的视野。一段小小插曲意味深长。1987年左右,德里达的名著《书写与差异》(*Writing and Difference*)英文版在大陆被影印流传,书名被草草译为《写作与区分》,当作一般的英语写作指导用书在书店上架,书号为BG000340。按照伯尔尼版权公约,《书写与差异》来到中国是经过非法盗印的,以这种非典型的方式出现,本身就有强烈的"解构"色彩。但中国读书人根本不了解"解构"为何物,一切渴望学好英语的学生,只是想通过它来提高英文写作水平。笔者在得到这本书后,初读几段就仿佛进入了雾海云山,茫然不知身在何处。显然,不具备对希腊形而上学文化传统和西方文学历史的了解,几乎就无法读懂德里达的这本奠基之作。在这本书里,"延异"、"踪迹"、"源始书写"、"广义经济"、"世界游戏"等等,这些解构思想的基本概念都已经成型,并被应用于对西方文化和文学历史的透视。此书虽难读,但德里达新奇的思路、独特的概念,散发着魅力的文本编制方式,尤其是那种通过消解结构主义和质疑现象学而解构整个西方形而上学传统的姿态,确实在我们面前呈现一道诡异的风景,敞开了一方自由思想的空间。《书写与差异》的完整中文版直到2001年才问世,这已经是14年之后的事情了。

如不借助于已经熟知的思潮,新异的思想就根本无法被理解。解构论来到中国,中国知识人对它的理解不是借助于结构主义,就是借助于现象学。结构主义和现象学确实是解构赖以发生的晚近背景,当然它的遥远背景一直可以追溯到旧约创世纪以及古希腊前苏格拉底时代。以结构主义为背景来理解,解构论是将结构主义推向极端而产生了一种夸张变异的理论形态。它在本质上与结构主义别无二致,即拒绝"人—主体性"和"历史—历时性"这些传统的理论命题。① 结构主义把一切看作是整体化的系统,因而在系统中赋予结构优先于动力的地

---

① 徐崇温:《结构主义和后结构主义》,辽宁人民出版社,1987年版,第98~99页。

位,形式优先于生命的地位,共时性优先于历时性的地位。解构作为结构主义的对立物,其基本姿态是以生命激活形式,认为历时性高于共时性,因而其终极取向和必然结论是"人的死亡"与"历史的终结"。"结构主义意识是一种灾难意识",解构论是结构主义的解毒剂,是对于结构主义整体化与同一化思想格局的全方位震荡,从而凸显出差异与异质主题。这种差异性与异质性体现在符号裂变、话语多元和文化语境的普遍断裂之中,体现在变动不居、无所持驻的世界游戏之中。而这种对差异的迷恋,实乃把被镇压在结构主义思想中的历史拯救出来,延续着世界、生命与精神运动之中伟大的"逻各斯"。① 不过必须指出,解构论并不是对传统历史观简单重复,更不是对形而上学的再度忠诚,它所呈现的历史观是一种新型的历史观。

从现象学的视野来审视,解构的对象正是现象学中那个不证自明的"在场",而以这个"在场"为中心建立的形而上学是以暴力窒息差异,以自我同一灭杀绝对他者。而要超越这么一种以"光的暴力"和"在场的暴力"为支撑的形而上学,有两条道路可走,一条道路是伽达默尔式的解释学对话,而另一条道路就是德里达式的解构书写。② 在《声音与现象》中,通过解读胡塞尔,德里达发现了现象学话语中"哲视理论(théoricisme)的权威",并在古希腊存有论传统中去追溯这种权威的渊源。在《论文字学》中,通过将海德格尔的"本体论差异"激进化和扩大化,德里达将"延异"推至"本体论差异"的起源之前,而使之逾越了"在场与缺席的差别"、超越了"真理"的特权、克服了对于"唯一词语"的怀旧病。在《暴力与形而上学》中,通过对列维纳斯的"他人之踪迹"、"决未呈现的绝对过去"、"全然相异性"等观念和现象学逻辑的极端推展,德里达形成了一种明确的解构意识:在哲学中不懈地追寻"他人的踪迹"、"他人的语言",并无条件地担当起对"他人"及其"相异性"的伦理责任。③

---

① 汪堂家:《后结构主义概观》,载于《现代外国哲学》,人民出版社,1987年版,第11辑。
② 张志扬:《悼词与葬礼——评德法之争》,载于《中国现象学与哲学评论》第1辑"现象学的基本问题",上海译文出版社,1995年版,第295页。
③ 胡继华:《延异》,载于《外国文学》,2004年。

20世纪80年代末到90年代初,德里达论著中的一些重要篇章零星地片段地被翻译成中文,其中影响较大的篇目包括:《人文科学话语中的结构、符号和游戏》(当时翻译为《人文科学理论中的结构、符号与活动》)、《被劫持的话语》(当时翻译为《话语的灵性》)、《延异》(当时翻译为《分延》),以及《人的末日》(当时翻译为《人的目的》)。德里达超越意义解释的"游戏"立场和以"延异"为表征的"书写"概念备受中国学界的注意。这些概念在翻译、解释和运用之中被有意无意地赋予了过度的意义,而德里达反抗形而上学威压与质疑非正当性权威的批判立场被等同于虚无主义。苦于教条主义的宰制以及政治意识形态的羁绊,20世纪后20年的中国知识人仍然摆脱不了对思想专制与文化蒙昧的恐惧,对解构论的激进化的解释就不仅具有相当的代表性。特别是由于表达这种思想的修辞具有浓郁的情感韵味和诗意色彩,对于解构论的中国式解释差不多就代表了一种时代精神。从尼采到德里达,从主体的黄昏到人类的终结,虚无主义就不仅是西方历史的宿命,仿佛更是中国现代文化精神的去向。"德里达拒绝任何怀乡的漫游姿态,他要的是无根的漂泊,像尼采的超人拒不重返家园,而以家园外的舞蹈嘲笑那些靠记忆和晚祷守护存在之意义的还乡者,从而把对形而上学的批判彻底到虚无。"①

与这种将结构与解构对立绝对化、把解构立场激进化的姿态相对立,有一种依托于"价值形而上学"而对解构论的透析。这种观点对解构论持有一种审慎的保留立场,对解构的后果具有一种警觉意识。这种观点认为,解构"挣断了结构主义之轭……然而由认知方式驱走的形而上学终不过是认知之维上的形而上学"②。不论解构论怀着多么巨大的激情同结构主义的羁绊进行绝望的抗争,但它和结构主义依然分享着共同的信念,因此反抗者与反抗的对象依然处在同一精神的引力场之中。可惜,由于复杂的文化环境、顽固的思想习性以及占主导地位的"后学"思潮的负面影响,这么一种来自价值形而上学的声音相当微

---

① 张志扬:《悼词与葬礼——评德法之争》,载于《中国现象学与哲学评论》第1辑"现象学的基本问题",上海译文出版社,1995年版,第294页。

② 黄克剑:《价值形而上学引论》,载于《论衡》第1辑,福建教育出版社,1998年版。又参见《心蕴》,中国青年出版社,1999年版,第361~391页。

弱,甚至几乎被人忽略了。在此,人们只看到一个孤军奋战的德里达以及一种离经叛道的解构论,完全看不到德里达对于传统的绝对责任以及对文化未来的承诺。传统意识的式微,表征了文化记忆的暗淡。而对文化的未来丧失承诺,则标志着意义陷入了深重的危机。其实解构之所以为解构,之所以具有德里达所言的"普世性效应",那是因为它同文化记忆和历史语境息息相关。

一方面,没有文化记忆就没有解构。

在这个意义上,解构并没有从欧洲输入到中国。相反,它在中国有若干源始构型,这些构型在欧洲近代历史上呈现过,并且引发了独特的效应。儒学对莱布尼茨的影响,《易经》对欧洲科学思维的激励,以及中国园林设计的美学对英国浪漫主义的启发,都是文化记忆的历史构型引发欧洲历史事件的显著例证。

比较文化学家将近代的欧洲称之为"中国的欧洲",这不是偶然的。甚至我们还可以说,"中学西传"在一定程度上解构了启蒙运动之前的欧洲传统,近代欧洲便笼罩在中国文化记忆的残像余蕴之中。

因此,超越实际联系和遥远的时空间距,以同源学的研究方法探索解构论与中国古代思想的关联,自然是一种具有启发意义的思路。以今观古,在现代文化语境中激活古典文化资源;以古鉴今,在古典价值光源的烛照下辨析当代文化思潮。将道家思想家庄子同解构思想家德里达进行对比,显然会发现两者属于同源的源始构型。有论者发现,德里达的"书写"概念十分类似于老子的"道隐无名",因为这种"书写"就是踪迹,踪迹就是源始的"道道",它不仅是狭义"文字"的特征,而且也是一切符号、一切文化形式的样态。德里达的"踪迹"比海德格尔的"此在"更接近于中国老子的思想。但德里达的"书写"与老子的"道"之间一个不可忽视的差异,在于老子的"道"缺少了一个时间化的维度,没有了海德格尔的那个"此在"之"此"。[①] 有论者指出,从质疑非正当的权威与权力的思想姿态看,与其说德里达接近于老子,不如说更接近于庄子。"庄子从语言学向度、价值向度和历史向度上将儒家的人为中心、伦义中心的实践理性虚拟化了;德里达从语言、逻辑与本体向度对古希

---

① 叶秀山:《意义世界的埋葬》,载于《中国社会科学》1989年第3期。又见《叶秀山文集》,上海辞书出版社,2005年版,第32～33页。

腊以至近代西方文化传统发起了责难,进而虚拟化了以逻各斯中心主义为根基的形而上学——本体神学或末日学"。然而,德里达一味解构,呈示疯狂、怪诞、破裂与无序,但这毕竟不是人类的理想状态。相反,庄子的思想在一定程度上蕴含着对价值的期许,他甚至暗示我们:"敌视生命的理性与放逐生命的价值,王国的陨落也并非是一种悲哀,死亡了而且被埋葬的意义也不是作为生命之'皇极'的意义本身。"①

无独有偶,海外"汉学"在后殖民文化理论的视阈下将中国古典文化作为"他者"来注视,也发现了中国古典文化中也存在着解构的源始构型。有论者指出,古典汉语以形象优先,而形象具有暗指隐喻的功能,因而古典汉语完全不同于"逻各斯中心主义"的西方语言,而已经是一种"解构的语言"了。②

从西方语言观和中西诗学汇通的角度,有论者发现道家知识论和诗学语言论的精粹在于:"天地与我并生,万物与我为一",人只不过是万千世界的盈虚消息之中的一项而已,根本就没有理由按照一己的主观情性去界定和分封万物。"万物各具其性,各得其所,各依其性,各展其能,我们要还物自然"。这就像德里达所提示的那样,要破除语言的执迷,解构主客、天人之对立,从而在诗歌之中实现"无言独化"与"物我通明"。③

有论者还发现,解构与大乘佛学貌似天壤,形若水火,但在德里达的语言游戏和由僧肇在中国奠基的大乘佛学在哲学方法、策略和理性依据上却具有相似性,具体表现为它们词汇和语句的解构策略,双重否定的存在论批判立场,以及非此非彼的超越性趋向。以解构为视野返观僧肇和大乘佛学,论者断言,在大乘佛学的解构与自我解构之中有一

---

① 胡继华:《浪迹虚无的大道行——庄子与德里达的非哲学思考》,载于《东方丛刊》1996年第2期。又见胡继华:《重构巴别塔——解构诗学新论》,北京出版社,2007年版,第183页。
② 郝大维、安乐哲:《汉哲学思维的文化探源》,施忠连译,江苏人民出版社,1999年版,第146~148页。
③ 叶维廉:《言无言:道家知识论》,载于《中国诗学》,人民文学出版社,2006年版,第54页。

条清晰的、自成方向的主线,把我们引向超越语言和概念思维的涅槃境界。①

另一方面,没有特定历史语境之中的现实关怀,解构也成为不可能。

20世纪90年代之后,经济文化全球化运动的加速和消费意识形态的萌动,国家政治制度和社会随之进一步转型,而同时对民族文化建设提出了新的要求。顺应这种文化转型的趋势,适应民族文化建设的需要,同西方"后现代"、"后结构"和"后殖民"理论取向相契合的中国文化思潮应运而生。表面上看来,仿佛是志在颠覆"宏大叙述"的后现代主义在中国文化语境中着陆并惊动万道渊流,事实上则是中国社会、政治和文化转型在思想之中的折射以及在学理上的呈现。20世纪90年代之后,中国文化理论在话语修辞层面表现出一种自我调整的态势,其方向是从"理性批判"向"文化解释"的转型。文化转型和话语调整的显著表征,便是思想型学术的淡出而职业型学术的兴起。指点江山的圣贤风范,让位于皓首穷经的学者良知。正是在这种历史语境中,解构论话语在中国文化语境中的散播流行,与其说是来自域外思潮的影响,不如说是中国现代文化精神的一种自我诉求。

首先,解构论那种质疑和抗拒非正当性权威的姿态,同源自"五四"的批判精神具有一种契合关系,解构论代为立言,重演了"独立的思想与自由的精神"。② 其次,以解构论介入中国现代先锋艺术实验,中国现代文学批评突出传统的意识形态重围,逃离形式主义的牢狱,尝试建构一套异乎传统政治批评又异乎西方形式批评的理论形态和话语模式。当代文学批评家操作"延异"、"增补"、"缺场"和"重演"这些解构批评概念,积极干预中国先锋作家的文化实践,力求将文学本身、叙述本身和文本本身从客观现实的羁绊之中解放出来,将"文学性"、"叙述性"

---

① 蔡宗齐:《德里达与僧肇:语言学与哲学的解构主义》,载于《中国学术》第2辑,商务印书馆,2000年版,第186~201页。
② 参见胡继华:《人的主题与中国现代文论的自我调整》,载于《当代文坛》2009年第5期。

和"文本性",总而言之,将"诗性"变成一个自律的纯净的审美乌托邦。① 再次,在人文学科的"语言论转向"的轨迹中定位解构论的历史地位,解构论被看作是"语言乌托邦"纯净的极限及其自我坍塌的产物。语言乌托邦纯净的极限,构成了修辞论美学自我超越走向普遍文化的境遇。修辞论美学消融于普遍文化,文化论转向随之发生,文化诗学将文学理论及其批评实践引向了广阔的视野。② 最后,解构论表面上向往价值中立,拆解一切深度,呼唤无意义的文本游戏,但德里达的游戏风格却是一种另类的政治诉求。"说我是一个怀疑一切的虚无主义者,我不相信任何东西,文本也没有意义,这是极端愚蠢和完全错误的;我从来没有说过'一切都是语言,我们局限于话语之内'"③。针对那些贬损与责难,德里达做出了这样的自我辩解。在他看来,哲学要持续存在,就必须回答"如何处理生活,人与人如何和谐相处?"这个核心问题。哲学不是"死之预演",而是"谋生之道"。因而哲学是伦理学,也是政治学。"只是到了最后,德里达意识到了某种伦理政治的迫切性。一些政治性的忧虑席卷而来,他不同寻常地历史化了,而且非常直截了当,解构不得不在历史的压力下返回具体的历史"④。从特定历史文化语境的现实关怀看来,解构并非是对传统和价值的非道德、无原则的破坏,而是以抵抗与反叛的姿态对伦理－政治所做出的承诺。

综观 20 世纪 80 年代以后解构在中国的流布,我们首先看到中国接受解构理论有两重视野、两种立场。从结构主义视野看解构,解构被看作是对结构主义的背叛,或者说解构是将结构主义推向极端的产物。从现象学视野看解构,解构就是对"在场"、"同一"的质疑,以及对"差异"、"他者"的追寻,而隐含着一种伦理的诉求。将解构激进化而将它

---

① 陈晓明:《解构的踪迹:历史、话语与主体》,中国社会科学出版社,1994年版,第120页以下。

② 王一川:《语言乌托邦》,云南人民出版社,1996年版。该书的显著特色是用"语言诗学美学"统帅现代西方美学与文论,从理性衰落之后的语言论转向开始,把现代、后现代美学描述为语言乌托邦的建构和解构。

③ Kirby Dick, Amy Zierung Kofman, et al. , *Screenplay and Essays on the Film Derrida*, Manchester University Press, 2005, p. 121.

④ 汪民安:《身体、空间与后现代性》,凤凰出版传媒集团、江苏人民出版社,2006年版,第207页。

与虚无主义等量齐观,这是一种徘徊在后现代多元主义紊乱精神力场的"相对主义"幽灵。从价值形而上学烛照解构的局限性,正是一种坚守终极信念反抗虚无主义宿命的人文立场。概观解构与中国文化的隐秘关联和显著契合,我们还发现解构同文化记忆和现实关怀紧密相关,与其说解构影响了20世纪后期的中国,不如说在中国古典文化中存在着解构的源始构型,以及现代中国文化精神借助解构话语而展开了自我诉求。解构在中国文化语境下的流布渐渐形成了四种理论范式。一是文化比较范式,即以同源学的方法研究中外文化现象超越时空的遥远契合;二是文学批评范式,即以解构介入先锋艺术实验,探索一种异乎形式主义又异乎政治批评的文本理论;三是文化研究范式,即超越修辞论美学,顺应文化转向,将文化批评引向更广阔的历史文化视野;四是政治伦理建构范式,即从解构论获得启示而超越虚无主义,回应政治伦理的迫切要求,追寻终极价值,探索世界的意义。

二、解构的中国梦和德里达的中国缘

继19世纪中叶"浪漫的东方主义"之后,中国在后现代语境之中再次进入西方人的视野之中。中国或者东方,在解构思想之中的位置十分突兀,她几乎代表一种拯救的可能性,作为一个理想的空间而成为西方未来的典范。福柯惊叹"横陈在永恒天空下面一种沟渠堤坝的文明",索勒斯迷恋"从铭刻的视野之中涌流出来的文字"及其"声音原野上释放出来的复杂条纹",罗兰·巴特在东方发现了一个虚拟的国家和新的乌托邦,从中读到了一则"愉快的神话",克里斯蒂娃在中国妇女的生活方式上印证了她的东方想象。中国对于后现代的西方,就是一个想象的共同体,一个梦想的寄托,一个幻觉认同的对象。而解构对中国和东亚的思考或梦想发生在"文字学"与人文主义的终结这两个广泛的主题之下。①

德里达的中国缘分首先就是一些悖论:他不断地想象中国,可是他

---

① 苏源熙:《默契还是预约? 结构、解构的中国梦》,载于《中国学术》第5辑,商务印书馆,2001年版,第48～61页。

不懂汉语；中国学者在费力地读他的书，但他的书却是假借第三种语言——英语——在中国被翻译和流传。德里达坦诚告白说:"这的确是一个悖论，因为从一开始，我对中国的参照，至少是想象的或者幻觉式的参照，就占有十分重要的地位……在近40年的这种渐渐国际化过程中，缺了某种十分重要的东西，那就是中国。"①在学理上，德里达早就断言，作为他自己言说背景的西方文化语境是拼音主义文化语境，其触目特征是以言语贬损、弱化、威压着书写，其可感后果是以西方贬损、弱化、威压着其他区域，以男人的话语贬损、弱化、威压着女人的欲望。

不幸的是，德里达指认的中心化、二元对立性思维方式被认为是使西方历史负疾沉疴的劫薮。而且更为不幸的是，在德里达看来，像尼采、海德格尔等哲学巨子都未能指明这种"逻各斯中心主义"体系必须对现实的荒凉与败落负责。就此，他力求以一种更为关注文字、注视书写的动姿，呈现西方形而上学大厦坍塌之后的凄迷景色——"书的终结，写的开端"，②这与法国诗人马拉美的悲怆叹异曲同工——"肉体含悲，书已读完"。就在这种凄迷景色与悲怆咏叹中，德里达同中国语言符号体系——汉字相遇了。

在我所见的德里达文本中，有如下几处直接涉及汉语文字体系。的确也能够在这些文本中切实地读出他难以掩饰的兴奋之情，因为他仿佛在窥透了人类希望的虚幻性之后，瞬间瞥见了一道异乎西方"光之暴力"的文字缘光。

(1) 在堪称德里达事业的奠基之作《论文字学》中，德里达提出这么一个观点:在非拼音文化语境中汉字符号体系的存在，证明在整个"逻各斯中心主义"体系之处还发展着一种强大的文化运动。德里达的如此断言来自于对范诺洛莎(Ernest Fenollosa)、庞德(Ezra Pound)的汉字文化观与"图像诗学"的理解。1908年，范诺洛莎在去世之前撰写《汉字是诗歌的媒介》，文中断言汉语具有无与伦比的诗性，在表现力与节奏感方面远远优越于西方拼音文字。1923年，庞德编辑了范诺洛莎

---

① "《书写与差异》访谈代序"，参见德里达:《书写与差异》，张宁译，北京三联书店，2003年版，第5～6页。

② Jacques Derrida, *Of Grammatology*, translated by G. C. Spivak, Baltimore, Md: Johns Hopkins University Press, p. 9; p. 11.

的著名论文《作为诗歌媒介的汉字》,范诺洛莎的基本观点是,汉语文字因其自然性、流动性、情感性、亮丽性而成为本源的诗的媒介,汉字是速写图,极快地"组接了融进读者心中的意象","一切真实都是力量的转换"。① 庞德认为,"象形构成的中文字永远是诗的,情不自禁是诗的"。② 基于这种认识,庞德向汉诗歌求助,挪借儒家经典、中国古代神话和气韵生动的汉字,构建意象诗学体系,力争冲破西方历史上的古典、浪漫、象征等诗学传统。范、庞二人确实激发了德里达解构西方的激情,也强化了他那种"文字学"的策略构想。他认为范、德二人对于汉字的解读引向了图像诗学的发明,而"这种不可简约的图像诗学,像马拉美的诗学一样,都表征着极其顽固的西方传统中最早的裂口"③。

(2) 在《哲学的边缘》中有一篇题为《地狱与金字塔:黑格尔的符号学引论》的论文,在这篇论文里,德里达系统地解读了黑格尔《哲学全书》中涉及符号的文本。尤其是在《哲学史讲演录·导言》《历史哲学·导言》中为黑格尔所征引的二手关于中国古代文化的资料,特别受到德里达的关注。黑格尔所征引的涉及中国文化的文本是荷夫麦斯特所译《易经》、雷谬萨所译《老子》。在把黑格尔宏大的话语体系视为"逻各斯中心论"对书写文字的威压与弱化之后,德里达并置了三种历史性的书写方式,即理性算符书写、埃及象形文字与汉语表意符号体系。其中汉语文字符号在自然性、物质性与铭写性,尤其德里达所激赏,仿佛他就在西方理性文化闪光的金字塔下面发掘出了生机盎然与灵韵弥漫的文本景观,这文本景观铺展了"文字学"的未来。

(3) 在行文异常飘逸、洋溢着文学性灵韵的《散播》一书中就收入了题为"散播"的一个文本。"散播"所处理的是法国小说家索勒斯(Sollers)的一个实验文本,题为"数目"。这个文本是多种样式如小说、戏剧、诗歌等的杂糅,充满双关、俏皮、隐喻、文字游戏,其中涉及中国古代的《周易》古经,保留了汉语方块字形。德里达对这个文本的解构就

---

① E. Fenallosa, *The Chinese Writing Character as a Medium for Poetry*, edited by Ezra Pound, San Francisco, 1936, p. 11.

② Ezra Pound, *ABC of Reading*, London, 1934, p. 22.

③ Jacques Derrida, *Of Grammatology*, translated by G. C. Spivak, Baltimore, Md: Johns Hopkins University Press, p. 11.

显示出迷人的文本形式感和符号节奏感。按照索勒斯和德里达西方形而上学的虚拟的中柱为轴心运转,受到三分法则、三步节奏、三元运动(如三位一体、俄狄浦斯、辩证法)的统治。中国的《周易》古经中神秘歧异的"象数"体系、汉语符号的方块文字则是西方形而上学体系之外生生不息、周行不殆的生命征象。德里达戳穿了西方中心的虚幻性后,要沿着索勒斯的"数目",从三过渡到四,从三角到方形,最后从拼音转向汉字,即从Est("存在"——西方形而上学的关注中心)走向Est(东方)。至于汉语文字的书写形式,在德里达看来,起码可以完成两种使命:装饰文本与书页,产生迷人效果,把诗歌语言从再现体系的束缚中解放出来,获得萦绕文本的灵韵;或者,汉字以其构形力量、驱动力量直接呈现在观照者眼前,自由游戏。① 德里达带着一种既想回避又有意欲的矛盾心情来观视西方与东方的关系,把汉语文字当作"逻各斯中心论"的西方形而上学之处一种增补的异在者的踪迹,因而解构所解构的不是东方。而这意味着在汉语文化语境下人们必须对德里达的解构做出回应,就是一次世界性视阈中文化的互相观视的开始,这种互相观视终于引发了20世纪90年代初期一场解构、古典中国文化、现代中国文化的三方对话,对话关涉到对古典文化的现代命运以及"五四"之后的现代中国文化的未来。

三、解构之声在中国文化反思中回响

中国学者在汉语文化语境下对德里达解构思想的回应,首先就摆出了一个不可回避的问题。一般说来,德里达的解构思想对人类性与人文性的确构成了强有力的挑战。但是,我们必须特殊地发问,超出德里达借以潇洒出场的西方拼音文化背景,超出西方近代理性主义文化衰败没落的现实语境,"解构哲学"的挑战是不是还有其限度? 是否能够断言,在中国历史文本中潜存着像德里达时时获得快感的解构机缘?

1985年,旅美学者张隆溪在美国权威刊物《批评探索》(Critical

---

① Jacques Derrida, *Disseminations*, trans. with an introduction and additional notes by Babara Johnson, Chicago: Chicago University Press, 1981, p. 256.

Inquiry)上撰文《道与逻各斯》,这是汉语文化语境中算得上有分量的回应。① 张隆溪的基本立意是:人同此心,心同此理,在东方和西方的思维之中同样存在着中心化思维(如"logos"、"道"),同样存在着二分对立(如意义/词语、内容/形式、意图/表达等等)。因而,我们不难看出,张隆溪的第一个观点是"逻各斯中心主义"并不只是存在于西方思维方式之中,它也同样地根植于东方思维方式中,更有甚者恰恰是它才构成思维方式本身。第二,按照张隆溪的观点,道家的"道可道非常道"、"名可名非常名"的体道方式的悖论,以及儒家"得意忘象"、"得意忘言"的智的直觉,都说明东方思维方式的特征是直觉多于分析,力求避免逻辑抽象过程对世界全体大同的损残。因而,直觉与表达的二元对立就已经把东方也纳入"在场形而上学"(metaphysics of presence)之中。德里达那犀利的解构缘光,也同样在消弭非拼音文化语境。张隆溪的论文一出现,即刻受到汉语文化语境中许多学者的关注、赞扬和喝彩,其中就有杜维明、叶维廉等大名鼎鼎的哲学家、诗学家。作为一个文化事件的中西遭遇的确已经开始,而中西思想的互相观视在这事件当中显得异常迫近。当时及随后几年华厦大陆鼓动着一股高扬主体性和突显人的自由的文化大潮,弄潮儿中也有许多人自觉不自觉地援引德里达,在极其情绪化、极其意识形态化的学术立场上展开对中国传统文化的挑战,发誓要荡涤千年不息的封建主义幽灵。

如此一来,德里达可被树为汉语文化的叛逆者的精神导师,解构哲学可大书特书在反传统战争的灵旗。因为受历史文化语境的囿限,当时人们很不容易看出德里达向人类性与人文性发出挑战的前提和限度。最先看出问题的是当年的"九叶"诗人郑敏。1993年,郑敏在大陆权威刊物《文学评论》第三期上发表长文《世纪末的回顾:汉语语言变革与中国新诗创作》②。该文检讨"五四运动"以来汉语(文学)语言的断

---

① 张隆溪:《道与逻各斯》,作为单篇论文第一次以汉语发表在《文化:中国与世界》第二辑,北京三联书店,1985年版;参见《道与逻各斯》,冯川译,四川人民出版社,1998年版。

② 郑敏的论文后收入《结构—解构视角:语言·文化·评论》,清华大学出版社,1998年版;郑敏的相关观点亦见其另一本论文集《诗歌与哲学是近邻》,北京大学出版社,1999年版。

裂与转型，提出在当时是十分犯忌的断言：以拼音化为取向的汉语变革是对母语的"弑亲"，使汉语文字可怕地丧失了灵魂。该文问世，立刻激起了华夏大陆学术界的强烈反响，马上引发了一次关于汉语诗学的激烈争论，郑敏因为该文和后来陆续表述的观点而被冠之以"文化保守主义"（二元对立思维毕竟幽灵未息啊！）。从理论上看，郑敏的语言学观点为其诗学主张打下了难以轻易动摇的理论基础，这就是语言不是工具，人不能驾驭语言；从说话到书写，从思考到认知，都无法摆脱语言的自律性，因为语言扎根在人的无意识深处，支配着人的复杂的精神过程。从历史角度看，郑敏纵观考察了浪漫主义、现代主义、后现代主义在西方历史上的嬗变，认为后工业社会、理性文明、逻辑至上以及人类中心主义一直都是浪漫主义以来西方文学与诗学所力求消解与规避的东西。在他们的消解与规避行动中，中国古典文化，尤其是汉字的形象成为一种激发灵感的气韵，一道想象的景观。从文字学角度，郑敏吸收马叙伦、安子介等人的汉字研究成果，认定汉语文字有动感，富有感性魅力，富有原创的诗性，从而汉语文字是诗的语言，是通向自由语言的通行证。郑敏自20世纪80年代中期以来对于诗学的思索，是在解构理论的视阈中返身自视，体认汉语古典诗歌的审美价值，而这归根结底是对于语言自律体制之下无意识的精神的自觉。所以，她乐观而自信地写道："我们要焕发汉语文化自己的特点，在创新中显示出我们几千年诗歌传统的独特与伟大。"

接下来是一段小小的插曲。1996年，白艳霞在权威刊物《外国文学评论》第3期上撰述论文《在中国人的语言观念中有语音中心主义吗?》，该文针对张隆溪《道与逻各斯》中对"言象意"这三个古典诗学范畴的阐释，提出与张隆溪的观点相对立的观念，即中国传统的文化语境并非拼音文化语境，因而根本不存在张所断言的那种作为思维共性、作为思维构成的"逻各斯（语音）中心主义"。简言之，中国古代诗学也根本不受"在场形而上学"的宰制。白艳霞在文中仔细分辨了汉语中"言不尽意"之中的"言"并非西方"言语（logos）中心主义"里的"言"。汉语符号体系中的"言"更多的是"象/意"相融的文字。汉字位于非拼音文化的语境中与西方拼音文字存在着重大的不可公度的差异，而此一区别足以打破"语音（phone）中心主义"神话。白艳霞与张隆溪对立，而与郑敏趋近，直接挑明了解构的界限——在拼音文化背景下针对"逻各斯中心主义"的解构,一旦超过这一大限就成为"皇帝的新装"——信不信由你。汉字与汉诗,汉语诗学的精神不仅没有可能被解构,而且终会成为世界历史中诗学前行的智慧光亮。

张隆溪看到的只是东西方文化中的"同",郑敏、白艳霞则极力要辨出东西方文化的"异"。张隆溪把"逻各斯中心论"的西方思维方式的困境视为人类性思维方式的困境,郑、白则认为拼音文化的局限可以通过非拼音文化而得以超越和克服。张隆溪认为德里达既解构西方又解构东方,郑、白则认为德里达解构不了东方。那么要继续回应德里达解构哲学对人类性与历史性构成的挑战,势必面对下面两个问题:解构是否是一种带有普适性的策略?回答如果是肯定的,那它在汉语文化语境中最可能的目标是什么?是道家的"道"?还是儒家的"仁"?杨乃乔自20世纪80年代到90年代都在思考着东西方诗学互相观视,解构在汉语文化中的使命以及儒家、道家、西方理性主义诗学的命运问题。他先后在《中国社会科学》《文艺研究》《天津社会科学》《东方丛刊》《人文杂志》等权威刊物上发表论文,这些文字最后凝成60万字的博士后出站报告《悖立与整合》,由文化艺术出版社郑重推出。杨乃乔的观点受到广泛关注,并受到学界的权威人士的肯定,激起了诗学界的强烈反响,有学术评论甚至以"新时期以来比较诗学的扛鼎之作"称之。① 总的看来,杨的思路是从语言论切入汉语传统三脉——儒道释,运用丰厚的古代典籍材料,集中论证"立言"与儒家诗教,"立意"与道家诗学在汉语文化语境的变迁中的盈虚消息。按照杨乃乔的逻辑,西方形而上学诗学本体是"逻各斯",其特征是封闭,自苏格拉底到海德格尔都没有逃避"逻各斯"的威压,"逻各斯中心论"是西方人恒久景仰的智慧缘光;东方就不一样了,华夏文化语境里儒家的诗学本体是"经"(而不是"道"),其特征也是封闭,从孔子到康有为、章太炎都无从规避"经"的威压。而华夏汉语诗歌审美价值的生成与散播、华夏汉语诗学对审美价值的肯认与弘扬,都必须在创作与批评两个层面上承诺儒家经学话语权力的至上尊严。"逻各斯中心主义"是西方形而上学给德里达的解构策略留下的进攻目标,"经学中心主义"是儒家学术宗教给老庄道家诗学留下的突破口。现在反复体味起来,杨对"经学中心主义"的消解亦是20世纪

---

① 杨乃乔:《悖立与整合》,文化艺术出版社,1998年版。

80年代以来一种文化批判思路的拓展与深化。20世纪80年代在主体性、人的自由旗帜下,汉语文化语境中涌现出对儒家文化价值的批判潮流,有人从天人合一、民本思想与孔颜人格出发尖锐抨击传统文化,有人从儒家超稳定的伪价值要素着手瓦解传统文化的冷酷与僵硬,有人从历史理性主义(王道历史)对个人的漠视与放逐去清算历史的罪孽,有人从儒家的独断与教条导致的思想保守和僵化去审判传统对现代的阻力。一旦把对传统的批判着落于经学中心之硬核,人们至少也看到了规范在经学中心话语权力下的诗学走向颠覆,发生位移。

　　20世纪西方"语言论转向"给哲学、美学和诗学以新的机缘和活力。而在汉语文化语境中,汉语文字的审美自觉则更是一个重大的事件、一次强势的定位、一种征服和背叛的姿态。汉语在20世纪初遭到"弑亲"以至"废黜"的厄运,几近灭顶。但是,在世界性的诗歌现代性语境中却成为灵性灵韵的源泉;在20世纪40年代汉语诗学中,汉语语言文字成为营造诗学质地和美学氛围的策略要素,但在后来的拼音化、拉丁化与简化运动中日益剥离这种诗学质地与审美氛围;20世纪八九十年代之交,这种一直未曾停息过的对汉语文字命运的忧思,终于转化成透明的"母语原创性体制的自觉"。汉语文字的原创性在于其动感、诗质、象征、血脉根性,它建构异质性、差异性的语言形象,点燃生命激情,焚烧逻辑、理性的冷酷与僵硬,又警策地提醒人类各种乌托邦的虚幻,再破除主体的虚妄与理性的迷妄。因此,我们不妨说,可能是汉语文字,而不是胡塞尔所说的理性,支撑着人类伟大而遥远的未来。汉字是心灵的书写,也是原初的书写,它是血肉对世界的拥抱,不是观视,不是沉思,不是肢解,更不是谋杀。最后是"体制自觉",这意味着存在一种认同体,一个神圣的同盟,这个认同体与神圣同盟是自律的而不是他律的,是武断的而不是可以改造的,这个认同体与神圣同盟本来说根植于人的无意识深处,不可抗拒地向我们下达命令。一旦清楚地意识到这种哑默的迷暗的力量存在,你也就会最后认识到,每一个超越的动姿都最后归属于大地的世界。家园总是在超越之路的尽头慷慨地等待着。

四、德里达的中国行,以及解构之后

2001年9月,德里达对中国进行了为期16天的访问。于他,此行终于圆了他的"中国梦"。于中国,此行让学人总算有了一次正面遭遇"解构"哲学家的机会。在中国期间的演讲和座谈,都体现了他在20世纪80年代后期以来关注的中心——宽恕的伦理、马克思的幽灵、无条件的大学和人文科学的未来、全球化与政治、全球化与死刑。

在有着100多年历史的北京大学,他讲"宽恕"。从犹太哲人杨凯列维奇(Vladimir Jankelevitch)诗一般的格言——"宽恕已经在死亡的集中营里死亡"——开始,他将茫然的中国听众带向了希腊精神、基督教精神和希伯来精神复杂交织的文化历史语境深处,将"宽恕"和"不受时间约束"的逻辑推至极限,呈现出"宽恕恰恰在于不可宽恕"这么一个典型的解构景观。在最能体现中国主流意识形态的研究机构——中国社会科学院,他和中国学人一起探讨马克思的"幽灵",将目光牢牢地锚定于世界和中国正在发生的重大历史事件,一再重申文化记忆和历史遗产问题。在香港,他讲"全球化与死刑"。从苏格拉底、耶稣、哈拉智和贞德四个具有不同信仰背景的受难生命开始,区分不同涵义的死亡、区分法律和正义、区分神律和人道,解构神权政治的合法性,批判的锋芒直接指向隐含在西方哲学、宗教和艺术文本之中的牺牲结构,甚至伟大的卢梭和康德辩护死刑的前提也遭到了置疑。一种深沉的政治伦理以启示录中才有的思想语调升华在德里达的话语之中,一种源头久远的人文意趣,弥漫着神圣记忆,在中国这片古老的土地上如幽灵般飘荡。这就造成了一种强烈的反差:那个以"解构"为志业的德里达竟然有如此深厚的人文牵挂,那个被等同于"虚无主义"的解构学说竟然对文化遗产抱有如此幽深的虔诚。①

但是，正像德里达自己描述的一样，他的思想和言说也只能是"踪迹"——像北海公园里那些用沾着白水的笔写在大地上的诗句一样："抹蚀"是思想的命运。他在中国留下了什么"踪迹"？"思想巨石激不起舆论千层浪——德里达的访问静悄悄"，《北京青年报》如此措辞颇能说明一些问题。德里达，在西方思想界活跃了半个多世纪，在中国也影响了20多年，但现在却像一个熟悉的陌生人！名气大、了解少、误解多，这是世人对他的上下求索给予的回报。另外，思想家毕竟不是"大众明星"，他的工作在象牙之塔，而不在十字街头，主动远离喧嚣，对大

---

① 杜小真、张宁（主编）：《德里达中国讲演录》，中央编译出版社，2002年版。该书收录了德里达在北京、南京、上海、香港的全部讲演和座谈发言，另外附录了德里达接受《世界报》的多次访谈以及《致一位日本友人的信》。该书无疑是了解德里达晚近思想的重要文献之一。随着新世纪的到来，德里达思想中的人文意趣也引起了学者们的强烈兴致，人们特别注意到德里达"以信仰形式"来表述教授这一职业，并在全球商业和技术时代考虑大学的批判权利。德里达晚近著作中提出的尖锐问题是：解构和人文科学的未来究竟有什么关系？这个世纪的第一个年头，就有一本《德里达与人文科学批判读本》(*Jacques Derrida and the Humanities: A Critical Reader*, ed., Tom Cohen, Cambridge: Cambridge University Press, 2001)出现了，该书是一本来自欧洲各国的跨学科学者撰写的论文汇集。这些论文集中于研究德里达晚近的著述，论述范围覆盖了法律、文学、伦理、宗教、历史、性别、哲学、政治学以及精神分析，构成了对解构论和未来人文科学之关系的全方位检讨。文集的开篇是德里达的著名讲演"教授职业的未来或者无条件的大学（对于'人文科学'，明天可能发生什么？）"(The future of the profession or the university without condition [thanks to the 'Humanities', what could take place tomorrow])。在讲演的结尾，德里达虚拟地提出了未来人文科学可能处理的七大问题，这七大问题与"人之为人"的人性休戚相关：人的历史，民主与主权的历史，教授职业/志业的历史，文学的历史，与教授志业相关的信仰志业的历史，与前面几个历史相关的"好像"(As If)的历史以及可能来临的"未来"。

众媒介保持警觉,也是德里达的一贯姿态。① 最后,德里达悄悄离去,未曾像上个世纪的罗素、杜威那样在华领尽风流,也许说明中国已经"理智上成熟",也许说明精神领袖的时代已经一去不返了。

"宽恕"、"幽灵"……当德里达的声音尚在中国的土地上荡漾,大洋彼岸就爆发了举世震惊的"9·11事件"。恐怖的爆炸声和无辜者的呻吟、受害者的愤怒和祈祷者的呢喃,让人觉得暴力离我们的世界还是这么近!这个世界怎么啦?人们会在尴尬和迷惘之中向德里达投以钦佩和求助的目光。

2004年10月8日,德里达在巴黎辞世。所有的书都合上,解构终止了,后解构时代以铁的必然降临了。然而,德里达的思想所提交的人类文化提案却没有因为哲人之颓而告终结,浪子永远没有回到他梦系魂牵的家园。当然,德里达及其解构依然没有停下在中国文化语境下漫游的脚步。一个幽灵,众多的幽灵还在中国文化语境中徘徊。

1."幽灵"在中国徘徊。

1993年,在争夺灵魂统治权威的三种当代话语——全球化理论、历史终结论和文明冲突论——的喧哗声中,德里达将一本《马克思的幽灵》抛向居丧蒙哀和债务深重的西方,提出了一种"幽灵学"(specterology)。从"文字学"到"幽灵学",这种转向十分耐人寻味,在我们看来是明显表示了一种文化伦理转向。"文字学"是以质疑西方形而上学的前提开始,以颠覆一切人为中心的话语结束。在一个富有反抗气息的时代,德里达以《圣经》一般的笔法写出了现代启示录,然后他必定在沙漠与灰烬中苦苦寻觅创世纪的机缘。与"文字学"的质疑和颠覆的基调不一样,"幽灵学"富有哀悼和许诺的意向,既在追怀并肯定记忆,尊重传统,又在瞩望并预期未来。如果说,从德里达的"文字学"中人们更多地读到了否定的思想,那么,在"幽灵学"中人们会更多地接触

---

① 在他活跃的很长一段时间,德里达"就公开露面而言"保持着"极其警惕"的姿态,出版物上很少有他的照片,也不太愿意接受采访。他自己的说法是:"这不是不愿意抛头露面的结果。像许多人一样,我也有抛头露面的欲望,但考虑到出席的场合一般都是所谓的文化领域,这多少令我有些担忧。"见德里达:《德里达访谈录——一种疯狂守护着思想》,何佩群译,上海人民出版社,1997年版,第1页。

到肯定的思想;如果说,"文字学"显得斗志昂扬,那么,"幽灵学"却充满了哀悼的悲情。可以这么说,"幽灵学"在相当程度上纠正了"文字学"带给世人对德里达的偏见:原来他不是纯粹的"后现代主义者",与虚无主义自觉地拉开了距离。① 有论者提出,德里达的"幽灵学"以现象学为源,用现象学铸造了批判的锋芒,最后还以现象学作为解构的灵魂,那就是一步一步地接近超然的物自身,把握源始的世界体验。② "幽灵学"自然而然地滋生一种宗教情怀,或者说,在幽灵徘徊的现代世界,从而激活了一种"解构"的剩余物,这种剩余物从遥远的历史文化记忆里苏醒过来,散播在冲突不已的碎片化世界。论者将这种解构的剩余物称之为"弥赛亚精神"。德里达的"正义观念"是不可解构的,这种不可解构之物却成为一切解构实践的前提。从《马克思的幽灵》中,人们不难读出这种不可解构的正义,而这不可解构的正义则是一种可以追溯到三大一神教之根——"亚伯拉罕精神",以及一种没有实体弥赛亚的弥赛亚精神。③ 而这种宗教情怀直接指向了他者,不过是以一种非口语的方式向他者涌动的神秘"声源"。④ "近来,一种启示语调在哲学中升起",但这启示语调不可能从德里达口中涌流而出,而是从遥远的文化记忆之中艰涩地流向未来,为德里达偶然地听到而已。无论如何,没有弥赛亚的弥赛亚精神,上承19世纪浪漫主义新神话,在马克思的救赎思想之中惊艳呈现。所以,马克思在德里达晚近思想之中占有主导性的地位,而幽灵学就是解构的马克思主义。尽管解构的马克思主义偏离了马克思主义,但它是经典马克思主义走向现代的一种可能范式。⑤

---

① 胡继华:《后现代文化语境中伦理文化转向——论列维纳斯、德里达和南希》,京华出版社,2006年版,第19页。

② 方向红:《幽灵之舞:德里达与现象学》,凤凰出版传媒集团,江苏人民出版社,2010年版,第3~22页。

③ 陆扬:《德里达的幽灵》,武汉大学出版社,2008年版,第374~375页。参见胡继华:《重构巴别塔——解构诗学新论》,北京出版社,2007年版,第124~125页。

④ 尚杰:《精神的分裂:与老年德里达的对话》,同济大学出版社,2006年版,第299页。

⑤ 岳梁:《幽灵学方法批判》,人民出版社,2008年版,第9页。

2. "友爱政治学"在中国弥漫。

友爱是一个伦理话题,政治学是一个政治话题,在私密的人伦关系之中却存在着实实在在的政治。① 不仅如此,在远溯至古希腊先哲的"友爱"观之中,不仅蕴含着基督教"仁爱"的本源,而且隐藏着近代人文"自由平等博爱"的元素,最后还构成了现代民主政治的基本前提。即便是从解构论的近缘现象学来看,解构意味着一种回应,一种对于他人的绝对责任,一种对于人文情怀的无条件承诺。"它是对生活、未来、他者的肯定与承诺,正因此,解构必然意味着一种本源的伦理学"②。这种本源的伦理学构成了"友爱政治学"的前提,但德里达的悲情在于,近代以来的"友爱"已经被化解在现代生活的碎片之中,碎片中的现代原子式的个体再也无法拥有古典意义上完美而整全的"友爱"。探索通往普遍博爱之路,德里达追问了民主这个名字。在当今世界,民主几近成为人人心仪的政治。无论是对于左翼还是右翼,无论是对于自由主义还是社群主义,民主都是一种可以量化、可以通过投票决定的政治空间活动。但是,德里达在追问"民主之名"时,把它和友爱、正义关联起来,说它"正在到来",说它像弥赛亚一样必定降临但迄今还没有降临,说它不可算计、不能以法律的名义决断,说它属于"没有共同体的共同体",如此等等。如此,民主这个名称被保留,保留它的前提是它必须被质疑以及解构。"没有民主,就没有解构;没有解构,就没有民主"。这就把关于民主的承诺延宕到了未来,政治化的生命和生命化的政治被推向了当代理论争论的中心。③ 同"友爱"话题紧密相关的还有"好客"、"宽恕"、"见证"等伦理概念,而在充满实践理性而凸显伦理境界的中国古典文化中,蕴含着"孝道"、"友道"等丰厚的思想资源,清理这些思想资源的矿脉,就是一项亟待开始的工作。比如,源自《尚书·舜典》"五刑",发生于《论语·雍也》之中的"欲立而立人"、"欲达而达人",以及散播在中国大乘佛学典籍之中的"罪"与"恕"概念,都构成了"宽恕"伦理

---

① 汪堂家:《汪堂家讲德里达》,北京大学出版社,2008年版,第209页。
② 朱刚:《本源与延异——德里达对本原形而上学的解构》,人民出版社,2006年版,第388页。
③ 胡继华:《重构巴别塔——解构诗学新论》,北京出版社,2007年版,第144页。

学的文化矿脉。①

3. 解构的"人文"在中国释放。

在后现代虚无主义的笼罩下,德里达的"人文"精神在相当长时间里在相当程度上被弱化甚至被抹杀了。情有可原,德里达的"人文"不是传统的"自为中心"的人文主义,更不是希腊启蒙时代"人是万物的尺度"理念在当代的复活,而是一种源自希伯来精神的"为他人的人文主义"。"为他人"的人文精神突出一种对他人的绝对责任感,将每一个他人都当作完全的他人。"为他人"的人文,瞩望的目标是绝对的差异,其境界在于无条件的友善。这不是一种高高在上和不着边际的玄思冥想,而是一种悲天悯人和主动涉世的文化实践。德里达坚信,"未来的民主"、"不可解构的正义"、"无条件的友善",还有"人权"等等,总是在未来,总是在降临的途中,与人相关的一切总是要朝着更人道、更合乎人性法则、更合乎人情味道的方向发展。总之,人类总在向往那种更美好的生活。那些所谓"反人类中心论"、"反人道主义"、"人类的末日"、"非人"的解构言辞,屡遭误解和备受抨击,但是误解者和抨击者只是得到了解构的"大义",而完全迷失了解构的"微言"。人文精神构成了解构的底线。解构在绝境中思考,通过绝境觅路前行,而表现出一种肯定精神,一种面向未来的精神期盼。德里达早期对"逻各斯主义"的质疑是如此,中期对"文的类型"及其法则的批判也是如此,晚期转向"伦理-政治"而发展出"幽灵学"更是如此。后期德里达对后现代文化展开了深度反思,甚至在反后现代的向度上伸展他的思考,并努力展示具有肯定精神的人文异趣。② 人文精神同时也构成了解构的边界。德里达的"延异"、"散播"、"踪迹"、"灰烬"等独特的语词所提示的"解构"策略毕竟无法贯通整个宇宙人生。换言之,有形而具有结构的东西可以被解构,无形而寓于动力的东西是不能解构的。解构策略从一种奇特的语言学视野之中获取了它诡异的韵味,但语言学的视野最后却成为囚禁解构的图圄。当德里达晚年从政治、伦理、法律和宗教维度上探索

---

① 参见张宁:《宽恕问题的中国脉络》,载于《解构之旅·中国印记》,南京大学出版社,2009年版,第96~101页。

② 陈晓明:《德里达的底线:解构的要义与新人文学的到来》,北京大学出版社,2009年版,第31~32页。

人类永久的价值时,他就一头撞上了"解构"无法穿越的限度,甚至他还不惜在理论上抬举"血肉"之躯,绝望地用"触摸"概念来尝试突破解构的"大限"。质言之,德里达的"解构"蕴含着一种"人文"精神,这种精神来自遥远的文化记忆,却会在当前日渐碎片化的世界上弥散开来,散播开去,滋养世道人心,激励仁人志士,去瞩望那一份难以言表却难以泯灭的虚灵,去珍惜那一份不可超越却无法蒙昧的真实。"最高和最终的问题"是一个生命托付的问题。对这个问题的反复追问,不会因为德里达的辞世和解构的终缀而告完结,相反,经受了语言论转向折磨以及修辞学洗礼之后,有一种充满人文异趣的形而上学及其对价值的期许,依然会引领人心,一如既往地整饬世道,悲天悯人地慰藉绝望的灵魂。①

4. 解构激励下的中国诗学。

第一,德里达的作品不仅以西方诗性哲人和哲性诗人为研究对象,而且其修辞策略和文字表达也充满了诗情画意。解构哲学使传统形而上学的根基变换了,界限消失了,话语秩序瓦解了。一方面,诗式的玄思焚烧了意义的十字架,面对面的言谈便不假神谕地与神灵息息相通,这便是"诗底思"而不是"诗的思"。另一方面,玄思的诗性便是酒神狂欢时良知良能的呼唤,也是对沉沦于世俗遗忘状态的本源生命的拯救,更是为处在技术政治重压下呻吟叹息的生灵招魂,这正是"思底诗"而不是"思的诗"。在解构的激励下,中国诗学发生了一种巨变,类似于以文为诗的韩愈及其所引发的"唐音之巨变":"以单行之笔,尽扫浮艳骈偶,务以豪放痛快,险峭通达取胜。"②而这种诗学巨变在中国先锋艺术尽情书写的后现代性之中得到了淋漓尽致的再现。先锋派的写作及其实验文本,再也不是完整、封闭和线性的作品,而是充满差异、裂变,散播歧义、悖论,并且不断地重复和增补,构成一种文化杂交和意蕴隐晦的复杂网络。

第二,解构论的取向是破除僵化理性和固定意义强加给语言符号的魔咒,从而激活差异,引爆裂变,最大限度地释放语言的潜能。在这

---

① 黄克剑:《价值形而上学的语言之维(上)》,载于《问道》第3辑,福建教育出版社,2009年版,第3~31页。

② 龙榆生:《中国韵文史》,上海古籍出版社,2000年版,第15页。参见尚杰:《精神的分裂:与老年德里达的对话》,同济大学出版社,2006年版,第220页。

个意义上,解构就是诱惑创造,而创造就是"诗学"的本意。"延异"、"踪迹"、"散播"以及"增补",构成了一种"原初书写",产生一种经天纬地笼罩万物的创造运动,充分地释放了语言符号的潜能。不幸的是,无论中西,人们在相当长的时间内受"语言工具论"的蒙蔽,而对语言符号中所蕴含的历史文化记忆及其创造潜能浑然不觉。而在文化全球化时代,怀着有意的乡愁展开文化寻根已经是一种心灵的自然祈向。激活古典文化的余韵,焕发汉语的诗学魅力,以及释放汉语的审美潜能,是中国现代诗学的一项任重道远的使命。①

第三,解构论把文学看作一种"以一切可能的方式言说天地万物"的奇特体制,在这一体制内部文学伦理得到了弘扬,同时文学的个体也得到了尊重。文学的书写就见证了文学伦理和个体价值的可能性。解构的诗学因此而成为伦理的诗学。每一文本、每一种文本织体、每一文本系列都留下了作者的特异签名。"忽略这一签名的特异性,就是对个体生命的蔑视、对独一无二灵魂的伤害,将让世界充满痛苦的呻吟"。②解构语境下的伦理学,就是"为他人的伦理学",它要求个体都承负人类最沉重和最根本的责任——无条件地对他人负责。解构语境下的诗学,就是"差异性"的诗学,它意味着诗性通过他人的祈祷、他人的言说行为显现出来,从而构成一个理想的交往共同体。这个共同体是一个多声的世界,众声涌动,和谐而不单调,而没有主宰一切的终极强音。

第四,解构论把翻译看作唯一的诗学问题和哲学问题,而翻译就是"一种语言以上"的文化体验和创造实践,因而也是地道的"解构"。回溯到《圣经·创世纪》的"巴别塔故事",德里达将翻译看作普天之下言辞变乱之后的绝望之举。不同语言之间的转换是必要的,却又是不可能的。因此,翻译是一种永远无法偿还的债务,是译者对原作者的永恒债务,也是译文对于原文以及超越原文的神圣语言的绝对债务。翻译因此成为一种诗学,但这是一种"不可能的诗学"。德里达本人的作品及其翻译过程就是这种诗学之悖论的绝妙证明:他的作品在诱惑翻译之时又禁止翻译,因而作品在翻译过程中延续着它的不朽。从德国18

---

① 郑敏:《思维,语言,文化》,河南人民出版社,2004年版,第60页。
② 胡继华:《重构巴别塔——解构诗学新论》,北京出版社,2007年版,第110页。

世纪末19世纪初的浪漫主义文化运动开始,翻译就激荡了一个创造的时代。欧洲语言和东方语言在这个时代进入了一个空前释放创造潜能的时刻。在此,翻译就是文化(Bildung),翻译就是陶冶(Einbildung),翻译就是建构(Bilden)。翻译被赋予了诗学韵味,翻译者被赋予了伦理天职。① 然而,在解构的冲击下,在翻译的诗学建构之中,汉语的命运如何?② 汉语真的会在翻译之中消亡吗?在翻译的跨文化交流中,翻译者不能一味屈从而无所作为。翻译的诗学以"多元文化世界"诱惑翻译者进入其中,我们却必须对那些外在世界的精彩保持应有的警觉:以牺牲汉语的创造性潜能为代价,跨文化的翻译如果一味追求顺应原文,那么翻译者就成为转换机,创造性的诗学就丧失生命力,译文就成为自体文化的安魂曲。

解构论打通诗与哲学,破除理性和意义的魔咒,建构出文学这种诡异的体制,暗示一种翻译的诗学。这一切对中国诗学造成了一场解构的震荡。"解构"通过悖论来思考,在绝境之中觅路前行,因而解构的诗学是一种在"对不可能性的激情"驱动之下的"不可能的诗学"。德里达的作品之中,蕴含着这种一以贯之的"对不可能性的激情"。因为这种激情,德里达成为后现代无归河上无所畏惧的航行者,成为通往摩利山的崎岖小路上的苦难行者,成为向虚无宣战的信仰骑士,成为与"危机思想"周旋的伟大智者。笔者曾经不揣浅陋,贸然从德里达的思想之中读出一种以"僭越"为主旨、以神性为指归、以祈祷为姿态的"诗学",一种"关于不可能性的诗学"。③

---

① 参见陈永国主编:《翻译与后现代性》,中国人民大学出版社,2005年版。编者陈永国先生在"编者前言"中,对翻译与解构、翻译与后现代性的关键问题做了具有启发性的论述。相关主题参见许宝强等(译):《语言翻译的政治》,中央编译出版社,2001年版。刘禾:《跨语言实践:被翻译的现代性》,北京三联书店,2005年版。

② 蔡新乐:《翻译与汉语:解构主义视角下的译学研究》,中央编译出版社,2006年版,第1~20页。

③ 参见胡继华:《重构巴别塔——解构诗学新论》,北京出版社,2007年版,第14~16页。

中　　编

1. 赫拉普钦科与当代中国的"创作个性"研究

2. 韦勒克文论在当代中国

3. 罗曼·英伽登文论在当代中国的接受

4. 萨特文论在当代中国的接受史之反思

5. 罗兰·巴尔特文论的"中国之旅"

6. 巴赫金文论在当代中国的旅行 1979～2009

7. 伊格尔顿文论的中国之旅

8. 萨伊德文论在当代中国之旅

第 中

赫拉普钦科与当代中国的"创作个性"研究

刘锋杰　李　涛

苏联著名文艺理论家米·鲍·赫拉普钦科的文艺思想是中国学者所熟悉的,尤其是他的创作个性理论,在20世纪70年代末引入中国,产生了极其重要的影响。赫拉普钦科是一位试图调和社会历史批评与审美批评之间矛盾冲突的理论家,他对"创作个性"的重视与论述,不仅开创了社会历史批评研究这个一直回避的创作难题,而且打通了社会学研究和心理学研究之间的隔阂,成功地创造了"创作个性"研究的案例,初步建立了社会历史批评的创作个性的理论构架,澄清了创作个性理解上的某些偏颇和失误。借助他的影响,中国当代文论界在走出"左"倾教条主义的阴霾过程中,获得了更加强劲的思想资源与理论力量,开始以实事求是的科学精神面对并认识创作个性问题,中国当代的文学研究领域爆发出研究创作个性的浓厚兴趣,掀起了创作个性的研究热潮。赫拉普钦科创作个性理论正是一扇窗口,中国学者借此推开了创作个性研究的新天地,探索与建构具有现代意识又兼顾中国特色的创作个性理论。

总的来看,赫拉普钦科的创作个性理论体现为以下几个特点:

第一,由于突出了人即艺术家在创作中的作用,是对现实主义反映论的拓展,由过去的重视抽象的人的"能动"作用,将其转变成为重视人即艺术家在创作中的具体作用,这个具体作用又通过创作个性的论述加以落实,从而将人即艺术家在反映生活时的能动性转化成为创作的动力即审美的问题,这是符合创作实际的。

第二,带有思想解放的特色。赫拉普钦科的现实主义理论属于开明的现实主义理论,体现了对于其他思想的接纳与消化,虽然他是中规中矩的,这也表现了现实主义理论的向前发展。其中对于"自我表现"的肯定,代表了其能达到的程度。

第三,较为深刻地阐释了创作个性这个概念本身。能够如此面对创作个性,又给予这样的充分论述,在现实主义的理论史上,这是具有开拓性的。其中关于创作个性与艺术家个人特征的矛盾关系的分析具有新意。他关于创作个性的界定,也是一种理论上的重要努力,他说:"创作个性——这就是包括其十分重要的社会、心理特点的作家个人,就是他对世界的看法和艺术体现;创作个性——这就是包括其对待社会的审美要求的态度,包括其针对读者大众、针对那些他为之写作文学作品的人们而发的内心呼吁的语言艺术家的个人。"①简言之,创作个性是体现了重要的社会的、心理的与审美要求的,包括了对于世界的看法,并满足读者大众的需要的艺术体现。

但绝不能超出现实主义的范畴来看赫拉普钦科的创作个性理论,他有某些开明处,但也只是现实主义理论家的开明。他有某些局限,这也是现实主义理论家的局限。赫拉普钦科对于非现实主义的创作个性理论成果的吸收是不充分的,主要表现在对于弗洛伊德的精神分析、荣格的"集体无意识"、新批评的"非个性"观点的阐释缺乏穿透性,没有认识到他们有关心理结构的知识对于理解创作个性的特别重要性,也没有认识到"非个性"理论中所包含的对于创作个性另一层面上的重要揭示。还有,赫拉普钦科也没有充分借鉴伦理学的人格理论,所以在分析创作个性与艺术家的个人特征时,没有认识到艺术家人格的多层次性与复杂性,创作个性与艺术家个人特征之间的不统一,往往正是源自艺术家的个人特征的复杂性,一些表面上看到的艺术家的个人特征的东西,并非就是艺术家本身的唯一的真实的东西,有可能在这些个人特征之下隐藏着个人特征的其他内容,而且可能正是这些被隐藏的个人特征才对创作发生作用,这也是创作个性与艺术家的个人特征相矛盾的原因所在。由于赫拉普钦科并不特别重视心理学在创作个性问题上的阐释作用,因而他没有能够用力地从心理学的角度来看创作个性问题,从而失去了多方面地理解创作个性的可能性。所以,如何借鉴精神分

---

① 赫拉普钦科:《作家的创作个性和文学的发展》,满涛等译,上海译文出版社,1982年版,第94页。

析学说,甚至借鉴结构主义等思想来丰富创作个性的理解与理论建构,仍然是一个重要的课题。

一

赫拉普钦科的文艺思想介绍到中国,是从20世纪50年代后期开始的。1957年7月,新文艺出版社出版了付大工翻译的赫拉普钦科的著作《果戈理的"死魂灵"》。1959年12月,上海文艺出版社出版了由戈安等人翻译的《世界观与创作》,这本论文集收录了前苏联文艺界1958～1959年间发表的8篇反对修正主义的文章,第一篇就是赫拉普钦科的文章,题目是《世界观与创作》,这是他的文艺理论思想第一次被正式介绍进中国。但是,随着中苏两国友好关系的破裂,赫拉普钦科文艺思想的翻译、出版工作也就停止了。直到1977年8月,上海人民出版社出版了由该社编译室翻译的赫拉普钦科的名作《作家的创作个性和文学的发展》,这是他的创作个性理论第一次被介绍到中国来,遗憾的是,它是作为反面的修正主义理论材料被引进的。该书的版权页上印着"内部发行"的字样,书前有一篇批判性的文字,作者曾这样写道:"赫拉普钦科这本书谈及的问题比较多,在观点上有一定的代表性,对于我们了解目前苏修文艺理论方面的状况,有一定参考价值,因此我们把它翻译出版,供我国有关单位和读者了解和批判。"①所以,尽管引进者未必会真心认为这本书的观点都毫无价值,但处于反对"修正主义"的意识形态定性之下,这次引进,只能是赫拉普钦科的创作个性理论以一种极不正常的方式进入了中国,只能在被批判中被接受。20世纪70年代末期,中国的极"左"思想在掀起疯狂的高潮之后,已经开始趋向衰退,赫拉普钦科的相对温和的思想观点,引起中国学者的某种程度上的共鸣,已经是必然,由此,被批判的对象反倒成了激发中国学者从事创作个性的热情,后来的创作个性研究的事实也证实了这一点,赫拉普钦科的创作个性理论进入中国,确实为1978年开始的中国文学界的思想

---

① 赫拉普钦科:《作家的创作个性和文学的发展·译者的话》,上海人民出版社编译室翻译,上海人民出版社,1977年版。

解放运动提供了一定的思想基础,其启示是:前苏联的理论转向温和与开放的一面,我们的理论当然也可以转向温和与开放的一面。前车之鉴,正好为中国的思想解放运动提供了宝贵的经验。

新时期开始,赫拉普钦科文艺思想的译介工作走上正轨。1982年,上海译文出版社重新出版了由满涛翻译的《作家的创作个性和文学的发展》,由此揭开了赫拉普钦科的创作个性理论真正影响中国的序幕。1987年,上海译文出版社又出版了刘逢祺、张捷翻译的赫拉普钦科的著作《艺术家托尔斯泰》。1997年,人民文学出版社出版了张捷、刘逢祺翻译的《赫拉普钦科文学论文集》,该书同样收录了他的重要文章《作家的创作个性》。1999年,赫拉普钦科另一部获得"列宁文学奖"的理论著作《艺术·现实·人》,经刘逢祺、张捷译出,由上海译文出版社出版。此外,上海译文出版社又于2001年重新出版了刘逢祺翻译的赫拉普钦科的著作《尼古拉·果戈理》。自新时期以来,赫拉普钦科的许多单篇文艺理论文章也相继被介绍到了中国,为国内的文学研究者们所熟悉。例如《俄罗斯文艺》,自1980年第1期刊载由程正民翻译的赫拉普钦科的《文学理论和创作过程》(1965)一文以后,曾多次发表过国内学者翻译的赫拉普钦科的论文。而在赫拉普钦科逝世之后,《文艺研究》还于1987年第1期刊载了访苏学者刘宁的赫拉普钦科访谈录《当代苏联文艺学发展趋势》。

众所周知,一种理论的引进,只有与实际的需要相吻合,才能产生真正的影响。作为前苏联文艺理论有机组成的赫拉普钦科文艺思想,在新时期进入中国时,恰逢这一时期的中国文艺理论界的理论兴趣发生转移,即从整体上看,已经由重视前苏联文论开始转向重视欧美文论,由推崇唯物论开始转向推崇科学的研究方法论,因此,赫拉普钦科的文艺思想难以引起中国学者的全面兴趣与关注。但是,他的创作个性理论却仍然引起了较大的反响,其影响不仅表现在文学理论上,而且扩展到了文学研究的整个领域。这是由两个方面的原因决定的:一方面,赫拉普钦科的创作个性理论虽然体现了前苏联马克思主义文艺理论的根本性质,但它突破了教条主义的范式,成功地运用马克思主义的精髓,辩证地吸收欧美文论成果,从而发展了马克思主义文艺理论,这本身就闪耀着思想解放的光芒,"力图用科学地认识艺术文化的原则和思想来反驳各种主观主义观点"①,这使得马克思主义文艺理论本身增强了论述问题的深度与广度;另一方面,随着中国的极"左"思潮的终结,以无产阶级世界观和阶级斗争理论来指导文学研究的大一统局面行将终结,中国的思想解放和文学研究迎来了自己的春天,被压制、荒芜了十几年的创作个性研究,迫切需要改变。"由于种种原因,在很长一段时间内,创作个性的研究几乎处于停滞状态。十一届三中全会后,创作个性的研究才出现了新的生机"②。创作个性研究的恢复与文学理论中的反工具说、主体论、向内转等相呼应,构成了文学界的思想解放运动的重要内涵。

  由此,赫拉普钦科的创作个性理论甫一引进,就在时代需要的促进下,受它影响,中国的文学研究界不仅突破了创作个性研究这一禁区,逐渐掀起创作个性研究的学术热潮,而且在创作个性的认识和研究上,都发生了重大的转变。

  作家的创作个性问题,本来是文学研究中的一个以求真为基本向度的学术话题,但是1949年后,极度膨胀的政治意识形态通过文艺政策的种种运作,肆意地干预、改写这个学术话题,用庸俗的政治学和简单的社会学标准把它层层包裹起来,逐渐形成各种各样的片面化的理解,最终把它由一个美学问题改变成为一个极度敏感的、带有强烈意识形态意味的政治问题,肯定还是否定创作个性问题,成为区分资产阶级与无产阶级思想立场的问题,以至于成为文学研究的一个禁区。虽然毛泽东的《在延安文艺座谈会上的讲话》已经在一定程度上限制了人们对创作个性的认识,但在20世纪50年代,由于一度贯彻"双百方针",这个问题还是引起了人们的重视与讨论,在文学艺术界中,都不乏对艺术家的创作个性和独创性的肯定和重视。马思聪认为:"目前最严重的问题是创作上的公式化和千篇一律,这与音乐领域内所存在的一些清规戒律有关。""作曲家也应当成'一家言',就是说要有自己的个性和独

---

  ① 赫拉普钦科:《赫拉普钦科文学论文集·自序》,张捷、刘逢祺翻译,人民文学出版社,1997年版。
  ② 陈宪年:《创作个性论》,安徽教育出版社,1997年版,第2页。

特的风格。"①以群认为:"风格不同于创作方法,以今天来讲,社会主义现实主义的创作方法是先进的作家们共同的要求、共同的方向;但是,在社会主义现实主义创作方法的前提下,却不仅容许而且要求创作风格的多样化,需要促使各个作家尽量发挥独创性,只有这样,才能为文学创作带来多彩多姿的繁荣。"以群还进一步指出:"发展作家创作风格的独创性,和文学艺术的党性原则是绝无矛盾的。"②王朝闻也说:"构思的独创性,在创作上永远是很宝贵的,特别是艺术家还在克服主题'一般化'和形式不够多样、风格的区别不很显著的时候。"③但很显然,这时候关于创作个性的论述,其前提必然是对社会主义现实主义、党性、阶级性、政治的肯定,论述中稍有与此抵触冲突的,就会戛然而止,有关创作个性的讨论,主要只是提请人们注意创作中存在这样一种现象,不可忽略它,但对这种现象还不能展开真正深入的个人式的探讨与分析。

但是,在机械反映论和主题思想先行的大语境下,这种强调作家的创作个性和独创性的声音却越来越微弱,在政治意识形态的标准化改造和文学创作的多样化的需要的冲突之中,后者逐渐变得无足轻重了,尤其是在胡风文艺思想遭到严厉批判以后,对作家个体视角的肯定几乎全部让位于国家意识形态的视角了。20世纪60年代初期,因为"大跃进"的失误,曾引发一段短暂的自我批评,与此相适应,有关创作个性的讨论之声再起。艾中信曾经较为大胆地将创作所涉及的意识形态问题与创作个性相关联,他指出:"作者的世界观、政治修养、生活经验、艺术趣味以及创作的'兴会'和构成艺术形象的'意象'等个人的特殊的条件和特殊的思维活动,都和创作个性有关。"所以,他的结论是:"在为工农兵服务、为社会主义服务的方向下,创作个性贯穿在创作的很多方面和创作过程的每一个环节中,创作者的个性和作品的个性都有充分发

---

① 马思聪:《作曲家要有自己的个性和独特的风格》,载于《人民音乐》,1956年第8期。

② 以群:《文学的风格和流派》,载于《以群文艺论文集》,上海文艺出版社,1983年版,第148页。

③ 王朝闻:《创造性的构思》,载于《人民日报》1955年5月1日。

挥的广阔天地。"①尤其是他通过"兴会"即作家的创作思维特点来谈创作个性,将创作个性与"兴会"的"自发性"相关联,又进一步与"意象"产生的"个性的特点"相关联,已经开始不自觉地从心理的角度研究创作个性问题。这意在表明,不经过创作个性的作用,任何创作哪怕是为工农兵服务的创作,也是难以成功的。

1961年,侯金镜发表了《创作个性和艺术特色》一文,从茹志鹃的创作出发,提出要尊重作家的创作个性,不能忽视作家的千差万别和所长所短,不能"把时代向整个文学艺术提出的某一个任务,不加分析区别地当作任何一个作家都必须照办的千篇一律的要求"。②这篇文章很快引起了一场关于茹志鹃创作个性的大讨论,但是大多数参加讨论的人没有把创作个性看成一个严谨的学术话题,而是从作家的世界观、创作思想和生活经验的角度来分析茹志鹃小说创作的得失成败,其结果是这场大讨论不仅没有促进人们对于创作个性的真正认识,反而加深了许多似是而非的片面理解,政治意识形态的强劲介入,模糊、改写这个学术话题。而到了"文革"中,在更为大一统的政治意识形态高压中,创作个性这个学术话题彻底地销声匿迹了。"在'四人帮'的文化专制主义统治下,'百花齐放'完全被取消了,什么发展艺术上不同的形式和风格,谁敢提这样的问题,谁就准备着挨'江记'写作班子和打手队的狼牙大棒!"③

创作个性是推动文学繁荣与发展的重要动力,以任何理由人为地扼杀作家的创作个性、压制创作个性研究的做法,都是极其错误的。从1949年到"文化大革命",当代中国在努力繁荣社会主义文艺创作的同时,整体上严重忽视创作个性,普遍存在着概念化、公式化的创作现象,发展到"文革"时期,则是"三突出"成为创作的唯一标准。"造成这种情况的原因是复杂的。现在看来,创作个性问题没有作为一个重要的命题进入理论研究的范畴,作家、艺术家需要形成鲜明独特的创作个性的

---

① 艾中信:《创作个性及其他》,载于《美术》,1961年第4期。
② 侯金镜:《创作个性和艺术特色——读茹志鹃小说有感》,载于《文艺报》,1961年第3期。
③ 吴为章:《浅谈个人风格》,载于《安徽大学学报》,1978年第2期。

重要性,还没有得到普遍的承认和重视,不能不说是其中的一个重要原因"①。

20世纪80年代兴起的创作个性研究热,从宏观上看,主要是中国的政治改革和思想解放把政治绑架下的文学研究还给了学术界;而从微观上看,则是深受赫拉普钦科创作个性理论的影响。赫拉普钦科创作个性理论,不仅唤起了中国学者被压抑的历史记忆,而且启发了他们去重新思考,消除过去那些关于创作个性的简单看法和片面理解,使得中国在创作个性的认识上有了较大的发展。

检索发现:以"创作个性"作关键词键入,在"文史哲"范围内,以1979年到1993年(包括极少数的1979年前的文章)这段创作个性研究的高涨期为对象,共出现898条。检读这些文章大致可以看出创作个性研究的拓展与深入,其中反映了赫拉普钦科的深刻影响。

人们开始大声肯定创作个性的重要性。如王朝闻指出:

> 对于艺术家来说,创作个性的问题具有极为重要的意义。艺术家如果没有自己的创作个性,那么不论他的作品所反映的内容的意义如何重大,反映的知识多么丰富,其成果都不可能具有为其他艺术家的作品所不能替代的特殊的美和感染力。一切伟大的艺术家都是由于他们具有自己的鲜明的创作个性,才能对艺术的发展作出独特的贡献,用自己的与众不同的作品丰富了人类艺术的宝库,使社会的多种多样的审美需要得到满足。②

于正心虽然不赞同"自我表现"的提法,将其视为唯心主义,但也肯定创作个性的作用,"文学作品,是作家带着自己的创作个性,对现实生活现象进行选择、提炼、加工的产物……优秀的作家,绝不是现实生活的照相机和传声筒,而是对现实生活进行艺术把握的不倦的探索者和追求者。他们的作品,在反映现实和艺术创造上都具有新鲜独特之处,

---

① 蒋守谦:《创作个性》,长江文艺出版社,1986年版,第9页。
② 王朝闻主编:《美学概论》,人民出版社,1981年版,第150页。

并为文学的发展提供新的经验"①。尽管这篇长文没有直接引述赫拉普钦科的观点,但可以看得出来,受到了赫拉普钦科的影响,比如强调作家的生活经历与生活经验对创作个性的影响,就与赫拉普钦科在区分创作个性与现实个性时强调生活的力量相一致;再比如谈到创作个性的统一性,使用了"象化学原理"一样的表述,与赫拉普钦科的创作个性不是机械的混合,而是化学的化合一样。虽然我们不无遗憾地发现这篇论文在竭力强调世界观、生活经验和时代精神这一维度时,将创作个性与作家自我的地位"矮"化了、"模糊"化了,甚至有将创作个性掏空的感觉,但作者既然强调"作家创作个性问题,是文学的基本问题之一",承认"作家的创作个性,是多方面的内容的总汇和统一",能够从作家的态度、经验、感受、修养、气质、志趣、爱好等方面论及创作个性,也算是从一个较为整体的角度,尤其是开始从心理学的角度论述创作个性,为恢复创作个性的文学地位尽了自己的一份力。

很有意思的是,在学习邓小平文选时,也有学者将创作个性的问题作为讨论的重点,如郑松生就结合学习体会认为:文艺是社会生活的反映,但绝不是停留在单纯描写上的反映,从人类艺术的创新与丰富来看,都离不开创作个性,所以,他也说:"创作个性是真正的艺术家的标志,是和他们个人的创造性相联系的,也是和文艺的创新发展相联系的。没有创作个性的文艺家,就不是'真正意义上'的文艺家。"②但该文对于何谓创作个性并没有深入分析,主要是强调了革命文艺家的创作个性是重要的,但必须在深入生活中,在为人民服务、为社会主义的过程中来解决,并重提作家的"思想改造"问题,不放心作家能够依靠自己的思想能力与艺术能力来培养自己的创作个性。尤其是当该文在批评"表现自我"与"表现个人的心灵"等问题时,将它们上升到"右的倾向"加以反对,可见郑松生仍然是在高度紧张的意识形态之中来考察创作个性的,这也表明在20世纪80年代初期,有关创作个性的研究并没有摆脱政治的制约,期望能够立即产生深入的研究成果当然也是不现实的。

---

① 于正心:《论作家的创作个性》,载于《吉林大学社会科学学报》,1981年第4期。

② 郑松生:《革命文艺家的创作个性和社会主义文艺的繁荣——学习〈邓小平文选〉》,载于《福建师大学报》,1983年第4期。

比较而言,这类研究的实际水平远远低于赫拉普钦科。在赫拉普钦科看来,虽然作家的创作包含着对生活的理解和阐释,但无论是世界观、社会需要还是作家的生活经验,都不是自然而然地呈现于创作之中的,必须要充分考虑创作个性的作用,充分考虑到创作个性所包含的社会心理和作家内心之间的相互作用。他反对以决定论的方法来从世界观直接理解作家的创作个性:"世界观同现实、思想的和创作的构思同艺术概括的复杂关系,不能归结为一个简单而方便的公式。真正的创作实践和世界文学史的经验表明,世界观、艺术方法和创作的相互作用是多种多样的。只有在对文学不作科学研究的情况下,才能会无视这种多样性。"①而对于生活经验,赫拉普钦科虽然承认它的重要,但不认为它有决定性的作用,因为文学艺术的创作,本质上是一种作家个人的精神体验,只有考虑到精神体验的重要性,才能深刻理解创作的本质。

不过,随着思想解放运动的深入,关于创作个性的界定开始摆脱意识形态的单一影响,在一个较为宽泛的层面上理解创作个性,寻求创作个性理解上"外"与"内"的结合与平衡,成为新的理论起点。所谓的"外"强调世界观、生活道路、阶级属性等对创作个性的决定与影响;而所谓的"内"强调作家的自我、心理特点、审美情趣等对创作个性的决定影响。如果说,在赫拉普钦科那里,他开始了从"外"到"内"的转变,这个转变还带着较重的"外"在色彩,那么,在20世纪80年代中期以后的中国,在创作个性的理论研究上,则表现出了由"外"而"内",以"内"为主,寻求"内""外"结合与平衡的研究格局,世界观、生活经验和时代精神对于创作个性理解的绝对支配地位开始动摇,对作家自我经验与心理特征的重视成为理解重点,人们终于抓住了认识创作个性的最基本的要素,从而开始了真正的理论探讨。

1984年,童庆炳认为:"作家的创作个性是指作家所特有的生活道路、思想倾向、心理素质、艺术修养、审美情趣等精神特点的总和。"②到了1988年的《艺术创作与审美心理》中则说:"所谓艺术家的创作个性,既包含了艺术家先天所有的气质悟性、情绪记忆、形象思维、意志冲动

---

① 赫拉普钦科:《作家的创作个性和文学的发展》,满涛等译,上海译文出版社,1982年版,第64页。

② 童庆炳:《文学概论》,红旗出版社,1984年版,第360页。

等特性,又包括了艺术家在后天实践中形成的生活经验、思想倾向、趣味理想、艺术能力等精神特点。总的来说,创作个性是指在一定生理基础上并在社会实践中形成的艺术家个人的独特的较为稳定的全部心理特征的总和。"①粗看这两种说法,似乎区别不大,但细察起来,仍然体现了思想认识的变化。关于创作个性要素的顺序排列,已经由原来的先思想后审美、先生活道路后艺术修养,调整为先气质后经验、先意志冲动后思想倾向,这表明在创作个性的界定上,个人的东西、审美的东西已经上升为主要的东西,而思想倾向、生活道路等要素则处于相对次要的位置上,这不是否定后者的重要性,而是强调既然谈的是创作个性,那么与创作个性最为接近的要素,最有决定性的要素当然要成为界定创作个性时首先要加以确认的东西。这说明中国学者终于摆脱了世界观决定论,驱除了笼罩在创作个性认识上的精神枷锁,这整个地构成了 20 世纪 80 年代创作个性研究热的思想基调。

另如吴质富在探讨创作个性时,基于作者个性与创作个性的区别,在界定作者个性时,他认为包括了这样一些内涵,如作者的气质、禀赋、心理功能等先天因素,也包括作者思想品格、审美意识、知识修养、艺术爱好和艺术技巧等后天因素,这样的个性特征,反映在创作中才形成创作个性。吴质富用"思想品格"而不是用"思想倾向"来说明创作个性,也降低了创作个性理解中的意识形态色彩。这当然不是说吴质富在讨论创作个性时是背离意识形态理论的,但是他已经能够掌握自己的论述分寸,防止意识形态化创作个性问题。所以,他才在自己的观点中,通过创作个性的研究,肯定艺术创新;通过肯定艺术创新,强调艺术发展。"艺术贵在创新,贵在独立思考。马克思说:'自由意志是人的天性。'从某种意义上说,艺术,是作家、艺术家自由意志的产物。因此,提倡和鼓励作家发展自己的创作个性,就成了推动文艺事业向前发展的必要手段"。可见,吴质富的理解,是与思想解放运动相关联的。创作个性的提倡与实践,是自由的体现,是创新的体现,当然也就是艺术发展的体现。所以,他对创作上不要创作个性的历史是否定的,"在过去一段时期内,我们有的同志似乎并不重视自己的创作个性,他们见异思迁,赶时髦,特别是当时代风云变幻莫测、受到某种社会压力的时候,便

---

① 童庆炳:《艺术创作与审美心理》,百花文艺出版社,1990 年版,第 6 页。

轻易地放弃甚至否定了自己在长期艺术实践中所形成的独特的艺术风格,面向另一种并不适应自己个性要求的风格看齐、靠拢了。这既不利于个人在艺术道路上前进,也有害于整个艺术事业的繁荣和发展"①。

值得肯定的是,学术界重视创作个性研究的一个标志就是出现了专门的著作与系列论文。这个时期,诞生了中国当代创作个性研究的第一部专著即蒋守谦的《创作个性》,该书集中研究了创作个性的以下一些内容:概念及其内涵、形成和体现、创作中的表现和作用、稳定性和变化发展、多样性和一致性等。②陈宪年发表了系列论文,主要有:《创作个性及其二重性》(《安徽师大学报》1988年第2期)、《创作个性的基本特征》(《文艺研究》1990年第4期)、《创作个性与人物个性》(《内蒙古社会科学》1996年第1期)、《中西创作个性理论思考》(《内蒙古社会科学》1997年第3期)、《创作个性与欣赏个性》(《文艺理论研究》1997年第4期)、《创作个性与艺术气质》(《文艺理论研究》1998年第3期)等,并集结出版了《创作个性论》(安徽教育出版社,1997年版)。徐放鸣也发表了系列论文,主要有:《论创作个性的民族文化背景和社会实践渊源》(《徐州师范学院学报》1987年第2期)、《论创作个性的基本特点》(《徐州师范学院学报》1988年第2期)、《论创作个性与艺术风格的区别和联系》(《徐州师范学院学报》1989年第2期)、《论创作个性与艺术的再现和表现》(《徐州师范学院学报》1990年第1期)、《关于西方创作个性论诸范畴的诗学阐释》(《徐州师范学院学报》1994年第3期)、《论艺术家的审美创造力》(《徐州师范学院学报》1993年第4期)等,后集结出版了《创作个性研究》(江苏教育出版社,1998年版)。尽管有关创作个性的研究与同期文论研究中的其他话题比较起来,研究的广度、深度均有所不足,但能够出现专门的研究人员,出版专门的研究著作,仍然可以视为创作个性研究获得重视并获得了推进的重要标志。尤其是结合具体作家作品所进行的创作个性研究的普遍化,从而使得创作个性这一研究视角已经植入近三十年来的文学研究之中,从而加强了揭示创作活动个性化特点的学术进程,为恢复文学史的丰富多彩的面

---

① 吴质富:《作家的个性与创作——学习马克思恩格斯文艺论著札记》,载于《安庆师范学院学报》,1985年第1期。

② 蒋守谦:《创作个性》,长江文艺出版社,1986年版。

目,为维护作家的创作个性起到了重要的作用。中国学者发出了这样的自信之语:"可以深信,创作个性是文学艺术的内在驱动力、生命力,随着对创作个性奥秘的不断揭示,必将获得新的研究成果,推动文艺创作的繁荣和发展。"①

所以,虽然比较起来,我们的创作个性研究还没有取得特别的成就,还没有出现具有赫拉普钦科那样影响力的专门学者,但却在20世纪80年代到90年代的近二十年里,构成了中国当代文论发展的重要路线之一,这是不可否认的。就其与赫拉普钦科的关系而言,既有照着说(如强调创作个性的重要性等),也有接着说(如更加清晰地界定创作个性的内涵),还有重新说(如从心理学角度研究创作个性等)。正是这后一层,多少体现了中国学者的研究深度,我们接着在下文予以描述与分析。

二

中国学者到底为创作个性研究添进了多少自己的思考呢?我们认为大体包括在如下几个主要问题中,即主要围绕着自我表现与创作个性的关系,运用心理学的分析方法,并最后落实在创作个性的基本特征的阐释上,形成了中国学者从20世纪80年代初以来所建构的新的创作个性研究格局。以上三个主要问题,本来是相关联的,为了论述方便,我们在下文将分别说明。

研究创作个性,必然研究作家自我。对于自我的不同看法与评价,构成了研究创作个性的不同前提与思路。当人们全面地否定作家的自我及其表现时,人们就得否定创作个性与轻视创作个性;相反,如果人们肯定自我表现,就会肯定创作个性。赫拉普钦科对自我表现的基本肯定,正好体现了他对创作个性的重视并能展开研究。20世纪80年代初以来,促使中国学者转变研究创作个性思路的一个显著标志就是重新肯定"自我表现",这才颠覆了世界观至上的意识形态研究格局对于创作个性阐释的压抑与局限,在回到了创作个性作为与作家个体必

---

① 陈宪年:《创作个性论》,安徽教育出版社,1997年版,第3页。

然相关联的基本事实层面后,对于创作个性的阐释才开始变得有效了。这时候,学术界除了区分创作个性与作家个性的区别外,重点强调了自我表现是属于作家的正常而具有强大艺术力的一种个体现象,不可否认,也否认不了。由此,通过对自我表现的重新阐释,为创作个性的确认与分析提供了思想基础与具体内涵。

首先,在中国,长期以来批判自我表现这个观点,认为它是资产阶级个人主义思想的体现,因此,在创作的研究中,可谓谈自我就紧张。但到了20世纪80年代初,思想解放运动兴起,重新审视个体的地位与历史发展的关系也就成了讨论的重点之一。在思想界,李泽厚的"主体论",在文论界,刘再复的"性格论"等,都是意在肯定个体的价值与地位。因此,在创作个性的讨论中,恢复作家个体的价值,也就势在必行。反映在创作个性研究上,就是对自我表现的重新分析。虽然在研究自我表现时,仍然交织着意识形态的影响,不过,肯定自我表现,并能拓展它的内涵,已经处于上风,这使创作个性研究获得了注入新的思想力量的契机。

吴质富是较早在创作个性研究中正面接触自我表现的,他认为要"明确"这个问题,指出:"文艺,作为一种精神产品,它的创作过程,就是艺术家审视生活、产生独特感受的过程。凡艺术形象,都必然凝结着作者深厚的感情和他对现实生活的审美认识。因此,艺术离不开审美主体,即艺术家的'自我'。当然,由于艺术家所遵循的创作原则和他世界观中诸因素在创作过程中所起的作用不同,我们不能把作家的个性与他在创作中所表现出来的创作个性等同起来。但是,无论如何,作家的'自我',他的个性,是构成作家创作特色的重要因素,这是一个不可否认的事实。正是从这个角度,即从强调表现艺术家的主观体验、深入揭示人的内心世界这个角度说,'表现自我',有它合理的一面。'诗贵有我',这是中外大作家的共同经验。"①尽管吴质富同时又提醒人们注意自我表现的局限性,分析了单一地强调自我表现而忽略艺术与时代、人民的联系所可能造成的不利影响,但他肯定自我表现在先,指出自我表现的局限在后,意在恢复自我表现的正当性的意图十分明显,也表明创

---

① 吴质富:《作家的个性与创作——学习马克思恩格斯文艺论著札记》,载于《安庆师范学院学报》,1985年第1期。

作活动离不开创作个性,一旦离开,创作既无法展开也无法获得艺术上的成就。要知道,在理解自我表现与创作的关系时,确实有一个理论上的难点绕不开,那就是自我表现论若是放置在作家本人是与时代、人民紧密关联的基础上来论述的,自我表现的提法当然没有不妥之处。若真的认为存在与时代、人民无关的自我表现,那这种提法本身,既不合乎事实(即绝对没有与生活隔绝的自我表现),也不合乎逻辑定义(因为自我本身就是处于社会中的自我),所以,担心自我表现会削弱创作与时代、人民的联系是合理的,分析自我表现不应离开时代、人民,也是正当的。关键在于,不能借助于后者即自我表现应当与时代、人民相联系,就否定自我表现的独特作用,而吴质富的论文基本做到了这一点,所以,他是属于合理肯定自我表现一派的。

同属合理肯定自我表现的还有韩松龄,他认为:"创作个性就是作家在审美规律和美的创造原则指导下的自我表现。文艺创作总是有'我'的生活经验、感情体验、思想性格和艺术个性的。客观世界通过'我'的体验,而又表现在我的体验之中。'我'是一个综合的个体,对创作起作用的是综合的因素,而综合又统一于'我'的直接感受。"韩松龄的思路并没有否定创作与时代、社会的关联,但他明确认为,时代、社会的各种因素要加入创作之中,必然通过"我"起作用,可谓创作的外因可能出自时代、社会,可创作的内因必然是作家个体这个自我。所以,他在强调自我表现时,不太担心自我表现会越出规范,从而否定了时代、社会对创作的作用,只是提出:"作家以积极的态度把自我溶解到社会之中,从而丰富自我、充实自我、提高自我,使自我身上带有时代的气息。"①在韩松龄的论文中,我们首次发现作者在肯定自我表现时,没有表现出多少担心,担心强调自我表现就否定了创作的时代、社会之维。其实,自我表现与时代、社会之间,本来就具有割不断的联系,强调自我表现只是从创作的主体方面入手分析问题,并不代表着就是对创作的客体因素的否定。因此,肯定自我表现,并不对应着否定时代、社会的作用。而之所以将二者对立起来,正是庸俗社会学的非此即彼思维的产物,严重损害了原本处于关联中的创作主客体关系。

但鉴于西方现代派文学思想在 20 世纪 80 年代初期后不断传进中

---

① 韩松龄:《论创作个性》,载于《江苏社会科学》,1986 年第 5 期。

国,也出于意识形态的自我防卫意识,也有学者仍然在创作个性研究中否定自我表现,或者说警惕自我表现。如何孔周提出了健康的创作个性与病态的创作个性两个对立概念,认为如果作家个人主观方面的东西里不含有客观的美的内容,或者以丑为美,尽管这是独特的,却不符合人民群众的审美需要,这时所形成的创作个性,也是病态的创作个性。因而,他的看法是:作家的创作个性不仅仅是个人现象,而且是一种社会历史现象,由作家的独特的生活实践与艺术实践所决定。① 何孔周的病态创作个性说,其实是针对自我表现而言的,自我表现是脱离社会实践的,是作家主观意识的膨胀。王元骧发表的《论创作个性》无疑是一篇论述十分严密的文章,他在文章中强调了作家必须具有个人才能,强调了作家独特地反映生活与表现生活的重要性,肯定了高尔基的"找到自己"的观点,却仍然与自我表现划清界限,强调创作个性是对客观现实的服从,而非超越。他说:"作家的创作个性从根本上是由客观现实所决定的,所以,对于作家来说,要形成自己的健全的创作个性,就有一个如何通过创作实践,使自己的主观特点与客观现实不断地获得有机地结合的问题。"言下之意是,只有这种服从客观现实的创作个性选择,才能形成健康的创作个性,相反,游离或超越客观现实,就会产生病态的创作个性。他关于创作中的"癖性"的定位,体现了这个意图,他指出:"所谓癖性,就是创作中一种以自我为中心的顽固的习惯,它突出地表现为否定客观现实或不顾客观现实对象特点而一味地迁就作家主观兴趣、爱好的一种自我表现的倾向。"②毫无疑问,清除创作上的这种"癖性",其实就是清除自我表现。再如曾奕禅也认为形成创作个性的前提是具有正确的世界观与文艺观,"没有正确的世界观和文艺观,在艺术上就不可能有正确的追求,因而也就不可能形成正确的健康的创作个性"。因此,他对自我表现持否定态度,认为它是唯心主义的、反理性主义的、反功利主义的、反马克思主义的,是资产阶级的文艺观,不仅不能通过肯定它来推动创作实践,相反,将会严重危害创作实践。曾奕禅的观点几乎回到了"文革"前,这也反映了创作个性研究推进中的

---

① 参见何孔周:《创作个性与作家的世界观》,载于《北京文学》,1984 年第 2 期。

② 王元骧:《论创作个性》,载于《文艺理论研究》,1987 年第 6 期。

一种曲折,当其出现在20世纪90年代初期时,还反映了中国思想界的斗争,这本身说明了创作个性的研究,往往离不开思想界的主要潮流的变动与改变。不过,曾奕禅的这种观点毕竟不再代表创作个性研究的学术主流,肯定自我表现的观点依然处于深化中,这一深化集中地体现在创作个性的心理学研究上。对自我表现的心理学研究是开端,对创作个性的全面的心理学研究是最重要的收获。

如郭德强肯定文学创作必然打上创作个性的印记,又肯定文学家总会成为一定的社会角色,并没有单方面地肯定自我表现,他关于自我的心理分析,深化了自我表现这一命题影响创作个性的有效性。郭德强认为,既不必认为创作就是处处强调自我的高扬,突出个性表现的意义,也不必仅仅强调以客观为尺度,突出主体再现客体的意义,而是要超越这种非此即彼的对立论,要看到"文学创作中主体的精神心理是一种动态的二重有机建构,主体精神实际上把自身二重化为表现的自我和内视的自我"。其中的"表现的自我,是充分发挥自由创造精神和纵情外向的自我,它突出的是主体之个性的、易受冲动的、富有创造性的方面。然而,主体又经常自觉或不自觉地意识到自身的社会地位与处境,意识到实践活动中所应遵循的必然性和所受社会的制约性。这种观照审视自身、内向律己反省的自我,即所谓内视的自我。正是这两种自我实现与具体统一的主体,才是包括审美艺术的人类一切社会实践活动的主体,两者是在交感共鸣中共同地发挥着作用"[①]。对这篇文章里的观点,未必论述得很深入,但提出了避免将自我表现与社会实践相对立的思路,通过对自我内涵的细分,分离出一个表现的自我与自审的自我,不仅肯定了自我的表现能力,也赋予了自我监督的能力,从而使得指斥自我表现缺乏社会意识的诘难不复存在。到此,自我表现之所以成为创作个性的有机构成的论证理由更充足,原本存在内在的自我表现与外在的社会实践之间的统一问题,转化在自我表现的内在结构之中,从而由自我表现来实施统一,这显得更加切合创作实际,证明了主张自我表现,并不必然地反对创作与社会现实相结合,因为,在自我表现的内在结构中存在着趋向表现社会现实的内在动力。

[①] 郭德强:《论文学家的创作个性与社会角色意识》,载于《滨州师专学报》,1992年第3期。

本来，在赫拉普钦科的创作个性研究中，心理学是一个维度，但他对这个维度是既爱又恨。爱是因为他意识到了创作个性的研究不涉及心理学，几乎是不可能进行的；恨在心理学的引进，意味着世界观、生活实践、文学史的经验等外在的影响要素，有可能会退居次要位置，不再对创作个性的形成具有特别的支配作用。因此，赫拉普钦科涉及了弗洛伊德、荣格等心理学家，却没有运用他们的理论建立研究创作个性的新角度，他所引进的心理学知识只是轻轻触摸了一下创作个性的理论，轻到对创作个性的理论几乎没有擦痕。但20世纪80年代初期以来的中国学术界却相反，如果赫拉普钦科对心理学理论还有避嫌，那么，中国学术界则是大胆运用，试图通过心理学的角度加深认识对象。这反映在创作个性的研究中，就是创作个性的心理学阐释令人耳目一新。

张德林在研究创作个性时，仍然坚持认为创作中的主观的东西不能说成是自我表现，突出了生活在形成创作个性中的重要性，但他的研究其实已经具有了强烈的心理学动向，之所以说是有了动向，是因为虽然没有正式展开心理学的研究，但在强调作家观察生活时已经将作家心理的特征提到了很高的位置上加以肯定，这就是："更需要主观的体验，审美的观照和心灵的外射。每个作家都有个'心灵的敏感区'，只有与这个'敏感区'频率相同的那种生活，才会引起作家的心灵振荡。"① 至于"心灵的敏感区"是什么，在哪里，有什么样的作用等，作者没有分析，但提出这个问题，也就打破了创作个性研究中社会学视角的单一性，使得人们开始思考创作个性到底与人的个体心理之间存在一种什么样的关系。

刘海涛是较早从潜意识理论角度研究创作个性的，他认为学术界对于创作个性的表层结构做过较多的研究，这主要包括作家的艺术观、审美理想，对某种题材的偏好、对某类人物的明显褒贬、对某种艺术风格与艺术技巧的努力追求等。但对创作个性中由潜意识支配的那个深层结构，却所论不多，态度过于谨慎。他借助于荣格的"个体潜意识"理论，分析了潜意识对创作的影响，主要影响了创作主体对审美对象的感知、选择、认识与评价，并体现为创作中的非自觉性。刘海涛认为："当我们在解释某个作家在创作思想内容上的独特性时，除了从客观的社

---

① 张德林：《创作个性与艺术风格断想》，载于《文学评论》，1984年第5期。

会生活方面找答案外,还应该从作家的'个体潜意识'方面去理解,这样才会使我们对作家艺术个性的分析不至于陷入皮相和肤浅了。"①所言极是,仅从外在的角度找原因,并不能解释何以在同一个外在条件下会产生无数不同的创作个性这个事实问题,所以,只有回到内在的方面,认识与理解作家的心理结构,才能认识创作个性,才能认识丰富多彩的创作景观。这种从社会学的思路转向心理学的思路的创作个性研究,确实显示了它的学术生命力。

在这方面,尤其值得重视的是杨春时的一篇文章。杨春时长期关注文学的主体性问题,这也为其研究创作个性提供了坚实的理论基础,这个理论基础之一就是心理学。杨春时在理解创作个性时,既不赞同创作个性等同于现实个性的古典派的看法,也不赞同创作个性与现实个性无关的现代理论的看法,而是细分了个性类型,他对应弗洛伊德的"本我"、"自我"、"超我"的三层划分的人格学说,将个性划分为潜个性、现实个性和理想个性,从而揭示了创作个性在其形成中的复杂性与超越性。潜个性是人格的最深层次,还处于生物学层面,是自我实现的内驱力。现实个性是人格的表层,是人的现实行为的总和,它适应环境又对环境发生作用。理想个性体现了人对现实存在的更高的发展要求。它们之间的变动与转化,构成了它们整体存在的内在结构形态,"三种人格层次互相联系、作用和转化,形成动态的人格整体。潜个性是人格存在和发展的内在根据,但它没有现实性,它只有在现实个性的制约下以超个性的形式发生作用。现实个性是人格的现实形式,它受到现实环境与理想个性两方面的冲击,同时又制约着、调节着二者,以保持人与环境的协调和人格的稳定。理想个性则在一定的现实条件下突破现实个性,形成新的现实个性,同时也会在这个基础上产生新的理想个性"②。其实,在杨春时的观点中,创作个性突破现实个性,处于理想个性的层面。这时候,自由出现了,独特性出现了,艺术的审美品格也出现了。杨春时并没有斩断创作个性与现实个性的关联,就是意在表明创作个性体现了作家对理想的追求,却同时植根于现实之中,这一交代是必要的。由杨春时的这个论证可知弗洛伊德的人格理论在研究创作

---

① 刘海涛:《潜意识与艺术个性》,载于《零陵师专学报》,1986年第2期。
② 杨春时:《艺术个性与艺术的超越性》,载于《文艺评论》,1986年第3期。

个性时具有巨大的有效性,只是出于警惕,我们过去一直没有这样做,现在杨春时做了,展示了创作个性研究的新局面。

陈宪年的创作个性研究可以说是较为全面地贯彻了心理学的路线,借用心理学的个性结构理论来展开自己的论述。他认为可从纵、横两个方面界定个性结构:从纵向看,意识、前意识与无意识三个不同层面构成了个性的立体结构;从横向看,认知的潜能、行为潜能、审美的潜能、交往的潜能、创造的潜能构成个性结构的平行结构。纵向的意识结构本来就与人格理论相对应,前述杨春时的观点已经运用过。陈宪年主要是从横向的潜能角度阐释创作个性,认为:"个性的认知潜能和人类认识自然界、社会界以及人自身相对应;个性的行为潜能和人类遵循道德、宗教及信仰相对应;个性的审美潜能和人类追求自由、愉悦及艺术相对应;个性的交往潜能和人类需要爱情、友谊、社团相对应;个性的创造潜能和人类进行生产(或破坏)、发明相对应。"基于此,陈宪年突出了审美潜能与其他潜能的区别,指出在审美潜能中,感知、情感、想象、气质、心境占据举足轻重的地位,尽管审美潜能不可能与其他潜能毫不相干,但它的特性仍然使其成为促成文学艺术创造的最好基础。因此,在陈宪年界定创作个性时,他并不认为就是审美潜能形成了创作个性,但他选择从审美潜能的角度来概括创作个性,则是无疑的。他分两步完成了这个证明,先是证明审美潜能是如何转化为审美个性的,继之才称创作个性等于审美个性。他认为审美潜能所包括的感知、情感、想象、气质、心境等往往处于不相协调与融合的状态,这时候就形成不了作家的审美个性,只有当作家克服了这样的困难,寻找并达到了审美潜能结构中诸要素的优化组合时,作家的创作个性也才会形成,作家的创作才会成功。所以,审美潜能结构中诸要素的统一与融合,就是审美个性的形成,也就是创作个性的形成。所以,陈宪年的结论是:"作家的创作个性实质上是一种审美个性,它既不等于作家的个性潜能的一切方面,也不等于作家个性结构中的行为潜能。创作个性并非随着作家自我的实现就实现了,它还要在艺术实践中不断磨炼和追求才能最终形成。"[1]应当说,这是重视对创作个性进行心理学的研究才能取得的成果。

对上述的分析加以总结的话,我们认为,经过学术界的努力,已经

---

[1] 陈宪年:《论创作个性及其二重性》,载于《安徽师大学报》,1988年第2期。

具有了揭示创作个性多方面特征的可能性,如果说在意识形态禁锢时期,人们讨论创作个性只能谈论它的理性的一面、社会的一面、功利的一面,那么,在冲破这种禁锢以后,人们才能谈论它的个体的一面、非理性的一面、审美的一面。所以,20世纪80年代初以来,对创作个性的整体描述确实不同以往,而表现出了包容性,更易说明创作的复杂性与丰富性。学术界研究了创作个性的基本特征,如徐放鸣认为创作个性是体现了创新意识的自我发现,是独特性与丰富性的统一,具有稳定性与可变性,将感受上的具体性与表述上的概括性相结合等;①如陈宪年认为创作个性由自觉性与自发性、丰富性与独创性、稳定性与新异性三组要素对立而统一地构成它的单整性②;如曾奕禅认为创作个性由思想性与艺术性、自觉性与自发性、一般性与独创性、稳定性与变异性、主观性与客观性五组要素构成③。将自发性、独创性、变异性、主观性纳入创作个性的内涵之中,就与心理学的研究角度分不开。学术界研究了创作个性的形成过程,如王元骧强调了创作个性的形成与作家的创作实践分不开,只有在这种实践中经过主客体的交互作用并形成一种新质,才能形成创作个性;④如范颖杰从接受美学的角度研究创作个性,认为创作个性的形成与读者的影响相关,⑤将创作个性的形成延伸到读者那里;如陈宪年分析创作个性与人物个性的关系,也可视为探讨创作个性的一种独特的形成方式,受制于人物个性的支配与调度,创作个性不是消失了,而是以自己的方式潜在地继续发挥作用;⑥再如陈宪年分析创作个性与商品经济的关系,是想探讨在一种不利于创作个性

---

① 徐放鸣:《论创作个性的基本特点》,载于《徐州师范学院学报》,1988年第2期。
② 参见陈宪年:《创作个性的基本特征》,载于《文艺研究》,1990年第4期。
③ 参见曾奕禅:《论创作个性的基本特征》,载于《江西大学学报》,1991年第1期。
④ 参见王元骧:《论创作个性》,载于《文艺理论研究》,1987年第6期。
⑤ 参见范颖杰:《创作个性探微——接受美学引起的思维颤动》,载于《松辽学刊》,1988年第4期。
⑥ 参见陈宪年:《创作个性与人物个性》,载于《内蒙古社会科学》,1996年第1期。

活动的环境下,如何坚持创作个性并付诸实现。① 这些研究,既有社会的分析又有心理的分析,有些论述深入到作者与读者的交互心理上把握创作个性的形成,虽然分析不是十分清晰,却在重新绘制创作个性形成的内在关联性,算是一种拓展吧。

当然,与20世纪80年代以来文论研究的其他领域比较起来看,创作个性研究领域的成果未必丰富与深刻,原因在于这个问题难度大,牵涉到心理学,而中国心理学研究本身就很落后,极为缺乏相关人才,文论界的一些学者投入精力去研究创作个性,可谓明知山有虎,偏向虎山行,难以取得重大的成果,是必然的。如此说来,我们倒要感谢投入研究的学者,经过他们的不懈努力,才使这块研究领域不至成为不毛之地。

三

在赫拉普钦科的创作个性理论的影响下,20世纪80年代初以来的中国迎来了创作个性研究的春天,各具特色的作家创作个性的研究以及创作个性理解上的争论,不仅标志着中国当代学者对创作个性的认识水平已经有了极大的提高,也标志着中国当代学者开始探索与构建创作个性的理论体系。但赫拉普钦科的创作个性理论毕竟属于西方文化,中国学者能否在从事创作个性的研究时体现出中国特色,也应被提到议事日程之上。

我们检读发现,中国学者在接受赫拉普钦科的影响之际,已经意识到了中西创作个性思想的差异。徐放鸣认为中国传统的创作个性思考在很多具体问题上要早于西方,比如他论及歌德与莫泊桑时就有这样的看法,歌德强调要写出雄伟的风格,就要有雄伟的人格;莫泊桑认为气质就是商标,这才赋予其作品以独特性。徐放鸣指出:"歌德、莫泊桑的上述见解是与布封所倡导的'风格即人'的观点相当吻合的,它们共同对西方近现代艺术产生了不容忽视的影响,这说明,西方创作个性论也重视艺术家的气质个性与其作品风格的内在联系。当然这一认识要

---

① 参见陈宪年:《商品经济中的文艺创作个性问题》,载于《江海学刊》,1996年第2期。

晚于中国古代创作个性论达一千多年之久。"①

陈宪年也认为中西创作个性思想的研究起点接近,"和庄子同时代的亚里士多德的文论,代表着西方最早的接近创作个性的观念,亚氏曾提出文艺反映现实生活的著名'摹仿说'"。把"摹仿说"视为创作个性思想,理由是亚里士多德强调了艺术家才是创造的因素。陈宪年并认为:"亚里士多德的这种接近创作个性的见解,在漫长的欧洲中世纪不仅没有得到发展,反而遭到宗教神学的扼杀和摧残,以至一千多年的时间里,艺术家主体的创造活动和特性成为禁区和一片空白。直到文艺复兴的曙光在欧洲上空照耀,亚氏的这种见解才在达·芬奇、卡斯特尔维屈罗、培根等艺术家、哲学家的文论中得到继承和发展,才使创作个性探讨出现了新的转机和生气。"②陈宪年的概述时空相当长,用一句"空白"说明,未必准确,但他的论述可证明一个事实,那就是在中国传统文论中,有关创作个性的论述确实历史悠久、材料丰富、见解深刻。从这个比较中,中国学者的意图是明显的,那就是尽管我们的创作个性研究受到西方的影响,可我们自己的传统与资源是丰富的,从中完全有可能建构体现中国特色的创作个性理论。陈宪年比较了中西创作个性理论的不同点:中国的多从道德的角度入手,意识到了审美主体的心境是自由的、非功利性的,重视作家修养与气质对创作个性形成的作用,看到了创作个性与文学风格之间的内在关系,提倡作家表现自己的性灵,认为文学的独创性源自作家自身,把创作个性与人性的解放、个性的解放结合在一起。西方的多从人的全面觉醒、解放入手,把作品看成是作家主体创造性活动的结果,重视作家的想象、情感、直觉作用,强调艺术活动是心灵的自由,指出了创作个性与社会、时代相关联,提出了文学是人的生存活动与生命表现的见解,重视创作个性的内在机制的探讨。

具体地说,我们认为在如下一些问题上,中国学者能够建构中国特色的创作个性理论,这样的思考或认知倾向,已经初露端倪。

---

① 徐放鸣:《关于西方创作个性诸范畴的诗学阐释》,载于《徐州师范学院学报》,1994年第3期。
② 陈宪年:《中西创作个性理论思考》,载于《内蒙古社会科学》,1997年第3期。

确实，中国传统的创作个性思想源远流长，不仅古已有之，而且发达。先秦时期出现的"诗言志"命题，本身就包含着对个性的肯定。庄子的"天地与我并生"的思想，可以看成是中国古代关于创作个性立论的哲学基础。曹丕《典论·论文》："文以气为主，气之清浊有体，不可力强而至……虽在父兄，不能以移子弟。"①这是从先天气质上明确指出了作家之间存在创作个性的差异。而到刘勰时期，说得就更为全面了："然才有庸俊，气有刚柔，学有深浅，习有雅郑，并性情所铄，陶染所凝；是以笔区云谲，文苑波诡者也。"②自此以后，中国历代的文学家和批评家，都不乏对创作个性的高度重视。到晚明时期的公安派，提倡"独抒性灵，不拘格套，非从自己胸臆中流出，不肯下笔"③的"性灵说"，把中国古代文学创作中的个性理论推到了历史的高位，也成为中国传统创作个性理论的代表。

从形成的角度看，虽然儒家文艺也有"语不惊人死不休"的追求，但整体上看，中国古代的创作个性理论主要是在道家哲学和佛教禅宗思想的基础上形成的，是在与儒家"发乎情，民之性也；止乎礼义，先王之泽也"④文艺思想的对立互补中形成的。如熊明从佛教"治心"理论出发研究了这一相关问题。他认为："佛教治心理论对本心创造功能的重视，开启了艺术家重视自我的思维取向，同时，其修心的特殊思维模式（悟），又提供了一种依托和凸显自我的思维方式，这两方面的影响，使艺术家逐渐在作品中表现自身独特心理结构中的感受和体验，使艺术创作上走了个性化的道路。"他结合谢灵运、刘勰、王维、皎然、李贽、袁宏道等加以证明，有较好的说服力。结果是："使他们的艺术创造，逐渐从对物象的描摹与再现转向了对内心独特体验的表现，从以叙事状物

---

① 郭绍虞：《中国历代文论选》（第 1 册），上海古籍出版社，1979 年版，第 159 页。

② 同上，第 243 页。

③ 袁宏道：《叙小修诗》，见《袁宏道集笺校》，上海古籍出版社，1981 年版，第 178 页。

④ 《毛诗序》，见郭绍虞：《中国历代文论选》（第 1 册），上海古籍出版社，1979 年版，第 63 页。

为主转向了以抒情写意为主。"①因此,说到中国传统文论中的创作个性,我们倒是认为它主要是指诗人在创作中所表现出来的个人的独特的天真性情和艺术神趣。这一点,可在晚明时期的"性灵说"中得到更充分证明。"小修称中朗诗文云率真。率真则性灵现,性灵现则趣生。即其不受一官束缚,正不蔽其趣、不抑其性灵处"②。所谓贵"真"尚"趣",主要受李贽的"童心说"的影响,认为人有先验的、前文化的本心,它是自为自在的自然,因而为绝对的自由,但是人一旦进入文化,各种礼义、闻见、道理就开始污染、束缚这一本心,人就失去了真我与自由,因而现实中的人重返自由的家园,就在于驱除各种礼义、闻见和道理,让本心得以显现。因此,中国古代的创作个性理论,其"个性"和"自我"的色彩虽然非常鲜明,却也有一个升华的大背景,那就是天地自然。最有独创性的诗人,其作品最能体现独一无二的天真和神趣。也正是因为这一点,无论是儒家立场还是道家立场,历代的作家都把《诗经》奉为经典,在他们看来,只有那个时期的人没有受到任何约束和污染,所有的作品都是个人真实性情的自然流露和表现。从这一点讲,中国传统的个性理论,始终包含着个体与法则、文化、习俗的艰难抗争。反观赫拉普钦科的作家创作个性理论,它是在马克思主义哲学的基础上形成的,历史唯物论和辩证方法论是赫拉普钦科思考问题的基本方法,他为创作个性恢复了应有的位置,但又牢牢地把它固定在一定尺度之内,这个尺度就是艺术应当反映生活的本质,而这个生活的本质就是人们所应当追求的真理。在他的论述之中,凡是涉及创作个性的内在结构关系时,既不把它们看作为决定与被决定关系,也不把他们视为简单对立关系,而是用辩证的方法来揭示多种多样的可能性。例如,他在论述创作个性的形成时比较重视作家独特的生活经历,但他同时又指出不能陷入生活经历决定论,因为存在着这样一种事实,"同一些生活现象在不同艺术家的作品中得到不同的艺术阐释"。而他的分析,则更具有辩证的理论力量,一是由于生活本身是丰富多彩的,二是由于作家掌握和

---

① 熊明:《佛教治心理论与艺术个性化》,载于《辽宁大学学报》,1998年第2期。

② 陆云龙:《叙袁中郎先生小品》,见《袁宏道集笺校》(附录三),上海古籍出版社,1981年版。

认识现实的艺术方法是个人的、独特的。① 因此,如果说赫拉普钦科的创作个性理论中,也有一个"真"存在,那它是现代的真理之"真";而中国传统的创作个性主张中的"真",则是天真之"真"。

中西创作个性的表现形态不同,正体现了中西创作个性的思考方式也不同,一个来自叙事文学,一个来自抒情文学。这看似只是创作个性与体裁的关系问题,其实也是思路问题,基于此种区别,中西学者在提出创作个性问题时就存在差异,一方的观点,在自己的传统中大有赞同之人,可在另一方看来,却完全没有道理,要加以否定。我们认为中国学者对于"无个性文学"观的评价,就反映了中西学者的思维不同,观察问题的角度不同,结论当然也不同。

在西方,涉及"无个性文学"的主要是艾略特,他认为诗人没有一个可以用来表现的"个性",他只是一个媒介,没有必要像浪漫主义者那样直接表现情感,而是只要将印象与经验以意想不到的方式结合起来就行了。所以,诗不是用个性做成的,它是对传统的接受,是成功地寻找到了"客观对应物"才完成了创作的。其他如济慈的"消极能力"说、容格的"集体无意识"说、罗布—格里耶的"非人格化"、罗兰·巴特的"作者之死"均以不同方式表达了相近意见。但中国学者无法接受这样的观点。张德林认为:"把'无倾向'、'无思想'、'无感情'看成是文学创作的本质特征,取消创作主体思想感情对作品和对描写对象的任何渗透,那就近乎荒谬了。"②王文生也认为:"'无个性文学'原则的核心是排斥个性而提倡共性,贬抑情感而崇尚理性,强调客观而否定主观。其结果不只是全面反对抒情文学,也违背了一切文艺都是主客观相结合而成的普遍规律。"③

真的如中国学者批评的那样吗?西方学者尤其是像艾略特这样的诗人,他就不知道"一切文艺都是主客观相结合而成的普遍规律"吗?

---

① 赫拉普钦科:《赫拉普钦科文学论文集》,张捷、刘逢祺翻译,人民文学出版社,1997年版,第159页。

② 张德林:《作家的情感倾向与艺术创造》,载于《当代作家评论》,1992年第2期。

③ 王文生:《王国维的"无我之境"与艾略特的"无个性文学"》,载于《文艺研究》,2005年第2期。

我们认为,结论不要下得太早,西方学者未必那么弱智。西方学者的这种看法,是试图探讨文学创作在具有作家影响力的前提下,又如何能够做到兼容普遍性的人类思想与情感这个问题的。其立论的逻辑是:个性与普遍性相对立,若从个性走向普遍性,往往会因个性太鲜明而否定了普遍性,削弱、放弃或否定个性,当然成为个体走向普遍性的逻辑选项了。由于中国学者不会这样逻辑地考虑问题,将个性与普遍性的融合视为当然,也就缺少了这样的困惑,不再研究这类问题。但为什么会出现这样实实在在的分歧呢?我们认为,往深层看,这其实体现了中西创作个性形成的不同机制,这个机制与体裁有关,结果受到体裁的影响,也形成了中西不同的认识创作个性的思路。西方缘于叙事文学说创作个性,中国缘于抒情文学说创作个性。西方的创作个性理论是在叙事文学(小说)为基本考察对象的基础上发展起来的,而中国传统的创作个性理论则是在以抒情文学(诗)为主要对象上发展起来的。这导致了对于创作个性的看法,虽然二者都认识到了创作就得与作家主体有关,但如何判断作家主体的介入程度、方式并评价这种介入与方式的作用时,却有了差异。西方因叙事文学本身所具有的客观化倾向,在强调创作个性的作用时可能弱于中国,甚或有意与无意地忽略创作个性的地位与作用来促成这种客观化,而中国则因抒情文学本身的主观化倾向,与一切轻视与否定创作个性的思想相斗争,无时无刻不在凸显创作个性的重要性以促成这种主观化。

如此看来,以赫拉普钦科作为代表看,他以现实主义的叙事文学为基本出发点,他的论述如何表现普遍性的思想感情部分就明显偏多,所以在论述创作个性的时候,始终没有放弃社会学的方法和视野,他虽然竭力肯定作家的"自我"意识和文学上的"自我表现",但他又说所有这些"自己的声音"是必须和时代、现实、历史紧密连接在一起的。他强烈反对西方的以个人主义为基础的创作理论,反对法国的新小说,认为极度的"自我"不是"个性",恰恰是消灭"个性",因此,他的创作个性理论中的"个性"观念,仍然深嵌个性和共性相统一的模式中,只不过不再是前苏联的教条主义的模式了。之所以如此,主要原因应该是叙事文学尤其是现实主义的叙事文学,无论是就作家的创作和作品的容量,还是就交流和欣赏的方式来看,本身就具有非常鲜明客观化特征。与赫拉普钦科比较起来,中国传统的个性理论在追求自我表现上走得更远,也更为彻底。因为是以诗歌为主要对象,所以中国古代作家在强调个性时比较看中先天的因素,注重情感的真实而不是生活真实,对一切后天的文化规训都保持着高度的警惕,特别重视个人天真性灵的表现,到晚明时期,甚至走上了求新求奇的个性道路:"文章新奇,无定格式,只要发人所不能发,句法字法调法,一一从自己胸中流出,此真新奇也。"①由此来看,当中国学者研究创作个性在艺术的再现与表现中的不同呈现方式时,②虽然着眼点不是中西比较,却具有比较的意味,因为这样的区别研究如果是深入的、准确的,特别能为中西创作个性理论的由文学的区别上升到文化的区别,提供一定的认识作用。

但建构具有中国特色的创作个性理论并非易事,就现存的研究状态看,同样存在着中国化与西方化的冲突。中国化,当然来自传统的丰富资源与历史经验;西方化,当然来自西方的传统与科学思维。用西方化的方式来解释创作个性,已经成为中国创作个性研究的总体趋势。于是,一个关键的问题产生了,要建立中国化的创作个性理论,是用西方化的思维来阐释中国的传统及创作实践?还是守住传统,用传统的方式阐释创作实践?哪一个选择更加有利,成为一个极难回答的问题。折中者可能主张兼取二者,可我们并没有看到这样的融合事例。而就现状言,实际上已经陷入了悖论中——西方化的结果难免否定传统,而要守住传统却又难以应对西方化,甚至要否定西方化。如何选择?成为难题。

就此而言,有关"文如其人"的阐释,可谓充当了中西冲突的桥梁。如李天道、李钟霖所指出的,"文如其人"主要包括如下四点:作家的人品影响文艺作品的思想内容和审美境界,作家的情趣影响文艺作品的审美意象和风格特征,作家的气质影响文艺作品的风格特色和审美风貌,作家的性格影响文艺作品的风格特征和审美意趣。③"文如其人"

---

① 袁宏道:《答李元善》,见《袁宏道集笺校》,上海古籍出版社,1981年版,第785页。

② 参见徐放鸣:《论创作个性与艺术的再现和表现》,载于《徐州师范学院学报》,1990年第1期。

③ 参见李天道、李钟霖:《中国古代文艺创作个性论》,载于《西北大学学报》,1989年第4期。

强调文学创作与作家本人的一致性,是什么样的人,就创作什么样的文;是什么样的文,就反映了什么样的人。由于受中国传统的伦理政治、人物品评的影响,"文如其人"应当主要是从道德的角度来看文学创作,由此建构了一种相当伦理化的创作个性理论,认为一个道德高尚者,其作品必然是情趣高尚、风格清新的,反之,其作品则可能是猥琐龌龊、矫揉造作的。所以,当遇到操守不坚定者、人品有瑕疵者、性格上有怪癖者时,人生道路发生了重要转变者,"文如其人"的创作评价标准就出现了解释上的困难。这是事实,但这也是中国传统的创作个性理论的特色。如何阐释"文如其人",实际体现了中西方的思维冲突。

依据赫拉普钦科的观点,他将作家的现实个性与作家的创作个性相区别,属于作家的现实个性部分,极有可能与作家的创作有所距离,而属于作家的创作个性部分,则完全与作家的创作相一致。因为现实个性不等于创作个性,前者是现实的、政治的、道德的、功利的,而后者才是审美的、艺术的、创造的、深刻的。所以,对于"文如其人"的学术追问,形成了中国当代研究创作个性的一个新的趋向,那就是从传统的道德论视角转向现代的审美论视角,结果有关"文如其人"的解读,完全笼罩在审美论之下了。有学者认为"文如其人"错了,不能概括所有的创作活动,因此提出"文不如其人"的观点,与西方的"无个性文学"观相呼应,实际上认为"文如其人"的"人"只是作家的"现实个性",无法将其与创作直接对应起来。[1] 也有学者为"文如其人"作辩护,在看到"文人相悖"的现象时,坚持作家的现实个性与创作个性的区别,但也分析了"文人相悖"中可能存在着的从服从现实个性到遵循创作个性的复杂性,而这一复杂性同样表明了还是"文如其人"的,所以,这个命题并没有失效,只是要给予新的阐释就能概括丰富复杂的创作现象了。[2] 另一辩护则从作家的"生活个性"与"审美的选择和转换"之间的关系入手,认为二者间统一的时候,产生了"文如其人"的现象,而当二者间产生了对于生活个性的掩蔽时,"文人相悖"的现象也就出现了。其结论也是"文

---

[1] 参见杨其圣、严励:《"文如其人"与"文不如其人"》,载于《河南教育学院学报》,1994年第1期。

[2] 参见刘玉平:《"文如其人"新说》,载于《四川师范学院学报》,1995年第5期。

如其人"的"人"不是指的作家的生活个性,而是指的作家的"创作个性",这才是对这个命题的正确阐释。① 中国当代学者在界定创作个性时将其与审美理想相关联,强调审美的选择,并直接将其与审美个性相等同,已经是司空见惯的。钱中文的一段界定,具有相当的代表性:"创作个性是作家主体性在作品中审美的人化表现。一、这是在作品中表现出来的一个极具个人特征、人生经验的独特的性格。二、这是一个具有独特的、具体的审美感受能力的人,也即具有审美的具体感受世界观的人。三、这是受时代、社会、心理、审美趣味影响,在作品体现出来的、满足社会、时代要求的人。我们大致可以说,这几个方面形成了创作个性的统一体。"②其中"审美的人化"、"审美的感受能力"、"审美的具体感受世界观"、"审美趣味"的连用,可谓全面地建立创作个性与审美的关系。

问题出现了,这样一来,创作个性的研究确实科学化了,确实与赫拉普钦科一致了;创作个性的特征确实被审美化了、艺术化了、理想化了,也非功利化了,但这样的阐释中还有中国的传统?还有中国的特色吗?我们有些怀疑。中国几千年形成的"文如其人"的观念,几乎坍塌于瞬间,取而代之的是赫拉普钦科的"创作个性"观,是西方的无功利主义,是中国当代逐渐形成的审美主义。

到此,我们倒感到,与其用赫拉普钦科的观点来看创作个性,来看"文如其人",是否也可以借鉴非审美主义的文论观来看创作个性,来看"文如其人",甚至来看文学本身,只有当我们将文学理解为一个开放的系统,将创作理解为一个复杂的变数,将作家理解为一个既是"主观的人"又是"客观的人",既是"审美的人"又是"伦理的人",既是"整体呈现"的人也是"复杂多变"的人,才能更好地阐释创作个性。我们既从审美的角度、心理学的角度、艺术的角度阐释创作个性,也从政治的角度、伦理的角度、宗教的角度阐释创作个性,创作个性的研究才不会像过去二十多年那样,只取范赫拉普钦科,而没有更广泛地取范其他学者;只

---

① 参见王泽龙:《"文如其人"辨》,载于《湛江师范学院学报》,2000年第1期。

② 钱中文:《文学原理·发展论》,社会科学文献出版社,1989年版,第174页。

走了一条审美主义的路,而封闭了其他的研究之路;只走了西方的路,而不敢走上中国的路。

  中国当代的创作个性研究,只是一个起点,远没有终结。但可惜的是,它起始于 20 世纪 80 年代初,却止于 20 世纪 90 年代末,研究者并没有带着当初的热情进入 21 世纪。后继的奋起,没有现出端倪。其路向到底是什么,我们无法预期,但从审美的、伦理的、政治的、心理的多角度研究创作个性,恐怕是一个趋势。其中,关于赫拉普钦科的区分作家的现实个性与创作个性的做法,也许应当受到质疑,因为无论是赫拉普钦科,还是接受他的观点的后来者,都没有提供关于现实个性与创作个性的清晰区分标准并给出清晰的答案,这一区分,仍然处于一种抽象的假设之上。所以,创造创作个性研究的新局面,还要回到什么才是创作个性这个最为基本的却又是最为关键的逻辑起点上来。

韦勒克文论在当代中国

支 宇

雷纳·韦勒克(René Wellek,1903～1995)是 20 世纪世界文学界最杰出的文学理论家、批评史家、比较文学家和思想史学者之一。新中国建立以来,韦勒克的文论著作与文学思想对中国当代文学理论与批评界产生了重要的影响。中国当代文学研究 60 年间,中国学界对韦勒克文学理论与批评进行了全方位的译介与深入的研究。与此同时,汉语语境中的韦勒克研究也出现了一些问题与不足,韦勒克文论在中国所产生的话语变异尤其值得关注。

一 当代中国语境与韦勒克文论在当代中国的译介与流传

新中国成立 60 年间中国文论发生了多次话语转型,韦勒克在中国的译介与流传受到中国文论发展过程的影响,大致可以分为三个历史时期。

1. 初始引介时期:1949～1979

韦勒克生于 1903 年,20 世纪 40 年代起开始在西方学界受到关注。但新中国成立以前,韦勒克对中国学界只有零星的关联。李赋宁和周珏良先生 20 世纪 40 年代负笈美国求学期间曾听过韦勒克的课程并阅读他的著作。1949 年至 1979 年间,西方美学与文论在中国的研究一直受到意识形态批判的左右,全面、客观的研究几乎处于缺席状态。韦勒克与新批评派(The New Criticism)同样如此。

20 世纪 60 年代,为了"批判西方资产阶级思想",同时也由于中苏关系的变动以及中国国内政治局势的变化，外国文学与文论研究在"百花齐放，百家争鸣"的口号下得到了一些复苏。此时的韦勒克已经在西方世界声誉鹊起。他于1949年与奥斯汀·沃伦（Austin Warren）一起合写的著名的《文学理论》一书已经成为新批评文论的经典之作。1955年，韦勒克在耶鲁出版社单独出版了《近代批评史》（A History of Modern Criticism: 1750～1950）的前两卷，即第一卷《18世纪晚期》（Vol. 1 The Later Eighteenth Century）和第二卷《浪漫主义时期》（Vol. 2 The Romantic Age），这标志着韦勒克8卷本《西方文学批评史》浩大学术工程的正式面世。在此背景下，韦勒克作为资产阶级学术流派之一英美新批评的代表人物，受到了一些中国学界的关注。

20世纪60年代左右，石俘翻译了韦勒克（此文译为"魏列克"）的《批评的一些原则》，刊于《现代外国哲学社会科学文摘》1964年第1期，蒋孔阳翻译了韦勒克（此文译为"魏列克"）的《二十世纪文学批评的几个主要倾向》一文，刊于《现代外国哲学社会科学文摘》1964年第8期。袁可嘉的《"新批评派"述评》（《文学评论》1962年第2期）应当时政治任务需要将韦勒克列为资产阶级学者进行猛烈批判。

在初始译介期，中国文学界对韦勒克的了解相当粗浅，其理论对中国文论与批评基本未产生实质性影响。

2. 影响扩张时期：1979～1989

1978年，中共十一届三中全会以后的西方文学与文论研究出现了崭新的面貌。韦勒克研究在这一历史时期开始被大量译介，并对新时期中国文学理论与批评产生了巨大影响。

新时期中国学界最早提到韦勒克并给予很高评价的是著名学者朱光潜先生。1979年，朱先生修订了他最早出版于1963年的《西方美学史》。在新版书末的"简要书目"中，朱先生提到了韦勒克的《近代文学批评史：1750～1950》。从韦勒克学术生涯看，自从1955年出版前两卷后，韦勒克曾于1965年再次出版第三卷《转折时期》（Vol. 3 The Age of Transition）和第四卷《19世纪晚期》（Vol. 4 The Later Nineteenth Century），第五卷和第六卷一直等到1986年才出版。这样，朱先生只列出了韦勒克《近代文学批评史》的前四卷，并且特别注明"编者只见过第一二两卷"。朱先生评价这本书时说："在文学批评史著作中，这部是后来居上的，作者所掌握的资料很丰富，叙述条理也很清楚，但是观点仍然是资产阶级的,过分着重每个时代的个别代表人物,而对每个时代的总的精神面貌则往往没有抓住,对一些关键性的问题也没有足够的重视。"①朱先生的评价还残留着新时期初期极"左"文艺观的话语因素,但总的评价与看法仍然是中肯和深刻的。1979年,钱锺书先生出版了被誉为中国比较文学经典著作之一的《管锥篇》。在这部书中,钱先生数次引用韦勒克与沃伦的《文学理论》,并运用"中西打通"的基本方法将韦勒克的文学观念与中国传统文论进行平行比较。②

此后,提及韦勒克和新批评的中文文献日渐增加。其中,杨周翰的《新批评派的启示》(《国外文学》1981年第1期)、赵毅衡的《新批评——一种独特的形式主义文论》(《外国文学研究辑刊》第5辑,中国社会科学出版社,1982年版)、张隆溪的《作品本体的崇拜——论英美新批评》(《读书》1983年第7期)、伍蠡甫和程介未的《现代西方文论简评》(《外国文学研究》1984年第1期)等对中国学界理解和领会新批评和韦勒克起到了引导性作用。

与此同时,韦勒克单篇译文开始散见于各种期刊和西方文论与批评文选。《文艺理论研究》杂志1981年第2期刊出韦勒克的《比较文学的危机》(黄源深译,作者名被译为勒内·威莱克),1982年第3期刊出韦勒克与沃伦《文学理论》中的《总体文学、比较文学和国别文学》一章(周纯译,译韦勒克为威莱克)。1982年,张隆溪选编的《比较文学译文集》(北京大学出版社)收有韦勒克《比较文学的危机》(沈于译)。《文艺理论研究》1983年第3期刊出王春元所译的韦勒克论文《文学的类型》。1985年出版的《比较文学研究译文集》(干永昌等编译,上海译文出版社)收入韦勒克比较文学方面的论文4篇,其中有《比较文学的危机》《比较文学的名称与性质》《今日比较文学》和《总体文学、比较文学和国别文学》,这些文章多为黄源深所译。1986年出版的《比较文学研究资料》(北京师范大学中文系比较文学研究组编译,北京师范大学出版社)收有韦勒克论文3篇,其中有《比较文学的危机》(沈予译)、《比较文学的名称和性质》(象愚译)、《德国和英国浪漫主义对比》(李广成

---

① 朱光潜:《西方美学史》,人民文学出版社,1979年版,第748页。
② 钱锺书:《管锥篇》,中华书局,1979年版,第二册,第748页;第四册,第1421页。

译)。1987年,伍蠡甫、胡经之主编的《西方文艺理论名著选编》选有韦勒克论文3篇,即《二十世纪文艺批评关于形式与结构的概念》《文学批评作为术语和概念》和《二十世纪西方文学批评》。① 1987年,孙景尧选编的《新概念 新方法 新探索——当代西方比较文学论文选》(漓江出版社)收有韦勒克比较文学论文2篇,即《比较文学的名称与概念》(韩冀宁译)和《陀思妥耶夫斯基评论史》(周宁译)。《外国文艺》1987年第4期刊载有《大学里的批评》(汤永宽译)。1987年《文艺理论研究》第1期刊出杨正润译的《现实主义和自然主义》。1988年,赵毅衡编译的《"新批评"文集》中译出《文学理论、文学批评与文学史》(1960)一文,在编者按中,译者还写道:"雷奈·韦莱克是新批评派中最不泥守信条的人,但是他对新批评的原则同样信守不渝,只是论证手法比较灵活……作为一个杰出的比较文学理论家,他的眼界比其他新批评派开阔。"导言还认为,韦勒克的这篇论文是在新批评失势之时的"自辩"。②1989年,史亮编译《新批评》(四川文艺出版社)一书时曾得到了韦勒克的建议,并译出了他总结新批评派文论思想的重要论文《新批评:是与非》。《理论与创作》1989年第5期则刊出《20世纪文学批评的六种模式》(柔之译)。

除单篇译文外,韦勒克的著作在中国不断正式译介并出版。新时期中国第一部韦勒克译著出版于1983年11月,即林骧华译的《西方四大批评家》(复旦大学出版社)。该书英文版1981年出版,是韦勒克为撰写《近代文学批评史》20世纪部分的前期成果。短短两年间,中国就出版了中译本,这反映了新时期中国学者对韦勒克的高度关注。1984年12月,韦勒克与沃伦合作的《文学原理》由刘象愚等翻译后由三联书店出版,1986年三联书店再次重印该书,总印数达4万4千册。1987年3月《近代文学批评史》第一卷由杨岂深、杨自伍合译并于上海译文出版社出版。四川文艺出版社于1988年1月出版了韦勒克的《批评的诸种概念》(丁泓、余徵译),本书全文译出英文原版中10余篇论文,包

---

① 伍蠡甫、胡经之主编:《西方文艺理论名著选编》(下卷),北京大学出版社,1987年版。其中《二十世纪西方文学批评》一文是节译本,译者程介未在翻译过程中删除了原文中论20世纪前50年意大利、西班牙、俄国文学理论等部分。

② 赵毅衡编:《"新批评"文集》,中国社会科学出版社,1988年版,第496页。

括《文学理论、文学批评和文学史》《20世纪文学批评中的形式与结构概念》《文学研究中的巴罗克概念》《比较文学危机》等。1989年,刘象愚从韦勒克的 Concepts of Criticism(1963)和 Discriminations: Further Concepts of Criticism(1970)两书中将专门研究文学思潮与运动的概念"现实主义"、"浪漫主义"、"自然主义"、"巴罗克"等术语的文章合编为《文学思潮和文学运动的概念》一书,由中国社会科学出版社出版。1989年4月,刘让言将韦勒克为 W. B. 弗莱施曼主编《世界文学百科全书》一书所写的长篇文章全文翻译为《20世纪西方文学批评》并在花城出版社出版①。1989年10月,杨自伍译的《近代文学批评史》第二卷出版于上海译文出版社。

3. 深入译介时期:1990～2009

进入20世纪90年代以后,中国学术界进入一个专业主义的历史时期,韦勒克的著作继续翻译出版,中国学者的研究专著和论文也不断出版,中国韦勒克研究进入全面深化阶段。

在著作方面,韦勒克8卷本《近代文学批评史》在杨自伍的翻译下由上海译文出版社全部出齐。其中,第三卷《过渡时代》出版于1992年,第四卷《十九世纪后期》出版于1997年,第五卷《英国批评1900～1950》出版于2002年,第六卷《美国批评1900～1950》出版于2005年,第七卷《德国、俄国和东欧批评1900～1950》出版于2006年,第八卷《法国、意大利和西班牙批评1900～1950》出版于2006年。此外,第五卷还另外出现了一个中译单行本,即章安淇、杨恒达译的《现代文学批评史·第五卷·1900～1950年的英国文学批评》(中国人民大学出版社,1991年版)。《批评的概念》则由张金言译出第2个中文本,于1999年出版于中国美术出版社。2005年,刘象愚等在编辑《西方现代批评经典译丛》第一辑时推出了《文学理论》中译本的修订版。这个修订版以20年前的中文第一版为基础,着重做了以下工作:一是对原版中错译、漏译、误印、误植等处进行了纠正;二是进一步统一了译名,增加了译注和中文索引,并将书后尾注换为页脚注;三是刘象愚撰写了一篇导

---

① 此书与前文所提《二十世纪西方文学批评》一文(程介末译)译自同一书。不同的是,刘让言译为全译,并增了韦勒克为《世界文学百科全书》新版所补写的《近来文学批评的发展》一文。

读性文字代替了第一版中王春元的"中译本前言"①。据《西方现代批评经典译丛》的预告,韦勒克的《批评的概念》和《辨异:绪批评的概念》两书已经列入第二辑出版计划。另外,《韦勒克读本》已经列入北京大学出版社"培文读本"系列选题,近期也将出版上市。

在研究方面,本阶段出现了三部专题研究韦勒克的博士学位论文(其中两部略作修改后以学术专著的形式出版),另有硕士学位论文6篇,这标志着韦勒克研究在中国学术界的拓展与深化。这三篇博士学位论文分别是:复旦大学博士学位论文《历史对理论的拯救——韦勒克文学理论思想论纲》(论文作者陈菱,指导教师应必诚教授,1998年)、四川大学博士学位论文《韦勒克诗学研究》(论文作者支宇,指导教师曹顺庆教授,2002年)、黑龙江大学博士学位论文《比较文学视野中的雷纳·韦勒克》(论文作者胡燕春,指导教师叶华年教授、孙景尧教授,2006年)。本时期韦勒克文论成为硕士研究生选题对象,主要有《文学批评的批评》(作者支宇,四川大学,1996年)、《论韦勒克的文学内部研究》(作者王娟,新疆大学,2004年)、《韦勒克"批评的概念"的文艺学及批评学意义》(作者张海燕,广西师范大学,2004年)、《韦勒克文学理论研究》(作者李阳,东北师范大学,2005年)、《韦勒克文学批评史观研究》(作者张存锋,山东师范大学,2005年)和《韦勒克"内部研究"论重估》(作者余燕萍,河北师范大学,2008年)。随着研究的深化,以韦勒克为论述对象的硕士论文选题应该往更加细腻的专题研究方向发展。至2009年,韦勒克最重要的学术著作基本已经被译为中文,中国学者继续对其展开了深入研究。

二 中国学界韦勒克研究的主要范式、成就与不足

从现有成果看,中国学界在韦勒克文学理论体系研究、韦勒克比较诗学理论与方法研究、韦勒克文学史观研究和批评史研究方面取得了

---

① 修订版中刘象愚撰写的"代前言"名为"韦勒克和他的文学理论",这是他在1986年的同名论文基础上修改而成。原文《韦勒克和他的文学理论》发表于《文谈》1986年第1期。又见《二十世纪文学理论概览》,春风文艺出版,1986年版。

一些值得关注的成绩。

1. 韦勒克文学理论体系研究

韦勒克在 20 世纪世界文论界的学术价值首先体现为他建立了一个独特而深刻的文学理论体系。这个体系既是对英美新批评派文学观念最重要的系统论述,也是韦勒克个人多年学术素养的理论结晶。中国学者高度评价韦勒克的文论体系,并全面、深入地剖析其理论特征与内部结构。

中国目前公开出版的首部韦勒克研究著作是支宇的《文学批评的批评——韦勒克文学理论研究》(中国社会科学出版社,2004 年版),首篇博士学位论文(尚未公开出版)是陈菱的《历史对理论的拯救——韦勒克文学理论思想论纲》(复旦大学博士学位论文,应必诚教授指导,1998 年)。支宇的专著以深入阐释韦勒克文论体系的内部结构和主要问题为目标,其基本观点是,韦勒克诗学体系的基本特征是科学主义和人文主义的并存与交融,哲学基石是现象学方法,理论渊源主要是现象学文论、结构主义语言学和英美新批评,核心观念是"结构"范畴,逻辑起点是文学作品存在方式论,在此基础上形成的三大理论板块是文学结构本体论、文学作品层次论和文学研究方法论。此外,专著还对韦勒克文论的文学本质观、文学批评观、批评史观、文学史观和比较文学观等进行了专门论述。在研究方法上,这部专著采取多向层次的比较和多维视野的观照,以 20 世纪西方文论科学主义与人文主义思潮的双重变奏为经,作家—作品—读者的两次理论转向为纬,力求将韦勒克放到 20 世纪西方文论史中去分析和考察。该书通过细致地分析和论证,对韦勒克的文学理论提出并阐明了一系列有新意和深度的观点和见解。陈菱的论文是我国首篇专论韦勒克的博士学位论文,其主题是从西方文论思想的历史变迁中来审视韦勒克的文论体系。论文紧紧抓住韦勒克"透视论"观念,深入阐释了韦勒克在本质与现象、变与不变、一与多之间辩证折中的学术特征与基本方法,并从文学本质论、文学存在方式论、批评史观等角度予以深入解读。这篇博士学位论文是中国韦勒克研究的开创性著作,为中国学者深入研究韦勒克的文论体系开拓了学术空间。可惜的是,这篇博士学位论文一直未以专著形式公开出版,且因时间较早,网络上无法查询,许多韦勒克研究者很难全面了解其主要内容与学术价值。

就单篇论文而言,新时期以来研究韦勒克文论体系的论文多达数十篇。20世纪80年代有影响的论文主要有:《马克思主义与形式主义在文艺学对象与方法问题上的分歧——评韦勒克和沃伦合著的〈文学理论〉》(《文艺理论研究》1983年第04期)、王春元的《〈文学理论〉中译本前言》(见韦勒克《文学理论》中译本,三联书店,1984年版)、刘象愚的《韦勒克和他的文学理论》(载《文谈》,1986年第1期,又见《二十世纪文学理论概览》,春风文艺出版社,1986年版)、林大中的《文学的纯文学研究——评韦勒克、沃伦〈文学理论〉》(《读书》1986年第5期)、康林的《马克思主义文艺思想在新时期的地位——兼谈韦勒克对马克思主义文艺观的批评》(《文艺理论与批评》1987年第4期)、周珏良的《对新批评派的再思考——读韦勒克〈现代批评史〉卷六》(《外国文学》1988年第1期)等。20世纪90年代比较重要的论文主要有:胡苏晓、王诺的《文学的"本体性"与文学的"内在研究"——雷纳·韦勒克批评思想的核心》(《外国文学评论》1995年第1期)、李凤亮的《功能·尺度·方法:文学批评何为——重读韦勒克札记》(《暨南大学学报》1997年第4期)、陈菱的《"透视论":一种经验性的阐释理论》(《外国文学评论》1998年第2期)、何仲生的《韦勒克批评理性的困乏》(《浙江学刊》1999年第4期)、杨冬的《另一种学者 另一种风范》(《文艺争鸣》1999年第6期)等。

2000年以后,韦勒克文学理论研究成果更加丰富,重要的论文主要有《韦勒克文论与结构主义语言学》(支宇,《社会科学研究》2000年第4期)、《韦勒克的文学本体观》(周颖君,《思想战线》2001年第3期)、《论韦勒克关于文学外在关系的阐释》(周颖君,《东岳论丛》2001年第5期)、《关于转型期文学价值取向的思考——解读韦勒克、沃伦》(刘上江,《学术论坛》2001年第3期)、《西方文论在汉语经验中的话语变异——关于韦勒克"内部研究"的辨析》(支宇、罗淑珍,《外国文学研究》2001年第6期)、《科技时代的诗之惑——回眸韦勒克与瑞恰慈之辩》(徐葆耕,《清华大学学报》(哲学社会科学版)2002年第2期)、《文学作品的存在方式——韦勒克文论的逻辑起点和理论核心》(支宇,《西南民族学院学报》(哲学社会科学版)2002年第3期)、《文学结构本体论——论韦勒克的文学本质观》(支宇,《四川大学学报》(哲学社会科学版)2002年第4期)、《文学史文学共时结构的动态史——论韦勒克的文学史观》(温潘亚,《江西社会科学》2002年第4期)、《文学分类研究的重新审视——兼论韦勒克、沃伦〈文学理论〉的"三分法"》(胡鹏林，《海南大学学报》(人文社会科学版)2002年第4期)、《雷·韦勒克文学理论研究的方法论意义》(董学文、李龙，《内蒙古师范大学学报》(哲学社会科学版)2005年第2期)、《多元文论话语中的韦勒克批评理论》(彭彤，《社会科学研究》2005年第5期)、《透视"经验的客体"——谈韦勒克、沃伦的"文学作品的存在方式"》(陈峰蓉，《福建论坛》(人文社会科学版)2006年第11期)、《雷纳·韦勒克的文学史观述评》(胡燕春，《广西社会科学》2007年第4期)、《试论英伽登现象美学对韦勒克文论的影响》(雷强，《东南大学学报》(哲学社会科学版)2008年第6期)等。

另外，还有学者在其著作或教材中对韦勒克进行了专门论述。钱中文的《文学原理—发展论》(社科文献出版社，1999年版)多次论述韦勒克的内部研究和作品层次论。盛宁的《20世纪美国文论》(北京大学出版社，1994年版)在美国文论史的背景中论述了韦勒克文论的独特价值。陶东风主编的《文学理论基本问题》(北京大学出版社，2004年版)对韦勒克的批评方法论进行了专门论述。杨冬的《文学理论：从柏拉图到德里达》(北京大学出版社，2009年版)在第六章"20世纪后期的文学理论"中设专节讨论韦勒克。此外，还有一些著作对韦勒克进行过简要的论述，限于篇幅，不再赘述。

2. 韦勒克比较文学观研究

韦勒克是世界文学界一位著名的比较文学家，曾任美国比较文学协会、国际比较文学协会主席。从他的文学理论出发，韦勒克提出了一系列见解独到的比较文学观点，在世界比较文学界产生了极大的影响。

中国学者对韦勒克比较文学观的研究也取得了较多的成果。其中最全面和系统的是胡燕春的著作《比较文学视野中的雷纳·韦勒克》(中国社会科学出版社，2007年版)。这部著作是作者在其博士学位论文基础上修改出版的，对韦勒克比较文学观念与实践进行了深入研究。该书将韦勒克放入比较文学学科史的发展长河中进行定位与审视，不仅高度肯定了韦勒克对比较文学学科理论的贡献，同时对此局限也提出了中肯的评价。本书从"影响研究论"、"平行研究论"和"跨学科研究论"三个方面来共时性地勾勒韦勒克"以文学性为中心"的比较文学观，对某些中国学者视韦勒克为比较文学美国学派平行研究代言人的倾向具有纠偏正误的学术作用。在资料方面，本书运用《康德在英国：

1793~1838》(*Immanuel Kant in England 1793~1838*,1931)、《英国文学的兴起》(*The Rise of English Literary History*,1941)、《捷克文学论》(*Essays on Czech Literature*,1963)、《对照:19世纪德、英、美三国之间的理智与文学关系研究》(*Confrontations*: *Studies in the Intellectual and Literary Relations between Germany*,*England*,*and United States during the Nineteenth Century*,1965)等中国学术界评述较少的韦勒克著作进行分析与论述,深化了中国学界韦勒克研究视野。

中国学者在其他一些文献中也对韦勒克的比较文学观进行了研究。干永昌在《比较文学研究译文集》序言中将韦勒克与雷马克和奥尔德里奇一同视为比较文学"美国学派"的代表人物,该书的前言《比较文学理论的渊源与发展》和韦勒克论文中译文之后的四篇《后记》对韦勒克的比较文学观进行了较为准确而清晰的论述。曹顺庆主编的《比较文学学科理论研究》(巴蜀书社,2001年版)第三章"比较文学美国学派学科理论研究"(支宇撰写)以韦勒克为核心,深入阐释了美国学派比较文学的学科理论与方法体系。① 除此之外,中国比较文学教材都有对韦勒克比较文学观的介绍与评述。比如,陈惇、刘象愚的《比较文学概论》,不仅在第一章讨论"比较文学的定义与功能"时引述了韦勒克的《比较文学的危机》和《比较文学的名称与性质》两篇文献,而且在第二章"比较文学的历史和现状"中将韦勒克作为美国学派的代表人物对其生平和主要著述予以专门介绍②。再如乐黛云主编的《中西比较文学教程》一书,该书第二章"比较文学的性质、范围和意义"对韦勒克的文章进行了引证,第三章论述"比较文学的历史和现状"时对韦勒克又进行了重点介绍③。中国学界的比较文学教材与专著基本如此,兹不赘述。

---

① 曹顺庆主编:《比较文学学科理论研究》,巴蜀书社,2001年版,第158~193页。

② 陈惇、刘象愚:《比较文学概论》,北京师范大学出版社,1988年版,第55~57页。

③ 乐黛云主编:《中西比较文学教程》,高等教育出版社,1988年版,第54~55页。

在单篇论文方面，胡燕春取得的成果最多。她在撰写博士学位论文过程前后，先后发表了20多篇系列论文，这些论文最后都收入其专著《比较文学视野中的雷纳·韦勒克》。这些论文包括：《论雷纳·韦勒克对于诸国文学关系的研究》(《淮阴师范学院学报》(哲学社会科学版)2008年第01期、《论雷纳·韦勒克文学研究实践中的跨学科维度》(《辽东学院学报》(社会科学版)2008年第01期或《湖南城市学院学报》2008年第01期)、《论雷纳·韦勒克的比较文学本体视域》(《湘潭大学学报》(哲学社会科学版)2008年第02期)、《雷纳·韦勒克比较文学学科研究的贡献述评》(《天中学刊》2008年第01期)、《论雷纳·韦勒克文学研究实践中的自然科学维度》(《江西师范大学学报》(哲学社会科学版)2008年第03期)、《论雷纳·韦勒克文学研究之中的影响研究实践》(《湖北社会科学》2007年第05期)、《论雷纳·韦勒克文学研究实践中的历史维度》(《广西社会科学》2007年第05期)、《雷纳·韦勒克的比较文学学科本体论述评》(《黑龙江社会科学》2007年第03期)、《论雷纳·韦勒克文学研究实践中的艺术维度》(《沈阳师范大学学报》(社会科学版)2007年第04期)、《论雷纳·韦勒克的平行研究视域》(《阜阳师范学院学报》(社会科学版)2007年第05期)等。另外，支宇、罗淑珍的《西方文论在汉语经验中的话语变异——关于韦勒克"内部研究"的辨析》(《外国文学研究》2001年第04期)、凌英菲的《新时期韦勒克〈文学理论〉在中国的再版及其研究情况》(《宜宾学院学报》2006年第07期)、胡燕春的论文《论雷纳·韦勒克的文学研究思想在中国的传播与影响》(《中国比较文学》2007年第03期)和《雷纳·韦勒克文学研究思想在中国的接受历程》(《成都大学学报》(社会科学版)2008年第01期)对韦勒克在中国的接受与流传进行了详细和深入的梳理。李卫涛的《从韦勒克、艾金伯勒到伯恩海默至中国学派——比较文学的跨文明研究轨迹》(《思想战线》2005年第4期)、刘郁琪的《唯美与形式：王国维与韦勒克文学观念之比较》(《赣南师范学院学报》2004年第01期)、胡燕春的《从雷纳·韦勒克的文学史观看中国的文学史研究》(《社会科学辑刊》2007年第3期)和《论雷纳·韦勒克对诸种文学流派的参照研究》(《宁夏大学学报》(人文社会科学版)2008年第2期)等在比较诗学视野下对韦勒克文论进行了讨论。

3. 韦勒克文学史观与批评史研究

西方文论史上,韦勒克的文学史观和批评史独具特色,中国学界对此已经取得了一些成果。

在韦勒克文学史观与批评史研究方面,重要的单篇论文主要有:《韦勒克的批评史研究方法述评》(杨冬,《文艺理论研究》1998年第1期)、《视阈·方法·批评个性——雷纳·韦勒克〈批评的概念〉》研究札记(金琼,《四川文理学院学报》2006年第3期)、《论雷纳·韦勒克的文学理论与批评研究的当下意义》(胡燕春,《南京社会科学》2007年第2期)、《比较文学视野中的韦勒克批评理论》(胡燕春,《上海师范大学学报》(哲学社会科学版)2005年第5期)、《雷纳·韦勒克的文学史观述评》(胡燕春,《社会科学》2007年第6期)、《试论韦勒克文学批评观的现实意义》(杜珊珊,《安康学院学报》2007年第6期)、《知识考古学视阈中的韦勒克批评——以〈批评的概念〉为例》(姜辉,《华南理工大学学报》(社会科学版)2008年第4期)等。

在著作方面,除支宇的《文学批评的批评》和胡燕春的《比较文学视野中的雷纳·韦勒克》两部专著外,中国学者还在一些著作中对韦勒克文学史观或批评史观进行专门论述。陶东风的《文学史哲学》(河南人民出版社,1994年版)、葛红兵的《正午的诗学》(上海人民出版社,2001年版)、陈国球的《文学史书写形态与文化政治》(北京大学出版社,2004年版)等对韦勒克的文学史观有深入阐释。杨冬的《西方文学批评史》(吉林教育出版社,1998年版)对韦勒克批评史观进行了深入的论述。中国学者其他一些文学史著作也受到了韦勒克文学史论观的影响。比如孔范今主编的《二十世纪中国文学史(上下册)》(山东文艺出版社,2006年版)在绪论中对韦勒克多有引证。与韦勒克文学理论体系研究、比较文学研究等领域相比,韦勒克文学史和批评史研究相对薄弱,这还有待中国学者们继续拓展。

4. 中国韦勒克研究的主要不足

根据上述研究现状,我们可以看出,虽然中国学界的韦勒克研究已经取得了长足的进展,但其不足之处仍然不容忽视,这主要表现为以下三个方面。

第一,研究材料与研究尚不全面。迄自2009年,韦勒克的著作尚有 *Immanuel Kant in England 1793～1838*, 1931, *The Rise of*

English Literary History, 1941, *Essays on Czech Literature*, 1963, *Discriminations: Further Concepts of Criticism*, New Haven, Yale University Press, 1970, *Confrontations: Studies in the Intellectual and Literary Relations between Germany, England, and United states during the Nineteenth Century*, 1970, *The Attack on Literature and Other Essays*, 1982 等未有中文译本。虽然中国学者在研究中已经有所运用,但受制于国内图书馆的藏书情况和语言限制,汉语学界的韦勒克研究还是受到了较大的制约。另外,西方学界也未编辑出版《韦勒克全集》,韦勒克尚有许多重要的单篇论文未收入其著作单行本,依据 http://www.lib.uci.edu/libraries/pubs/scctr/Wellek/wellek/网站所收集的韦勒克文献资料,这样的文章尚不在少数。对这些论文,汉语学界的关注也才刚刚开始。

第二,研究程度尚不够深入与开阔。就韦勒克文论整体研究而言,中国学者的深度与广度还有待继续拓展。在 20 世纪西方文论多元话语中,韦勒克文论独具特色,既具有优点又存在着自身的理论盲点。中国学者现有研究成果从总体上看侧重于准确地理解韦勒克文论的基本框架与特征。即使这样,现有研究成果仍然还不够深入和细腻。作为韦勒克文论的逻辑起点,文学作品存在方式论究竟在其理论体系中起到什么样的作用? 韦勒克文学结构本体论的理论内涵和价值是什么? 韦勒克作品层次论如何界定作品的诸层次? 韦勒克文论与批评史写作的关系如何? 除此之外,还有许多问题需要进行深入的论述与研究。在研究视野的开阔程度上,虽然中国学者们也试图将其放置到西方文论与批评发展史中进行审视,以期揭示韦勒克的独创性贡献,但是对韦勒克文论与其他文论流派关系的研究仍然显得比较单薄。比如,在韦勒克文论与俄国形式、结构主义语言学、现象学文论的同与异问题上,汉语学界的研究仍然不够充分。即使是韦勒克与英美新批评派其他理论家在文学审美特征和研究方法等的关联以及韦勒克比较文学观念与方法等许多问题,中国学者的研究也还未得到充分展开。

第三,研究视野尚不够独特和深刻。与西方学界相比,中国学者还没有表现出自己独特的研究特色和学术深度。在这方面,中国学者完全应该站在中国诗学传统的理论地基之上,以独特的中国文化身份参与韦勒克研究,从而取得西方学者无可比拟的理论眼光和成果。此外,中国学者研究韦勒克文论的目的还是为了深化自身对文学这一文化形态和艺术门类的认识。作为一个独特的理论资源,韦勒克文论应该最终在研究过程中变成中国特色文学理论体系建设中的一个有机养料和组成部分。在韦勒克文论与中国古典文论的交往对话与理论融汇方面,中国学者的研究尚显得非常单薄。

三 韦勒克对当代中国文论与批评的影响及其在中国新时期的话语变异

韦勒克文论对中国新时期文论的影响是全面而深刻的,与此同时,中国语境也使其话语功能与内涵产生了一些明显的变异。韦勒克对新中国文论与批评的影响与变异问题是中西文论交往对话中非常值得关注的现象。

1. "文学研究向内转":韦勒克与新时期中国文艺学

1949年以后,中国文论与批评的主导形态是社会历史批评。新时期以来,西方文论大量涌入中国,中国文论发生了一个从注重文学的"外部"因素(即历史、政治和社会因素)向注重文学的"内部"因素(即作家心理、情感、语言和形式因素)的转向。在这一过程中,韦勒克文论产生了举足轻重的影响。

韦勒克文论一个重要的特征是对文学理论与批评"内部研究"(intrinsic study)与"外部研究"(extrinsic study)的区分。1985年,刘再复将"近来文学研究方法表现出来的倾向"进行了五点概括,其中第二点即是"由外向内,即由着重考察文学的外部规律向深入到研究文学的内在规律转移……近年来研究的重心已转移到内部研究,即研究文学本身的审美特点、文学内部各要素的相互联系、文学阈各种门类自身的结构方式和运动规律等等,总之,是回复到自身"①。著名作家刘心武明确引述韦勒克的《文学理论》来阐述"内部研究",并热切地号召说:"我们亟需向文学内部即文学自身挺进,去探索文学内部的规律,或者

---

① 刘再复:《文学研究思维空间的拓展》,载于《读书》1985年第2期、1985年第3期。

换个说法,就是去探讨文学的本性。"①1986年10月18日,鲁枢元在《文艺报》上发表《论新时期文学"向内转"》一文,进一步强化了韦勒克"内部研究"概念在中国批评界的影响。王春元的《文学的外部规律与内部规律》(《文艺报》1986年10月3日)一文将"内部研究"视为对"语言艺术的独特性"的研究。在20世纪80年代的"文学本体论"、"文学主体性"和"重写文学史"等理论论争中,韦勒克对新时期中国文学研究"向内转"倾向的形成与深入起到了至关重要的作用。批评家旷新年回顾说:"'新批评'的理论家韦勒克与奥斯汀·沃伦合著的《文学理论》也在80年代被作为文学理论的'圣经'译介到中国并且发生了覆盖性的影响。《文学理论》所提出的有关'内部研究'与'外部研究'的剖析被奉为圭臬,由此发动了'文学回到自身'与'把文学史还给文学'的潮流。"②借助于韦勒克"内部研究"概念,新时期中国文论家与批评家们成功地将文学从政治工具论和机械反映论思维框架中挣脱出来,从而将文学作品的语言结构、叙事手法和艺术风格等当作文学批评的主要对象。

2. 审美主义话语:韦勒克与中国当代审美主义话语形态

韦勒克文论认为,文学作品是一种"符号结构",具有"审美性"、"虚构性"和"想象性"多种特质。新时期中国文论最主要的任务是将文学从政治宣传工具中剥离出来,恢复其作为语言艺术的审美性属性。韦勒克文学本质论对审美、虚构和想象的强调和对现实主义的批评使它对中国当代文论家产生了巨大的吸引力。

韦勒克文学本质论认为,文学作品的本体是"审美性"的"语言结构",文学研究的首要对象就是这一"语言结构"的"审美特征"。所谓审美性,主要指的是文学作品在语言运用上的独特性质,即其运用音韵、节奏和格律等多种方式强化语音和文字方面美感的性质。在韦勒克看来,文学作品的"虚构性"意指文学作品是一种语言的交织体,它本身就是一个虚构的语言世界。无论是诗歌还是小说或戏剧,文学作品的虚构性要求我们不能将其看作现实生活的客观反映和真实再现。文学作品的"想象性"特征与文学作品的"虚构性"特征是紧密联系在一起的。

---

① 刘心武:《关于文学本性的思考》,载于《文学评论》1985年第4期。
② 旷新年:《"重写文学史"的终结与中国现代文学研究转型》,载于《南方文坛》,2003年第1期。

文学通过语言的"符号结构"来反映社会生活,它与生活和现实是根本不同的两回事。新中国成立以来,中国批评受现实主义美学影响,普遍将文学看作是社会发展与历史事件的真实反映。从"审美性"、"虚构性"和"想象性"出发,韦勒克指责现实主义理论是"极为拙劣的美学",认为现实主义作家经常试图成为社会学家和宣传家,经常将艺术虚构与信息传达和实用劝诫混为一谈。韦勒克说:"现实主义的理论是极为拙劣的美学,因为所有的艺术都是'制作'(making),并且本身是一个由幻想和象征形式构成的世界。"①韦勒克契合了新时期中国文论急切地想摆脱现实主义美学的时代需要,从而得到中国批评家的普遍欢迎。在中国新时期文论审美主义话语建构的过程中,韦勒克文论是重要的理论资源之一。

3. 比较文学"中国学派":韦勒克与中国比较文学学科理论

韦勒克是比较文学美国学派的代表人物之一,中国比较文学学者很早就开始关注其比较文学观。韦勒克的名文《比较文学的危机》于1981年就被译为中文,是其在新时期最早译为中文的论文之一。韦勒克对中国比较文学学科的影响主要表现在两个方面。

第一是学派意识。韦勒克是比较文学美国学派学者最早对法国学派开展论争的学者,他的论文《比较文学的危机》被称为比较文学美国学派的宣言书。受韦勒克影响,中国比较文学学者具有非常鲜明的学派意识,一方面,中国比较文学学者通常将比较文学学科发展史理解为学派演化的历史,另一方面,中国学者非常自觉地倡导建设比较文学"中国学派"。举例而言,干永昌等主编的《比较文学研究译文集》就将比较文学史描述为从"法国学派"到"美国学派"再到"苏联学派"的发展史。这在很大程度上影响了中国学者的比较文学观。曹顺庆主编的《比较文学学科理论研究》(巴蜀书社,2001年版)同样将学派发展视为比较文学学科理论发展的主要线索。比较文学"中国学派"最初由台湾学者李达三、古添洪、陈慧桦等于20世纪70年代提出。在中国大陆,自季羡林先生1981年最早提出这一概念后,大陆中国学者一直是比较文学"中国学派"最热心的倡导者。1995年,曹顺庆提出:"跨文化研究

---

① 韦勒克:《批评的诸种概念》,丁泓、余徵译,四川文艺出版社,1988年版,第243页。

(跨中西异质文化)是比较文学中国学派的生命源泉,立身之本,优势之所在;是中国学派区别于法、美学派的最基本的理论和学术特征。"① 这一概括是在将中国比较文学所取得的成果与法国学派和美国学派的比较中归纳出来的。2001 年,曹顺庆将"跨文化研究"改称为"跨异质文明研究",将其作为中国学派理论特征,并明确提出中国学派是比较文学发展的第三阶段。② 韦勒克的学派意识对比较文学中国学派的建立具有重要的启示性意义。

第二是比较文学研究的"文学性"。韦勒克比较文学观建立在其文学理论基础之上,非常强调文本分析和审美批评,将"文学性"视为比较文学研究的关键性问题。在《比较文学的危机》一文中,韦勒克对法国学派的批评主要集中于其"实证主义"文学观,否定法国学派将研究领域限制为"国际文学关系史"。中国比较文学学者受韦勒克影响,也特别关注比较文学研究的"文学性"问题。新时期早期,中国比较文学流行"X+Y"式的平行比较,试图跨时空地进行中外文学主题、形象和技巧等研究,这与韦勒克比较文学观反实证主义倾向的影响密不可分。20 世纪 90 年代以来,随着比较文学向文化研究的转型,中国学者努力用"文学性"概念来抵御视觉文化、大众文化研究等学科对比较文学的渗透。韦勒克对文学"内部研究"和"文学性"的强调为中国比较文学提供了有力的理论武器。

4. 文艺心理学与接受美学研究的纳入:韦勒克"内部研究与外部研究"的话语变异

文学的"内部研究与外部研究"是韦勒克提出的一对重要理论范畴。受韦勒克影响,中国新时期文论大力倡导文学的"内部研究"。值得注意的是,中国语境使韦勒克文论在语义内涵上发生了比较大的话语变异,这主要表现在两个方面。

第一,在作家研究的问题上。中国新时期文论中的"内部研究"包括作家研究,而韦勒克的"内部研究"概念则完全没有作家研究的立足

---

① 曹顺庆:《比较文学中国学派基本理论特征及其方法论体系初探》,载于《中国比较文学》1955 年第 1 期。

② 曹顺庆:《比较文学学科理论发展的三个阶段》,载于《中国比较文学》2001 年第 3 期。

之地。新时期中国文学界的"内部研究"明显高扬着作家的创作"主体性",在哲学意识上有着强烈的人本主义色彩。作家的个体心理结构和潜意识、直觉、灵感等非自觉意识成为文学创作中最为重要的"内部规律"。新时期倡导"内部研究"最有力的批评家刘再复非常强调对作家内在个性心理结构,在他的关于新时期文论"由外向内转换"的描述中,"文艺心理学"是文学研究从"外部"转向"内部"的"七个表现"之一。根据马斯洛的人本主义心理学,刘再复把作家主体的心理结构分为生存需求、安全需求等五个基本层次,并最终把文学创作归结为作家精神世界的自我实现,"这种实现的特点,是作家全心灵的实现、全人格的实现,也是作家的意志、能力、创造性的全面实现"①。韦勒克的"内部研究"则将"传记研究"和"心理学研究"排斥在真正的文学研究之外。

第二,从读者方面看,中国新时期文论中的"内部研究"在语义内涵上还包括了接受美学对读者阅读经验研究,而韦勒克的论述则不包括这一内容。中国学者普遍将接受美学在中国的兴起当作文学研究从"外部规律"进入"内部规律"的一个重要证据,刘再复在描述新时期文学研究"由外到内"的趋向时就把接受美学视为一个重要标志。刘再复一边批评传统文艺学,一边高度赞赏接受美学。他说:"以往的文学观念,往往把读者接受文学的过程看成是一个消极的、被动的过程,而接受美学则把接受过程看成是一个积极的、主动的、再创造的过程,这样,读者就参与了创造,就包含了本身的价值,而不是被动的文本的接受者。"②韦勒克则认为读者经验并不能真正影响作品本体,他的"内部研究"与接受美学大异其趣。

5. 走向"人类学本体论美学":韦勒克文学作品层次论的话语变异

受现象学家英伽登的影响,韦勒克将文学作品的构成分为四个基本层次,即声音层面、意义单元、世界层面和形而上学层。这一层次论对20世纪中国美学与文论影响很大,许多文学概论和艺术概论等著作都予以采用,举例而言,童庆炳主编的《文学理论教程》(高等教育出版社,2004年版)、彭吉象主编的《艺术学》(北京大学出版社,1994年版)、

---

① 刘再复:《论文学的主体性》,载于《文学评论》1985年第6期、1986年第1期。

② 刘再复:《文学研究应以人为思维中心》,载于《文汇报》1985年7月18日。

王一川主编的《新编美学教程》（复旦大学出版社，2007年版）等都是如此。其中，李泽厚"人类学本体论美学"的艺术作品构成论是西方文学作品层次论在中国发生话语变异的很有代表性的个案。

李泽厚在《美学四讲》第四章中提出的艺术作品结构观包括"形式层、形象层和意味层"三个层次。这一理论的三个层面与韦勒克的作品层次论相比都有重大的差异。在形式层，李泽厚的"形式层"概念由韦勒克文学作品层次的"语音层面"和"意义单元"两个层面合并而来，但具有截然不同的理论内涵。首先，李泽厚的"形式层"可运用于一切艺术作品，而韦勒克的"语音层面"和"意义单元"只针对文学作品进行分析。其次，李泽厚讨论"形式层"的目的并不在于详细分析艺术作品物质材料和形式结构的内部构成，而在于讨论"原始积淀"。在李泽厚看来，艺术作品的"形式层"并不单纯是一个艺术作品的形式外观和材料特征的问题，而是一个体现着人类历史进程、蕴含着时代性和社会性的问题，是一个人类感觉和知觉这些动物性能力发生"人化"的问题。在世界层面，韦勒克的"世界层面"产生于"语音层面"和"意义单元"层面之上，"从这两个层次上产生出了一个由情景、人物和事件构成的'世界'，这个'世界'并不等同于任何单独的语言因素，尤其是等同于外在修饰形式的任何成分"①。李泽厚提出"形象层"的目的在于分析审美心理的"情感和欲望"的"人化"现象。在李泽厚看来，人类的"情欲"与感知一样，经历了一个从生理性、动物性到心理性和人类性的"积淀"过程。李泽厚的《人类学本体论美学》在强调理性、社会和历史对人类情欲塑造的同时，肯定了"情欲"表现在艺术创作与批评中的地位，从而有意识地为中国新时期艺术突破意识形态工具论提供理论支持。最后，"形而上学层面"在《文学理论》中并未受到重点论述，它在韦勒克文论体系中的面目是模糊不清的。与此相反，李泽厚则非常重视艺术作品的"意味层"。李泽厚认为，艺术对人类"心理本体"具有强大的培育作用："艺术作品的意味层却正是超越语言的无意义而传递出来的'意义'，从而这意义只能是不可言传的本体意味……专指这些意味之中的

---

① 韦勒克：《批评的诸种概念》，丁泓、余徵译，四川文艺出版社，1988年版，第277页。

某种更深沉的人生意味。"①艺术作品的"意味层"给人类带来深沉的人生感受,它在个体的审美经验中实现了超个体的历史感和时间感,它是积淀了人类社会历史的情感,是对"人值得活着"的强有力的确证,比科学、宗教具有更高的价值。服务于中国新时期的美学任务,李泽厚创造性地为韦勒克等的文学作品层次论注入了全新的内涵。

60年来,中国韦勒克研究从无到有、从少到多、从浅到深,无论是翻译、研究还是阐释,中国韦勒克研究都取得了比较大的成就。尤其值得关注的是,新中国60年中国文论经历了风云变幻,与20世纪同行的韦勒克对中国新时期以来的文学理论与批评影响巨大。他的独特文论体系、他的文学史观、批评史观、比较文学观以及文学研究方法等是中国新时期文论家和批评家重要的理论资源。在这一过程中,中国语境对韦勒克文论进行了全新的理解与创造性转换。进入20世纪90年代以后,政治哲学和社会学等成为汉语学界主导学科,中国批评语境开始从审美人道主义话语形态向文化政治学话语形态转型,文化研究(culture studies)成为最为活跃的研究领域。这样,关注文学"内部研究"的韦勒克逐渐退出批评热点。但是,任何有说服力的文化批评仍然必须落实到文本分析与解读之上。从这个意义上讲,正如新批评为后结构主义、后殖民主义、女性主义、新历史主义提供了基本的分析工具一样,韦勒克文论对于当今文学批评与文化研究仍然具有可资借鉴的理论价值。可以预期,随着时间的推移,中国的韦勒克研究还会取得更多的理论成果。

---

① 李泽厚:《美学四讲》,三联书店,1989年版,第238页。

罗曼·英伽登文论在当代中国的接受

张永清

罗曼·英伽登①（Roman Ingarden，1893～1970）是波兰现象学哲学家，被胡塞尔称为"我最亲近和最忠实的老学生"②，他是享誉世界的现象学美学两大代表人物之一。尽管英伽登首先是现象学哲学家，不过，正如西方学者所论："他的名声主要靠他的美学著作……他在现象学美学中的真正成就仍无人可以相比。"③

自1980年以来④，国内学术界对英伽登相关论著的翻译、研究已走过三十年的里程。那么，英伽登的现象学文论在当代中国的接受究竟处于一种怎样的状况？这就需要我们在对相关文献资料进行比较细致地梳理，并在此基础上作出较为恰切的分析与判断，进而为国内的英伽登研究的进一步深入展开奠定较为坚实的基础。基于此，本文拟从

---

① 国内对Roman Ingarden的译名主要有以下几种：罗曼·英格尔登（林骧华等使用的译名）、罗曼·英格尔顿（李幼蒸等使用的译名）、罗曼·茵加登（王炳文等使用的译名）、罗曼·英加登（陈燕谷、张振辉等使用的译名）、罗曼·英伽登（朱立元等使用的译名）等等，为了行文的方便，本文使用罗曼·英伽登这一译名。

② 转引自赫伯特·施皮格伯格：《现象学运动》，王炳文、张金言译，商务印书馆，1995年版，第322页。

③ 同上，第324～332页。

④ 依据笔者对相关资料的梳理，国内的英伽登研究始于1980年，标志为：李幼蒸发表于1980年《美学》第2期的《罗曼·英格尔顿的现象学美学》。

以下几个方面展开论述:第一,生平与著述情况①;第二,国内对英伽登论著以及对国外相关研究论著的翻译情况;第三,国内对英伽登论著的相关研究及接受情况;第四,存在的主要问题及其思考。

一

　　1912～1918年,英伽登先后在里沃夫、哥廷根、弗莱堡大学学习。英伽登最初的学术兴趣并不在哲学而在心理学,因对G.E.穆勒过时的心理学方法不满,在听了胡塞尔的课后决定从事哲学研究,并成为现象学哥廷根小组的重要一员。1916年,胡塞尔接受弗莱堡大学教职,英伽登又跟随其到弗莱堡大学继续学习。1918年,英伽登以论文《柏格森的直觉和理智:诠释和批评的尝试》获得博士学位。1918年回国后,英伽登的现象学哲学之路并非一片坦途。这是因为,英伽登的现象学受到了国内其他两种哲学思潮的抑制:在20世纪20年代和30年代,主要受到了以波兰现代哲学之父K.特瓦尔多斯基(Twardowski)为代表的新实证主义(华沙学派)的挤压;第二次世界大战后至1950年代,主要受马克思主义哲学的排斥,他本人被指责为"唯心论者",在一段时间内甚至失去了大学教职。1957年,英伽登重新获得大学教职,各方面情况大为改观。1963年,英伽登在维也纳大学被授予赫尔德奖,以表彰他的哲学活动增进了各国间的友谊。1963～1970年,英伽

---

　　①　国内的相关论著已对此问题做了简述。更为详尽的请参照以下两部著作:Jeff Mitscherling, *Roman Ingarden's Ontology and Aesthetics*, University of Ottawa Press, 1997. pp. 9—40. *Roman Ingarden: Selected Papers in Aesthetics*, Ed by p. j. McCormick, The Catholic University of America Press, 1985。该书的参考文献部分从波兰文、德文、英文和法文四个方面对英伽登的论著做了详尽的整理,其中英伽登的波兰文版论著有142种、德文版论著有55种、英文版论著有30种、法文版论著有22种。与此同时,该书也对英伽登研究的主要论著做了详尽整理,是英伽登研究必备的文献资料。中文部分请参考张旭曙以此为主要参照整理的"英伽登生平与著述年表",见www.cnphenomenology.com。

登代表波兰多次参加国际学术会议，其学术影响力日渐扩大①，但其学术的真正影响力是在他去世之后。

　　需要特别说明的是，英伽登的绝大部分学术论著都用作为母语的波兰语写成，但也有一部分是用德语写作的，而国内学界对其主要论著的翻译绝大部分又来自英文版。考虑到这些因素，在此有必要将英伽登最主要论著的波兰文、德文和英文三个版本及出版时间一并列出（按出版时间排序）：(1)《文学的艺术品》，德文：1931年，1960年，1965年，1972年；波兰文：1960年，1988年；英文：1973年。(2)《对文学的艺术品的认识》，波兰文：1937年；德文：1968年；英文：1973年。(3)《关于世界存在的论争》，波兰文：第1卷1947年，第2卷1948年；德文：3卷1964～1966年。(4)《美学研究》，波兰文：第1卷1957年，第2卷1958年，第3卷1970年。(5)《艺术本体论：音乐、绘画、建筑、电影》，德文：1962年；英文：1989年。(6)《艺术的和审美的价值》，英文：英国美学杂志1964年第七月号。(7)《经验、艺术作品与价值》，波兰文：1966年；德文：1969年。(8)《英伽登美学文选》（8篇论文），英文：1985年。

二

　　在这一部分，我们主要围绕两个问题展开：第一，国内学界对英伽登论著的翻译情况；第二，国内学界对有关英伽登研究论著的翻译情况。

　　关于第一个问题，根据笔者对相关文献资料的整理，国内对英伽登论著的翻译情况为：著作2部，论文7篇。其中，有3篇论文分别选自《文学的艺术作品》和《对文学的艺术作品的认识》这两部著作。具体如下（按中文出版时间排序）：

---

　　① 英伽登论著的翻译及研究在德语学界、俄语学界和英语学界的基本状况请见周启超：《文学理论跨文化的一个标本——略论现代斯拉夫文论的价值》，载于《北京第二外国语学院学报》，2009年第4期，第3～5页。本文受论题和语言所限，将重点放在有关英伽登的英文研究论著对国内研究的影响上。

（一）论文类

1.《艺术的和审美的价值》，朱立元译自英文版《英国美学杂志》1964年第七月号，《文艺理论研究》1985年第3期。

2.《审美经验与审美对象》，该文属于《对文学的艺术作品的认识》第四章第二十四节的一部分，这一部分以《审美经验与审美对象》为题发表在1961年的《哲学与现象学研究》第21卷第3期，被李普曼等编在英文版的《当代美学》中，由邓鹏译自《当代美学》，光明日报出版社，1986年版。

3.《论哲学美学》，该文的两个中译本均译自英文《英伽登美学文学》1985年版，分别是：陈燕谷译，《文学研究参考》1987年第11期；张旭曙译，以《论现象学美学》为题，收录于《中国美学》第3辑，商务印书馆，2004年版。

4.《现象学美学：界定美学范围的一种尝试》，该文的两个中译本均译自英文《英伽登美学文学》1985年版，分别为：秦喜清译，收录于王鲁湘等编译的《西方学者眼中的西方现代美学》，北京大学出版社，1987年版；王逢振译，以《现象学美学：试界定其范围》为题，收录于其主编的《最新西方文论选》，漓江出版社，1991年版。

5.《关于"观念论—实在论"几个难题的说明》，孙周兴译自德文1929年版，收录在倪梁康编的《面向实事本身——现象学经典》，东方出版社，2000年版。

6.《内容和形式之本质的一般问题》，张旭曙译自英文版《哲学杂志》第57卷第7期，刊于《世界哲学》2004年第5期。

7.《现象学美学电影层次结构论》，张旭曙译自英文版《文学的艺术作品》第十二章第五十八节，收录在其《英伽登现象学美学初论》一书的附录中，黄山出版社，2004年版。

（二）著作类

1.《文学的艺术作品》（节译），张金言译自英文《文学的艺术作品》1973年版的第一章第三节、第四节（原译文误标为第十节）、第五节，第三章第八节，第十章第四十八节、第四十九节，第十五章第六十八节。分别收录于伍蠡甫、胡经之主编：《西方文艺理论名著选》（下），北京大学出版社，1987年版；蒋孔阳主编《二十世纪西方美学名著选》，复旦大学出版社，1988年版。

2.《对文学的艺术作品的认识》，陈燕谷、晓未译自英文《对文学的艺术作品的认识》1973年版，中国文联出版公司，1988年版。该书属于刘再复主编的《文艺新学科建设丛书》之一。

3.《论文学作品》，张振辉译自波兰文（1988年版），河南大学出版社，2008年版。

从论著的翻译情况可以看出，除孙周兴的译文直接译自德文以及张振辉的译著直接译自波兰文外，属于"直接翻译"或"直译"，其余文本均译自英文版，属于"间接翻译"或"转译"。不过，这种"直译"也是在进入21世纪以来才得以进行。十分有趣的是，英伽登的两部经典理论著作在国内学界的接受经历可以用两个二十年来概括，第一个二十年：《文学的艺术作品》这部经典理论著作由"节译"到"全译"，两者前后相距二十年；自《对文学的艺术作品的认识》到《论文学作品》的中译全本的出版，两者前后相距也恰巧二十年。在论文的翻译方面，通过与英文版《英伽登美学文选》对照，在入选该书的8篇论文中，已有4篇被译成中文（其中有两篇直接译自该书）。这表明，译者们具有敏锐的学术判断力，已将英伽登最为重要的7篇论文和两部著作译成中文，对国内的英伽登研究具有"奠基性"的意义。但是，与英伽登的142种波兰语论著相比，我们对其论著的翻译还远远不够，还有许多工作要做。

关于第二个问题，国内学界三十年间共译出有关英伽登的研究论文1篇，研究著作8部。在此需要特别指出的是，只有论文是专题研究论文，8部研究著作无一部是研究英伽登文论的专著，它们只是将英伽登的相关文论列为其著作的某一章、某一节或某一专题加以讨论。此外，这些研究论著除一部译自法文版外，其余均译自英文版。具体情况如下（按中文出版时间排序）：

（一）研究论文类

安娜·提敏尼加：《从哲学角度看罗曼·英伽登的美学理论要旨》，张金言译，《美学译文》（3），中国社科出版社，1984年版。该文属于提敏尼加在1984年6月应邀在中国社会科学院哲学研究所进行学术报告的演讲稿，论文主要围绕英伽登美学研究的哲学假定、英伽登美学探讨中的基本哲学问题以及英伽登美学的概要说明这三个问题进行探讨。

（二）研究著作类

1. 威莱克（Rene Wellek）：《西方四大批评家》，林骧华译自英文

1981年版,复旦大学出版社,1983年版。该书是作者根据其1979年10月在华盛顿大学的四次演讲稿而写成的,主要探究了克罗齐、瓦勒里、卢卡奇和英伽登四位批评家的基本理论观点。该书对当时国内学界的英伽登研究起到了十分重要的作用。

2. 韦勒克(Ren Wellek)、沃伦:《文学理论》(1942年),刘象愚等译自英文第3版(1977年),北京三联书店,1984年版。该书的第十二章《文学作品的存在方式》借鉴了英伽登《文学的艺术作品》的主要理论观点。

3. 伊格尔顿:《二十世纪西方文学理论》,伍晓明译自英文1983年版,陕西师范大学出版社,1986年版。该书的第二部分为《现象学、诠释学、接受理论》。伊格尔顿主要从接受理论这一层面看现象学文论,指出现象学文论对形式主义的影响,以及英伽登文论和伊瑟尔文论之间的内在关联性等。

4. R. R. 马格廖拉:《现象学与文学》有两个中译本,译自英文1977年版,分别为:周宁译,春风文艺出版社,1988年版;王岳川、兰菲译,以《文艺现象学》为题,文化艺术出版社,1992年版。该书分上下编,上编为《现象学与文学批评》,下编为《现象学与文学理论》。其中,下编第二章为《英伽登》,作者主要描述《文学的艺术作品》的主要理论观点,同时指出韦勒克对其理论的吸收等理论问题。

5. 伊瑟尔:《阅读活动》,中文有两个版本,均译自英文1978年版,分别为:金元浦、周宁译,中国社会科学出版社,1991年版;金惠敏译,以《阅读行为》为题,湖南文艺出版社,1991年版。该书第七章《本文与读者之间的相互作用——文学本文的传达结构》重点探讨了英伽登的"未定点"理论,主要围绕《文学的艺术作品》和《对文学的艺术作品的认识》这两部著作来展开讨论。

6. 杜夫海纳:《审美经验现象学》,韩树站译自1953年法文版,文化艺术出版社,1992年版。在该书第二编第六章《审美对象的存在》的第一节《各种学说》中,作者对英伽登《文学的艺术作品》的主要理论观点提出了相关质疑。

7. 施皮尔伯格:《现象学运动》,王炳文、张金言译自英文1981年版,商务印书馆,1995年版。该书第四章第五部分标题为《罗曼·茵加登:本体论现象学》(奎多·孔恩撰写),对英伽登的主要哲学观点、美学理论贡献等做了十分精辟的论述。

8. 伊瑟尔:《怎样做理论》,朱刚等译自英文 2006 年版,南京大学出版社,2008 年版。该书第二章《现象学理论:英伽登》主要论述英伽登的艺术作品层次结构理论,作者主要围绕《文学的艺术作品》和《对文学的艺术作品的认识》这两部著作来展开。

从上述情况可以看出,国内对这些研究论著的翻译体现出两个基本特征:第一,大部分论著属于对英伽登文论作综述性、描述性的论述,只有少部分论著则重于对其作品层次结构、"不定点"等核心理论观点的探讨;第二,这些论著将描述、探究的重点主要放在英伽登前期即《文学的艺术作品》和《对文学的艺术作品的认识》这两部著作的论述上,而对后期文论比如艺术价值和审美价值等重要理论的探究涉及较少。

三

在这一部分,我们主要围绕国内学界对英伽登主要论著的研究这一问题来展开,主要包括以下两个问题:第一,缘何是英语学界对国内的英伽登研究产生了不仅直接而且极其重要的影响;第二,对国内的英伽登研究从论文①、著作两个方面进行"编年史"式的整理。

我们先来看第一个问题。由于英伽登本人的绝大部分论著是用波兰文写就的,要对其研究,就必须懂得波兰文才行,因而,英伽登的波兰语著作不仅对英语、德语、法语学界造成了很大困难,也为我们国内的汉语学界制造了巨大的语言障碍。相关研究表明,英语学界在英伽登文论的国际传播及影响方面起到了举足轻重的"桥头堡"作用。其中,韦勒克和提敏尼加更是起到了十分有力的推动与促进作用。正如韦勒克所言:"所有注意到他的著作英文译本的人中,我是第一个。最初看到的是一篇论文,题目是《文学史理论》(1936 年)……然后是诺尔曼·福埃斯特所编的《文学学术:它的目的和方法》(1941 年),论文《文学作

---

① 本文的写作也存在诸多缺憾,比如,受制于时间和现有条件,未能将英伽登研究的硕士学位论文统计在内,对博士学位论文的统计也不够完整。

品的存在模式》(1942年)。"①在20世纪40年代,韦勒克和沃伦的《文学理论》(Theory of literature)(1942年)问世,使得英伽登文论的核心观点为英语世界广为了解。此外,20世纪50年代,英伽登的学生提敏尼加的 For Roman Ingarden : nine essays in phenomenology(1959年)问世;20世纪60年代,不仅有诸如 Aesthetic Experience and Aesthetic Object(1960年),Time and Modes of Being(1964年)以及 Artistic and Aesthetic Value(1964年)等英译论文的相继面世,更重要的是,提敏尼加于1968年发起创建了胡塞尔研究文集(Analecta Husserliana,至今已有40年,已有多达百卷的文集出版,1991年还出版了英伽登专题研究文集);20世纪70年代,英语学界对英伽登论著的翻译更是达到了一个新的阶段,诸如 The Literary of Work of Art(1973年),The Cognition of The Literary of Work of Art(1973年)等著作相继被译成英文;20世纪80年代,R. Wellek, Four Critics(1981年),E. H. Falk, The Poetics of Roman Ingarden(1981年),以及20世纪90年代,J. Mitscherling, Roman Ingarden's Ontology and Aesthetics(1997年)等研究论著也陆续出版。上述种种情况充分说明,国内学界无论是对英伽登论著还是对其论著研究的翻译,首先而且绝大部分都是通过英语学界来完成的。不仅如此,下述的研究情况也充分证明了这一点。因此,我们可以作出这样的基本判断:英语学界对英伽登文论的翻译及研究基本决定了国内研究的边界与限度。

我们再来看第二个问题。根据笔者对相关研究资料的整理,拟将国内的研究文献大体分为论文、著作两大类型。其中,论文46篇,著作27部。为了便于整理和分析,我们再将论文分为一般研究论文和博士学位研究论文;将著作分为一般研究著作、由博士学位论文修改而成的研究著作和教材。其中,再将教材细分为"文论选"和"文论史"两个部分。

(一)研究论文

据不完全统计,三十年间,有关英伽登的一般研究论文总计有40篇,其中,直接以英伽登文论为题的论文有32篇,与英伽登文论直接相关的论文有8篇。博士学位论文有6篇,其中只有1篇是英伽登研究

---

① 雷纳·威莱克:《西方四大批评家》,林骧华译,复旦大学出版社,1983年版,第99页。

的专题论文,其余5篇与英伽登文论直接相关。

1. 一般论文(按中文发表时间排序):

(1)李幼蒸:《罗曼·茵格尔顿的现象学美学》,《美学》1980年第2期。此文被作者后来收录于《结构与意义:人文科学跨学科认识论研究》一书,中国社会科学出版社,1996年版。(2)朱立元:《英伽登的现象学美学述评》,《批评家》1985年第3期。(3)王又加:《英伽登现象学美学与文学理论的主要特色》,《外国文学报道》1987年第1期。(4)张法:《从比较美学看茵加登的作品本体论》,《文学研究参考》1987年第3期。(5)于润洋:《罗曼·茵格尔顿的现象学音乐哲学述评》,《中央音乐学院学报》1988年第1期。(6)章国锋:《现象学美学和艺术本体论》,《河南大学学报》1988年第2期。(7)朱立元:《略论文学作品的内在结构》,《天津社会科学》1988年第5期。(8)陈鸣树:《现象学美学研究方法述评》,《学术月刊》1988年第10期。(9)王岳川:《英伽登的作品结构论与审美价值论》,《北京大学学报》1991年第5期。(10)章启群:《胡塞尔意向性学说与现象学美学》,《北京大学学报》1994年第2期。(11)朱贻渊:《现象学艺术本体论研究之二》,《宁夏大学学报》1996年第1期。(12)袁义江、胡伟:《在本体与意向之间的探索——论现象学影响下的英伽尔登美学研究》,《兰州大学学报》1996年第2期。(13)张心武:《文学作品存在论——英伽登现象学美学研究之一》,《临沂师专学报》1996年第2期。(14)李克:《文学作品与意向性客体:茵加登现象学文学理论管窥》,《北方论丛》1999年第5期。(15)李克:《漫议文学作品与科学作品的区别:茵加登现象文学理论管窥》,《重庆社会科学》1999年第6期。(16)李克:《时间透视:文学作品的艺术表现方式——茵加登现象学文学理论管窥》,《南京社会科学》1999年第8期。(17)李恒田:《论文学作品的意义构成:英伽登与伊塞尔阅读理论比较》,《晋东南师专学报》2000年第2期。(18)蒋济永:《罗曼·英伽登对读者接受理论的影响》,《外国文学研究》2001年第1期。(19)李克:《审美经验特性述描:茵加登艺术理论管窥》,《重庆社会科学》2001年第1期。(20)李克:《漫议文学作品的本质特征:茵加登现象学文学理论管窥》,《学术论坛》2001年第2期。(21)蔡智敏:《阅读活动中的意义构成:英伽登与伊塞尔文学阅读理论比较》,《山西师大学报》2001年第3期。(22)陈登:《论罗曼·英伽登的现象学美学》,《四川外语学院学报》2001年第4期。(23)李克:《英伽登论审美经验》,《广西社会科学》2002年第1期。(24)张旭曙:《英伽登美学的意义理论初探》,《文艺理论研究》2003年第5期。(25)何振科:《英伽登:艺术作品的结构和素质研究》,《山东省经济管理干部学院学报》2004年第4期。(26)张旭曙:《英伽登的文学作品存在论与现象学之关系新探》,《云梦学刊》2004年第5期。(27)汪洪章:《刘勰与英伽顿论文学作品的存在方式》,《学海》2004年第6期。(28)陶国山:《英伽登艺术作品的价值论评析》,《安徽教育学院学报》2005年第5期。(29)李克:《"具体化":对文学作品意向性客体的分析:英伽登现象学文学理论管窥》,《吉林师大学报》2006年第1期。(30)(31)周启超:《"形式化"·"语义化"·"意向化":现代斯拉夫文论中"文学性"追问的不同路径之比较》,《新疆大学学报》2006年第3期。(32)陶国山:《英伽登现象学审美经验论研究》,《新疆大学学报》2007年第4期。(33)张云鹏、胡艺珊:《"纯粹意向性对象"还是"纯粹知觉对象"? 论英伽登与杜夫海纳之争》,《浙江海洋学院学报》2007年第3期。(34)吴雪梅:《试论英伽登的文学认识论》,《消费导刊》2007年第12期。(35)窦可阳:《"言、象、意"与英伽登的本文层次理论》,《福建论坛》2008年第10期。(36)雷强:《试论英伽登现象美学对韦勒克文论的影响》,《东南大学学报》2008年第10期(增刊)。(37)周启超:《文学理论跨文化的一个标本——略论现代斯拉夫文论的价值》,《北京第二外国语学院学报》2009年第4期。(38)仇睿:《"不定点"与"游移视点"——英伽登与伊泽尔理论观点之比较》,《文教资料》2009年第8期。(39)黄华侨:《英伽登的艺术存在论》,《同济大学学报》2010年第1期。(40)武克勤:《英伽登现象学文本结构模式论》,《苏州大学学报》2010年第3期。(41)武克勤:《论英伽登主客体交互意向的文本结构观》,《兰州学刊》2010年第5期。

2.博士学位论文(按论文完成时间排序):

(1)蒋济永:《现象学美学的阅读理论》,北京师范大学,1998年。(2)苏宏斌:《现象学的美学之维》,复旦大学,1999年。(3)张永清:《现象学审美对象论》,复旦大学,2000年。(4)张旭曙:《存在论现象学的美学视域:英伽登现象学美学导论》,复旦大学,2002年。(5)王子铭:《现象学与美学反思:胡塞尔先验现象学的美学向度》,山东大学,2002年。(6)汤拥华:《先验论美学批判:以现象学美学为核心》,华东师范大学,2004年。

(二) 研究著作

据不完全统计,三十年间,出版研究著作有27部。其中,一般研究著作有1部,由博士论文基础上修改而成的著作有6部,教材有20部(文论选教材有7部,文论史教材有13部)。

具体情况如下(按出版时间排序):

1. 一般研究著作:(1) 章国锋:《批评的魅力——20世纪西方文论》(海南出版社,1993年版。该书第一部分"现象学美学与文艺理论"主要是对英伽登文论的述评。(2) 王岳川:《现象学与解释学文论》,山东教育出版社,1997年版。该书第二章《英伽登:现象学文论》主要从艺术作品本体论、文学艺术作品的认识和艺术的审美价值三个方面来探究英伽登文论的意义。

2. 由博士论文修改而成的著作:(1) 蒋济永:《现象学美学阅读理论》,广西师大出版社,2001年版。(2) 张旭曙:《英伽登现象学美学初论》,黄山书社,2004年版。(3) 苏宏斌:《现象学美学导论》,商务印书馆,2005年版。(4) 王子铭:《现象学与美学反思:胡塞尔先验现象学的美学向度》,齐鲁书社,2005年版。(5) 汤拥华:《西方现象学美学局限研究》,黑龙江人民出版社,2005年版。(6) 张永清:《现象学审美对象论》,中国文联出版社,2006年版。

3. 教材:

文论选

(1) 伍蠡甫、胡经之主编:《西方文艺理论名著选》(下),北京大学出版社,1987年版。该书选录了"文学作品的存在方式",张金言译自《文学的艺术作品》英文版。(2) 蒋孔阳主编:《二十世纪西方美学名著选》(下卷),复旦大学出版社,1988年版。在该书的"现象学美学"这一部分,收录了《文学的艺术作品》一书的节译(张金言译)和《艺术的和审美的价值》一文(朱立元译)。(3) 胡经之、张首映:《二十世纪西方文论选》(读者卷),中国社会科学出版社,1989年版。在该书的"阅读现象学"部分,收录了"艺术的和审美的价值"(朱立元译)、"审美经验与审美对象"(邓鹏译)。(4) 王逢振主编:《最新西方文论选》,漓江出版社,1991年版。在该书的"现象学和阐释学"部分,收录了《现象学美学:试界定其范围》(王逢振译)。(5)《关于"观念论—实在论"几个难题的说明》,孙周兴译自德文 1929 年版,收录在倪梁康主编的《面向实事本身——现象学经典》,东方出版社,2000 年版。(6)朱立元主编:《二十世纪西方文论选》,高等教育出版社,2002 年版。(7)孟庆枢、杨守森主编:《西方文论选》,高等教育出版社,2002 年版(2007 年第 2 版)。在该书的"现象学与存在主义文艺理论"部分,收录了《对文学的艺术作品的认识》第四节、第九节,选自中文版。

文论史

(1)胡经之、张首映:《二十世纪西方文论史》,中国社会科学出版社,1988 年版。该书将英伽登列入"读者系统"中的阅读现象学,并认为其"更多的是从作品与读者的关系入手研究这方面的问题"①。该书主要参考了《文学的艺术作品》英文版一书,"文学作品存在方式"等主要观点。(2)朱立元主编:《现代西方美学史》,上海文艺出版社,1993 年版。该书第十三章以《英伽登的艺术本体论、审美认识论与价值论》(包亚明撰写)为题,主要借鉴了《论哲学美学》《现象学美学:确定其范围的尝试》《艺术的和审美的价值》《文学的艺术作品》《对文学的艺术作品的认识》等主要文献资料。(3)胡经之、王岳川主编:《文艺学美学方法论》,北京大学出版社,1994 年版。该书将现象学研究法列为专章(张法撰写),在第十章的第三节中,该书主要论述英伽登的艺术作品本体论。(4)马新国主编:《西方文论史》,高等教育出版社,1994 年第 1 版(2002 年第 2 版,2008 年第 3 版)。该书第十六章以《现象学与存在主义文艺理论》为题,共四节。其中,第一节题为"英伽登及杜夫海纳的现象学文学理论"。该部分的写作主要参考了《文学的艺术作品》和《对文学的艺术作品的认识》两部著作。(5)朱立元主编:《当代西方文艺理论》,华东师大出版社,1997 年版。该书以《英伽登的现象学文论》为题,将其列为第七章《现象学、存在主义与荒诞派》的第三节(余虹撰写)。该部分的写作主要参考了《文学的艺术作品》英文版和《艺术的和审美的价值》中文版。(6)蒋孔阳、朱立元主编:《西方美学通史》(第六卷上),上海文艺出版社,1999 年版。该书第十一章以《英伽登的艺术本体论、审美认识论与价值论》为题,内容与《现代西方美学史》基本相

---

① 胡经之、张首映:《二十世纪西方文论史》,中国社会科学出版社,1988 年版,第 225 页。

同。(7)张首映:《西方二十世纪文论史》,北京大学出版社,1999年版,其内容基本与1988年版的相同。(8)陈本益等:《西方现代文论与哲学》,重庆大学出版社,1999年版。该书第五章《现象学文论与现象学哲学》(陈本益撰写)第二部分有关英伽登文论的写作主要参考了《文学的艺术作品》英文版和《对文学的艺术作品的认识》中文版。(9)程孟辉主编:《现代西方美学》(上编),人民美术出版社,2001年版。该书第九章《现象学美学》(霍桂桓撰写)第三节《英伽登的文学本体论和文学认识论》的写作主要参考了《文学的艺术作品》和《对文学的艺术作品的认识》这两部英文版著作。(10)孟庆枢、杨守森主编:《西方文论》,高等教育出版社,2002年版(2007年第2版)。在该书第十章《现象学与存在主义文艺理论》第一节《英伽登的文艺思想》(孟庆枢撰写)这一部分,主要从文艺本体论、现象学阅读理论、关于文学作品的艺术价值和审美价值的区分以及审美经验四个方面进行论述。作者主要参考了《对文学的艺术作品的认识》中文版。(11)董学文主编:《西方文学理论史》,北京大学出版社,2005年版。该书第十一章《现象学文学理论》第三节《从英伽登到伊瑟尔》的写作主要参考了《对文学的艺术作品的认识》以及《西方四大批评家》等著作的中文版。(12)汝信主编:《西方美学史》第四卷《二十世纪美学》,中国社会科学出版社,2008年版。该书的《现象学美学》与程孟辉主编的《现代西方美学》有关部分基本相同。(13)王岳川:《当代西方最新文论教程》,复旦大学出版社,2008年版。该书第二章《现象学文论》第四节《英伽登:现象学美学视域》的内容与《现象学与解释学文论》的相关内容基本相同。

在此需要特别提及的是,李幼蒸的《罗曼·茵格尔顿的现象学美学》(1980年)首开国内英伽登研究的先河。论文首先简述了韦勒克《文学理论》在传播英伽登文论核心理论观点中的作用以及英伽登文论的整体状况。在此基础上,论文的主体部分又从三个方面对英伽登文论作了进一步的理论阐发:第一,从胡塞尔现象学及其意向性理论入手,论述英伽登文论与其之间的内在关系;第二,主要论述了《文学的艺术作品》和《对文学的艺术作品的认识》这两部经典著作的核心理论观点,着重探究作品结构层次、具体化以及读者等理论问题;第三,论文把英伽登文论分为前后两个时期,前期以《文学的艺术作品》和《对文学的艺术作品的认识》为代表,后期则主要以《艺术本体论》和《体验、艺术作品和价值》等为代表,并将重点放在艺术价值和审美价值等后期主要理论问题上。客观地讲,这篇论文基本框定了此后30年国内英伽登研究的广度与深度。这可以从以下两个方面得到进一步的印证:第一,李幼蒸在这篇论文中所引用的"原典"以及相关研究资料均来源于其英文版,国内前二十年的英伽登研究都未能超出其范围。这种状况只有在进入新世纪之后,在张旭曙、周启超等的相关论文中,才超越了这篇论文所使用的研究文献范围。第二,就问题域来看,该文不仅对英伽登前期文论有较为准确的理论总结,对其后期文论观点的概括也十分精当,超越了国内当时所译的英伽登研究论著只关注其前期文论探究的局限。概言之,国内三十年来对英伽登文论的研究主要从本体论、认识论和价值论三个向度来把握其文论的精神实质,而这三个向度均已在其论文中初步形成。顺便提及的是,该文的巨大影响力甚至可以从其存在的不足体现出来,比如作品四层次结构理论误将第四层的再现客体层作为第三层,而将第三层图式化观相层当作第四层,这一不足影响了包括笔者在内的相当一部分研究者。

此外,笔者在对相关研究资料的整理过程中发现,极个别作者在研究英伽登的系列论文中竟然无任何参考文献(不管是原典还是研究文献),这从另一个侧面说明我们的研究还缺乏基本的学术训练,说明我们的研究在一定程度上还需要切实加强学术规范的引导。

四

在前面各部分,我们对国内学界有关英伽登论著、研究论著的翻译,以及从论文、著作两方面对国内的研究状况做了初步整理与扼要描述,力图勾勒出翻译及研究的时间路线图和基本问题域。在这一部分,我们把论述的重点放在对国内英伽登研究的基本特征的把握以及存在的主要问题,并在此基础上提出相关的研究路径。

国内学界对英伽登文论的接受主要体现出以下基本特征:第一,从接受时间及路线图看,国内对英伽登的研究最早,其标志是李幼蒸的论文《罗曼·茵格尔顿的现象学美学》(1980年);对英伽登研究论著的翻译次之,其标志是韦勒克的著作《西方四大批评家》(1983年)和提敏尼加的论文《从哲学角度看罗曼·英伽登的美学理论要旨》(1984年);之后才是国内学界对英伽登论著的翻译,其标志是《艺术的和审美的价值》(1985年)、《文学的艺术作品》的节译(1987年)以及《对文学的艺术作品的认识》(1988年),它们比国内第一篇研究论文至少晚了5年。这意味着,国内学界对英伽登文论的接受是先从相关研究论著入门再到对其"原典"的研读。第二,从国内的研究论著看,我们对英伽登文论诸如作品层次结构论、具体化、不定点、审美价值、审美经验等基本理论问题与核心观点已经非常熟悉,有些理论已经被吸纳在中国当代美学和文学的相关理论中①。

但是,无须讳言,国内的英伽登研究存在的问题也十分突出,主要表现在以下三个方面:

国内研究存在的主要问题之一是:相当一部分研究者对英伽登文论是"知其然而不知其所以然"。换言之,相当一部分研究论著还止步于对英伽登文论的介绍和描述等起始阶段,而未能将其哲学理论与文论之间的内在关系揭示出来,进而把研究逐步推向深入。众所周知,英伽登首先是现象学哲学家,他本人之所以关注美学、文学理论和艺术问题,是把它们作为解决基本哲学问题的必要途径:"虽然我研究的主要是文学作品,或者文学的艺术作品,但我接触这个论题却是出于一种纯哲学性的思考。"②不过,在英伽登的众多理论遗产中,诚可谓"有心栽花花不开,无意插柳柳成荫",研究者最感兴趣的不是他的哲学理论而是其有关文学、艺术和美学问题的真知灼见,正如西方学者所说:"他的名声主要靠他的美学著作。在这一方面他对艺术作品进行的本体论分

---

① 从最严格的意义上讲,对其文论的翻译、研究以及相关教材建设,都旨在将其理论"改造"或"实践"于我们的现实问题中,以最终建构具有当代性的中国文学理论。对这一问题的探究需另文专题探究,本文在此只能粗略提及。比如,叶朗主编:《现代美学体系》,北京大学出版社,1988年版;九歌:《主体论文艺学》,中国社会科学出版社,1989年版;刘安海、孙文宪主编:《文学理论》,华中师大出版社,2001年版;陶东风主编:《文学理论基本问题》,北京大学出版社,2004年版;童庆炳主编:《新时期高校文学理论教材编写调查报告》,春风文艺出版社,2006年版等等。

② 英伽登:《论文学作品》,张振辉译,河南大学出版社,2008年版,第14页。

析所显示的前所未有的详尽程度,现在已经得到公认。"① 从现象学理论传承来看,英伽登接受的是胡塞尔的意识现象学,而且只是《逻辑研究》时期的胡塞尔现象学,即他坚持胡塞尔现象学的实在论而拒斥其先验现象学。在胡塞尔的诸多理论中,其意向性理论对英伽登文论的建构影响又最为深远,这种影响不仅体现在文学作品等本体论领域,而且也体现在认识论和价值论等领域。由此看来,对英伽登理论独创性以及局限性的深入探究,不仅有赖于研究者对胡塞尔的意向性等理论的准确理解,而且还需要研究者厘清英伽登在哪些方面修正并发展了胡塞尔的意向性等理论,并在此基础上追问英伽登如何将意向性等理论"具体化"在文学、美学等相关问题中。唯有如此,才能将现象学哲学与其文论之间的内在逻辑关系呈现出来,才能对其文论的相关论断有透辟的理解。令人不无遗憾的是,由于知识结构等方面的原因,我们对胡塞尔的现象学尤其是意向性理论还缺乏基本了解,更遑论细致而深入的研究。此外,英伽登文论还涉及了以弗雷格为代表的语言哲学、意义理论等相关知识,这些都需要研究者具备这一方面的理论素养。在我们看来,对胡塞尔现象学及相关哲学理论知识的困乏是导致这一问题的主要因素。

英伽登文论研究存在的主要问题之二是:如何理解"文学作品本体论"? 这一问题又包括两个具体问题:第一,完整的"文学作品本体论"究竟是由几"维"组成;第二,文学作品四个层次的"顺序"究竟如何排列。在英伽登的诸多理论中,研究者无疑对其"文学作品本体论"是极为熟知的,但是,这种熟知并不意味着理解的准确与认识的一致,恰恰相反,在看似熟知的背后其实潜隐着诸多的理解偏差与悖论。在我们看来,造成这一问题的主要因素有二:一方面来自英伽登本人的相关理论论述,另一方面来自于研究者的有意或无意的"误读"。为了便于说明问题,我们在此有必要把英伽登有关文学作品本体论的基本思路做扼要论述。在英伽登看来,尽管不同的理论都在尝试从不同的视角与方法回答"文学作品如何存在"这一基本问题,但是普遍的做法不过是把对象的存在分为实在的和观念的这两种主要形式。这样界定文学作

---

① 赫伯特·施皮尔伯格:《现象学运动》,王炳文、张金言译,商务印书馆,1995年版,第324页。

品的症结恰恰在于:一方面何谓实在、何谓观念本身就极其难以界定,另一方面何谓文学作品也是众说纷纭、莫衷一是。因此,只有求助于一种新的哲学理论与哲学方法才能走出非此即彼式(实在论或观念论)的实体思维定势这种理论困境。英伽登还认为,胡塞尔的意向性理论无疑为理解与把握文学作品的存在方式和结构提供了新的可能性,"他力图表明艺术作品本身既非实在的东西也非观念的东西,而是具有纯粹意向性的存在。这种看法对于艺术哲学来说是很重要的,因为借此可以克服心理主义的主观主义,而又不致陷进另一极端,即非历史的客观主义"①。具体而言,从现象学的视野看,文学作品既非实在的也非观念的存在,既非客观的也非主观的存在,而是一种意向性的存在,即文学作品是一种纯粹意向性对象。进而言之,这一纯粹意向对象既是一个"多层次的构成性存在"(类似于结构主义的共时性),又是一个"类时间的构成性存在"(类似于结构主义的历史性),即"文学作品实际上有'两个维度',在一个维度中所有层次的总体储存同时展开;在第二个维度中各部分相继展开"②。

现在,让我们回到以下两个具体问题上来。

首先,如何理解文学作品的"两个维度"以及二者之间的关系?从理论上的完整性看,英伽登的文学作品本体论确由"多层次"和"类时间"这"两个维度"构成。英伽登在其后期的相关论著中抱怨,以韦勒克为代表的众多研究者只注意到了作为纯粹意向对象的文学作品的"多层次构成"这一维,未能充分认识到其"类时间构成"这一维的重要性,我们暂且把此种研究现象称为"文学作品本体论阐释的韦勒克化"。从现有的文献资料看,国内少数研究者注意到了这一现象,但并没有对此问题作进一步的探究与思考。那么,又当如何从理论上对此问题作出解释?我们认为,这主要有两个方面的原因。第一,尽管英伽登提出了"文学作品的两个维度"理论,但只有"多层次构成"这一维具有独创性,另一维即"类时间构成"的创新性色彩并不那么浓厚。退一步讲,即使

---

① 赫伯特·施皮尔伯格:《现象学运动》,王炳文、张金言译,商务印书馆,1995年版,第329页。

② 英伽登:《对文学的艺术作品的认识》,陈燕谷、晓未译,中国文联出版公司,1988年版,第11页。

英伽登的"两个维度"理论都具有独创性,但是研究者对其理论并非"照单全拿",而是根据自身的某种理论诉求有选择地接受,比如韦勒克和沃伦的《文学理论》就是在论述文学作品的存在方式这一问题时才对其"多层次构成"理论"情有独钟"。这表明,任何研究都具有一定的主观性与理论的选择性。不过,国内学界很大程度上接受的是"韦勒克化的英伽登",这从另一个方面也说明我们相关研究的独立性还有待加强。第二,英伽登本人对"两个维度"的理论论述极不平衡:"多层次构成"理论占据了其著作的主要篇幅,"类时间构成"理论不仅篇幅少而且对其的论述也十分零散,远不够系统与深入,客观上自然就难以产生他本人所期待的理论影响力。从这个意义上讲,英伽登只是提出了"类时间构成"这一理论命题,他本人还未能对其作深入的理论阐释。此外,英伽登对这两个维度之间的关系也鲜有论述。我们在以后的研究中,可以将"类时间构成"以及它与"多层次构成"之间的关系作为理论探究的重点之一。

其次,如何理解文学作品"多层次构成"理论,即作品四个层次的顺序与关系究竟如何?英伽登在《论文学作品》的导言中明确指出,"我要研究的对象主要是文学作品,特别是文学的艺术作品的基本结构和存在方式"①,并进而断言其多层次构成理论克服了将作品分为内容与形式的流弊,"为解决那些奋斗到今天工夫都白费了的许多具体的文学和文学美学的问题,提供坚实的基础"②。但是,英伽登引以自豪且影响广泛的"多层次构成"理论还存在着论述不够周延甚至自相矛盾等明显问题。具体而言,国内外研究者对其作品层次有两种排序方式,第一种是:声音单元层、意义单元层、再现客体层、图式化观相层;第二种是:声音单元层、意义单元层、图式化观相层、再现客体层。其中,绝大多数研究者采纳第一种排序方式并在此基础上作相关理论论述与分析。如何解释这种理论研究现象,难道层次之间的顺序可以任意置换且都是正确的理论选择?我们认为,这恰恰构成了英伽登文论研究中最突出、最主要的问题,而造成这一理论困境的主要根源正是英伽登本人。由于这一问题主要体现在他的《文学的艺术作品》和《对文学的艺术作品的

---

① 英伽登:《论文学作品》,张振辉译,河南大学出版社,2008年版,第13页。
② 同上,第50页。

认识》这两部著作中,我们在此就围绕它们展开相关讨论。

从《论文学作品》一书的体例和结构看,该书由"起始的提问、文学作品的构建以及补充和后果"三个部分总计十五章和一个附录构成。其中,第二部分是全书的重点论述部分,总计九章,涵盖第三章至第十一章的内容。① 英伽登在第三章《文学作品的基本结构》中对作品四个层次的顺序有着极为明确的论述:(1)语音构造层;(2)意义单元层;(3)图式化观相层;(4)再现客体层。② 但是,该书的其他章节对作品四个层次的顺序又做了如下论述:第四章为语音构造层;第五章为意义单元层,第六章为意义单元层的作用等;第七章为再现客体层;第八章为图式化观相层,第九章为图式化观相层的作用;第十章为再现客体层的作用及其思想。不难发现,再现客体层与图式化观相层的顺序在第七章发生了明显变化,与第三章的有关两者之间顺序的论述有明显矛盾。无独有偶,英伽登在《对文学的艺术作品的认识》这部著作中依然重复了这一矛盾。比如,该书在第四节《关于文学的艺术作品的基本结构的基本观点》对四个层次的顺序关系有着十分明确的理论表述:文学的艺术作品是一个多层次的构成,它包括语音构造层、意义单元层、图式化观相层、再现客体层四个层次。③ 但是,在该书随后的章节中又对四个层次的顺序做了另一种排序:第十一节为《再现客体的具体化》,第十二节为《图式化外观的现实化与具体化》,并在第十二节有如下文字表述:"文学的艺术作品中再现客体的客观化和具体化与至少是相当大数量的图式化外观现实化和具体化是同时进行的。所以我们将要论述读者对文学的艺术作品最后这个层次的构成。"④ 很显然,第十一、十二节的层次顺序与第四节的层次顺序再次呈现出自相矛盾。简言之,在两部著作中,英伽登本人在有关文学作品层次顺序这一问题上的相关论述

---

① 在第二部分的九章中,只有第十一章是关于类时间结构的,其他八章都是有关作品层次结构的论述。

② 具体见英伽登:《论文学作品》,张振辉译,河南大学出版社,2008年版,第49页。

③ 具体见英伽登:《对文学的艺术作品的认识》,陈燕谷、晓未译,中国文联出版公司,1988年版,第10~13页。

④ 同上,第55页。

存在明显的前后不一。此外,英伽登在四个层次的关系这一问题上的相关论述也存在一些问题,主要表现为:一方面认为四个层次之间的关系是一种有机的联合体,另一方面却未对这种有机性做进一步的分析与阐释,而将论述的重点放置在四个层次各自所具有的功能和作用上,这也在某种程度上增加了研究者对四个层次之间关系的认知难度进而导致认识的分歧。

诚然,并非各个层次的顺序和关系都存在问题,这个问题在声音构造层和意义单元层并不存在,问题主要集中表现在图式化观相层和再现客体层。换言之,在意义单元层之后,图式化观相层与再现客体层两者是同时呈现还是次第呈现?如果是次第呈现,究竟是图式化观相层还是再现客体在先;如果两者同时呈现,理论上对此又做如何解释?很显然,英伽登对此问题的相关论述不仅存在含混而且自相矛盾。我们认为,英伽登作品"多层次构成"理论有四个层次,图式化观相层和再现客体层是次第出现,否则作品就是三个而非四个层次;作品四个层次的正确"顺序"为:声音构造层、意义单元层、图式化观相层、再现客体层,即我们认同第二种观点。[①] 限于篇幅,我们在此只能将主要理据做如下简述。意义单元层几乎占据了《论文学作品》的一半篇幅,足见其在作品层次论中的重要性。英伽登在意义单元层这一部分着重论述了语词、句子、句群的意义、作用及功能。鉴于无论是英伽登本人还是研究者对此问题已多有论述,我们无意再对其作相关描述和阐释,我们关注的是意义单元层的"意义建构"问题,这是因为对这一问题的阐释有助于我们理解与把握它与图式化观相、再现客体之间以及后两者的内在逻辑关系。

英伽登在《论文学作品》的第七节《什么不属于文学作品》中,明确提出将一些与文学作品的建构无关的因素排除:第一,应排除作者本人以及他的命运、体验和心理状态,应严格区分作者的构造和作品这两类不同类型的客体;第二,排除读者的体验属性和心理状态,应严格区分读者的构造和作品这两类不同类型的客体;第三,应严格区分现实的与

---

① 受英语学界影响,国内学界绝大多数研究者持第一种观点,但也有部分学者持第二种观点,比如朱立元、包亚明等。在这些研究中,国内学者未把层次的顺序关系作为问题,只是选择一种排序方式并做相应理论论述。

作品的客体和事物这两类不同类型。①由此不难推断出，英伽登是一个作品中心论者。但是，英伽登只是一个温和的作品中心论者，他对作者、读者以及现实的客体与事物等并未完全拒斥，而是将其相关属性与功能整合为作品的结构性要素，即"排除"作品之外的作者、读者与现实事物，"包容"作品之中的作者、读者与事物。在英伽登看来，文学作品的客观性既非石头那样的自然存在物的"物性"，也非完全由语词自身构成的意义编织体的"自足性"；文学作品的主观性既非作者意图的传达与作者情感的表现，也非读者经验的投射与读者体验的外化。作为意向对象的文学作品是由语词的意义意向、作者的意义意向、读者的意义意向这三者"交织"而成。其中，作者的意义意向已被"编制"在文学的艺术作品中，它与语词的意义意向共同形成了文学作品的图式化客体，这一图式化客体存在诸多的未定点；在读者的意义意向将其"充实"即审美具体化之后，客体对象层即再现世界及其审美特质才得以感性呈现。至于图式化观相层的功能与作用，英伽登也有一些具体论述：第一，在具体化过程中对审美价值的构成有着重要的作用；第二，与其他层次相比，在更大程度上依赖于阅读及其方式；第三，没有潜隐于作品中的图式化观相层，"一部文学的艺术作品就会变成一本普普通通的识字课本"②。总之，从内在逻辑看，意义单元层之后应为图式化观相层而非再现客体层。需要特别指出的是，伊瑟尔在《怎样做理论》中对意义单元层、图式化观相层、再现客体层之间三者的次第关系作了具有相当理论说服力的明确论述："事态……产生于相互联系的句子关联物，形成观察意向性客体的引导……事态就是透过其中我们观察意向性客体的'窗户'，图式化观相则是展示意向性客体的模式……意向性客体层建立在图式化观相之上，通过后者，意向性客体得以展现并被带进新的观察。"③与此同时，伊瑟尔也指出："英伽登理论分层模式中层次与层次之间的关系绝不是一种复调和谐。恰恰相反，我们在层次之间看

---

① 具体见英伽登:《论文学作品》,张振辉译,河南大学出版社,2008年版,第43～47页。
② 同上,第280页。
③ 伊瑟尔:《怎样做理论》,朱刚等译,南京大学出版社,2008年版,第22～23页。

到了冲突、差异与不和谐。"①我们认为,在确定四个层次的次第关系后,今后应把研究的重心放在层次之间的相互关系问题上。

英伽登文论研究存在的主要问题之三是:对"文学作品认识论"中的"具体化"等问题存在着程度不一的理论误读,这主要源于以伊瑟尔等为代表的接受理论的影响,我们将其称为"具体化阐释的伊瑟尔化"。从理论师承来看,英伽登文论确是以伊瑟尔等为代表的接受理论的主要来源之一,但我们不能将两者的关系倒转过来,即把英伽登文论理解为本质上属于接受理论的"阅读现象学",这一理论阐释严重背离了英伽登文论的现象学初衷。我们从以下几个方面来梳理英伽登有关具体化问题的话语逻辑。

首先,英伽登认为,文学研究者在讨论研究方法或"批评"方法时,必须提出并回答以下两个问题:第一,认识对象即文学作品是如何构成的?第二,对文学作品的认识是如何产生的?如果说《论文学作品》是对第一个问题的解答,那么《对文学的艺术作品的认识》则是对第二个问题的解答。其实,这里还有一个问题需要考虑,但在我们的以往研究中未能给予足够的重视。这个问题是:《论文学作品》和《对文学的艺术作品的认识》这两部著作之间究竟是一种怎样的关系?在波兰学界有一种尖锐的批评意见认为,英伽登将一部著作写了两次。在我们看来,这两部著作是一个有机联系的整体;尽管处理的问题各有不同,但问题与问题之间具有内在逻辑性。具体而言,《论文学作品》探究的核心理论问题是"文学作品"②而非"文学的艺术作品"的存在方式和结构,这也就意味着,英伽登探究的重心是语言文字类作品的普遍性特征。只有在《对文学的艺术作品的认识》这部著作中,英伽登才着重探究了"美文学作品"的本质性特征。其中,具体化构成其核心理论问题,它是区分艺术作品与审美对象、艺术价值与审美价值的关键所在。在对具体化的论述中,英伽登一方面强调它应是一种恰当的具体化、理想的具体

---

① 伊瑟尔:《怎样做理论》,朱刚等译,南京大学出版社,2008年版,第31页。
② 英伽登所使用的"文学作品"是一个泛指,包括任何语言文字形成的著作,比如科学著作。至于我们习惯上理解的"文学作品",英伽登则用"文学的艺术作品"或"美文学作品"来指称。关于这一问题的具体论述,详见英伽登的《论文学作品》和《对文学的艺术作品的认识》。

化,另一方面也强调具体化与功利的、科学的、审美的三种"态度"之间的关系。对文学的艺术作品而言,在具体化过程中尤其需要审美态度的介入,即具体化发生在审美态度中才会有审美对象的呈现;由审美知觉、审美质素和原始情感"合成"的审美经验是艺术作品成为审美对象的条件。尽管伊瑟尔的"本文召唤结构"理论是对英伽登"具体化"等理论的进一步发展,但这种发展是以"读者"为中心来构建其接受理论,它与英伽登以"作品"为中心的理论诉求有着本质的区别。

其次,作为一个温和的作品中心论者,英伽登在理论建构过程中对读者之维给予了充分的考虑,但这并不意味着他的理论就是阅读现象学。我们仅以英伽登对文学作品的界定为例来说明这个问题。在英伽登看来,作为纯粹意向对象的文学作品之所以是主体间性的,是"由于它的语言具有双重层次,它既是主体间际可接近的又是可以复制的,所以作品成为主体间际的意向客体,同一个读者社会相联系。这样它就不是一种心理现象,而是超越了所有的意识经验,既包括作家的也包括读者的"①。"具有意义的语词从一开始就是一个主体间际的实体,其意义是主体间际可接近的,而不是一个具有'个人'意义的东西,其意义只能通过观察别人的行为来猜测。词语也不是完全孤立的实体,而永远是一个语言系统的组成成分,不管在具体情形中这个系统多么松散"②。简言之,不能将英伽登的"具体化"与伊瑟尔的"具体化"相等同,前者以作品为中心立论,后者则以读者为中心立论;我们可以从影响研究这一视角来探讨"伊瑟尔理论的英伽登化"问题,但不能以"伊瑟尔化的英伽登理论"研究来代替对英伽登理论自身的研究。

英伽登文论在 20 世纪文论中的重要性是不言而喻的,它对当代中国文论建设的意义也是不言自明的,因此,十分有必要进一步深化国内的英伽登文论研究。鉴于此,我们在今后的研究中可以考虑从以下几个方面继续作出努力:第一,在现有翻译的基础上,继续组织相关力量

---

① 英伽登:《对文学的艺术作品的认识》,陈燕谷、晓禾译,中国文联出版公司,1988 年版,第 12 页。

② 同上,第 27 页。

翻译英伽登的其他重要论著①，比如《艺术本体论》《体验、艺术作品和价值》《人和价值》等还没有中译本。第二，可以考虑组织相关研究力量，有计划、有选择地翻译波兰语、德语、法语学界、俄语学学界等有关英伽登文论研究的权威论著，为国内的相关研究提供"基础性"的研究资料，使其了解国外英伽登研究的整体状况，强化我们自身的问题意识，提升我们的研究水平。第三，我们既要提倡对英伽登文论本身作整体性、专题性的研究，更应鼓励对其作相关的比较性研究，比如，英伽登文论与胡塞尔意向性理论之间的关系，英伽登与康拉德、盖格尔、杜夫海纳等现象学文论之间的关系，英伽登现象学文论与韦勒克文论的关系，以及与伊瑟尔等接受理论之间的关系等等，以进一步拓展和深化英伽登文论的研究空间。此外，在对英伽登文论的研究过程中，我们不应为研究而研究，而应紧密联系中国文论的现状，从现实问题出发来借鉴、融合其基本理论。

总之，英伽登"以令人钦佩的耐心致力于构建一座大厦，这大厦没有完成，实际上也许就是它的最大优点"②，这座大厦的构建确实还需要我们作出实实在在的努力。

---

① 根据中国社会科学院外国文学研究所周启超先生提供的信息，他们正在组织相关研究力量编译《英伽登读本》（从波兰文译），这将为深入研究提供直接可靠的文献资料。

② 赫伯特·施皮尔伯格：《现象学运动》，王炳文、张金言译，商务印书馆，1995年版，第333页。

萨特文论在当代中国的接受史之反思

张 弛

作为存在主义文学的主要代表,萨特(Jean-Paul Sartre,1905～1980)以其哲学著作、文学论文和小说戏剧,使得这一思潮在世界范围内得到了广泛的传播。对萨特文学思想在当代中国传播过程的考察研究,将有助于我们梳理中国当代文学的发展脉络,通过对其文学思想在当代中国之旅中所展现的实绩以及出现的问题的理性认识,来反省作为接受主体的中国译者、编者和读者的视野(horizon)、心态(mentality)、精神(spirit)、心理(psychology)、价值(value)、趣味(taste)等的历史变迁。

从陌生的"同路人"到被批判的对象

1949年10月1日以后,马克思主义成为中国的主导性意识形态。外国文学界的工作主要是译介俄苏文学,而在对西方文学的评价上,则完全照搬苏联的官方意见。1934年,在第一次全苏作家代表大会上的演讲中,日丹诺夫(A. A. Zhdanov,1896～1948)以"马列主义权威"之尊,代表苏联官方,在有限度地肯定了18世纪、19世纪的西方文学的同时,完全否定了西方现代文学。

由于资本主义制度的衰颓与腐朽而产生的资产阶级文学的衰颓与腐朽,这就是现在资产阶级文化与资产阶级文学状况的特色和特点。资产阶级文学曾经反映资产阶级制度战胜封建主义,并能创造出资本主义繁荣时期的伟大作品,但这样的时代是一去不复返了。现在，无论题材和才能，无论作者和主人公，都是普遍地在堕落……沉湎于神秘主义和僧侣主义，迷醉于色情文学和春宫画片，这就是资产阶级文化衰颓和腐朽的特征。资产阶级文学家把自己的笔出卖给资本家和资产阶级政府，它的著名人物，现在是盗贼、侦探、娼妓和流氓。①

这篇演讲稿很早就已经被翻译介绍到我国，"其中关于现当代资产阶级文学的上述论断，实际上成为我们外国文学研究工作的一个指导思想，日丹诺夫的基本论点和基本语言，一直得到广泛的引用"②。少量能够被译介的西方文学，则局限于古典文学、"积极"浪漫主义和现实主义。被判定为"颓废的"现代主义文学遭到全面排斥和禁绝，萨特更是因为《肮脏的手》一剧而被苏联作协领导人法捷耶夫痛斥为"用打字机的豺狼，使自来水笔的鬣狗"③。

从1952年起，萨特思想渐渐"左"倾，成了共产党的"同路人"。1954年5月，他和波伏瓦受邀访问苏联，返回法国接受采访时，他以目击者的身份，高度赞扬苏联人民享有"自由"、"民主"和幸福的物质生活。④这正是苏联官方需要的对外宣传效果。

1955年9月，受中国政府邀请，萨特与波伏瓦对中国做了为时一个半月的"友好访问"。作为知名的"国际进步人士"，他们受到了高规格的接待。他们渴望与中国知识界和文学界进行交流，却发现迎接他们的是客气、生疏、冷漠和拘谨："除了两三个法国文学专家之外，我（按：波伏瓦自指）和萨特的名字对他们来说不代表什么。报纸介绍说，萨特刚刚写过一本《涅克拉索夫》⑤，于是，与我们交谈的人经常客气地表示对这部作品感兴趣。除此之外，我们的话题就转到了烹调，双方的

---

① 转引自柳鸣九：《现当代资产阶级文学评价的几个问题》，载于《外国文学研究》，1979年第1期，第12页。

② 同上。

③ 引自保罗·约翰逊：《知识分子》，杨正润等译，江苏人民出版社，1999年9月第1版，第309页。

④ 详见贝尔纳·亨利·列维：《萨特的世界》，闫素伟译，商务印书馆，2005年第1版，第526～529页。

⑤ 这是一出讽刺西方的反共宣传的戏剧。

这种互不了解,甚至比各种各样的政治障碍更严重地妨碍了我们的交流。"他们慨叹:"我们正面对着一个自己努力去理解但又找不到入门钥匙的世界。"①

中苏关系破裂后,中国官方的意识形态更加强硬和僵化,对"同路人"的批判甚至比对真正的"资产阶级分子"还要严厉。在与"苏修"的论战中咄咄逼人的中国意识形态官员们,意识到那些被排斥的西方现当代文学和哲学作品,有可作为批判材料的使用价值。于是我们便有了毛泽东时代的一大"发明":"内部发行"书籍。

1963年6月,商务印书馆"内部发行"了厚达447页的《存在主义哲学》(熊伟等编选翻译),其中收录了萨特的《存在与虚无》的引论和结论部分。1965年,作家出版社"内部发行"了郑永慧翻译的《〈厌恶〉及其他》。某位秦石林在书的《后记》中,说自己对存在主义没有研究,但这不妨碍他指责萨特的作品"荒谬"、"反动"、"宣传极端个人主义",提倡"狼的哲学"!在随后的十年"文革"中,没有任何有关萨特的出版物。

因此,在毛泽东时代,由于意识形态的过滤和屏蔽,萨特文论完全被中国学术界忽视。

历史落差中的"萨特热"

1976年,毛泽东的去世标志着一个时代的结束。不久,中国当代史进入了"新时期"。"改革开放的东风,为萨特研究送来了和煦的春天。萨特逝世的震撼,又催动了萨特研究的蓬勃开展,内外因素的结合,为此课题的启动创造了极有利、极难得的文坛气候和历史机遇。刚从文化专制枷锁下解放出来的文学艺术界,正处在思想空前活跃时期,应学术探讨之需要,有关萨特的各种资料专集便如雨后春笋,源源问世"②。从1979年到1989年,萨特的主要文学和哲学作品都在中国翻

---

① Simone de Beauvoir, *La longue marche : essai sur la Chine*, Paris: Gallimard, 1969, p.25. (1ʳᵉ édition 1957)

② 杨昌龙:《存在主义的艺术人学——论文学家萨特》,西北大学出版社,1998年第1版,第12页。

译出版。他的一部分文学论文被收入柳鸣九编选的《萨特研究》（中国社会科学出版社，1981年10月）和陈燊编选的《萨特哲学文学论文选》（收入《文艺理论译丛》第2～3期，中国文联出版公司，1984年12月），为学术界提供了宝贵的研究资料。

萨特最早引人注目的文论著作《什么是文学？》虽然尚未有全译本，但由薛诗绮翻译的《为何写作？》一章，先是发表于江西人民出版社出版的《文学理论研究》1980年第2期，后又收入伍蠡甫主编《现代西方文论选》（上海译文出版社，1983年1月）。作为大学教材《西方文论选》的续编，这本书对于许多学生理解20世纪以来的西方文论提供了第一手资料。由程晓岚翻译的《什么是写作？》一章，则收入蒋孔阳主编的《二十世纪西方美学名著选》下册（复旦大学出版社，1988年1月）。

萨特和存在主义是这一时期中国学者谈论最多的话题。1981年，贵州人民出版社出版的《欧美现代派文学三十讲》是我国新时期最早探讨西方现代主义文学的论著之一，其中一章专门研究萨特和存在主义流派。1982年，陕西省社科院和陕西省外国文学学会联合召开了萨特研讨会，从哲学和文学的结合上探讨萨特。《世界文学》《外国文学》《当代外国文学》《外国文学评论》《外国文学研究》等刊物，都发表了不少对萨特的评介文章。①在众多的文章和论著（包括译著）中，《萨特研究》《当代法国文学评论初探》和《存在主义美学》对萨特文论的介绍最具有代表性。

1. 思想解放运动的积极推动

"随着对外文化政策的改变，外国文学的译介和研究工作也空前活跃起来。形势呼唤学界，要解放思想，突破禁区，对现代主义文学应重新予以正确评价，以便为建设中国特色的社会主义文化事业服务。"②1978年秋，中国社会科学院外国文学研究所的部分学者在《外国文学研究集刊》（上），开辟专栏，发表笔谈，认为对现代主义文学的成就和局限，应当一分为二，实事求是，持科学态度予以分析评估。

1978年底，由该所发起和组织，在广州召开了"全国外国文学研究

---

① 杨昌龙：《存在主义的艺术人学——论文学家萨特》，西北大学出版社，1998年第1版，第12页。

② 同上，第10页。

工作规划会议"。由主办方安排,柳鸣九在大会上做了《现当代资产阶级文学评价的几个问题》的长篇发言,强烈质疑统治外国文学研究界将近三十年的日丹诺夫观点,要求实事求是地评价曾被完全否定的现当代西方文学。他的发言引起了热烈的反响,对于外国文学研究和译介工作走出禁区起到了非常积极的作用。①随后,他又发表了同名长篇论文,产生了更为广泛的影响,在其中他多次谈到了萨特。通过对其政治倾向的介绍,柳鸣九论证了萨特不是"反动倾向的作家"②。透过萨特拒绝诺贝尔文学奖的事实,柳鸣九赞扬萨特具有"不同凡俗的情操和可贵的人格力量"③。由于18世纪、19世纪的西方文学被官方认为是进步的,柳鸣九就策略性地将萨特归入这一系列:"不论从理论上、创作上和社会活动来看,萨特都继承了过去时代资产阶级进步的思想传统。"④柳鸣九也小心谨慎地为萨特的存在主义做辩护,以便为萨特争取被译介的权利:"如果用我们比较熟悉的概念来加以说明,也就是资产阶级人道主义的个性自由论、个性解放论的一种新的形式。"⑤他也谈到了萨特的文学思想,但是并没有展开详细讨论:"萨特在第二次世界大战后不久曾经发表了一篇有名的论文《争取倾向性文学》,主张作家应该紧密与自己的时代相结合,这是存在主义'倾向性文学'的宣言,也成了萨特的创作纲领。从萨特整个创作来看,他的确没有回避自己时代生活中的矛盾,他的作品触及了现实生活中的某些重大问题,其中有相当一部分都具有进步的思想内容。"⑥

现在看来,柳鸣九的讨论方式、论辩思路,有很强烈的时代局限,是以温和左派的态度反对极端左派的意见。但是,他的论辩,这就为更加客观的评价萨特做了心理铺垫。

1980年4月15日,萨特病逝于巴黎。《人民日报》于1980年4月

---

① 柳鸣九:《从"1978年"出发》,载于《中国作家》2009年第8期,第4~18页。
② 柳鸣九:《现当代资产阶级文学评价的几个问题》前揭,第14页。
③ 同上,第16页。
④ 同上,第23页。
⑤ 同上。
⑥ 同上。

17日发布消息,称他为"中国人民的朋友"。CCTV新闻联播节目播放了巴黎数万人为萨特送葬的镜头。官方对死者的称许虽然矜持而克制,但在思想解放的政治气候下,仍然大大鼓励了学者们对萨特的热情。他对中国的友善与热情,包括他对"文革"的辩护和效法,都成了他的文学和哲学作品应该在中国被介绍的理由之一。①

1981年,《肮脏的手》(发表于1978年7月出版的《外国文艺》创刊号上)在上海被搬上舞台,引起强烈轰动,被称为喇叭裤、长头发和蛤蟆镜之后的"第二次冲击波",导致了官方的干预和禁演。②这是"萨特热"出现的一个标志性事件。从此,成千上万的中国青年,尤其是大学生们,对萨特和他的存在主义表现出了极大的热情。"两个萨特"③或者说是萨特思想的两重性,恰好符合了他们的心理期待。一方面,他们从萨特文学作品中印证和强化自己经历了"文革"浩劫以后青春和理想的幻灭感;另一方面,他们采用被简化为口号的萨特思想(如"存在先于本质"、"自由选择"、"存在主义是一种人道主义"、"懦夫使自己成为懦夫,英雄使自己称为英雄"等),来重整自己的人生观。需要指出的是,与学者们的阅读相比,大部分的青年人虽然热情地谈论萨特和存在主义,但并没有真正读过几本他的著作。④但"萨特热"所激发的文化氛围,作为一种社会需要,对于学者们的萨特研究起到了很大的推动作用。

2.《萨特研究》

1980年底~1981年初,按照中法互相接待学者的一个协定,柳鸣九等人到巴黎做短期学术访问。他们的第一个行动就是到蒙巴纳斯墓

---

① 与萨特交往过的罗大冈写了长文《悼萨特》(《世界文学》1980年第4期),张英伦写了《萨特——进步人类的朋友》(《人民日报》1980年5月5日第7版),柳鸣九写了《给萨特以历史地位》(《读书》1980年第7期)。1980年6月的《当代外国文学》创刊号上,特别刊发了作为文坛要闻的萨特逝世和安葬的消息。《禁闭》的中译本也在同期发表。《存在主义是一种人道主义》的译文1980年9月发表于《外国文艺》第5期上。

② 杨昌龙:《存在主义的艺术人学——论文学家萨特》前揭,第13页。

③ Denis Hollier et al. (dir.), *De la littérature française*, trad. de l'américain par Guillemette Belleste et al., Paris: Bordas, 1993, p. 843.

④ 如《学习与探索》1983年第2期刊登的对沈阳市三所大学的189名文科大学生对萨特作品的阅读情况调查所表明的。

地去"看萨特",而健在的波伏瓦是他们要见的第一个法国作家。①

1981年10月,柳鸣九主编的《萨特研究》出版。在极"左"思潮仍然影响着外国文学研究的情况下,他策略性地以"政治正确"来为他的工作寻求合法理由:

> 萨特应该得到现代无产阶级的接待,我们不能拒绝萨特所留下来的这份精神遗产,这一份遗产应该为无产阶级所继承,也只能由无产阶级来继承,由无产阶级来科学地加以分析,取其精华,去其糟粕。

> 萨特的逝世,给一个社会主义大国的理论界提出了一个艰巨的研究课题。我们相信,通过对萨特的研究人们将不难发现:萨特是属于世界无产阶级的,正如托尔斯泰属于俄国革命一样。②

在"实事求是"成为政治口头禅的年代,它也成为柳鸣九要求读者(包括反对萨特的人)阅读萨特的"正确"理由,从而达到介绍萨特的目的:"如果说,过去甚至包括现在,对萨特有一些既不公正又与事实不符的责难和批评,实与资料不足有关。资料是科学研究不可少的依据,缺少了它,就只剩下了主观主义的'分析批判'了。"③

对于萨特这样一个中国读者(包括毛泽东时代成长起来的许多法国文学学者)所知不多的作家,编选其研究资料就得首先满足提供基本知识的需要。为了给读者和学者提供一个较为全面的萨特读本,柳鸣九决定"选择一部分萨特的文论,以提供萨特本人对他的政治、哲学、文学思想所做的阐释和解释"④。在篇幅有限的情况下,他选择了《为什么写作》《答加缪书》和《七十岁自画像》。柳鸣九以高昂的情绪,高度评

---

① 柳鸣九:《与萨特、西蒙娜·德·波伏瓦在一起的日子》,载于《读书》1982年第3期,第134页。

② 柳鸣九:《给萨特以历史地位》,载于《读书》1980年第7期,第114~115页;又见"编选者序",柳鸣九(主编):《萨特研究》,中国社会科学出版社,1981年第1版,第10页。

③ 柳鸣九:《编选者序》前揭,第11页。

④ 同上,第12页。

价了《为什么写作?》:

> 萨特的论述,响彻了高昂的资产阶级民主主义的声音。它是资产阶级美学理论中优秀传统在 20 世纪的一次复兴,如果把它和萨特本人总是力求通过写作为进步事业服务,总是把批判的矛头指向腐朽反动社会阶级力量、指向不合理的资本主义现实的创作实践联系起来,那么,更可以看出,在这篇抽象的思辨性的美学论文中,实际上有着非常进步的时代社会内容,它在当代资产阶级文艺理论中,是难得的力作,理应得到我们格外的重视。①

在保守势力以"政治正确"来反对一切改变的年代,柳鸣九也强调萨特的"政治正确"来为自己介绍萨特的工作做辩护,字里行间流露出来的,仍然是高亢、激情的"文革"化情绪。

至于《答加缪书》和《七十岁自画像》两篇文章,虽然获得了柳鸣九的高度评价,但其实暴露了萨特本人因为过深地介入政治,而变得更加偏执和褊狭的事实,对于了解其文论的贡献,实在没有多少价值。

《萨特研究》是"新时期"出版的与萨特有关的书籍中被广泛阅读、影响最大的。

3.《当代法国文学评论初探》

1981 年 11 月,受法国外交部邀请,罗大冈到巴黎考察法国文学现状。②为期一个月的访问,"预先安排的有两个重点,首先是抒情诗,其次是文学评论"③。他拜访了巴黎高等社会科学院的路易·玛兰(Louis Marin)、巴黎大学的卜吕内尔(Pierre Brunel)、巴黎高等师范学院的法尧勒(Roger Fayolle)等专家学者,并收集了部分资料。回国以后,他以数月时间研读资料,写成长文《当代法国文学评论初探》,发表于《世界文学》1982 年第 5 期。这是中国大陆在"新时期"出现的第一篇比较深入、系统地介绍第二次世界大战以来法国文学批评流派、主要观点和方法与代表人物的扎实论文,至今仍有学术价值。其中关于萨

---

① 柳鸣九:《编选者序》前揭,第 13 页。
② 罗大冈:《当代法国文学评论初探》,载于《罗大冈文集》第 I 卷,第 72 页。
③ 同上。

特文论的文字不太多。

　　萨特将自己的文学理论称作"存在主义心理分析",其特点是主张"研究文学作品应兼顾作品之所以产生的社会条件与个人条件"。罗大冈对这个理论评价并不甚高:"社会条件的探讨取法乎马克思主义,个人条件的探讨则取法乎心理分析学。人们把萨特的存在主义心理分析说成马克思主义与心理分析学的综合,其实也不过从这两方面都得到一点启发而已。"①罗大冈指出这样一个事实:"在萨特的著作中,文学评论家和哲学家永远是连在一起的。他一贯寻找和分析作家的世界观和他的风格之间的关系。"他引用萨特评论美国作家福克纳时的一个著名观点来印证自己的判断:"写小说的技术总是和小说家的形而上学有关联。评论家的任务在于先找出小说家的形而上学,然后欣赏他的风格。"因此,他认为:"萨特的文评企图描述一个被焦急不安的心情所驱使而走上文学创作道路的人的遭遇。对于哲学和文学的关系的考察,使文评家萨特去寻求'我'的存在意义,从而了解在什么条件下某些人走上文学创作的道路。在这种前提下,萨特提出'原始计划'(Projet originel)这个命题。"②循着这样的思路,萨特在其第一部文论专著《波德莱尔》(1947年)中,就把其成为诗人的原因,归结为他的"原始选择"即"原始计划",他对命运的反抗。萨特的结论,未必会得到许多人的认同,但却是他的哲学思想在文学评论中的逻辑体现。

　　至于"存在主义心理分析"与弗洛伊德心理分析的异同,罗大冈根据自己的理解,做了这样的界定:"萨特的存在主义心理分析文评和心理分析学相近之处在于两者都企图从个人心灵深处找出个人行动的潜在的或'原始的'根源。同时两者又有很大差异,心理分析根据的是个人精神的异态,长期压抑造成的变态心理,而萨特分析的是从人的一般言行出发,根本不考虑什么潜意识和Libido(变态性欲)之类的理论。"③

　　在马克思主义被用来评判一切其他思想的年代里,罗大冈基本否定了萨特文论:

---

① 罗大冈:《当代法国文学评论初探》,载于《罗大冈文集》第Ⅰ卷,第60页。
② 同上。
③ 同上,第61页。

至于萨特的文学理论与马克思主义的区别,主要是哲学问题,萨特的哲学属于唯心主义范畴,这是很明显的。

萨特的文论虽然社会因素与个人因素并重,但是和传统学院派文论不同,与马克思主义的科学文论更大异其趣。①

罗大冈不看重萨特文论,除了其"政治不正确"的原因之外,还因其本身在法国影响不大这个事实。② 这篇文章中所谈到的萨特文论,关注的主要是学理化的方面,而不是萨特的哲学、文学著作所体现的整体的文学思想。在他的解读中,既有意识形态先入为主造成的偏见,也有认真考察的事实归纳。

4.《存在主义美学》

1987年,辽宁人民出版社出版了日本著名美学家今道有信等人合著的《存在主义美学》一书。崔相录和王生平两位译者,撰写了长达46页的《存在主义美学述评》作为《译者前言》。谈到萨特时,基本上是对正文内容的简述,还比较忠实。但在总评部分,则明确地表明了自己基于"政治正确"立场而做出的负面评价:

> 由于存在主义艺术论、美学思想强调艺术必须根基于具体的历史一次性的个人存在,强调艺术是自我设计、超越、自我选择、自我设计的一种功能,所以在总体上是错误的,与马克思主义艺术观(艺术是一种意识形态、上层建筑)格格不入的。因此,它没有也不可能超脱和扭转当代西方艺术的僵局,更不可能成为我们文艺创作、欣赏以及美学研究的指导思想。③

将存在主义美学置于全盘否定的地位,却又要翻译出版,让人阅读,到底是要提供"批判材料"还是要帮助读者理解西方思潮?我们很难判断他们是出于自我保护而言不由衷,还是由于意识形态多年的桎

---

① 罗大冈:《当代法国文学评论初探》,载于《罗大冈文集》第Ⅰ卷,第61页。
② 同上。
③ 崔相录、王生平:《存在主义美学思想述评——译者前言》,见今道有信:《存在主义美学》,崔相录、王生平译,辽宁人民出版社,1987年第1版,第41页。

梏而排斥非马克思主义哲学。

日本学者一向以认真、扎实著称,且较少受到意识形态偏见的干扰。因此,尽管这本书的译文在准确性和可读性方面都不很令人满意,仍然为中国读者提供了对存在主义文论的比较忠实和系统的介绍。由浅昭圭司撰写的《萨特尔艺术论》一章,约占全书篇幅的五分之一。鉴于美学、艺术论和文论在基本问题上的相通,它也为我们提供了理解萨特文论的可能。

浅昭圭司特别指出萨特文论的一个重要特点:透过对具体问题的分析,达到对普遍问题的理解和把握。①他以《什么是文学?》、《谢奈论》(按通译为《热奈论》)、《想象力》等著作为主,试图在四个方面来把握萨特的美学思想。

(一) 创作和欣赏

浅昭圭司首先依据萨特对散文特性的界定,介绍了他的"说话即行动"(Parler, c'est agir.)理论。②因此,萨特赋予作家以极重要的社会责任:"作家是选择世界,尤其是选择把人的行为暴露于其他人面前的人。那是为了使人们在暴露出的对象的面前尽到他们的全部职责。"③"讲话、写作是一种行为,行为里潜藏着意欲。作家通过写作把自己束缚于状况,但这种束缚不是被动的,而是某种决心的结果,是生的整体性设计。"④由此引出了萨特著名的论断:"人是存在的探索者(le détecteur de l'être)。"⑤浅昭圭司指出:"根据这种有关知觉的考察,萨特确立了这样的命题:'艺术创作的主要动机之一,是我们明确地在和世界的关系中感到我们是本质的东西的这样一种欲望。'"⑥这样,文艺作品就是作者的本质的体现:"作者是在同作品世界相联系的过程中成

---

① 今道有信等:《存在主义美学》,崔相录、王生平译,辽宁人民出版社,1987年版,第187～188页。
② 同上,第190页。
③ 同上。
④ 同上,第192页。
⑤ Jean-Paul Sartre, *Qu'est-ce que la littérature ?*, Paris : Gallimard,1981, p.50.
⑥ 今道有信等:《存在主义美学》前揭,第192页。

为本质的,并且是自我成为必然的东西。"①

有了这样的基本论断,读者的参与就成了作品必不可少的环节。"因为创作行为(l'acte créateur)不过是产生作品(production d'une œuvre)的一个不完全抽象的要素。这样,为了用具体的精神产品使想象的艺术作品获得成功,读对于写、读者对作品都是不可或缺的东西"②。萨特甚至认为"创作在阅读—欣赏中才能成立"③。这让我们联想到接受美学的创立者姚斯的著名论点:

> 一部文学作品的历史生命如果没有接受者的积极参与是不可思议的。因为只有通过读者的传递过程,作品才进入一种连续性变化的经验视野。在阅读过程中,永远不停地发生着从简单接受到批评性的理解,从被动接受到主动接受,从认识的审美标准到超越以往的新的生产的转换。文学的历史性及其传达特点预先假定了一种对话并随之假定在作品、读者和新作品间的过程性联系,以便从信息与接受者、疑问与回答、问题与解决之间的相互关系出发设想新的作品。④

当我们读了接受美学的论著以后,才会钦佩萨特的理论敏锐性。

(二)"想象力"的问题

想象力被许多文艺理论家视为作家、艺术家最为重要的素质之一。萨特出人意料地把想象视为一种意识:"想象这个词,仅是指示同意识的对象相关的东西。换言之,也可以说,它是对象在意识中的表现方式,意识把那种方式给予对象。"⑤传统哲学把导向理性的意识视为人获得自由的途径。从柏格森开始,哲学家们认为直觉甚至比理性更能

---

① 今道有信等:《存在主义美学》前揭,第 195 页。
② 同上,第 196 页。
③ 同上,第 197 页。
④ H. R. 姚斯:《走向接受美学》,见 H. R. 姚斯、R. C. 霍拉勃:《接受美学与接受理论》,周宁、金元浦译,辽宁人民出版社,1987 年第 1 版,第 24 页。
⑤ 今道有信等:《存在主义美学》前揭,第 208 页。

够把握到本质。萨特却贬低直觉和意识,而将想象力和自由挂钩。①浅昭圭司概括说:"意识只要是想象的,它就是自由的、创造的;并且可能在其全体性中捕捉世界。"②根据萨特的观点,"某种意识成为想象的本质条件是意识'存在于世界的状况中'(être en situations dans le monde)"③。"由非实在创造的东西,即使觉得意识似乎在某个瞬间从哪个世界被解放出来,想象的必备条件仍是它的世界－内－存在"。

浅昭圭司高度评价了萨特的这个观点所蕴涵的积极意义:"这个结论对于从整体、统一中把握萨特尔的美学思想有非常重要的意义。想象力是对存在的、现实的、世界的否定。自由是它的本质。但这也不是纯粹的否定,并且也不是离开世界的肆意翱翔,它始终是以世界为基础的。"④

（三）艺术和现实

从古到今,"忠于现实"一直是对文学艺术作品的要求,而"不忠于现实"也是责难作家艺术家的一大理由。萨特对这个问题的理解和分析是很与众不同的:"只要我们作为世界－内－存在而存在,世界就应该作为被否定被超越的东西而存在。说起来,把握世界,不外就是超越世界。如果是这样,那么理所当然地应该肯定艺术作品在其本性上不是停留在单纯的现在的陈述上。艺术作品必须是'以未来的名义对现在的审判'。"⑤所以,对作家的要求不应该是"客观性",而应该是其"主观性":"某种作品的价值归根结底取决于作家用想象的世界把这个世界的秘密暴露到什么程度,即这个世界的深度,是作为决定价值的要素起作用的。"⑥

出于同样的理由,萨特对于文艺作品的欣赏者也提出了很高的要求:"欣赏者为了发现作品的世界而进行揭露创造(devoilement-creation),必须是'想象向着行为的参预'(l'engagement imaginaire

---

① 今道有信等:《存在主义美学》前揭,第 223~224 页。
② 同上,第 224 页。
③ 同上,第 228~229 页。
④ 同上,第 229~230 页。
⑤ 同上,第 230 页。
⑥ 同上,第 231 页。

dans l'action)——欣赏者为要在整体上发现作品的世界,欣赏必须参预那个超越世界的行动。既然作品的世界是想象的,那么欣赏者的参预也有想象的性质,不仅要求作者而且要求欣赏者参预。"①

(四)美和伦理

近代以来,文艺与功利的关系是争论不休的重要问题。一方面是现代国家对文艺的强力整合,要将其纳入政治掌控之中,使其为现实的政治服务;另一方面是文学艺术家为捍卫其主体性与独立精神而宣告"美无关功利"和"为艺术而艺术"。既然萨特主张文艺是"对存在的勘探",主张作者对现实的积极"介入",他就必然要对美和伦理的关系做一番具有说服力的辩析。

浅昭圭司试图为读者理出萨特的论点和论辩逻辑。如果说在《谢奈论》中萨特对美与伦理关系的讨论还有些晦涩的话,他在《什么是文学?》一书中,则明确地认为:虽然文学和道德是完全不同的,但在美的律令(l'impératif esthétique)的根底里也存在着道德律令(l'impératif moral)。从他的无神论存在主义出发,萨特主张:"人必须在没有任何价值的支撑下,在完全的自由中,无休止地使自己脱离现在,投向未来。"因此,"美的欣赏和美的创造是人类自由世界的虚无化,是向未来的设计。在这个意义上的美的行为本身可以说相应于他的生存伦理的绝对要求,已在它本身中包含了伦理的东西"②。

浅昭圭司对此的理解是:"基于绝对自由的选择和设计,如果这是全部要求的话,那么选择和设计就是任何东西。只要它基于自由,与其说是容忍它,毋宁必须加以积极的评价。用一般的伦理价值不大可能评价它的选择和设计,因为一般的伦理已经表现出对人的绝对自由的束缚。"③他也注意到萨特在论证其观点时暴露出来的逻辑困境:"基于绝对自由的不断的设计,作为目的,只能是自由,除此之外,别无其他。作为自由的目的到底是什么呢?"萨特在反对本质主义(essentialisme)的基础上建立了他的哲学体系。他把自由置于高于一切的地步,但对自由导向的目的,他始终无法给出有说服力的答案。

---

① 今道有信等:《存在主义美学》前揭,第232页。
② 同上,第238页。
③ 同上。

政治与经济变化对文学接受的冲击

"纯文学"是一种美好理想,然而所有作者都生活在具体的政治、经济、法律和社会制度的牵制之下。因此,无论他们的个人意愿如何,都无法不受他们生活在其中的大环境和小气候的影响和制约。

1983年,在"清除资产阶级精神污染"运动中,众多的中国作家遭到批判,"中国人民的朋友"萨特也被当作一项要清除的"污染"。一时间,萨特的中国译者、研究者们人人自危。1987年,在反对资产阶级自由化运动中,萨特也受到波及。1989年发生在中国的一系列政治事件,加上外部世界的冲击,使得中国的政治气候变得异常凝重,文化界也迅速地由异常活跃而变为沉默。20世纪90年代初的"扫黄"运动中,严肃的学术著作《尼采》和《叔本华》在电视上被当作"黄色书籍"示众①,萨特研究也免不了遭受冲击。

1992年,已经搁置三年的改革被再次启动,目标是建立市场经济,引发了新一轮的经济和商业热。在政府对出版社管制渐渐松动的同时,出版社也被强力地推向市场。繁荣的出版也使多种版本的萨特作品集得以面世。加上20世纪80年代的出版物,中国的读者和学者基本上拥有了要深入理解萨特所必需的基本原始资料。

20世纪80年代后期,"萨特热"已经因为"弗洛伊德热"、"尼采热"的冲击而大大降温。1992年兴起的商业大潮又迅速改变了人们的心态,"拒绝崇高"、"拒绝深刻"甚至成为某些文化名流自我标榜的口号,许多文化人以肤浅为自夸,热情拥抱平庸和俗气。当精神被屏蔽以后,眼睛不再看见荒谬,心灵被麻木,社会进入了"娱乐至死"的时代。普通读者对萨特思想的关注度大为降低。某些书籍和文章则将萨特娱乐化,大肆渲染他的爱情故事来吸引读者。

20世纪80年代以来,在中国学术界,各种"热潮"来得快、去得急,都无法持久。大家都急切地求"新知"、追"新潮",但许多人满足于在言

---

① "编者献辞",见 Arthur C. 丹托:《萨特》,安延明译,中国社会科学出版社,1992年版,第1页。

谈和论著中使用不求甚解的时髦术语,较少有人去做深入、扎实的研究工作。1992年以后,后现代主义成为学术界的新热门话题。同时,学术研究课题更加细微化、专门化与多元化的大趋势,也分散了人们的注意力。在这种情况下,继续关注萨特的学者人数大大减少,而比较有水平的研究著作仍然处于匮乏的状态。

1994年5月5~10日,在西安召开了"'存在'文学与20世纪文学中的'存在'问题"学术研讨会。会议由中国法国文学学会、中国社会科学出版社和西安外国语学院联合举办,近四十名来自全国各地的专家学者参加了会议。当地官方代表认为:"存在主义是20世纪西方最重要的哲学思潮,存在主义哲学和存在文学是20世纪不可回避的现实,因而举行研讨会是十分必要的。"①开幕词中,柳鸣九清醒地指出了大环境的改变,对于有关存在文学研究的负面影响和正面激励:

> 当今,在改革开放的大潮声中,在脱贫致富、投资开发、资金股市、效应利润、反腐倡廉等所构成的时代主旋律中,对存在文学评价高一点低一点,已无关紧要了,似乎只是少数穷酸学究的一曲闲聊波尔卡。我们对时代社稷负不起多大责任,我们只有学术良心的真诚。当问题不再是承受了千万人严重关注的焦点时,问题上的压力也就不存在了,我们可以各抒己见、畅所欲言,不求危言耸听,不求"语不惊人誓不休",但求实事求是、科学合理、多少有益于人群。②

下面我们选择一本基本文献和两本相关论著来探讨这个时期萨特文论在中国的接受情况。

1. 《萨特文论选》

施康强编选的《萨特文论选》虽然出版于1991年,但却在1989年1月就已经编订完成。因此,我们可以把这本书看作"萨特热"的"正

---

① 马兰:《"存在文学"与"存在"问题》研讨会撮要,载于《社会科学战线》,1994年第4期,第249页。

② 柳鸣九:《存在文学与二十世纪文学中的存在问题》,载于《外国文学评论》,1994年第4期,第55页。

果"之一。这本书的出版,为理解萨特文论提供了最基本的文献。

　　这本书收录了《福克纳的〈萨托里斯〉》《关于多斯·帕索斯和〈1919年〉》《弗朗索瓦·莫里亚克先生与自由》《德尼·德·鲁日蒙的〈爱情与西方〉》《关于〈喧哗与骚动〉·福克纳小说》《〈局外人〉的诠释》《被捆绑的人》《什么是文学?》《〈一个陌生人的肖像〉序》《〈艺术家和他的良心〉序》《关于家庭的白痴》《七十岁自画像》《提倡一种处境剧》《铸造神话》《布莱希特与古典主义戏剧家》和《作者、作品与公众》。萨特著名的论文集《什么是文学?》第一次有了完整的汉语译本。译者也从《境遇种种》(Situations)中选译了一些他认为有价值的评论文章。然而,作为萨特"存在主义心理分析"文艺批评之实践的《波德莱尔》《圣热奈,喜剧演员和殉道者》《家庭的白痴》三部著作却连选段都没有。这不能不说是本书的一大缺欠。

　　在长达22页的《译者前言》里,施康强对于所选译的文章作了简述。在他看来,与其他文艺理论相比,萨特文论有其特别之处:"这是一位哲学家的文论,从这些文字中我们看到他怎样从他的哲学体系出发构筑自己的文学理论,借助这个理论评判别人的作品,解释自己的作品。也因为他自己是哲学家,我们看到他怎样认定别人与他一样,在动手写作之前必定先作出一个决定作品内容乃至技巧的形而上的选择。这就使他的文论有别于一般批评家的文论。"①

　　《什么是文学?》是这本文论集里分量最重的文论,译者也用了超过一半的篇幅来简述其内容,并予以评论。

　　萨特主张文学(尤其是散文)写作是一种"介入",因此作家的写作只能算是部分完成了作品,读者的阅读就是文学作品生产过程中必不可少的一部分:"精神产品这个既是具体的又是想象出来的客体只有在作者和读者的联合努力之下才能出现。只有为了别人,才有艺术;只有通过别人,才有艺术。"施康强指出:"这段论述其实已开'接受美学'的先河。"②这个判断似是而非。事实上,因为都是在现象学基础上发展起来的,萨特文论和接受美学才在将读者的参与视为文学作品完成过

---

① 施康强:《译者导言》,见萨特:《萨特文论集》,施康强选译,人民文学出版社,1991年第1版,第1页。
② 同上,第6页。

程中不可缺少的因素。

"文学为政治服务"在1949年以后相当长的时间里都是官方的文艺方针和指导思想。但是这种政治实践的结果是优秀作品非常稀少，而且那些在1949年以前曾经创作出优秀作品的作家要么被迫封笔，要么其新作的艺术水准大大降低。因此，在20世纪80年代，官方和民间都在探索一种更能尊重文艺规律的指导方针。关于文学的主体性的讨论曾经轰动一时。萨特对于这个问题的思考无疑是有益于中国学术界的。施康强转述萨特的观点说："当一种文学对自己的自主性没有明确意识，听命于某一意识形态，把自己看作手段而不是不受任何条件限制的目的的时候，这种文学便是被异化的文学。""异化"也是20世纪80年代被学术界高度关注的问题。萨特的观点无疑是振聋发聩的，足以强化中国读者对于文学主体性的思考。然而，施康强并不满意萨特的意见，以脚注的方式表示异议："萨特不是纯艺术论者，但他却主张所谓的文学自主性，幻想文学超越于各种意识形态之上。"①

面对第二次世界大战以后的新形势，萨特认为："文学的命运与工人阶级的命运是连在一起的。"然而他又明确宣布不是无条件地站在共产党一边：

> 艺术品作为绝对目的，它在本质上反对资产阶级的功利主义，与共产党的功利主义也无法调和。作家不可能在资产阶级与共产党两者之间作出选择。作家只能在共产党提出反映被压迫阶级愿望的要求的时候，支持共产党反对资产阶级；当资产阶级某些开明人士承认精神性应该同时既是自由的否定性又是自由的建设性时候，作家应该支持他们而反对共产党；当一种保守的、决定论的意识形态与文学的本质相矛盾时，作家应该同时反对资产阶级和共产党。这就是说，"我们有读者，但没有读者群"。②

萨特这样的观点，是与他哲学思想中的绝对自由观念和他当时作

---

① 施康强：《译者导言》，见萨特：《萨特文论集》，施康强选译，人民文学出版社，1991年第1版，第6页。

② 同上，第12页。

为独立知识分子的超然立场密切相关的。施康强以否定的口吻评论说:"这一观点,明显地反映了萨特所幻想的貌似超然的中立立场。"①

萨特所陈述的作家的立场之转换,根基和依据在于他所主张的"自由选择"。施康强站在正统马克思主义立场,对萨特的观点作出了否定的评价:

> "自由选择"理论不仅如上所述难以自圆其说,实践上更不可能。马克思说过,"人的本质并不是单个人所固有的抽象物,实际上,它是一切社会关系的总和"。也就是说人归根结底要受他所处的社会生活条件的制约。生活经验也证明,任何人在作出选择前不可能不考虑现实提供的有利或不利条件,他在行动中得到社会的助力或同样来自社会的阻力,他的自我设计蓝图最终能否实现往往取决于他得道多助还是失道寡助,而不是全凭他的个人意志。从反对资本主义社会对人的异化这个角度来看,强调自由选择有其一定的积极意义,但是过分夸大个人的主观自由,就会陷入唯意志论和非理性主义。还是马克思主义令人信服:自由不是绝对的,是对客观规律的认识。②

与作家的自由相关联系的,是文学的独立性问题。还是站在"政治正确"的立场,施康强否定了萨特的观点:"马克思主义的文艺理论认为文学是意识形态的组成部分,而意识形态作为上层建筑的组成部分既适应又不适应于一定的经济基础。文学作品或直接反映社会现实,或体现某一社会集团的意识形态,也就是说,它没有独立的本质。"③

萨特认为文学的自由本质在历史中展开,要使其不受异化、实现本质,就必然要求改变社会、消灭阶级。施康强对此也持否定的态度,出发点仍是自己预设的意识形态立场:"在这里,萨特把文学和社会的关系完全颠倒过来,彻底倒向客观唯心主义;不是文学去反映社会,反映

---

① 施康强:《译者导言》,见萨特:《萨特文论集》,施康强选译,人民文学出版社,1991年第1版,第12页。
② 同上。
③ 同上,第14页。

历史的过程,而是社会和历史将要去适应文学的本质;文学要致力于'改变周围的社会',但是归根结底改变社会是为了解放文学自身。"①

施康强对萨特文学思想的评判既有正统马克思主义的立场,又混合了在中国当代非常流行的唯物辩证法,这就使他在批判萨特的同时,又希望读者从中获得些教益:"萨特的观点是十分复杂的,既有积极的因素,也有消极的因素。对于他的文论,我们必须持分析批判的态度……对当代西方文论,尤其对萨特的文艺思想有兴趣的读者,如能在本书中找到一些有用的资料,进而作出自己的判断,去芜存菁,那么译者的劳动也就不算没有意义了。"②

尽管选择不全面,《萨特文论选》自问世以来,一直是汉语读者了解萨特文学理论的最基本读本。此后出版的多种萨特著作集里面的文论篇章,都是以《萨特文论选》中的篇章为基本材料。

1998年,由李瑜青和凡人主编的《萨特文集》,由安徽文艺出版社出版,其中的《萨特文学论文选》,只对施康强编选本《萨特文论选》做了小幅度增删:删除了《福克纳的〈萨托里斯〉》《关于多斯·帕索斯和〈1919年〉》《德尼·德·鲁日蒙的〈爱情与西方〉》和《提倡一种处境剧》,增加了《活着的纪德》和《萨特谈"萨特戏剧"》。在《编者序》中,编者满怀崇敬地介绍了萨特的人生经历、哲学思想、文学创作、文艺评论和政治参与,赞同将萨特誉为"20世纪人类的良心"的说法,并对于阅读萨特的必要性作了这样的概括:"对萨特这样一位被誉为一代宗师的思想家,我们从中可以汲取的精神营养是丰富的。"③这是几乎不带正统意识形态偏见的评语。

2000年,人民文学出版社出版了沈志明、艾珉主编八卷本《萨特文集》,其中第七卷专收萨特文论。施康强编选本《萨特文论集》所有的篇章都被收入,只增加了《纪德活着》一篇。施康强撰写的《文论卷导言》,是以他十年为《萨特文论集》写的《译者导言》为基础改写而成。他对萨

---

① 施康强:《译者导言》,见萨特:《萨特文论集》,施康强选译,人民文学出版社,1991年第1版,第15页。
② 同上,第22页。
③ 让-保罗·萨特:《萨特文学论文集》,施康强等译,李瑜青、凡人编,安徽文艺出版社,1998年第1版,"编者序"第6页。

特的评价也变得相对客观和公正了。施康强首先强调了萨特文论的特色:"萨特兼为哲学家和作家,也是文学理论家和文学批评家。如果说他的文学创作体现了他的哲学思想,那么,文学理论和文学批评作为一种思辨活动,与他的哲学思想的关系更加密切,在某种意义上可视为他的哲学著作与文学创作的中介。"①施康强保留了简述萨特文论各篇章内容的文字,删除或弱化了《译者导言》中对萨特所做的意识形态批判文字。这些文字的变化,见证了在政治环境日渐宽松的状况下,学术研究向着更加科学、客观的方向的努力。其实,一个译者应该尽量避免将自己基于政治立场所做的预先评判强加给读者,而是让他们在读了几本文献之后再自己作出判断。

2.《存在主义的艺术人学——论文学家萨特》

1998年,杨昌龙的《存在主义的艺术人学——论文学家萨特》由西安西北大学出版社出版。其上篇为《作家论》,下篇为《作品论》,相当全面地介绍了萨特。

柳鸣九为本书写的序言中说《萨特的永恒价值何在?——〈存在主义的艺术人类学〉序》:"长期以来,他的钻研更是锲而不舍,这部论著就是他十年长期研究的成果,它写得立论稳当,实事求是,注意公允,选取了萨特作为文学家这一个主要的层面,集中地加以全面深入、细致的分析论述,是一本很扎实、很有见解的'导读'。"②

面对"新千年",杨昌龙对于国内的萨特研究作了这样的评论:

> 今天,20世纪行将结束之际,中国不仅拥有了一支翻译萨特的强健力量,也产生了一支研究萨特的学术队伍。有关论文层出不穷,各色著作纷纷问世,出现了20世纪90年代以来萨特研究的大好局面。事实上,许多人在全面译介的同时,就已开始搜集大量翔实的资料,着手全面深入地思考和作实事求是的评价了。这是历史赋予我们这一代学人的一个不可回避和义不容辞的任务。许

---

① 施康强:《文论卷导言》,见沈志明、艾珉主编八卷本《萨特文集》。
② 柳鸣九:《萨特的永恒价值何在?——〈存在主义的艺术人类学〉序》,见杨昌龙:《存在主义的艺术人学——论文学家萨特》,西北大学出版社,1998年版,第5页。

多学者都在努力用辩证唯物论和历史唯物论的观点,对萨特存在主义文学,力求具体分析,深入解读,作出一个基本准确的科学评价。尽管有许多问题还待继续深入探讨,但也应当看到:从五六十年代的"洪水猛兽"到八九十年代的前沿课题,实际上是从学术禁区到开禁研究。从"热"过之后到冷静对待,从浅尝辄止到深入思考,从笼统结论到具体分析的不断深化过程,这是一个巨大进步和质的飞跃。所以,中国今日之萨特研究,已远非昔日可比,不仅在基本评价方面达成共识,而且取得了重要成果。①

在官方意识形态的掌控已经大大减弱,并宽容对各种非马克思主义学说进行客观研究的情势下,杨昌龙还在主张以辩证唯物论和历史唯物论来研究萨特思想,可见历史发展中的惰性和惯性对人的影响是多么强烈。而他对萨特研究的现状的估计也是带有浪漫想象的成分,夸大了实绩。

该书上篇第七章《萨特的文论主张》以萨特的《什么是文学?》一书为主要材料,分七个方面做了介绍和阐释了萨特的文论主张。由于作者早年是以巴尔扎克为研究对象,这就使他在讨论萨特的文学思想时,总有现实主义这样的参照系:"研究他的文论主张,对于理解他的文学作品,比较它和现实主义文论的异同,借鉴其中有益的成分,抵制其中的欠当之处,都是十分必要的。"②

(一) 文学介入论

杨昌龙认为:"萨特文论主张的总观点是'文学介入论',即主张文学介入社会斗争,干预人类生活。"③ 20 世纪 80 年代,在中国文学界,曾有不少作家和文学理论家主张:"文学是为了表现自我,写作是为了自己。"杨昌龙引述萨特以"旗帜鲜明地反对"这种观点。他的理由是:

> 世界上如果没有人,或只有一个人,就不会有文学,因为没有

---

① 杨昌龙:《存在主义的艺术人学——论文学家萨特》前揭,西北大学出版社,1998 年版,第 17 页。
② 同上,第 71 页。
③ 同上。

"为他人"和"介入他人"的需要。只有在由众多的人组成的世界中,文学就适应"为他人"和"介入他人"而必然产生。凡有写作欲望和创作冲动的人,哪一个不是想把自己的感受、观点、喜怒哀乐传达给"他人"呢?在这一点上,存在主义文学和现实主义文学的见解是一致的,二者都主张通过真实的形象,能动地干预现实生活,都属于一种严肃的文学主张。也正是在这一点上,表现出萨特的文学主张和他的人学主张一样,具有一种积极入世、改造社会的进取精神,而不是消极遁世或玩世不恭的颓废态度。①

在肯定萨特的同时,杨昌龙以现实主义为标准,对萨特的文学观点做了辨析,指出其与现实主义不合之处:"现实主义的'介入论'中有一个'客观标准',以它为标准尺度去鉴别生活现象。合格者,或同情,或赞赏,或歌颂;出格者,则或讥讽,或暴露,或控诉,以达到醒世喻人的目的。而存在主义的'介入论'则没有什么客观性标准,只有它的'主观性真实',看重的只是'主观性感受'。"②

萨特认为:"现实主义的谬误,在于它曾经相信,只要用心观察,现实就会展现出来。"作为现实主义的尊奉者,杨昌龙对萨特提出了严厉的批评:

> 萨特这一指责显系武断之辞。一般说来,无论是"客观标准"还是"主观感受",都是一种艺术风格、艺术流派,以这个或那个为出发点,都可能写出好作品。古今中外的创作实践早已证明可以并存,不可各执一端,互相排斥。萨特显然把"主观感受"视为最高准则,用以否定"客观标准"。这就走向谬误了。很明显,这是他哲学上的非理性主义在文论上的具体表现。它给我们的借鉴是什么呢?我想:应当在"主观感受"和"客观标准"发生矛盾的时候,万不

---

① 杨昌龙:《存在主义的艺术人学——论文学家萨特》前揭,西北大学出版社,1998年版,第72页。

② 同上。

可陷入否定普遍真理的泥潭。①

西方思想家常常会以很偏颇甚至很极端的方式来批驳对手,并呈现自己的观点。真理被推倒极端时,自然有变成谬论的危险,但同时也发现了其适用的范围,突出了其特点。受到儒家"中庸"思维方式影响的许多中国学者,在讨论问题时,喜欢面面俱到、追求四平八稳。从上面一段对萨特的批评文字之中,我们既可以看出杨昌龙以现实主义为评判标准的预设立场,又可以发现中庸思维的强烈影响。

(二)创作引导论

杨昌龙把萨特对"创作"和"阅读"的讨论归纳为"创作引导论"。关于创作,他将萨特的观点概述如下:

> 作家在创作活动中到处遇到的,只有他的知识、他的意志、他的谋划,就是说,他只遇到他自己。他能触及的始终是他自己的主观性。作家不是为了自己才创造这个对象的,他也够不着他创造的对象,因此,他只能走到这个主观性的边缘,但不能超越这个边缘。所以,作家不能进入也无法进入真正的阅读过程。②

这样,读者的阅读就逻辑性地成为创作过程的必不可少的组成部分,而作者的创作也是积极的引导读者的阅读。

> 这就是说,作家的创作,是在为读者的阅读创设必要的条件。没有这个条件,没有这个引导,真正的阅读便成为不可能。
>
> 可见,从作者→作品→读者,即从创作→引导→阅读,这就是萨特存在主义创作论的基本思路。也是他的"文学介入论"的具体体现。③

---

① 杨昌龙:《存在主义的艺术人学——论文学家萨特》前揭,西北大学出版社,1998年版,第73页。
② 同上,第74页。
③ 同上,第74～75页。

对这一点,杨昌龙做了积极的肯定:

> 这里的"引导"一词,表现了萨特文论的深刻和聪明,是存在主义创作论的精髓所在,是符合文学规律并使创作增强艺术质量的正确的理论主张。它既反对了作者主观激情的外露,以主观情绪代替客观描写,从而削弱了艺术感染力量的主观主义倾向,也否定了不分善恶美丑,一律和盘托出,不乏生动但态度暧昧的纯客观主义的弊病,表现了它既区别于狭隘现实主义的极端功利论,又不混同于少数现代主义的否定一切的颓废观。①

(三)阅读创造论

由于接受美学的影响,萨特对阅读活动的描述和分析愈加引人注目。

> 萨特不仅把阅读过程看作一个预测和期待的过程。更重要的是,还把它看作一个根据词语的引导不断揭示和不断创造的过程。这才是"阅读"的精义所在!
> 阅读,既是在揭示,又是在创造。在创造中揭示。在揭示中创造。这就是说,阅读确实不应该被看作是一项消极被动的机械性行动。像照相底片的感光那样,只接受符号的感应,而应该把它看作是一种积极主动的"创造性行动"。②

按照杨昌龙的理解,读者从字句→创造→沉默的阅读过程,就是从接受引导→参与创作→获得意义的再创造过程。作者做的是"前创作阶段"的工作,读者做的是"后创作阶段"的工作。文学作品作为完整的精神产品,只有在作家和读者的联合努力之下才能出现。他称赞:"萨特相当精辟地阐明了双方是辩证地相互依存的关系,是矛盾对立统一的关系。"③

传统的中西文学理论,虽然都曾涉及读者的阅读问题,但从来都没

---

① 杨昌龙:《存在主义的艺术人学——论文学家萨特》前揭,第75页。
② 同上,第75~76页。
③ 同上,第77页。

有进行过深入系统的研究,也从未视其为作品自我实现过程的必不可少的组成部分。因此,在杨昌龙看来,萨特的阅读创造论,既能给人以启迪,又能用来反对把文学作品视为宣传品的观念和实践:

> "阅读是一种创作"的命题,无疑给人以深刻的启迪。读者阅读作品,广而言之,包括各种艺术欣赏,都是在作家、艺术家为读者开辟的道路上的继续前进,都是为读者参与创作创造了条件,展示了一个广阔的思考领域,而绝不是限制和代替读者的思考。不可否认,不少肤浅庸俗的作品,对读者缺乏"引导",作家自己导向不明。读者自然也举步茫然了;也毋庸讳言,文坛上的机械唯物论作者,信奉"灌输"信条,又赤裸裸地推销自己的结论,挟制和强加于读者,使人不读自厌,即使强制阅读,也只能培养出一批"思想懒汉"式的读者群,缺乏"参与"意识,谈何"揭示"、"创造"?①

(四)召唤自由论

萨特认为写作是某种要求自由的方式,作品是作家向读者的自由发出的召唤。杨昌龙将其概括为"召唤自由论",并视之为"创作引导论"的深入化。在数十年里,文艺在中国被视为一种政治宣传的工具,服务于政府。在作家被剥夺了主体性的同时,读者的阅读活动也被引导和规范,以便接受理解和接受作品所图解的国家政策。新时期以来,关于文学主体性的讨论,以及接受美学在中国学术界的传播,使很多学者也开始重视对读者主体性的研究。萨特关于"读者的自由"的论点给杨昌龙的启发是:

> 作家要把读者看作是自由的、主动的创造力量,把阅读看作是一种不受制约的活动。因此,它也要求作家不能把自己的主观激情强加给读者,不能一门心思地去寻求用自己的主观激情去影响人、打动人,不应当千方百计把自己的喜怒哀乐直言不讳地传达给读者,进而企图利用这种激情去控制和左右读者。因为这样做,必然出现不良后果,使作品产生一个绝对目的,把作品变成维持仇恨

---

① 杨昌龙:《存在主义的艺术人学——论文学家萨特》前揭,第77~78页。

或欲望的一种手段,这就违背了艺术的本性。①

重视艺术的主体性,使得新时期以来的某些中国作家和评论家看重"纯文艺"作品,有意识地与现实政治保持距离。针对这种情况,杨昌龙特别指出:

> 他既反对某些作家"激情外露"的主观现实主义,又反对戈蒂耶的"为艺术而艺术"的唯美主义,也反对巴拿斯派的"不动感情"的纯客观主义(不介入),而是十分赞赏法国当代作家谢奈的观点,把作家的正确做法叫作对读者的"礼貌",即对"读者的自由"的高度尊重。
>
> 在此基础上。萨特提出了"距离说"。这个"距离说",不是指我们理解的创作题材和现实生活保持距离,和眼前政治保持距离(在这方面,萨特的创作实践证明反倒没有太大的距离),而是指作家的主观感情要和写成的字句之间保持一定距离,也就是使读者在阅读中,从字句到产生新感情之间保持一段距离,保持一段"创造"的距离,一段审美的距离。不给读者留有足够的创造与审美的空间的作品,读者怎么能喜欢它呢?因而他说,"人们带有善良的感情是写不出好书来的"。②

(五) 作品是一项召唤

杨昌龙把萨特的这个观点视为其对于阅读进行深入研究的逻辑结果。他认为萨特的论点是针对现实主义而发的:

> 这是针对现实主义理论的重创作、轻阅读,把阅读置于纯粹服从地位而讲的。现实主义理论,从来不把阅读活动看作一个相对独立的"崭新事件",而是十分看重"从生活到创作"的研究,总是喜欢用"先此存在的材料来解释作品",如产生作品的时代背景、作者的思想经历、生活积累、素材题材的来源等等,也就是从作品的外

---

① 杨昌龙:《存在主义的艺术人学——论文学家萨特》前揭,第78~79页。
② 同上。

部联系去研究阅读活动。无疑,这种研究是重要的,不可少的,但不是唯一的,还应当补充以阅读活动的内部研究。①

但是,杨昌龙对于现实主义始终抱有亲切感,这就使他对萨特的评价很矛盾:

> 萨特的错误,在于他否认"外部联系"的必要研究,对它的方方面面一律不感兴趣,从而把他的全部关注集中在"内部联系"上。但是,也不能否认,他对阅读过程本身的探讨,对阅读活动内部规律的揭示,为我们打开了一个前人较少涉足的新领域,提出了一个新课题,并且取得了举世瞩目的成绩。我想,这就是他把阅读的起始,界定为"崭新的事件"、"绝对的开端"的意义之所在。②

(六)艺术审美的三层次

萨特将"读者的自由"分为由浅入深的三个审美层次:"符合因果性"的表层现象、"符合目的性"的深层现象和"人的自由"层次,即更深或者最深的层次。而判定作品成功与否,则与其是否能使读者进入第三层次的审美有关:

> 在阅读中,读者的自由是创造的主体,当它达到艺术审美的第三层次的时候,"人的自由"便作为创造对象的客体出现了,作为"读者的自由"创造的成果向自己显现出来,也就是说,作为创造对象的客体的"自由",反馈给作为创造者主体的"读者的自由",使创造者享受到了他的创造成果,就是"自由辨认出自身",因而产生喜悦,产生快感。这种感受一旦出现,便成为作品成功的标志。③

对萨特的这个观点,杨昌龙给予了高度的评价:

---

① 杨昌龙:《存在主义的艺术人学——论文学家萨特》前揭,第 80 页。
② 同上。
③ 同上,第 83~84 页。

萨特关于艺术审美的第三个层次,是现实主义美学观中所没有的。在这里,萨特有逻辑严密的分析论证,自成一理,自成体系,也不无聪颖、深刻之处,对于理解存在主义文学作品有很大帮助,很明显,那是为他的"人学自由观"服务的。但是,我们也应看到,他的"文论自由观"和他的"人论自由观",有联系也有区别。他的"文论自由观"比他的"人论自由观"更多地为我们提供了有价值的研究资料,上述许多合题和界定,都有它的机敏、新颖、独到和深刻之处,很值得我们深思和借鉴。①

(七) 召唤人的自由与作品的思想倾向

杨昌龙以为这一点"常常是在研究萨特文论主张中最令人关心的问题",即萨特主张的自由是否会导致人对自由的滥用。他认为:

> 在萨特的"自由"深处,隐藏着一个"正义"的标准。无视这个"正义"标准,任意解释萨特的"自由",显然是不准确的……
>
> 此外,萨特的"自由观"也是和"负责任"联系在一起的。追求自由必须对"自由"的行为负责,不负责任的"自由"是"放纵",是为所欲为,那不是萨特的"自由观"。②

明清两代的许多小说和戏剧作品被指责为"诲淫诲盗"。在毛泽东时代,不少作品由于暴露社会黑暗面而受到批判,有些作者甚至死于非命。新时期以来,政治形势渐渐宽松,但仍不时有作家作品被官方点名批判,从而造成文学界的紧张和压抑。在引用了萨特的一段话之后,杨昌龙借题发挥说:"十分清楚,他认为,作家描写非正义行为,是为了'超越'它,为了'消灭'它;使读者面对非正义行为,也不是要'冷漠地端详它',而是要把它看作'应被取缔的弊端'去揭露它,在'重新改造'中引起的'愤怒'感情里去否定它。它自然会产生健康的思想倾向和积极的社会效果。"③

---

① 杨昌龙:《存在主义的艺术人学——论文学家萨特》前揭,第85页。
② 同上,第85~86页。
③ 同上,第86页。

新世纪以来的新情况

"萨特的存在主义从一开始为世人所知的时刻起就承受着各式各样的评论：狂热的吹捧，热情的赞扬，严厉的批评，冷峻的指责，甚至是咒骂。直到1980年他逝世后，仍然是众说纷纭、莫衷一是。"①

萨特晚年与极"左"政治派别的靠近，常常为人诟病。而他去世以后，由他从前的追随者们和情人们出版的不少著作，都使萨特的声名受损，但同时也使萨特的面目更加真实。1999年，由巴黎格拉塞出版社出版的《萨特的世纪》可以算是一本盖棺论定的书。作者在年轻时也是一个萨特的追随者。在物是人非、尘埃落定以后，从生活、思想、作品、影响等方面，全面地清算或者清理了萨特。列维的许多的诘问显得很残酷，但是符合"吾爱吾师，吾更爱真理"的西方精神。

从20世纪90年代开始，中国学术界对海德格尔发生了极大的兴趣，萨特渐渐淡出人们的视野。2000年，李钧的《存在主义文论》由山东教育出版社出版。该书第五章对萨特文论做了粗略的介绍。

进入21世纪，萨特仍然是中国学者和青年学生关注的作家。在继续出版相关的论著，发表相关的研究论文的同时，那些关于萨特的奇异爱情方式的书籍也很热销，意味着萨特变成了娱乐话题。

2005年，萨特诞辰一百周年，法国文化界的纪念活动，在中国也有一点带有怀旧色彩的纪念。萨特并非"永恒的萨特"，但却常常是话题。具体的"境遇"在改变，但人们必须面对的"存在"问题却相同。萨特的哲学思想与仍然会对今日的读者产生启迪，他的文学作品与批评理论仍然对于我们的文学研究、评价和写作产生启发。

2007年，杜小真将其于1988年出版的《一个绝望者的希望》改名为《萨特引论》再版。在清醒地认识到历史与学术变迁的事实的基础上，她还是坚信萨特仍然具有被深入研究的必要和价值："无论是反对他的人还是崇敬他的人都无法否认他是一个不能不重视的伟大学者。他是时代的见证人。他的思想内涵远远超出了哲学界。也正因如此，

---

① 杜小真：《萨特引论》，商务印书馆，2007年第1版，第3页。

研究法国当代哲学,要了解法国当代思想的演变就不能不谈到萨特。"①

遗憾的是,到现在为止,还没有一本扎实、系统、深入、客观、到位的关于萨特文论的专门研究著作由中国学者完成。当"现代化"被许多中国官员和学者等同为"美国化"的时候,中国学术界也在热切地追随美国学术界的风向标来调整研究方向。而且,至今还存在着严重的"一窝蜂"、"大呼隆"、一拥而上追潮的现象。许多人大谈"后现代主义",却弄不清其"后"在哪里,大谈"解构"却连"结构"都弄不明白。

结　　语

综上所述,萨特文论在当代中国的接受史表现出以下几个特点:

第一,这种接受是非连续性的。学术研究只有在连续的基础上才可以有知识和智慧的积累,才有可能获得突破与提高。

第二,中国学界对萨特文论的接受只是萨特在中国接受史中的一个不很引人注目的侧面。首先萨特的文学作品得到最多的关注,其次是其哲学思想,最后才是其文论。所以,表面上看,萨特在中国的接受史似乎很长、很热闹,但对其文论的阅读、理解只局限于小部分读者和学者。而且,萨特文论的影响似乎局限于少部分研究者中间,对于中国文学理论界和写作者们似乎没有发生影响。近三十年来,中国的文学观念一直处于激烈的变迁过程中。萨特文论本来可以给学术界以深刻的启迪,但实际上却没有什么影响。

第三,意识形态预设立场影响了学者对萨特思想的客观、公正理解。

第四,始终缺乏深入、系统的研究著作。这个问题可能与这些因素有关:学术界的跟风现象严重,许多人不断地转变研究方向和课题来赶时髦,踏踏实实、锲而不舍做专题研究的人较少;学术素养先天不足,逻辑与方法都欠缺,即使是自己感兴趣的题目,也只能够浅尝辄止;懂外语的人常常缺乏深入研究所需的第一手基础资料和相关资料,不懂外

---

① 杜小真:《萨特引论》,商务印书馆,2007年第1版,第9页。

语的人又只能依赖于质量难以保证的译文,使许多有心钻研的人,也无法展开工作。

　　上述问题的解决,有些是依赖于学术界以外的大环境的不断改善,有些则是需要学术界内部的反思和改进。

罗兰·巴尔特文论的"中国之旅"

张晓明

提起"罗兰·巴尔特的'中国之旅'",首先让人想到的,是巴尔特本人在20世纪70年代中期,作为当时法国著名学术团体"原样派"(Tel Quel)代表团成员之一,同菲利普·索莱尔斯、朱丽娅·克里斯特娃等人一道访问中国的那段经历。由于当时中国政治环境对涉外事件报道的限制,这次自"文化大革命"开展以来西欧知识分子对中国的首次访问,没有在当时的中国知识界产生反响。与巴尔特本人在地理空间上完成的这一几乎没有留下任何印迹的"中国之旅"相比,其著作和思想所经历的另一场始于20世纪80年代初的"中国之旅",却对中国知识界产生了广泛而深远的影响。这便是在长达二十余年的时间里,其著作和思想在中文语境下被译介和接受的过程。作为一位才华横溢的思想家,巴尔特素以研究领域的广泛著称。其著述中既有专业艰深的理论著作,亦有文笔灵动且富于真知灼见的散文随笔。其中最能代表他不同时期研究兴趣和思想风貌的作品,目前基本上都已有中文译本。此外,二十多年来与译介活动交叉进行的,是中文语境下不同接受群体在各自范畴内对其思想进行阐释和在此基础上围绕某些理论进行本土化尝试的过程。其中影响最大的当属文学思想领域,巴尔特在该领域提出的某些标志性观点,如"零度写作"、"作者死了"等,甚至为并不从事文学理论研究的普通读者所熟知。作为巴尔特学术思想在中文语境下"深入人心"的例证之一,这一现象反过来促使我们思考这样一个问题,即中国知识界对巴尔特文学思想的译介和接受到底经历了怎样一个过程?本文将首先从历时的角度概述其文学思想"中国之旅"的历程,然后通过对中国知识界吸收、消化其文学思想状况的分析,揭示其文学理论在"中国之旅"中留下的印迹。

历　程

　　巴尔特的文学思想和理论，最初是在新时期中国知识界崇尚"方法论"变革的背景下，搭着译介"结构主义"的便车进入中文语境的。据我们目前掌握的资料，袁可嘉发表于《文艺理论研究》1980年第2期的译文《结构主义——一种活动》应该是国内学界第一次译介巴尔特结构主义思想的尝试。次年开始，有关巴尔特文论思想的介绍陆续出现于一些介绍结构主义文论的文章中。王泰来在发表于1981～1983年间的两篇关于结构主义文学批评的文章①中均强调了巴尔特对法国结构主义文学批评发展所做的贡献。很快，被视为巴尔特结构主义文学理论扛鼎之作的《叙事作品结构分析导论》(Introduction à l'analyse structurale du récit)被译成中文，刊载在《外国文学报道》1984年第4期上。

　　就在越来越多的研究者逐渐熟悉"结构主义者"巴尔特时，张隆溪发表于《读书》1983年第2期上的《结构的消失——后结构主义的消解式批评》一文却又揭示了巴尔特的"后结构主义者"身份。该文重点介绍了巴尔特提出的文学作品分为"可读的"与"可写的"两类以及"读者的诞生必须以作者的死亡为代价"等观点，突出了巴尔特后期文学思想的后结构主义色彩。今天的读者早已熟知巴尔特思想从结构主义向后结构主义的转变，因而能够理解这种表面上的"无逻辑性"只是译介过程在特定境遇下表现出的"无序状态"，而所谓"特定境遇"，即当年中国知识界在译介严重滞后的情况下希冀于短时间内尽可能多地引进西方思想，结果"结构主义"与"后结构主义"两种本属前后承接关系的思潮，竟是同时亮相于中国读者面前。

　　从1987年到1991年，《外国文学报道》《上海文论》《外国文艺》《外国文学》等期刊总共发表了二十余篇巴尔特著作的译文，内容涉及文本理论、符号理论、文学批评理论以及具体的文学批评实践，分属结构主义与后结构主义范畴。其中，《外国文学报道》在1987年第6期上一次性刊载了8篇，其中有7篇选译自巴尔特的《批评文集》(Essais Cri-

---

①《关于结构主义文艺批评》，载于《外国文学研究》1981年第2期；《一种研究文学形式的方法——谈结构主义文艺批评》，载于《国外文学》1983年第3期。

tiques），折射出当时国内研究界在"方法论"热潮的推动下，十分关注以巴尔特为重要代表之一的西方结构主义文学批评这一事实。

与此同时，辽宁人民出版社于1987年率先出版了巴尔特 Eléments de sémiologie 一书的中译本，书名为《符号学美学》，由董学文与王葵转译自英文版。这也是国内第一次以单行本形式出版巴尔特著作的中译本。尤为引人注目的是，该译本正文前有一篇长达三十多页的"译者前言"，译者在其中对整个文艺符号学理论的发展史进行了梳理，并总结了西方现代文艺符号学的基本思想特征；在分析了巴尔特符号学理论的独到之处后，还顺带介绍了他的其他几部重要著作的内容。如果说《符号学美学》引领中国知识界认识了符号学家巴尔特，那么三联书店次年出版的《符号学原理——结构主义文学理论文选》（以下简称"《文选》"）则致力于"使我国读者了解巴尔特其人及其文学思想的一个概貌"①，通过对其"几种代表性作品"的译介，"把巴尔特这位文学理论家、文学批评家和文化批评家以及符号学家的面貌展现出来"。《文选》译者李幼蒸多年从事结构主义哲学和美学研究，素以译文的忠实准确著称，其撰写的"译者前言"对巴尔特整个思想产生的根源及其在学术生涯中展现出来的各个不同立面进行了深邃而独到的剖析，代表了当时国内巴尔特思想研究的最高水平。

《文选》是《文化：中国与世界系列丛书》编委会编撰的《现代西方学术文库》之一种。该"丛书"另设有"新知文库"，收录各类介绍性译著，以于"学术文库"相互参照，互为补充。对应于《文选》，我们可以在"新知文库"中找到美国结构主义文论家乔纳森·卡勒尔所著《罗兰·巴尔特》一书。该书共十章，每章介绍巴尔特的一种文化身份，这种多立面的介绍显然十分契合李幼蒸编译《文选》的目的。作为国内第一部关于巴尔特的传记性著作，《罗兰·巴尔特》在与《文选》的配合下有力地推动了巴尔特思想在中国的传播。

进入20世纪90年代，巴尔特主要著作的中文全译本相继问世，某些著作还出现了复译与再版现象。其中，《符号学美学》继1987年的辽宁人民版和1988年的三联版后，又出现了两个新译本：一个是由黄天

---

① 李幼蒸："译者前言"，见《符号学原理——结构主义文学理论文选》（罗兰·巴特著，李幼蒸译），三联书店，1988年版，第1页。

源翻译,广西民族出版社 1992 年出版;另一个是王东亮等人的译本,三联书店 1999 年出版。前者囿于出版社本身影响力不大,且印数又少,故未产生太大影响;王东亮等人的译本,则受到了某些学者的高度评价,被称作"迄今为止最好的译本"①。*Fragments d'un discours amoureux* 一书的中译本继 1988 年首次以《恋人絮语——一个解构主义的文本》为书名出版后,1997 年和 2004 年又分别以《一个解构主义的文本》和《恋人絮语——一个解构主义的文本》为名再版。

在这一时期翻译出版巴尔特著作的过程中,上海人民出版社扮演了非常重要的角色。除上述三版《恋人絮语——一个解构主义的文本》外,该社 1997 年到 2002 年间又相继出版了《神话——大众文化诠释》《批评与真实》《流行体系——符号学与服饰服码》《S/Z》和《文之悦》等一系列巴尔特著作的中译本。此外,百花文艺出版社于 1995 年和 2002 年出版了由怀宇翻译的《罗兰·巴特②随笔选》和《罗兰·巴特自述》(*Roland Barthes par Roland Barthes*)。前者是国内第一部全面介绍巴尔特各个时期著作的选集,后者则由于原著本身体现了巴尔特陈述事实、阐发观点的独特手法——刻意地写作"断片"——而使得读者可以在加深对其个人认识的同时直观地感受到他的美学思想在实践层面的表露。

2008 年伊始,巴尔特著作的"中国之旅"又进入了一个新的阶段——中国人民大学出版社着手出版《罗兰·巴尔特文集》(10 卷)。《文集》由长期从事巴尔特著作和思想译介与研究的李幼蒸、张智庭(即上文所说的"怀宇")等人翻译,除收录经过核校修订的各人旧译,总共 12 部作品中有半数以上为初次译介,如《新文学批评论文集》《符号学历险》《小说的准备》(讲演集)等,这将对中国知识界进一步认识和理解巴尔特其人其思起到积极的推动作用。

---

① 参见"臧策评论",http://www.chinaphotocenter.com/llypp/article/zangce/zangce-007.htm。

② 在巴尔特著述和思想的"中国之旅"中,其姓名的中文译名一直未曾固定,有译作"罗朗·巴特"的,有译作"罗兰·巴特"的,也有译作"罗兰·巴尔特"的。本文统一作"罗兰·巴尔特",但在引用相关文献的标题或内容时则照原文摘录,不做修改。

印　迹

真正的幽灵是罗兰·巴尔特,他对当前中国文学思想的影响是怎样估价都不会过分的。①

——李洁非

罗兰·巴尔特的《符号学原理》一书的中译本在1989年以后,影响了中国一代知识分子。②

——吴晓东

随着各种译介文本的问世,一个多立面的罗兰·巴尔特最终呈现在中国读者面前。国内学界逐渐意识到,巴尔特"是一个具有多重面目的大师,用一副或两副面孔来指称他,总显不合适"③。当然,这种认识上的不断深化,更主要地还是归功于中国学者在本土语境下对其文论思想的理解(研究)与接受(运用)。下文中,我们就通过一些反映这一理解与接受过程特点及存在问题的突出环节,折射巴尔特文论思想"中国之旅"的印迹。

1. "结构主义者"巴尔特与《叙事作品结构分析导论》

在巴尔特的众多著作中,《叙事作品结构分析导论》(以下简称"《导论》")率先被译介过来,这是中国当代文学理论及其批评实践在意识到传统文学"殊多'内容批评'而少有形式分析"④的缺陷后,试图通过发展形式结构批评来完善自身的必然结果。但是,在传统的社会历史文化批评模式中浸淫已久的中国文学批评实践,在缺失前期理论积累的

---

① 李洁非:《文本与作者——一个小说叙述学难题》,载于《艺术广角》,1989年第1期,第38页。
② 吴晓东:《从卡夫卡到昆德拉:20世纪的小说和小说家》,北京:三联书店,2003年版,第7页。
③ 方珊:《形式主义文论》,山东教育出版社,2002年版,第298页。
④ 康林:《本文结构批评的"拿来"与发展》,载于《文学评论》,1987年第5期,第159~160页。

条件下似乎很难在短时期内具备形式结构批评要求的思维方式和掌握其文本分析方法的真谛,以至于一方面《导论》中提出的观点被很多文章引述,另一方面却很少有人真正运用文中提出的方法去分析文学作品。此外,当时文学研究领域一些权威人士对结构主义批评的看法有失偏颇①,这些偏见的误导可能也是导致实践上无人响应的原因之一。据我们目前掌握的资料,有意识将《导论》中提出的方法运用于文学作品研究的学者屈指可数,此处仅举李劼的研究成果为例:在《论小说语言的故事功能》一文中,他将自己提出的小说语言的"故事生成功能"和"故事催化功能"两个概念分别对应于巴尔特在《导论》中所说的叙事作品的"功能层"和"叙述层",借以分析小说《百年孤独》的开篇名句。②而在《论当代新潮小说的语言结构》一文中,他又以刘索拉、阿城、孙甘露和马原四位作家的作品为例,来论述"句法结构中的主语和宾语系统如何在叙事结构中分别展开为作者、叙述者和人物"③。在有些学者看来,这实际上是在演绎巴尔特在《导论》中提出的"叙事作品是个大句子的论断"④。

也有一些学者在深入研究《导论》后提出了有别于传统解读的独到见解。这方面,韦遨宇的《明修栈道 暗度陈仓——读罗兰·巴特〈叙述分析导论〉》一文颇具代表性。作者认为,巴尔特"在建构自己的结构主义叙述学理论时,就已在准备摧毁这一理论并开始了向后结构主义的文本阅读理论与符号学理论的演进"⑤。在该文第二部分"对中心结构

---

① 如伍蠡甫就曾在《现代西方文学批评的若干流派》一文(载《文艺报》1985年第3期,第59页)中指出:"(以巴尔特为代表的)结构主义批评只做了一桩事:完全否定文学和作家,它之所以如此荒谬,乃是由于非理性主义和形式主义的恶性发展啊!"这种观点完全抹杀了结构主义文学批评的积极作用,显然带有很大的偏见。

② 参见李劼:《论小说语言的故事功能》,载于《上海文论》,1988年第2期,第10~17页。

③ 参见李劼:《论当代新潮小说的语言结构》,载于《文学评论》,1988年第5期,第118页。

④ 赵稀方:《翻译与新时期话语实践》,中国社会科学出版社,2003年版。

⑤ 韦遨宇:《明修栈道暗度陈仓——读罗兰·巴特〈叙述分析导论〉》,载于《外国文学评论》,1991年第1期,第32页。

的内部颠覆"中,作者通过缜密的论证,揭示了巴尔特"对结构主义思维模式,对叙述作品中心结构、主导功能决定论"的怀疑立场,并由此而认定"一元论、决定论的结构主义思维方式让位于多元论、非决定论的解构主义思维方式的这一必然的趋势,早在 1966 年发表的这篇《叙述分析导论》中,就已明白无误地暗示给我们了"①。此外,韦遨宇还论证了"'读者'对封闭式叙述结构从外部进行的冲击"与巴尔特"慧眼独具的结构游戏观",最终他总结道:"(我们其实应该将《导论》视为)巴特明修结构主义叙述学之栈道,暗渡后结构主义文本阅读理论之陈仓的语言式论著,视为巴特从结构主义转向后结构主义的一个理论转折点。"②

由于长期与文学批评实践脱节,随着国内学术热点的变换和研究的深入,《导论》逐渐淡出了人们的视野。也有学者试图结合《导论》本身的缺陷来分析这一"淡出"的原因:

> 对于一个理论家来说,尤其重要的是他的理论应能返回到实践之中,指导实践。可惜我们只看到他(巴尔特)在分析三大层次时零零星星地举了一些例子,却丝毫没有见到他这种理论系统地应用于实践的影子。这不得不给人留下这样一种印象,即他是在为理论而理论,为结构而结构。③

这和怀宇对于为何没有将《导论》选入《罗兰·巴特随笔选》所做的解释④不谋而合。

2.《符号学原理》与"符号学家"巴尔特

从 1987 年辽宁人民版的《符号学美学》到 1999 年三联版的《符号学原理》,巴尔特的这部著作在十二年的时间里出现了四个译本。如此

---

① 韦遨宇:《明修栈道暗度陈仓——读罗兰·巴特〈叙述分析导论〉》,载于《外国文学评论》,1991 年第 1 期,第 36 页。
② 同上,第 39 页。
③ 王允道:《评罗兰·巴尔特的结构主义》,载于《当代外国文学》,1996 年第 4 期,第 67~68 页。
④ 怀宇的解释是:"由于作者后来很少再应用这篇文章中确定的方法,因此没有选入。"见《罗兰·巴特随笔选》"译后记",第 372 页。

高频率的复译似乎"昭示"着此书的经典性。那么实际情况如何呢？

《符号学美学》当年首印即达 37000 册,这个数字是今天的文学理论类书籍所难以想象的。虽然该译本问世不久即在译文质量上遭人质疑,但借助于它的广泛流传,作为文学研究方法论革新者的符号学家巴尔特开始引起国内研究者的关注。这种关注随着一年后出版的《符号学原理——结构主义文学理论文选》而进一步加强。事实上,无论是《符号学美学》如此高的印数,还是国内学界对巴尔特符号学家身份的重视,都可以在当时中国文艺界掀起"方法论"热潮这一背景下找到合理的解释。杜任之在为《文选》撰写的"中译本序"中便明确指出：

> 大致说来,符号学所涉及的学科有哲学、语言学、文学理论、美学、历史学、社会学、人类学等,它已成为上述学科中十分有用的分析工具……为了了解当代西方文艺理论研究中出现的新观点和新方法,掌握符号学的基本知识是必不可少的。法国作家巴尔特著述的《符号学原理》对于我国读者了解这一领域内的基本知识是十分有益的。①

可见,当年文艺界对《符号学原理》(以下简称"《原理》")的重视,主要是将该书视作自身了解符号学基本知识的一本十分有益的启蒙读物;而以此为目的最终被选中的之所以是《原理》而非其他符号学著作,原因在于"就实际影响的大小和范围而言,巴尔特这本小册子竟然超过了许多语言学和哲学领域的符号学专著产生的影响,特别是在文学批评领域内"②,与该书本身是否经典并无关联。

非但与是否经典无关,在 1999 年三联版的"译后记"中,译者王东亮更是直言不讳地宣称："《符号学原理》不是一部经典",因为"在从索绪尔算起的西方符号学发展史上,罗兰·巴尔特的《符号学原理》一书并没有人们想象的那样重要。它没有像《普通语言学教程》那样,提出

---

① 杜任之："中译本序",见《符号学原理——结构主义文学理论文选》(罗兰·巴特著,李幼蒸译),北京三联书店,1988 年版,第 1 页。

② 李幼蒸："译者前言",见《符号学原理》(罗兰·巴尔特著,李幼蒸译),中国人民大学出版社,2008 年版,第 2 页。

一些振聋发聩的革命性概念,作出一个极富远见的符号学构想;也不似格雷马斯的《结构语义学》,一举确定了符号学研究的基本规范与方法,成为开宗立派的奠基之作。一部符号学史可以忽略《符号学原理》的存在,一个符号学家也可以没有读过巴尔特的这本小册子,而照样应裕自如地从事他的学术研究。"①因此,王东亮认为该书书名不应该被译成"符号学原理",类似"符号学基础"或者"符号学入门"这样的译名才更名副其实,"因为它实实在在涉及的只是些符号学的……'基础知识'或'基本概念'"②。只是囿于约定俗成的原因,新译本才没有改弦更张。不过,王东亮同时也肯定了《原理》一书的价值正在于它的启蒙性和入门性。然而,在远离了20世纪80年代的"方法论"热潮后,特别是在国内研究者的理论知识水平已经跨越"启蒙"与"入门"阶段后,该书是否还有着与当年同等的重要性呢?

随着中国人民大学出版社《罗兰·巴尔特文集》的出版,由李幼蒸于1988年三联版旧译基础上核校修订而成的又一个《原理》译本面世了。在"译者前言"中,李幼蒸阐述了自己对这一问题的看法:

> "巴尔特符号学"在今日符号学研究中仍然保持着它的特殊启示性意义……巴尔特将不同来源的各种知识进行"搭配"的"实用性"符号学策略,显示了今日符号学界所普遍忽略的两种重要观点。一者是,巴尔特的符号学"实用主义"表明他并不重视根据现有相关知识来匆忙搭建任何符号学理论体系,而是着重于方法论搭配的课题适切性……再者,巴尔特的实用性符号学观点,还暗示着一种更具根本性的学术思想挑战。这就是,现存人文科学系统只是各种方法论的"工具库",而非各自现成的独立运作系统……(而)符号学的精义可以说是实践性大于原理性,即研究如何借取和运用各学科理论工具来处理各种具体的文本意义分析课题……

---

① 王东亮:"译后记",见《符号学原理》(罗兰·巴尔特著,王东亮等译),北京三联书店,1999年版,第124页。

② 同上,第125页。

绝对不存在什么"符号学科学"一类的"灵丹妙药"。①

在巴尔特的符号学思想进入中文语境二十多年后,李幼蒸对其特点所做的这番总结,可以说分析了在符号学研究成为专深学科的今天,"巴尔特符号学"对符号学发展具有的启示和参照作用。相对于当年的"启蒙性"和"入门性",这种"启示性"和"参照性"或许是《原理》一书对于今日中国学界之重要性的体现。

3. "后结构主义者"巴尔特与"作者死亡论"

当年通过张隆溪在《结构的消失——后结构主义的消解式批评》一文中并不十分详细的介绍,国内读者在对巴尔特后结构主义文论的朦胧认识中依稀了解到,他在《S/Z》这部作品中对巴尔扎克的中篇小说《萨拉辛》所做的详细分析是实践其后结构主义批评理论的经典范例。对于当时的大多数国内读者而言,张文是他们了解巴尔特后结构主义思想的缘起。而据乐黛云在《"批评方法与中国现代小说研讨会"述评》一文中的介绍,早在1982年12月于夏威夷召开的这次以"用各种最新的文艺理论与方法来分析中国现代短篇小说,从多方面试探这种结合的可能性和局限性"为主题的研讨会上,即有学者"用类似(巴尔特分析《萨拉辛》)的方法来分析茹志鹃的《百合花》,把这个短篇分解为十四个不同的形象系列,找出各系列的特点和相互关系以说明《百合花》的抒情特点与节奏感的来源"②。遗憾的是,由于篇幅所限,乐文未能详细介绍研讨会上对这一"结合的可能性和局限性"进行讨论的结果。后来的事实证明,巴尔特的这种后结构主义批评理论在中文语境下同样遭遇了理论评述与本土实践的严重脱节。导致这种局面的原因一方面固然在于《S/Z》等相关著作长时期内没有中文译本,另一方面——也是更根本的一方面——则在于中国文学批评界中极少有人具有这种精细

---

① 李幼蒸:"译者前言",见《符号学原理》,中国人民大学出版社,2008年版,第3页。

② 乐黛云:《"批评方法与中国现代小说研讨会"述评》,载于《读书》1983年第4期,第123页。

的文本分析所需要的耐心。①

虽然巴尔特的后结构主义批评实践没有在中国找到真正的志同道合者,但他提出的"作者死了"这一带有后结构主义色彩的观点却得到了文学评论界某些人士的认同。李洁非向我们描述了"作者死亡论"在20世纪80年代中晚期带给当时中国文坛的震撼:

> 由于意识到作者在其作品中的地位并非牢不可破,或者说作者对于作品的意义并非必然性的,今天的批评家已比过去任何时候都更加肆无忌惮地议论作家;王蒙、阿城、莫言、韩少功、张承志、残雪、刘索拉等耀眼的明星纷纷受到尖锐的有时甚至是轻慢的挑剔,无疑表明一些偶像正在被拆除,而批评家则有勇气越过作者直接面对作品——并确认唯有后者才是自己的批评对象。②

面对这些"肆无忌惮的议论"甚或"尖锐的有时甚至是轻慢的挑剔",某些作家奋起反击,甚至过激地将所有"越过作者直接面对作品"的批评视为"大逆不道"。作家与批评家的相互攻讦遂引发了国内学界对"作者死亡论"的探讨。在众多相关研究成果中,宁一中的《作者:是"死"去还是"活"着?》与兰珊珊的《也论"作者之死"》二文观点相对,颇具代表性。对"作者死亡论"持批判态度的宁文认为:"(这一理论)在为作品和读者的登场鸣锣开道的时候,采取了极端的态度,彻底否定了作者在作品中的存在,这样就否定了作品风格的存在,否定了作者应承担的道德、伦理、法律、政治等责任;也否定了仍然存在的某种意义上的作者的权威作用"③而持赞赏态度的兰文则强调作者之死"代表的是一种理论转向,代表着传统的本体论与认识论的本质与权威在强大的语言学理论面前分崩离析的命运……'作者之死'并不是抹杀作者的存在,

---

① 孙绍振:《西方文论的引进和我国文学经典的解读》,载于《文学评论》1999年第5期,第24页。

② 李洁非:《文本与作者——一个小说叙述学难题》,载于《艺术广角》1989年第1期,第38页。

③ 宁一中:《作者:是"死"去还是"活"着?》,载于《国外文学》1996年第4期,第31页。

而是对作者存在的绝对权威提出质疑,对造就这种权威的社会意识形态提出质疑"①。兰文的观点实际上表明,如同传统的社会历史文化批评模式亟待文本结构批评带来清新空气一样,长期以来被文学批评界奉为圭臬的以作者意图为出发点的批评理念也需要借"作者之死"这样的先锋理论来实现自身的变革与完善。那么,中国文学界究竟应当如何看待"作者死亡论"呢? 对此,李洁非在《文本与作者——一个小说叙事学难题》一文中提出了如下见解,可资借鉴:

> 我觉得罗兰·巴尔特"作者死了"这句话在中国当代批评中所起的最好效果莫过于评论家既因此改变了过去那种服从、论证作家的意识,又不致拿一些理论教条在自己与作家之间砌起一道无形的墙,而恰恰是借助于这种对"作者"的超越反过来建立我们真正的作家研究——这种研究并不是为树立作家权威而效劳的,毋宁说是我们尝试文学的现象描述与艺术分析的开端。②

4. "零度写作"与中国当代文学

对于今天的很多中国读者而言,"零度写作"与"作者死了"一样,几乎已经成为巴尔特在中文语境下的代名词。相比于"作者死亡论","零度写作"概念对于中国当代文学理论与实践的影响恐怕更加明显。在浙江文艺出版社 2003 年出版的《二十世纪中国文学批评 99 个词》一书中,我们看到,"零度写作"已经被列为中国文学批评话语最重要的 99 个概念之一。"零度写作"的概念源于巴尔特的《写作的零度》(以下简称"《零度》")一书,该书内容最早以节译的形式附于《符号学美学》书末,全译本则收录于一年后出版的《符号学原理——结构主义文学理论文选》。全译本的译者李幼蒸在讲述自己当年翻译此书的初衷时说道:

> 《写作的零度》……对于长期隔膜于文学形式和机制研究的中

---

① 兰珊珊:《也论"作者之死"》,载于《外国文学研究》1997 年第 4 期,第 24~25 页。
② 李洁非:《文本与作者——一个小说叙述学难题》,载于《艺术广角》1989 年第 1 期,第 45 页。

国文学理论研究者,具有直接的启示性意义。我们不仅应该研究文学思想的"内容面",也应该研究文学思想的"表达面",后者的构成分析相关于文学思想表达的背景、能力和目的等方面。这会有助于作家和文学研究者更深入地把握文学思想产生和运作的整体过程。①

按我们的理解,李幼蒸所说的这种"启示性意义",首先在于《零度》一书所倡导的文学写作理念带给中国传统文学观的冲击。如王岳川所言:"在传统的话语中,写作是经天纬地的'不朽盛事',是人为寻求真理而获得的一种话语特权……而巴尔特却将'写作'的本质和内涵加以根本性扭曲,使其不再是对真理的直接砥砺,不再是对不朽盛事的先行见到,而是一种现世的书写实践,一种非意向性的世俗行动,甚至是一种无所驻心的中性的'白色写作'。"②这种"无所驻心的中性的'白色写作'"以其对传统文学写作观的颠覆契合了当时国内文学创作力求摆脱占主导地位的、带有强烈政治色彩的创作原则并追求艺术创新和形式变革的意愿。有意使自身创作明显区别于传统的一批"先锋"作家很快便根据自身对"零度写作"的理解身体力行,其中最具代表性的当数余华。余华是最早尝试"零度写作"的作家之一,其早期作品如《世事如烟》《现实一种》《古典爱情》等,均通过一种冷峻的笔调不动声色地展示暴力、血腥和死亡,作者的主体性被刻意遮蔽,读者很难于作品的文字层面觉察到作者对人物的情感倾向,作品因此而打下了"零度写作"的烙印。

更大范围内的影响则表现为"新写实小说"体现出强烈的"零度风格"。陈思和主编的《中国当代文学史教程》对"新写实小说"的创作特点做有如下描述:

> (新写实小说)最基本的创作特征是还原生活本相……复原出

---

① 李幼蒸:《译者前言》,见《写作的零度》(罗兰·巴尔特著,李幼蒸译),中国人民大学出版社,2008年版,第7页。
② 王岳川:《作者之死与文本欢欣》,载于《文学自由谈》1998年第4期,第77页。

一个未经权力观念解释、加工处理过的生活的本来面貌。为达到这一效果,新写实小说在创作方式上有意瓦解了文学的典型性,以近似冷漠的叙述态度来掩藏作者的主观倾向性。①

所谓"近似冷漠的叙述态度",也就是"叙事方式在主体性方面显得比较冷漠暗淡,即所谓'消解激情'的写作……取消了作家的情感介入,以一种'零度情感'来反映现实"②。"新写实小说"的代表作品如方方的《风景》、池莉的《烦恼人生》、刘震云的《单位》和《一地鸡毛》、余华的《活着》和《许三观卖血记》等,均借助于这种"零度情感"来凸显生活的"凡俗性",再现"一个未经权力观念解释、加工处理过的生活的本来面貌",通过取消典型环境中典型人物的典型性格,进而消解作品中所有可能牵涉意识形态的内容。

随着"零度写作"在20世纪80年代末90年代初对中国当代文学创作的影响与日俱增,也出现了一些针对这一"先锋"写作理念的质疑和反对声。这主要是由于评论界的某些人士对"零度写作"概念本身作了狭隘的理解,他们望文生义地将"零度写作"与传统意义上文学作品应该具备的道德评价功能完全对立起来,并以后者作为文学存在意义的基本参照,怀疑"零度写作"的价值,怀疑尝试"零度写作"的作家缺乏人文精神。对此,已有学者致力于从根源上澄清事实,如项晓敏在《对巴尔特零度写作理论的再读解》一文中就指出,认为巴尔特以"零度写作"来反对萨特所倡导的文学应当"介入"社会的观点,其实是对该理论的一种曲解,事实上,"(零度写作)在强调作者不介入、无动于衷的中性写作的同时,在消解主体的意识功能的同时,并不排除和否定作者对作品所起的作用"③。因此,有学者主张"在'介入'和'零度'的结合中认识写作",认为"'介入'理论所强调的写作社会责任感与'零度'理论所

---

① 陈思和主编:《中国当代文学史教程》,复旦大学出版社,1999年版,第307页。文中黑体为笔者所加。

② 同上,第308~309页。

③ 项晓敏:《对巴尔特零度写作理论的再读解》,载于《复旦学报(社会科学版)》2004年第4期,第137页。

体现出的关注个体的倾向,应该成为我们认识写作本质的一种有益参照"①。具体就"新写实小说"而言,可以这样认为,"零度写作"并非其话语目的,而仅仅是其话语方式。② 按照某些学者的说法,"新写实小说"着力呈现的"零度情感"和"零度真实",目的是为了追求"道是无情却有情"和"真作假时假亦真"③的效果,其成功之处正在于通过对"思想情感的表达"与"生存真实的审视"二者的零度把握"实现了传统与现代的完美结合,体现出它独具的审美意蕴"④。

另一方面,不可否认的是,"零度写作"概念在中文语境下也确实遭到了一定程度的滥用。林秀琴在《二十世纪中国文学批评99个词》一书中评述"零度写作"这一概念时说道:

> 在今天的文学现实中,我们不无随意地用零度写作来定义那些采用了外部聚焦,行为主义式的叙事规范,新写实小说就时常不乏贬义地被冠以零度写作的头衔。我们还时常把九十年代被称作先锋写作,或那些不再承载某种主流意识形态,标榜无意义或消解中心的写作,或一些表现所谓后现代主义虚无态度的写作,也称为零度写作了。零度写作竟然变成类似于游戏的写作方式了。⑤

从这番话中不难看出,"零度写作"概念的使用面的确过于宽泛,其中难免有滥竽充数之属。那些并不符合"零度写作"理论要旨的作品,也往往将"零度写作"当成护身符和挡箭牌,以应对批评界的质疑,进而导致了后者对于"零度写作"的反感。

以上我们对巴尔特文论思想"中国之旅"的历程与印迹进行了描述

---

① 孟建伟:《"介入"和"零度"的结合中认识写作》,载于《山西师大学报》2004年第2期,第137、141页。
② 王炜:《零度情感:新写实的话语方式而非话语目的》,载于《曲靖师范学院学报》2006年第2期,第45～47页。
③ 顾梅珑:《"新写实"的零度审视及其审美意蕴》,载于《广西师院学报》2001年第4期,第37～39页。
④ 同上,第36页。
⑤ 南帆主编:《二十世纪中国文学批评99个词》,浙江文艺出版社,2003年版,第410页。

和分析。作为一种异域理论,伴随其跨文化之旅的往往是接受语境一定程度上的误读。但是,无论是对元理论而言,还是对接受语境而言,误读并不总是只有负面效应,相反,它很可能为两者带来新的发展契机。本文的目的显然并不在于以此研究为巴尔特文论思想的"中国之旅"画上句号,而是希望由此激发更多的研究者关注其思想在中国的接受状况,共同探寻那些潜在的"发展契机"。

巴赫金文论在当代中国的旅行 1979~2009

周启超

苏联学者米哈伊尔·巴赫金（Михаил Бахтин 1895～1975）的学术思想在当代中国的登陆与旅行，或者说，中国学界对巴赫金这位外国学者理论学说的"拿来"与接受，已然经历了三十个春秋。巴赫金文论的一些关键词，诸如"复调"、"对话"、"狂欢化"等等，巴赫金文论的一些核心范畴，诸如"多声部"、"参与性"、"外位性"等等，已经成为当代中国学者文学研究乃至整个人文研究的基本话语。三十年来，我们一步一步地引进诗学家巴赫金的"复调理论"、哲学家巴赫金的"对话理论"、文化学家巴赫金的"狂欢化理论"、语言学家巴赫金的"话语理论"，并加以积极地阐发与运用，运用于外国文学文本的解读，也运用于中国文学文本的解读；运用于文学学自身的建设，也运用于美学、哲学等人文学科方法论的反思，研究取得了十分丰硕的成果。如果说，"复调理论"推动了当代中国的叙事诗学与小说美学探索，"对话理论"激活了当代中国的文学学乃至整个人文研究的反独断、反霸权的自由精神与独立品格，"狂欢理论"的应用深化了当代中国学界对经典文本深层意蕴与文化价值的发掘，那么，对"话语理论"的探讨，正在推动当代中国学者对文论乃至整个人文知识生产机制与文化效应机理的探究，"巴赫金理论的语境研究（比较研究、影响研究）"则以其丰厚的"互文性"，将当代中国学者的视野卷入当代文论乃至整个人文科学多种思潮流脉、学派学说交织纠结互动共生的磁力场。

巴赫金的思想与学说，在极大地开拓当代中国文学研究乃至整个人文研究的理论视野与思维空间，在积极地推动当代中国文论界的思想解放与变革创新。巴赫金文论的中国之旅，凸显三大特点：

其一，基于多语种多学科跨文化的参与，而形成了巨大的覆盖面；

其二,源于文学理论建构与文学批评实践相结合,而产生了较强的可操作性;

其三,缘于既能与当代国外各种文论思潮学派理论资源相对接,又能与当代中国文论建设的现实需求相应合,而生成了富有弹性的参与性与富有潜能的生产力。

巴赫金文论的新中国之旅,拥有巨大的覆盖面、较强的可操作性、富有潜能的生产力,堪称外国文论中国化实践中的一个思想极为活跃、空间极为开阔的平台,一个成绩相当可观、内涵相当丰富的案例。① 这一平台,相当生动地映射着中国文论界对国外文论的拿来与借鉴的曲折印迹;这一案例,相当典型地折射着文学理论在其跨文化旅行中被吸纳也被重塑,被传播也被化用的复杂境遇。

---

① "巴赫金文论在中国"作为一种引人注目的现象,已成为"接受研究"的对象与课题。有文章,譬如周启超:《开采·吸纳·创造——谈钱中文先生的巴赫金研究》,载于《多元对话时代的文艺学建设》,军事谊文出版社,2002年版;汪介之:《巴赫金诗学理论在中国的流布》(2004年湘潭"巴赫金学术思想国际研讨会"论文);也有博士学位论文,譬如曾军:《接受的复调——中国巴赫金接受史研究》(华中师范大学2004级博士学位论文),广西师范大学出版社,2004年版;张素玫:《与巴赫金对话:巴赫金与中国当代文学批评》(华东师范大学2006级博士学位论文);甚至已被写进《中国俄苏文学研究史论》(第二卷),陈建华主编,重庆出版社,2007年版。这些从各自视角评述"巴赫金在中国"的文章,为本文的梳理提供了基本材料,笔者在此一并致谢。

多语种多学科跨文化的覆盖面

1. 文献译介上多语种的投入

巴赫金原著文本(14种)的翻译①,从单篇文章、单本著作的翻译,从单部文选的选译到整套全集的编选与翻译,吸引了来自复旦大学、北京师范大学、北京外国语大学、中国社会科学院、中国艺术研究院、北京大学等多所高等学府的几十位从事俄罗斯语言、文学、文论教学研究的知名教授与著名学者的投入,不仅仅有《世界文学》《俄罗斯文艺》这样的著名刊物的支持,而且得到北京三联书店、中国文联出版公司、中国社会科学出版社、上海文艺出版社、上海远东出版社、广西漓江出版社、辽宁人民出版社、河北教育出版社等知名出版机构的支持。

多种巴赫金评传(3种)的翻译②,有出自俄语译者之手,也有英语译者投入,有上海的出版机构(上海文艺出版社、东方出版中心),也有

---

① 《陀思妥耶夫斯基诗学问题》第1章,夏仲翼译,载于《世界文学》1982年第4期;《陀思妥耶夫斯基诗学问题》,白春仁、顾亚玲译,北京三联书店,1988年版;《文艺学中的形式主义方法》,李辉凡、张捷译,漓江出版社,1989年版;《文艺学中的形式方法》,邓勇、陈松岩译,中国文联出版公司,1992年版;《弗洛伊德主义批判》,张杰、樊锦鑫译,中国文联出版公司,1987年版;《弗洛伊德主义评述》,汪浩译,辽宁人民出版社,1987年版;《弗洛伊德主义》,佟景韩译,上海文艺出版社,1988年版;《答〈新世界〉编辑部问》,刘宁译,载于《世界文学》1995年第5期;《关于人文学科的方法论》,刘宁译,载于《世界文学》1995年第5期;《巴赫金文论选》,佟景韩编,中国社会科学出版社,1996年版;《巴赫金文集》,张杰编,上海远东图书公司,1998年版;《巴赫金文集》6卷本,钱中文主编,河北教育出版社,1998年版;《巴赫金全集》7卷本,钱中文主编,河北教育出版社,2009年版;《论陀思妥耶夫斯基小说的复调性——巴赫金访谈录》,周启超译,载于《俄罗斯文艺》2003年第3期。

② 安娜·塔马尔琴科:《米哈伊尔·米哈伊洛维奇·巴赫金》,巴赫金著:《弗洛伊德主义》附录,佟景韩译,上海文艺出版社,1988年版;凯特琳娜·克拉克、迈克尔·霍奎斯特:《米哈伊尔·巴赫金》,语冰译,中国人民大学出版社,1992、2000年版;谢·孔金,拉·孔金娜:《巴赫金传》,张杰、万海松译,东方出版中心,2000年版。

北京的出版机构(中国人民大学出版社)。

多部国外学者论巴赫金的著作的中译(3种)①,则是由从事法语语言文学与日语语言文学研究来完成的,由北京三联书店、天津百花文艺出版社、河北教育出版社分别推出的。

多篇国外学者评论巴赫金的论文的中译(12种)更是有多语种的译者来承担的。有译自俄文的(苏联学者与俄罗斯学者),也有译自英文的(美国学者、英国学者、加拿大学者),还有译自法文的。《文艺理论研究》《外国文学评论》《世界文学》《国外文学》《俄罗斯文艺》这些名刊,甚至《哲学译丛》《黄淮学刊》《文论报》都投入了这些译文的刊发。②

2. 学术交流上多学科的互动

以巴赫金为专题的学术研讨会(5次),从为期1天的单边小型研

---

① 托多洛夫:《批评的批评》,王东亮、王晨阳译,三联出版社,1988年版;托多罗夫:《巴赫金、对话理论及其它》,蒋子华、蒋萍译,百花文艺出版社,2001年版;北冈诚司:《对话与狂欢》,魏炫译,河北教育出版社,2002年版。

② 唐纳德·范格尔:《巴赫金论"复调小说"》,熊玉鹏摘译,载于《文艺理论研究》1984年第2期;詹·迈·霍尔奎斯特:《巴赫金生平及著述》,君智译,载于《世界文学》1988年第4期;卢那察尔斯基:《论陀思妥耶夫斯基的"多声部性"——从巴赫金的〈陀思妥耶夫斯基创作诸问题〉一书谈起》,干永昌译,载于《外国文学评论》1987年第1期;托尼·贝内特:《俄国形式主义与巴赫金的历史诗学》,张来民译,载于《黄淮学刊》1991年第2期;E.B.沃尔科娃、E.A.博加特廖娃:《文化盛世中的巴赫金》,载于《哲学译丛》1992年第1期;克里夫·汤姆逊:《巴赫金的对话诗学》,姜靖译,载于《国外文学》1994年第2期;格雷厄姆·佩奇:《巴赫金、马克思主义与后结构主义》,张若桑译,载于《文艺理论研究》1996年第1期;森原:巴赫金:《在现象学与马克思主义之间——评伯纳德·唐纳尔斯的新作》,宁一中,载于《国外文学》1997年第1期;托多罗夫:《巴赫金思想的三大主题》,唐建清译,载于《文论报》1998年6月4日第3版;B.C.瓦赫鲁舍夫:《围绕巴赫金的"狂欢化"理论的悲喜剧游戏》,夏忠宪译,载于《俄罗斯文艺》1999年第3期;托多罗夫:《对话与独白:巴赫金与雅各布森》,史忠义译,载于《俄罗斯文艺》2008年第1期;弗·扎哈罗夫:《当代学术范式中的陀思妥耶夫斯基和巴赫金》,梁坤译,载于《俄罗斯文艺》2009年第1期。

讨会①，到为期2天的双边中型研讨会②，再到为期3天的多边大型研讨会③。不同类型、不同规模但均以巴赫金的理论学说为专题的学术研讨，是名副其实的多语种多学科跨文化研究的平台。在这个平台上，来自汉语言文学、俄语语言文学、法语语言文学、英语语言文学等不同学科，从事文艺学、世界文学与比较文学、语言学、美学、哲学、历史学不同专业的学者，共聚一堂，围绕着巴赫金的理论遗产，来探讨文学理论、语言学理论、艺术学理论、美学理论、哲学理论、文化学理论，话题涉及文史哲等多种人文学科。多语种多学科跨文化的学术交流，在巴赫金研究这一平台上实践着生动有效的互识互动。

3. 学术成果的大面积覆盖

以巴赫金理论学说为博士学位的论文（15部），覆盖了中国社会科学院、北京大学、复旦大学、中国人民大学、南京大学、中山大学、北京师范大学、华中师范大学、华东师范大学、北京外国语大学等十余所堪称中国人文学科重镇的外文系、中文系，哲学系的文学、语言学、哲学、美学专业。这些学位论文涉及俄语文学、英语文学、法语文学、汉语言文学，已然是多语种、多学科的研究论域，生动地印证着巴赫金研究的多

---

① 1993年11月26日，在北京大学召开了"巴赫金研究：中国与西方"研讨会；1995年11月16日，在中国社会科学院召开了"纪念巴赫金100周年诞辰学术座谈会"。

② 1998年5月22～23日在北京外国语大学与中国社会科学院召开的"巴赫金学术思想研讨会暨《巴赫金全集》首发式"，2004年6月19～20日，在湘潭大学召开了"巴赫金学术思想国际研讨会"。

③ 2007年10月22～24日，在北京师范大学与中国社会科学院召开了"跨文化视界中的巴赫金"研讨会。

语种性、跨学科性。①

外文系尤其是俄语语言文学专业,在当代中国的巴赫金研究中成功地承担起引领作用。中国社会科学院外国文学研究所俄语文学专业的老一辈学者张羽教授、复旦大学外文系俄语专业的夏仲翼教授、北京大学俄语系的彭克巽教授最先从"复调小说理论"关注巴赫金学说。当代中国最早的两篇以巴赫金学说为题目的博士学位论文,都出自俄语文学专业,且以复调与对话理论为论题。这与俄语文学界老一辈学者的学术兴趣自然很有关系。1979 年,彭克巽在其"苏联小说史"课程中就有一讲评介巴赫金的复调小说理论;1981 年,夏仲翼在评论陀思妥耶夫斯基小说艺术的文章中已提及"复音调小说"②,1982 年,夏仲翼译出《陀思妥耶夫斯基诗学问题》第 1 章"陀思妥耶夫斯基的复调小说

---

① 张杰:《复调小说理论研究》,漓江出版社,1992 年版;董小英:《再登巴比伦塔——巴赫金与对话理论》,北京三联书店,1994 年版;凌建侯:《话语的对话本质——巴赫金话语理论与哲学思想关系研究》,北京外国语大学 1999 级博士学位论文,未刊;刘乃银:《巴赫金的理论与〈坎特伯雷故事集〉》(英文版),华东师范大学出版社,1999 年版;丁一中:《狂欢化与康拉德的小说世界》(英文版),湖南师范大学出版社,1999 年版;邹广胜:《多元 平等 交流——20 世纪文学对话理论研究》,南京大学 2000 届博士学位论文,未刊;夏忠宪:《巴赫金狂欢诗学研究》,北京师范大学出版社,2001 年版;王建刚:《狂欢诗学——巴赫金文学思想研究》,上海学林出版社,2001 年版;魏少林:《巴赫金小说理论研究》,复旦大学 2001 届博士学位论文,未刊;曾军:《接受的复调——中国巴赫金接受史研究》,广西师范大学出版社,2004 年版;梅兰:《巴赫金哲学美学和文学思想研究》,华中科技大学出版社,2005 年版;沈华柱:《对话的妙悟:巴赫金语言哲学思想研究》,上海三联书店,2005 年版;张素玫:《与巴赫金对话:巴赫金与中国当代文学批评》,华东师范大学 2006 级博士学位论文,未刊;萧净宇:《超越语言学——巴赫金语言哲学思想研究》,上海人民出版社,2007 年版;宋春香:《狂欢的宗教之维——巴赫金狂欢理论研究》,中国人民大学 2008 级博士学位论文,未刊。

② 夏仲翼:《窥探心灵奥秘的艺术——陀思妥耶夫斯基艺术创作散论》,载于《苏联文学》1981 年第 1 期。

和评论界对它的阐述"①,并发表阐述小说复调结构的论文②。其后,北京师范大学外语系的刘宁教授、北京外国语大学俄语学院的白春仁教授陆续培养了一批以巴赫金学说为其学位论文论题的博士生。北京大学外语学院多年开设全校研究生选修课"巴赫金专题研究"。

中文系尤其是"文艺学"专业,表现出对巴赫金理论经久不衰的浓厚兴趣。北京师范大学文艺学专业研究生必修课多年将《陀思妥耶夫斯基诗学问题》作为精读文本逐章讨论。华中师范大学中文系多年将巴赫金文论列入文艺学专业博士论文课程,要求研究生以巴赫金学说为论题写学位课程论文,并辑成"巴赫金的文学思想"专辑。

主要是在外文学院与文学院教授的悉心培育下,以巴赫金理论学说为专题来完成其学术训练的文学博士,在不断出炉。

与此同时,一些钟情于巴赫金理论的学者的"自选题"专著也在不断面世(据不完全统计,至少有8部)。③

1979～2009年这30年里,当代中国学者发表的"巴赫金研究"论文有多少篇?

梅兰在其于2002年12月通过的题为"巴赫金哲学美学和文学思想研究"博士学位论文中所列的巴赫金研究论文(1980～2002年)已达148篇(不包括巴赫金研究概况述评);张素玫在其于2006年5月通过的题为"与巴赫金对话:巴赫金与中国当代批评"博士论文中列出的"国内巴赫金研究论文"(1981～2004年)已达188篇(不包括巴赫金研究综述之类的文章);据谢天振与田全金在其合写的"外国文论在中国的

---

① 巴赫金:《陀思妥耶夫斯基的复调小说和评论界对它的阐述》,夏仲翼译,载于《世界文学》1982年第4期。

② 夏仲翼:《陀思妥耶夫斯基的〈地下室手记〉和小说复调结构问题》,载于《世界文学》1982年第4期。

③ 刘康:《对话的喧声——巴赫金的文化转型理论》,中国人民大学出版社,1995年版;张开焱:《开放人格:巴赫金》,长江文艺出版社,2000年版;程正民:《巴赫金的文化诗学》,北京师范大学出版社,2001年版;晓河:《巴赫金哲学思想研究》,河北人民出版社,2006年版;凌建侯:《巴赫金哲学思想与文本分析法》,北京大学出版社,2007年版;段建军、陈然性:《人,生存在边缘上:巴赫金边缘思想研究》,人民出版社,2008年版;宋春香:《巴赫金与当代中国文论》,知识产权出版社,2009年版;秦勇:《巴赫金躯体理论研究》,中国社会科学出版社,2009年版。

译介(1949~2009年)一文里的统计:2001~2008年间,中国期刊上发表的"巴赫金研究"论文有302篇。也就是说,21世纪这9年来,中国学者每年发表的"巴赫金研究"论文在30篇至35篇之间;30年来,中国已经刊发的"巴赫金研究"论文至少也有600篇。

  这些论文,刊发于《中国社会科学》《文学评论》《外国文学评论》《哲学研究》《国外文学》《外国文学》《文艺研究》《文艺理论研究》《文艺理论与批评》《中国比较文学》《世界文学》《读书》《苏联文学》《俄罗斯文艺》《当代外国文学》《外国文学研究》《当代语言学》《外语教学与研究》《中国俄语教学》《文史哲》等具有广泛影响的刊物,以及《北京大学学报》《南京大学学报》《中山大学学报》《北京师范大学学报》《华中师范大学学报》等名校学报。其中,《外国文学评论》与《世界文学》在巴赫金理论译介与评论上尤其发挥了引领作用。有关巴赫金的文章覆盖了《文艺报》《文论报》《中国文化报》,甚至《光明日报》。巴赫金其人其文,进入了钱钟书、钟敬文等一代鸿儒的学术视野,成为钱中文、吴元迈、胡经之、童庆炳等文论界著名学者著书立说的重要理论资源,成为当代中国高校文学专业、美学专业、哲学专业众多研究生的研究课题。读者不仅可以在评述苏联文艺学派或苏联美学的专著中找到专论巴赫金的专章①,而且可以在《西方文艺理论名著教程》《当代西方文艺理论》《外国文论简史》《20世纪西方美学》《西方美学通史》这些文科教材中读到论述巴赫金理论的章节②。检阅刊物上的"巴赫金研究"论文与教材中的"巴赫金学说"章节、图书馆书架上的"巴赫金研究"著作,不难看到:积极地投入巴赫金理论学说的译介与阐发,撰写过阐述、运用巴赫金理论学说的文章甚至专著的,在俄罗斯语言文学界,至少有钱中文、吴元迈、夏仲翼、彭克巽、刘宁、白春仁、张会森、张捷、李辉凡、何茂正、李兆林、樊锦鑫、张杰、蓬生、董小英、夏忠宪、周启超、凌建侯、王加兴、吴晓都、

---

  ① 凌继尧:《美学和文化学——记苏联著名的16位美学家》,上海人民出版社,1990年版;彭克巽主编:《苏联文艺学学派》,北京大学出版社,1997年版。

  ② 周宪:《20世纪西方美学》,南京大学出版社,1997年版;朱立元主编:《当代西方文艺理论》,华东师范大学出版社,1997年版;朱立元主编:《西方美学通史》第7卷(下);胡经之主编:《西方文艺理论名著教程》(下卷),北京大学出版社,2003年版;刘象愚主编:《外国文论简史》,北京大学出版社,2005年版。

黄玫、萧净宇、赵志军、杨喜昌、王志耕、张冰、董晓、张素玫、宋春香等；在英语语言文学学界，至少有胡壮麟、张中载、赵一凡、黄梅、王宁、刘康、刘乃银、宁一中、肖明翰、罗婷、郑欢等；在法语语言文学学界，至少有吴岳添、史忠义、秦海鹰、钱翰等；在汉语言文学学界，至少有晓河、程正民、马大康、李凤亮、王钦锋、涂险峰、魏少林、曾军、梅兰、沈华柱、马理、陈浩、秦勇、张开炎、段建军等；在美学界，至少有凌继尧、周宪等。在民俗学界，甚至还有著名学者钟敬文先生。巴赫金理论学说吸引了几代中国学者，在当代中国高等学府已经"登堂入室"，在当代中国的文学研究界乃至整个人文学界，几乎是无人不知巴赫金。巴赫金研究可谓当代文论界的一大显学——巴赫金学。

在当代中国巴赫金学的形成与发展中，有一些学者因其勤于开采而实绩卓著、精于吸纳而成果丰硕，立下了开拓者与领路人的功勋。在这方面，钱中文之于汉语世界的巴赫金学，一如谢尔盖·鲍恰罗夫之于俄语世界的巴赫金学，或者，茨维坦·托多罗夫之于法语世界的巴赫金学，迈克尔·霍奎斯特之于英语世界的巴赫金学。这样说，不仅仅因为中国第一篇从文学理论视界正面解读巴赫金学说的论文（1983年8月，在"中美双边比较文学研讨会"上，钱中文宣读了论文《"复调小说"及其理论问题——巴赫金的叙述理论之一》）；汉语世界第一部《巴赫金文集》（六卷本，1998年版，七卷本，2010年版）系钱中文主持，他不断发表以巴赫金文论为话题的文章，积极参与国际与国内学界围绕巴赫金的学术争鸣（1983年，1987年，1989年），而且更因为钱中文的巴赫金研究路径独特，视界宏放。这路径、这视界，其表现至少有以下三个层面：其一，有宏观的整体性眼光而又善于"精"——紧扣巴赫金理论学说关键词的涵纳而一步步逼近其学理性的核心思想；其二，坚持立足于第一手资料而又善于"出"——直面理论园地的现实而富于鲜明的问题意识；其三，有宽广的学术视野而有善于"立"——勇于在对话中吸纳又富于独立的理论建构的激情。钱中文的巴赫金研究，由叙述学界面切入"复调"理论，由文学学界面切入"对话"理论，由文化学界面切入"外位性"理论。对巴赫金理论学说的这一解读轨迹，既不断推进而走向精深，又不断拓展而走向宏放，与巴赫金本人学术探索的内在理路是相吻合的，它基本上还原了由"小说学"至"文学学"，再由"文学学"至"哲学人类学"的大思想家巴赫金的心路历程。这一探索，可谓当代中国的巴赫金研究在多学科互动中大面积覆盖的一个缩影。

理论建构与批评实践相结合的可操作性

1. 复调理论的阐发与运用

当代中国学界对复调理论的阐发至少有三种不同的起点：其一，以陀思妥耶夫斯基的小说为起点，其重心在于考量巴赫金的复调理论与陀氏小说艺术的关系；其二，以巴赫金的复调理论为起点，其重心在于阐发复调理论所负载的多种思想价值；其三，以复调小说为起点，探讨小说艺术新类型。历时地梳理，当代中国学者对复调理论的解读，经历了这三个不同起点的转移。共时地考察，以这三个起点而展开的探讨，也是复调理论在中国旅行的三种形态。

当代中国学者最早是将巴赫金作为提出"复调理论"的"小说理论家"来发现的，最早是将巴赫金作为一位以复调理论来解读陀思妥耶夫斯基小说艺术的俄罗斯文学专家来接纳的。然而，很快"复调理论"就超越了一个大作家的艺术世界的诗学特征的概括，而向其他的界面辐射，成为一种新的小说类型的概括，成为一种新的思维方式的概括。学者们不仅仅关注巴赫金运用复调理论对陀思妥耶夫斯基的小说艺术做了独具一格的解读，更加推重复调理论所负载的思想价值，更加推重复调理论所内含的艺术思维方式。论者看待复调理论的起点不同，着眼点不同，便有了对复调理论的多种解读，有时甚至是针锋相对的论争。

论争的焦点是复调理论的核心问题：作者与主人公的关系。这首先体现为"主人公的独立性到底有多大？主人公能否脱离作者的控制？"《外国文学评论》曾于 1987 年与 1989 年两度组织以巴赫金复调理论为专题的对话争鸣。争鸣中，有学者认为，作品主人公的"独立性最终要受到作者意识的制约"，"作者与主人公平等对话的立场"颇为可疑[①]；有学者看出，人与人之间平等对话交流、每个主体的声音都具有独立思想价值这一观点，投射到文学文本中就成了作家和主人公、主人

[①] 宋大图：《巴赫金的复调理论和陀思妥耶夫斯基的作者立场》，载于《外国文学评论》1987 年第 1 期。

公与主人公之间的平等对话关系,这种关系确实在陀氏的创作中得到鲜明的表现。复调更应被理解为小说家的一种艺术思维方式①;在艺术思维方式这一界面上来谈论复调理论,还见之于一些并不推崇复调理论的文章。有学者认为,巴赫金的复调理论顶多只是停留在复杂化了的真正抒情原则上,从属于较高的艺术思维方式或艺术时空间观念层次②;有学者将复调理论理解为一种读书方法而不是创作理论③;有学者则认为,复调关系实际上讲的是作者通过主人公与读者的对话④;将复调理论视为一种读书方法也不失为一种阐发;将复调理论视为作者通过主人公与读者的对话则使对复调的解释适用于任何小说,已超越了巴赫金复调小说的界限。理解复调小说的关键点应是:主人公的自我意识的独立性,主人公与主人公、主人公与作者之间平等的对话关系。⑤ 经过这场围绕复调理论的争鸣,巴赫金复调理论思想内涵的丰富性得到了初步的呈现。此后,复调理论上的探讨继续深化,争论在延续。《复调小说理论研究》(漓江出版社,1992年版)的面世,就是一个印证。对于复调理论的存疑是这本专著的一个特点。陀氏小说世界与巴赫金复调理论之间的"分野"依然受到关注。有些学者将这一"分野"纳入巴赫金复调理论的局限性来加以思考。这类文章,与其说是在探讨巴赫金的复调理论,不如说是在研究陀氏的复调艺术。

另一类文章的重心则向巴赫金复调理论后移,以这一理论自身为焦点。有学者认为,复调理论虽然是巴赫金在分析陀氏小说时系统阐发的,但它"并不仅仅是对陀氏小说艺术特征的概括产物,而是巴赫金的伦理学及哲学和陀氏小说相遇后生成的结果"⑥;有文章将陀氏小说

---

① 钱中文:《复调小说:主人公与作者——巴赫金的叙述理论》,载于《外国文学评论》1987年第1期。
② 樊锦鑫:《陀思妥耶夫斯基与欧洲小说艺术发展》,载于《长沙水电师院学报》1987年第2期。
③ 黄梅:《也谈巴赫金》,载于《外国文学评论》1989年第1期。
④ 张杰:《复调小说作者意识与对话关系—也谈巴赫金的复调理论》,载于《外国文学评论》1989年第4期。
⑤ 钱中文:《误解要避免,"误差"却是必要的》,载于《外国文学评论》1989年第4期。
⑥ 张开焱:《开放人格——巴赫金》,长江文艺出版社,2000年版,第146页。

称为"教堂式的"复调小说,而将巴赫金的理想范型称为"天堂式的"复调小说:巴赫金的"复调小说"是一种全面对话小说,陀氏小说只是一种局部对话小说①。

也有学者不再关心巴赫金的复调理论与陀氏小说世界的吻合与否,而着眼于探讨一般的复调小说。有文章认为,20世纪现代小说如卡夫卡小说中,人被异化而失去主体性,处于非对话情境,这使巴赫金建立在对话哲学基础上的复调理论难以立足。巴赫金理论意义上的对话小说不足以构成复调。复调小说的根本特征是对位,即复调式多声部结构,而非对话;对位"也更符合复调概念的音乐本性"。有意使用多声部音乐结构创作的昆德拉小说,是体现现代复调精神的成熟文本,也是复调小说的现代发展方向。② 有文章认为,陀氏小说并不就是复调小说的范本,应把"复调"作为独立的小说类型来研究;复调理论具有不限于巴赫金或陀氏对话模式的多样性,小说史上存在两种复调小说模式:"对话模式"的复调小说与基于音乐学原理"对位模式"的复调小说。前者以陀氏小说为代表,后者以福楼拜、乔伊斯、艾略特、福克纳、昆德拉的小说为代表。复调类型在现代语境中展示的复调小说,应是以对位为基础形成的兼有对话性和非对话性的小说。③ 这些探索,已由巴赫金的复调理论转向作为一种小说类型的复调理论。

复调理论中最有争议的是"作者与主人公的关系"。这里,"主人公的独立性"是理解这一关系的一个焦点;"作者身份"也是一个关键。钱中文将巴赫金的"作者"区分为哲学意义上的行为主体与美学意义上的创作主体(《巴赫金全集》第一卷,序言,河北教育出版社,1998年版);有学者则认为,复调小说里"作者"分裂为"本文作者"与"现实作者"两种存在形态,现实作者在作品外,本文作者在作品内,作者身份本身具

---

① 程金海:《教堂与天堂:"作为审美理念的'复调小说'"》,载于《河海大学学报》2001年第1期。
② 涂险峰:《复调理论的局限与复调小说发展的现代维度》,载于《外国文学研究》1999年第1期。
③ 王钦锋:《复调小说的两种模式——对巴赫金复调小说理论的一个补充》,载于《湛江师范学院学报》2000年第2期。杨琳桦:《"对话"还是"对位"——论复调类型的美学适用性及其发展的现代维度》,载于《国外文学》2002年第3期。

有复调性,可用"复调作者"来概括(王建刚:《狂欢诗学——巴赫金文学思想研究》,学林出版社,2001年版)。有学者从复调理论与宗教之间的关联切入,认为巴赫金赋予其"作者"之于主人公的关系,类似于上帝之于人——既是创造者与被创造者的关系,同时又是平等对话的关系,这也正是巴赫金借宗教思想在其建立的复调模式中要表达的深刻的人本主义思想。①

对于复调理论的多种解读之所以发生,归根结蒂还是缘于复调理论本身具有丰厚的内涵。巴赫金的"复调"理论不仅仅是一种小说体裁理论,而具有多重意指。

有必要将"复调"置于巴赫金思想探索的整个体系之内加以考量,对巴赫金文论建构中最为核心的这一"关键词"的不同内涵进行梳理。应该看到,复调小说理论,只是巴赫金"复调说"的思想原点。其实,巴赫金笔下的"复调"既指文学体裁也指艺术思维,既指哲学概念也指人文精神;"复调"在巴赫金笔下是一个隐喻。巴赫金本人曾提请人们不要忘记"复调"这一术语的"隐喻性出身"。正是这一隐喻性,使复调由隐喻增生为概念,由术语提升为范畴,其含义不断绵延。在文学理论中,"复调"指的是小说结构上的一种特征,因而有"复调型长篇小说";在美学理论中,"复调"指的是艺术观照上的一种视界,因而有"复调型艺术思维";在哲学理论中,"复调"指的是拥有独立个性的不同主体之间"既不相融合也不相分割"而共同建构真理的一种状态,因而有"复调性关系";在文化理论中,"复调"指的是拥有主体权利的不同个性以各自独立的声音平等对话,在互证互识互动互补之中共存共生的一种境界,或者说,复调是类似于"和而不同"的一种理念,因而有"复调性意识"。②

也有一些学者运用比较方法来阐发巴赫金复调理论的特征。或梳理巴赫金、热奈特、昆德拉在复调理论与创作上的承继轨迹及其主要分歧③;或在不同的"复调"概念的比较中,来探讨复调概念从巴赫金再

---

① 程金海:《复调理论中作者与主人公关系的宗教意味》,载于《彬州师范学院专科学校学报》2002年第4期。
② 周启超:《复调》,载于《外国文学》2002年第2期。
③ 邵建:《复调:小说创作新的流向》,载于《作家》1993年第3期。

到昆德拉这一个内涵不断延扩的过程,由此来预见复调艺术思维随着当代小说创作的多元发展的可能性。①

可见,当代中国学者对巴赫金复调理论的解读在不断深化,阐发视野在不断扩大。在这种阐发中,有误读,也有过度阐释;有误解,也有误差。譬如,将复调理论简单理解为多重结构、多重情节,而未抓住复调理论的核心是多元价值观、多重独立思想的平等共存,多声部争鸣,离巴赫金的复调理论意指相去甚远,而走向将巴赫金的"复调""泛化"或"技术化"。然而,围绕巴赫金复调理论的这些探索,无疑激活了文学研究领域的许多问题,大大开拓了思维空间。

巴赫金的复调理论,已经进入当代中国文论界的理论话语和批评实践之中。巴赫金的复调观点作为一种理论资源,被不断征引。这一应用,体现为一些学者对复调理论之于小说艺术发展的意义加以阐发。有文章认为,复调理论是对现代小说结构巨大变革现象及时的理论概括;②有文章看出,复调理论对中国当代小说思维有启迪意义,"指明一条拓展小说审美观照的版图与艺术空间的广阔道路"③;这一应用,也体现为更多的学者将巴赫金的复调理论直接运用于文学文本的具体解读:复调理论在激励读者从一元思维所掩盖的文本世界里听出"多种声音"。

在外国文学研究界,巴赫金复调理论的运用涉及从古代作家到现代作家乃至后现代作家的一些名作。当代中国的俄罗斯文学研究,尤其是陀思妥耶夫斯基研究已经离不开"复调"、"对话性"、"多声部性"这样的标记性话语;复调理论更被积极地运用于英语文学、德语文学、法语文学、意大利文学,甚至汉语言文学。当代中国学者《坎特伯雷故事集》《十日谈》《浮士德》的解读中,也有了对巴赫金复调理论的运用。一些评论者甚至从莎士比亚的戏剧中读出复调因素。至于艾略特《荒原》

---

① 李凤亮:《复调:音乐术语与小说概念——从巴赫金到热奈特再到昆德拉》,载于《外国文学研究》2003年第1期。

② 皇甫修文:《巴赫金复调小说理论对小说艺术发展的意义》,载于《延边大学学报》1991年第3期。

③ 陈平辉:《以人为根基建构小说的艺术空间:对巴赫金复调小说理论和中国当代小说的思考》,载于《文艺理论研究》1997年第3期。

的复调解析,福克纳《喧哗与骚动》的复调特征,乔伊斯小说的对话性,已然是不少评论文章的论题。有学者看出卡夫卡的《城堡》的"对话性和复调特征",认为该小说从神秘感到对话性、到复调结构都"克隆"了陀氏:K只是小说中的一个人物,并不代表权威立场,也不代表卡夫卡的声音,更不代表某种真理(吴晓东:《从卡夫卡到昆德拉》,北京三联书店,2003年版);有学者认为,"那些既代表社会阶层又个性鲜明的人物和狂欢化的朝圣旅程,使《坎特伯雷故事》在本质上成为多种声音对话的复调作品"。这些地位平等的意识连同它们各自的世界:不是统一于诗人的思想,而是"结合在"朝圣旅途"之中",并用故事进行平等的对话,一场没有结论的对话。香客们的话语和故事的内部也往往存在颠覆其主导思想的因素,也存在对立的因素,进行着巴赫金所说的"微观对话",难以形成或表达一个统一的观点。譬如,在巴思妇人的独白里,可以听到人性的声音、压抑人性的宗教意识形态的声音、女权主义的声音、男权主义的声音……《坎特伯雷故事》是各种声音的对话,具有"上帝的丰富多彩",是多种声音的复调式统一,是巴赫金所说的那种"独立的声音结合"在一起的"统一体"。①

在中国文学研究界,巴赫金的"复调理论"也推动了研究思路的拓展。当代中国著名的现代文学专家严家炎参照复调理论来挖掘鲁迅作品中人物情感的多重复杂性、人物话语的多层次复合、叙事角度的灵活多变,认为鲁迅小说就是以多声部的复调为特点的(严家炎:《论鲁迅的复调小说》,上海教育出版社,2002年版);一些当代批评家在先锋派小说家马原、刘索拉的作品里也看出"复调"特征。譬如,陈晓明运用复调理论评析张承志的《金牧场》,指出这部作品具有多声部的复调特征;②甚至有评论者用复调理论分析电影《英雄》,将影片视为"由多种不同声音进行对话而汇集成的多声部大合唱"。③

---

① 肖明翰:2004年6月湘潭"巴赫金学术思想国际研讨会"提交的论文《没有终结的旅程——试论〈坎特伯雷故事〉的复调与多元》。
② 陈晓明:《复调和声里的二维生命进向:张承志的〈金牧场〉》,载于《当代作家评论》1987年第5期。
③ 蒋春林:《谁是英雄——评多义复调电影〈英雄〉》,载于《电影评论》2003年第2期。

2. 对话理论的阐发与运用

"复调"是巴赫金理论的一个"关键词","对话"更是巴赫金思想的一个核心范畴。当代中国学者在巴赫金对话理论的阐发上有不小的投入,也有可观的建树。

从学术探索的逻辑上看,对复调小说理论的深入考察必然引导学者们一步步逼近这一理论的思想核心——多声部性、主体间的对话性。及至20世纪90年代,当代中国学者纷纷进入巴赫金对话理论的阐发。一些论述巴赫金理论的文章标题中醒目地出现了"对话"、"对话主义"、"对话理论"这一主题词;①甚至出现了以"巴赫金与对话理论"为书名的专著(《再登巴比伦塔——巴赫金与对话理论》,董小英著,三联书店,1994年版)。如果说,复调理论的解读比较集中地考量作者与主人公之间的关系,基本上是一种聚焦式探讨,那么,对话理论的研究则更多的是一种阐发运用,则是一种发散式探讨;或将巴赫金的对话理论阐发为:"对话性"的叙述理论、对话主义的文学理论、对话主义的文化理论、对话主义的人文科学方法论;②或将巴赫金的对话理论解读为"对话精神"而运用于文学批评理论、文学研究方法论③。

学者们多方面地探讨了巴赫金对话理论的价值。有学者从对话理

---

① 赵一凡:《巴赫金:语言与思想的对话》,载于《读书》1990年第4期;张柠:《对话理论与复调理论》,载于《外国文学评论》1992年第3期。

② 钱中文:《对话的文学理论——误差、激活与创新》,载于《中国社会科学院研究生院学报》1993年第5期;童庆炳:《对话——重建新文化形态的战略》,载于《北京师范大学学报》(人文社科版)1994年第4期;刘康:《一种转型期的文化理论——论巴赫金对话主义在当代文论中的命运》,载于《中国社会科学》1994年第2期;钱中文:《交往对话主义的文学理论——论巴赫金的意义》,载于《文艺研究》1999年第7期;王元骧:《论中西文论的对话与融合》,载于《浙江学刊》2000年第4期;程正民:《巴赫金的对话思想和文论的现代性》,载于《文艺研究》2000年第2期;凌建侯:《对话论与人文科学方法论——巴赫金哲学思想研究》,载于《天津社会科学》2001年第3期;周启超:《在"大对话"中深化马克思主义美学研究》,载于《马克思主义美学研究》第7辑,2003年版。

③ 蒋原论:《一种新的批评话语》,载于《文艺评论》1992年第5期;吴晓都:《巴赫金与文学研究方法论》,载于《外国文学评论》1995年第1期;张杰:《批评思维模式的重构——从巴赫金的对话语境批评谈起》,载于《解放军外国语学院学报》1999年第1期。

论获取比较诗学研究的启示;①有学者认为,巴赫金对话理论意义超出文学范围,对推动东西方文化交流具有重要理论价值;②有学者看到,巴赫金不仅把"对话论"应用于各学科研究,还将之上升为人文学科研究的哲学基础;③有学者指出,巴赫金的"对话"模式具有思维革命的现实意义④。

与阐发式探讨有关,巴赫金对话理论研究中一个引人注目的现象是比较研究。这里,克里斯特瓦的互文性理论与巴赫金的对话理论之关联,自然是一个热点话题。有文章从词语/文本间的对话、叙事结构的对话形式、隐含对话性的复调小说三个方面,分析克里斯特瓦和巴赫金的对话思想的异同,侧重于梳理克里斯特瓦对巴赫金理论思想的继承与发展;⑤有文章从文本与话语的区别来切入互文性理论与对话理论的关系,认为虽然巴赫金的对话理论是克里斯特瓦互文性理论的范本,但两者关注的对象与学术旨趣并不相同:一是话语,一是文本;⑥还有文章强调,巴赫金的对话性与克里斯特瓦的互文性分属理解文学的两种不同范式。前者是人本主义的,而后者是反人本主义的。巴赫金所理解的对话是主体所发出的声音之间的对话,属于主体交流的模式,互文本则是沉默的没有主体的语言转换场所,没有交流和主体意识,也没有作者。⑦ 如果说,克里斯特瓦的互文性理论与巴赫金的对话理论

---

① 蒋述卓、李凤亮:《对话:理论精神与操作原则——巴赫金对比较诗学研究的启示》,载于《文学评论》2000年第1期。
② 李衍柱:《巴赫金对话理论的现代意义》,载于《文史哲》2001年第2期。
③ 凌建侯:《对话论与人文科学方法论——巴赫金哲学思想研究》,载于《天津社会科学》2001年第3期。
④ 季明举:《对话乌托邦——巴赫金"对话"视野中的思维方式革命》,载于《俄罗斯文艺》2002年第3期。
⑤ 罗婷:《论克里斯特瓦与巴赫金的对话理论》,载于《外语与外语教学》2002年第12期。
⑥ 秦海鹰:《人与文,话语与文本——克里斯特瓦互文性理论与巴赫金对话理论的联系与区别》,载于《欧美文学论丛第三辑:欧美文论研究》,人民文学出版社,2003年版。
⑦ 钱翰:《从"对话性"到"互文性"》,载于《跨文化的文学理论研究》第二辑,黑龙江人民出版社,2008年版。

之关联,属于比较诗学研究中"影响研究"的一个典型案例,那么,将朱光潜与巴赫金的对话思想加以对比,就是比较诗学研究中的"类型研究"的一种尝试。有文章将朱光潜的对话体文本思想置于巴赫金对话理论的视野,阐发两种对话思想在内在精神与呈现方式上的相通与区隔。①

然而,正面地梳理巴赫金对话理论内涵的文章相对较少,主要的文章作者有:董小英(《巴赫金对话理论阐述》,载《外国文学研究集刊》第16辑,中国社会科学出版社,1994年版),白春仁(《巴赫金——求索对话思维》,载《文学评论》1998年第5期),肖锋(《巴赫金"微型对话"和"大型对话"》,载《俄罗斯文艺》2002年第5期),李健、吴彬:(《论巴赫金的对话理论》,载《皖西学院学报》2003年第3期),马琳(《论巴赫金对话理论的双主体性》,载《济南大学学报》2004年第1期),张杰(《巴赫金对话理论中的非对话性》,载《外国语》2004年第1期)。

在对巴赫金对话理论的运用上,有学者不满足于对话原则局限于长篇小说一种体裁,主张对话原则应延伸到所有艺术形式之中②;有些文章甚至主张将对话理论具体运用到中学语文教学中③;但也有文章指责对话理论夸大了对话所赋有的重大意义,在颠覆旧的话语霸权时又形成新的话语霸权④。

对话理论的阐发与应用何以出现这样的格局？其中一个原因,应该与巴赫金的对话理论植根于其语言哲学,植根于其话语理论这一层紧密相关。泛泛地谈论"对话"——提倡主体间平等、多声部争鸣,比较容易。要深入探究巴赫金对话理论的内在理据,还必须立足于巴赫金的语言哲学,必须梳理巴赫金的话语理论。从这个意义上看,一些关注

---

① 姚爱斌:《对话体:朱光潜与巴赫金》,载于《广西师大学报》2003年第4期。

② 史忠义:《泛对化原则与诗歌中的对话现象》,载于《外国文学研究》2001年第3期。

③ 程正民、李燕群:《巴赫金的对话理论与语文教学的对话性》,载于《语文教学与研究》2003年第17期;童明辉:《巴赫金的对话理论与中学语文教学》,载于《内蒙古师大学报》2004年第12期。

④ 张勤:《论巴赫金对话主义的话语特征》,载于《南宁师专学报》2003年第1期。

巴赫金语言哲学中的对话主义的文章,关注巴赫金超语言学思想内在的对话机理的文章,①堪称中国学者对巴赫金对话理论的阐发开始走向深入的一种标志。

3. 狂欢化理论的阐发与运用

"狂欢化理论"是巴赫金提出的另一个影响广泛的学说。这一学说内容庞杂,涵盖面极广。它的基本表征是:对抗等级、权威、完结、永恒,高扬民间文化鲜活的生命力。巴赫金的"狂欢化理论"孕生于其复调小说体裁渊源研究。当代中国学者对"狂欢化理论"的关注,最早也是从巴赫金的陀思妥耶夫斯基研究进入的。在"复调理论"登陆中国之际,就有学者注意到"狂欢化理论",并对其基本要点作了概述。② 不过,"狂欢化理论"研究之全面展开,要到20世纪90年代中后期。及至世纪之交则形成了一个小小的高潮。至少出现了4部专著:在以巴赫金的"狂欢化理论"为专题的博士学位论文基础上撰写的专著。

《巴赫金狂欢诗学研究》(北京师范大学出版社,2000年版)的作者夏忠宪,是国内巴赫金研究队伍中"狂欢化理论"主要开采者之一。她在这篇学位论文里从历史诗学、体裁诗学的角度来剖析狂欢化文学的重要特征,论述巴赫金的"狂欢化诗学"对文学、文化、哲学、美学、方法论诸方面的多重启发意义。作者着力强调巴赫金以狂欢化思维在颠覆中建构一种新话语体系。这是一种重在正本清源的清理式研究。也以"狂欢诗学"为题的另一部专著《狂欢诗学——巴赫金文学思想研究》(王建刚著,上海学林出版社,2001年版)则更多的是一种重在诠释解读的阐发式研究。作者认为,巴赫金的"狂欢化理论"是其对话理论的逻辑必然,"狂欢化是对话理论的尘俗化、肉身化,对话理论是狂欢化的理论化、圣洁化"。巴赫金揭示狂欢文化内涵,剖析狂欢文化的内在机理,是为对话理论的发生提供一种内证。与夏著相比,王著更以其思辨性与阐发性见长。巴赫金的"狂欢化理论"带给接受者更多的是启

---

① 萧净宇:《巴赫金语言哲学中的对话主义》,载于《现代哲学》2001年第4期;郑欢:《从"应分"到"对话"——超语言学的内在哲学精神》,载于《四川外语学院学报》2003年第6期。

② 蓬生:《陀思妥耶夫斯基的世界——巴赫金论陀思妥耶夫斯基》,载于《文艺报》1987年9月5日。

示——文学文本的解读上或文化现象的诠释上的新思维、新视野。这一理论的接受与阐发总离不开运用。夏著从狂欢化角度重新解读《红楼梦》,尝试以此验证巴赫金"狂欢化理论"解析中国文学的普适性;王著则力图用"狂欢化理论""对女性写作和民间写作这两类边缘写作做一番考察"。不过,这样的解读都还是对"狂欢化理论"加以正面阐述的一种例证。对"狂欢化理论"之大面积的运用,则见之于另外两部博士学位论文。

在《巴赫金的理论和〈坎特伯雷故事集〉》(英文版)(华东师范大学出版社,1999年版)第二章里,作者刘乃银运用巴赫金的"狂欢化理论"来具体解读《总序》和作品中的香客乔叟。在作者看来,乔叟笔下的朝圣本质上是一次狂欢,正是巴赫金所说的最基本的狂欢行为,即狂欢节日的"模拟加冕"。香客乔叟具有狂欢的参加者与事件叙述者的双重身份,体现了客观的作者立场:让不同人物充分表达自己的观点。叙事者乔叟同时将虚构的世界与读者的世界连接起来,将香客乔叟和诗人乔叟连接起来。香客乔叟的复杂性,增加了"不确定性和语义的未完成性"。在该书的第三章,作者应用巴赫金关于狂欢与讽拟的理论,分析《磨坊主的故事》。《磨》作为狂欢行为,属于巴赫金所说的"怪诞的狂欢,是对生活常规的背离"。《磨》戏拟骑士的话语,充满了两种敌对的声音、世界观和语言的对话。《管家的故事》更多狂欢的闹剧场面,语调尖刻,是对《磨》的戏拟。将《磨》放在各种语境中考察,其意义作为意义链上的一个环节存在于各种意义之间。通过运用"狂欢化理论"来具体解读《坎特伯雷故事集》,作者既生动地论证了《坎》这样的文学经典为检验巴赫金理论作为文本分析工具的科学性和可行性,提供了合适的文本,又令人信服地展示了巴赫金理论作为文学文本批评工具的可操作性和优越性。巴赫金的"狂欢化理论"有助于对英国文学之父——乔叟的经典文本进行富有创见性的诠释。与刘著相比,还有一部博士学位论文更直接地运用巴赫金的"狂欢化理论"解读一个作家的文学世界:《狂欢化与康拉德的小说世界》(英文版)(宁一中著,1999年版,湖南师范大学出版社;2004年,北京语言大学出版社(修订版))。该书在综述巴赫金"狂欢化理论"的基础上,细致地论述了康拉德小说中的狂欢化特征。作者运用"狂欢化理论"对康拉德的小说《吉姆爷》进行细读,精彩地解读了主人公吉姆的得势与失势,细致地论述了吉姆从成为

"爷"到其"爷"位之被颠覆的过程。

除了这些专著之外,以"狂欢化理论"解读外国文学经典文本的单篇论文,难以计数。巴赫金的"狂欢化理论",主要是在他对拉伯雷的文学世界的解读上建构起来的。当代中国的法国文学专家吴岳添的论文,分析了欧洲第一部长篇小说《巨人传》的来龙去脉和艺术特色,回顾了狂欢化这种文学现象的历史渊源和社会背景,它在法国文学中的演变过程,为全面理解巴赫金的狂欢化理论提供了可靠的资料和有益的参考。① 象拉伯雷一样,果戈理的文学世界也是巴赫金的"狂欢化理论"的一个文本据点。巴赫金在其学位论文中,把果戈理的创作视为"现代文化史上笑文学中最为令人客观的现象",认为"果戈理的笑与讽刺作家的笑不可同日而语",叹息"果戈理的高品位的笑,孕生于民间笑文化土壤之中的笑未曾得到理解(且在许多方面它至今也还未得到理解)",强调"在果戈理那儿,笑可是能战胜一切的。具体说,他创建了别具一格的对庸俗的净化"。运用巴赫金的"狂欢式的笑"来解读果戈理的文学世界的艺术魅力,是今日果戈理研究园地的一大亮点。当代中国的俄罗斯文学专家认为,果戈理期望其"艺术的笑"拥有奇特的"既讽刺丑恶又拷问灵魂"的"疗效";果戈理之艺术的笑,也的确拥有这种"指涉客体"而又"反顾主体"、"鞭挞具体"而又"弹劾一般"、"抨击个别"而又"敲打普遍"的巨大能量。笑的锋芒在果戈理笔下的这种游移与流变,渗透着引人入胜的戏剧性与发人深省的悲剧性,浸透着鲁迅先生所说的"不可见之泪痕"。这也许正是果戈理之"含泪的笑"那撩人回味、促人沉思的魅力之所在。②

一如外国文学研究界,中国文学批评界对巴赫金的"狂欢化理论"也给予了热烈的接纳,在对这一理论的阐发与运用上甚至更为积极。有学者在狂欢化视角下审视《水浒传》反理性的精神、人物张扬的生命

---

① 吴岳添:《从拉伯雷到雨果——从巴赫金的狂欢化理论谈起》,载于《外国文学评论》2005年第2期。

② 周启超:《徘徊于审美乌托邦与宗教乌托邦之间——果戈理文学思想轨迹刍议》,载于《外国文学评论》2004年第4期。

力、结构上融严肃诙谐和悲喜剧为一体的诸种狂欢化因素;①有学者试图借助巴赫金的狂欢化诗学理论,对《红楼梦》从世界文学之民间节庆的、狂欢的基因角度加以重新思考;②有学者借鉴巴赫金的"狂欢化理论"重新解读晚清"谴责小说",重审其"闹剧"意义,以对照"五四"以降多数评者使用的"讽刺"模式(王德威:《被压抑的现代性——晚清小说新论》,北京大学出版社,2005年版);认为"闹剧"(farce)比"谴责"能更丰富地涵盖这类小说呈现出的复杂文学现象,"闹剧"精神是以巴赫金的"众声喧哗"的杂语来代替独白的霸权话语。③有学者将鲁迅笔下的民间世界比附为巴赫金在中世纪和文艺复兴时代的狂欢节中发现的"狂欢"世界,"由幽默、讽刺、诙谐、诅咒构成的怪诞世界"④;有学者在巴赫金"狂欢化理论"的镜照下,重读鲁迅的《故事新编》以及同类文本(朱崇科:《张力的狂欢:论鲁迅及其后来者之故事新编小说中的主体介入》,上海三联书店,2006年版)。有学者运用"狂欢化理论"分析萧红、莫言的文学世界,认为萧红的《生死场》是"一曲赞美肉体物质性原则和讴歌生和死的狂欢节之歌",认为莫言"以弘扬被压抑和肢解多年的肉体感性欲望的狂欢节语言,来实现文化的批判和重建"(刘康:《对话的喧声——巴赫金的文化转型理论》,1995年);有学者将《废都》视为"我们时代最快乐的文本——后现代式的狂欢节传奇"⑤;有学者认为《白鹿原》力图"以肉体感性欲望为基石"重构民族文化的传统神话,有意识将狂欢节语言与大众文化的主导相联结(刘康:《对话的喧声——巴赫金的文化转型理论》,1995年)。

巴赫金所说的"狂欢化",首先是指民间文化,是富于活力的下层民众自发形成的一种文化形态。著名民俗学家钟敬文看出巴赫金的"狂

---

① 王振星:《〈水浒传〉狂欢化的文学品格》,载于《济宁师专学报》2001年第1期。

② 夏忠宪:《〈红楼梦〉与狂欢化、民间诙谐文化》,载于《红楼梦学刊》1999年第3期。

③ 王德威:《想象中国的方法》,北京三联书店,2003年版,第190页。

④ 王晖:《死火重温》,王晓明主编:《二十世纪中国文学史论》(上册),东方出版中心,2003年版,第247页。

⑤ 陈晓明:《废墟上的狂欢节——评〈废都〉及其他》,载于《天津社会科学》1994年第2期。

欢化理论"具有比较普遍的学术意义。狂欢概念不仅可以用于解释叙事文学中的某些特殊现象，也可以用于解释人类一般精神生活现象；狂欢概念的内涵有两个层次：狂欢现象与狂欢化的文学现象。狂欢现象是人类生活中具有一定世界性的特殊的文化现象，从历史上看，不同民族、不同国家都存在着不同形式的狂欢活动，东西方的狂欢化现象有共同的内涵又有各自的特色。巴赫金就是通过研究文学作品中的狂欢描写，揭示出隐藏在文字背后的巨大的人类狂欢热情，从而得出他的文学"狂欢化理论"。钟敬文认为，巴赫金的"狂欢化思想"对中国的狂欢文化现象的研究很有启示。中国文学作品中有狂欢化现象。中国文化中存在狂欢现象。要考察巴赫金"狂欢化理论"同中国文学作品与文学理论的关系。①

　　巴赫金的"狂欢化理论"受到民间文化、民俗文化研究者的欢迎，是不难理解的。有学者将中国民间庙会和娱神活动与西方的狂欢节加以对比，并借用巴赫金的狂欢化理论对中国传统庙会中的狂欢精神进行透视：庙会活动的全民性、开放性、反规范性、潜在的颠覆性和破坏性（赵世瑜：《狂欢与日常——明清以来的庙会与民间社会》（三联书店，2002年版））。然而，在所谓的文化批评或文化研究中，对巴赫金的狂欢化理论的普遍套用，与巴赫金的"狂欢"已经相去甚远。在影视研究、传媒研究、时尚研究、流行音乐研究、通俗文学研究中，巴赫金的"狂欢"思想尤其受到偏爱。许多文章被冠以"狂欢"之名，许多言说涌动着"狂欢"话语。甚至有文章用巴赫金"狂欢化理论"来分析美式摔跤中身体的狂欢，有专著用巴赫金"狂欢化理论"来解读中国的"春晚"。这是文本的狂欢，抑或是狂欢这一话语的放大？是狂欢这一套语的狂欢？

富有弹性的参与性，富有潜能的生产力

　　巴赫金的理论学说既能与当代国外各种文论思潮学派理论资源相

---

① 钟敬文：《文学狂欢化思想与狂欢化》，载于《光明日报》1999年1月28日；钟敬文：《略论巴赫金文学狂欢化思想》，载于《建立中国民俗学派》，黑龙江教育出版社，1999年版，第152～158页。

对接,又能与当代中国文论建设的现实需求相应合,而生成了极富有弹性的参与性与极富有潜能的生产力。这不仅体现为中国学者对复调理论、对话理论与狂欢化理论已有相当深度的解读与相当广泛的运用,也体现于当代中国学者对巴赫金"话语理论"的开采,对巴赫金学说的语境考量。这些层面上的研究,正方兴未艾。

1. 话语理论的阐发与运用

巴赫金的语言学思想、语言哲学思想、"超语言学"思想是十分丰富的。"超语言学"是巴赫金自己的命名方式,它面对的是"活生生的具体的言语整体,而不是作为语言学专门研究对象的语言……(超语言学)研究的是活的语言中超出语言学范围的那些方面(说它超出了语言学范围,是完全恰当的),而这种研究尚未形成特点的独立学科"①。巴赫金专家们将巴赫金的超语言学思想分成"言谈理论"("表述理论")、"言语体裁理论"、"话语理论"、"修辞理论"、"意义理论"等等。其中,"话语理论"是最为重要的一部分,受到最多关注。

"话语理论"的接受语境比较复杂。较早关注巴赫金"话语理论"的中国学者,将巴赫金的"话语理论"纳入后现代话语理论知识谱系中,看出巴赫金重视对语言的社会历史性语义分析,批判了索绪尔"死语言"的普通语言学,提出了专门研究"活语言"的"超语言学",颠覆了"语言/言语"的二元对立;看出巴赫金坚持其一贯的对话原则,向索绪尔的"言语"里注入了"社会性、历史性、对话性与具体语境",将它改造成独创性的"言谈",还借鉴马克思主义的意识形态概念,针对索绪尔的"系统决定论"提出了"意识形态符号论",强调语言作为特殊的符号系统,"在实际运用中渗透了意识形态充盈物(ideological impletion)"。正是这些杰出的贡献,使巴赫金站在了当今话语理论的门槛上。巴赫金"未曾也不可能对话语这一宽泛复杂的概念作出明确界定"。围绕话语问题,巴赫金先后使用过三个相关性概念:言语、言谈和话语。②

---

① 见《巴赫金全集·诗学与访谈》,河北教育出版社,1998年版,第239~240页。

② 赵一凡:《话语理论的诞生》,载于《读书》1993年第8期;《阿尔都塞与话语理论》,载于《读书》1994年第2期;《福柯的话语理论》,载于《读书》1994年第5期。

正是由于"言谈"与"话语"紧密相关,起初,我国学者们更关注"言谈"理论——从不同角度切入巴赫金的"言谈"理论,或从文化理论,或从文本理论。

有学者将"言谈理论"与巴赫金的文化人类学思想相关联,认为"巴赫金的文化人类学思想,主要是围绕着语言的结构性、组织性的规律展开的",并在此基础上建立起以"言谈"为中心的语言模式和文化模式。① 有学者则是从巴赫金的"文本观"而关注起"言谈",认为"巴赫金把文本界定为'言谈',对'言谈'的解释与框定可以说是巴赫金文本观的一大特色,也是他对文本研究的独特贡献"②;"言谈"因其对说者、听者、话题、主题、意义的重视,因其作为"言语体裁"中心环节,使得"文本"在巴赫金那里获得极为丰富的内涵。

巴赫金的文本理论是其"话语理论"重要的一环。有学者已经看出,通过确认"文本"是语言学、语文学、文学学诸人文学科的第一性实体,是人文思维的直接现实,巴赫金在有力地护卫人文科学的"科学性";通过确认"话语文本"是一种有声的超语言的表述,是主体间的交锋互动的事件,巴赫金在有效地坚守人文科学的"人文性"。通过确认"文学文本"具有"双声语"品质,巴赫金精辟地阐明了文学创作的"对话性",文学接受的"开放性"。巴赫金这样一些重要的文本思想,是与他同时代的符号学、结构主义、后结构主义文本理论展开的一种潜对话。巴赫金的文本理论,是其独具特色的"话语诗学"建构中的重要链环,是20世纪理论诗学的精彩篇章。③

直接考察巴赫金的"言谈理论"之超语言学的价值的始自1996年。这一年,有学者正面阐述巴赫金"言谈理论"的性质、形式内容、应用范围以及制约它的条件,正面肯定巴赫金的"言谈理论"是"前人从未涉及

---

① 刘康:《对话的喧声——巴赫金的文化转型理论》,中国人民大学出版社,1995年版,第119页。

② 晓河:《文本 作者 主人公——巴赫金的叙述理论研究》,载于《文艺理论与批评》1995年第2期。

③ 周启超:《试论巴赫金的"文本理论"》,载于《江西社会科学》2009年第8期。

的开拓性成就"①;有学者对巴赫金的"言谈理论"予以精细的分析,认为:"语言学中的基本单位是词和句子,而超语言学中言语交际的基本单位则是言谈(высказывание),并对巴赫金的超语言学不同于传统语言学的特征进行辨析②;有学者将'言谈理论'与语用学相比较,不同意将'言谈'视为语言学中的一个单位,相反,它是一个言语交际的领域。语言学的终点正好是超语言学的起点。巴赫金的'言谈理论'是一种关于活的语言的理论,它充满了社会—历史的、意识形态的内容。'言谈'作为具体的、社会的交际中的话语,具有社会性、对话性、指向性、不可重复性、不可再生产性、独特性、互文性以及它总带有的价值判断性。"③

直接探讨巴赫金"话语理论"的文章的面世,则要到1999年。这一年,白春仁教授指导的一篇以巴赫金"话语理论"为论题的博士学位论文《话语的对话本质——巴赫金话语理论与哲学思想关系研究》(凌建侯,北京外国语大学博士学位论文,1999年)通过答辩。论文针对"对话"与"话语"是巴赫金理论体系中两个最重要的范畴,但话语及其对话性这一复杂问题少有整体的翔实的研究,力图结合巴赫金的对话哲学,探讨其话语理论中"话语对话性"这一思想是否具有普遍意义。作者关注巴赫金思考语言,始终围绕着语言的使用者——说者与听者(作者与读者)——而展开,认为巴赫金的"话语理论"能够提出目前仍具有前沿意义的新课题。论文将巴赫金的语言学思想概括为"语言的生命在话语,话语的生命在价值,价值产生于对话,对话贯穿于文化",认为话语的对话本质可以沿这条线索"立体"地揭示出来,而揭示话语的普遍对话性,可望为理解巴赫金的整个对话主义思想带来见一斑知全貌的效果,为理解语言艺术乃至人文话语提供一种新的视角。这篇论文没有

---

① 晓河:《巴赫金的"言谈"理论及其在语言学、诗学中的地位》,载于《外国文学研究》1996年第1期。
② 王加兴:《巴赫金言谈理论阐析》,载于《南京大学学报》1998年第4期。
③ 宁一中:《论巴赫金的言谈理论》,载于《外语教学与研究》2000年第3期。

出版,但其部分内容或与之相关的文章已相继在不同的刊物上发表。①凌建侯将"话语"(слово)作为巴赫金思想的核心概念,认为对话理论是巴赫金人文思想的核心,而"话语"(слово)的内在对话性,最终揭示出个人行为的实现方式,进而则是整个道德的存在形态——平等对话。

值得注意的是,有些学者在论述巴赫金的"话语理论"时,实际上还是在论述其"言谈理论/表述理论"②;这里面很有文章。有学者认为这两个词的所指对象是同一个,只是在不同的语境中侧重点不同:用"высказывание"(英译"utterance")在于强调"话语"的语言学属性,而"слово"(英译"discourse",有时是"word")则包含它们所有的内涵。也有学者认为"discourse"与巴赫金的"высказывание"相比,有其相同的地方,但不是对应词。由于"discourse"被译成"话语"已是"俗成",再把巴赫金的"высказы-вание"译成"话语",似觉不妥。③

之所以发生这些不同的理解,是由于巴赫金的"话语理论"本身需要跨学科的理解。话语自身的特性,它的功能和地位,是巴赫金话语理论的基本出发点。没有扎扎实实的细致入微的话语分析,没有对话语功能的独特发现,对话理论的建立也就无从谈起。深入理解巴赫金的理论学说,研究其话语观是一项基础工作。巴赫金辨析的"话语"处于众多学科的边缘上,不独属哪一门却贯通语言学、文学学等人文科学及文化等多个领域。纵观他在这些方面的研究,一个共同点是,以话语始以话语终。④ 紧紧扣住"话语"这一核心,进入巴赫金在文学学与语言

---

① 凌建侯:《试析巴赫金的对话主义及其核心概念"话语"(слово)》,载于《中国俄语教学》1999年第1期;《话语的对话性——巴赫金研究概说》,载于《外语教学与研究》2000年第3期;《巴赫金话语理论中的语言学思想》,载于《中国俄语教学》2001年第3期;《巴赫金言语体裁理论评介》,载于《中国俄语教学》2000年第3期;《言语体裁理论的形成与发展》,载于《解放军外国语学院学报》2002年第3期。

② 张会森:《作为语言学家的巴赫金》,载于《外语学刊》1999年第1期;杨喜昌:《巴赫金语言哲学思想初探》,载于《解放军外国语学院学报》1999年第2期;白春仁:《边缘上的话语(высказывание)——巴赫金话语理论辨析》,载于《外语教学研究》2000年第3期。

③ 晓河:《巴赫金哲学思想》,河北人民出版社,2006年版,第236页。

④ 见《融通之旅——白春仁文集》,黑龙江人民出版社,2007年版,第210页。

学、诗学与美学、伦理学与哲学诸多学科的理论建树之内在机理的探究，是巴赫金研究走向深入的一大标志。与"话语理论"相纠结的巴赫金语言学理论中的一系列学说的价值，已经受到当代中国学者关注。有学者看到巴赫金的"言语体裁理论"对当代修辞学发展的意义①；有学者关注巴赫金的语用学思想对语言的社会学研究的启示②；有学者看出巴赫金的超语言学的"表述"扩大了"语境"的范围，提升了"语境"的功能③；有学者认为正是巴赫金的"双声语"概念使"超语言学"被引入诗学，成为巴赫金建构复调诗学理论的学理基础④。有学者在探寻以"言谈"为核心的语言哲学和以"对话"为核心的文化理论的关联，指出语言哲学是其文化理论的基础。⑤ 有学者认为"超语言学"的内在哲学精神参与性、对话性和存在性使"超语言学"逼近语言与人的生存状态⑥；有学者分析巴赫金如何将"对话"这一语言学概念转换成哲学概念，成为其语言哲学的核心和灵魂 ⑦。

巴赫金的语言哲学思想是当代中国巴赫金研究中的一个最新热点。不仅有一系列述评概观性文章⑧，而且已经有以巴赫金语言哲学

---

① 张会森：《作为语言学家的巴赫金》，载于《外语学刊》1999年第1期。
② 辛斌：《巴赫金论语用：言语、对话、语境》，载于《外语研究》2002年第4期。
③ 郑欢、罗亦军：《充满张力的活力场——巴赫金的超语言学语境试析》，载于《成都理工大学学报》2003年第1期。
④ 丰林：《超语言学：走向诗学研究的最深处》，载于《北京科技大学学报》2001年第1期。
⑤ 吕宏波：《从"言谈"到"对话"——巴赫金语言哲学与文化理论》，载于《绍兴文理学院学报》2003年第1期。
⑥ 郑欢：《从"应分"到"对话"——超语言学的内在哲学精神》，载于《四川外语学院学报》2003年第6期。
⑦ 萧净宇：《巴赫金语言哲学中的对话主义》，载于《现代哲学》2001年第4期；萧净宇、李尚德：《从哲学角度论"话语"——巴赫金语言哲学研究》，载于《中山大学学报》2002年第5期。
⑧ 杨喜昌：《巴赫金语言哲学思想初探》，载于《解放军外国语学院学报》1999年第2期；沈华柱：《巴赫金语言哲学思想述评》，载于《福州大学学报》2003年第1期；刘涵之：《巴赫金超语言学思想刍议》，载于《新疆大学学报》2004年第2期。

为专题的博士学位论文(《对话的妙悟:巴赫金语言哲学思想研究》,沈华柱著,上海三联书店,2005年版;《超越语言学——巴赫金语言哲学思想研究》,萧净宇著,上海人民出版社,2007年版);沈华柱的专著由五章组成:"超语言学"的语言哲学(有专节论述"表述"、"言语体裁"、言语的"内在对话性");语言的"对话性"及其文本分析(有专节论述"双声与微型对话"、"大型对话与复调");语言的对话性及其文本分析;巴赫金的文艺学方法论;巴赫金语言思想及文艺学方法论的价值与地位。萧净宇的专著,则偏重于将巴赫金语言哲学置于俄罗斯语言哲学进程中来加以考量,细致梳理"巴赫金语言哲学渊源"、"超语言学"——巴赫金语言哲学的实质(有专节论述"超语言学"话语理论、"超语言学"话语理论的哲学启示)、"对话主义"——巴赫金语言哲学的核心(分节论述"对话"的哲学传统、对"对话"思维的考察、"对话主义"的哲学阐释、"对话主义"的当代意义、"对话"思想的比较)、巴赫金诠释学及其人文科学认识方法论、巴赫金语言哲学对俄国语言哲学界的意义。巴赫金的"话语理论"及其哲学价值,在这里已经作为巴赫金语言哲学一个重要内容而受到专门的关注与探讨。主体性与主体间性的问题,被置于"表述"的应答性、话语的对话性、文本的两极性上来。

  当代中国学界对巴赫金的"话语理论"的兴趣还在升温。有文章注意到巴赫金"话语理论"是一种超越性的建构:巴赫金以"超语言学"命名的话语理论,是在对洪堡为代表的个人主观主义和以索绪尔为代表的抽象客观主义的语言哲学,展开双重批判与反思的基础上建构的。在规避个人主义忽视社会性、抽象客观主义仅仅关注体系性的局限之后,巴赫金主张以现实生活中以交际为目的的话语作为研究对象。研究对象的转换,导致了语言哲学最为关注的意义观的转型。巴赫金的话语理论的建构,重建了语言与主体、语言与外部世界的联系,实现了主体性与历史性这种"被压抑者"的回归;[①]也有文章开始考察话语的对话性机制与诗学的关联,意识到"对话性"体现在两个层面:一是"表述"会与他人话语产生对话;二是"表述"以听者的存在为前提,以获得应答与对话为目的;诗学等人文学科的本质就在于它们以话语作为存

[①] 刘晗:《双重批判与反思中的理论建构——巴赫金话语理论研究之一》,载于《新疆社会科学论坛》2009年第1期。

在方式,且具有一种内在的对话性。①

2. 巴赫金理论学说的语境研究(比较研究、影响研究)

巴赫金的理论学说是在十分丰富而复杂的语境中产生的,是在与马克思主义、形式主义、结构主义、后结构主义、现象学、符号学、阐释学、历史诗学、存在主义、精神分析文论等多种思潮流派的对话与潜对话中产生的。巴赫金研究的深化,必然推动学者们进入巴赫金理论学说的语境梳理;这一语境梳理,经常是以比较研究、影响研究的方式来展开的。诸如巴赫金与伽达默尔、哈贝马斯、克里斯特瓦、巴尔特、雅各布森、洛特曼;或者,巴赫金与钟敬文、朱光潜、冯梦龙,都已经是当代中国学者探讨的话题。

巴赫金与马克思主义。有几种观点:其一,认为巴赫金对现实的思考与马克思主义经典作家有相同之处,因而巴赫金是一位马克思主义者。有文章指出,巴赫金不是传统意义上的马克思主义文艺学家,他探讨了当时马克思主义文艺学家所不予注意的问题;但从他的《马克思主义与语言哲学》和他对形式主义、弗洛伊德主义的评论来看,他确实是从马克思主义的观点来探讨语言理论、文艺理论问题、精神分析问题,而且实际上比那时一些自称为马克思主义文艺学家的人要深刻得多、准确得多;②有文章认为,巴赫金理论植根于社会主义国家的文化经验,与马克思主义的思想体系一脉相承。③ 其二,认为巴赫金的马克思主义在某种程度上具有西方马克思主义的特征:他既站在马克思主义的立场上批判了俄罗斯形式主义,又对马克思主义的总体战略作了适当的调整和发展,例如他重新审视了内容决定形式的模式并给予形式以新的重要地位;对意识形态概念进行了语言学阐释,强调"话语是一种独特的意识形态现象";巴赫金经历了由一位非马克思主义者到受到马克思主义影响,而最终仍只是一位具有马克思主义倾向的非马克思主义者的历程。他正是在吸纳马克思主义理论资源的过程中开辟自己

---

① 刘晗:《话语的对话性与诗学问题——巴赫金话语理论研究之二》,载于《吉首大学学报》2006 年第 8 期。

② 钱中文:《巴赫金:交往、对话的哲学》,载于《哲学研究》1998 年第 1 期。

③ 刘康:《一种转型期的文化理论——论巴赫金的对话理论在当代文论中的命运》,载于《中国社会科学》1994 年第 2 期。

的理论新天地。① 其三，认为巴赫金不是马克思主义者。有学者看到，把巴赫金看作马克思主义者的理由主要表现在涉及语言问题的著作中。《马克思主义与语言哲学》明确地把马克思主义作为标题，可以有两种理解：就积极的、主动的一面看，是巴赫金认识到了对马克思思想可作生存论的理解；就消极的、被动的一面说，在当时苏俄的意识形态下，他需要借助于对马克思思想的理解来发挥自己的独特看法。只取"语言哲学"一个角度探讨巴赫金与马克思主义的关系，可以得出结论：巴赫金不是马克思主义者的原因并不在于"巴赫金不是有争议文本的作者"；采用马克思主义术语而不显得生硬，是因为马克思经典作者与巴赫金对现实存在的思考有某些相通之处。超越抽象理论世界和追求生动世界的哲学目标使两者接近了。②

巴赫金与形式主义。 巴赫金是俄苏形式论学派的同时代人，他与"形式主义"学派是什么关系？有学者将巴赫金纳入俄罗斯形式主义流派，将巴赫金文论作为形式主义文论的一个组成部分加以分析（赵志军：《艺术对形式的构造——作为形式主义的巴赫金》，载于《俄国形式主义诗学研究》，新疆大学出版社，1993年版）；更多的学者思考巴赫金对形式主义学派的批判与超越：或关注巴赫金以自己的语言学思想对形式主义的批判；③或清理俄苏形式论学派与巴赫金思想的契合点和差异性，对比"陌生化"与"狂欢化"这两个核心概念；④或以"文学性"为基点，考察巴赫金对形式论学派的超越路径，指出巴赫金在与俄罗斯形式主义的"批评对话"中，既克服了形式主义的片面性，又富于创建地拓展了形式主义理论，更深刻地揭示了"文学性"问题；⑤或梳理巴赫金文

---

① 萧净宇：《超越语言学——巴赫金语言者哲学研究》，上海三联书店，2007年版，第21、29页。

② 凌建侯：《巴赫金哲学思想与文本分析法》，北京大学出版社，2007年版，第75、79页。

③ 王建刚：《艺术语/实用语：虚拟的二元对立——巴赫金对俄苏形式主义诗语理论的批判》，载于《上海师范大学学报》1997年第4期。

④ 张冰：《对话：奥波亚兹与巴赫金学派》，载于《外国文学评论》1999年第2期。

⑤ 董晓：《超越形式主义"文学性"：试析巴赫金对俄国形式主义的批判》，载于《国外文学》2000年第2期。

论的逻辑起点,看出巴赫金是从校正"形式论学派"非美学化、非哲学化的偏颇起步,看到巴赫金也是积极地吸收了"形式论学派"的合理成果,追求由科学化"解析"与人文化"解译"所整合的"解读"。① 或认为巴赫金对俄罗斯形式主义诗学的批评更多的是一种对话与补充;②或反思巴赫金对形式主义所用的批评方法,将这种批评方法称为是在"审美与技术之间"。③ 还有学者指出,从形式主义同马克思主义的差异中寻求对话,在辨证的综合中追求理论创新,是巴赫金的方法论。这种对话具体表现为"形式批评与社会学方法的对接"、"语言符号与意识形态的关联"、"小说形式与社会历史文化的互动"这三个方面。④

巴赫金与符号学。有学者认为巴赫金从社会符号学高度研究语言,挑战了索绪尔结构主义语言学的研究方法和经典地位,使当代系统功能语言学的理论框架得以完善;⑤有文章比较详细地梳理了巴赫金的符号学观点,涉及巴赫金对符号的定义与理解,符号与文本与话语、符号的存在和社会性,特别是符号与意识形态的关系,阐述了巴赫金的这些论述对符号学的深远意义;⑥有学者指出巴赫金的符号学是意识形态指导下的、在交往理论与对话理论中产生发展起来的,巴赫金的符号学是一种意识形态符号学;⑦也有学者关注巴赫金的符号学思想与洛特曼的符号学理论的异同。比较巴赫金与洛特曼各自的理论特色和研究方法,考察他们如何从语言学和超语言学的不同途径共同走向社

---

① 周启超:《直面原生态,检视大流脉——二十年代俄罗斯文论格局刍议》,载于《文学评论》2001 年第 2 期。
② 黄玫:《巴赫金与俄国形式主义的诗学对话》,载于《俄罗斯文艺》2001 年第 2 期。
③ 曾军:《在审美与技术之间——巴赫金对形式主义"纯技术(语言)"方法的批评》,载于《华中师范大学学报》2001 年第 3 期。
④ 杨建刚:《在形式主义与马克思主义之间——巴赫金学术研究的立场、方法与意义》,载于《文学评论》2009 年第 3 期。
⑤ 胡壮麟:《巴赫金与社会符号学》,载于《北京大学学报》1994 年第 2 期。
⑥ 胡壮鳞:《走进巴赫金的符号王国》,载于《外语研究》2001 年第 2 期。
⑦ 齐效斌:《被遗忘的语言意识形态——巴赫金意识形态符号学初探》,载于《南京师大文学院学报》2002 年第 3 期。

会系统文化研究,构建多元共生的批评模式;①将巴赫金的符号学理论置于俄罗斯符号学研究的历史进程之中,探讨其意义:巴赫金与雅各布森一起代表着俄罗斯符号学的现当代过渡期。②

巴赫金与后结构主义。主要有巴赫金与克里斯特瓦的比较研究,即对话理论与"互文性"理论之关联的比较研究。有文章从词语/文本间的对话、叙事结构的对话形式、隐含对话性的复调小说三个方面,来分析克里斯特瓦和巴赫金的对话理论的异同,阐述克里斯特瓦对巴赫金理论的继承与发展;③有学者注意到克里斯特瓦是在阐释巴赫金对话理论的过程中提出了互文性理论,二者思想必然存在关联,而对这两种理论加以比较:对话理论是互文性理论的范本,但两者的研究对象及关注的终极问题并不相同,是"话语"与"文本"、"人"与"文"的区别;④有文章认为,巴赫金的对话性概念与互文性概念有渊源关系,然而这两个概念分属理解文学的两种不同范式。前者是人本主义的,后者是反人本主义的。巴赫金所理解的对话是主体所发出的声音之间的对话,属于主体交流的模式。而互文本则是沉默的没有主体的语言转换场所,没有交流和主体意识,也没有作者。⑤

巴赫金思想与西方的存在主义、精神分析、酒神精神的比较。通过将巴赫金思想与海德格尔等人的存在主义思想进行对比,揭示蕴涵在早期巴赫金诗学思想中的存在主义因素;⑥发掘巴赫金文论与精神分

---

① 张杰:《符号学王国的构建:语言的超越与超越的语言——巴赫金与洛特曼的符号学理论研究》,载于《南京师范大学学报》2002年第4期。
② 王铭玉、陈勇:《俄罗斯符号学研究的历史流变》,载于《当代语言学》2004年第2期。
③ 罗婷:《论克里斯蒂瓦与巴赫金的对话理论》,载于《外语与外语教学》2002年第2期。
④ 秦海鹰:《人与文,话语与文本——克里斯特瓦互文性理论与巴赫金对话理论的联系与区别》,载于《欧美文学论丛第三辑:欧美文论研究》,人民文学出版社,2003年版。
⑤ 钱翰:《从"对话性"到"互文性"》,载于《跨文化的文学理论研究》第二辑,黑龙江人民出版社,2008年版。
⑥ 程小平:《对话与存在——略论巴赫金诗学的存在主义特性》,载于《北京联合大学学报》2001年第4期。

析学派在诸多方面异曲同工、互通有无之处,从精神分析文论的角度来重新理解并补充巴赫金的文学理论;①探讨尼采酒神理论对巴赫金躯体思想的影响。②

巴赫金与诠释学。钱中文把巴赫金的交流对话思想置于诠释学各个流派思想背景下进行比较研究,强调巴赫金诠释学思想的独创性,指出巴赫金把其交往对话的诠释学思想贯彻到作家研究中,形成一种新型的文学诠释学,这种诠释学思想也把巴赫金各个方面的创新理论沟通融汇起来,使我们能够从整体上把握理解巴赫金的复杂思想与艺术观念;③有学者已经开始关注巴赫金与海德格尔、伽达默尔等人的诠释学的确有不少相同之处,更有本质上的区别;④有学者从"意义"与"涵义"理论入手对巴赫金与伽达默尔的学说加以具体的比较。⑤

巴赫金与民间文化。有文章比较巴赫金与钟敬文,看出这两位学者在不同时代不同国家从各自不同学科领域出发,对文学与文化的关系的思考十分相似,两位学者都强调民间文化对文学的重要影响,但巴赫金是从作家研究而钟敬文是从民间文学研究出发。他们的理论思考——如何在民间文化语境中进行文学研究,如何建设更有开放性的文艺学,为当代文学研究和文艺学建设提供了重要思路。⑥ 有文章比较巴赫金与冯梦龙,对比分析巴赫金和冯梦龙的"笑学理论"("狂欢"与"笑话"),认为这两者间有许多异构同质之处:巴赫金与冯梦龙处在东西方不同的文化时空中,但两人的理论都源于民间笑文化,两人都站在

---

① 但汉松、隋晓获:《巴赫金文论与精神分析文论之比较研究》,载于《学术交流》2004年第10期。

② 秦勇:《论酒神精神对巴赫金躯体思想的影响》,载于《南京师范大学文学院学报》2003年第3期。

③ 钱中文:《理解的欣悦——论巴赫金的诠释学思想》,2004年湘潭《巴赫金学术思想国际研讨会》论文。

④ 萧净宇:《巴赫金诠释学及其人文科学方法论》,载于《超越语言学——巴赫金语言哲学研究》,上海人民出版社,2007年版,第148～180页。

⑤ 晓河:《巴赫金的"意义"理论初探——兼与伽达默尔等人的比较》,载于《河北学刊》1999年第3期。

⑥ 程正民:《文化诗学:钟敬文和巴赫金的对话》,载于《文学评论》2002年第2期。

平民大众立场对笑文化进行形上思考,都以此作为反抗霸权独语的文化策略,理论归宿都是建立平民大众的理想世界;①有学者指出,冯梦龙与巴赫金有相同的小说起源观,均承认小说的杂体性,肯定小说的笑谐功能。②

巴赫金与席勒。有文章在巴赫金与席勒讽刺观的对比中,探讨巴赫金的笑论对古典美学与现代美学的双重超越,来阐发巴赫金笑论的美学史意义;③有文章关注席勒的审美教育思想与巴赫金狂欢化思想的异同,认为二者具有共同的人性乌托邦色彩,但它们所基于的哲学观念很不相同,所期待的人与世界的关系也不同:一为对象世界,一为关系世界。④

巴赫金与哈贝马斯。钱中文指出,巴赫金与哈贝马斯"两人处于20世纪的不同时代与社会环境,有着不相同的德国哲学思想根源,在哲学、社会学和诗学的建构方面,却表现出惊人的共同性"。巴赫金对话理论的基础是"超语言学",哈贝马斯"交往行为理论"的基础则是"普遍语用学"。尽管两者的内涵不尽相同,但二者对语言体系之外的"活"的部分——言语(或言语行为)的关注却是共同的。⑤

巴赫金与朱光潜。有文章将朱光潜的对话体文本思想置入巴赫金对话诗学的视野,阐发两种对话思想在内在精神与呈现方式上的相通与区隔。⑥

巴赫金与文化研究。有学者认为巴赫金理论的核心是文化研究的重要资源,应将它置于文化研究的语境下,考察它在当今文化研究中的

---

① 秦勇:《狂欢与笑话——巴赫金与冯梦龙的反抗话语比较》,载于《扬州大学学报》2000年第4期。
② 张开焱:2004年在湘潭"巴赫金学术思想国际研讨会"上的发言。
③ 曾军:《巴赫金对席勒讽刺观的继承与发展——兼及巴赫金笑论的美学史意义》,载于《外国文学研究》2001年第3期。
④ 梅兰:《对象世界与关系世界——席勒的审美教育思想与巴赫金狂欢化思想比较》,载于《武汉科技教育学院》2002年第2期。
⑤ 钱中文:《各具特色的对话:交往哲学与诗学——巴赫金与哈贝马斯》,载于《文艺报》2001年第8期。
⑥ 姚爱冰:《对话体:朱光潜与巴赫金》,载于《广西师范大学学报》2003年第4期。

批评价值和影响,并将此切入点作为中国巴赫金研究者"跻身国际学术界的积极对策"①;有文章梳理巴赫金对伯明翰学派所产生的持续影响,认为学术生产的群体性、问题意识的相关性以及著述英译和私人交往构成后者接受影响的可能性。20世纪70年代中后期,伯明翰当代文化研究中心的"语言和意识形态"小组,曾将《马克思主义与语言哲学》作为其研讨的主要文本;20世纪70年代末,本尼特在《形式主义与马克思主义》一书中显示了伯明翰学人将巴赫金置于形式主义与马克思主义双重视野的努力;20世纪80年代中后期,费斯克对巴赫金的狂欢化作了巴特式的处理;到了20世纪90年代,霍尔则力图用巴赫金的"狂欢化"来取代马克思式的"革命"而成为理解当代文化"转型的隐喻"。②

巴赫金与"游戏理论"、"镜像理论"、"他者理论"、"间性理论"、传播学的"批判理论",与翻译学中的"对话性"的关联,都已经开始受到当代中国学者关注。有文章将巴赫金的"狂欢"概念与伽达默尔的"游戏"概念加以比较;③有文章梳理巴赫金的"镜像"理论见解,阐释这一理论对传统的"镜喻文论"的超越;④有文章探究巴赫金诗学中的"他人"概念;⑤有文章认为巴赫金对西方文论中的"间性"理论的发生与发展影响巨大:巴赫金没有提出却一直在使用"间性"理论,把文学文本与文化联系起来,在众多文本间的对话中凸显主体间的对话,在文本间性中实现主体间性;⑥有文章探讨巴赫金的"话语理论"对传播学批判学派的贡献,认为巴赫金的超语言学理论、意识形态话语观、交往对话学说等

---

① 王宁:《巴赫金之于"文化研究"的意义》,载于《俄罗斯文艺》2002年第2期。
② 曾军:《从"葛兰西转向"到"转型的隐喻"——巴赫金对伯明翰学派的影响研究》,载于《跨文化的文学理论研究》第二辑,黑龙江人民出版社,2008年版。
③ 冯平:《游戏与狂化——伽达默尔与巴赫金的两个概念的关联尝试》,载于《文艺评论》1999年第4期。
④ 秦勇:《论巴赫金的"镜像理论"》,载于《河北师范大学学报》2003年第4期。
⑤ 胡继华:《诗学现代性和他人伦理——巴赫金诗学中的"他人"概念》,载于《东南学术》2002年第2期。
⑥ 秦勇:《巴赫金对"间性"理论的贡献》,载于《俄罗斯文艺》2003年第4期。

一整套话语理论,为解剖各种传播活动提供了"朴实而新颖的"视角;①有文章从巴赫金的超语言学视界思考翻译实践中的"对话性",重新审视翻译的本质与批评标准。②

这些语境梳理,既在深化人们对巴赫金理论学说本身的理解,也在不断地拓展人们的理论思考的空间,更是在证实巴赫金理论学说的辐射力,一种跨学科的影响力。

3. 巴赫金理论学说的方法论价值

巴赫金理论学说最重要的贡献,在于其文学研究乃至整个人文科学研究方法论上的启示,在于其积极的"参与性"理念与自觉的"外位性"立场。巴赫金以其理论学说在召唤我们对生活要葆有一种有责任心的"参与性"——参与生活、参与理论世界与生活世界的互动与建构,这是一种积极的入世精神;巴赫金也以其理论学说在提示我们对现实要葆有一种自觉的外位性——高扬主体性、尊重差异性、守持超越性、追求对话性,这又是一种高远的出世精神。巴赫金本人的文学研究的话语实践,也具有方法论的价值。

巴赫金与文学批评的方法、文学研究的方法。当代中国学者对巴赫金文学批评、文学研究的方法进行了积极的反思。这一反思可分为两种类型:从巴赫金本人文学批评实践切入的具体反思;对巴赫金文学研究的方法论意义的整体性反思。

第一种类型:有学者将巴赫金分析陀思妥耶夫斯基创作的方法称为"整体批评理论":一种"使实证主义批评与形式主义批评结合起来"的"崭新批评方法";③有文章注意到巴赫金理论创造了一种具有很大包容性的新的批评话语,开辟了一条对话批评的广阔途径,在文艺学方法论上使人们突破了独白型意识的束缚,步入更广阔的思维空间;④有

---

① 李彬:《巴赫金的话语理论及其对批判学派的贡献》,载于《国际新闻界》2001 年第 6 期。

② 郑欢:《关于翻译的对话性思考——从巴赫金的超语言学看翻译》,载于《乐山师范学院学报》2003 年第 5 期。

③ 张杰:《批判的超越——论巴赫金的整体批评理论》,载于《文艺研究》1990 年第 6 期。

④ 蒋原伦:《一种新的批评话语——读巴赫金〈陀思妥耶夫斯基诗学问题〉》,载于《文艺评论》1992 年第 5 期。

学者将巴赫金运用超语言学思想对俄罗斯形式主义的批判视为一种独创性的批评方法:有文章称之为以"对话—整合"为特征,兼顾语言和文化的内外综合研究;①有文章称之为"意识形态和文学形式相结合"的批评方法。②

第二种类型:有文章梳理巴赫金的文学研究方法论,肯定其话语分析法与在"意识形态环境"中研究文学的主张,将巴赫金的方法称之为"对话式的研究方法",肯定巴赫金的多侧面广视角的方法论是文学方法论的显著进步;③有文章认为巴赫金重构了一种新型的批评思维模式——"对话语境批评",为我们探索出一条融中西方文学为一体的对话式批评途径;④有文章指出,巴赫金对话理论在外国文学研究方法论上启示我们走向对话语境的文学批评方法;⑤有文章或阐发对话理论之于比较文学学科方法论的启示,⑥或论述对话理论之于比较诗学研究的启示。⑦

巴赫金理论学说的辐射力超越了文学批评、文学研究。当代中国学者已经意识到巴赫金理论学说基于文学研究而又超越了文学研究,对于语言学研究、哲学研究、美学研究等诸多人文学科都具有方法论上的意义。有文章指出,巴赫金提倡的对话思维模式,是提出了整个人文科学研究的方法论的原则问题;⑧有学者将巴赫金理论作为"交往对话

---

① 夏忠宪:《对话——整合:文学研究与语言、文化》,载于《俄罗斯文艺》1997年第1期。

② 赵志军:《寻找意识形态和文学形式的结合点——巴赫金的批评方法论》,载于《广西师范大学学报》1997年第3期。

③ 吴晓都:《巴赫金与文学研究方法论》,载于《外国文学批评》1995年第1期。

④ 张杰:《批评思维模式的重构——从巴赫金的对话语境批评谈起》,载于《解放军外国语学院学报》1999年第1期。

⑤ 凌建侯:《更新思维模式 探索新的方法——外国文学与翻译研究的方法论思考》,载于《外语与外语教学》2001年第10期。

⑥ 王钦锋:《巴赫金与比较文学的方法》,载于《中国比较文学》1998年第1期。

⑦ 蒋述卓、李凤亮:《对话:理论精神与操作原则——巴赫金对比较诗学研究的启示》,载于《文学评论》2000年第1期。

⑧ 白春仁:《求索对话思维》,载于《文学评论》1998年第5期。

的理论"而强调其人文科学方法论意义;①有文章论述巴赫金对话论的哲学意义,指出对话论是巴赫金人文科学研究方法论的基础;②有文章指出巴赫金的"大对话"理论对马克思主义美学研究的方法论启示。③钱中文看出巴赫金把"理解"视为人文科学方法论的基本问题,强调巴赫金的思想对于确立一种促进人文科学发展的思维方式的重大现实意义:真正的人文科学研究,应是一种排斥绝对对立、否定绝对斗争的非此即彼的思维,更应是一种走向宽容、对话、综合、创新,同时包含了必要的非此即彼,即具有价值判断的亦此亦彼的思维。④

总之,巴赫金理论学说的独创性与深刻性、开放性与可操作性,已引发当代中国学者多种多样的话题。巴赫金理论思想内在的对话性、互文性、跨学科性,正引领一批又一批中国人文学者驻足其中,领略其思想艺术的无穷魅力。2007年成立的中国巴赫金研究会,已启动多卷本"巴赫金研究"丛书⑤,其旨趣在于以跨文化的视界,对40年来俄罗斯学界、欧美学界的巴赫金研究精品展开一次系统的译介,对30年来中国学界巴赫金研究的力作进行一次集中的检阅,以期为中国学者在巴赫金研究上"接着说"、"对着说"、"有新说",提供新的参照,开拓新的空间。巴赫金理论学说在当代中国的旅行,堪称"外国文论中国化"进程中一个典型案例,一个成绩相当可观、内涵相当丰富的案例。当代中国的巴赫金研究可谓是一个思想极为活跃、空间极为开阔的平台。当代中国学界对巴赫金理论学说的阐发与运用,方兴未艾。

---

① 钱中文:《论巴赫金的交往美学和人文科学方法论》,载于《文艺研究》1998年第1期。

② 凌建侯:《对话论与人文科学方法论——巴赫金哲学思想研究》,载于《天津社会科学》2001年第3期。

③ 周启超:《涵养"复调意识",追求"和而不同"》,载于《马克思主义美学研究》第7辑,中央编译出版社,2003年12月版。

④ 钱中文:《理解的理解——巴赫金的人文科学方法论思想》,2007北京"跨文化视界中的巴赫金"学术研讨会论文。

⑤ "跨文化视界中的巴赫金丛书"由周启超、王加兴主持,分为五卷:《俄罗斯学者论巴赫金》《欧美学者论巴赫金》《对话中的巴赫金》《当代学者心目中的巴赫金》《中国学者论巴赫金》,即将由南京大学出版社推出。

伊格尔顿文论的中国之旅

马海良

特里·伊格尔顿(Terry Eagleton,1943~)是中国读者最熟悉的当代西方文论家之一。中国学界多年来一直特别关注伊格尔顿的动向,他的大部分著作都被追踪式地译成中文出版,其《文学理论导论》(Literary Theory, an Introduction,1983)的中文译本多达6个(大陆有3个中文译本,台湾有3个中文译本),[①]后来还不断再版。西方当代学术大作无数,能够引起如此高亢的中文译介热情的,恐怕仅有这一部。中文学术作品中,对伊格尔顿观点言论的引用俯拾皆是;事实上,伊格尔顿著作中的许多核心范畴已经被中国学者广泛吸纳,成为他们运用自如的语汇了,例如审美意识形态、文学生产方式、文化生产、审美文化、文化政治等等。

伊格尔顿成为中国读者最熟悉的西方文论家之一,还有一个非常重要的原因,是早在1980年,人民出版社就出版了他的《马克思主义与文学批评》的中译本,这是中国实行改革开放政策后,学术界最早译介的西方学术著作之一。而伊格尔顿能够成为这最早的"之一",无疑与书名中的"马克思主义"元素有关;也可以说,由于中国的马克思主义主

[①] Literary Theory, an Introduction 的六个中文译本是:《二十世纪西方文学理论》,伍晓明译,陕西师范大学出版社,1986、1987年版,北京大学出版社,2007年版;《文学原理引论》,刘峰译,文化艺术出版社,1987年版;《当代西方文学理论》,王逢振译,中国社会科学出版社,1988年版;江苏教育出版社,2006年版;《当代文学理论导论》,聂正雄译,台湾旭日出版社,1987年版;《当代文学理论》,钟嘉文译,台湾南方丛书出版社,1989年版;《文学理论导读》,吴新发译,书林出版有限公司,1993年版。

导意识形态的缘故，伊格尔顿不仅以其进入当代中国学术领域的时间之长，而且也以其马克思主义者的特殊身份，与中国学术界建立了一种非常熟络的关系。补充一句，伊格尔顿也是国门打开后最早来中国访问讲学(1983年)的西方学者之一。

不过，国内的伊格尔顿研究在相当长一段时间里似乎滞后于对他的译介。在 1980～1999 年十年间，只有寥寥几篇直接介绍伊格尔顿的文章。而且有趣的是，这几篇文章中有四篇都是对伊格尔顿《文学理论导论》的介绍和解读，即《谈伊格尔顿的〈文学原理引论〉》(刘峰，《文艺理论与批评》，1987 年第 3 期)、《构建当代文学理论的参照系——读伊格尔顿的〈文学理论概览〉》(许国良，《社会科学》1987 年第 6 期)、《西方当代文艺理论流派与流变——读伊格尔顿的〈文学原理引论〉》(程代熙，《文艺理论与批评》1988 年第 6 期)、《文学，在流动变异过程中——四本外国文学理论著作比较之一》(刘安海，《外国文学研究》1989 年第 10 期)；另一个特点是，很少的几篇关于伊格尔顿的文章中，有三篇的作者就是《文学理论导论》的中文译者伍晓明、刘峰、王逢振；再一个特点是，把伊格尔顿与弗里德里克·杰姆逊并举，把他们分别视为当代英国和美国马克思主义文学批评的领军人物，对其基本理论观点进行介绍评论，譬如《伊格尔顿与杰姆逊：西方马克思主义批评的新发展》(王逢振，《外国文学评论》1989 年第 4 期)，其他几篇文章也或多或少地以这种方式把伊格尔顿介绍给中国读者。

《二十世纪西方文学理论》译者伍晓明的《文学批评与意识形态——伊格尔顿的马克思主义文学批评观》以杰姆逊为参照，着重介绍了伊格尔顿前期受阿尔都塞结构主义的马克思主义影响的文学批评观。伊格尔顿认为马克思主义文学批评应该成为真正"科学"的方法，充分阐明文学作为意识形态话语的生产机制和功能，说出文学文本有意无意地沉默的内涵。但是另一方面，文学批评不是文学的天然附庸，而是有其自身的结构和规律，形成一套相对独立的系统，它与文学系统接合互动，借道于文学来完成自己的意识形态任务，即文学批评本身就是一种意识形态形式。作者主要根据《批评与意识形态》一书对伊格尔顿这一时期理论结构中的一般生产方式、文学生产方式、一般意识形态、作者意识形态、审美意识形态以及文本等六个主要范畴作了较为全面的描述。一般生产方式相当于马克思主义社会理论中的基本概念

"生产方式",它是文学生产方式的总体性的制约条件。同理,所谓作者意识形态和审美意识形态,乃是一般意识形态的分结构。文学文本是一种意识形态生产现象,上面也镌刻着特定社会时代的生产方式的印记。作者自知"为了介绍一种相对完整的批评观而牺牲了伊格尔顿的后期思想",①这一缺失在王逢振的《伊格尔顿和杰姆逊:西方马克思主义文学批评的新发展》里得到了一定的弥补。该文在介绍评论了伊格尔顿受阿尔都塞和马歇雷的影响,以反黑格尔式的马克思主义为基础,尝试建立一套以意识形态为核心概念的批评模式之后,用不少笔墨评述了伊格尔顿的新作《瓦尔特·本雅明或关于革命的批评》,指出这部重要著作表明,在20世纪70年代后期受后结构主义思潮影响,伊格尔顿的文学批评观发生了"根本的变化",从阿尔都塞结构主义的"科学"范式转向本雅明和布莱希特的"革命"批评,回归到经典马列主义的革命传统,强调文学批评的政治和社会实践性,期望文学批评能够发挥通向社会主义的助力作用。刘安海的《文学,在流动变异过程中——四本外国文学理论著作比较之一》对美国韦勒克、沃伦的《文学理论》、苏联波斯彼洛夫的《文学原理》、英国安纳·杰弗森、戴维·罗比等的《西方现代文学理论概述与比较》以及伊格尔顿的《文学理论导论》进行了比较,主要介绍了伊格尔顿关于文学定义的阐述,认为:"伊格尔顿只是绕着文学定义的边缘在用力走着,直至最后一次也没有给文学下一个定义……他的这些见解对我们理解文学是什么是非常有帮助的,我们不能因为他没有给文学下定义就忽略他的这些见解。"②作者似乎对伊格尔顿没有给文学下一个确切的定义而感到一丝遗憾,尽管承认他的那些见解"是非常有帮助的"。同样遗憾的是,作者并没有具体说明一下这"非常有帮助"体现在什么地方。面对伊格尔顿理论的那种熟悉(马克思主义)而又有些陌生(受结构主义和后结构主义等多种新理论范式影响的)的语言,开放之初的中国学者无论是主要关注点还是学术准备,都不足以充分理解伊格尔顿理论。

---

① 伍晓明:《文学批评与意识形态——伊格尔顿的马克思主义文学批评观》,载于《文学评论》1988年第4期,第151页。
② 刘安海:《文学,在流动和变异过程中——四本外国文学理论著作比较之一》,载于《外国文学研究》1989年第10期。

20世纪80年代伊格尔顿理论的中国之旅还有一个突出特点,就是迅速进入了大部分新编的西方文论史和美学史方面的文集或专著,这些出版物或收录他的作品或辟出专门章节对其理论观点进行介绍。陆梅林主编的《西方马克思主义美学文选》(漓江出版社,1988年版)节选了伊格尔顿的《马克思主义与文学批评》第二章和第四章,《批评与意识形态》第五章和《文学理论导论》的"结论:政治批评"。冯宪光的《"西方马克思主义"的文艺美学思想》(四川大学出版社,1988年版)第七章主要介绍了伊格尔顿关于文学意识形态和文学批评功能的理论。西方文论方面的综合性著作几乎都要专门论及伊格尔顿,这种情况一直延续下来。例如朱立元主编的《当代西方文艺理论》(华东师范大学出版社,1997年版)从文学的意识形态性质、形式与内容以及艺术生产理论等方面介绍了伊格尔顿的新马克思主义文学理论;马驰的《"新马克思主义"文论》(山东教育出版社,1998年版)和《马克思主义美学传播史》(漓江出版社,2001年版)对伊格尔顿的艺术生产理论和文本理论作了较为详细的介绍;马新国主编的《西方文论史》(高等教育出版社,2002年版)介绍了伊格尔顿的审美意识形态生产理论。经过这样积极的传播介绍,伊格尔顿越来越为中国读者所熟悉。但是总体来说,直至20世纪90年代末,与西方当代其他文论家相比,伊格尔顿研究在中国还是比较单薄的,与他在中国的知名度很不相符。造成这种局面的原因是多重的。首先可能是前二十年里国人的学术趣味或接受需求所使然。伊格尔顿虽然凭借其马克思主义者的身份而获得首张入场券,但是长期宥限于苏联模式马克思主义文艺理论的中国学界最迫切了解、最容易发生兴趣的是与多年来禁锢自身的苏联模式相异的西方马克思主义甚至非马克思主义的文学理论;对于过去几十年来规定性地使用"意识形态"、"革命文艺"、"阶级意识"、"政治立场"等语汇的文学研究者来说,形式主义讲的"文学性"、新批评讲的"文本肌质"以及结构主义讲的"文学系统性",比伊格尔顿著作里的"文学生产方式"、"审美意识形态"、"政治批评"更有新鲜感和吸引力。或许对于当时许多中国学人来说,伊格尔顿《文学理论导论》结论里的那句"一切批评都是政治性的批评"听上去非常不合时宜,甚至有些刺耳。即使对于那些坚持马克思主义理论范式的作者来说,伊格尔顿那反本质主义的言说方式让人们一时难以适应。虽然一般而言,伊格尔顿与杰姆逊并列为英美当代最著名的马克思主义文学理论家,但是实际上,国内对杰姆逊的研究程度远远超过了对伊格尔顿的研究,伍晓明的一段话或许能用来解释造成这种现象的原因:"杰姆逊的黑格尔主义色彩浓厚的、强调历史性和总体化的马克思主义文学批评能使我们一见如故;相反,更多地奠基于反黑格尔主义的法国结构主义马克思主义者阿尔都塞理论之上的伊格尔顿的批评观却难于引起我们的理论共鸣。"①不过由此也可以感觉到,在整个马克思主义谱系里,伊格尔顿独树一帜,而这正是他的魅力和力量所在,只是我们见识这一点需要等到合适的时机。到了 20 世纪 90 年代,各种后现代主义理论蜂拥进入中国,德里达、福柯等人迅速成为热门人物,而伊格尔顿对后现代主义的尖刻的批判显得与时潮格格不入。伊格尔顿研究相对冷清的另外一个原因可能是他未曾着意"创立"自己的理论,再加上他似乎"立场多变"而且语言表述的修辞性太强,使人们难以看清可以称为"伊格尔顿理论"所必需的系统性、完整性和统一性,增加了伊格尔顿研究的难度。批评理论、方法和观念像任何文化范式的移植一样,决定于被植入物和受体的诸多条件,伊格尔顿研究进入活跃期,不仅决定于其理论本身的品质,还需要等待中国文论界经历对各种形式主义批评方法的充分了解和检讨,经过各种反本质主义的后现代主义思潮的冲刷,需要逐步感受到与伊格尔顿所面对的相似的现实问题,还需要真正熟悉和掌握当代学术的言说方式。

进入 21 世纪,局面发生了巨大改变,国内的伊格尔顿研究一下子变得异常活跃起来,甚至可以说非常繁荣。相关研究论文的数量比前二十年的总和还要多出数十倍,而且有了伊格尔顿研究专著,博士研究生和硕士研究生也纷纷以伊格尔顿理论为题撰写其学位论文。这一时期的伊格尔顿研究表现出如下特点。

一、学者们尝试系统、全面地描述伊格尔顿批评理论的独特结构、逻辑和特点,梳理伊格尔顿理论与传统文论、当代欧美文论以及英国批评传统之间的关系,使伊格尔顿理论逐渐呈现出具体实在的别具个性的全貌,勾勒出伊格尔顿理论在西方文化谱系中的位置。人们从不同的路径梳理伊格尔顿理论的发展走向,有人认为伊格尔顿是从结构主

---

① 伍晓明:《文学批评与意识形态——伊格尔顿的马克思主义文学批评观》,载于《文学评论》1988 年第 4 期。

义走向后结构主义,有人提出他是从"科学论"文学观走向"修辞论"文学观,有人判定他从文学研究走向文化政治研究,也有人提出他是从"政治美学"走向"美学政治"。总的来看,伊格尔顿的批评理论是一种属于马克思主义美学范畴的"文化政治批评",其基本特征是:(1)坚持文学批评的文化大视野,认为文学是文化各层面交叉交织的过程,对文学作品的充分阐释必然将"文本外"的东西包括进来。(2)文化的复杂关系结构表现为一种"生产"关系或物质关系,因此"文化"不是一套超验的恒定的精神指标,也非后现代主义语言中可以任意漂浮的能指,而是与我们的日常生活紧密关联着的现实问题,是政治问题;文化范畴仍然是利益和权力斗争的场所,是矛盾和问题本身,而不是消除问题的办法;文化政治批评不是用文化来解释一切,而是用一切来解释文化。(3)如果将文化视为精神性的或"情感结构"或意义象征系统或价值体系或意识形态,它对文化的其他层面发生积极作用,是一种维持或改变社会生活方式的表意"活动",是一种执行或实现意志的"话语实践"。(4)"文化政治批评"的动机是改造整个社会生活方式,建设一个更好的社会,使人的所有潜能得到自由的发挥,这样的社会名曰社会主义社会。(5)因此,真正能够有所作为的文化政治批评应该属于马克思主义的文化实践,它在催生社会主义的伟大运动中,能够发挥非常重要的作用。(6)以社会主义为目标的文化政治批评,由于明确的目的性而具有方法论的彻底开放性和真正多元性,它采用一切有效的话语形式和手段;这一立场似乎可以解释伊格尔顿理论的"班杂"和"多变",他向包括资产阶级话语在内的一切表意系统吸收有益成分,也因此成就了他对包括庸俗马克思主义在内的一切阻碍人类解放的文化体制和观念的猛烈批判。

二、极大地拓展了伊格尔顿研究的议题,学者们开始研究伊格尔顿在性别问题、爱尔兰与民族主义问题、文化研究、后现代主义批判以及批评实践等方面的思想和观点。在西方男性批评家包括马克思主义理论家中,很少有人像伊格尔顿一样积极关注性别问题,他在许多场合都把女性主义称为最有活力和希望的批评方法,并且身体力行地参照女性主义立场进行批评实践,《克拉莉莎被强暴》(1982)和《丁尼生:〈公主〉和〈悼念〉中的政治和性征》就是这方面的出色实例。进入21世纪,国内学者开始注意到并研究伊格尔顿的性别思想,譬如林树明的《论特里·伊格尔顿的"性别视角"》认为伊格尔顿把马克思主义与性别/身体理论有机结合起来,发展了马克思主义文艺观。伊格尔顿一贯重视真实的血肉之躯的重要性,它是一切文明和文化活动的物质基础,也是一切形式的阶级压迫和人类解放的归结点,他以为对于唯物主义者来说,理解并坚持这一点并不困难。在《审美意识形态》一书中,伊格尔顿把身体与审美紧紧联系起来,把人类的政治解放与身体的自由拯救紧紧联系起来,形成别具特色的马克思主义审美文化理论。文化与身体是相互塑造的关系,人们的性别意识与社会的意识形态紧密相连,性别关系与社会关系之间也有着千丝万缕的联系,因此男尊女卑是社会文化的产物,而女性主义将语言、形式和无意识纳入批评视野,以父权制为批判的核心目标,显然是一种最贴近社会的革命的批评模式。伊格尔顿祖籍爱尔兰,或许由于这一层关系,他对爱尔兰问题表现出巨大的热情,先后有多部著作专门论述爱尔兰问题,例如"三部曲"《希斯克利夫与大饥荒——爱尔兰文化研究》《疯狂的约翰与主教以及关于爱尔兰文化研究的其他论文》和《19世纪爱尔兰的学者与反叛者》。对于伊格尔顿这位充满不依不饶的批判精神的文化理论家来说,爱尔兰与英国之间几百年的殖民和反殖民历史成为他对压迫性的政治和文化制度发起攻击的很好的发力点。近年来,国内学者也开始对伊格尔顿的爱尔兰研究展开探析,例如贾洁的《论特里·伊格尔顿的爱尔兰文化研究——去殖民化民族主义对"形式的政治"的寻求》重点对伊格尔顿的爱尔兰文学研究进行了梳理和分析,指出其根本动机"是出于他对当下的后殖民与后现代主义的批判"①。伊格尔顿在爱尔兰研究中集中表达的关于民族主义的深刻思想对于全球化潮流下的当代中国具体重要的参照意义。

三、深化伊格尔顿理论中的重要范畴和概念的研究,譬如他的审美意识形态、审美文化、身体关照、解放知识等等。伊格尔顿在《批评与意识形态》中提出并着力论述了文学与意识形态的复杂关系,《审美意识形态》一书又以厚重的篇幅对现代审美话语史进行了颇为彻底的清

---

① 贾洁:《论特里·伊格尔顿的爱尔兰文化研究——去殖民化民族主义对"形式的政治"的寻求》,载于《马克思主义美学研究》12卷第1期,第187页(2009年9月)。

理,并且进一步阐发了自己的马克思主义审美理论。这部重要著作也激起了中国学者的热烈反响,"审美意识形态"范畴已经被中国学者广泛认可和运用,例如,钱中文把审美意识形态性界定为文学的第一特性,①童庆炳把"审美意识形态论"视为"文艺学的第一原理";②有学者指出:"文学审美意识形态论是中国马克思主义文艺理论家探究文艺核心问题的重要成果之一,它在中国当代文艺理论建构、文学批评实践中已经产生了深刻的影响,并得到了国内文学研究者的基本认同。这是不争之事实。"③这样一个影响重大的范畴必然会引起更加深入系统的讨论,结果会促进这一概念得到新的发展。傅其林的《从"形式的意识形态"理论审视文学审美意识形态论的合法性》追溯了西方马克思主义关于"形式的意识形态"的理论,仔细考究了伊格尔顿理论中"审美"和"意识形态"的内涵,认为"'审美'和'意识形态'两个范畴形成一个'审美意识形态'范畴,有着内在合理的机制。这就在于意识形态的审美化,审美的意识形态化"。同时,作者也清楚地论证了审美意识形态的矛盾性,为意识形态与文学形式的接合开辟出空间,最终说明"中国学者明确从文艺本质的角度,从20世纪80年代以来的文艺自律实践的历史语境中,在文艺学学科自律的进程中,在多角度思考文艺的本质与基本规律语境中,在经典马克思主义文艺理论框架中整合审美反映的理论,提出了文学审美意识形态理论这一重要问题,促进了中国文艺学学科基本理论建设"④。"意识形态"是伊格尔顿理论的标志性范畴,几乎贯穿他的整个写作生涯,而中国学者对这一范畴的深入不断的探究扩展了伊格尔顿意识形态范畴的内涵和外延。刘欣、李立在《"解放知识"的建构——特里·伊格尔顿的意识形态理论》一文中,通过追踪伊格尔顿意识形态理论的发展衍变,指出"解放知识"是伊格尔顿意识形态理论的关键概念,"它不仅凝聚了伊格尔顿意识形态理论的全部内

---

① 钱中文:《文学是审美意识形态》,载于《文艺研究》1987年第6期。
② 童庆炳:《审美意识形态论作为文艺学的第一原理》,载于《学术研究》2000年第1期。
③ 傅其林:《从"形式的意识形态"理论审视文学审美意识形态论的合法性》,载于《文化与诗学》2009年第2期。
④ 同上,第75页。

涵,而且也彰显了其突出特点。'解放'旨在从意识形态与权力之间的隐秘联系中揭示其政治属性和实践功能,'知识'则显示了伊格尔顿对认识论层面上意识形态虚假性的执着"①。伊格尔顿在意识形态范畴上的深刻洞见应该成为马克思主义意识形态理论史上的不可或缺的一页,随着时间的推移,这一点将越来越明晰。

四、出现了对伊格尔顿的某些命题和观点的质疑和异议,譬如针对伊格尔顿提出的"一切文学批评都是政治性的批评",林广泽认为这是一种泛政治化的批评观,本质上是违背马克思主义的,况且"泛政治化的结果,不仅模糊了政治本身的界线,弱化了政治批评本身的力度,而且消解了文学批评的美学内涵"②。吴炫的《论文学的"中国式现代理解"——穿越本质和反本质主义》认为,伊格尔顿从审美意识形态和权力关系出发,把"英国文学"看作日渐衰落的宗教的替代品,从而完成宗教留下的意识形态功能,这种说法"忽略了文学在履行宗教功能的时候,其中最优秀的文学已具有突破宗教的功能,并使得宗教教义和信念因为这种突破而感到尴尬"③。当然在伊格尔顿研究初期,也有人会对他的某些观点提出保留意见,譬如冯宪光的《"西方马克思主义"文艺美学》就在肯定伊格尔顿的理论贡献的同时,也指出了他的局限性:"他把意识形态与文学的关系绝对化,并用意识形态来割断文学与社会生活的直接联系,也有片面性。"而伊格尔顿关于文学批评的价值判断功能的论述"始终脱离不了阿尔都塞意识形态生产论的窠臼,也没有从根本上解决文学的价值判断问题"④。但是可以明显看出,伊格尔顿研究初期的质疑较为粗略和浮泛,像是程式化的"一分为二"之论,看不到系统推导而来的深入辩诘式的质疑;另一方面,近十余年来对伊格尔顿的异议已经扩散到更广的议题,有时可能只是他的某个地方顺便说过的一

---

① 刘欣、李立:《"解放知识"的建构——特里·伊格尔顿的意识形态理论》,载于《前沿》2009 年第 10 期。
② 林广泽:《20 世纪西方文论中的政治泛化——伊格尔顿的文学批评观探析》,载于《四川理工学院学报》2006 年第 2 期。
③ 吴炫:《论文学的"中国式现代理解"——穿越本质和反本质主义》,载于《文艺争鸣》2009 年第 3 期。
④ 冯宪光:《"西方马克思主义"文艺美学》,四川大学出版社,1988 年版,第 291~294 页。

句话,充分表明了中国学者对伊格尔顿的了解之细。譬如伊格尔顿曾经在《威廉·莎士比亚》一书中评论《威尼斯商人》时认为主人公鲍西娅的言语和行动带着浓重的男权主义色彩,反映出莎士比亚对男权话语的认同。对此,姜梅芳提出相反的观点,如题《鲍西娅并非男权社会的传声筒》(载《戏剧文学》2007年第4期)。伊格尔顿在一篇论文中谈到英国当代小说家奥威尔的《缅甸岁月》时说,小说家为主人公弗洛里设计的胎记使他成了一个非正常人,结果削弱了作品的批判力量。针对此"疏漏",许淑芳指出:"《缅甸岁月》是一部反思大英帝国统治、揭露殖民真相的小说。小说中主人公弗洛里的胎记并非如特里·伊格尔顿所言削弱了小说的批判力度,而是很好地起到了殖民话语批判的功能。"[①]对伊格尔顿的思想和观点无论是赞成还是反对、吸纳还是剔除,都显示了他特殊的影响力。

  1980年,伊格尔顿的著作首次译介给中国读者,三十年后的今天,伊格尔顿理论已经相当深入地进入了中国当代学术生活。他的理论观点和言论被文学、影视、传媒、大众文化等领域的研究者广泛、大量地援引,他的新作品几乎能同步介绍进中国,他的新观点、新言论会非常及时地引起中国学界的反响,譬如他的《理论之后》(*After Theory*)于2003年9月出版,《外国文学评论》2004年第1期就在"动态"栏目里作了介绍,并且在该期"编后记"里评论说:"英国著名马克思主义文学理论家泰瑞·伊格尔顿教授在他新近出版的《理论之后》一书中说:'文化理论的黄金时代已成一个遥远的过去……跟随开路先锋之后的一代人于是做起了后来人通常所能做的一些事——对原创性的思想作一点申发、作一点补充,对它们作一点批评,然后付诸实践。'话说的有点损,让人听了心里酸酸的,但也没办法,实际情况大体如此。""理论之后"这一议题在后来几年,一直引起广泛的热烈讨论,这一方面表明"理论"在中国已经成为一个耀眼的学术分支,另一方面也足以见出伊格尔顿在中国学界的影响之大。伊格尔顿理论也许正因为没有刻意"创建"体系,所以能够游刃有余地对各种体系进行冷静的剖解,显示出矫健凌厉的洞察力,这一点使他的著作成为研习各种理论体系的学者必备的参考;

---

① 许淑芳:《'弗洛里的胎记'与殖民话语批判——奥威尔小说〈缅甸岁月〉解读》,载于《名作欣赏》2010年第18期。

他比任何文学理论家都注重文学文化的批评实践,所作的文学文本批评和解读异常丰富而且见识卓越,这一点使他可以成为西方文学研究者难得的文献资源;他始终坚守着一个马克思主义者的身份,始终坚持着对一切文化陋见和制度的批判态势,始终保持着一种悲悯激越的世俗的政治关怀,这一点使他始终不缺乏大批的同道者。经过三十年的译介、梳理、消化,随着中国学术越来越贴近全球化带来的各种问题,伊格尔顿理论将因其独特的品质而在中国学术界发生越来越大的影响,从此意义上说,伊格尔顿理论的中国之旅现在到了渐入佳境的时候。

萨伊德文论在当代中国之旅

赵建红

一

爱德华·萨伊德,又译爱德华·萨义德或爱德华·赛义德(Edward W. Said),作为一个闻名于世、同时又引起颇多争议的巴勒斯坦裔美国文学、文化理论家和批评家及纽约市民,萨伊德的特殊身份证明了在当今这样一个移民现象和全球化趋势日益加剧的世界中经常存在的身份本质的复杂性和矛盾性。① 对于其特殊的身份,不仅萨伊德本人有着深刻的体认,而且许多批评家均发表了自己的见解。在《文化与帝国主义》中,他说:"由于我不能控制的原因,我成长为一个受西方式教育的阿拉伯人。自从我记事时起,我就觉得我同属两个世界,而不完全属于其中任何一个。"②在其自传《格格不入》中,他说:"我毕生保持这种多重身份——大多彼此冲突——而从无安顿的意识,同时痛切记得那股绝望的感觉,但愿我们要么是纯粹的阿拉伯人,要么是纯粹的欧洲人、美国人,要么是纯粹的基督徒,要么是纯粹的伊斯兰教徒……等等。"③在收入其论文集《流亡的反思及其他论文》的一篇文章

---

① Bill Ashcroft and Pal Ahluwalia, *Edward Said*, London and New York: Routledge, 2001, p. 5.

② Edward W. Said, *Culture and Imperialism*, New York: Alfred A. Knopf,1994, p. xxvi.

③ Edward W. Said, *Out of Place*, New York: Alfred A. Knopf,2000, p. 5.

中,他说:"像许多其他的人一样,我不只是属于一个世界。我是一个巴勒斯坦的阿拉伯人,也是一个美国人……此外,我当然是个学院人士。这些身份中没有一个是单独存在的;每一个身份都影响、作用于其他身份。"①美国的斯普林科(Michael Sprinker)评论说,"一位阿拉伯的基督徒,在中东地区长大,但接受的几乎完全是西方式教育;一个政治上的激进主义者,但却是在传统甚至是保守的培养方式之下而得以成长,这样的身份张力在赛义德身上得到充分展现"②,并形成了"萨伊德现象"。澳大利亚的阿什克罗夫特(Bill Ashcroft)和奥洛瓦利耶(Pal Ahluwalia)认为:"萨伊德时常会陷入文化和理论的多种矛盾之中,这些矛盾表现为其西方文化的个性和对巴勒斯坦家园的关注之间的矛盾,其政治言论与职业地位之间的矛盾,其著作被解读的不同方式之间的矛盾以及他在学术界被定位的方式之间的矛盾。"③而英国学者巴特里克·威廉斯(Patrick Williams)则更为全面地评论了萨伊德的特殊身份。在其所编的四卷本《爱德华·萨伊德》的导言部分,他首先援引了德国著名理论家本雅明(Walter Benjamin)评论其好友布莱希特的例子。本雅明认为布莱希特是难以归类的"一个困难现象",原因在于布氏有着"教育家、思想家、政治家、剧作家和组织者"等多重身份,此外,他不愿意按照别人期望的那样去做,同时,他所做了的也并不总能令人满意。接下来,威廉斯对萨伊德的身份进行了归纳和评说,在他眼里,萨伊德有着以下多种身份:长期在美国精英大学任教的终身教授,受到压制且流离失所的一个民族的重要代言人,后殖民研究领域的开创者,唯美主义者,处于流亡之中的激进政治家,压迫和剥削的巨大体系(譬如殖民主义和帝国主义)的反对者(因为在思考和写作时他拒不接受体系的概念),拒绝把自己的学术研究局限于文学方面的文学教授,拒绝把自己的写作限制于学术领域的学院人士,一个获得最高的赞

---

① Edward W. Said, *Reflections on Exile and Other Essays*, Cambridge, MA: Harvard University Press, 2000, p. 397.

② Michael Sprinker ed., *Edward Said: A Critical Reader*, Oxford UK & Cambridge USA: Blackwell Publishers, 1992, p. 2—3.

③ Bill Ashcroft and Pal Ahluwalia, *Edward Said*, London and New York: Routledge, 2001, p. 5.

扬的人物(被南非作家、诺贝尔文学奖得主南丁·戈迪默称赞为"我们的时代真正的知识分子之一")和一个受到极大污蔑的人物(被亲以色列的《评论》杂志谴责为骗子、伪君子和"恐怖教授")①。

萨伊德既是那种罕见的学院式批评家,同时又是畅所欲言的公共知识分子,正如他本人在《重返语文学》一文中所说,"把身为知识分子的生命历程的大部分奉献给了理解和讲授伟大的文学和音乐作品,也奉献给了参与政治和社会责任"②。作为文学、文化理论家与批评家,萨伊德在两个领域里确立了自己的地位和声誉:一是对"现世性"的重要性或文本与批评家的物质语境的强调;二是通过《东方主义》促发了后殖民研究。正是对文本与批评家的物质语境的强调曾经一度使萨伊德被排挤在当代理论的主流之外。然而,由于文学写作的政治和文化功能被再次确认,这种强调被证明是合乎情理的。没有一位文化批评家像萨伊德这样如此有力地揭示出理论如此地"现实",因为他试图说明由于一种具体的原因,理论产生于一个具体的地点,并且具有一段具体的历史。因为无论他谈论英国文学、文本的复杂性、西方对东方世界实施权力的方式、知识分子在社会中的作用,还是音乐,他作为流亡的巴勒斯坦知识分子的立场在其作品中不断地得到反映。正如"文化研究"的奠基者之一的斯图亚特·霍尔(Stuart Hall)在《文化研究及其理论遗产》一文中所说,理论"也可以作为一种实践,这一实践总是思考它对一个世界的干预,在这个世界中,理论将会造成某种变化且产生一定的影响"③。萨伊德的理论正因为强调理论对现实世界的作用和影响,从而不同于其他文学与文化理论家的理论。

萨伊德是早期认识到欧陆理论的重要性并率先将其引入美国学界的文学、文化学者之一。他所引进的理论有现象学、存在主义、结构主义、后结构主义等,也曾专文讨论过多位西方的理论家与批评家的理

---

① Patrick Williams ed., *Edward Said* (volume1), London: Sage Publications, 2001, p. ix.
② Edward W. Said, *Humanism and Democratic Criticism*, New York: Columbia University Press, 2004, p. 62.
③ David Morley and Kuan-Hsing Chen eds., *Stuart Hall: Critical Dialogues in Cultural Studies*, London and New York: Routledge, 1996, p. 159.

论,其中包括意大利马克思主义者葛兰西的"霸权"理论、德国文化批评家阿多诺的"否定辩证法"(negative dialectics)和法国思想家福柯有关权力话语的分析,①并将这些理论与批评落实于特定作家、作品以及专题研究,而不局限于严格定义下的文学研究。因此他在跨学科研究方面扮演着重要角色。他在文学与文化研究方面的突出表现,与其将文学/文化理论与文本分析相结合的批评理念和策略密切相关。萨伊德的学术生涯根据其自述大致可分为四个时期,且每个时期都有相应的代表作品。第一个时期是他对文学生产的存在问题产生兴趣(an interest in existential problems of literary production)的时期,代表作品为完成于20世纪70年代之前的作品如《约瑟夫·康拉德与自传小说》等;第二个时期为理论研究时期,代表作品为《开始:意图与方法》;第三个时期是关注政治时期,代表作品有《东方主义》《巴勒斯坦问题》和《报道伊斯兰》等;第四个时期为回到美学时期,代表作品为写于20世纪90年代末期的著作②。

  萨伊德是一个富于创新的思想家,也是一个出色的解释者,一个富于想象并善于重塑自己思想的人。与威廉斯之类的批评家一样,他对抽象的概念缺乏耐心。他的具体的、语境化的思想风格标志着另一种组合,即在心理上将看似本土的东西与时代要求相结合。③ 作为20世纪最为知名的批评家之一,萨伊德凭借他对文学、批评和意义新颖而独特的研究,再一次发明了一种阅读《文学艺术作品》的方法。因此,他给文学与批评带来的不仅是一种新的风格和方法,而且是一种新的意识,一种理解我们周围的生活的新的方式。他与以前所有的文学传统和所应用的规范完全决裂,创造了一种独特的用语,这些用语性质不一,有的抽象,有的真实,有的具有嬉戏性,有的具有颠覆性,有的具有哲学意味,有的富有审美趣味,而这种独特的用语可能会影响未来的几

---

  ① Raman Selden, Peter Widdowson and Peter Brooker, *A Reader's Guide to Contemporary Literary Theory*, 4th edition, Harlow, Essex: Prentice Hall, 1997, p.224.
  ② 萨伊德:《知识分子论》,单德兴译,北京三联书店,2002年版,第105页。
  ③ Paul A. Bove, ed., *Edward Said and the work of the critic: speaking truth to power*, Durham and London: Duke University Press, 2000, p.227.

代人。① 阅读他数量众多的公共言论、评论和访谈，人们不难想象，他为自己作为阿拉伯世界关注西方以及西方再现东方这一"他者"的文化批评家，付出了高昂的代价，因为他试图找到一种重新思考历史的方法。他敏锐、灵活，不知疲倦地创新，不断地抓住一个又一个新出现的问题，出现在任何有行动的地方。与他风格一致的许多同行相对照，他在沉重的理论责任和学术新闻文章之间会突出自己的声音，既聪明机智又精神高尚，既博学又有专门知识。

萨伊德选择在纽约居住并非偶然，作为一个文化批评家，他使自己与官方话语永远保持某种距离，并与西方哲学传统内部的争吵保持某种距离。对萨伊德而言，批评应超越具体的立场。当我们谈论批评家的从属关系（affiliation）时，将批评归入文本性的某个理想化的领域尤其困难。对批评家而言，他们在其中发挥作用的多种从属关系对于他们所生产的东西来说至关重要。萨伊德自身的例子就充分地说明了这一点，因为在一所重要的大学占据一个显赫的位置，他已成为世界上最为知名的批评家之一。在其作为一个有权威、有威望的学院人士的位置上，他一方面必须不断地研究学术话语，因为这种话语在某种意义上使他在学术上成名，并成为他表达自身意见的基础；另一方面，他所研究的学术话语使他能研究他的支持者（或读者）在相当大的程度上被边缘化的立场。的确，在当今的美国，巴勒斯坦人和当代的伊斯兰世界是被妖魔化程度最为严重的群体的构成部分。这些从属关系的张力可能是矛盾的、破坏性的，但在萨伊德的著作中却成了一种策略和平衡的需要。萨伊德的著作说明了一种典型的平衡：一种平衡的语调和拒绝作一个恃强凌弱的人；在保守的理论立场和激进的理论立场之间的一种平衡；在对西方的权力运作和后殖民世界中的非正义的理解上的一种平衡。对平衡如此竭力的追求导致他拒不接受"谴责的修辞"，因为在他看来，这样的修辞永远都不能理解未来。在当代文化理论家中恐怕没有其他的人能如此清楚地说明批评文本的定位状况，能在理解批评与文本的关系时如此全面地证明批评本身的多种从属关系。

从某种程度来说，萨伊德是典型的对抗性批评家，因为他尝试着综

---

① Mustapha Marrouchi, *Edward Said at the Limits*, Albany: State University of New York Press, 2004, pp. 2—3.

合文学批评家和政治倡导者这两种角色,并为这两种角色相结合提供一个基础,他的这种尝试具有典范的(paradigmatic)意义。① 他始终将自己的批评界定为对抗性的,但他却怀疑以相同方式界定自己的批评立场的其他批评家。因为他明确反对的不仅是占主导地位的正统观念,而且是当代批评的现状,而他更看重的是其作品与有着相同的政治责任的其他批评家的作品的差异,而不是共同点。他既不明显地坚持马克思主义,也不与任何一个政治的潮流或运动相认同。② 他拒不接受纯文本性这一精妙深奥的世界和政治教条这一意识形态密集的世界,这为他努力超越实用批评、文学史、鉴赏和解释以及文学理论这四种基本的批评形式奠定了基础。萨伊德的批评精神的本质是他拒绝被局限于某个流派、某种意识形态或某个政党,相反,他决定把任何东西都纳入批评的范围,在其著作中,他将主宰、抵抗、文本、世界、批评家、权力、再现以及错误再现这些话题联系在一起。③ 对于其批评著作的重要贡献,美国著名语言学家乔姆斯基作了如下的评价:"其学术著作致力于阐明有关我们自身和我们对他人的解释的种种神话,重新构成我们对世界的其他部分的状况和我们自身状况的认识。"④

萨伊德关注的若干重要批评议题有东方主义、文化与帝国主义、文本与批评家的"现世性"、理论旅行与越界、知识分子的角色与作用和人文主义与民主批评等。在《东方主义》中,萨伊德论述东方主义的三个相互关联的方面:一个学术研究的学科、一种思维方式和一种处理"东方"的话语机制。他用福柯关于权力话语的观念和葛兰西的霸权概念来挑战西方认知"东方"的权威。《文化与帝国主义》将《东方主义》中对于西方与中东的观察,扩展至19世纪、20世纪的近代西方帝国与海外属地的关系,结合具体作家及文本进行分析与讨论,阐释文化与帝国主

---

① Catherine Gallagher, *Politics, the Profession, and the Critic* in Patrick Williams ed., Edward Said (volume 1), London: Sage Publications, 2001, p. 31.

② Mustapha Marrouchi, *Edward Said at the Limits*, Albany: State University of New York Press, 2004, p. 12.

③ Ibid., p. 55, p. 71.

④ Moustafa Bayoumi and Andrew Rubin eds., *The Edward Said Reader*, New York: Vintage Books, 2000, p. xv.

义、帝国的统治与被统治者的抵抗之间错综复杂的关系。其文本与批评家的"现世性"这一议题关注文本的功能和文本在世界的定位状况；强调文本与世界之间在构成上的相互作用；反对批评家（或知识分子）的智性工作的专业化倾向，提倡"世俗"批评；倡导"批评意识"，重视"再现"功能。萨伊德有关知识分子的角色的论述关注知识分子的"业余者、流亡者和边缘人"角色以及这些角色赋予知识分子为弱势群体代言，"对权力讲真话"并挑战社会现状的责任。在其论文《理论旅行》（1982年）和《理论旅行再思考》（1994年）中，萨伊德阐述了"任何理论都是对具体的社会的和历史的情境的回应"这样一个观点，从而为探讨理论传播的不同模式以及重构批评话语提供了可能性。在《人文主义与民主批评》中萨伊德对人文主义研究和实践的基础所发生的变化进行了深入的思考，将当代批评理论与人文主义传统联系起来，指出面对当代各种现实问题时人文主义所能提供的抵抗性。① 他呼吁一种更加世俗、民主、开放的人文主义，并主张回归批评的出发点，即奥尔巴赫和列奥·斯皮策（Leo Spitzer）所倡导的历史语文学，从而在某种意义上重构了西方人文主义。

二

后殖民主义是一种带有鲜明的政治性和文化批判色彩的学术思潮。它在20世纪80年代后期后现代主义在西方学术界失势之后异军突起，从边缘走向中心。它首次将西方对东方进行文化殖民的事实及后果纳入了自己的研究范围，将研究的焦点从文本形式转向文化政治批评。在此背景之下，作为后殖民主义奠基人的萨伊德的著述（尤其是《东方主义》一书）成为全世界范围内文学和文化批评研究者共同关注的重点，讨论其著述的论文和著作不断涌现，就像其学生、美国哥伦比亚大学教授薇思瓦纳珊（Gauri Viswanathan）所说的那样，"他自己也

---

① 宋明炜：《德尔莫的礼物》，上海书店出版社，2007年版，第67页。

是几本专著和批评文集讨论的对象"①。20世纪90年代初,后殖民批评理论在中国学术界引起广泛的关注和争论。1994年,《读书》《钟山》《文艺争鸣》《东方》《光明日报》和《文艺报》等报刊杂志争相刊登王一川、陈晓明、张颐武、王岳川、王宁、戴锦华、张法、陶东风和杨乃乔等多位学者的文章或座谈纪要,形成了一个"学界争说萨伊德"的热闹局面②。为了使中国学界对后殖民批评理论有一个较为全面的理解,一些学者做了大量卓有成效的研究和评价。正是在这一背景之下,萨伊德的文学和文化批评理论开始了在当代中国"至今尚未完成的旅行"。

有关的文章和专著对他的主要著作和重要的理论观点以及以他为代表的后殖民主义文化理论及其在中国文学理论与批评界激发的"失语症"、"中华性"、"文化殖民现象"等问题进行了批评和探讨,③其中代表性的著述有朱刚出版的专著《萨义德》(1997年)和张跣的专著《赛义德后殖民理论研究》(2007年);王宁在其专著《后现代主义之后》(1998年)和《超越后现代主义》(2002年)之中以及在国内外二十多种报刊杂志上发表的一系列论文中,对萨伊德的特殊身份及其主要著作《东方主义》《文化与帝国主义》和《流亡的反思》等进行了跟踪研究,对其批评理论进行了具有独特见解的分析和批评。赵稀方的专著《后殖民理论》(2009年)是国内第一部系统研究后殖民理论的著作,而对萨伊德的后殖民理论的分析和探讨则构成了其专著的一个重要部分。此外,也有部分博士和硕士论文以萨伊德的著述为题,对其批评理论进行探讨,较具代表性的有浙江大学博士王家传的学位论文《超越东方主义:赛义德后殖民理论研究》(2002年)、四川大学博士王富的学位论文《赛义德现象研究》(2006年)和北京语言大学博士赵建红的学位论文《赛义德的文学与文化批评理论研究》(2007年)以及兰州大学硕士李福刚的学位

---

① 薇思瓦纳珊编:《权力、政治与文化——萨义德访谈录》,单德兴译,北京三联书店,2006年版,"编者绪论",第1页。

② 陈厚诚、王宁主编:《西方当代文学批评在中国》,百花文艺出版社,2000年版,第523页。

③ 关于后殖民文化批评理论在中国语境下引发的有关"失语症"、"中华性"等问题的争论,可参见生安锋的《理论旅行与变异:后殖民理论在中国》一文,载于《文学理论前沿》(第五辑),北京大学出版社,2008年版,第121～163页。

论文《萨义德思想探析》(2007年)等。

作为后殖民研究的奠基者,萨伊德与巴巴和斯皮瓦克共同构成了后殖民理论家中具有后结构主义倾向的"神圣三位一体"。他对文学和政治再现、宗主国中心与殖民地边缘的对立以及流亡者形象和作家在与读者大众和诉求者的关系中所处的位置的分析均有助于将"后殖民研究"作为一个整体来界定。对于《东方主义》这一被学界公认为后殖民理论的"奠基性"文本,它自出版以来就受到了世界各国学界的广泛关注和多方面的批评。总体而言,《东方主义》在再现、历史性、文本性、同质性、本质主义、决定论、意识形态等话题上遭到批评家的质疑和批评。① 比尔·阿什克罗夫特、罗伯特·扬、巴特·穆尔-吉尔伯特、艾贾兹·艾哈迈德、瓦莱里·肯尼迪和齐亚乌丁·萨达尔等国外学者和陈厚诚、王宁、赵一凡、陆建德、朱刚、赵稀方、陶东风、杨乃乔和张跣等中国学者均发表了基于自身立场和视角的阐释和批评性见解②。陈厚诚在《后殖民批评在中国》一文中认为萨伊德的《东方主义》实际上是通过"东方主义"这一权力运作下的"话语"对东方的扭曲性书写,揭示了西方帝国主义霸权、强势文化对东方弱势文化的支配和控制,因而提出了后殖民理论的核心问题。③ 王宁在《"东方主义"反思》和《萨伊德:东方主义和文化霸权主义批判》等一系列论文中首先肯定了《东方主义》一书的积极意义,他指出萨伊德从作为"他者"的东方这一新的视角来批判习来已久的政治上和文化上的"欧洲中心主义"或"西方中心主义",进而达到最后消除所谓的"中心"意识这一目的,然后他"从一个真正的东方学者的视角"对萨伊德进行质疑,指出了他所建构的"东方主义"在地理学上的局限(认为萨伊德所说的"东方"仅仅局限于近东和中东的阿拉伯地区,而很少论及东南亚地区和中国、日本这样一些重要的东方

---

① Robert Young, *Postcolonialism: A Historical Introduction*, Malden, Massachusetts, USA: Blackwell Publishers Inc., 2001, p.392.

② 关于国外部分学者对于《东方主义》的代表性批评见解,可参见笔者的博士论文第三章和赵稀方的专著《后殖民理论》(北京大学出版社,2009年版)的前言以及张跣的专著《赛义德后殖民理论研究》(复旦大学出版社,2007年版)第二章。

③ 陈厚诚、王宁主编:《西方当代文学批评在中国》,百花文艺出版社,2000年版,第516页。

国家)、在意识形态和文化上的局限(忽视了东方文化两大源头之一的、以中国为中心的儒家文化)以及在比较文学研究方面的局限(主要论及英语文学作品而较少涉及非英语的第三世界文学)①。赵一凡在《亨廷顿、萨伊德与东方主义》一文中指出了《东方主义》存在的两个比较严重的缺陷:一是"东方主义整体模式有问题,大而笼统,无所不包,好像是普天下统一的规律",萨伊德把"东方主义当作一套完整严密的机制和话语系统,覆盖全球而无例外,但他严重忽略了东亚和中国"。他所谓的东方基本上是指伊斯兰、阿拉伯和北非。对于印度,只是简单提及,但是几乎没有提到中国和日本。因此说,他的东方主义仅仅是一种"阿拉伯主义"。因此,赵一凡责问"不谈中国何来东方"? 二是该书中缺少与东方主义对立冲突的理论论述,"既没有注意东方国家的反帝、反殖民运动,也忽视了西方知识界内部的不同层次的抵抗和斗争"。这就导致萨伊德认为"东方本身过去不是,现在也不是一个思想和行动的自由主体"。在赵一凡看来,萨伊德的这一看法显然是"偏激"的,因为他"至少忽略了中国人民的现状"②。罗世平对萨伊德的《东方主义》没有涉及远东的原因进行了更加详细的分析,他认为萨伊德的《东方主义》没有涉及远东主要有三方面的原因:1. 萨伊德受阿拉伯出身背景和知识学历的局限和受中东中心主义或伊斯兰中心主义影响,强调近东、中东,忽略远东,将后者置于东方的边缘地带;2. 萨伊德用于研究"东方主义"的方法如谱系学、对位阅读法和错位阅读法等不适合对东亚地区(特别是中国)的东方主义研究;3. 从历史角度看,西方殖民势力没有在东亚(主要是中国)取得长期的绝对统治地位,不具备"东方主义"发生的前提条件。③ 陆建德则通过对若干例子的分析,批评萨伊德对浩如烟海的原始材料进行取舍剪裁,有意淡化东方和西方内部各民族文化间的纷争,忽略从古希腊戏剧到近现代西方文学名著中与"东方主义"主题相反的例子,因而造成将复杂的文化现象简单化这一缺陷。④

---

① 王宁:《后现代主义之后》,中国文学出版社,1998年版,第93~96页。
② 赵一凡:《欧美新学赏析》,中央编译出版社,1996年版,第218~219页。
③ 罗世平:《赛义德的〈东方主义〉为什么没有涉及远东》,载于《云南民族大学学报(哲社版)》2004年第2期。
④ 陆建德:《流亡者的家园》,载于《世界文学》1995年第4期。

在其专著《后殖民理论》(2009年)之中,赵稀方认为将东方主义视为一种话语,是由萨伊德开始的后殖民理论区别于此前的殖民主义批评的一个独特之处,也就是说,萨伊德试图以话语理论来论述东方主义,但事实上,他并没有完全做到这一点,这就使《东方主义》在东方,尤其是在阿拉伯世界受到了严重的误解,《东方主义》被认为具有反西方的倾向,因而被看成是对于歪曲东方的西方文化的批判,萨义德本人也因此而被看作"被压迫民族的代言人"。① 此外,赵稀方指出,萨义德除了忽略"东方",他的另一个重要的缺陷是忽略了西方内部的反殖民主义传统,因为他在《东方主义》中声称每一个西方人都是东方主义者,这一断言显然没有看到西方内部的差异。②

对于《文化与帝国主义》所论及的"世界范围内帝国文化的普遍形式"和"历史上帝国遭到的抵抗"两大主题、文化的角色与作用、文化与帝国之间的关系以及文学经典作品的解读方法等问题,中国学者也发表了自己独特的评论。赵一凡在《从卢卡奇到萨义德》一书中论辩说《文化与帝国主义》的主旨一直是文化,尽管萨伊德本人无意提出"关于文化和帝国主义的完整理论",但他希望二者关系"能从文本交织中显露出来,进而得到阐释批评"。③ 王宁认为"该著作全面审视了西方文化,从18世纪的作家简·奥斯汀一直论到当今仍有争议的塞尔曼·拉什迪,从现代主义诗人叶芝一直论到具有后现代特征的海湾战争中新闻媒体之作用,直到在一个更为广阔的世界背景下全面描述帝国主义的文化侵略和殖民地的反抗历史"④。陈厚诚认为东方主义实际上是帝国主义在文化上的霸权的一种反映,所以对东方主义批判也就是对文化帝国主义的批判,只不过在《东方主义》一书中这一批判主要局限于中东地区且主要针对英、法等老牌殖民主义国家。而在《文化与帝国主义》中,萨伊德则将此论域由中东扩展到包括半殖民地中国在内的所有具有"后殖民性"的亚、非、拉和大洋洲地区,其批判的锋芒所指则由欧洲老牌殖民主义转向新殖民主义的大本营美国,并指出帝国主义实

---

① 赵稀方:《后殖民主义》,北京大学出版社,2009年版,第50~59页。
② 同上,前言,第8页。
③ 赵一凡:《从卢卡奇到萨义德》,北京三联书店,2009年版,第786页。
④ 王宁:《全球化时代的后殖民理论批评》,载于《文艺研究》2003年第5期。

施殖民的形式也由昔日的武装入侵改变为"通过文化刊物、旅行考察以及学术讲座等方式来逐步赢得后殖民地人民",从而一针见血地揭示了西方霸权特别是美国在后殖民语境下对第三世界进行"文化殖民"的特征①。皮海兵在《共谋:文化与帝国主义》一文中认为《文化与帝国主义》关注19世纪和20世纪的现代西方帝国和历史上对帝国主义的反抗问题,探讨隐含在小说、戏剧、诗歌等"高雅文化"中的帝国主义意识形态,集中分析了作为文化核心的文学作品与帝国主义的对应关系。在该著作中,萨伊德把现实的文化文本直接对应于帝国主义实践,将后殖民理论应用于文化批评,在论述帝国主义扩张与欧洲文化发展关系的基础上,提出了一种"对位阅读"方法,把抵制、反抗的主题纳入文化话语中,可以看作突破东方学话语局限的一种对应策略,为阅读文本提供了一个新的视角②。根据其"对位阅读"方法,读者可以将文本所处的地理空间与历史语境有机结合,可以将不同的阅读视界并置,即在阅读时将文本还原到其当时的语境,并与读者所处的现世语境相结合,在阅读反映帝国经验的欧洲文学文本时,兼顾帝国主义海外扩张及前殖民地对帝国的抵抗甚至后来的独立,关注原来被排除在文本之外有关前殖民地的话语,撇开文本,还原到两者相互交叠、相互对抗又相互依存的历史语境中③。在张铣看来,"对位阅读"法是贯穿《文化与帝国主义》全书始终的方法,借助于这一方法重新解读19世纪和20世纪西方经典文学作品,萨伊德对文学作品与帝国实践之间的"共谋"关系提出了发人深省的新见。④ 也有评论者认为"对位阅读"法是世界文学经典阐释理论的组成部分,它不仅激发文学经典对历史现实的解释力,拓宽了经典作品的阐释空间,从而让读者以全新的兴趣去解读19世纪、20世纪经典作品,因此可以看作萨伊德对文学经典理论的独特贡献。⑤

---

① 陈厚诚、王宁主编:《西方当代文学批评在中国》,百花文艺出版社,2000年版,第516页。

② 皮海兵:《共谋:文化与帝国主义》,载于《广西师范大学学报》(哲社版)2009年第1期。

③ 同上,第31页。

④ 张铣:《赛义德后殖民理论研究》,复旦大学出版社,2007年版,第186页。

⑤ 董洪川、龙丹:《经典与帝国:萨义德的经典观》,载于《外国文学研究》2008年第4期。

对文本与批评家的"现世性"(worldliness)的重要性的强调是萨伊德文学与文化批评理论的重要组成部分。① 赵建红在《论萨伊德的"现世性"批评理论》一文中论辩说不同于 20 世纪 80 年代风行于美国的结构主义和后结构主义等学院派批评理论，萨伊德的"现世性"批评理论有其自身的独特之处。因为萨伊德对文本在世界的定位持一种决定论的看法，强调文本与文本之间，以及文本与特定历史时期的复杂的社会和政治状况的紧密联系。他认为再现的问题至关重要，"是所有批评和哲学中的关键问题之一"，再现把智性活动与他所说的"现世性"环境联系起来，使得"文本"在现实世界"产生影响"。萨伊德思考批评家的角色定位及其与文化的关系，强调批评家再现和批判社会的功能。他主张批评家要将自己的工作定位在文化和体制之间，重视批评距离和批评的责任，批驳"一切解释皆误释"这一观点，抨击美国"左派"批评的过度文本化现象，认为批评必须恢复被结构主义和后结构主义所忽略的、与社会和政治现实的种种联系，即使是文学和文化理论也不能与它在其中产生的世界的政治现实相分离。他批判文学和文化研究中的"专业化"和批评语言的复杂化倾向，认为"专业化"是导致批评家不能发挥作用的症结之所在，因此提倡以"批评意识"为其核心内容的"世俗批评"这一超越四种传统批评形式（即实用批评、文学史、文学鉴赏和诠释及文学理论）的"第五种批评形式"和研究上的"业余态度"。此外，萨伊德探讨了"理论旅行与越界"这一现象，提出了"理论是对具体的社会和历史情境的回应"这一重要观点，强调理论变化与语境变换的关系。②

批评家，并且在更为广泛意义上的知识分子的角色与作用是萨伊德一生中关注的重点，他花费了大量的笔墨来阐述这一议题。赵建红认为萨伊德在《世界、文本与批评家》和《知识分子论》等著作中分析了文学、政治和文化之间至关重要且错综复杂的关系，而他对当今世界知

---

① 在国内，worldliness 的中译有"世俗性"、"现世性"和"世界性"等，但结合萨伊德的著述来看，笔者认为"现世性"是最为恰当的译法。

② 赵建红:《论赛义德的"现世性"批评理论》，载于《文学理论前沿》（第五辑），北京大学出版社，2008 年版。关于文本与批评家的"现世性"的较为详尽的分析与评论，亦可参见笔者的《文本与批评家的现世性》，载于《当代外国文学》2005 年第 4 期，或王晓路的文章《评赛义德的文学观》，载于《国外文学》2004 年第 4 期。

识分子的角色和职责的阐述构成了这种分析的重要组成部分。在他心目中,知识分子应该既具有法国作家班达(Julien Benda)所主张的特立独行的精英知识分子的高超道德形象,又能像意大利马克思主义思想家葛兰西(Antonio Gramsci)所说的"有机知识分子"一样积极介入社会和政治事务。在他看来,业余者和流亡者(或边缘人)这两种角色体现了精英知识分子和"有机知识分子"的特点,赋予了批评家(或知识分子)社会和文化批判的最为有利的位置和视角。也正是这样的角色决定了他们的立场以及他们与权力或权威之间的关系。因此,不难看出,萨伊德强调"对权力讲真话"这一知识分子坚持普遍真理和客观道德标准,为弱势群体争取公正,质疑权威,批判非正义现象,以及引领社会变革的重要而崇高的职责。① 在刘康眼里,萨伊德强调知识分子的"流亡者"、"边缘人"身份,一方面,他说流亡是最悲哀的命运,另一方面他又反复强调知识分子像流亡者一样居无定所,这样就可以使其打破各种思想和经验的疆域。② 杨志在介绍萨伊德《知识分子论》一书的文章《知识分子的选择:"业余性"和"流亡"》中论辩说萨伊德所倡导的知识分子的"业余性"(amateurism,亦译"业余态度")和"流亡"并不是互不相关的,而是同一件事的两个方面,都是他为知识分子怎样面对权威和权力而提出来的,其目的都是为了使知识分子能够更积极、更理智、更自主、更自由地运用其"批评和相对独立的分析与判断精神"去介入政治,而不是逃避政治。③ 在张隆溪看来,萨伊德在《知识分子论》一书中所说的知识分子是具有独立人格的个人,他们秉持文化批判的职责,坚持"超然于任何集团利益之上的是非和真理标准",并以之作为自己言论和行动的依据。这样的知识分子论述对于处在经济活动成为最引人注目的活动,商业大潮席卷社会的每个角落,人文知识分子面临消费性通俗文化全面挑战的当代中国社会中的知识分子来说无疑具有警醒和借鉴意义。④

---

① 参见笔者博士论文第二章第五节。
② 刘康、张慧敏:《向权力讲真话》,载于《天涯》2004年第1期,第25页。
③ 杨志:《知识分子的选择:"业余性"和"流亡"》,载于《国外理论动态》2002年第12期。
④ 张龙溪:《走出文化的封闭圈》,北京三联书店,2004年版,第94~95页。

在其生前的最后一部著作《人文主义与民主批评》中,萨伊德对人文主义的范围和人文主义研究和实践的基础所发生的变化进行了思考,并对保存并激活语文学这一学科的重要性以及"二次世界大战以来人文实践中最伟大的著作《摹仿》"进行了讨论,他将当代批判理论(critical theory,习惯上被认为是人文主义的掘墓者)与人文主义传统联系起来,指出面对当代各种现实问题时人文主义所能提供的抵抗性。他认为"人文主义"确定了一种简单而有效的定义,那就是,人文学科关注世俗的历史、人类的劳动成果和人类的清晰的语言表达能力。① 他始终坚信可以在人文主义的名义之下,对人文主义进行批判。他认为一个对人文主义因欧洲中心主义和帝国的经验而受到滥用有所了解的人,能够建构一种不同的人文主义。这种人文主义是世界主义的,是与文本和语言密切相关的(text-and-language-bound),它不仅以种种方式从奥尔巴赫和利奥·斯皮策,而且从理查德·波瓦里耶(Richard Poirier)的著述中获取很多来自过去的教训,同时它也可以与正在出现的声音和潮流相一致,这些人中有许多不仅是具有特殊身份的美国人,而且是流亡的、超越特定国家疆界的、无家可归的人。对于其讨论所要达到的目标来说,萨伊德论辩说人文主义的核心是那种世俗的观念,即历史的世界是由男人和女人,而不是上帝创造的;这一世界能够按照维柯在《新科学》(Scienza Nuova)(1774 年)中所阐明的原则得到理性的理解,以至于我们真正能理解的只是我们创造的东西,换言之,人们只能根据事物被创造出来的方式来理解它们。② 赵国新认为,萨伊德写作《人文主义与民主批评》一书的目的并不在于从学理上来探讨人文主义的思想起源,它在各个时代的具体表现和标志性人物,进而勾画出其历史沿革和思想嬗变,他是在反思人文主义在当代的实践,为美国的人文学科研究把脉,揭示其弊端,敦促人文研究者承担社会批评的职责。他通过批评始自马修·阿诺德,中经艾略特,延至利维斯和美国新批评派的一个被称作"自由人文主义"的文学研究传统的批评实践来确定自己的人文主义理念和批评方法。他认为应该将人文主义理解成是民主

---

① Edward W. Said, *Humanism and Democratic Criticism*, New York: Columbia University Press, 2004, p.15.

② Ibid., p.11.

的,对所有阶级和背景的人开放的,并且是一个永无止境的揭露、发现、自由批评和解放的过程。他甚至还说,人文主义就是批评,针对大学内外事务的状况的批评,并以其民主的、世俗的和开放的特征而凝聚其力量和适用性。他因此而阐明了自己的人文主义理念:文学批评应贴近现实,面向一般民众,以社会批评为终极目的,学院派知识分子也应成为公共知识分子。在他看来,人文主义的重大成就与各个时代的新生事物(包括新的艺术思想和文化)关系密切。因此他强调人文主义研究应处理好传统和经典与新事物之间的关系。此外,他指出人文研究应具有更加宽广的包容精神,尊重异域的文化、异己的学术传统和精神特性,用一个人的语言才能去理解、重新阐释和掌握其自身历史上的语言文字成果,乃至其他语言和其他历史上的成果。他提倡借助于奥尔巴赫和斯皮策的历史语文学的阐释方法来摆脱人文学科面临的困境。在他看来,语文学的阐释学批评方法可以纠偏自由人文主义批评严重忽视文本外部因素的弊端,为文学批评增添历史的厚重感、社会现实感,同时避免某些马克思主义批评简单的还原论;其次,对于历史和现实的关注,有助于抵制当前批评界对于高度技术化的、反人文精神的后结构主义的过分推崇。再者,语文学阐释学的换位思考方式,有助于打破长期困扰美国人文学科研究的欧洲中心论,破除喧嚣一时的"文明冲突论"背后那种狭隘的意识形态考量。因此,可以说,《人文主义与民主批评》体现出萨伊德为文学批评在自由人文主义与后结构主义之外另辟蹊径的深远用意,他给自由人文主义增添了社会批判和政治关注的内容。[1] 段俊晖在《流亡、现世性与人文主义》一文中评论说萨伊德在《人文主义与民主批评》中不仅从容解答了学界多年来对其人文主义思想的质疑,而且第一次,也是最后一次完整地阐述了他的批判性人文主义的体系。在段俊晖看来,萨伊德对人文主义各种变化所作的分析基本上都切中要害,其语文学研究也确实为人文主义找到了一条切实可行的出路,但他对白璧德和艾略特等"精英"人文主义者的批判则有不妥之处,因为他忽略了前者所处的时代特征以及后者对旨在加强人性的内在道德建设以促进整个外部社会和谐发展的新人文主义所作的批判

---

[1] 赵国新:《文学批评与知识分子的社会使命》,载于《外国文学》2007年第3期。

与重构。① 而在笔者看来,另一种新颖的批评观点来自于美国的斯帕诺斯(Spanos),他在系统和深入研究萨伊德批评思想的专著中论辩说萨伊德在批评实践中可能会断然拒绝传统的西方人文主义,但在《人文主义与民主批评》中,他通过清点扭曲现代性的种种痕迹,最终使"对传统人文主义的迁就性容忍这一痕迹完好无损"②。

自20世纪90年代以来,萨伊德文论在中国语境中"旅行"已有近20个年头,其重要的文学与文化批评观点基本上都得到了讨论,其有关后殖民主义理论的论述在中国文艺理论界引发的有关中国文论话语的"失语症"、"中华性"、"文化殖民现象"等问题的争论对思考中国文论自身的身份特征,对中国的文学与文化理论话语的重构在某种程度上起到了积极的推动作用。而其关于文本与批评家的"现世性"、知识分子的角色与功能、理论旅行与越界以及西方人文主义与民主批评的诸多洞见无疑对于当代中国文学与文化理论家与批评家,或者是更宽泛意义上的知识分子来说均具有不可忽视的重要意义。尽管知识分子的身份在"本土全球化"和"全球本土化"的今天很难确定,但无论是萨伊德文论对"现世性",即批评家(或知识分子)和文本与现实世界的社会、历史等多方面的错综复杂的联系(即批评家及其文本对历史与现实的"介入性")的强调,还是萨伊德本人对批评家的社会与政治担当的坚守,在笔者看来,都未失去其应有的现实意义与历史作用。根据萨伊德的"理论旅行与越界"说,任何理论都是对具体的社会和历史情境的回应,理论的演变由其所进入的情境决定。因此,我们不妨借用英国"文化研究"的奠基人之一、著名文化理论家斯图亚特·霍尔所倡导的再语境化(re-contextualization)观念来对萨伊德文论在中国这一不同的语境中尚未完成的旅行进行重新阐发(re-articulation),因为对其理论和观点的误读在不同的语境中还在不断出现,正如罗伯特·扬针对殖民话语研究存在的问题时所指出的那样,他认为许多后殖民理论家并没有真正弄明白"殖民话语"的含义,原因就在于他们一直都没有严肃地

---

① 段俊晖:《流亡、现世性与人文主义》,载于《国外理论动态》2009年第3期。

② William V. Spanos, *The Legacy of Edward W. Said*, Urbana and Chicago: University of Illinois Press, 2009, p.196.

思考过为萨伊德分析殖民话语提供理论资源的福柯对于话语的本质(the nature of a discourse)所做的持久且彻底的分析和阐述①。由此看来,在中国这一特殊的语境中对萨伊德文论"被做了何种解读"并且还可能,甚至"应该做何种解读"这一问题的思考将是一个持续的过程,而这样的思考能为中国文学和文化批评理论话语的重构带来可资借鉴的理论资源和新颖的视角。

---

① Robert Young, *Postcolonialism: A Historical Introduction*, Malden, Massachusetts, USA: Blackwell Publishers Inc., 2001, pp. 393—394.

下　　编

1. 外国文论在当代中国的四次转向

2. 当代中国"翻译文论"的实绩与问题

3. 当代中国的外国文学理论教材翻译与编写

4. 外国文论在当代中国的译介(1949～2009)

附录　　外国文论名著、丛书、资料书目与提要(中国社会科学院外国文学研究所学者主持编选翻译)

外国文论在当代中国的四次转向

王一川

从新中国建立六十周年这一特定的政治时间节点回望,可以清晰地见出外国文论在中国现代文论历程中刻下的那些深深印记。当然,严格说来,这与其说是外国文论自身留下的印记,不如说是中国文论家利用外国文论所留下的印记。我们知道,进入晚清以来,特别是梁启超在西方影响下标举"小说界革命"以来,中国文论不断地面向外国文论开放并由此产生相应变化,都是不容置疑的。但这些影响和变化究竟如何,则是需要回顾和思考的,同时也是见仁见智的。无论如何,要完整地认识中国现代文论的发展,如果不尽力弄清外国文论在中国的究竟则是不可能的。特别是1949年至今的六十年间,外国文论在自新生而届花甲之年的中华人民共和国发展历程中究竟发生了怎样的影响,这些影响对中国现代文论的发展究竟有何作用,都需要予以认真分析。但限于篇幅和水平,这次分析也只能是初步的。

六十年里四次转向

中华人民共和国成立,意味着国家统一为中国现代文论的生长提供了新的整合的体制土壤和发展目标。如果说,之前由于国内革命与战争形势的作用,中国现代文论置身在一个零散、分裂及不确定的国家体制框架中,那么,正是从此时起,中国现代文论终于拥有了统一的国家体制的规范,而相应的,外国文论在中国的作用也开始服从于统一的国家意志的节制和新的文化建设任务的要求。具体说来,从外国文学理论范式在中国的影响轨迹看,这六十年中国文论大约经历了两次明显的大转向:第一次转向是 1949 年起的苏化转向,第二次则是 1979 年起的西化转向。不过,如果从更具体的层面看,西化转向内部其实还可以细分出若干转向,这是因为,越来越深入的改革开放进程,把越来越近便并且正在进行中的当下西方文论直接引进中国,不再总是经过前苏联和日本之类国家的转手。这样,总的看来,两次转向之说需要让位于更加具体的四次转向之说。

第一次转向在 1949 年至 1977 年间,可称为苏联文论范式主导期。那个时期文艺界的主要任务,根据 1949 年 7 月 2 日召开的第一次中华全国文学艺术工作者代表大会的统一表述,是建立和发展"人民的文学艺术"①,而这正是新的国家政治与社会体制所需要的。文论的任务就是为"人民的文学艺术"和"人民的文学艺术工作者"的诞生提供思想资源。这种文论在当时条件下只能从苏联范式中寻到合适的范例。这一点加上此后陆续发生的"创作方法"、"真实性"、"典型性"、"形象思维"等理论争鸣及"美学大讨论",都无一例外地是面向苏联文论范式获取思想资源的。当然,由于不满足于苏联文论这单一资源,人们也注意上溯到马克思所推崇的德国古典美学以及列宁所重视的俄罗斯 19 世纪文论家"三斯基"(即别林斯基、车尔尼雪夫斯基和杜勃罗留波夫)等求助。

第二次转向在 1978 年至 1989 年,为西方前期现代文论范式主导期。由于国家实行改革开放政策,饱受"文革"浩劫困扰并企望摆脱苏化范式束缚的现代文论,得以向外寻求新的思想资源。于是,过去一度被禁锢的西方生命美学、直觉主义文论、心理分析文论、新批评、结构主义文论、现象学文论、存在主义文论等文论与美学资源,便从尽情敞开的大门口蜂拥而至,一时间蔚为大观,给予中国现代文论以极大的冲击和启示。

第三次转向在 1990 年至 1999 年间,为西方后期现代文论范式主导期。以"符号学"、"后现代"、"文化研究"、"后殖民"等为主要热点。这个时期出于国家政治与经济工作的特定需要,对西方文论的开放度有所收缩,并对业已引进的西方文论加强了分析,例如对生命美学、直

---

① 毛泽东:《中共中央给中华全国文学艺术工作者代表大会的贺电》,载于《毛泽东文艺论集》,中央文献出版社,2002 年版,第 130 页。

觉主义、心理分析学、存在主义等思潮中存在的非理性主义偏向进行了严峻的批判;不过,对依托符号学或语言学而生成的意识形态色彩相对淡薄的结构主义、叙事学、新批评等西方文论思潮则予以默许,从而为学者们修炼专业文论素养、加强文论学科建设提供了范式借鉴。

还可以说,进入21世纪以来属于第四次转向期,表现为以全球消费文化等为热点的新近西方文论范式主导,带有明显的跨学科话语特征。这个时期随着中国加入WTO,国家在文化产业上实行更加开放的政策,因而允许包括文论在内的外国学术论著大量引进,这其中既有汉译论著,也有外文原著影印版,还有教材原版等。正是这种更加开放的文化政策给外国文论在中国的影响提供了更大的便利。

需要看到,这四次转向之间实际上是彼此交错、重叠的。例如,从第二次转向的起始浪潮中可以辨识出第一次转向的浪花,1978年至1979年兴起的"真实性"、"典型性"、"形象思维"等论争就可以在"十七年"文论主流中找到渊源,它们只是由于"文革"十年浩劫而断流了。至于第二次转向与第三次转向之间,以及第三、四次转向之间,更具有可谓千丝万缕或藕断丝连的复杂关系。这四次转向的划分,只是相对来看的,目的旨在分析问题方便。

四次转向的动力与特色

任何一种现代文论转向的发生,必定是受制于特定的动力的,这动力既来自文论内部,更来自文论所从中产生的远为宽泛而深广的社会文化语境,正是这种社会文化语境给予文论转向以深厚的动力。中国现代文论在六十年里发生四次转向,其动力与特色何在?

第一次转向,其动力主要来自当时以冷战为标志的国际政治与文化格局。由于处在中苏结盟和中美敌对的特定形势下,新生的中国社会主义时期文论只能求助于苏联范式的文论。随着20世纪50年代初一批批苏联文论家应邀来北京大学、中国人民大学、北京师范大学等高校讲学以及出版汉译教材和专著,苏联文论陆续产生了强大的影响。这些来自"老大哥"的先进文论,在毛泽东《在延安文艺座谈会上的讲话》等文艺论著的结构性基础上发生综合作用,有力地支持了中国社会主义文论的发生和发展。这时期社会主义文论的主要特色可以简要归结为政治论范式主导,这就是说,文学或文艺是为特定的国家政治服务的,是具有阶级性、倾向性和实践性的。在"文革"十年中,当着这种文论范式被当时的极端政治斗争加以无节制的延伸和发挥,反过来变成扼杀文论家和作家自身的政治生命及艺术生命的罪魁时,它们的威信受损就是毋庸置疑的了。它们的在今天从理论上看来仍然具备的那些合理性,在极端政治斗争的残酷打击中不得不趋于瓦解,从而在新时期文论中内在地和自发地分离出反苏化的力量。不过,如果没有随后新时期改革开放进程,反苏化力量是不可能演变成实际的西化动力的。

第二次转向,其动力就来自改革开放时代新的变革需求与西方前期现代文论影响交织成的合力。开放,在中国新时期主要就是面向曾封闭长达三十年的西方或欧美开放。1979年1月,由中国社会科学院外国文学研究所编选的《外国理论家作家论形象思维》出版,所录不仅有苏联和俄罗斯的,也有欧美古典及现当代的,及时配合了兴起的学习毛泽东有关"形象思维"语录的热潮。此书的出版及阅读可能正代表了新时期西方文论译介与研究的初潮。那年适逢中华人民共和国建国三十周年,也是正式推进改革开放的第一个年头。面向隔绝长达近三十年的西方文论重新开放,此次转向实在不同寻常,意味着把此后三十年中国文论导向一个判然有别的新里程。虽然说在改革开放头几年,苏联范式中的美学方面重新产生了影响,有力地激活了中国现代文论的美学化趋向,但是,随着欧美文论与美学的大量引进,加之当代苏联文论与美学缺乏足够的吸引力,苏联范式的影响力就逐渐地衰退了,于是,反苏化力量终于占据主流,迎来了新的西化时期。

取而代之,我们看到的是西方文论范式成为新的主导。这一点可以下面几位论者的活动为代表。美学家朱光潜在此时期不仅完成黑格尔《美学》全三卷翻译出版,还重新提笔翻译马克思《1844年经济学—哲学手稿》,并以80岁高龄之精力勉力翻译意大利学者维柯的巨著《新科学》,体现了重新介绍西方文论与美学的雄心。其时正当年华的中青年美学家李泽厚先生在1980年发现:

> 现在有许多爱好美学的青年人耗费了大量的精力和时间苦思冥想创造庞大的体系,可是连基本的美学知识也没有。因此他们

的体系或文章经常是空中楼阁,缺乏学术价值。这不能怪他们,因为他们根本不了解国外现在的研究成果和水平。这种情况也表现在目前的形象思维等问题的讨论上。科学的发展必须吸收前人和当代的研究成果,不能闭门造车。目前的当务之急就是应该组织力量尽快地将国外美学著作大量地翻译过来。我认为这对于彻底改善我们目前的美学研究状况具有关键的意义,你搞一篇有价值的翻译比你写十篇缺乏学术价值的文章作用大得多。我对研究生就是这样要求的,要求他们深入研究现代美学某家某派,而不要去写那种空洞的讨论文章。

这段话完全表露了这位美学家对外国美学和文论的高涨的引进热情和勃勃雄心。他说干就干,随即着手主编"美学译文丛书"①,到1982年、1983年就先后推出桑塔耶纳《美感》、苏珊·朗格《艺术问题》等。李泽厚先生所说的"国外现在的研究成果和水平"十分重要,其所指正主要是当时的西方美学而非过去三十年里持续影响中国的苏联美学。这一点其实也适用于文论界,因为那时的中国文论学者们多是把美学视为文论的拯救性及支撑性学科来崇尚和研习的。著名学者季羡林教授继倡导成立北京大学比较文学研究中心和比较文学研究会之后,又于1981年发起编辑出版"北京大学比较文学研究丛书"。他反思道:"在那与世隔绝的十年中,国外比较文学的发展情况,同其他学科一样,对我们完全是陌生的。因此,在最近几年中,同国外研究比较文学的学者一接触,好多人都有豁然开朗之感。"为了重新发展中国的比较文学事业,他主张"先从翻译外国比较文学研究者的论文开始",也就是"先做一些启蒙工作,其中包括对我们自己的启蒙",尽管他孜孜以求的目标是"比较文学中国学派"的建立。② 而这套丛书的第一本就是由其时北京大学西语系张隆溪先生选编的《比较文学译文集》(1982年)。其时正年轻的张隆溪先生还在钱钟书先生"勉励"下研究"现代西方文论":

---

① 李泽厚:"美学译文丛书序",载于桑塔耶纳《美感》,缪灵珠译,中国社会科学出版社,1982年版,第1页。

② 季羡林:张隆溪选编《比较文学译文集》序,北京大学出版社,1982年版,第1~3页。

写这本小书的想法固然是由来已久，但具体实现这想法，则是在受到钱钟书先生的勉励之后才开始的。钱先生推荐我为社会科学院组织编写的一部参考书撰写介绍现代西方文论的部分，使我不能不较系统地阅读有关书籍，把平日一些零星的想法组织成一篇完整的东西。只是在此基础上，才有写成目前这本小书的可能，而在写作过程中，我又常常得到钱先生的指教和支持，获益益深。①

张隆溪先生的记述向我们展露了钱钟书先生当时对现代西方文论的积极引进和研究态度。而这同前面提及几位的面向西方开放的主张是几乎完全一致的。张隆溪先生的现代西方文论研究成果作为系列论文，于1983～1984年在《读书》杂志分11期连载，后于1986年结集成《二十世纪西方文论述评》一书，激发了全国年轻读者对现代西方文论的浓厚兴趣，产生了较大的西化启蒙作用。1981年，花城出版社出版了高行健先生的《现代小说技巧初探》，该书介绍了小说的演变、叙述语言、人称转换、意识流、怪诞与非逻辑、象征、艺术的抽象、语言的可塑性、时间与空间、真实感、距离感、现代技巧与现代流派等，向国人展示了久违的现代西方小说理论新风貌，也引起了反响。

仔细分析，这个时期在影响我国文论界的西方文论中占据主导范式的应当说是以康德主体性理论、生命美学、心理分析学和存在主义等思潮为代表的审美论文论范式。相应地，文论家则被要求首先成为美学家。与前一时期的政治论范式竭力崇尚文学的政治性不同，这种审美论范式转而针锋相对地标举被政治论文论压抑的人的审美主体性。而人的审美主体性则被视为人道、人性、人的自由、全面发展的人或"大写的人"的完满的感性显现。20世纪70年代末到80年代后期陆续亮相的"康德与建立主体性"、"审美特征论"、"审美体验论"、"审美价值论"、"文学主体性"、"向内转"等命题，正是这种审美论范式在中国现代文论中的一种具体体现。

第三次转向，其动力主要来自市场经济条件下知识界自身的改革

---

① 张隆溪：《二十世纪西方文论述评》，生活·读书·新知三联书店，1986年版，第2页。

反思与西方20世纪后期文论影响产生的合力。面对国家政治、经济和社会的进一步转型,知识界发现自身面临新的角色转变:国家文化建设特别是文学活动所需要的更多的,不再是20世纪80年代人们自以为是的那种专家加政治家形态的文论家或者思想型文论家,而是具有专业意识和学术素养的学者型文论家。正是这样,在20世纪80年代中期就先后登陆中国的符号学或符号论,其中尤以恩斯特·卡西尔和苏珊·朗格师徒的符号学美学专著《人论》和《艺术问题》的汉译本分别于1985年和1983年出版为鲜明标志,加上其时越来越引人注目的结构主义和叙事学汉译著作,就被重新发现,一跃成为人们信奉的主导性文论范式。于是,受到符号论支撑的符号学美学、结构主义、叙事学、西方马克思主义(特别是阿尔都塞和杰姆逊)等就成为新宠。与此同时,面对我国经济和社会的新变化,人们敏感到后现代社会的来临以及意识到需要重新反思现代性问题,于是后现代主义和现代性又成为另一新热点。可以说,这个时期文论的特色在于,一方面是符号论范式的主导,另一方面则是后现代及现代性范式的主导,这两者交织一体而难以分离地存在。如果说前者更多地构成理论的支撑原型,那么后者更多地构成理论的应用领域,它们之间相互渗透地发生作用。

第四次转向,其动力大体来自新世纪全球性文化消费主义浪潮与西方当下跨学科形态文论的影响交织成的合力。在全球性文化消费主义支配下的文学创作、生产、消费、阅读与批评新潮,特别是越来越活跃的网络文学、短信文学等,越来越清晰地证明,文学常常不仅不是单纯地审美的、个性的,反而是商品的、消费的、政治的、时尚的、从众的、无个性的等等。这促使人们认识到,不仅审美论文论范式不能完全把握现实中的文学,而且连符号论文论所设想的独立的专业视野也不过是心造的幻影,而与此同时,强调文学的社会关联性的政治论文论被重新证明并非没有合理性,文学实际上依赖于跨越单一学科界限的更为宽泛的多学科视野的综合考量。正是在如此情形下,来自西方的跨学科文论范式及时起到了影响作用。这种跨学科范式强调,需要调动两个以上学科的综合视野的考察,才能对任何一种文学现象予以阐释,否则只能产生对于文学现象的单薄的或片面的认识。卡勒的《文学理论》(汉译本于1998年由辽宁教育出版社和牛津大学出版社出版)在对文学理论的特征加以解说时,开宗明义第一条就是文论具有跨学科性

(interdisciplinary)——"一种具有超出某一原始学科的作用的话语"①。当文学现象的理解总是依赖于"超出某一原始学科的作用的话语"时,文论就越来越具有跨学科特性了,也就越来越难以确定自身的学科特性了。随着来自西方的哲学、历史学、社会学、政治学、传播学、人类学、教育学、心理学、管理学等人文与社会科学的学术论著被以异乎寻常的高速度大量地译介进来,今天的文学理论无疑正遭遇前所未有的跨学科性冲击。由此可见,第四次转向造成的文论特色主要表现在跨学科性的展示上。跨学科性,意味着文论不再具有大致确定的学科边界,而可以面向任何一种学科话语开放;同时,运用超出一种原始学科的资源去做综合考察已成为文学研究的常态。相应地,被构拟出来的理想的文论家,不会再是过去三次转向依次有过的政治家、美学家和专家,而变成善于运用跨学科视野去分析文学的社会属性的批评家,拥有渊博学识的"百科全书式"学者,或者处处寻求文学的政治性和社会性等的公共知识分子等。

外国文论与中国现代文论走向

透过以上外国文论在中国影响的四次转向,实际上已可以大体见出中国现代文论的走向了。但问题在于,如何予以外国文论对于中国现代文论的影响力以合理的估价,而这同时也等于是对中国现代文论的自主性状况作出合理评价。

对此,只要对四次转向作出具体理解就明确了。第一次转向诚然吸纳了苏联文论范式而拒绝了西方文论范式,但其结果却并没有简单地跟在苏联范式后面亦步亦趋,而是终究走自己的路,满足自身的文学活动的需要。关于电影《武训传》的讨论、文艺界整风学习、批俞平伯《红楼梦》研究、批胡风、批丁玲、美学大讨论、反右等,都表明中国现代文论走在自己的道路上,而这些都是由现代文论所生长于其中的国家政治体制及意识形态机制的规范的,从而都直接体现了文艺为国家政

---

① 卡勒:《文学理论》,李平译,辽宁教育出版社和牛津大学出版社,1998年版,第16页。

治服务的特质。而与此同时,苏联文论中与政治论范式同时存在着的审美论取向,却在 20 世纪 50 年代到 70 年代没有获得充分的吸纳,这正是由其时中国现代文论的特定语境要求所制约的。第二次转向在大方向上是顺应了国家的改革开放机制的,而急切地吸纳西方文论中的美学资源和现代文论资源,则一方面是要弥补过去三十年与西方隔绝带来的巨大耽误和损失,而另一方面,更主要的是要满足文论对于被政治论文论所长期放逐的审美与人道的强烈渴求。第三次转向发生于中国社会 1989 年"风波"之后,新的政治格局和市场经济体制对文学和文论提出了新的要求,而来自西方的符号学范式和后现代话语不无道理地成了新的选择。值得注意的有两件事:一件是以卡西尔符号学哲学和结构主义为代表的符号学文论范式虽然早在 20 世纪 80 年代中期陆续介绍进来,但真正受到重视和借鉴却是在 20 世纪 90 年代初,显然延滞了数年之久;另一件是美国新马克思主义代表人物杰姆逊在北京大学作的《后现代主义与文化理论》讲演录,虽然早在 1986 年就由陕西师范大学出版社出版,但也是推迟到 20 世纪 90 年代初才逐渐地受到中国学界的正视和普遍青睐的。只是当 20 世纪 90 年代文学界的特定状况需要借重符号论范式和后现代主义理论时,这两种思潮才突然间交了好运,成为学界时髦。这两件被延滞接受的案例并非巧合,它们共同地表明,中国现代文论总会以自身的需要和方式去过滤任何外来文论资源,也总会按自己的需要、方式以及节奏去自主地吸纳外来文论的影响。第四次转向虽然发生在中国现代文论可以同西方文论展开平行对话之时,但当具体面对西方文论时,总会体现出自身的自主需求。例如,中国现代文论对于跨学科范式的吸收,实质上根本上导源于中国当代文学产业中出现的一系列依赖于跨学科话语去加以阐释的新现象、新问题,例如畅销书现象、网络文学现象等。这表明,中国的特定国家体制及其文化产业政策仍然在总体上规范着现代文论与西方文论相遇的具体方式。

外国文论在中国——利用规范影响

从上面的简略描述,可以对外国文论在中国的作用方式作出一些理解。外国文论在过去六十年里无疑渗入中国现代文论的建设进程中,但是,这种渗入常常只是在经过中国现代文论的特定需要的过滤或变形后才发生实际作用。可以说,外国文论之渗入我国文论,并非像有些人想象的那样总是长驱直入、无孔不入、所向披靡,而是根据我国文论的实际需要而受到取舍、变形或改造的。例如,来自苏联的社会主义现实主义起初被直接照搬为我国文学的创作方法和批评原则,但随着中苏政党与国家间关系交恶,中国共产党和政府旗帜鲜明地在论战中走独立自主的政治与文化发展道路,这一理论就逐渐地让位于毛泽东提出的"两结合"创作方法(革命现实主义与革命浪漫主义相结合的方法)了。这一实例表明,外来文论总是在本土利用中被加以改写的,在本土文化语境中利用外来文论,本身就意味着对它的变形和创造。利用,总是在本土文化语境中出于本土文论建设的需要,而对外来文论加以有选择地取舍、改造、变形或重组,总是一种带有以我为主意味的对外部思想资源的改造性移植。

不妨再说说前面提到的两件在中国被延滞接受的案例,即符号学文论和杰姆逊后现代文论延滞几年后才在中国释放广泛影响力。当时还是在20世纪80年代,当中国正置身在几乎毫无保留地面向"蔚蓝色大海"进军的激进的开放风潮中时,学理化或者过分学理化的上述两股文化阐释思潮,自然就不待见,不能契合中国激进开放论者的需求,从而被抛诸脑后。取而代之,那时人们崇尚的是叔本华与尼采式生命美学或生命文论,以及美学家李泽厚先生规划的"新感性"远景。甚至到20世纪80年代后期,连曾经无人能及地征服当时的全国青年学子如我辈的李泽厚先生和他的美学,也被那时更激进的狂奔的"黑马"斥责为"过时了"、"老了",可想而知符号学之类学理化阐释范式所受到的冷遇之必然了。而一旦进入20世纪90年代,随着计划经济转向市场经济,消费文化潮逐渐涌起,全国文化语境从新浪漫主义式或新生命美学式的"新感性"呼唤转向了富有理性主义意味的学术反思与学术建设,这时,上面提及的生命美学、"新感性"等时髦思潮就骤然转冷,代之以新的"人文精神"讨论、学术化或专业化浪潮,它们摇身一变而成为新的文论时尚。于是,20世纪90年代以来文论学者们孜孜以求的,不再是生命、感性、自由、解放等生命美学概念,而是文本、符号、话语、阐释、分析等带有浓烈符号学色彩的术语了。同时,面对越来越汹涌的中国消费文化和大众文化潮流,像杰姆逊那样去分析、阐释中国式后现代,就也成了一些文论学者的新的追求。回头试想,假如没有"八九风波"的巨大的转折性作用以及后来市场经济的高速发展对全社会及文化思潮的作用力,外国文论在中国的影响源、影响力、影响效果等,都不大可能像后来实际的那样运行。那样的话,也许符号学和杰姆逊的影响还可能会被延滞若干年呢!可以说,本土语境总是在出于自身的特定需要而我行我素地检查或过滤任何外来影响,或者不如更恰当地说,让外来影响发生必要的变形。

由此,不妨得出这样一种推断:就外来思想资源在中国现代文论中的影响来看,并非影响直接决定利用,而是利用规范影响。规范,在这里是规定、引导和制约等含义。这就是说,本土文论对外国文论的具体利用方式,在很大程度上将直接规定和制约这种外国文论的影响方式及其影响力。很多时候,中国文论家利用外国文论往往是用其一点而不求甚解、不及其余,或是借助外国文论的某些方面而说自己的事,这正是由于,他们总是出于自身的本土考虑而有选择地利用外国文论。利用外国文论,为的是建设中国自己的文论。

由此,我们可以有勇气地承认说,中国现代文论是利用了外国文论特别是西方文论的影响的,因而如果没有对于外国文论的影响的自主利用,中国现代文论肯定是不会以现在的方式呈现的。但是,这并不能简单地推导出中国现代文论完全是外国文论的复制品的轻率结论。那种关于中国现代文论由于"西方文论中国化"而患"失语症"的判断,是轻率的和不切实际的。实际上,就中国现代文论而言,任何外来影响总会受到本土文化的抵抗和变形的,这种抵抗和变形过程,其实正意味着中国现代文论自主地吸纳外来资源并建构自身自主品格的特定方式。

问题不在于是否应该利用外国文论,而在于如何利用它。全球化条件下的中国现代文论继续面向外国文论和文化开放是必然的,如果没有这种开放,特别是开放中的中外自主与平等对话,中国现代文论必然会变成死水一潭、井底之蛙。但与此同时,在这种全球跨文化对话情势下,目前更加重要而又艰巨的任务则是,如何在中外跨文化对话中努力探寻和建构属于中国现代文论自身的民族的与自主的品格。这一点可能正是今天反思外国文论在中国六十年的一点启示。

当代中国"翻译文论"的实绩与问题[①]

张 进

一

当代中国语境中的"翻译文论",即是指通过广义的"翻译"活动进入中国语境,并拥有其中国之"在"的外国文论。它长期以来被直接命名为"外国文论",以其自身的研究机构、课程设置、专门刊物和教学科研队伍作为机制保障,取得了令人鼓舞的实绩,也始终发挥着不容忽视的历史作用;但其中也遮蔽和潜伏着一些思维盲区或灰色区域,召唤我们进行反思和审理。

在20世纪以来的中国文化语境中讨论外国文论,已经先在地把它与中国文论设定为对立双方,进而寻求二者之间的二元对立关系。由于外国文论,尤其是西方文论在现代以来所具有的某些优势,因此人们更多地看到外国文论向中国渗透扩展的一面,而忽略了中国文论对它的选择重塑和逆向影响。[②] 事实上,外国文论在被翻译、转述和传播的同时,也被简化、切割、补充和丰富,从而变成了中国式的外国文论。随着语境的转换,外国文论必然产生"'话语变异',它的语义内涵和话语

[①] 本文系国家社科基金项目"新历史主义文艺思潮通论"(06BZW006)。
[②] 孙绍振:《西方文论的独白到中西文论的对话》,载于《文学评论》2001年第1期。

功能有的得以保存,有的却被扩张、压缩或者替换"①。因而,汉语经验中的外国文论可能产生其原来根本不具备的内涵与功能。这种"变异"现象,不管它是"创造性叛逆"②还是"策略性的调适",无论是自觉的还是不自觉的,都是一种不争的学术事实。历史上的许多文化实例表明:"文化传播的途径往往是双向的,在许多情况下是一个互动的过程。"③从表面上看,20世纪以来主要是西方"流向"东方,外国文论"影响"中国文论,一些研究者只是在目所能及的范围内考察这种"交流",所以"只注意到表面的河流,而看不到或者忽视了另一种潜在的或隐性的河流,它从东方流向西方,以东方的文学精神影响和陶冶着西方文学"④。因此,交流总是双向的,不管这种交流主要是何种流向;交流也永远是一种往来、一种对话和一种彼此间的龃龉与磨合。

中国语境中的外国文论,既涉及外国文论如何被汉语语境加以"转述"的问题,也涉及外国文论怎样"影响"中国文论的问题。"无论是'转述'的层面,还是'影响'的层面,都本然是一个阐释学的现象和领域"⑤。在阐释学视域中,不可避免的"先入之见"发挥着重要的作用。海德格尔指出,任何解释工作之初都必然有一种"先入之见","它随着解释就已经设定了的东西是先行给定了的,这就是说,它是先行具有、先行见到和先行掌握中先行给定了的"⑥。因此,即便是作为"转述"的西方文论,也不是简单的、机械的、纯客观的"零度叙述",而是复杂的、深具解释学意蕴的现象。在这一阐释学的"域"中,并不是表面上看来的那样,影响者采取主动,被影响者全然处于被动,而是各有其主动和被动层面。东方文化在"主动西渐"的过程中又"被动地"变成西方人的"东方学";西方文论在向东方播撒时也有可能变成东方人的"西方学"。

---

① 支宇、罗淑珍:《西方文论在汉语经验中的话语变异》,载于《外国文学研究》2001年第4期。

② 埃斯卡皮:《文学社会学》,安徽文艺出版社,1987年版。

③ 王晓朝:《文化传播的双向性与外来文化的本土化》,载于《江海学刊》1999年第2期。

④ 殷国明:《20世纪中西文艺理论交流史论》,华东师范大学出版社,1999年第7期。

⑤ 牛宏宝、张法等:《汉语语境中的西方美学》,安徽教育出版社,2001年版。

⑥ 海德格尔:《存在与时间》,北京三联书店,1987年版。

在解释学视域中,在文化渗透日益复杂的今天,我们很难再辨认其中哪些是东方的或西方的、中国的或外国的,外国文论的认知和方法已经成为中国自我形象的构成成分,成为构成中国人"先入之见"的一部分。

尽管外国文论现代以来所具有的某种"强势"使其成为中外文论交流中的"显性存在",也迫使中国文论成为其中的"隐性存在",但后者却绝非外国文论的"影子"、"脚注"或"传声筒",而是"在"中国的外国文论中不容抹杀的实质性成分。外国文论"流入"中国,影响和引领中国文论,同时也被中国语境选择、改写和再造。这两个过程正如一枚硬币的两面,内在统一、联袂而行、无法分割。正是这种二重品格制约着在中国的外国文论,使其无法成为外国文论的"独白"或"传声筒",而在本质上不能不是一种交流(哪怕是不对等的)、一种对话(哪怕是不平等的)和一种双向选择(哪怕是不平衡的)。这种内在本质不仅造成了西方文论在中国的千姿百态,也塑造了外国文论本身的存在面貌和空间分布。

中国语境中的外国文论总体上发挥着调节、商讨和交换功能,是文论话语的跨语际实践形式。它并不只是作为静态凝固的实在性"作品"而存在,而是进行话语实践的、具有多重功能作用的"批评工程"。它的中国之"在",不仅包含着对中国语境"需要程度"的诊断回应,也包含着对国外相关文论学说意义价值的评判选择;不仅是对某种理论观念的译介传播,也是对译入国相关文艺现象的批评褒贬。它不仅参与中国语境中文艺问题的论争言说,也参与到复杂浩大的意识形态工程和社会文化工程之中。因此,我们对它的研究,就应该将每一个在中国的外国文论"事件化",考察它在被译介传播和阅读接受过程中如何选择自己的语境和时机,如何回应当时文艺问题的论争和言说,如何发挥其批评功能,如何参与社会能量的流通,如何介入当时文学界线的商讨和重定,等等。

尽管20世纪以来中外文论交流中存在着巨大的"贸易逆差"和交流"赤字",存在着令人忧思的"入超"现象,但这并不能从根本上取消在中国的外国文论作为阐释之阐释的内在属性,不能改变"交流"活动的双向选择性质。只有意识到这一点,才能正视20世纪中外文论交流的复杂性和中国语境中外国文论建设的艰巨性。如果看不到这一点,将中国语境中的外国文论仅仅解释为外国文论的单方面"独白",将中国文论自身所面临的各种问题如"失语症"等,都归因于外国文论的引进,进而演变为对外国文论本身的抵触和排斥,这不仅不利于中国文论的转换创生,也无益于世界文论的知识生产,更无助于建构中外文论"良性循环"的精神文化生态。

二

从其表现特征上说,中国语境中的外国文论面临多重的"一仆二主"情境,处在一种"多元系统"或"复杂巨系统"之中,是一种理论的"旅行"和跨语际实践的批评工程。

中国语境中的外国文论处在外国文论和中国文论的"中间地带",是一个具有多方面二重性的居间性中介环节,因而具有多重的"一仆二主"特征。其一是"意识形态"与"非意识形态"之二主,即外国文论是一种意识形态,但文论中的能量通常对意识形态有一种颠覆力量,这使其出入于意识形态与非意识形态之间,实际上发挥着意识形态与非意识形态的双重功能,正如"文学是一种意识形态,但是隐藏在文学中不驯的能量又有可能破坏既有的意识形态体系"。其二是中国语境与外国语境之二主,指中国的外国文论既要与"外国"周旋,也要与"中国问题"相切,既不能违背外国文化的精神逻辑,又要满足中国社会的现实需要,从而使其始终出入于二者之间。其三是"中国文论"与"西方诗学"之二主,[①]即作为中国语境中的西方文论,它既要经受西方理论的塑造,又要在中国经典阐释中得到验证,更要面对中国当前文艺现实发挥解释效力,这要求它既要遵循西方"诗学"传统,又要融会中国"文论"话语,出入于西方诗学与中国文论之间,从而确保其在中国的存在。其四是后现代性与现代性之二主,即外国文论,尤其是当代西方文论本身包含着现代性话语和后现代性话语,其在原语境中的所指相对比较明确,但进入中国语境之后,其两种话语之间交叠混杂,两个话语平台之间犬牙交错,这要求它出入于雅与俗、破与立、纯文学与泛文化的两难处境中。这些特征使其与外国语境中的外国文论相比,处在更大的悖论、张力、歧义和反讽境遇之中,也面临着更为丰富多样的话语谱系、精

---

① 余虹:《中国文论与西方诗学》,北京三联书店,1999年版。

神内涵、社会文化系统和历史现实问题。这也在一定程度上说明,它比原语境中的外国文论拥有了更大的阐释空间和社会能量。

中国语境中的外国文论作为社会符号现象构成一种"复杂巨系统"或"多元系统",其中的若干子系统各有不同的行为,却又互相依存,并作为一个有组织的整体而运作。它们既是一个较大的多元系统即整体文化的组成部分,又可能与国外文论和中国文论中的对应系统共同构成一个多元巨系统。① 因此它不能孤立地看待,而必须与整体文化甚至世界文化这个人类社会中最大的多元系统中的现象联系起来研究。具体而言,它既不能只在外国文论的逻辑序列中得到阐释,因为它在进入中国之后已经开拓了自己的新语境或被"重新语境化"了;也不能只在中国文论传统的演替序列中得到说明,因为它在发生学的意义上仍然与它的原初语境之间存在着某种关联。我们必须在一定程度上打断如上两个逻辑序列,重建其多元系统,研究其在新系统中的新质和附加值,进而对其进行"再语境化",揭示其历史具体性,发掘其新的意义空间、价值取向和阐释维度。

中国语境中的外国文论是一种"理论旅行",是文学理论的跨语际批评实践。萨伊德指出:"相似的人和批评流派、观念和理论从这个人向那个人、从一种情境向另一情境、从此时向彼时旅行。文化和智识生活经常从这种观念流通中得到养分,而且因此得以维系。无论观念和理论的这种由此及彼的运动采取的形式是意识到的影响还是无意识的影响,创造性的借鉴还是全盘照搬,它都既是一种生活事实,也是促成智性活动的一种很有用的条件。"② 20 世纪中国语境中的外国文论作为外国文论"理论旅行"的一部分,不仅影响了中国文论的发展,而且也作为"很有用的条件"使外国文论的智识生活得以"维系"。这是理论跨语际实践中的"共创"现象,③是一种"共成模仿"或"负模仿"现象④。

---

① 伊塔马·埃文-佐哈尔:《多元系统论》,张南峰译,载于《中国翻译》2002 年第 4 期。
② 赛义德:《赛义德自选集》,中国社会科学出版社,1999 年版。
③ 刘禾:《语际书写——现代思想史写作批判纲要》,上海三联书店,1999 年版。
④ 钱钟书:《七缀集》,上海古籍出版社,1985 年版。

换言之，外国文论在中国的"实现程度"越高，则它从中国文化获取的"养分"就越多，中国文论的武库也就越充实；反之，外国文论在中国的"实现程度"愈低，则其维持其智识生活的养分就愈少，而中国文论可能的武库资源也就更薄弱。长期以来，谈及在中国的外国文论，研究者总会自觉不自觉地先将它与中国文论分离开来并以二元对立模式来定位其间关系，进而寻求其间的"体用关系"或"分化关系"。然而，这种二项对立式思维，一开始就偏离了作为逻辑起点的一元化整体研究视角，而且这种二元对立模式的容量不足，能够从中析离出来的关系类型也很有限，比如说，从"体用说"析离出来的关系无非是"中体西用"（张之洞）、"西体中用"（李泽厚）和"互体互用"①（王岳川），能够从"分化论"中引申出来的关系类型无非是西化论、中化论或互化论。更为严重的是，这种模式并不能有效地解释外国文论"在"中国的历史实际，比如，我们多以"中"、"西"、"马"来概括中国当代的文论类型，但是，"马克思主义文论"和未被列举出来的中国"五四"以来的文论究竟应归入哪一类？是"西化"的，还是"中化"的？是"西体中用"的，还是"中体西用"的？

中国语境中的外国文论，并不是一个整齐划一的本质主义的实体性存在，而是一个动态存在着的、充满差异的"话语的宇宙"。卡西尔在研究艺术流派时认为，"各不同美学流派之间的全部争论在某种意义上可归结为一点：所有这些学派都不得不承认的是，艺术是一个独立的'话语的宇宙'"②。其实，中国语境中千姿百态、范式丛集的西方文论，从特定视角看，都属于"话语的宇宙"。我们要"在话语本身中寻找全部辩证法的根源"③。中国语境中的外国文论各要素之间的关系，就包含在这种话语的辩证法之中。

---

① 王岳川：《发现东方》，北京图书馆出版社，2003年版。
② 卡西尔：《人论》，上海译文出版社，1985年版。
③ 保罗·利科尔：《解释学和人文学科》，河北人民出版社，1987年版。

三

中国语境中的外国文论,其中已经包含了翻译作为阐释活动所进行的选择、损益、再造和改写的实质性成分,偏离了"原原本本"的西方文论。但"外国文论"这个术语却暗示,研究者面对的是"原汁原味"、"原封不动"的"外国文论",轻视甚至忽略了翻译活动作为一个特定社会空间对"外国文论"的变异再造。其次,国内的外国文论研究设定研究者是在外国文化的逻辑序列中对其进行考察剖析,但漠视研究者身处的中国语境对研究者施加的限制和对外国文论不可避免的选择改写,进而忽略了理论从一种语境空间进入另一语境空间的"理论旅行"过程所获得的附加意义。再次,完全囿于外国文论的逻辑序列研究其"所说",将外国文论原典设定为真假优劣的最终判准,以译作与原作是否符合一致为是非高下的标准,忽略了文论话语在"说什么"的同时也在"做什么"甚或"做别的什么"的学术事实,①也无法阐明外国文论在中国文论建设中之"所做"以及相关的意义价值。说到底,这种研究基本上囿限于时间优先的传统研究视野,未能重视从外国文论到"翻译文论"的空间转换所必然产生的意义增殖或流失,未能充分认识到中国的外国文论研究"不是在阐释之外,而是在谈判(商讨)和交易的隐秘处"的阐释地位。②

当代思想对话语的研究认为,"话语"具有"对话性"(巴赫金)、"行事性"(奥斯汀)、"事件性"(利科尔)和"能产性"(福柯),是历史的、具体的和实践的"语言"。③ 这些特点都集中指向了话语叙事的价值维度。柯里的研究发现,后现代叙事理论重在揭示叙事的意识形态,尤其是"叙事学的叙事中的意识形态","它的走向不是阐释事物,而是对事物的阐释的阐释,也就是说,是对元叙事的阐释"④。新中国语境中的西

---

① 杨玉成:《奥斯汀:现象学与哲学》,商务印书馆,2002年版。
② 张京媛:《新历史主义与文学批评》,北京大学出版社,1993年版。
③ 伊格尔顿:《二十世纪西方文学理论》,陕西师范大学出版社,1987年版。
④ 马克·柯里:《后现代叙事理论》,北京大学出版社,2003年版。

方文论,其实质是"学术的叙事学",是在学术的层面上讲述的西方文论及相关研究的"故事"。说到底是"对阐释进行阐释",对"眨眼示意之眨眼示意加以眨眼示意",其目的在于扩大人类话语的空间,追踪社会话语的取向,揭示其多重内涵,展示文化符号意义结构的复杂社会基础和含义。① 同时,"话语确实借助将自身投射到实践中,积极参与了社会事件、过程、关系与制度的塑造……具体来说,这意味着历史研究需要准确分析个体及其社会物质存在条件之间的话语中介过程的角度/术语,评估那种中介过程对于塑造实践和社会关系所发挥的述行性效应"②。布尔迪厄指出:"每一个词语、每一种表达方式,都面临着一种危险,即都带有两种相互对抗的意义,这反映了它们被其发出者和接收者所理解的方式。"③这说明,由于话语必然的不仅要面对发出者与接收者之间的分离,而且要面对参照谱系的改变和阐释语境的重建。在这一过程中,它的"所说"与"所做"之间便出现了巨大的反差。

总之,当我们面对中国语境中的外国文论话语之时,我们也就直面了文论话语的"行事性"或"施事性"。"话语"的本质特点是,它们在"说什么"的同时,也在"做什么",甚至在"做别的什么"。那么,外国文论话语在中国究竟是说了什么又做了什么呢?奥斯汀的"言语行为"理论给我们提供了有益的启示。他先提出了施事话语与记述话语(performative utterance/constative utterance)的区分,承认话语可分为如上两种。这是人们所熟知的。后来,他对自己的分类提出修正,认为任何话语都是"施事话语",进而对此类话语进行了"三分",即"话语行为"(locutionary act)、"话语施事行为"(illocutionary act)和"话语施效行为"(perlocutionary act)。大体而言,第一种相当于说出某个具有意义(包括含义和所指)的语句,即在做"说"的行为;第二种是指以一种话语施事的力量说出某个语句,如做陈述、提问、下命令、发警告、做许诺等等;第三种则是经由说些什么而达到某种效果的行为,如使相信、使惊奇、说导、劝服、制止等。第一种话语,尽管在本质上是"做说话的行为",但它使受话人关注的则是所"说"的含义、思想和说话者说话的行

---

① 格尔兹:《文化的解释》,上海人民出版社,1999年版。
② 卡夫雷拉:《后社会史初探》,北京大学出版社,2008年版。
③ 布尔迪厄:《言语意味着什么:语言交换的经济》,商务印书馆,2005年版。

为方法；第二种话语，受到关注的是说话者是在何种语境中说话，他说的话在实际含义之外究竟是在做承诺还是在下命令，这会引起受话人对说话者所处的语境、他所使用的话语的历史背景等的关注；第三种话语，受到关注的是说话者通过说的行为做了什么之后，受话者是否被说服、是否去做、如何去做，话语行为收到了怎样的言后之效。当然，话语的这三种区分不是绝对的，但各自的重点是明确的。若将完整的话语行为比做养鸡生蛋，则第一种话语让人关注鸡蛋及其营养，第二种话语让人关注鸡及其生蛋行为，第三种话语则让人关注自己如何养鸡生蛋。

很显然，尽管其中第一种话语是最接近一般意义上的"说什么"的话语的，但奥斯汀将包括第一种在内的所有三种话语都看成是"做事"的。这种话语观念表明，话语的研究必须从其施事性角度切入才是根本途径。那么，结合新中国语境中的外国文论，我们应该研究它的哪些问题呢？概言之，要研究它的如下四个方面的"所作所为"：一是西方文论在中国做什么？二是为何做？三是如何做？四是做出什么效果？

新中国的外国文论研究，正对应着奥斯汀施事话语的三种类型，也对应着三种递进的研究方法和研究取向：一是对外国文论话语观念方法的译介、借取和挪用；二是对外国文论本身的理论源头、主要流派及代表人物考订、分析和辨正；三是对西方文论在中国的"理论旅行"中所发生的引申、变异与再造等问题的研究。前二者基本属于文论的"纵向研究"，以外国语境为"真假与否"的标准和参照系；后者属文论"横向研究"，重点考察外国文论话语在中国之"所做"及其"结果"，以中国语境为"适当与否"的研究标准和价值取向。前二者主要在"事实/价值"相对立的基础上考察外国文论中"谁在说"、"说什么"、"怎么说"、"何以如此说"以及"说得对不对"等问题，进而考察我们的研究是否揭示了这些"事实"；后者则在认识论与价值论相统一的基础上考察外国文论在当代汉语语境中"做什么"、"如何做"、"何以如此做"以及"做得合适不合适"等问题。前一方面的研究参与者众，涉及面广，成果卓著，集中了研究领域的大部分力量，是目前研究的主流和正统；后一方面的研究相对"滞后"，参与者少，涉及面小，已经形成的有影响的学术专著不多，但正在成为新的学术生长点，代表着该领域研究的新变趋势。

当然，"所说"研究与"所做"研究是相互制约、辩证统一的；施事话语的三个层面的功能也是彼此联系的。"所说"研究是基础，是必要准备;"所做"研究是对前者的反思批判和深化改造,是研究的最终指归,考察新中国外国文论建设与发展问题,就必须对后一方面问题展开系统研究。理论话语可能在"说什么"时"别有所做",文论话语也通常"言行不一"。当代中国语境中的外国文论话语,有"多言而少行"者,如结构主义文论,其"所说"研究车载斗量,但有分量的改造运用之作不多;有"言在此而行在彼"者,如新历史主义,其所言在批评领域而其行却主要在创作领域;有"言行相悖"者,如英美新批评,其"所说"意在斩断作家、读者与文学作品之间的关联而专注于文学作品本体研究,但它在20世纪80年代进入中国之"所做",反而推动了"主体论"文艺学的建构;后殖民主义之"所说",意在通过揭示西方学术对东方的片面呈现而破除"东/西"二元对立,但它在20世纪90年代进入中国之"所做",却在一段时间内加剧了中国文论研究中的"民族主义"倾向。将这些现象仅归因于研究者个人的"误解误用",就错失了更为重要的学术问题。这种"言行不一"其实是理论语际旅行中的功能变异,它更多地与中国语境的"需要程度"相关联,与该语境所牵涉的社会历史无意识和学术学科无意识相关联。在此无意识层面,理论话语进入新语境后既是语境的产物也是语境的积极参与者和塑造者。正视理论之所"做",研究理论与语境之间的相互塑造关系,对其中涉及的文论话语的历史性和文论史的文本性展开双向调查,才是切实地研究外国文论的当代化、中国化和本土化。

目前外国文论研究,至少应该同时重视外国语境和研究者处身其中的中国视域,甚至应从对外国文论逻辑序列的描述转向面对和研究中国语境中实际存在的文论问题。值得强调的是,我们的研究应该双管齐下,不可偏废。应该强化外国文论研究的"重双视域",将外国语境与中国语境、所说研究与所做研究,将外国文论话语行为、话语施事行为和话语施效行为的研究统一起来。

这种研究并不是没有意义的。它也追求其"超越价值",但它无意于追求所谓终极真理,而是采用"横向超越"而非"纵向超越"途径。后者指"由感性中的东西到理解中的东西的追问",是一种"本质主义的"追问方式,最终导致从表面的直接的感性存在超越到永恒普遍的概念中去,在翻译文论中表现为:沿着线性时间不断上溯,找到时间上在先的"原作"并以之为翻译文论真假优劣的终极标准,最终将原作本质主义化。而"横向超越"则强调任何当前在场的东西都是同其背后的未出场者息息相通的,从前者超越到后者不是超越到抽象的概念王国,而是超越到同样现实的事物中去。① 这样的超越是"无底的",因此它不追求终极的"原作",不求"相同"而求"相通",不强调以原作之是非为是非,而追求与原作"对话",与所处的社会文化语境建立"文化诗学"的互文关联。这种超越取向在真理问题上进行了"空间转向",赋予持续的时间一种批判人文地理学的视野,"将历史的构建与社会空间的生产紧密结合在一起"②。在这里,翻译文论自身得到了"再语境化",成为具体历史进程中的"事件"。

四

当代中国翻译文论的存在是一个不争的学术事实,但人们对它的认识评价却存在着巨大歧异,并因之形成了不同的话语表述模式。我们用一元化的"翻译文论"来命名"在"中国的"外国文论",既可以避免一开始即陷入二元对立模式的思维局限,又能借助阐释学的洞见而直接切入文论话语本身。恰如我们面对"可口可乐"或"肯德基"时,切莫被"体用"、"分化"之类的问题裹挟而去,而是直面它,考察它的构成、优劣和运营情况。当然,精神产品要复杂得多。在全球地方化的今天,文论研究避免陷入"体与用"、"中化与西化"的伪问题的陷阱之中,这大概也是深化学术研究的重要契机。

新中国的外国文论研究实质上是"学术的叙事学",是在学术层面上讲述的外国文论的故事。③ 这种研究所能直接面对的并非"历史事实"本身,而是已有的研究如何想象和描述那种"事实"的话语和叙事。这是"对阐释进行阐释",对"眨眼示意之眨眼示意加以眨眼示意",目的在于扩大人类话语的空间,追踪社会话语的取向,揭示其多重内涵,展

---

① 张世英:《哲学导论·第三章》,北京大学出版社,2002年版。
② 爱德华·苏贾:《后现代地理学》,商务印书馆,2004年版。
③ 马克·柯里:《后现代叙事理论》,北京大学出版社,2003年版。

示文化符号意义结构的复杂社会基础和含义。① 这种话语和叙事同时与话语的模式结构和叙事本身的意识形态性相互关联。

鉴于二重式话语模式的容量、类型和阐释效力相对有限,我们尝试运用四重式话语模式,后者基于对话语转义理论的发挥发展。"转义"指喻体对于本体的"乖离","转义学"则是关于这种语言现象的理论,自古以来就是修辞学的重要内容。但古典修辞学将转义作为正常语言的特殊表达来研究,认定正常语言可以避免转义及其非透明性;而现代转义学则将转义作为语言的普遍的、正常的模式来研究,认为语言转义叙事是"元符码",是有关现实的信息得以传播的人类普遍基础,而人的思想意识的结构是由非透明的语言基本转义类型构成的。

从历史上看,维柯最早确立了四种基本转义格:隐喻(基于相似原则)、换喻(基于邻接原则)、提喻(基于部分从属于整体的关系)和反讽(基于对立性),并将它们与人类文化史的各个阶段对应起来,发现了语言与现实、意识与社会之间的辩证关系以及文化史深层的"诗性"。② 弗莱将它与情节编排的四种模式即浪漫剧、悲剧、喜剧和讽刺剧关联起来。怀特将之引向普遍的历史叙述,与四种论证解释模式即形式型、机械型、有机型和语境型以及四种意识形态含义即无政府主义、激进主义、保守主义和自由主义(包括虚无主义)对应关联起来。文学理论家邦尼卡斯尔将这种四重式和四阶段论结合起来,与一个"文学学生身上的反应"等心理接受过程对应关联起来。③ 至此,四重式话语模式发展成为一个体大虑周而整饬简明的理论体系。"四重式"并不一定就优于"二重式"或"三重式",但它具有更大的包容性,可以用来揭示研究对象更复杂的品质。我们结合相关理论家对其要旨的研究总结,④联系新中国语境中的西方文论加以说明。

就话语转义模式而言,"隐喻实质上是再现的,换喻是还原的,提喻

---

① 格尔兹:《文化的解释》,上海人民出版社,1999年版。
② 维柯:《新科学》,商务印书馆,1997年版。
③ 邦尼卡斯尔:《寻找权威——文学理论概论》,吉林大学出版社,2003年版。
④ Alun Munslow, *Deconstructing History*. New York: Routledge, 1997.

是综合的,而反讽则是否定的"①。隐喻对应着情节编排中的"浪漫剧",具体表现为"如愿以偿";在论证解释上是形式型的,它通过对事件进行客观再现和精确描述而解释论证;在意识形态含义方面则表现为无政府主义,即否认制度和权威对人的用处;在心理过程上则表现为"认同",即主体与其对象之间是一种"情人"关系,发现对象是一个有趣的领域,倾向于命名事物,或学习已被承认的事物的名称。运用于对中国语境中的西方文论研究时亦复如此,趋于认同、强调西化。

换喻对应着情节编排中的悲剧,表现为"法则启示";在论证模式上是机械型的,即通过将某种局部的法则确定为"因"来解释作为"果"的其他部分;在意识形态立场上是激进主义的,即要求改变和瓦解现状;在接受过程中试图"分析"对象而使研究者成为"分析家",通常是当你对对象的起因及其社会背景感兴趣时出现的,因为一个层次的经历(文本,阅读的经历)同另一层次的现实(作者的生活)息息相关,并可能被另一层次的现实所解释。在对待中国语境中的西方文论时则趋于"简化"、强调中西差异、逻辑序列的不同和"异因必异果"。

提喻对应着情节编排中的喜剧,表现为"调和化解";在论证解释模式上是有机型的,通过将各种条件联系起来的方式来解释它们作为部分在人类整体历史中的地位;在意识形态立场上是保守主义的,极力维持现状;在接受过程上倾向于完整化和理想化,力图从外部表象转移到产生它们的内心真实,认为部分的本质意义与整体有关。这个阶段造就"领导者",倾向于从对象的精神实质层面把握对象。在对待中国语境中的西方文论时趋于"综合",强调中西文论精神整合的重要性以及"和而不同"。

讽喻对应着情节编排中的讽刺剧,表现为"反复无常";在论证解释上是语境型的,即通过对事件得以发生的环境和条件的描述而解释,此亦一是非,彼亦一是非;在意识形态立场上则要么是良性的自由主义,即相信人有认识和解决问题的能力,要么是恶性的虚无主义,认为人没有认识和解决问题的能力;在接受心理上,人们意识到自己的理解建立在一定的假设基础之上,认识到这些特征从根本上讲是有缺陷和不完整的,并非普遍的,因此要对已经建立的整体展开"一个解构的过程",

---

① 海登·怀特:《后现代历史叙事学》,中国社会科学出版社,2003年版。

这个阶段造就"解构者",重在分析自我;在对待中国语境中的西方文论时趋于"否定"、"自我批判"和"质疑反思"。

前三类研究者对应于米勒所说的"机敏型",第四类是"盲乱型"。前者认为最终能找到理性秩序,坚信运用逻辑线索可洞察存在之渊;后者则大多力图使逻辑线索伸向荒诞之域。米勒认为,盲乱优于机敏,盲乱型的研究者从教条主义的梦中惊醒,始觉其沉醉于中的信仰和诺言,原本是一场空话。① 对于大多数人来说,以不同方式看待文学理论批评是一件不言而喻的事情,但简单地追求符合"事实"却无法解决最重要的争端,因此我们需要对不同的方法进行分类,以便找出一些解决范式冲突的方法。某个特定的研究者可能在特定时期处在这些领域的特定阶段上,但由四个阶段及其总体图式构成的视野,无疑具有参考价值。

五

二重式话语叙事的解释潜力已基本耗尽,很难继续在新中国翻译文论问题讨论中发挥知识生产作用。我们试图以一元化的"话语"为研究对象,从四重模式与文论话语构成的网络关系出发,研究中国语境中的外国文论,呈现对象的类型性状。

1. 隐喻－浪漫剧－形式型话语

这类文论话语的基本取向是"认同",是"情人式"地拥抱西方文论,认为外国文论从名词术语到方法观念都具有普世性,设定中国语境对其无实质性选择和影响。这种话语景观对应着新时期翻译文论的第一个十年,大致是从 1978 年到 1989 年间。

在这种叙事类型中,外国文论作为整体被理解成浪漫剧主人公,历经千难万险和人事沧桑而终无改变,剧终时还是戏剧开始时的样子,通常依然年轻美丽。它认为西方文论的潜在价值在我国未能全部实现的根本原因,在于我们移译不足、介绍不全、认识不够;一旦完成这些工作,西方文论在中国终会"如愿以偿"。李泽厚在 1980 年全国第一次美

---

① 卡勒:《论解构》,中国社会科学出版社,1998 年版。

学会议上强调:"目前应该组织力量尽快地将国外美学著作翻译过来。"他要求放手翻译,"一方面应该提倡字斟句酌,力求信、达、雅,另一方面又不求全责备,绝不因噎废食。总之,有胜于无,逐步提高和改善"①。在这种文化氛围中,梁启超所说的"今日中国欲自强,第一策,当以译书为第一事",被浓墨重彩地征引,用于论证翻译的合法性和重要性。②研究者动手"拿来",倡言"西化"。显然,这种研究并未将问题放在社会形态、政治制度和历史文化形态差异性的平台上来对待。

这类外国文论研究通常采用"形式型"解释,重在发现西方文论的独特性,表现为独特的术语、概念、方法、观念和思想,在造就了中国当代文论史上的术语大换班和多元话语交织的文论奇观,术语迭出、方法嬗变、观念翻新、思想日出,这在"方法论年"(1986年)和"观念年"(1987年)达到了顶峰。

这类外国文论叙事的重心,既不在于外国文论所从出和所抵达的社会、历史和文化语境,也不在于揭示其话语表述与其真实内涵之间的背离和矛盾,而只在于概念本身以及思想方法所引起的感动。这种术语概念和思想方法,尽管在大量套用中扩大着自身的话语空间,但这种孤悬起来的术语概念却无益于学术的考究和批判分析。因此,进入20世纪90年代,有人将之批评为"思想重于学术"的研究。③ 这实质上是脱离其语境的术语、方法和观念的大量流通所导致的必然后果。

对每个个体的意识进程和心理过程来说,这种与研究对象之间情人式恋爱关系是初级阶段的研究,必然要向下一阶段转移,也终究会意识到自己这一阶段研究的不成熟。④ 进入20世纪90年代以后,曾经采用这种模式的大部分研究者都发生了兴趣和方法的转变,成为其他话语模式的信仰者,并对这种话语模式进行了清算。

尽管这类话语流露出某些幼稚、狂热和一厢情愿,但中国语境中的

---

① 霍埃:《批评的循环》,辽宁人民出版社,1987年版。
② 萨特:《存在与虚无》,北京三联书店,1987年版。
③ 朱学勤:《五四思潮与八十年代、九十年代》,载于《现代与传统》1995年第1期。
④ 陶东风:《文化研究:西方话语与中国语境》,载于《文艺研究》1998年第3期。

外国文论作为一个多维立体的历史存在,应该始终向这类研究开放。总会有新进者源源不断地成为此类研究者,成为这种范式的实践者。尽管对于研究个体来说这是初级阶段,但当我们将"在中国的外国文论"作为一个历史存在来对待时,这一阶段的研究就不仅是必要的而且是合法的。这一学术事实要求我们的西方文论研究共同体应该对这种研究类型保持宽容心态。正是这个阶段研究者特有的热情,促动一批又一批研究者投身其中,造就新生的研究队伍。它甚至要求我们的西方文论教学做出调整,针对处在不同阶段的学生,施以相应的文论叙事模式。

2. 换喻—悲剧—机械型话语

这类话语的基本取向是"简化"或"还原",是分析家式地调查话语所从出的社会、历史和文化语境,进而将其中的某个或某些因素推定为"因",将文论的发生发展看成由之造成的"果",从而达到一种因果论的把握(尽管事实上可能有更多的或另外的"因",有时甚至"互为因果")。这种话语景观对应着新中国十七年和新时期第二个十年的翻译文论(大致从1989年到1999年间)。

它设定外国文论处在与中国文论完全不同的语境和逻辑序列中,是由其特殊的"因"造成的不同的"果",两种文论本质上无法通约,其间差异在术语、方法、观念层面上都会表现出来。从术语层面看,"中国古代'文论'与西方'诗学'都是自成一体的文化样式,它们之间的差别是结构系统上的,因而无法通约"。"'中西比较诗学'这一称谓在根本上取消了中国古代'文论'与西方'诗学'的思想文化差异,以及现代汉语语境下这两大语词的语义空间差异,独断式地假定了'文论'同一于'诗学'(文学理论)的同一性"[①]。术语的不同意味着"起因"上的差异,因此论证这种"结构差异"就成为合理合法的学术工作。无须细究即可发现,中国传统是"诗文评",不同于"现代形态的文艺学",缘此可以推论两者在"思维对象、思维方式、治学方法、范畴、命题、观念、术语、价值取向、哲学基础等等"方面的不同。[②] 基于这种思维模式,甚至出现了"中

[①] 余虹:《中国文论与西方诗学》,北京三联书店,1999年版。
[②] 杜书瀛、钱竞:《中国20世纪文艺学学术史》,上海文艺出版社,2001年版。

学与西学的不可比性"的观点。①

在这种叙事中,外国文论作为整体被理解为悲剧主人公,其在中国的历程被解释为一种悲剧,而造成悲剧的"原因"正在于外国文论本身的逻辑序列不同于中国的。作为悲剧主人公,外国文论可能"并不坏",可一旦进入中国语境,就必然地对其自身和中国文论都是一种伤害,必以悲剧终,它甚至导致了中国文论的"失语",以致中国当代离开了外国文论话语就没法说话,这是"五四"以来中西文化剧烈碰撞的结果。②

这种解释模式是机械论的,它强调因果关系研究,并将因果逻辑设定为根本法则。同因同果,异因异果。由于中西方文化圈存在巨大差异,所以西方文论与中国文论之间缺乏可比性,"比较诗学"的前提是可疑的:非西方批评家用西方标准来论证其自身文化的文学实践,实际上所有这些努力都建立在一种不稳定的前提上。③ 它在意识形态方面的合理推论是"激进主义的",即必须对当前的文论状况作出"结构性改造"才能消除这种悲剧。

研究者试图寻找和确定事物之"因",这种心理事实上拓展了理解的范围。与隐喻阶段相比,这也可算是一个小小的推进。在中国新时期第二个十年的西方文论研究中,人们不再沉浸在观念方法之中,而是着力探求思想方法得以形成的"因由"。这种工作似乎更具学术性,但一味如此则又显得思想性不足,因此有"学术重于思想"之讥。这种模式的价值在于,它可以通过因果还原而对问题作出"片面深刻"的研究;其潜在危险在于,以片面结论或错误归因排斥其他研究,在处理中西方文论关系时,将中国文论当前的问题都归因于外国文论的影响或挑战,进而演变为针对外国文论的"拒绝主义"和"复仇心理"。

总之,这类外国文论研究者有分析事物的愿望,通常是把对象放在其历史背景和理论序列中加以研究。有细节知识的积累,但没有强烈的整体感,有实证主义倾向。当然,这对于进一步研究是非常必要的,从社会历史方面展开研究,这始终是深入的整体研究的必要准备。我

---

① 方朝晖:《"中国"与"西学"》,河北大学出版社,2002年版。
② 曹顺庆:《21世纪中国文化发展战略与重建文论话语》,载于《东方丛刊》,1995年第3期。
③ 泰特罗:《本文人类学》,北京大学出版社,1996年版。

们应该力求对这种研究的过激的意识形态倾向加以限制,以免将中西方文论对立起来,防止滑向全盘拒绝的泥淖。

3. 提喻－喜剧－有机型话语

这类外国文论叙事的基本取向是"综合",认为对象的各部分之间尽管存在差异,但拥有一个共同的"精神",各部分通过精神观念上的共通性而联系起来,构成一个理想的整体。这种取向的基础通常导向结构主义式的研究。以这种模式研究外国文论的人颇像一个"领导者",相信能从全局上把握中外文论之"道"、"心"或"精神"(尽管这种它们可能不过是缘于自己特定立场和情境的设定)。

在这种话语中,外国文论作为一个整体被理解成喜剧主人公,中国语境则构成其境遇,尽管主人公与其境遇之间实际上存在差异和矛盾,但在精神上可以"调和",可以互通,即"和而不同"、"和而不流"。喜剧的运动常常是从一种社会环境到另一种社会环境的运动,它通常走向一个愉快的结尾。因此,外国文论在中国所遇到的对立冲突不是根本性的,必将以"调和化解"而告终,对话而非独白、沟通而非自封才是应该采取的态度。

它采取"有机论"解释方式,倾向于将中外文论理解为一个有机体,"单个实体成了所合成的整体的部分,而整体不仅大于部分之和,在性质上也与之差异"。"综合实体要比叙述过程中分析或记述的任何单个实在都重要得多"①。这样,中外文论关系的历史会被描述成走向整体综合的有机体的进程,它们的单个实体可能不同,但精神上相通,这种相通的东西,用一句歌词来概括就是"你有我有全都有",因此可以"交融"。"东海西海,心理攸同;南学北学,道术未裂"②。但是,相通之处并不在实体意义上的术语或字句,而是"心理"、"道术",是通过"擘肌分理"和"取心析骨"而达到的"莫逆冥契"的诗心诗意,它"不仅仅存在于中国传统诗文本身,而且存在于诗文与俗语、谣谚、曲艺等之间,更存在于中西诗文之间"③。

---

① 海登·怀特:《元史学:十九世纪欧洲的历史想象》,译林出版社,2004年版。

② 钱钟书:《谈艺录》,中华书局,1994年版。

③ 季进:《钱钟书与现代西学》,上海三联书店,2002年版。

从意识形态蕴涵上说,这类外国文论研究一般持保守主义立场。它用植物般缓慢生长的类比来看待社会变迁。它并不是抵制任何变化,但它抵制结构性变化。在对待中外文化关系时,它提倡通过"文化交往主义"解决问题,以便彻底抛弃文化中心主义,将中外文化关系推向深入。① 可以说,"中外文论交往对话"是当代中国学术界应对外文论的最普遍的"意识形态",其可选择的途径之一便是"外国文论引进与我国文学经典的解读"相结合。②

这种文论叙事模式的调和性质,使其观点相对温和,因而也常常是持其他叙事模式者试图建构其理论体系时的选择。不过,这并不意味着它就具有无可置疑的合法性。这种叙事模式背后的思维盲区只有在第四种模式的映照下才能完全显露出来。

4. 讽喻-讽刺剧-语境型话语

这类话语的基本取向是"否定"和"自我批判",研究者以解构家的姿态,通过揭示文论话语言实相悖、言意相反的反讽性差异而使之解体,解构本质主义的真理话语和宏大叙事,强化话语的历史性、具体性和意识形态性分析。相对于第三种类型,研究者突然意识到先前认识到的真理不过是建立在他作为优势阶层(社会上层、白人或男性等)的条件之上,其实对于大部分非优势阶层(社会底层、有色人或女性等)而言,他认为"对的"东西基本上是错误的或是不能被接受的。这会将第三阶段的哲人式的领导者变成一个"异化、贫乏、毫无创造力的虚无主义者"。这种取向可能造成西方文论话语之能指与所指之间对应链条的断裂,因而导致话语及其所指系统的解体(但它同时也可能自觉不自觉地在能指与新的所指之间确立某种新的对应关联)。反讽在一定意义上是元比喻式的,因为它是在修辞性语言可能误用这一自觉意识中被使用的。这种话语景观对应着我国新世纪以来的翻译文论。

这类翻译文论叙事,将外国文论作为一个整体解释为讽刺剧的主人公,讽刺剧的内容是"反复无常"。外国文论在中国旅行,其价值和功能都经历着不可避免的变迁,但又无目的可言,无规律可循。外国文论

---

① 曹卫东:《交往理性与诗学话语》,天津社会科学出版社,2001年版。
② 孙绍振:《西方话语的引进和我国文学经典的解读》,载于《文学评论》1999年第5期。

在中国,这不单纯是一个它"说什么"的问题,也是一个"做什么"的问题;而它之"所做",不仅涉及西方文论本身的内涵,而且涉及研究者的立场,涉及研究者在自己的语境中如何选择立场、如何对自己的立场进行反思批判的问题。这种研究特别强调研究者的自我反思、自我批判和自我否定。比如对"后殖民主义"的研究,假如我们只是袖手旁观地研究,那它就只能对西方文化的解构具有价值,而无法与中国问题相切。然而今天后殖民主义所讨论的种种问题,对于我们"却是有着切肤之痛的,是不能袖手旁观的"①。这种立场,使其成为反讽式的研究者。

其解释模式通常是"语境论"的,即将事件置于其发生的情境中,它就得到解释,通过揭示它与其他同在一个历史情境下发生的事件之间的特殊关系而解释。这是一种"横向超越",它不满足于"追求抽象的永恒的本质,而要求回到具体的、变动不居的现实世界"②。从而超越到不在场或未出场的现实事物中去,这也是它异于前三种解释模式的根本特征所在,形式论只是局限于在场的自身之中并对自身形式展开研究,机械论是超越到同样在场的现实事物并以之为"因",有机论是超越到某种高于现实事物的"精神"或"观念"中去。它们一定程度上都是"纵向的",都有将所超越到的事物"实体化"的倾向。

后现代文论话语属于反讽话语,其基本宗旨是质疑现代性的本质主义,涉及对现代主义的一元论、客观本质、永恒真理、绝对基础、唯一视角、纯粹理性、终极意义、标准答案等相关命题、观念的质疑与否定。卡勒的《文学理论》是新时期引进的此类文论著作,它声称文学理论的总体倾向是:跨学科性、分析性、拆解常识和质疑基本的知识范型。③它重在解构已有的关于文学、主体、性属、身份等的学说。它也是倾向于后现代主义的中国文论著作者的参照经典,其中的观点被大量引用,王一川在其《文学理论·引言》中就引证5次之多,南帆在其《文学理论·导言》(新读本)中亦引证5处。

然而,他们都试图在引证卡勒的解构性基础上有所"建构",认为卡

---

① 罗钢、刘象愚:《后殖民主义文化理论》,中国社会科学出版社,1999年版。
② 张世英:《哲学导论》,北京大学出版社,2002年版。
③ Jonathan Culler. *Literary Theory*. Oxford: Oxford University Press, 1997.

勒对文学理论的概括"不一定适用于一种具体的文学理论框架……我尝试在这里提出并阐述我自己的一种文学理论框架"①。文学可能没有什么本质可言,但可以在积极的(或良性的)意义上考察其"属性",从而形成一种文学理论。"文学是十足的制造混乱的代名词"②。但"这并不意味着我们认为文学根本没有本质,因而也就根本不存在什么关于文学的'理论'"③。"文学观念的形成并不是真正意义上的文学独立。历史语境仍然限定了文学观念的规模和地位"④。因此,"文学理论"是"开放的研究"。

从中可以看到,卡勒的后现代主义文学理论作为西方文论引用介绍到我国后,被改写为一种偏于建构的"反讽式"理论话语。它在进入新语境时经历了"语境的拆除"与"语境的重建"过程,进而"产生了文本或文学的准语境"。卡勒的文学理论观点,在这种"拆除"和"重建"中,由一种反讽性的虚无主义解构话语,变成了一种讽刺性的自由主义建构话语,言实相背、"言行不一"。

六

文论话语模式的启示意义

我们发现,新中国的"翻译文论"研究取得了巨大成就,四种文论话语模式也都在相应的历史阶段发挥了不可替代的历史作用。但参照四种模式综合考量,也存在三个突出的倾斜现象。

一是在历时性维度上,四种模式中的某一种在历史的特定阶段形成了"霸权"局面,出现了翻译文论风景的单一化。这不利于各种话语的正态分布和共成互补。新时期以来四种模式之间在时间维度上存在着从隐喻主导向讽喻主导转化的印迹,但这并不完全是进步论意义上的。换言之,从"认同"到随后的"简化"、"综合"和"否定",这并不一定

---

① 王一川:《文学理论》,四川人民出版社,2003年版。
② 卡勒:《文学理论》,辽宁人民出版社,1998年版。
③ 陶东风:《文学理论基本问题》,北京大学出版社,2004年版。
④ 南帆:《文学理论》(新读本),浙江文艺出版社,2002年版。

只是认识的深化,而更多地表现为某一模式在特定时期处于垄断地位而抑制了其他话语。比如,新时期第一个十年,"认同"占据绝对主导地位,导致了不平衡的研究局面,而"认同"中所存在的问题并没有在当时就得到其他话语模式的质疑和校正。在某些特殊的历史阶段如"文革"期间,换喻模式则被推到了极端,使其他话语失去了无容身之地。

二是在共时性维度上,人们对外国文论之"所说"研究大大多于"所做"研究,也就是说,人们只关注外国文论在其自身的逻辑序列中的"意思是什么"、"说了什么",但不大关心它在脱离其原初语境之后的"意义是什么"、"做了什么"、"如何做"、"做得怎么样"。我们并不陌生西方文论中的"内部研究"理论的意思是什么,但可能忽视了它被引入中国之后之所做与它在外国文论序列中之所说和所做的不同,忽略了它在中国所引发的"向内转"与"内部研究"之间的重要差异。我们要加强从话语行为角度研究文论话语之所说与所做,强化翻译文论研究的语境意识。

三是在思维模式上,我们过多受制于中西二元对立的二重式思维的限制,动辄掉入"他化"或"化他"的宏大动机的陷阱之中,缺乏对具体问题的深入研究。事实上,如果从一元化的"翻译文论"切入,以四重式话语去审视,强调四种话语之间的互补互用,则无论是哪种话语,不管是"认同"、"简化"、"综合"还是"否定",都是必要的解释方式,都会成为翻译文论风景上的必要色彩。更为重要的是,也都是在满足相应学习者、研究者的需要而同时在壮大和优化着研究队伍。

总之,中国的外国文论研究应该强调四种模式的共存、交往和互补。尽管某些模式,如提喻-喜剧模式,看上去有更大的合理性和更多的支持者,但这绝不意味着因此就可以定于一尊。外国文论本身的复杂性、中外语境的复合性和研究者队伍的多层次性,要求我们的外国文论研究模式具有更大的开放性和包容性。

当代中国的外国文学理论教材翻译与编写

汪正龙

新中国成立以来外国文学理论教材翻译情况及其特点

新中国成立以来,我国外国文学理论教材的翻译大致经历了三个阶段:20世纪50年代、80年代至90年代初和21世纪前后。

20世纪50年代以引进前苏联文学理论教材为主,如阿伯拉莫维奇等的《文艺理论教学大纲》(曲秉诚、蒋锡金译,沈阳东北教育出版社,1951年版)、维诺格拉多夫的《新文学教程》(以群译,上海新文艺出版社,1952年新版)、季摩菲耶夫的《文学原理》(查良铮译,平明出版社,1953年版)、涅陀希文的《艺术概论》(杨成寅译,朝花美术出版社,1958年版)、谢皮洛娃的《文艺学概论》(罗叶等译,人民文学出版社,1959年版),还有两位前苏联来华执教的专家的讲稿——毕达可夫1954年春至1955年夏在北京大学中文系为文艺理论研究生讲授的《文艺学引论》(北京大学中文系文艺理论教研室译,高等教育出版社,1958年版)、柯尔尊1956~1957年为北京师范大学中文系俄罗斯苏维埃文学研究生和进修教师讲授的《文艺学概论》(北京师范大学中文系外国文学教研组译,高等教育出版社,1959年版)也先后被翻译整理出版。

其中季摩菲耶夫的《文学原理》最有代表性。季摩菲耶夫当时是莫斯科大学语言文学教授、苏联科学院通讯院士、教育科学院院士、高尔基世界文学研究所俄罗斯文学组组长,在苏联文艺理论界具有权威性地位,他于20世纪30年代写成、1948年再版的这部《文学原理》自然成了中国读者学习文学理论的范本,各高校纷纷以此为文学理论教材或文学理论课程的参考书。该书包括"文学概论"、"文学发展过程"、"怎样分析文学作品"几部分,即把文学理论分为文学原理、文学史、文学批评三大板块。在第一部文学概论部分,作者从思维性、形象性、艺术性三个方面来界定文学。谈到文学的思维性时,作者从唯物主义认识论看待文学,认为文学具有知识意义,"是依照作家对生活的认识和理解而或多或少地反映着生活的真理"。而形象是艺术反映生活的特殊形式,是人生的具体化的表现,"典型是显示社会关系的法则和基本特征的东西"①。文学的艺术性包括综合的真理性、描写的生动性和人民性等。在第二部文学发展过程部分确立了现实主义正统,"凡是企图在形象中最充分地表达现实生活的典型特征的创作,我们就把它叫作现实主义的创作"。"现实主义是把真实的内容转入艺术创作的最明显和最自然的形式。因此,现实主义是文学史上最高度发展和最有意义的艺术方法,从这里产生了最有意义的文学作品。"②这种从哲学认识论角度理解文学,现实主义正统论,文学理论、文学史、文学批评三大板块的划分,甚至从马、恩、列、斯等革命领袖和高尔基等革命作家征引语录为引证的做法,对我国20世纪60～70年代的文学理论教材编写,如以群主编的《文学的基本原理》、蔡仪主编的《文学概论》产生了深远的影响。此外,本期翻译出版的高尔基的《俄国文学史》(缪灵珠译,新文艺出版社,1956年版)虽然是一部文学史著作,但它视文学为社会诸阶级和集团的意识形态的形象化的表现,把文学的功能定位为阶级倾向的最普及、方便、简单的宣传手段,以及积极浪漫主义和消极浪漫主义的划分,对新中国成立后的文学观念及文学理论教材编写影响很大。

20世纪80年代至90年代初是另一个高峰。期间翻译出版外国文学理论教材20多种,具体包括五种类型:(1)文学原理类:主要有(美)韦勒克、沃伦的《文学理论》(刘向愚等译,三联书店,1984年版),(英)伊格尔顿《文学理论引论》(刘峰等译,文化艺术出版社,1987年版),(苏)波斯彼洛夫《文学原理》(王忠琪等译,三联书店,1985年版),

---

① 季摩菲耶夫:《文学原理》第一部"文学概论",查良铮译,平明出版社,1953年版,第15页、46页。
② 季摩菲耶夫:《文学原理》第二部"文学发展过程",查良铮译,平明出版社,1953年版,第25页、30页。

（日）浜田正秀《文艺学概论》（陈秋峰等译，中国戏剧出版社，1985年版），（日）桑原武夫《文学序说》（孙歌译，三联书店，1991年版）等；（2）文学批评通史或断代文论史、国别文论史类：主要有（美）卫姆塞特、布鲁克斯《西洋文学批评史》（颜元叔译，中国人民大学出版社，1987年版），（美）佛朗·霍尔《西方文学批评简史》（张月超译，南京大学出版社，1987年版），（美）艾布拉姆斯《镜与灯——浪漫主义文论及批评传统》（郦稚牛等译，北京大学出版社，1989年版），（荷兰）佛克马、易布思《二十世纪文学理论》（林书武等译，三联书店，1988年版），（英）安纳·杰弗森、戴维·罗比等《西方文学理论概述与比较》（陈昭全等译，湖南人民出版社，1986年版），（英）罗里·赖安等《当代西方文学理论导引》（李敏儒等译，四川文艺出版社，1986年版），（苏）尼古拉耶夫《俄国文艺学史》（刘保端译，三联书店，1987年版），（美）刘若愚《中国的文学理论》（田守真等译，四川人民出版社，1987年版），（美）杰姆逊《后现代主义与文化理论》（唐小兵译，陕西师范大学出版社，1987年版）也具有文论通史或断代文论史教材的性质；（3）读本类：主要有（英）戴维·洛奇编《二十世纪文学评论》（葛林等译，上海译文出版社，1987年版）；（4）作品分析类：主要有（美）布鲁克斯、沃论《小说鉴赏》（英文原名《理解小说》[*Understanding Fiction*, 1959]，主万等译，中国青年出版社，1986年版）等；（5）比较文学理论类：主要有（法）基亚《比较文学》（颜保译，北京大学出版社，1983年版），（美）乌尔利希·韦斯坦因《比较文学与文学理论》（刘象愚译，辽宁人民出版社，1987年版），（美）弗朗西斯·约斯特《比较文学导论》（廖鸿钧等译，湖南文艺出版社，1988年版），（法）皮埃尔·布律内尔《何谓比较文学》（黄慧珍、王道南译，上海社会科学院出版社，1991年版）等。

  从来源或国别上看，这一时期翻译的特点是以引进英美文学理论教材为主，其中伊格尔顿的《文学理论引论》就出现了三个不同的中译本。[①] 苏联教材已经退居比较次要的地位，日本、欧洲大陆的也占了一定比例。在学术观念上，英美文学理论教材对我国文学理论产生了巨

---

  ① 除了文化艺术出版社的刘峰译本外，另外两个版本是《当代西方文学理论》，王逢振译，中国社会科学出版社，1988年版；《二十世纪西方文学理论》，伍晓明译，陕西师范大学出版社，1986年版。

大冲击。比如,新批评后期代表人物韦勒克的《文学理论》区分文学"内部研究"与"外部研究"和对文学内部研究的重视、对文本语义层次的划分,对中国20世纪80年代之后的文学理论研究和教材编写突出文学的审美属性产生了深远的影响。还有艾布拉姆斯在《镜与灯》中提出的以艺术家、作品、世界、欣赏者(读者)四要素描述文学存在方式的理论框架和分析图式,经过刘若愚在《中国的文学理论》(Chinese Theories of Literature,1975)中的修正完善,成为中国20世纪90年代以来文学理论教材编写的主要参照。本时期翻译的日本学者浜田正秀的《文艺学概论》也很有特色,因为它很重视文学研究方法论,把传记研究、文献学研究、心理学研究、社会学研究、比较文学研究并列地加以平等介绍,这种兼容并包的气度无疑对我国单一的认识论思维模式主宰下的社会政治批评有借鉴意义。其实本时期引进的波斯彼洛夫的《文学原理》也是一部有明显特色的教材。作者坚持文学的"内在形式论",认为生物界、人类社会存在,都有自己独特的发展形式,艺术发展也有自己的形式,形式从哲学上也就是内容。但因为该书也把文学视为一种认识生活的形式,与先前苏联的文学理论教材在大的方面没有突破,所以在中国学界几乎没有产生什么影响。

21世纪前后是另一个引进外国文学理论教材的高潮。除了(美)卡勒《文学理论》(李平译,辽宁教育出版社,1998年版),(英)拉曼·塞尔登编《文学批评理论——从柏拉图到现在》(刘象愚、陈永国等译,北京大学出版社,2000年版),(英)安德鲁·本尼特、尼古拉·罗伊尔《关键词:文学、批评与理论导论》(汪正龙、李永新译,广西师范大学出版社,2007年版),(法)让-伊夫·塔迪埃《20世纪的文学批评》(史忠义译,百花文艺出版社,1998年版)等单本著述以外,周启超主编了一套大型"当代国外文论教材精品系列",第一辑已由北京大学出版社于2006年出版[①]。这一辑包括(俄)哈利泽夫《文学学导论》(周启超等译)、(英)拉曼·塞尔登等《当代文学理论导读》(刘象愚译)、(美)迈克尔·莱恩《文学作品的多重解读》(赵炎秋译)、(英)彼得·威德森《西方文学观念发展史》(钱竞、张欣译);史忠义主编《新世纪人文译丛》中的

---

① "当代国外文论教材精品系列"第一辑面世后颇受欢迎,很快重印;第二辑也于最近出版。

一些书目也具有教材性质,如(加)马克·昂热诺等《问题与观点》(史忠义、田庆生译,百花文艺出版社,2000年版)、(法)让·贝西埃等《诗学史》(史忠义译,百花文艺出版社,2002年版)、(法)罗杰·法约尔《批评:方法与历史》(怀宇译,百花文艺出版社,2002年版)等。以上大都是晚近在国外多次再版、颇有影响的文学理论教材。其中哈利泽夫的《文学学导论》是原理类教材,拉曼·塞尔登编《文学批评理论——从柏拉图到现在》属于读本类教材,马克·昂热诺等《问题与观点》、让·贝西埃等《诗学史》属于以专题方式写作的断代文论史或文论通史类教材,让-伊夫·塔迪埃《20世纪的文学批评》、拉曼·塞尔登等《当代文学理论导读》(A Reader's Guide to Comtemporary Literary Theory, 1985)属于20世纪断代流派理论史教材,迈克尔·莱恩的《文学作品的多重解读》原名为《文学理论:实用性的导论》(Titerary Theory: A Practical Introduction, 1999)表面上看也是20世纪断代流派理论史教材,但它选取莎士比亚的《李尔王》、亨利·詹姆斯的《艾斯朋遗稿》、托尼·莫里森的《蓝眼睛》、伊丽莎白·毕晓普的诗作等几个经典文本,通过形式主义、结构主义、后结构主义、解构主义、后现代主义、马克思主义、历史主义、女性主义、精神分析、性别研究、后殖民主义等不同视角的解读,展现多样化的阅读效果,强化了文学理论的实践功能,也具有作品分析类教材的性质。值得提出的是,本期引进了国外文学理论教材的新模式——核心概念、问题或关键词模式。彼得·威德森的《西方文学观念发展史》原名《文学》(Literature, 1999)是以核心概念或问题"文学"为对象,考察西方"文学"观念在20世纪60年代之后怎样向"文学性"变化。卡勒的《文学理论》原名是《文学理论:简短的导论》(Literary Theory: A Very Short Introduction, 1997),和彼得·威德森的书一样属于核心概念或问题类教材。该书系由作者在康乃尔大学讲授文学理论课的讲稿加工而成。卡勒在介绍该书的写作思路时说:"我更倾向于选择几个题目,集中介绍关于它们的重要议题和辩论,并且谈一谈我认为从中已经学到的东西。"①因此,该书是以文学活动中的8个比较宏观的基本问题如"理论是什么"、"文学是什么"、"文学与

---

① 卡勒:《文学理论·前言》,见卡勒《文学理论》,李平译,辽宁教育出版社,1998年版,第1页。

文化研究"、"语言、意义和解释"、"修辞、诗学和诗歌"、"叙述"、"述行语言"、"属性、认同和主体"结构全书。当然,这类教材的代表作应该算是本尼特、罗伊尔的《关键词:文学、批评与理论导论》。该书原名是《文学、批评与理论导论》(An Introduction to Literature, Criticism and Theory, 2004),它选择了文学活动中涵盖面较广、具有较大学术容量的32个核心范畴或关键词,吸纳了很多鲜活的文学现象和文学经验,勾画出文学活动的丰富多彩的面貌,涉及了文学活动的方方面面。它既论述了传统意义上的文学理论问题如文本与世界、人物、悲剧等,又探讨了神秘、幽灵、自我认同、战争、怪异、动态的画面、述行语言、悬念、变异、种族差异、性别差异等令人耳目一新的话题。从以上分析可以看出,本期的国外文论教材翻译首要特点是多样化、成系列;其次是视野比较开阔,注重时效。本期对国外文学理论教材的引进打破了以文学为中心的学科壁垒,文化研究、美学理论都纳入引进视野。如(英)阿雷恩·鲍尔德温等《文化研究导论》(陶东风等译,高等教育出版社,2004年版)是国外流行的文化研究教材,(美)彼得·基维编《美学指南》(彭锋等译,南京大学出版社,2008年版)、(美)托比·米勒编《文化研究指南》(王晓路译,南京大学出版社,2008年版)都是国外21世纪初刚出现的读本类教材,国内很快便加以引进;再次是本期首次出现了原版教材引进。例如,北京大学出版社与美国汤姆生学习公司联手,2002年几乎在国内同步原版出版了(美)沃坦恩格伯(Thomas. E. Wartenberg)编选的《艺术哲学经典选读》(The Nature of Art An Anthology, 2001)和(美)汤森德(Dabney Townsend)编选的《西方传统美学经典选读》(A Esthetics Classic Readings from Western Tradition, 2001),这说明我国学者文学理论与美学教学理念进一步开放,体现了我国外国文学理论教材的国际化。

新中国成立以来我国外国文学理论教材编写情况及其特点

如果说翻译属于引进的话,编写属于自主建设,它有一个消化吸收、酝酿写作的周期,明显滞后于翻译。"文革"前我国有一些大学曾经开设过类似外国文论或文学批评的课程,如北京大学外文系李赋宁教授即开设过"西方文学批评"课程,在 20 世纪 60 年代初,伍蠡甫牵头编辑了两卷本《西方文论选》(上册,上海文艺出版社 1963 年版;下册,人民文学出版社上海分社,1964 年版),选文包括从古希腊到 19 世纪西方文学理论、文学批评、创作经验、美学的代表性著作,这是新中国成立后最早出现的读本类外国文学理论教材。但是在新中国成立头 30 年我国学者自己并没有编撰出严格意义上的通史类或著述类西方文学理论教材。如果要算的话,也许朱光潜的《西方美学史》(人民文学出版社,1963 年版)勉强算是一个例外。由于朱先生的外国文学研究背景,加之他认为:"美学必然主要地成为文艺理论或'艺术哲学'。"①所以他的《西方美学史》上自古希腊柏拉图、亚里士多德,中经但丁、达·芬奇、布瓦罗、莱辛、歌德、德国古典美学,下至俄国革命民主主义者车尔尼雪夫斯基、别林斯基、杜勃罗留波夫,实际上主要研究的是偏重于文学艺术的那部分美学家的思想,或者美学家思想中偏于艺术哲学的部分,在很大程度上可谓我国第一部冠名"西方美学史"的西方文学理论史。"文革"后我国不少高校也的确把朱光潜的《西方美学史》作为西方文学理论课程的教材来使用。

新时期以来,我国西方文学理论教材建设迈出了坚实的步伐。粗略考察,大致分为两个阶段:20 世纪 80～90 年代,21 世纪前后。20 世纪 80 年代,伍蠡甫在我国自行编写国外文论教材中贡献最大。1979 年,伍蠡甫主编的《西方文论选》由上海译文出版社再版,1981 年,伍蠡甫主编的《西方现代文论选》也由上海译文出版社出版,其后伍蠡甫又主编了《西方古今文论选》(复旦大学出版社,1984 年版),并出版了《欧洲文论简史——古希腊罗马至十九世纪末》(与翁义钦合著,人民文学出版社,1985 年版),后者是我国学者最早撰写的严格意义上的通史类外国"文论史"教材。全书以时代背景为经,以批评家为纬,列举较有代表性的文学批评理论,阐述主要论点的源流及演变,揭示批评流派之间的联系。1987 年,伍蠡甫、胡经之又主编了大型选本类教材《西方文艺理论名著选编》(上、中、下册,北京大学出版社,1987 年版),选文上卷为从古希腊到德国古典美学,中卷为 19 世纪,下卷为 20 世纪。20 世纪 80 年代后期至 90 年代初,胡经之是外国文学理论教材编写的代表。

---

① 朱光潜:《西方美学史》(上卷),人民文学出版社,1979 年版,第 4 页。

他主编了两卷本《西方文艺理论名著教程》(上册,北京大学出版社,1986年版,下册,北京大学出版社,1989年版),选择从柏拉图到本雅明共计43人的文论名篇,结合本人思想和著作的全体加以评析,在20世纪80年代影响较大。其后胡经之、张首映还按照美国学者艾布拉姆斯所说的文学活动四要素,分作者系统、作品系统、读者系统、社会文化系统编选了四卷本读本类教材《二十世纪西方文论选》(中国社会科学出版社,1989年版)这一当时最大型的读本类教材。

需要说明的一个情况是,20世纪80年代之后,由于中国综合大学和师范院校中文系、外文系普遍开设西方文论课程,而美学二级学科又横跨中文、哲学两个一级学科门类,西方美学史常常是研究生课程之一,20世纪80年代后期至90年代个人编写的外国文学理论教材或外国美学史教材数量增多,大部分为中文系教师编著,少数为哲学系、外文系教师编著,如杨恩寰《西方美学思想史》(辽宁大学出版社,1988年版)、刘庆璋《西方近代文学理论史》(兰州大学出版社,1988年版)、刘鹤龄《西方美学简史》(北京师范学院出版社,1988年版)、邹英《西方古典美学导论》(东北师范大学出版社,1989年版)、刘宁和程正民《俄苏文学批评史》(北京师范大学出版社,1992年版)、马新国《西方文论史》(高等教育出版社,1994年版)、李醒尘《西方美学简史》(上海文艺出版社,1988年版)、李醒尘《西方美学史教程》(北京大学出版社,1994年版)、朱立元主编《现代西方美学史》(上海文艺出版社,1993年版)、朱立元主编《当代西方文艺理论》(华东师范大学出版社,1997年版)。这些著述偏于宏观把握,多数带有介绍、评述性质,不太追求个性色彩。

21世纪前后外国文学理论(西方美学)教材编写迎来了一个高峰,类型也更加多样化,断代文论史或国别文论史、文论通史、读本文选、工具书都有出现。其中断代文论史或国别文论史类的主要有:周宪《20世纪西方美学》(南京大学出版社,1997年版)、朱刚《二十世纪西方文论》(北京大学出版社,2006年版)、刘宁主编《俄国文学批评史》(上海译文出版社,1999年版)、张杰和汪介之《20世纪俄罗斯文学批评史》(译林出版社,2000年版)等;通史类的主要有:董学文主编《西方文学理论史》(北京大学出版社,2005年版)、章安祺等《西方文艺理论史——从柏拉图到尼采》(中国人民大学出版社,2007年版)、王一川主编《西方文论史教程》(北京大学出版社,2009年版)、朱志荣《西方文论史》(北京大学出版社,2007年版)、张玉能《西方美学思潮》(山西教育出版社,2009年版)、张玉能《西方文论》(华中师范大学出版社,2002年版)、朱志荣《古近代西方文艺理论》(华东师大出版社,2002年版)、毛宣国《西方美学史》(湖南师范大学出版社,1999年版)、单世联《西方美学初步》(广东人民出版社,1999年版)等;读本类的主要有:朱刚编《二十世纪西方文艺批评理论》(上海外语教育出版社,2001年版)、姚乃强编《西方经典文论选读》(上海外语教育出版社,2003年版)、朱立元主编《二十世纪西方美学经典文本》(复旦大学出版社,2001年版)、章安祺编《西方文艺理论史精读文献》(中国人民大学出版社,2003年版)、王晓路编《当代西方文化批评读本》(四川大学出版社,2004年版)、朱志荣编《西方文论选读》(华东师范大学出版社,2008年版)等;工具书类主要有:赵宪章主编《20世纪外国美学文艺学名著精义》(北京大学出版社,2008年版)等。

  本期外国文学理论教材的编写有三个特点:一是国际化色彩增强,21世纪以来上海外语教育出版社出版了从英文原著编选的由戴炜栋主编的"高等院校英语语言文学专业研究生系列教材",丛书按照国际通行规范编写,其中朱刚编《二十世纪西方文艺批评理论》、姚乃强编《西方经典文论选读》是与外国文学理论有关的两部;二是个性化色彩增强,周宪的《20世纪西方美学》抓住20世纪西方美学的语言学转向和批判理论转向来梳理20世纪西方美学发展的脉络。王一川主编的《西方文论史教程》将西方文论"知识型"的演变概括为五次"转向":人学转向、神学转向、认识论转向、语言论转向、文化论转向,认为这五次"转向"支配着文论"范式"即具体的文论流派或思潮的转换,在写作上略古详今,以论现史,突出个案,教学优先;三是国外文学理论教材编写与国内文学理论研究互动性增强,王晓路编选的《当代西方文化批评读本》和前面提到的陶东风翻译的阿雷恩·鲍尔德温等的《文化研究导论》一为读本一为专书,说明外国文学理论研究者明显地在借助外来资源呼应国内文化研究的语境,给国内文学理论研究者提供理论支持。

对新中国成立以来外国文学理论教材翻译与编写的思考

新中国成立初期,我国在政治、经济、文化上向苏联学习,文学理论教材翻译和编写也是如此,除了苏联的成果,我们常常将其他资本主义国家的文学理论研究(包括教材)一概视为资产阶级的东西加以否定。"文革"前以群主编的《文学的基本原理》与1979年出版的蔡仪主编的《文学概论》都从唯物主义的哲学认识论出发,视文学为社会生活的反映,倡导文学的认识、教育作用,突出文学的意识形态功能,带有苏式教材的明显印记。以致有人说新中国成立头30年中国文学理论研究和教材编写中有一种"前苏联体系"在起作用。钱中文先生认为:"这种'前苏联体系'文学理论的核心问题,主要体现在文学本质的阐释上,它的出发点是哲学认识论,即把文学视为一种认识、意识形态,把文学的根本功能首先界定为认识作用,依次推下去为教育作用,再转而引申为阶级斗争教育、阶级斗争工具,为无产阶级政治服务,文学自身最具有本质性的审美特性,反而被视为从属性的东西。这一理论体系的关键词主要有:认识、形象、典型、意识形态、基础与上层建筑、阶级斗争与阶级性、党性、人民性、社会主义现实主义创作方法。至于对其他因素的论述,不同学派的文学概论大同小异,只是深浅不同而已。20世纪80年代以后,我国文学理论在各种论争中一直在批判、清算教条主义、庸俗社会学,自然也包括这种'前苏联体系'。"①20世纪80年代之后,我国引进了不少苏联之外的文学理论教材,其中韦勒克、沃伦的《文学理论》的形式主义研究对我国教材编写产生了显著影响,例如童庆炳20世纪90年代初主编的《文学理论教程》讨论文学作为一种人类活动与其他活动的异同,彰显了文学的特殊审美性质。其后我国文学理论教材编写有意识地吸收了国外文学理论教材的一些优点。比如,童庆炳、赵勇的《文学理论新编》(北京师范大学出版社,2005年版)全书每一章在结构上都是由"经典文本阅读"和"相关问题概说"两个部分构成,以

---

① 钱中文:《文学理论反思与"前苏联体系"问题》,载于《文学评论》2005年第1期。

便于通过具体的经典文本的解读而导入有关文学的基本范畴和基本理论,吸收了外国读本与原理相结合的教材的做法,陶东风主编的《文学理论基本问题》(北京大学出版社,2004年版)则借鉴了外国关键词或基本问题类教材的写法。

  回顾新中国成立以来外国文学理论教材的翻译与编写,还存在着一些缺憾。从翻译上看,20世纪50年代只翻译苏联教材,过于单一化,80年代以来,我们注意到国外文学理论教材的多样化,原理类、通史或流派理论史类、读本类、基本问题类等都有涉及,但从国别上看,总体上偏于英美,对欧洲大陆德、法、俄等国的文学理论教材注意不多,而且一些比较好的英美文学理论教材,如美国学者查尔斯·布雷斯勒(Charles E. Bressler)的《文学批评的理论与实践导论》(*Literary Criticism:An Introduction to Theory and Practice*,1999)也没有引进,更重要的问题是,对国外文学理论教材编写理念与教学理念的变化关注不够,因此国外文学理论教材翻译与国内文学理论教材编写的互动仍然做得很不够。例如,近二十年来,国外文学理论教材不论属于何种编写类型,在学术思路方面以反本质主义倾向的居多,即不追求给文学下一个预设性的定义,而是平等地交代各家各派的观点,此外,强化文学理论的实践功能,重视"如何阐释文学作品",重视附录和参考读物等,也是国外文学理论教材的特点①。伊瑟尔认为,人文科学理论包括文学理论不同于自然科学理论,后者是硬理论(hard-core theory),它提供一种模式将各种现象归入系统,用来进行预测;前者是软理论(soft theory),不能用于预测,主要用来进行勾勒(mapping)。文学理论作为软理论,不受法则的控制或凌驾于各种理论之上的某个观点的支配,"并不承担解决问题的任务。相反,它们最为关注的是获取了解,去评价语境间的相关性,去研究意义的功能,去鉴定艺术和文学,并且去回答为什么我们需要艺术和文学这一问题"②。因为文学艺术超越了所有的界限和期待,无法以某一种认知来把握,所以产生了各种各样的文学理论。每种理论都提供了普遍范畴的框架,对自己试图归类的

---

  ① 胡亚敏:《英美高校文学理论教材研究》,载于《中国大学教学》2006年第6期。

  ② 伊瑟尔:《怎样做理论》,朱刚等译,南京大学出版社,2008年版,第8页。

问题进行抽象,但又存在着该理论无法涵盖的问题,因此既有自己的合理性,又有自身的局限性。文学理论教材作为文学的知识系统,需要对各种理论潜在的假定进行区分,对其假定、范畴和问题的文本适用性进行勘察。这是国外文学理论教材编写日益走向开放的缘由。但是近年来我国文学理论教材编写仍然以从一个预设前提出发进行体系化理论推演的居多,国外文学理论教材晚近的特点与走向在我国本土教材编写中没有得到应有的重视和回应。

从我国外国文学理论教材编写上看,存在的问题也不少。首先,在编写方法上还比较单一化,以时段、流派或人物为线索的线性描述法、孤立研究法还比较流行,缺乏对于国外文学理论的"问题意识"。到目前为止,还没有出现以基本问题为中心的外国文学理论教材编写模式。外国文学理论的演变,从根本上说是提问方式的变化、研究方法的推进和学术思想的创新,流行的通史类教材写作常常陷入琐碎的史实、文论家生平、写作背景的介绍和著作的评述中去,湮没了外国文学理论的基本问题和发展脉络。其次,在研究目标上,没有注意将阐释与创造相结合,以研究对象为依归的阐发式、评述性甚至转述式研究模式比较常见,有些教材明显带有讲稿、讲义性质,吸收人家的研究成果多,自己的独立见解少;二手文献多,从第一首文献扎扎实实做教材的少。再次,如何强化理论的实践功能,拓展学生学习容量,提升学生综合素质,把理论阐述与文本分析相结合、理论学习和学术探讨相结合,也是我国外国文论教材需要考虑的问题。这里有必要提一下美国学者布雷斯勒的教材《文学批评的理论与实践导论》。该书在章节安排上并无特别之处,基本上是按照各个批评派别如新批评、读者反应批评、结构主义、解构主义等来组织的,但在写法和体例上颇有创意:每一章包括了导论、历史发展、问题分析、范文、延展阅读、相关网站、学生论文、专家论文等部分,体现了师生互动的教学理念,使学生对文学理论的学习体现出知识了解、方法论训练、学术研究的阶段性与层次性跃进。这对我国外国文论甚至文学概论教材编写无疑有启示价值。

外国文论在当代中国的译介(1949~2009)

谢天振　田全金

自1949年新中国建国起,外国文论在中国的译介一直是令中国文坛高度重视的一个关注点。六十年来,外国文论在中国的译介不仅对新中国的文学理论、文学批评建设和发展产生了深刻的影响,而且还极大地影响甚至改变了中国当代文学创作的走向乃至文化价值观。回顾这六十年来我们国家对外国文论的译介过程,我们不难发现它明显地经历了三个阶段,即从新中国成立初期至"文革"结束的第一阶段、从20世纪70年代末至80年代末的第二阶段和自20世纪90年代至今的第三阶段。如果说,第一阶段我们可命之为"苏俄文论独领风骚"阶段的话,那么第二阶段我们也许可命之为"西方文论渐成热点"阶段,而第三阶段则可命名为"外国文论译介全面繁荣"阶段。

下面我们根据外国文论在中国的译介所经历的三个阶段,对其译介情况进行梳理,并探讨不同历史阶段我国外国文论译介的基本特点及其对中国文论乃至整个学界的影响、意义和价值。

1949~1976:苏俄文论独领风骚

20世纪五六十年代我国的外国文论译介以马克思主义文论,特别是以苏联文论为主,包括列宁、斯大林和高尔基的著作,苏联作家代表大会的文件,苏共中央的决议和日丹诺夫讲话等。与此同时,对欧美古典文论虽也有所译介,但也是以俄国革命民主主义者别林斯基、车尔尼雪夫斯基、杜勃罗留波夫(下文简称别车杜)的现实主义批评理论为主要译介对象。

1949年，上海群益出版社再版了苏联学者顾尔希坦的《论文学中的人民性》(戈宝权译，1947年首版于香港海洋书屋)。同年，北平[北京]天下图书公司也出版了该书，书名被改为《文学的人民性》，并于1950年、1951年连续重版。1950年，马克思的《艺术的真实》出版。接着，1951年北京的文艺翻译出版社出版了《作家与生活——第二届全苏青年作家会议论文集》(刘辽逸译)，其中收入了苏联作家法捷耶夫、爱伦堡等人的文章。以上著述的翻译出版，拉开了新中国译介外国文论的帷幕，同时也标志着新中国的外国文论译介明确走上了以马克思主义文论，特别是以苏联文论为主要译介对象的道路。

1952～1954年，为配合国内学习苏联社会主义现实主义文艺理论、宣传马克思主义、唯物主义文艺观的政治要求和文化需要，上海的新文艺出版社编辑出版了"文艺理论学习小译丛"，三年之间出版了六辑。①每辑10篇著作，介绍的基本上就是苏联学者撰写的文艺理论著作，也包括少数马克思主义的文论。这些著作虽然篇幅短小(一般只有几十页)，但都具有强烈的政治倾向性和鲜明的时代色彩。第一辑(1952年出版)中主要有：缅斯尼柯夫的《论社会主义现实主义的基本特征》(田森、刘运琪译)，叶高林的《斯大林关于语言学著作中的文学问题》(何勤译)、《反对文学中的思想歪曲》("真理报"专论，齐思闻译)，《反对文学批评中的庸俗化》("真理报"专论，齐思闻译)、顾尔希坦的《论苏联文学中的民族形式问题》(戈宝权译)，约·里瓦伊的《作家的责任》(徐继曾译)等等，都是谈论的思想问题和政策问题，根本未涉及文学的内部规律和艺术特征。第二辑、第三辑(1953年出版)中主要有：苏尔科夫的《苏维埃文学发展的几个问题》(蔡时济译)，《克服戏剧创作的落后现象》("真理报"专论，蔡时济译)，留里科夫的《古典作家的遗产与苏维埃文学》(高叔眉译)，彼沙列夫斯基的《斯大林社会主义现实主义原则是艺术科学的最高成就》(高叔眉译)等，也是以政策宣传和思想教育为主，未涉及文学艺术的内部问题，只有安东诺夫的《论短篇小说的写作》(岳麟译)算是讨论艺术技巧问题的。第四辑至第六辑中的著作(1954年出版)，虽然有一些论文涉及艺术的形式和技巧问题，如赖

---

① 该译丛可能直到1955年还在出版，估计已出到第七辑，但作者未见到第七辑的著作，故只讨论前六辑的情况。

松姆纳等的《论艺术的内容和形式》(叶知等译)、雷伐金的《论文学中的典型问题》(朱扬译)、那察伦柯的《技巧和诗的构思》(罗洛译)、尼古拉耶娃的《论文学的特征》(方健译)等，但多少都带有"内部研究"的特征。与此同时，引人注目的仍然是那些思想性和政治性的"文论"，诸如罗米什的《斯大林与苏维埃文学》(胡鑫之译)和苏联《戏剧》杂志专论《论批评》(戚雨村译)、别尔金的《契诃夫的现实主义》(徐亚倩译)等。

与新文艺出版社推出"文艺理论学习小译丛"同时，北京的文艺翻译出版社也译介了不少苏联文论，如《苏联文学艺术工作的任务》(法捷耶夫等著，蔡时济译)、《社会主义现实主义的几个问题》(西蒙诺夫等著，郑伯华等译)、《论苏联文学中的军事题材》(斯珂莫洛霍夫等著，许铁马译)，从而为积极译介社会主义现实主义文论推波助澜。

1955年，新文艺出版社(后改为上海文艺出版社)又开始编辑出版"文艺理论译丛"，至1958年共出版四辑40部(篇)著作，继续引领外国文论译介的潮流，并使它有更加鲜明的"社会主义现实主义"色彩。第一辑(1955～1956年出版)包括：特罗斐莫夫等的《马克思列宁主义美学原则》(金霞译)、阿·伏尔柯夫的《列宁和社会主义美学问题》(史慎微译)、安·卡拉瓦叶娃的《思想性与技巧》(阮冈译)、叶果洛夫的《论艺术的内容和形式问题》(吴行健译)、留里科夫等的《艺术的宝藏》(蔡时济等译)、杰米基耶夫的《第二次全苏作家代表大会——苏联文学史上最重要的路标》(戈安译)、谢尔宾纳的《文学与现实》(硕甫译)、万斯洛夫的《艺术中的内容和形式问题》(侯华甫译)、叶密里娅诺娃的《按照高尔基的方式关心年青作家》(杨骅译)等，无一不与苏共党的文艺政策密切相关，只有万斯洛夫的著作有较高的理论价值。第二辑(1956～1957年出版)包括：《关于文学艺术中的典型问题：苏联"共产党人"杂志专论》(廷超译)、伊凡诺夫的《列宁的文学党性原则》(史慎微译)、阿波列相的《列宁和艺术的人民性问题》(戈安译)、奥泽洛夫的《社会主义现实主义的若干问题》(戈安译)、阿·杰明季耶夫的《社会主义现实主义：苏联文学的主要方向》(曹庸译)等宣扬社会主义现实主义的论著；也包括一些研究文学的艺术性的著述，如《艺术形象》(勒佐姆奈依著，侯华甫译)、《典型与个性》(谢尔宾娜[纳]著，一之译)、《个性与典型性》(塔马尔钦科著，方予译)、《灵感与技巧》(英贝尔著，戈安译)、《剧作家的技巧》(叶·果尔布诺娃著，刘豫璇译)等。从数量上看，两类著作平分秋色。1958年出版的第三辑、第四辑,继承了前两辑的传统,继续把社会主义现实主义作为译介的重点,如特罗菲莫夫等的《马克思列宁主义美学》(马晶锋译)、福明娜的《普列汉诺夫的文学和艺术观》(张祺译)、特罗菲莫夫的《社会主义现实主义——苏联艺术的创作方法》(牛治译)和《现代资产阶级反动艺术与美学主要流派的批判》(吴天真译)、万斯洛夫的《艺术的人民性》(刘颂燕译),以及德国作家约翰涅斯·贝希尔的《诗与生活》(林枚生、善懿译),都是苏联版的马克思主义文论。另外,英贝尔的《再论灵感与技巧》(戈安译)、万斯洛夫和特罗菲莫夫的《美与崇高》(夜澄译)、伊·斯莫尔耶尼诺夫和尤·波列夫的《悲剧和喜剧》(吴行健译)则较多地涉及艺术性或审美问题。1959年,新文艺出版社(上海文艺出版社)仍在出版"文艺理论译丛",如赫拉普钦科等人的《世界观和创作》(戈安译)即出版于该年。

当新文艺出版社(上海文艺出版社)为译介苏联文论连续推出两个"译丛"、翻译出版了上百部小册子、干得如火如荼的时候,北京人民文学出版社出版了卢那察尔斯基的《论俄罗斯古典作家》(1958年)以及《日丹诺夫论文学》(1959年)等苏联文论,并且推出了"苏联文艺理论译丛",先后出版了《世界文学中的现实主义问题》(1958年)、《苏联作家论社会主义现实主义:第一次苏联作家代表大会前后的有关言论》(1960年)等著作(文集)。这是由中国科学院文学研究所苏联文学组编写的,但似乎没有持续下去。而且,在苏联作家第二次代表大会修正了有关社会主义现实主义的定义之后,还着力重温第一次代表大会前后的言论,暴露了中国文坛在社会主义现实主义问题上的保守性,其观点已经与"解冻"后的苏联同行渐行渐远。

还有一个重要的文学现象值得关注,那就是20世纪五六十年代专门译介外国文论的期刊——《文艺理论译丛》在译介外国文论方面的贡献。1957年,中国科学院文学研究所创办《文艺理论译丛》于当年7月创刊,到1958年12月共出版六期,后因故未能续出。1961年6月恢复再次出刊,更名为《古典文艺理论译丛》。由于改刊后的"译丛"不刊载当代的文章或资料,中国科学院文学所决定同时创办《现代文艺理论译丛》,译介的重点仍然是苏联学者的文艺理论。但后来由于意识形态的纷争以及中苏关系恶化,对苏联文坛最新情况的报道逐渐变成了"内部参考"资料。例如,"现代文艺理论译丛"出了多期增刊:《苏联文学与人道主义》(1963年)、《苏联文学中的正面人物、写战争问题》(1963年)、《苏联青年作家及其创作问题》(1963年)、《苏联文学与党性、时代精神及其他问题》(1964年)、《苏联一些批评家、作家论艺术革新与"自我表现"问题》(1964年)、《人道主义与现代文学：报告集》(上下册，1965年)、《勒菲弗尔文艺论文选》(1965年)等大部头著述，均由北京作家出版社作为"内部参考"出版。

此外，苏联科学院哲学研究所、艺术史研究所编写的长篇巨著《马克思主义美学原理》(陆梅林等译)于1961年由北京三联书店出版，苏联艺术科学院美术理论与美术史研究所编写的《马克思主义美学概论》(杨成寅译)于1962年由北京人民美术出版社出版。

应该说，中国学界翻译和研究苏联文论的热情是极为高涨的，苏联文论的译介构成了中国文化界接受马克思主义文论和马克思主义美学的重要中介，并在相当长的历史时期被当成了马克思主义文论本身，而对西方古典文论的译介就要少得多，至于对西方当代文论的译介那就更少了。

不过，俄国的古典文论还是得到了充分重视的。其实早在20世纪20年代，俄国革命民主主义者的文论就已经得到了中国学者的系统评介。① 1949年以后，别车杜的美学思想成为中国美学界和批评界宝贵的精神财富，对他们的介绍力度更胜过从前。首先，别车杜著作的翻译开始逐步形成系统。如1952~1953年，时代出版社出版《别林斯基选集》(两卷，满涛译)；1958年，新文艺出版社又出版《别林斯基论文学》(梁真译)，1956年，《车尔尼雪夫斯基论文学》(辛未艾译)上卷出版(1965年出版中卷，1983年出齐下卷)；1957年，人民文学出版社出版了车尔尼雪夫斯基的《美学论文选》(缪灵珠译)，再版了车氏的《生活与美学》(周扬译)；1958~1959年，三联书店出版《车尔尼雪夫斯基选集》(上下卷，多人合译)；1954年，新文艺出版社出版《杜勃罗留波夫选集》(辛未艾译)。这些著作大都在短时间内得以重印，是20世纪五六十年代最受欢迎的外国文论著作。与此同时，苏联学者研究别车杜的著作也翻译出版了不少。如列别杰夫的《别林斯基画传》(晨光出版公司，

---

① 郭绍虞：《俄国美论与其文艺》，载于《小说月报》十二卷号外《俄国文学研究》(1921年9月)。

1951年版),约夫楚克的《别林斯基》(人民出版社,1954年版),依列里茨基的《别林斯基的历史观点》(三联书店,1956年版),戈洛文钦科的《别林斯基》(作家出版社,1957年版),普罗特金的《俄国天才的学者和批评家——车尔尼雪夫斯基》(新华书店,1950年版),普列汉诺夫的《车尔尼雪夫斯基评传》(新文艺出版社,1951年版),留里科夫的《车尔尼雪夫斯基》(作家出版社,1956年版),岳夫楚克的《杜勃罗留波夫研究》(正风出版社,1950年版)和《杜勃罗留波夫的哲学和政治观》(正风出版社,1952年版),阿尔克希伯夫的《杜勃罗留波夫的文学批评的原则》(新文艺出版社,1954年版)等等,都得到了及时的译介。

顺便一提,随着别车杜著述在中国的译介,还出现了一批中国学者的相应研究论著,它们借助马克思主义的辩证唯物主义和阶级分析的方法,重新评价和阐释别车杜的文艺思想,明显带有20世纪50年代中国的时代色彩。如1958年,刘宁的《别林斯基的美学观点》①一文在介绍别林斯基的革命民主主义美学时,称赞别林斯基"正确阐明了艺术与政治之间辩证的统一关系","坚持和捍卫了文学的人民性原则"。汝信的《论车尔尼雪夫斯基对黑格尔艺术哲学的批判》②是当时颇有分量的一篇论文。该文从美的定义、艺术美与自然美、悲剧理论、艺术的社会意义等四个方面,分析了车尔尼雪夫斯基的美学观,展示了车氏对黑格尔美学的超越以及他不如黑格尔深刻的地方。值得注意的是,作者在文中还批判了苏联学者拔高车尔尼雪夫斯基的做法,明确提出车氏美学的哲学基础就是费尔巴哈的人本主义哲学,但承认"车尔尼雪夫斯基的美学思想是马克思主义以前的唯物主义美学的最高成就"。

鉴于马克思、恩格斯、列宁、斯大林都没有系统的文艺学论著,所以别车杜的著作在当时中国文坛几乎被奉作"准马列"著作,并成为当时文艺论战时进攻的矛和自卫的盾。③ 由此也可以看出,在当时中国的

---

① 刘宁:《别林斯基的美学观》,载于《北京师范大学学报》1958年第3期。
② 汝信:《论车尔尼雪夫斯基对黑格尔艺术哲学的批判》,载于《哲学研究》1958年第1期。
③ 舒芜:《对论敌也要公平——读〈车尔尼雪夫斯基论文学〉上卷札记》,载于《新港》1956年第6期;辛未艾:《车尔尼雪夫斯基和宽容——驳右派分子舒芜"对论敌也要公平"》,载于《文汇报》1957年9月17日。

文化生活中,别车杜所处的"中心"地位也仅仅是相对于西方的理论家而言的,他们仅仅是作为马列主义文论的补充而显示其价值的。换句话说,只有在论述某些问题而马列又没有著作可供引用时,人们才想到别车杜,套用车尔尼雪夫斯基对于艺术的作用的说法,就是"代用品"。在20世纪50年代中国的报刊上,讨论最多的是社会主义现实主义文艺理论和毛泽东的文艺思想,而研究别车杜文艺思想的学术论文总共不过二十来篇。当然,翻译最多的也是马克思主义文论和苏联文论,特别是关于社会主义现实主义的言论。

不无必要指出的是,译介数量的多寡与译介成就并不成简单的正比关系。事实上,中国学界对于西方古典文论的译介,在20世纪五六十年代也已经初具雏形。上文提到的《古典文艺理论译丛》,自1961年6月创刊至1966年4月共出刊11期(辑),主要刊登西方的古典美学及文艺理论著作(即古代和资产阶级上升时期的著作)。第一辑,19世纪英国浪漫主义文论专辑;第二辑,近代德法浪漫主义文艺思想专辑;第三辑,莎士比亚专辑;第四辑,东欧文论专辑;第五辑,18世纪西欧美学思想专辑;第六辑,欧洲悲剧理论专辑;第七辑,欧洲喜剧理论专辑;第八辑,19世纪中期美学思想专辑;第九辑,莎士比亚评论专辑;第十辑,东方诸国重要古典文论及巴尔扎克专辑;第十一辑,关于形象思维资料辑要。由此可见,《古典文艺理论译丛》几乎囊括了西方历代各种流派的重要理论家和作家有关文学基本原理以及创作技巧的论述,内容丰富,视野开阔。丛书编委会成员包括:卞之琳、戈宝权、叶水夫、田德望、朱光潜、李健吾、辛未艾、金克木、陈冰夷、傅雷、杨周翰、蒋路、钱钟书、钱学熙等杰出学者,阵容极为壮观。而出现在丛书中的译者则有钱仲书、杨绛、冯至、罗念生、张黎、董问樵、曹葆华、袁可嘉、缪灵珠、柳鸣九、陈荣、徐继曾、刘若端、林波、兴万生、叶水夫、盛澄华、吴兴华、王晓峰、张君川、张玉书、田德望、李健吾、成时、陈占元、鲍文蔚等数十位,几乎荟集了当时外国文学界第一流的翻译家。

作家出版社、人民文学出版社、商务印书馆等多家出版单位也都出版过西方古典文论的单行本。流传较广的有:黑格尔的《美学》第一卷(朱光潜译),商务印书馆,1958年版;克罗齐的《美学原理》(朱光潜译),作家出版社,1958年版;亚里士多德、贺拉斯的《诗学·诗艺》(罗念生、杨周翰译),人民文学出版社,1962年版;《柏拉图文艺对话集》

(朱光潜译),人民文学出版社,1963年版;爱德华·扬格的《试论独创性作品》(袁可嘉译),人民文学出版社,1963年版;锡德尼的《为诗辩护》(钱学熙译),人民文学出版社,1964年版;鲍山葵的《美学三讲》(周煦良译),上海人民出版社,1965年版;H. 帕克的《美学原理》(张今译),商务印书馆,1965年版,等等。此外,当代西方学者的论著也有所介绍,如亨利·阿杰尔的《电影美学概述》(徐崇业译),1963年由中国电影出版社出版。

这些译作虽然数量不多,但对中国的文艺理论研究和文学批评产生了持久深远的影响。不论是亚里士多德的"诗比历史更真实"的观念,还是贺拉斯的类型说和"寓教于乐"主张,或者柏拉图的模仿说和"影子"理论,以及黑格尔的美学思想,都始终受到中国学术界的关注。例如,朱光潜先生作于20世纪60年代初的《西方美学史》,即把柏拉图、亚里士多德、康德、黑格尔视为四个最重要的美学家,并且在分析别林斯基、车尔尼雪夫斯基等人的美学思想时,明确指出他们之间的继承关系,并说明老师(康德、黑格尔)在许多方面胜过学生(别、车)。他说:"别林斯基到了晚期虽基本上转到唯物主义,却也并没有完全摆脱黑格尔的影响。"[①]朱光潜认为,车尔尼雪夫斯基在批判黑格尔美学时并非直接批判黑格尔本人的"美是理念的感性显现",而是把黑格尔左派门徒费肖尔当作批判对象。由于费肖尔在阐述黑格尔美学时不得要领,"所以在瞄准靶子时,车尔尼雪夫斯基就已经稍微射偏了一点"。车尔尼雪夫斯基把流行的美学观点即费肖尔所发挥的黑格尔的美学观点归结为三个命题:(1)艺术美弥补自然美的缺陷;(2)艺术起于人对美的渴望或本性要求;(3)艺术内容是美。车尔尼雪夫斯基逐个批判了这三个命题,提出现实美高于艺术美,艺术起源于人对生活的渴望,"诗的范围是全部的生活和自然",反对把艺术(诗)的内容"归入美及其各种因素的狭窄项目里去"。朱光潜:认为,费肖尔在阐述黑格尔的思想、批判自然美时,"是肤浅的、烦琐的,只看浮面现象而没有抓住本质的,不完全符合黑格尔本意的,值不得用这么大的力量去批判;因而车尔尼雪夫斯基的批判往往是跟着被批判的对象转,也流于肤浅烦琐"。朱光潜说:"应该指出,(1)黑格尔并不是把艺术美和自然美摆在同一个静止的平

---

① 朱光潜:《西方美学史》,人民文学出版社,1979年版,第517页。

面上来看,说艺术美是用来弥补自然美的;而是从发展观点来看,说自然只是自在的而不是自为的(自觉的),就精神的发展来说,它所现出的美还是不完满的;等到精神发展到自在又自为的阶段,才能有艺术,所以艺术代表美的最高发展阶段,也正因为这个道理,艺术美高于现实美。(2)黑格尔从来没有说'艺术起于人对美的渴望',他只说,艺术体现人类精神的一个发展阶段,而它具有美的特质。(3)黑格尔也不曾说'艺术内容是美',而只说艺术内容是'理念'(普遍力量或人生理想),感性形象就是形式,而美则显现于内容与形式的统一体上。他倒有把艺术和美等同起来的毛病,因为'理念的感性显现'适用于美,也适用于艺术。"①

1977～1989:西方文论渐成热点

这个时期,中国学界一方面仍继续在译介苏联文论和马克思主义文论,但另一方面,西方文论渐渐成为当时外国文论译介的真正重点,至于西方的现当代文论则更是成了众所瞩目的译介热点。

其实还在"文革"后期,中国也已经开始注意当代国外的文论,只是它们是以"批判材料"和"内部参考"的名义与读者见面的,受众比较有限。当时首先受到关注的当然还是苏联文论。譬如当代苏联文艺理论家赫拉普钦科的新著《作家的创作个性与文学的发展》,"文革"后期已经"内部出版",而1977年上海人民出版社公开出版了该书,但在"译者前言"里仍保留了对这本"反动无耻"的著作进行的批判和抨击。其实该书将社会主义现实主义文学、社会主义文学、苏联文学等概念进行了区分,从而让读者得以窥见苏联文学丰富的一面,令中国读者耳目一新。这也就是为什么该书在最初出版时尽管是"供批判用"的,但一旦中国结束了"文革"动乱,恢复了正常的文化生活以后,它在中国学术界立即引起了相当强烈的反响。与"文革"时代对苏修言论大张挞伐的做法判然有别是1979年中国社会科学出版社翻译出版了《七十年代苏联社会主义现实主义问题》一书,客观地、不加任何评论地向中国读者介

---

① 朱光潜:《西方美学史》,人民文学出版社,1979年版,第567～569页。

绍了苏联学者马尔科夫等人的"社会主义现实主义开放体系"。受苏联学者的影响,中国学者也开始对社会主义现实主义文艺理论进行了反思,如黄伟宗提出了"社会主义的批判现实主义"①,王福湘则受马尔科夫"开放体系"的启发,提出了"民族的开放的社会主义现实主义",应对国外现代主义文艺思潮的冲击,主动地"走民族的开放的社会主义现实主义之路"②。

20世纪80年代,介绍马克思主义文论和苏联文论仍然是一项重要的工作。1980年,中国社会科学出版社出版了《卢卡契文学论文集》(两册);1982年,人民文学出版社出版了《马克思恩格斯论文学与艺术》(陆梅林辑注),中国社会科学出版社出版了四卷本《马克思恩格斯论艺术》([苏]里夫希茨编,程代熙编辑);1983年,中国社会科学出版社出版梅特钦科的《继往开来——论苏联文学发展中的若干问题》;1984年,中国社会科学出版社出版斯托洛维奇的《审美价值的本质》;1985年,中国文联出版公司出版了A.齐斯的《马克思主义美学基础》,三联书店出版了波斯彼洛夫的《文学原理》;1986年,上海文艺出版社出版加洛蒂的《论无边的现实主义》,上海译文出版社出版了万斯洛夫的《美的问题》。此外,普列汉诺夫、高尔基、卢森堡等人的文学论文也都得以出版或再版。中国社会科学出版社编辑出版的《拉普资料汇编》(1981年)和《无产阶级文化派资料选编》(1983年)加深了我国学者对于"社会主义现实主义"的理解。与此同时,中国学者有关苏联社会主义现实主义的论文重新出现在刊物上,短短两三年即达十余篇。这个时期出版的有关高尔基文艺思想的论著,也都有大量篇幅论述社会主义现实主义。③

上述译著和论著的发表,意味着20世纪80年代初中国学者在外国文论的译介上已经打破了"文革"时期的封闭局面。但与此同时,我们也可以从中窥见,当时中国学界尽管对20世纪50年代以来日益"左倾"的"中国版"社会主义现实主义概念有所不满,但对社会主义现实主

---

① 参见《湘江文艺》,1980年第4期。
② 参见《文艺理论与批评》,1987年第2期。
③ 吴元迈:《苏联文学思潮》,浙江文艺出版社,1985年版;李辉凡:《苏联文学思潮综览》,湖南人民出版社,1986年版。

义理论"本身"还是深信不疑的,故而追本溯源,回顾苏联的相关历史,以期找到"真正的"、"原版的"社会主义现实主义。如薛君智在其长篇论文《法捷耶夫论社会主义现实主义》一文中,考察了法捷耶夫一生中探讨社会主义现实主义的三个阶段,分析了他在各个阶段的成就和失误,他的"辩证唯物主义方法"的偏颇和"活人论"的修正,以及最终肯定了浪漫主义的价值,从而达到了对社会主义现实主义的"正确理解",实际上即日丹诺夫式的理解。① 张羽的《通向社会主义现实主义的道路——高尔基九十年代文艺观点探讨》,也是在完全肯定社会主义现实主义的前提下探讨了高尔基早期的文艺思想。② 20世纪80年代中期以后,苏联版的"真正"马克思主义文论开始逐渐失去对读者的吸引力,取而代之的是对现代西方文论和西方美学、哲学论著的译介热潮,给20世纪80年代整个中国学界以及读书界带来了空前巨大的精神激荡和冲击。

其实,对西方文论的译介并非是自20世纪80年代中期才开始的。1978年,人民文学出版社开始出版《外国文艺理论丛书》,共计50种,主要是西方古典文论,但也收入了古印度、日本的文艺理论著述,涵盖面还是比较广阔的。其中《柏拉图文艺对话集》、亚里士多德《诗学》、贺拉斯《诗艺》以及别林斯基、车尔尼雪夫斯基、杜勃罗留波夫、锡德尼、伏尔泰、狄德罗、巴尔扎克等人的论文,都曾经被译为中文发表过,此时只是再版。其中一些新的译著则更引人瞩目,如维柯的《新科学》(朱光潜译)、波德莱尔的《论文学》、莱辛的《拉奥孔》(朱光潜译)和《汉堡剧评选》、爱克曼辑录《歌德谈话录》(朱光潜译)、叔本华的《美学论文选》、尼采的《悲剧的诞生》等,都给刚刚摆脱"文革"思想桎梏的中国文坛带来了新风。维柯关于诗性思维的阐述、波德莱尔的象征主义诗评、歌德的"世界文学"观、叔本华的生存空虚说都颇有影响,尼采的超人哲学和酒神精神更是产生了广泛持久的影响。

之后,中国社会科学院外国文学研究所编选的外国文学研究资料丛刊,为当时对外国文论的译介作出了重要的贡献。1979年,中国社会科学出版社出版了《外国理论家作家论形象思维》,1980年,该社又

---

① 参见《外国文学研究集刊》第4辑(1982年)。
② 参见《外国文学研究集刊》第5辑(1982年)。

出版《欧美古典作家论现实主义和浪漫主义》（两册），1988年出版《新批评文集》（赵毅衡选编），这都是文艺理论方面的重要著述。1981～1986年，人民文学出版社还分册出版了勃兰兑斯的《十九世纪文学主流》，总共六卷。

1980年，中国社会科学院哲学所开始组织编辑一套"美学译文丛书"（李泽厚主编），由中国社会科学出版社、光明日报出版社、辽宁人民出版社三家分别出版，选题相当新颖，主要是西方现代美学，包括弗洛伊德、萨特、列维-斯特劳斯、梅洛-庞蒂、苏珊·朗格、罗兰·巴特等人的著作以及阐释学、接受美学等方面的著述，十年之间不下数十种。虽然这套丛书的翻译质量难以令人满意，但在当时对于缓解中国学界的"美学饥渴"还是起了很重要的作用。

自1983年起，三联书店陆续推出一套"现代外国文艺理论译丛"，包括：《美国作家论文学》（刘保端等译，1984年），《法国作家论文学》（王忠琪等译，1984年），《英国作家论文学》（汪培基译，1985年），《文学理论》（韦勒克、沃伦著，刘象愚等译，1984年），《现实中和艺术中的审美》（斯托洛维奇著，凌继尧、金亚娜译，1985年），《文学原理》（波斯彼洛夫著，王忠琪译，1985年），《艺术形态学》（莫·卡冈著，凌继尧、金亚娜译，1986年），《弗洛伊德主义与文学思想》（弗里德里克·J.霍夫曼著，王宁等译，1987年），《俄国文艺学史》（尼古拉耶夫等著，刘保端译，1987年），《二十世纪文学理论》（佛克马、易布斯著，林书武译，1988年），《陀思妥耶夫斯基诗学问题》（巴赫金著，白春仁、顾亚玲译，1988年），《解释的有效性》（赫施著，王才勇译，1991年），《文学序说》（桑原武夫著，孙歌译，1991年），《东方的美学》（今道友信著，蒋寅译，1991年）。

1986年，三联书店开始出版"现代西方学术文库"，除了许多大部头的哲学著作外，还有大量的文艺理论和美学著作，主要有：尼采的《悲剧的诞生》（周国平译），卡西尔的《语言与神话》（于晓译），荣格的《心理学与文学》（冯川、苏克译），马里坦的《艺术与诗中的创造性直觉》，什克洛夫斯基等的《俄国形式主义文论选》，艾柯等的《结构主义和符号学——电影理论文选》，姚斯等的《接受美学译文集》（刘小枫选编），托多洛夫的《批评的批评：教育小说》，狄尔泰的《体验与诗》，萨特的《词语》（潘培庆译），马尔库塞的《审美之维》（李小兵译），本雅明的《发达资本主义时代的抒情诗人》（张旭东、魏文生译）、《机械复制时代的艺术》，伊恩·P. 瓦特的《小说的兴起：笛福、理查逊、菲尔丁研究》（高原、董红钧译），雅各布森的《语言学与诗学》，穆卡洛夫斯基的《结构、符号与功能》，巴尔特的《符号学原理》（李幼蒸译），德里达的《消解批评文选》，布鲁姆的《影响的焦虑》，奥巴赫的《摹仿论》等。另外，英国人类学家詹·乔·弗雷泽的文化学巨著《金枝》（徐育新等译），于1987年由中国民间文艺出版社出版，以后又多次再版，对于中国的文学研究也产生了深远的影响。法国学者列维-斯特劳斯（Levi-Strauss C.）的《结构人类学：巫术·宗教·神话》（陆晓禾、黄锡光等译，文化艺术出版社，1989年版）也对中国文艺理论有重要影响。

上述几套外国文论（美学、哲学）丛书的出版，不仅彻底打破了我国文艺界"苏俄文论一家独大"的局面，开阔了中国学者的文艺视野，也有利于中国文学批评摆脱单纯的社会学批评模式。特别是弗洛伊德等人的著作的译介，使中国学人重温精神分析学的基本概念；萨特和梅洛-庞蒂等人的著述，使存在主义、现象学批评广为人知；苏珊·朗格、列维-斯特劳斯和罗兰·巴特等人的著述，让人们了解到符号学和结构主义为何物。中国学者很快学会了他们的术语、概念，迅速应用到文学研究之中，极大地促进了中国文艺批评的繁荣。尤其值得关注的是，韦勒克和沃伦合作的《文学理论》，作为英美新批评的教科书，在中国文学界广为流传，它关于"内部研究"和"外部研究"的区分，与俄国形式主义文论和法国结构主义、符号学一起，共同促使中国的文学批评走上"由外到内"的转向。与此相应的是巴赫金的对话理论和复调小说、狂欢化等概念，也逐渐在中国流行起来。当然，整个20世纪80年代最响亮的名字还是萨特、弗洛伊德、尼采三人。根据中国知网的统计，1980～1989年，中国期刊上发表的以萨特为题的文章共计156篇，以弗洛伊德为题的文章共有134篇，以尼采为题的文章共有82篇，而同一时期发表的以海德格尔为题的文章只有38篇。① 后者是到20世纪90年代以后才独领风骚的。

---

① 搜索范围包括"文史哲、政治、军事与法律、教育与社会科学综合、经济与管理"四个方面，其中弗洛伊德是以"弗洛伊德"和"弗洛依德"两种译名搜索后将结果相加然后减去同名者得出的，海德格尔是以"海德格"和"海德格尔"两种译名搜索后删去重复得出的，萨特和尼采以其名字搜索后减去同名者得出的。

1990～2009：外国文论译介全面繁荣

进入 20 世纪 90 年代以后，中国学界译介西方文论的热情持续不断，许多优秀的文艺理论和美学著作都被介绍到中国。与此同时，中国学者也在逐步消化西方文论的方法和概念，日益加深对它们的理解和研究，形成了翻译和研究互相促进、共同繁荣的局面。

譬如由中国社会科学出版社、百花洲文艺出版社、百花文艺出版社联合从 20 世纪 90 年代初开始推出，至今仍继续在出版的"20 世纪欧美文论丛书"，在国内学界就产生了较大的影响。

这套丛书中，由中国社会科学出版社出版的有以下著作：热拉尔·热奈特的《叙事话语 新叙事话语》（王文融译，1990 年），乔纳森·卡勒的《结构主义诗学》（盛宁译，1991 年），埃米尔·施塔格尔的《诗学的基本概念》（胡其鼎译，1992 年），居斯塔夫·朗松的《方法、批评及文学史》（昂利·拜尔编，徐继曾译，1992 年），《巴赫金文论选》（佟景韩译，1996 年）等，都是"内部研究"的名著。顺便一提，人民文学出版社于 1991 年出版的《萨特文论选》（施康强译）也属于该套丛书。

百花洲文艺出版社出版的选题达 10 种，包括：艾·阿·瑞恰慈的《文学批评原理》（杨自伍译，1992 年），普鲁斯特的《驳圣伯夫》（王道乾译，1992 年），乔治·布莱的《批评意识》（郭宏安译，1993 年），《艾略特文学论文集》（李赋宁译，1994 年），《考德威尔文学论文集》（刘宗次译，1995 年），维·什克洛夫斯基的《散文理论》（刘宗次译）和弗里德里克·詹姆逊的《语言的牢笼 马克思主义与形式》（1997 年），后者包括《语言的牢笼——结构主义及俄国形式主义述评》（钱佼汝译）和《马克思主义与形式——20 世纪文学辩证理论》（李自修译）两篇著作，也都是形式研究或"内部研究"的名作。

由百花文艺出版社出版的著述主要有：吕西安·戈德曼的《隐蔽的上帝》（蔡鸿滨译，1998 年），卢纳察尔斯基的《艺术及其最新形式》（郭家申译，1998 年），瓦尔特·本雅明的《经验与贫乏》（王炳钧译，1999 年），托多罗夫的《巴赫金、对话理论及其他》（蒋子华、张萍译，2001 年），罗杰·法约尔的《批评：方法与历史》（怀宇译，2002 年），保罗·瓦莱里的《文艺杂谈》(段映虹译,2002年),维谢洛夫斯基的《历史诗学》(刘宁译,2003年),翁贝尔托·埃科的《符号学与语言哲学》(王天清译,2006年),诺思罗普·弗莱的《批评的解剖》(陈慧等译,2006年),贝内代托·克罗齐的《美学或艺术和语言哲学》(黄文捷译,2009年),A. J. 格雷马斯的《符号学与社会科学》(徐伟民译,2009年)等。

众所周知,保罗·瓦莱里是以《海滨墓园》等不朽诗篇著称于世的,但其实他在文艺批评和诗歌理论领域也同样卓有建树。《文艺杂谈》是他重要的论文集,所选24篇文章,他对维庸、魏尔伦、歌德、雨果、波德莱尔、马拉美等诗人、作家进行了独到的评述。诗人并没有刻意建立某种新的诗学或美学体系,而是着重对"创造行为本身,而非创造出来的事物"进行分析。亚·尼·维谢洛夫斯基(1838～1906)的《历史诗学》,集中体现了作者的美学思想、文艺观和方法论。该书对文艺的起源、文学的样式和体裁的形成和演变、情节史、修饰语史,以及诗歌语言风格、对比手法等一系列诗学基本问题的范畴进行了追根溯源,鞭辟入里的系统分析研究,提出了一系列富有开拓性的创见,开辟了一条"从诗的历史中阐明诗的本质",从而把文学史的研究和诗学理论的研究有机地结合起来的文艺学研究的新方向、新道路。翁贝尔托·埃科的《符号学与语言哲学》全书共五章,每一章分别考察了当前西方关于符号学争论的最主要的一个问题:符号,意义,隐喻,象征和代码,并以历史的观点对他们逐一予以再认识。诺思罗普·弗莱的《批评的解剖》具有特殊意义,它与荣格的集体无意识理论和原型理论一道,促成了当代中国的神话－原型批评。

20世纪90年代以来翻译出版的外国文论(和美学)论著数量众多,不可能一一尽述。流传甚广的还有:《审美经验现象学》,杜夫海纳著,韩树站译,文化艺术出版社,1992年版;《看·听·读》,列维-施特劳斯著,顾嘉琛译,三联书店,1996年版;《荷尔德林诗的阐释》,海德格尔著,孙周兴译,商务印书馆,2000年版;《1846年的沙龙:波德莱尔美学论文选》,波德莱尔(Baudelaire Charles)著,郭宏安译,广西师范大学出版社,2002年版;《互文性研究》,蒂菲纳·萨莫瓦约著,邵炜译,天津人民出版社,2003年版;《显义与晦义》,罗兰·巴特(Barthes Roland)著,怀宇译,百花文艺出版社,2005年版;《审美经验与文学解释学》,汉斯·罗伯特·姚斯(Jauss Hans Robert)著,顾建光、顾静宇、张乐天译,上海译文出版社,2006年版;《现代戏剧理论1880~1950》,彼得·斯丛狄(Szondi Peter)著,王建译,北京大学出版社,2006年版;《现象学,阐释学,接受理论》,特里·伊格尔顿(Eagleton Terry)著,王逢振译,江苏教育出版社,2006年版;《先锋派散论:现代主义、表现主义和后现代性问题》,理查德·墨菲(Murphy Richard)著,朱进东译,南京大学出版社,2007年版。

此外,20世纪90年代中叶以来,西方的女权主义、后殖民主义等思潮涌入,与先期到场的存在主义、现象学、阐释学一起,也强烈地影响着中国文艺界的批评观念和批评模式。

具体到个人,20世纪90年代影响最大的除上述尼采、萨特和弗洛伊德三人之外,海德格尔"后来居上",成为最耀眼的明星。据中国知网统计,1990~1999年,中国期刊上发表的以弗洛伊德为题的文章有170余篇,尼采和萨特的刚过200篇,而海德格尔的则高达253篇。[①]这说明弗洛伊德的地位相对有所降低,尼采的位置在稳步提高。进入21世纪后,情况又有了新的变化。2000~2008年,中国期刊上发表的以弗洛伊德为题的文章约有350篇,以萨特为题的文章约有400余篇,以尼采为题的文章有500余篇,而以海德格尔为题的文章则高达944篇。此外,还有一批在20世纪默默无闻的"新人"逐渐成为学术界关注的中心。2000~2008年,中国期刊以巴赫金为题的文章有302篇,德里达有295篇,福柯有274篇,加达默尔有232篇,本雅明有143篇,哈贝马斯的更达到585篇,但纯粹的文艺学家如韦勒克,只有52篇。虽然论文数量大幅度攀升,是中国特殊的社会境遇中"学术泡沫"造成的,但相对位置的变化还是能从一个侧面说明问题的。这种现象包含多重含义。第一,在西方文论家中,海德格尔依然矗立在奥林帕斯山的顶峰,保持着对中国文艺界(乃至整个学术界)的巨大影响,弗洛伊德和萨特依靠惯性保持了自己话语中心的地位,尼采的地位持续上升,把弗洛伊德和萨特甩在了后面。第二,福柯、德里达等"后现代主义"的思想巨匠,迅速进入话语中心。第三,苏联文论已经丧失了吸引中国学者的魅力,只有巴赫金的文艺理论"一枝独秀"。第四,马克思主义文论对中国的影响,途径和方式都发生了变化。传统的马克思主义文论("东马")

---

① 统计方法同上。

的影响已经衰微,不再引起学界的兴趣。如由全国马列文艺论著研究会主编的《马列文论研究》于1982年推出第1集,至1988年8月出版了第10集,差不多每年出版两集。但此后即风光不再,断断续续,直到1991年才出版第11集,到2007年出版第14集。而西方马克思主义("西马")的影响则迅速上升,成为中国文艺界、学术界又一关注热点。例如,尽管中国的学术刊物直到1988年才开始发表论述本雅明的文章,1988~1999年间总共只有11篇文章论述本雅明,但进入21世纪后,仅仅9年之间就有143篇以本雅明为题的文章。哈贝马斯虽然在20世纪80年代初就得到了译介,但整个80年代只有16篇文章发表,90年代有88篇文章发表,而进入21世纪后的短短9年间却有585篇以他为题的文章发表在期刊上。① 也就是说,本雅明、哈贝马斯等"法兰克福学派"的代表人物,已经成为学术界耀眼的明星。后者甚至超过尼采,成为最受关注的人物之一。第五,"纯粹"的文艺理论家或文学批评家,如韦勒克等,虽然也为人们所赞赏,但却不能成为学术界关注的中心,而是那些卓越的思想家引领中国的学术界。

由于形式主义、新批评、结构主义、后结构主义的译介,中国学者改变了原来的"文学—社会生活"这样粗放型的社会学批评模式,经过艰苦的学术训练学会了"内部研究",空间、时间、符号、书写、叙事、互文性等貌似跟意识形态无关的术语使用的频率日益提高,使用范围日渐拓展,使我们在不知不觉间接受了"文学是书写游戏"的观念,放弃了从"生活—文艺"角度研究文学现象的习惯,实际上也就是放弃了原有的意识形态。这也应该看作非常重要的影响。

随着西方文论的大量输入,中国学者感觉到"失语"的危机。在这种情况下,如何保持中国学者思想和精神的独立,如何发掘我们自身的文艺理论传统,创建我们自己的文艺理论体系和文学批评体系,这也是中国学者颇为焦虑的问题。

---

① 统计方法同上。

附录

外国文论名著、丛书、资料书目与提要

(中国社会科学院外国文学研究所学者主持编选翻译)

田小华 整理
周启超 增订

现代美英资产阶级文艺理论文选

现代美英资产阶级文艺理论文选(上下册,61万字) 中国科学院文学研究所西方文学组编,作家出版社,1962年7月第1版,上册388页,下册466页。

提要:本书从第一次世界大战前后到1960年左右形形色色的美英资产阶级文论中选译重要的文章或章节,借此提供现代美英资产阶级文艺理论的一个简括的面貌。本书大体上按照共同倾向将文选分编成10辑,收入艾略特、瑞恰兹、燕卜荪、李维斯、兰色姆、泰特、布拉克默尔、布鲁克斯、白壁德、福斯特、杜威、威尔逊等英美著名文论家的文章。译者中有卞之琳、曹葆华、杨周翰、袁可嘉、董衡巽、张谷若、茅于美、刘若端等著名中国专家。本书是在短期内编成的,选题、译注、后记由袁可嘉撰写。

"外国文学研究资料丛书"(1979~1990)中的文学理论名著或资料

马克思恩格斯和文学问题 (苏)格·米·弗里德连杰尔著,郭值京等译,上海译文出版社,1984年版— 607页。

提要:全书共分四篇(十三章):一、美学革命变革渊源;二、马恩的基本美学思想和文学理论问题;三、马恩关于文学史方法论的重要原则,对西欧文学史和作家的精辟论述;四、列宁在新的历史阶段对马恩美学思想遗产的捍卫、继承和发展。此书于1962年出版后多次再版,著名文艺学家德·李哈乔夫称之为文艺学者"案头必备的参考书"。书末收录了德·李哈乔夫的《评马克思恩格斯和文学问题》。

马克思主义和美学(上):马克思、恩格斯和列宁的美学理论／(民主德国)汉斯·科赫著,佟景韩译,漓江出版社,1985年版— 311页。

提要:汉斯·科赫(1927～),此书于1961年出版。作者尝试将马列主义经典作家的主要美学论点梳理成一个体系,并用文艺作品为具体论证,阐述自己的观点。译者认为:其观点可存异议,其学术价值毫无疑义。全书共分五篇(十五章),上册:一、马恩列宁美学理论;二、美学与实践;三、艺术的审美本质的客观基础。

马克思主义和美学（下）:马克思、恩格斯和列宁的美学理论(民主德国)汉斯·科赫著;佟景韩译,漓江出版社,1985年版－312～665页 。

提要:全书共分五篇(十五章),下册分两部分:四、艺术的审美本质的基础的历史发展;五、论艺术反映的现实主义和党性。

列宁和俄国文学问题 (苏)梅拉赫著,臧仲伦、张耳京等译,中国社会科学出版社,1982年版— 449页。

提要:梅拉赫(1909～),著名文艺理论家。全书共分六部分:一、列宁和文学中的民粹主义;二、列宁和第一次俄国革命时期的文化与文学问题;三、列宁和1908～1910年时期的文学与美学问题;四、列宁论列夫·托尔斯泰的文章;五、列宁和十月革命最初年代古典文艺遗产的命运;六、列宁和俄国文学语言的发展问题。本书特点是:并非抽象议论,而是从具体材料和观点出发;并不就事论事,而是从理论高度分析和阐释列宁的文艺理论的意义。此书据原书第四版译出。

卢卡契文学论文集(一、二) 乔治·卢卡契著,外国文学研究资料丛刊编辑委员会编,多人译,中国社会科学出版社,1980年7月第1版,卷一486页;卷二598页。

提要:乔治·卢卡契(Georg Lukacs,1885～1971),匈牙利现代著名哲学家、美学家、文学理论家、文学史家和文学批评家。本文集分为(一)(二)两册,目次以论文发表的先后为序。第一册收入"作为文艺理论家和文艺批评家的弗·恩格斯"、"马克思和意识形态的衰落问题"、"马克思恩格斯美学论文集引言"、"列宁与文化问题"等18篇论文,全系阐述一般文艺理论问题,有全译也有摘译;第二册收入"现实主义辩"、"社会主义社会中的批判现实主义"、"《农民》"、"《幻灭》"、"托尔斯泰和现实主义的发展"、"罗曼·罗兰的历史小说"、"我们的歌德"等共19篇评论具体文学流派与具体作家作品的文章。书末附有《卢卡契生平年表》。

西方马克思主义美学文选 陆梅林选编,陆梅林、陈燊等译,漓江出版社,1988年版—850页。

提要:此为一部学术性参考书。全书共分六部分:一、《历史和阶级意识》发表之后;二、西方马克思主义概述;三、德国和奥地利部分;四、法国部分;五、英美部分;六、附录。各部分之前后均有编者的说明及附识,作者及文章简介并附编者注释。书中收录布洛赫、本杰明、马尔库塞、费歇尔、阿多诺、勒斐伏尔、萨特、戈德曼、阿尔都塞、马歇尔、雷蒙德·威廉斯、伊格尔顿、弗·詹姆森等13人的代表作,附录中有关于英国新左派、德国理性批判学说、精神分析学和存在主义的阐述和资料。

外国理论家、作家论形象思维(上) 钱钟书、叶水夫等译,中国社会科学出版社,1979年版—322页。

提要:全书分上下两册,共分为五个部分:一、西欧古典理论批评家和作家;二、俄罗斯革命民主主义批评家和古典作家;三、十月革命前后苏联马克思主义批评家和作家;四、西欧及美国现代理论家和作家;五、苏联当代理论家、批评家和作家。本书选译了自古希腊罗马至19世纪初,有关此概念的一些比较有影响或代表性的资料,审视形象思维这一重要概念在欧洲文艺理论史上的发展历程。上册主要摘译有关言论,下册为有关文章节译,各部分前均有前言介绍。

外国理论家、作家论形象思维(下) 钱钟书、叶水夫等译,中国社会科学出版社,1979年版—323～638页。

提要:下册内容为本书的第五部分:苏联当代理论家、批评家和作家,除在上册中已登出一少部分外,大部分内容均出现在下册。上册主要摘译有关形象思维的言论,下册为有关文章的节译,各部分前均有前言介绍。全书目录均在上册。

欧美古典作家论现实主义和浪漫主义(上) 中国社会科学院外国文学研究所外国文学研究资料丛刊编辑委员会编,中国社会科学出版社,1980年版—360页。

提要:全书分为两册,上册分六部分:古希腊、古罗马、意大利、西班牙、英国、美国。本资料选编尽可能全面地收集了欧美有代表性、有影响的作家和个别艺术家的有关文章或言论,并对作家的生平、主要成就及其选文论点作了简要说明。书后附有作家人名索引。

欧美古典作家论现实主义和浪漫主义(下) 中国社会科学院外国文学研究所外国文学研究资料丛刊编辑委员会编,中国社会科学出版社,1980年版—451页。

提要:全书分为两册,下册分三部分:法国、德国、瑞士。本资料选编尽可能全面地收集了欧美有代表性、有影响的作家和个别艺术家的有关文章或言论,并对作家的生平、主要成就及其选文论点作了简要说明。书后附有作家人名索引。

艺术心理学 (苏)列·谢·维戈茨基著,周新译,上海文艺出版社,1985年版,—394页。

提要:维戈茨基(1896～1934),苏联心理学奠基人之一,社会文化历史学派的创始人。这不是一本教科书,而是一本学术著作,作者的目的是建立一个客观的艺术心理学理论体系。文学作品是他的研究对象,他的研究主要在于揭示美感反映的心理学机制,力图通过艺术作品的分析把文艺学和心理学有机地结合起来。此文写于20世纪20年代,但直到1965年作者去世后才正式出版。书后附录有伊凡诺夫所写关于维戈茨基的长篇介绍。据苏联艺术出版社1965年版译出。

艺术中的现实主义 (美)芬克斯坦著,赵澧译,上海文艺出版社,

1985年版—239页。

提要：锡德尼·芬克斯坦是美国当代著名文艺评论家。本书阐述艺术的起源和发展，也是一本探讨艺术和现实生活关系的书。

文学中的自然主义　朱雯、梅希泉、郑克鲁编选，上海文艺出版社，1992年版—495页。

提要：本书分四部分：一、自然主义文艺理论文献；二、左拉和其他作家论自然主义；三、法国作家、批评家论左拉和自然主义；四、法国以外的欧美作家、批评家论左拉和自然主义。

现代主义文学研究（上）　袁可嘉等编选，中国社会科学出版社，1989年版—536页。

提要：本书从1893～1979年间英、美、法、德、苏、拉美等各国有关现代主义文学的大量资料中精选出具有代表性文献65篇，约60万字，分两册出版。上册分三部分：一、关于现代主义文学的社会文化背景；二、现代主义性质总论；三、现代主义重要流派的宣言或主张。本书系统而翔实地反映了现代派文学的来龙去脉、本质特征及其影响。

现代主义文学研究（下）　袁可嘉等编选，中国社会科学出版社，1989年版—539～1002页。

提要：下册分两部分：四、收集了部分重要的现代主义作家的评论文章，如艾略特的《传统与个人才能》、瓦雷里的《诗歌、语言和思想》等；五、收集了一组关于现代主义文学的论战文章，如詹姆斯与威尔斯的内容与形式之争，20世纪20年代沃尔夫与班奈特对人物性格的讨论，30年代卢卡契与布莱希特关于现实主义和表现主义的论战，60年代关于卡夫卡的争议等。

现代主义　（英）马·布雷德伯里、詹·麦克法兰编，胡家峦等译，上海外语教育出版社，1992年版—706页。

提要：这是我国出版的第一本外国学者撰写的系统全面评介现代主义文学的专著。本书论述了现代主义的双重性质及其社会文化背景，对重要的现代主义流派——象征主义、印象主义、未来主义等作了评价。全书分七部分：一、现代主义的名称和性质；二、现代主义的文化思想背景;三、现代主义的地理分布;四、文学运动;五、现代主义抒情诗;六、现代主义小说;七、现代主义戏剧。书后附有大事年表、作家简介、参考书目及书中所提及的作家作品索引。

"拉普"资料汇编(上) 张秋华编选,中国社会科学出版社,1981年版— 434页。

提要:俄罗斯无产阶级作家联合会(拉普),是无产阶级文学发展中的一个重大现象,编译这部资料的目的是为国内研究者提供参考。这部资料计划分上下两册出版,上册包括1923～1926年的主要资料。书后有6个附录:关于党在文学方面的政策;拉普——从兴起到解散;无产阶级文学"十月"派和沃隆斯基之间的论战;亲马克思主义的文艺理论;文学理论的毁灭;解散"拉普"。

无产阶级文化派资料选编 白嗣宏编选,中国社会科学出版社,1983年版— 441页。

提要:本书所选资料共分两大部分。第一部分关于无产阶级文化派本身的资料,无产阶级文化协会的宣言、纲领、公告、会议记录摘抄及其主要领导人的重要理论文章。对了解无产阶级文化派的产生背景及其哲学观、美学观和文艺观有一定帮助。第二部分为关于无产阶级文化派的论述文章,提供了一些背景资料,特别是关于1922年列宁亲自领导的围绕无产阶级文化问题论争的详细情况。

十月革命前后苏联文学流派(上) 翟厚隆、张捷编选,上海译文出版社,1998年版— 609页。

提要:本书为一部学术性研究资料,分为上下两册。上册分为如下七个部分:象征主义;阿克梅主义;未来主义;列夫;无产阶级文化协会;锻冶场;岗位派。在每一部分的末尾,附有苏联《简明文学百科全书》的相关条目,本书还收入少量西方学者的评论文章,书后附有本书提及的人名索引。

十月革命前后苏联文学流派(下) 翟厚隆、张捷编选,上海译文出版社,1998年版— 320页。

提要:下册分为两个部分。第一部分继续选编关于文学流派和团体的资料,俄罗斯无产阶级作家协会、诗语研究会、意象主义、"谢拉皮翁兄弟"、"山隘"、构成主义者文学中心、全俄农民作家协会和苏联作家联盟等。第二部分为关于各个文学流派和团体的综合评论。全书每篇文章之后均附有编者按语、说明材料的来源和发表背景,书后附有本书提及的人名索引。

表现主义论争 (匈)卢卡契(Georg Lukacs)著,张黎编选,华东师范大学出版社,1992年版— 361页。

提要: 发生在1937~1938年间的关于表现主义的论争,通常被错误地称为"布莱希特与卢卡契论争"。本资料选译了17篇当年在《发言》杂志上发表的争论文章及4篇其他报刊上发表的相关文章,用以帮助国内学者了解那场争论的内容及它在马克思主义文艺思想史上的意义和地位,借以澄清到目前为止研究者们对这场论争的一些不确切的判断,使国内学者在研究此问题时避免走前人的弯路。

继往开来:论苏联文学发展中的若干问题 (苏)梅特钦科(А. И. Метченко)著,石田、白堤译,商务印书馆,1995年版— 443页。

提要: 本书从理论和历史的角度介绍了社会主义现实主义的产生和发展过程,评述了苏联文学发展每一历史阶段出现的新问题,为国内读者提供了较丰富的文学史资料,对苏联文学及其理论研究提供了很有价值的参考。本书根据苏联作家出版社1975年第二版译出,据中国社会科学出版社1983年中译本重印。此书于1973年曾获得苏联国家文学奖。

俄苏形式主义文论选 (法)茨维坦·托多罗夫编选,蔡鸿滨译,中国社会科学出版社,1989年版— 285页。

提要: 形式主义一词是指1915~1930年间在俄国出现的一种文学潮流。形式主义理论是结构语言学的起始,至少是布拉格语言学学会所代表的潮流的起始。目前,结构主义方法论的结论已经涉及许多领域,形式主义的观点已在现代各个学科思想中出现。本书将所选的14篇关于形式主义的文章分为两个部分:第一部分是关于文学研究方面的;第二部分是关于文学本身的。书末附有部分所选作者简介、参考书目及术语索引。

文艺学中的形式主义方法 （苏）巴赫金著，李辉凡、张捷译，漓江出版社，1989年版— 237页。

提要： 本书根据纽约"白银世纪"出版社1982年版全文译出。关于这部书的作者是谁是有争议的，此书最初以梅德维杰夫的署名于1928年发表于列宁格勒，1982年"白银世纪"出版社再版时改为巴赫金，并对更改理由作了详细说明。全书分为马克思主义文艺学的对象和任务、关于形式主义方法的历史、诗学中的形式主义方法、文学史中的形式主义方法四个部分，共九个章节。作者试图就形式主义方法的历史意义以及今天如何对待形式主义问题作出回答。

俄国革命民主主义者美学中的现实主义问题 （苏）鲍·伊·布尔索夫（Б. Бурсов）著，刘宁、刘保端译，中国社会科学出版社，1980年版— 382页。

提要： 苏联在20世纪50年代出版了不少关于俄国革命民主主义者的专著，此书就是其中较有代表性的一种。作者布尔索夫博士为列宁格勒大学教授，他对俄国文学批评史，特别是俄国革命民主主义者的美学和文学理论批评均有研究。此书是在他的博士论文基础上写成并于1953年出版的。全书分别林斯基、车尔尼雪夫斯基、杜勃罗留波夫等三部分，比较系统地论述了俄国革命民主主义者的美学思想的形成和发展，以及他们与同时代的文学流派、代表作家的关系。本书据苏联国家文学出版社1953年版译。

论无边的现实主义 （法）罗杰·加洛蒂著，吴岳添译，上海文艺出版社，1986年版— 263页。

提要： 罗杰·加洛蒂（1913～ ），法国著名文艺批评家，本书除阿拉贡写的序言外，包括毕加索、圣琼·佩斯、卡夫卡三篇评论及一篇代后记。此书虽篇幅不长，却在理论界产生了强烈反响，很快被译成14种东西方语言文字出版，并引起激烈争论。书后附录有作者所写《时代的见证》和苏契科夫的文章《关于现实主义的争论》。

社会学批评概论　（奥）皮埃尔·V.齐马著，吴岳添译，广西师范大学出版社，1993年版—330页。

提要：本书由"方法和模式"与"本文社会学"两部分组成，包括社会学的基本概念、文学社会学中经验的和辨证的方法、文学体裁的社会学、探索本文社会学、社会学批评和精神分析批评、马塞尔·普鲁斯特作品中的社会和心理、接受美学和阅读社会学等。本书深入浅出地阐明了社会学批评的基本概念、各个学派与最新的发展，是法国巴黎高等社会科学院文学社会学专业使用的教材。书后附有百余种参考书目的提要。中文据法文原著1985年版译出。

"新批评"文集　赵毅衡编选，中国社会科学出版社，1988年版—581页。

提要："新批评"于20世纪10～20年代在英国出现，30年代在美国形成，40～50年代在美国文学评论中取得主导地位，它是西方现代形式主义文论的一个重要发展阶段，对西方文学，尤其是英美现代诗歌创作影响很大。本文集包括新批评理论与方法论、新批评派的诗歌语言研究、新批评派的细读式评论、新批评派自辩等四部分。本文集为帮助国内学者了解新批评之得失提供了一批国内难见的第一手资料。

卢卡契文学论文选（第一卷）论德语文学（上、下）　（匈）卢卡契著，范大灿编选，多人译，人民文学出版社，1986年版，卷一——338页，卷二339～672页。

提要：卢卡契的文学研究独树一帜，自成一派，他运用这种体系对德国文学进行了全面深入的研究，提出许多独到见解，他代表了继梅林之后运用马克思主义观点研究德国文学的新水平，代表了现代美学思想和文学研究的一个发展阶段。

外国现代剧作家论剧作　中国社会科学院外国文学研究所，外国文学研究资料丛刊编辑委员会编，中国社会科学出版社，1982年版—310页。

提要：本书根据美国戏剧家比·柯尔选编的《剧作家论剧作》一书搜集了外国（主要指西方）著名剧作家关于戏剧创作的论述。这些均为现代西方戏剧理论的名篇。本书把这些材料分成"理论"与"创作经验"两部分,全文翻译并保留原来编排方式,只删掉易卜生资料中过于琐细部分,并在书名前加上"外国现代"几个字以突出这本资料的性质和特点。为方便读者,在每篇文后均有作者简介。

小说美学经典三种 (英)珀·卢伯克、爱·福斯特、爱·缪尔著,方土人、罗婉华译,上海文艺出版社,1990年版— 425页。

提要:本书包括:《小说技巧》,(英)卢伯克著;《小说面面观》,(英)福斯特著;《小说结构》,(英)缪尔著。本书为优秀的小说理论研究论著,这三本著作能在20世纪20年代先后问世,标志着西方小说美学的首次崛起。尽管这三位作者的美学思想以及各自探索的侧重面各异,但他们都是从西方小说发展史出发,从各国具有较大影响的作家作品着手,对小说艺术加以系统分析,试图对小说艺术的特殊规律作出美学理论的初步概括。

法国作家论文学 (法)昂利·巴比塞等著,王忠琪等译,生活·读书·新知三联书店出版,1984年版— 600页。

提要:本文集是苏联学者所编,在原书所选文论(从第一次世界大战截止到1976年)基础上,增加了部分"新小说"派及荒诞派作家的文论,文章收录到1982年为止。全书按照年代分为三部分:1914～1939年,1939～1945年,1945～1982年;基本将20世纪法国代表作家都囊括其中。本文集中绝大部分作家小传与注释均为苏联学者所作。

美国作家论文学 多位作者,刘保端等译,生活·读书·新知三联书店出版,1984年版—476页。

提要:本书是根据苏联1974年进步出版社出版的《美国作家论文学》转译而成,共收入一百余年间的30位作家的40篇作品。文章主要是关于美国文学中现实主义、批判现实主义、社会主义现实主义以及现代派主要作家的代表作的论著。文章观点基本符合美国文学发展现状,其中包括不同观点的论争,可以从中大致看出美国近代文学发展的思想脉络。

"三套丛书"(1959～)中的文学理论名著与资料

一、"马克思主义文艺理论丛书"

马克思恩格斯论文学艺术(一二)　陆梅林辑注,人民文学出版社,1982年7月第1版,卷一516页,卷二412页。

提要:马克思和恩格斯关于文艺的论述包括两个部分:其一是一般的文艺理论,其二是对各个历史时期的诗人、作家和艺术家的论述。本书分为两编:上编为文学艺术论,下编为文学艺术史;上编有五辑,依次是科学的世界观和方法论、艺术发展论、美·美感·艺术、创作和批评、文学艺术和无产阶级,这一部分在马克思恩格斯的文艺思想中占有极其重要的地位;下编有七辑,依次是原始时代文化艺术、古代文学艺术、中世纪文学、文艺复兴时期文学艺术、17世纪文学和戏剧、18世纪启蒙时期文学和19世纪文学。书末另有一束附录,包括马克思的《自白》,早期马克思主义者拉法格、李卜克内西、梅林以及其他人关于马克思、恩格斯文艺见解和鉴赏的记述文字。陆梅林在选编此书时参考了苏联学者米·里夫希茨的《马克思恩格斯论艺术》(中译本分四卷,人民文学出版社,1960～1966年)。

列宁论文学与艺术　列宁著,中国社会科学院文学研究所文艺理论研究室编,人民文学出版社,1983年版— 457页。

提要:列宁关于各种文艺现象、文艺问题的论述,马克思主义文艺思想发展过程中的一个基本环节,是马克思主义文艺理论体系的组成部分。本书收入"党的组织和党的出版物"、"论无产阶级文化(决议草案)"、"俄共关于无产阶级文化协会的决定草案"、"纪念赫尔岑"、"论《路标》"、"列夫·托尔斯泰是俄国革命的镜子"、"列·尼·托尔斯泰和他的时代"、"一本有才气的书"、"论纯洁俄罗斯语言"等重要文章和文献,以及列宁致高尔基、卢那察尔斯基、布哈林等人以《真理报》编辑部的有关书信。本书还收录了克鲁普斯卡娅、高尔基、卢那察尔斯基、蔡特金等人关于列宁与文学与艺术、列宁与作家与作品的回忆录或印象记之摘录。

高尔基论文学 （苏）高尔基（М. Горький）著，孟昌、曹葆华、戈宝权译，人民文学出版社，1983年版— 354页。

提要：高尔基不但是伟大的无产阶级作家，而且是卓越的文艺理论家和政论家。列宁称他为"无产阶级艺术的权威"。他在大量的文学论文中，总结了丰富的创作经验，提出许多重要的文艺理论和文学创作问题。本书收入高尔基的20篇文论，分为两部分：一、文学基本问题的分析；二、作者的创作经验和作者谈创作方法、艺术技巧等问题。译文大部分选自高尔基的《文学论文选》。此为1978年再版本。

高尔基论文学续集 （苏）高尔基著，冰夷等译，人民文学出版社，1979年版— 530页。

提要：此书为1978年出版的《高尔基论文学》的续集，总共收入高尔基文学论文46篇，译文按照原文发表时间先后排序。所有译文均根据原文作过文字上的重新校订。

卢那察尔斯基论文学 （苏）卢那察尔斯基（А. В. Луначарский）著，蒋路译，人民文学出版社，1978年版— 626页。

提要：卢那察尔斯基（1875～1933）是苏联政治活动家、剧作家、文艺评论家，苏联科学院院士。他一生写下了有关本国西方的文学、戏剧、音乐、舞蹈、绘画、雕塑、电影以及美学的文章约二千种。本书共收入两篇专论："列宁与文艺学"、"社会主义现实主义"（节译）；35篇文章：评论格利鲍耶陀夫、普希金、涅克拉索夫、车尔尼雪夫斯基、陀思妥耶夫斯基、柯罗连科、契诃夫、托尔斯泰、高尔基、马雅可夫斯基等俄苏名家以及莎士比亚、狄更斯、哈代、赫·乔·威尔斯、萧伯纳、司汤达、法朗士、罗曼·罗兰、巴比塞、歌德、席勒、海涅、霍普特曼等西欧名家，评析《萨姆金》《恰巴耶夫》《爱与死的搏斗》《日出与日落之前》等名作。

沃罗夫斯基论文学 （苏）沃罗夫斯基（В. В. Воровский）著，程代熙等译，人民文学出版社，1981年版— 457页。

提要：沃罗夫斯基（1871～1923）在俄国马克思主义批评史上与普列汉诺夫等齐名，他知识渊博，通晓6种欧洲语言，发表过大量政论和杂文，文学批评约占他著作的四分之一，但却是最重要的部分。他的文章观察深刻、分析细致、论证有力、逻辑严密、文字优美。本书共收入其

31篇文章。

拉法格文论集 （法）保尔·拉法格著，罗大冈译，人民文学出版社，1979年版— 315页。

提要：保尔·拉法格(1842～1911)是法国工人党奠基人之一。他的文学论文是早期马克思主义文艺理论中的宝贵文献。本书所收7篇论文是目前所能搜集到的拉法格的全部文学理论遗产，其中《舞台上的达尔文主义》和《左拉的〈金钱〉》因法文原作已遗失，只能从德文转译成法文。书中末附人名和作品索引。

梅林论文学 （德）梅林(F. Mehring)著，张玉书、韩耀成、高中甫译，人民文学出版社，1982年版— 335页。

提要：梅林(1846～　)是杰出的马克思主义文艺批评的先行者之一。作为文艺评论家，他首先是一个马克思主义历史学家，他的最大贡献之一就是运用历史唯物主义的方法分析文艺现象，评价历史人物。本书选译了他的31篇比较重要的文艺评论结集出版。

卢森堡论文学 （德）卢森堡(Rosa Luxemburg)著，王以铸译，人民文学出版社，1983年版— 203页。

提要：罗莎·卢森堡(1871～1919)生于波兰，是德国共产党创始人之一。作为一个杰出的革命家，她关于文艺问题的论述虽然不多，但却是一批珍贵的革命文献。本书收入了她的9篇文章和9封书信摘录。

葛兰西论文学 （意大利）葛兰西著，吕同六译，人民文学出版社，1983年版— 202页。

提要：葛兰西(1891～1937)是杰出的无产阶级革命家和意大利共产党领导人。他在文学理论和文艺批评方面的建树，是他思想学说中的一个重要组成部分。葛兰西文艺思想的重要特点是坚持对社会现象和艺术现象的历史唯物主义态度。本书选编的主要依据为葛兰西《文学与民族生活》，同时收入《狱中书简》谈及文艺问题的书信，以及散见于其他著作中的有关文章。

蔡特金文学评论集 （德）蔡特金著，付惟慈译，人民文学出版社，1978年版—110页。

提要：德国无产阶级革命家蔡特金于1906～1911年间，在她主编的妇女刊物《平等报》上发表过一些文艺评论，虽为数不多，但仍不失深刻。全书共分六篇：亨利克·易卜生、革命诗人、弗里德利希·席勒、人力难及、弗里茨·罗伊特尔、艺术与无产阶级。

季米特洛夫论文学、艺术和文化 （保）季米特洛夫著，杨燕杰、叶明珍译，人民文学出版社，1982年版—228页。

提要：格奥尔基·季米特洛夫（1882～1949）是政治家、革命家，曾任共产国际执行委员会总书记、保加利亚共产党总书记和部长会议主席等要职。此书收集了他关于文学艺术及文化方面的各种文献，其中包括讲话、书信、电报、谈话及各类文章的摘录集结成书，以此作为对季米特洛夫一百周年诞辰的崇高纪念。此书是在1958年人民出版社出版的季米特洛夫《论文学、艺术和科学》基础上增订而成。

二、"外国文艺理论丛书"

文艺对话集 （古希腊）柏拉图著，朱光潜译，人民文学出版社，1963年9月第一版，1983年8月第3次印刷—369页。

提要：收入《伊安篇——论诗的灵感》《理想国》卷二之卷三——《统治者的文学音乐教育》《理想国》卷十——诗人的罪状》《斐德若篇——论修辞术》《大希庇阿斯篇——论美》《会饮篇——论爱美与哲学修养》《斐利布斯篇——论美感》《法律篇——论文艺教育》等8篇最难代表柏拉图文艺思想的对话。正文后附有"题解"与"译后记——柏拉图的美学思想"以及人名索引。从这个选集中，读者可以见出柏拉图文艺思想的大轮廓与中心观念。本集据法译本并参照多种英译本译出，译文经过罗念生根据希腊文审校。

诗学 亚里士多德著，罗念生译；**诗艺** 贺拉斯著，杨周翰译，人民文学出版社，1962年版—168页。

提要：《诗学》是亚里士多德的美学著作，是欧洲美学史上第一篇重要文献，是马克思主义美学产生以前主要美学概念的根据。亚里士多德的美学观点带有唯物主义倾向,他总结了古希腊的文艺实践和成就,提出了一套有系统的美学理论。

贺拉斯的《诗艺》是欧洲古代文艺学中承前启后的著作,对于 16~18 世纪的文学创作,尤其是戏剧与诗歌具有深远影响。书后附有相关人名索引。

古代印度文艺理论文选　金克木译,人民文学出版社,1980 年版— 97 页。

提要: 本书从古代印度文艺理论著作中选择了五种影响较大的论著,包括婆罗多牟尼的《舞论》、檀丁的《诗镜》、阿难陀伐弹那的《韵光》、曼魔吒的《诗光》、毗首那他的《文镜》。

新科学　(意)维柯(G. Vico)著,朱光潜译,人民文学出版社,1986 年版— 669 页。

提要: 维柯(1668~1744)是意大利一位百科全书式的学者,他的思想对美学、语言学、历史学、政治学、哲学都有深刻的影响。全书分为五卷:一、一些原则的奠定;二、诗性的智慧;三、发现真正的荷马;四、诸民族所经历的历史过程;五、各民族在复兴时所经历的各种人类制度的复归历程。此书译文忠实准确,堪称名著名译。书末附专用名词索引及维柯自传。据伦敦康奈尔大学出版社 The New Science of Giambattista Vico 1968 年版英译本译出。

十九世纪英国诗人论诗　刘若端编,人民文学出版社,1984 年版— 196 页。

提要: 全书共选编了渥兹渥斯(1770~1850)、柯尔立治(1772~1834)、雪莱(1792~1822)、济慈(1792~1821)等四位诗人的评论文章。每一篇的末尾均附有译后记,对诗人及其所选文章的内容和出处作了简明扼要的介绍。

十九世纪英国文论选　(英)威廉·赫兹利特(William Hazlitt)等著,盛宁等译,人民文学出版社,1986 年版— 300 页。

提要: 本书收入 19 世纪英国的 10 篇重要文论,除《莎士比亚;或诗人》一文作者爱默生是美国籍外,其他均为英国诗人、作家或文艺批评家。他们通过对荷马、维吉尔、埃斯库罗斯、索福克勒斯、但丁、莎士比亚等人的作品研究,抛弃了新古典主义的清规戒律,重新探讨了关于诗的理论。本书著者还有纽曼、卡莱尔等;译者还有王希苏、张景桂等。

诗的艺术 （法）波瓦洛（Booileau）著,任典译,人民文学出版社,1959年版— 72页。

提要:尼古拉·波瓦洛·得卜勒奥（1636~ ）是法国17世纪批评家,为奠定古典主义文学基础起到了巨大作用,后人说他是"古典主义的代言人"。他的《诗的艺术》被称为古典主义的法典。全书分四章,文前还有圣伯符写的波瓦洛评传,据1925年法文版译出。

斯达尔夫人论文学 （法）斯达尔夫人（Madame de Stael）著,徐继曾译,人民文学出版社,1986年版— 368页。

提要:斯达尔夫人（1766~1817）为处于世纪之交的法国早期浪漫主义作家、文学批评家,原名安娜·路易斯·热尔曼娜·内克,她的文学理论思想有力地推动了浪漫主义运动的发展。此书虽非其处女作,却是她最早的一部巨著。此书出版后因思想丰富、观点新颖引起政界和文坛的轰动。由于书中文学理论、政治思想及作者个人情怀三者的交织增加了作品的复杂性,此书是作者唯一没有留下手稿的一部著作。全书分为两部分共29章:古代和现代文学、法国学术的现状及其将来的发展。书末附有人名索引。

狄德罗美学论文选 （法）狄德罗著,张冠尧等译,人民文学出版社,1984年版— 550页。

提要:狄德罗（Diderot,1713~1784）是法国启蒙时期杰出思想家、学者、作家。本文选收入曾提出"美在关系说"的长文"关于美的根源及其本质的哲学探讨",堪称法国戏剧史上的大事的两篇戏剧艺术专论《关于〈私生子〉的谈话》《论戏剧诗》,造型艺术的重要理论文献《画论》《沙龙随笔》（节译）,被马克思、恩格斯高度称赞的哲理小说《拉摩的侄儿》（节译）以及其他书信文献。书末附有《天才》一文。文选主要涉及三个方面:一是有关美的一般理论,二是戏剧理论,三是有关绘画艺术的理论。

波德莱尔美学论文选　（法）波德莱尔(C. Baudelaire)著,郭宏安译,人民文学出版社,1987年版— 533页。

提要: 波德莱尔(1821～)法国著名作家和批评家,亨利·勒麦特称他为法国"19世纪最大的艺术批评家"。他的文艺思想在时代思潮的冲突中形成,又反映了时代思潮的变化,有卓见,也有谬误,丰富复杂,充满矛盾。其中既有传统观念,又蕴藏着创新因素,既表现出继承性,又显露出独创性,成为后来许多新流派的虽遥远却有迹可循的源泉。本书共收入作者的27篇文论,文前有精彩的译本序言。

歌德谈话录:1823～1832年　（德）歌德著,(德)爱克曼(J. P. Eckermann)辑录,朱光潜译,人民文学出版社,1978年9月第1版,1982年8月第3次印刷— 288页。

提要: 爱克曼的《歌德谈话录》记录了歌德晚年有关文艺、美学、哲学、自然科学、政治、宗教以及一般文化的言论和活动,所涉及的基本的主题思想有"世界观和思想方法"、"天才论"、"文艺观"、"古典主义、浪漫主义和现实主义"等。《谈话录》全书有四十万字左右,中译本是选译。译者依据两种德文本译出,并参考了英译本与法译本。

拉奥孔　（德）莱辛著,朱光潜译,人民文学出版社,1979年版—236页。

提要: 莱辛(1729～1781)的《拉奥孔》这部美学著作不仅是德国古典美学史上的一座丰碑,也是自启蒙运动以来反封建、反教会斗争中的有利武器。这部著作表面上好像只是讨论诗和画的界限,实际上涉及当时德国文化界一些争论激烈的根本性问题,它涉及广泛,内容丰富深刻。本书共分29章,包括:为什么拉奥孔在雕刻里不哀号而在诗里却哀号,美就是古代艺术家的法律,他们在表现痛苦中避免丑等内容。"译后记"中介绍了此书的历史背景和作者的基本意图、此书的成就和局限,并对译文的翻译注解作了详细说明。书中有多幅图。

试论独创性作品　（英）爱德华·扬·格著,袁可嘉译,人民文学出版社,1963年版— 65页。

提要:爱德华·扬·格(1683~1765)是英国18世纪中叶著名诗人,由于身处英国文学从古典主义向浪漫主义过渡时期,他的思想和文风都表现出两重性。此文为扬·格致理查逊书信的一部分,是他一生所写论文中最重要的一篇,虽不过三万余字,但却鲜明地表现出当时影响文学界的反对古典主义的前期浪漫主义文学思潮。书末附有人名索引。

为诗辩护 (英)锡德尼著,钱学熙译,人民文学出版社,1964年版— 88页。

提要:锡德尼(1554~1586)一生短促,但在文学上却取得相当成就,他是文艺复兴时代的杰出人物,在英国文学史上也有一定地位。此作是他29岁时写成,直到他死后9年即1595年才得以出版。此文内容极为丰富,它叙述了诗对原始人类的哺育作用,古人对诗的敬重及诗的特性、目的和诗的创造性,提出自己对英国诗歌、语言、诗律、韵律的见解。书末附有主要人名和作品主要人物索引。

别林斯基文学论文选 (俄)В.Г.别林斯基著,满涛、辛未艾译,上海译文出版社,2000年7月版— 780页。

提要:本书收入俄国著名文学理论家、批评家别林斯基的12篇最重要文章,其中"文学的幻想"、"艺术的概念"、"诗歌的分类和分科"阐述了当时俄国和西方的文学现状和历史沿革及基本理论问题;"论俄国中篇小说和果戈理君的中篇小说"、"当代英雄"、"莱蒙托夫诗集"(短评)、"普希金作品集"等专题,论述了俄国大作家经典作品的思想倾向和艺术特色;"答(莫斯科人)"、"一八四六年俄国文学一瞥"、"尼古拉·果戈理与友人书简选粹"、"给果戈理的一封信"、"一八四七年俄国文学一瞥"等论文评说了当时俄国西欧派和斯拉夫派的文学主张及其论争。中文据苏联国家文学出版社1949年版《В.Г.别林斯基文选》译出。

车尔尼雪夫斯基文学论文选 (俄)车尔尼雪夫斯基著,辛未艾译,上海译文出版社,1998年4月第1版— 857页。

提要:巴古拉·加甫利洛维奇·车尔尼雪夫斯基(1828~1889),19

世纪俄国进步思想的杰出代表。本书收入车氏当年挑战以黑格尔体系为核心的流行美学观点，而提出"美是生活"著名学说的学位论文——"艺术对现实的审美关系"的文本，及其"作者自评"与"第三版序"，收入堪称19世纪俄国文学思想斗争史上至为重要的一篇著作《俄国文学果戈理时期概观》（全文，共九篇）、"论批评中的真诚"、"童年与少年"、"杂志短评"以及"在rendez-vous中的俄国人"。中文主要依据俄文版《车尔尼雪夫斯基全集》（苏联国家文学书籍出版社，1948年版），并参考有关版本译出。

冈察洛夫 屠格涅夫 陀思妥耶夫斯基 柯罗连科论文学文选 （俄）冈察洛夫等著，冯春选编，译文出版社，1997年6月版— 485页。

提要：本书选收了冈察洛夫、屠格涅夫、陀思妥耶夫斯基、柯罗连科等四位俄罗斯作家的文学论文，因为他们均为19世纪现实主义作家，具有许多共同特点。他们以自己创作中的深切体验，使论文生动、具体、深刻，更具说服力。他们的文学观点集中在对现实主义创作理论的阐述上，这也是他们的突出贡献。书中除文学评论外，还有大量书信及回忆录。

杜勃罗留波夫文学论文选 （俄）杜勃罗留波夫（Н. А. Добролюбов）著，辛未艾译，上海译文出版社，1984年版— 500页。

提要：杜勃罗留波夫（1836～1861）是俄国文艺批评家，列宁称他为彻底的民主主义者，其哲学观点决定了他的美学和文学观点。本书根据《Избранные сочинения》，государственное издательство художественной литературы，Москва 1951年版本译出。全书共分五个部分：什么是奥勃洛莫夫性格？；黑暗的王国；真正的白天什么时候到来？；黑暗王国的一线光明；逆来顺受的人。

拉辛与莎士比亚 （法）司汤达（Stendhal）著，王道乾译，上海人民出版社，1979年版— 160页。

提要：此书共分三章，内容涉及王政复辟时期的政治、社会思想、文化、美学、戏剧等诸多领域，作者当时已看出资产阶级革命时代对新的美学艺术的呼唤。本书探讨了司汤达的现实主义观点，认为文学是反映生活的一面镜子，艺术必须具有真实性，作者描写了处于社会关系中的各种人物的内心世界，对于人们了解从19世纪发展起来的现实主义文学很有帮助。书后附有《旅人札记》《意大利绘画史》导言等9篇附录。

雨果论文学 （法）雨果（V. Hugo）著，柳鸣九译，上海译文出版社，1980年版—207页。

提要：雨果（1802～1885）是法国19世纪很有成就的浪漫主义作家。本书收入他的11篇文论均为浪漫主义文学理论的重要文献，其中包括：论司各特、论拜伦、《克伦威尔》序、《短曲与民谣集》序、《欧那尼》序、《秋叶集》序、《留克莱斯·波日雅》序、《玛丽·都铎》序、《心声集》序、《光与影集》序、《莎士比亚论》（选译）。

美国十九世纪文论选 董衡巽编选，上海译文出版社，1991年版—221页。

提要：19世纪的美国文学是以彻底摆脱英国的影响、建立民族文学为宗旨，其文艺批评也基本依附于文学创作，多为书评、介绍和鉴赏，很少对创作规律进行深入探讨。独立的理论批评的建立则是20世纪"新批评"派兴起之后的事。本书共收入爱默生、爱伦·坡、霍桑、惠特曼、马克·吐温、豪威尔斯、亨利·詹姆斯、加兰、诺里斯等九位美国名作家的文论，注释中对所选文章的原文出处作了详细说明。书末附有九位作家的简介。

"二十世纪欧美文论丛书"（1986～　）

叙事话语·新叙事话语 （法）热拉尔·热奈特著，王文融译，中国社会科学出版社，1990年版—292页。

提要：本书收选了法国著名文学批评家热奈特的两部重要的叙述学论著。

《叙事话语》共分五章，首先论述了叙述理论的几个基本概念，指出叙事一词所包含的三层含义，对故事、叙事和叙述这三个不同概念作了界定。此书是运用结构主义观点分析叙事作品的一部力作。它是作者1972年发表的《辞格三集》一书的主要部分的摘选，被作者自称为"一篇研究方法论的著作"。结构主义批评家热奈特对叙述学这门新学科的发展作出了至关重要的贡献。

萨特文论选 （法）萨特著,施康强选译,人民文学出版社,1991年版— 458 页。

提要：第二次世界大战结束后,存在主义哲学的风行使萨特被称为法国最富盛名的作家。他认为战争将自己的生活分为战前和战后两个截然不同的时期。他的观点十分复杂,有积极的因素,也有消极的因素。这里选录了他的《局外人》的诠释,什么是文学？什么是写作？为什么写作？为谁写作？1947年作家的处境,七十岁自画像等20篇文论。此书正文前有译者的一篇22页的导言。

驳圣伯夫 （法）马赛尔·普鲁斯特著,王道乾译,百花洲文艺出版社,1992年9月版— 286 页。

提要：普鲁斯特(1871～1922)是法国小说家,意识流小说鼻祖之一。此书既不是论文也不是小说,而是一部艺术作品。一块小玛德莱娜蛋糕,牵引出丝丝缕缕、连绵不绝的无意识回忆,然后笔锋一转,尖锐犀利。作者强烈抨击权威批评家圣伯夫批评方法的机械和错误,及因此造成的对当年法国文坛所有文学天才的轻视与误读。全书既有抒情的叙述,又有理性的思辨,两者相辅相成、相互映照。书中有近半篇幅笔调与《追忆逝水年华》相似或呼应,是作者思想精华的浓缩,为后来的文本主义和结构主义批评奠定了第一块基石。

隐蔽的上帝 （法）吕西安·戈德曼著,蔡鸿滨译,百花文艺出版社,1998年5月版－614 页。

提要：吕西安·戈德曼(1913～1970)是法国社会学批评理论的创始人。他试图运用马克思主义哲学和辩证唯物主义理论,来寻求探索客观地研究和判断文学作品的方法,这不能不说是一种大胆的创新。一种新的理论不可能尽善尽美,戈德曼的观点也曾引起热烈争论。全书分为：悲剧观、社会基础和精神基础、帕斯卡尔、拉辛等四部分,共17章。书前有译者和作者序言,书后有一篇附录,题为传记问题。

方法、批评及文学史——朗松文论选 （法）居斯塔夫·朗松著,

(美)昂利·拜尔编,徐继曾译,中国社会科学出版社,1992年版— 560页。

提要:本书共收入法国著名文学批评家居斯塔夫·朗松(1857～1934)的散见于各报刊中极难寻找的28篇宝贵文论,由美国耶鲁大学法文系教授昂利·拜尔不辞辛劳收集而成。书前附有长篇导言,对朗松在法国文学史中的地位作了客观评价,对曲解朗松治学方法的各种论调予以驳斥,并对所收各篇论文均作了简介。书中每篇文章初次发表的出处均有详细注解。

巴赫金、对话理论及其他 (法)托多罗夫著,蒋子华、张萍译,百花文艺出版社,2001年版— 341页。

提要:托多罗夫,祖籍保加利亚,24岁时移居法国,是法国当代著名文学评论家。本书分为两部分:第一部分题为《文学概念》及其他,收入作者的10篇文学评论文章;第二部分题为米哈伊尔·巴赫金与对话理论,分为生平、人文科学认识论、重大选择、陈述理论、互文性、文学历史、哲学人类学等七个章节。书末附有本书提及的主要人名索引。据法国瑟伊(Seuil)出版社1987年3月版译出。

文艺杂谈 (法)瓦莱里著,段映虹译,百花文艺出版社,2002年5月第1版— 341页。

提要:本书由"文学研究"与"诗论和美学"两部分组成。第一部分收入"伏尔泰"、"纪念歌德的演讲"、"司汤达"、"用形式进行创造的维克多·雨果"、"波德莱尔的地位"等17篇文章;第二部分收入"诗歌问题"、"关于美学的演讲"、"诗与抽象思维"、"诗学第一课"、"论诗"、"艺术的一般概念"、"美学创造"等7篇论文。中文据法文原著《文学研究》与《诗歌问题》选译。

批评意识 (比利时)乔治·布莱著,郭宏安译,百花洲文艺出版社,1993年9月版— 287页。

提要:乔治·布莱(1902～)是20世纪西方众多学派之一的日内瓦学派的代表人物。他著作等身,对法国新批评派影响甚巨。《批评意识》出版于1971年,被批评家认为是一部关于日内瓦学派的"全景及宣言"式的杰作。全书分上下两部分,上编收入关于作家论文 16 篇,下编为《批评意识现象》及《自我意识和他人意识》两篇论文。

美学或艺术和语言哲学　(意)贝内代托·克罗齐(Benedetto Croce)著,黄文捷译,中国社会科学出版社,1992 年版— 331 页。

提要:本书选自意大利著名文论家克罗齐的代表作《哲学、诗歌、历史》,共收入论文 18 篇。探讨了美学的核心、艺术表现、艺术意识及艺术作品的诗意等根本性问题,及各种美学观点的代表人物、美学领域内带有争议性的问题。作者对文学艺术不同门类的特点、文学艺术的研究方法、语言哲学等问题进行了卓有己见的评论,分析鞭辟入里,论述引人入胜,充分显示了这位语言大师的广阔视野和其对艺术的高屋建瓴的把握。

符号与语言哲学　(意)埃科著,王天清译,百花文艺出版社,2005 年版— 377 页。

提要:本书由 1976~1980 年间为《埃伊那乌迪百科全书》所撰写的关于符号学的五个条目组成。通过对符号学中占主导地位的五个概念,即符号、意义、隐喻、象征和代码的考察,并以历史的观点对它们逐一地予以再认识。全书分为五个章节:一、符号和推论;二、字典对百科全书;三、隐喻和符号化;四、象征的方式;五、代码的家族。书末附意汉术语对照表。

诗学的基本概念　(瑞士)埃米尔·施泰格尔(Staiger Emil)著,胡其鼎译,中国社会科学出版社,1992 年版— 217 页。

提要:埃米尔·施泰格尔(1908~1987),瑞士学者,苏黎世大学教授。本书以"抒情式"、"叙事式"和"戏剧式"对诗学语言艺术作品进行分类,并对这种分类的方法及类的本质进行了论述。本书再版多次,并已成为德语国家及地区大学相关系科学生的必读参考书。据德国 Deutscher taschenbuch Verlag 出版社 1983 年第 5 版译出。

经验与贫乏　(德)本雅明著,王炳钧、杨劲译,百花文艺出版社,1999 年版— 387 页。

提要：本雅明(1892～1940)是德国马克思主义文学评论家、哲学家，法兰克福学派的先驱之一。其哲学研究主要涉及意识形态和文化批判认识论和历史哲学。在美学理论上，认为20世纪是一个重大的历史转折时期，与手工劳动社会相对应的以叙事艺术为主的古典艺术走向终结，代之而起的是以普遍的费解为特征的现代艺术，如布莱希特的叙事剧和波德莱尔的抒情诗。提出描述古典艺术和现代艺术交替的艺术生产理论，认为艺术的演变由艺术生产力决定，艺术生产力是由创作技巧组成的，现代艺术的产生是创造技巧的革命。书中收入了他的代表作德国浪漫派的艺术批评概念和10篇论文，其作品思想深奥、语言晦涩。

文学批评原理 （英）艾·阿·瑞恰慈著，杨自伍译，百花洲文艺出版社，1992年版——283页。

提要：艾·阿·瑞恰慈(1893～1979)是英国文艺理论家。他的学术视野极为开阔，其理论离经叛道、自成一家，在批评、语言学、美学三个人文学科均颇有建树，并作出富有独创性的突出贡献。他的文学批评富于科学精神，他的方法和影响是使批评从纯粹主观主义走向科学的态度。本书是他31岁时发表的重要著作，全书共分35章，附录有两篇论文，《论价值》《托·斯·艾略特的诗歌》及术语索引。

艾略特文学论文集 （英）托·斯·艾略特(T. S. Eliot)著，李赋宁译注，百花洲文艺出版社，1994年9月版——273页。

提要：托·斯·艾略特(1888～1965)是20世纪西方最有影响的诗人和文学批评家之一。有些西方文学史甚至把20世纪称作艾略特时代。他的诗歌使20世纪英美诗歌背离了浪漫主义和维多利亚时期的文学手法及常规，开创了现代派的诗歌传统，表现了第一次世界大战后西方世界的精神面貌。他的文学批评不仅限于文学，也是对人生和社会的批评。

考德威尔文学论文集 （英）考德威尔著，陆建德、黄梅、薛鸿时等译，百花洲文艺出版社，1995年版——441页。

提要：考德威尔(1907～1937)，本名斯托弗·圣约翰·斯普里格，英国作家。本书共分 12 章,包括诗的诞生、神话之消亡、近代诗的发展等内容,论述了英国原始积累时期、英国工业革命时期、英国资本主义衰落时期的英国诗人及诗歌创作。本书不仅讨论诗,而且讨论诗的源泉。

结构主义诗学 (美)乔纳森·卡勒(Jonathan Culler)著,盛宁译,中国社会科学出版社,1991 年版— 383 页。

提要:乔纳森·卡勒,美国著名文论家。此书为他的代表作。1975 年,由美国康奈尔大学出版社正式出版并受到欧美文论界的普遍重视。1976 年,美国现代语文学会将标志美国文学批评界最高荣誉的 J.R. 罗威尔奖授予卡勒的《结构主义诗学》。全书分为结构主义和语言学模式、诗学、前景三部分,共 11 章。书前有译者和作者前言。该书根据康乃尔大学出版社 1975 年版译出。

语言的牢笼·马克思主义与形式 (美)弗雷德里克·詹姆逊(Frederic Jameson)著,钱佼汝、李自修译,百花洲文艺出版社,1995 年版— 363 页。

提要:弗雷德里克·詹姆逊(1934～)是美国较为年轻的文学批评家。此文为他的早期作品,发表于 1972 年。作者以一定的意识形态为框架,在思辨的层次上对结构主义整个理论体系给予观照,这在当时成为"超前"之举。詹姆逊对法国结构主义的评述占全书一半以上,显然是本书的重点。书末附有术语索引。

批评的剖析 (加)诺思罗普·弗莱(Northrop Frye)著,陈慧、袁宪军、吴伟仁译,百花文艺出版社,1998 年版— 475 页。

提要:诺思罗普·弗莱(1912～1991),加拿大文学理论家,一生著作甚丰,共 26 种。此书为欧美当代最有影响的文学批评及文学理论著作之一。其最有价值的地方,一是眼界宽宏,二是以原型理论为基础,以结构主义方法为手段,对整个西方的文学经验和批评实践作出了独特并富有启迪性的分类。全书共分为历史批评、模式理论、伦理批评、象征理论、原型批评、神话理论、修辞批评、文类理论等部分。书后附录部分为重要术语表。本书据普林斯顿大学出版社 1967 年版译出。

散文理论 （苏）维·什克洛夫斯基著,刘宗次译,百花洲文艺出版社,1994年10月版— 463页。

提要：维·什克洛夫斯基(1893～1984),俄国形式主义代表人物、文论家。此书为其代表作,是根据苏联作家出版社1983年版译出的。它包括使用同一书名,却写于不同时期的两部书。第一部初版于1925年,这里用的是1929年的再版本,由前言和两篇写于不同时期的论文构成。第二部写于1982年,此时作者已近90高龄,包括引言和9个章节,除主要论述小说理论外,还涉及戏剧、民间故事、神话甚至《圣经》等内容。

巴赫金文论选 （俄）米·巴赫金(М. Бахтин)著,佟景韩译,中国社会科学出版社,1996年版— 538页。

提要：巴赫金(1895～1975)的小说理论是20世纪欧美文学理论和小说研究的一份重要遗产。他的小说研究主要围绕陀思妥耶夫斯基和拉伯雷这两位世界文学巨匠,以他们的小说为中心,完成了两部主要著作,建立了其自称为小说创作诗学和小说历史诗学的理论体系。复调小说和狂欢节化就是巴赫金小说理论独创性的鲜明体现。他认为,陀思妥耶夫斯基创造"复调小说"是小说史上一场小规模的"哥白尼式革命"。全书共收入论文8篇,前有译者序言一篇。

艺术及其最新形式：卢纳察尔斯基美学论文选 （苏）卢纳察尔斯基著,郭家申译,百花文艺出版社,1998年版— 606页。

提要：卢纳察尔斯基(1875～1933)既是无产阶级政论家,又是一位学识渊博的文艺理论家和剧作家。本书所选的22篇美学论文均为作者各个时期的重要作品,较为全面地反映了卢纳察尔斯基的基本美学见解。本书除前言、后记外,还附有卢纳察尔斯基年表。

赫拉普钦科文学论文集 （俄）赫拉普钦科著,张捷、刘逢祺译,人民文学出版社,1997年版— 436页。

提要：米哈依尔·鲍里索维奇·赫拉普钦科(1904～1986),苏联马克思主义文艺学家,曾任苏联人民委员会艺术委员会主席。他的学术研究特点具有理论上的超前性,他的著作具有方法论上的条理性。本书选收了作者关于现代文艺学和艺术学方面的11篇理论研究文章,包括现代美学问题、审美符号的本性、审美价值和艺术价值、历史诗学、研究的原则等。

历史诗学 (俄)维谢洛夫斯基著,刘宁译,百花文艺出版社,2003年版— 610页。

提要:维谢洛夫斯基(1838～1906)是俄国历史比较文艺学和历史诗学研究的创始人,被公认为"俄国比较文学之父"。本书是其代表作,集中体现了他的美学思想和文艺观及方法论。书中作者对文艺起源、文学的样式与体裁的形成和演变,情节史、修饰语史,以及诗歌语言风格、对比手法等一系列诗学基本问题的范畴进行了追根溯源、鞭辟入里的分析研究。全书共选收作者的6篇诗学力作,书后附录中还收入其两篇论文:《历史诗学的任务》《情节诗学》。

"当代外国文艺理论译丛"
(吴元迈 主编)

当代西方文学理论 (英)特里·伊格尔顿著,王逢振译,中国社会科学出版社,1988年6月版— 361页。

提要:特里·伊格尔顿(1943～)是当代西方马克思主义著名文学理论家,曾就读于剑桥大学。他早年深受雷蒙德·威廉斯的影响,是个勤奋多产的批评理论家。本书全面论述了20世纪60年代以来西方的主要批评理论,作者将晦涩的理论变成了比较通俗的语言,因此颇受欢迎。全书的基点是:文学理论是由特定历史阶段决定的,最近二十年文学理论的变化发展都与20世纪60年代的社会现实有关。书后附有参考书目及书中涉及术语的索引。

论小说的社会学 (法)吕西安·戈尔德曼(Lucien Goldmann)著,吴岳添译,中国社会科学出版社,1988年版— 251页。

提要:吕西安·戈尔德曼(1913～1970)是法国社会学文学批评家,又被称为"新马克思主义"批评家。他力图将马克思主义的原理和西方的社会现实结合起来,改变了以往马克思主义批评家常有的只看作家和作品人物的阶级属性,把资产阶级文学一概斥之为颓废文学的教条主义态度,使马克思主义文学批评获得了新的活力。此书为作者的代表作,共收入《小说的社会问题导言》《马尔罗小说结构研究导言》《新小说和现实》《不朽的女人》《文学史的发生学结构主义方法》等5篇论著,语言比较通俗易懂。

文学思潮和文学运动的概念 (美)R.韦勒克著,刘象愚选编,杨德友等译,中国社会科学出版社,1989年12月版—286页。

提要:雷内·韦勒克(Rene Wellek,1903～)当代西方最著名的文学理论家之一。对文学思潮和文学运动的概念与术语作全面、细致的思索、辩异,应当首推韦勒克。本书收入《文学研究中的巴罗克的概念》《一九六二年后记》《文学史上古典主义的概念》《文学史上浪漫主义的概念》《浪漫主义重审》《文学研究中现实主义的概念》《文学史上象征主义的概念》等7篇文章。这一组论文被收编在韦氏的《批评的各种概念》和《辩异:续批评的各种概念》两个文集中。本书所选的论文译自韦氏这两个文集,按照文学史上的顺序编排,从17世纪的巴罗克开始,到20世纪初的象征主义结束。

现代资产阶级美学:批评文集 (苏)M.Ф.奥符相尼科夫、(苏)B.H.萨莫欣编,牟萍等译,中国社会科学出版社,1988年版—353页。

提要:本书包含对现代资产阶级美学最有影响的思潮的分析,虽不能做到包罗万象,许多名字和流派在书中未能得到阐述,但最重要的和最有代表性的均已谈到。本书对研究西方美学思潮有一定参考价值。全书分为两部分共10章,除序言和译后记外,书末附名词术语索引。

镜与灯:浪漫主义理论批评传统 (美)艾布拉姆斯(Abrams,M.H.)著,袁洪军、操鸣译,金惠敏校,中国社会科学出版社,1991年版—540页。

提要:艾布拉姆斯的《镜与灯》是现代文学理论的扛鼎之作,全书共11章,主要论述英国19世纪前40年的诗歌理论,同时也涉及其他一些艺术形式,特别注重浪漫派批评理论。作者主要论及的是当时较有创建和影响的作家,他的文字被认为是"批评权威的标准",此书至今仍是文学批评界的必读书。

批评的实践 （英）凯瑟琳·贝尔西著，胡亚敏译，中国社会科学出版社，1993年12月版—188页。

提要：凯瑟琳·贝尔西是英国文学批评领域中卓有建树的理论家。本书是对各种批评理论的综合性辨析，具有强烈的论争色彩，作者以极其敏锐的目光和独到的见识，对表现主义、新批评、解构主义以及由索绪尔为代表的现代语言学等各种西方批评理论一一评说。全书共分6章，书后附有参考书目。

新近编选翻译的外国文论名著

诗学 [古希腊]亚里士多德著，陈中梅译注，商务印书馆，1996年7月第1版，2005年5月第5次印刷—322页。

提要：这是《诗学》最新译注本。译者对译文作了较为详尽和涉及面较宽的注释。"引言"介绍了亚里士多德的生平、他的哲学体系和诗评著作，附带论及《诗学》的形成、流传和影响。本书"附录"中的14篇对一些重要概念作了阐释，对史诗、悲剧的产生与发展作了简要介绍，对柏拉图和亚里士多德的诗学思想作了一些有针对性的剖析。这有助于读者加深对《诗学》的理解。本书正文主要依据R.卡塞尔校勘的 *Aristotelis de Arte Poetica Liber*（牛津大学出版社，1965年版）译出，释译参考了多种校勘本。

梵语诗学论著汇编（上下册），黄宝生译，昆仑出版社，2008年1月第1版—1151页。

提要：印度古代梵语诗学有一千多年的发展历史，资源十分丰富。本书汇集十部梵语诗学名著，其中四部是全译，六部是选译，包括梵语戏剧学著作《舞论》《十色》和《舞论注》，梵语诗学著作《诗庄严论》《诗镜》《韵光》《诗探》《曲语生命论》《诗光》和《文镜》。译者系我国著名印度古典诗学专家。汇编是译者积几十年梵语诗学研究之功力的成果。书中"导言"对梵语诗学的起源、发展历程作了简要的介绍。

论文学作品 （波兰）罗曼·英加登著,张振辉译,河南大学出版社,2008年12月第1版— 369页。

提要:这是罗曼·英加登(Roman Ingarden 1893~1970)一生以现象学美学的观点研究文学作品的总结,本书的全名是《论文学作品——介于本体论、语言理论和文学哲学之间的研究》。1931年的版本是用德文写的,书名为《文学的艺术作品》,1960年有波兰文译本,易名为《论文学作品》。作者声称"这个译本并不是过去发表的那个德文文本忠实的翻译",较1931年德文版不仅内容丰富得多,而且也表现了作者许多新的美学观点。《论文学作品》有三部分(起始的提问;文学作品的构建;补充和后果)十五章(文学作品的基本结构、文学作品的"生命"、文学作品存在的位置,等等)构成。中文据波兰文原著1988年版译出。

反对阐释 （美）苏珊·桑塔格著,程巍译,上海译文出版社,2003年12月版— 360页。

提要:收入本文集的27篇文章与评论,是当代美国著名批评家苏珊·桑塔格于1961~1965年间写下的批评文字的大部分。《反对阐释》是苏珊·桑塔格奠定其美国"现有的目光最敏锐的论文家"地位的奠基作,其评论的锋芒波及欧美先锋文学、戏剧、电影,集中体现了"新知识分子""反对阐释"与以"新感受力"重估整个文学、艺术的革命新姿态和实绩。中文据2001年新版的美国版原著译出。

反现代派——从约瑟夫·德·迈斯特到罗兰·巴特 （法）安托瓦纳·贡巴尼翁著,郭宏安译,生活 读书 新知三联书店,2009年3月第1版— 550页。

提要:本书由"观念"与"人物"两个部分构成。在第一部分里得到反思的观念有:反革命、反启蒙、悲观主义、原罪、崇高、抨击;在第二部分,19世纪和20世纪的一些被忽视的反现代派成为专题论文的对象:其中有夏多布里昂、蒂博代、安德烈·布勒东、罗兰·巴特。作者站在一种中性的立场上,对于反现代派的观念、这股思潮的代表人物即两个世纪以来它的发展轨迹和所起的作用,作出了清晰的梳理;对于文学艺术的现代和后现代的思潮,作出了发人深省的考量。中文据法文原著2005年版译出。

20世纪的文学批评 （法）让-伊夫·塔迪埃著，史忠义译，百花文艺出版社，1998年1月第1版—376页。

提要：本书分10章，对于20世纪产生过影响的文学批评流派依次进行了系统的论述。这些流派包括：俄罗斯的形式主义、德意志的文学批评；罗曼语文献学、主体意识批评、客体意向批评、精神分析批评、文学社会学、语言学与文学、文学符号学、诗学、渊源批评（生成批评），还有导语与结束语。作者塔迪埃，系巴黎新索邦大学教授，当代著名的文学批评家、诗学家，在本书中对20世纪的西方文学批评的创新性、总结意识与知识渊博性展开全景式描述与概括。中文据法文原著1987年版译出。中译本的修订版由河南大学出版社2009年4月出版。

"新世纪人文译丛"
（史忠义　主编）

问题与观点：20世纪文学理论综论　（加）马克·昂热诺（Angeot, M.）等主编，史忠义、田庆生译，百花文艺出版社，2000年1月第1版—569页。

提要：本书是由国际比较文学学会理论委员会组织、多国专家集体撰写的一部总结性文学理论著作。全书分四个部分：文学史实的形态与鉴定；文学体系；文本与文学交际；批评的途径与方法。书中收入乔纳森·卡勒的"文学性"、厄尔·迈因纳的"跨文化比较研究"、米·森格利-马斯扎克的"作为结构和建构的文本"、杜沃·佛克马的"认识论问题"等19篇论文；马克·昂热诺、让·贝西埃、杜沃·佛克马、伊娃·库什纳等四位主编联手撰写的"前言"。书末附有《欧洲语言文学比较史》之介绍。中文据法文原著1989年版（法国大学出版社）译出。

热奈特论文集　（法）热拉尔·热奈特著，史忠义译，百花文艺出版社，2001年1月第1版—201页。

提要：收入法国著名文论家热拉尔·热奈特的著作三种：《广义文本之导论》（全译）、《隐迹稿本》（节译）与《虚构与行文》（全译）。《广义文本之导论》旨在澄清主要体裁的发展史和"三分法"的形成经过，并提出自己的文本论思想——跨文本性的系列概念《隐迹稿本》是对其若干主要概念的阐发；《虚构与行文》以独特的视角、独特的方式对文学性的标准问题的阐述。这三种著作系译者分别依据法国瑟伊出版社 1979 年、1982 年、1991 年的原著译出。该书后来以《热奈特论文选》为名，由河南大学出版社于 2009 年出版。

摹仿论——西方文学中所描绘的现实 （德国）埃里希·奥尔巴赫著，吴麟绶、周建新、高艳婷译，百花文艺出版社，2002 年 7 月第 1 版—623 页。

提要：本书是德国当代著名学者埃里希·奥尔巴赫的经典之作。作者从美学的角度出发，用文学史家的眼光，对西方三千年来最具影响的经典文学如《荷马史诗》《教会文学》《骑士小说》以及法国、西班牙、德国、英国文学中最具代表性作品中的各种不同写实风格及其发展脉络做了精辟的分析，其着重于"表现严肃性、冲突性或悲剧性的尺寸和方式问题"之分析方法，在西方学术界有着广泛的影响。该书曾再版 9 次，中文据德文原著 1946 年版本译出。

结构语义学 （法）A.J.格雷马斯著，蒋梓华译，百花文艺出版社，2001 年 12 月第 1 版—388 页。

提要：本书是法国语言学家、符号学法国学派创始人之一 A.J.格雷马斯在法国亨利·普安卡雷学院讲授"结构语义学"的讲稿，1966 年初版，成为法国百年来第一部语义学专著。此书提出了一系列符号学方法论概念，建立了文本的叙事和话语研究，被视为符号学法国学派奠基之作，也一直是语义研究者的重要参考著作。中文据法文原著 1995 年版本译出。

论意义——符号学论文集（上下册） （法）A.J.格雷马斯著，吴泓缈、冯学俊译，百花文艺出版社，2005 年 6 月第 1 版，上册 328 页，下册 252 页。

提要：该书上册收入 15 篇文章，由"意义"、"历史与比较"、"叙事"、"显现"这 4 部分组成；下册收入 11 篇文章，阐述符号叙述学的各个组成部分，尤其是情态理论研究上所取得的进展。格雷马斯在这两本书里,用结构主义方法分析意义,建立了意义的基本结构——符号学方阵的理论,为叙事作品从表层的"叙述语法"和"话语结构"到"深层的意义结构"之分析,确立了一种新的模式。这一模式在当代文学批评中颇有影响。中文据法文原著译出。

诗学史(上下册) (法)让·贝西埃·库什娜等主编,史忠义译,百花文艺出版社,2002年1月第1版—896页。

提要: 本书是由国际比较文学学会组织、西方近三十所院校36位著名学者分工合作而成的一部西方诗学史,上自前柏拉图时代,下至20世纪末,全书分为:古代诗学,中世纪诗学,文艺复兴时期的诗学,17世纪的诗学,18世纪的法国、德国、英国和意大利诗学,19世纪:浪漫主义、现实主义、自然主义、象征主义与20世纪共七个部分,涉及文论作者近两千人,文论著作一千五百余部(篇),史料丰富,结构恢宏,汇集了20世纪90年代的最新成果。中文译自法文,据法国大学出版社1997年版本译出。

当代国外文论教材精品系列
(周启超 主编)

文学学导论 (俄)瓦·叶·哈利泽夫著,周启超、王加兴等译,北京大学出版社,2006年12月第1版—486页。

提要: 该书由"导言"、"艺术本质"、"作为一门艺术的文学"、"文学的功能"、"文学作品"、"文学类别与文学体裁"、"文学发展的规律性"组成。定位于"流派之外"而力图兼容并蓄;注重于作者理论、作品理论与读者理论的论述,而深化"理论诗学";关注核心命题(读者在作品中的在场;作品、文本、互文性;结构、结构的内容性、富有内容性的形式;视角、主体机制;对话与对白,等等)之涵义的界说,而坚守文学学本位——这是这部教科书有别于同类著作的几大特色。该书原著不断修订再版(1999年,2000年,2002年,2004年),堪称今日俄罗斯文论在开放中有所恪守、在解构中有所建构的一个缩影,中文据俄文版2004年版本译出。

当代文学理论导读 （英）拉曼·塞尔登等著,刘象愚译,北京大学出版社,2006年12月第1版—340页。

提要:该书提供的是对当代理论论战中最显著的、最具挑战性的潮流的一个简明扼要的概述,以十个章节分别述评新批评、道德形式主义与利维斯,俄国形式主义和巴赫金学派,读者导向理论,结构主义理论,马克思主义理论,女性主义理论,后结构主义理论,后现代主义理论,后殖民主义理论,男同性恋、女同性恋与酷儿理论。这本导读原著不断再版(1985年,1991年,1993年,1997年,2005年),许多学者和读者都把它作为最好的当代文论入门书。中文据英文版2005年第5版译出。

现代西方文学观念简史 （英）彼得·威德森著,钱竞、张欣译,北京大学出版社,2006年12月第1版—216页。

提要:该书分六章分述:什么是"文学"？某些定义与非定义;"文学"曾经是什么？一部概念史:第一部分,悖论的起源;"文学"有何变化？一部概念史:第二部分,20世纪60年代;"文学性"是什么？"文学性"的用途新的故事。作者对于作为一种文化概念的"文学"的历史即文学观念的演变轨迹作出了相当清晰的检视与梳理,对于"文学/有文学性的"在当今时代可能具有的内涵、地位与功能作出了相当理性的思索,并举例阐述由"文学/有文学性的"这一术语所引发的种种理论争鸣,提出在新世纪的文化空间里"文学/有文学性的"之可能的功用或潜在的所指。中文据英文原著1999年版本译出。

文学作品的多重解读 （美）迈克尔·莱恩著,赵炎秋译,北京大学出版社,2006年12月第1版—196页。

提要:作者选择莎士比亚的《李尔王》、亨利·詹姆斯的《艾斯彭遗稿》、伊莉莎白·毕肖普的诗作与托尼·莫里森的《蓝眼睛》为经典文本,分九章对现代文论中的形式主义、结构主义、精神分析、马克思主义、后结构主义、解构主义、后现代主义、女性主义、性别研究、酷儿理论、男/女同性恋研究、历史主义、族裔批评、后殖民主义和国际主义研究等批评视角作了深入浅出的解说;通过"多维度"细读,具体展示了同一种经典文本何以能作多面观。文学作品的魅力与文学理论的生命力,在这里得到了双重印证。该书原著1999年初版,2001年、2002年重印。中文据英文原著2002年重印本译出。

文学世界共和国 （法）帕斯卡尔·卡珊诺娃著，罗国祥译，北京大学出版社，2015年版。

提要：本书分为"文学世界"与"文学起义与革命"两部分。前者包括5章："世界文学史原则"、"文学创作"、"世界文学空间"、"生产荣誉的工厂"；后者包括6章："小文学"、"被同化的"、"起义者"、"'翻译之中的人'之悲剧"、"伊朗模式"、"革命者"。作者通过对具体作家与流派进入世界文学精华之模式的分析，考察文学"资本"的积累过程；以乔伊斯、卡夫卡、福克纳、贝克特、易卜生、米肖、陀思妥耶夫斯基、纳博科夫的创作为例，探讨民族文学在全球结构中身份化问题。提出一个新颖的观点：要面对整一的、在时间中流变发展的文学空间，它拥有自己的"中心的"与"边缘的"领土、"首都"与"边疆"，它们并不总是与世界的政治版图相吻合。中文据法文原著译出。

新德语文学学导论 （德）贝内迪克·耶斯林、拉尔夫·柯伦著，王建、徐畅译，北京大学出版社，2015年版。

提要：本书涉及"文学学方法与理论"、"阐释学"、"形式分析"、"接受美学"、"心理分析文学学"、"结构主义、后结构主义、解构主义"、"文学的社会史"、"话语分析"、"系统分析"、"媒体科学"、"文化学思路"，涵盖文学学作为一门以文学现象为对象的现代学科所采取的多种研究角度和关涉到的多种理论方向。既有传统的文学类型学说、修辞风格学说、诗学理论，又有20世纪的种种文学理论，包括从社会学的系统理论（卢曼）角度出发对文学现象进行阐释的新近主张；本书专辟一章探讨文学与其他艺术类型（造型艺术、音乐、电影、广播）的关系；还涉及文学研究的操作技术、编辑学、文献学。这是一部进入文学研究园地的入门指南书。中文据德文原著2007年版本译出。

艺术话语（文学理论导论）·**艺术分析**（文学学分析导论） （俄）瓦列里·秋帕著，周启超译，北京大学出版社，2016年版。

提要：《艺术话语（文学理论导论）》（2002）是瓦列里·秋帕给俄罗斯高校教师授课的讲稿，包括六讲。分别阐述"文学的符号性"：作为派生符号系统的话语艺术、艺术文本的结构;"文学的审美性":作为情感折射的话语艺术、艺术性的样态;"文学的交际性":艺术书写的战略、艺术性的范式。《艺术分析(文学学分析导论)》(2001)由引言、正文及结语构成,其标题分别是:"面对艺术性之科学性"、"艺术性之本体状态:在文本与涵义之间"、"作为科学描述之对象的艺术现实"、"作为科学认知之对象的艺术整体"、"理解与分析"。作者将文学看成艺术现实,对文学文本进行多层次的具体解析,以俄罗斯文学经典文本为例,深入浅出地展示其分析文学文本的方法。中文据俄文原著译出。